Kurt Hübner

Die Wahrheit des Mythos

ALBER PHILOSOPHIE

In *Die Wahrheit des Mythos* stellt Kurt Hübner den Zwiespalt unserer heutigen Kultur dar, der darin besteht, daß einerseits Wirklichkeit im Lichte wissenschaftlicher Erkenntnis betrachtet wird, andererseits aber das mythische Denken keineswegs untergegangen ist, sondern in mannigfaltigen Erscheinungen des geistigen Lebens fortlebt. Die Analyse des mythischen Weltverständnisses im Vergleich zur Wissenschaft bringt hervor, daß es sich um grundlegend verschiedene, aber wider Erwarten gleichberechtigte Vorstellungen von der Wirklichkeit handelt. Dadurch wird aber auch das verborgene Fortwirken des Mythos in der heutigen Welt aufgedeckt und damit zugleich die geistige Situation unserer Zeit beschrieben.

Der Autor:

Kurt Hübner, (1921–2013), seit 1961 o. Prof. an der TU Berlin, dann an der Universität Kiel, später Direktor des Philosophischen Seminars; 1988 emeritiert. 1969–1975 Präsident der Allgemeinen Gesellschaft für Philosophie in Deutschland, Veröffentlichungen zahlreicher, teilweise in mehrere Sprachen übersetzter Bücher, u.a. bei Alber: *Kritik der wissenschaftlichen Vernunft* (Studienausgabe 2002).

Kurt Hübner

Die Wahrheit des Mythos

Verlag Karl Alber Freiburg / München

Die Originalausgabe erschien 1985 im Verlag C.H. Beck, München
unter der ISBN 3-406-30773-6.

2. Auflage der Studienausgabe 2013

www.verlag-alber.de

Texterfassung und Satz: Da-TeX Gerd Blumenstein, Leipzig
Druck und Bindung: Difo-Druck, Bamberg

Gedruckt auf alterungsbeständigem Papier (säurefrei)
Printed on acid-free paper
Printed in Germany

ISBN 978-3-495-48363-3

Vorwort

Der Mythos ist unserer wissenschaftlich-technischen Welt weitgehend entrückt und scheint, aus ihrer Sicht, einer längst überwundenen Vergangenheit anzugehören. Das ändert jedoch nichts daran, daß er unverändert ein Gegenstand dumpfer Sehnsucht geblieben ist. So ist das Verhältnis zu ihm heute zwiespältig.

Auf der einen Seite verweist man den Mythos in das Reich der Fabel, des Märchens, auf jeden Fall des Nicht-überprüfbaren. Er entstamme eher der Tiefe des Gefühls, des Unbewußten, der Phantasie, ja, er sei mit Begriffen überhaupt nicht faßbar. Verglichen mit der Wissenschaft, die auf Rationalität, Vernunft, Beweis, Überprüfung, Objektivität, Klarheit und Exaktheit aufgebaut sei, wird er als Überrest aus dunklen, von vermeintlich dämonischer oder göttlicher Willkür, von Furcht und Aberglauben beherrschten Zeiten angesehen. Die immer weiter zunehmende wissenschaftliche ›Entzauberung‹ der Welt erweckt jedoch zugleich den beklemmenden Eindruck der Öde und des Mangels. Man sieht sich ferner einer beinahe unaufhaltsamen technologischen Entwicklung ausgesetzt, die am Ende zur Selbstzerstörung der Menschheit führen könnte.

So flüchten sich auf der anderen Seite viele in mythenähnliche Ersatzreligionen, Heilslehren oder politische Doktrinen, von denen man sich in dieser Lage Entlastung erhofft. Die Zuwendung zu solchen neuen Mythen ist jedoch etwas Irrationales, weil sie nur einem unbestimmten Gefühl entspringt und sich nicht auf Gründe stützt, die dem wissenschaftsbezogenen Denken entgegengehalten werden können. Daher scheitern Ausbruchsversuche dieser Art aus der ›entmythologisierten‹ Welt immer an dem Widerstand, der ihnen im Namen ›aufgeklärter‹ Vernunft entgegentritt. Je hoffnungsloser sie aber zum Scheitern verurteilt sind, desto unberechenbarer, heftiger und gefährlicher werden sie. Es sind nicht bloße Randgruppen, die heute dem viel besprochenen ›Kulturpessimismus‹ verfallen sind; es handelt sich im Gegenteil um eine Erscheinung, die aus der Tiefe unserer Kultur aufsteigt und deswegen ein Symptom ihrer Schwäche ist. Der Gefahr, die hier droht, kann man nur begegnen, wenn man sich ohne Vorurteil dem Mangel zuwendet, der diese Gefahr ausgelöst hat.

Die übliche Haltung gegen oder für das Mythische beruht jedoch auf nichts anderem als auf einem solchen Vorurteil. Noch herrscht nämlich weitgehend Unkenntnis darüber, was der Mythos eigentlich ist, wie überhaupt sein Wesen bisher noch kaum geklärt wurde. Im übrigen haben die Werke der Forscher, die sich mit ihm beschäftigt haben, nur wenig Aufmerksamkeit in der breiteren Öffentlichkeit gefunden. Will man aber dem Mythos gerecht werden, dann muß man dabei jene Sachlichkeit und Rationalität aufbringen, die man ihm selbst so gerne abspricht.

Vielleicht sind die heute so beliebten Ersatzreligionen, Heilslehren oder politischen Doktrinen nur Zerrbilder des Mythischen, die wenig über den Mythos selbst aussagen, dagegen eher als Syndrom seiner Verdrängung beurteilt werden müssen. Vielleicht hat er gar nicht jene Irrationalität und Dunkelheit, welche die einen so abstößt, die anderen dagegen gerade anzieht. Ist dann mit dieser anderen, dieser verdrängten Seite unserer heutigen Welt ein Ausgleich möglich, der ihren Zwiespalt lösen und uns ein neues Gleichgewicht schenken könnte? Ich plädiere hier keineswegs, wie manche erwarten mögen, gegen unsere moderne Kultur und für den Mythos. Ich plädiere nur für eine sachliche Auseinandersetzung mit ihm.

Aber gibt es denn überhaupt *den* Mythos? Sind nicht gerade die Mythen durch ihre beinahe unübersehbare Mannigfaltigkeit gekennzeichnet? Das Folgende wird jedoch zeigen, daß zumindest ein für den europäischen Kulturbereich als paradigmatisch geltender Mythos, nämlich der griechische, durch bestimmte allgemeine Strukturen gekennzeichnet werden kann, die, allen seinen inneren Wandlungen und Umformungen zum Trotz, seine bleibende Grundlage geblieben sind. Wenn ich daher diese Strukturen zur Definition des Mythos verwende, so darf das den Regeln der Logik gemäß als eine *adäquate* Definition betrachtet werden. Man könnte im übrigen mit demselben Recht fragen, ob es so etwas wie *die* Wissenschaft gibt. Auch in ihr finden wir eine Mannigfaltigkeit sich teilweise widersprechender, teilweise sich wandelnder Theorien und Formen. Und doch weisen sie alle bestimmte, ihnen gemeinsame Eigenschaften auf, die sie als zur Wissenschaft gehörig erkennbar machen. Wenn man daher auch Wittgensteins Warnung davor beherzigen muß, dort gemeinsame Wesenszüge zu vermuten, wo in Wahrheit nur »Familienähnlichkeiten« vorliegen, so bedeutet das keineswegs, daß es überhaupt keine solchen Wesenszüge gibt. Es wird sich also zeigen, daß es in demselben Sinne berechtigt ist, »der Mythos« zu sagen, wie »die Wissenschaft«.

Obgleich ich nun eine bestimmte Theorie über den Mythos entwickelt habe, ist meine Absicht weniger eine kulturhistorische als eine philosophisch-systematische. Die historische Darstellung und Rekonstruktion des Mythos dient nur als Voraussetzung für die Prüfung jener schon erwähnten Vorurteile, die am Ende alle, kurz zusammengefaßt, darauf hinauslaufen, der Mythos besitze keine Wahrheit oder sei sittlich abzulehnen. Derartige Vorurteile aber sind erkenntnistheoretischer wie normativer Natur und daher Gegenstand der systematischen Philosophie.

Mit einer solchen philosophisch-systematischen Absicht unterscheidet sich dieses Buch nicht nur von fast allen gegenwärtigen Veröffentlichungen über den Mythos, sondern es eröffnet zugleich auch einen bisher nicht versuchten Zugang zu ihm. Während nämlich dieser heute meist über die Kulturgeschichte, die Anthropologie oder, in einigen bereits länger zurückliegenden Fällen, über die Metaphysik und Transzendentalphilosophie erfolgte, werden hier zum ersten Mal die Methoden und Ergebnisse moderner Wissenschaftstheorie und Analytik auf das von der Mythos-Forschung erarbeitete Material angewandt. Damit wird es möglich, die wissenschaftstheoretisch untersuchten wissenschaftlichen Denk- und Erfahrungsformen mit denjenigen des Mythos systematisch zu vergleichen und Wissenschaft wie Mythos im Hinblick auf ihre Erkenntnisleistung und ihren Wert gegeneinander abzuwägen. Obgleich ich dabei weitgehend auf meinem Buch »Kritik der wissenschaftlichen Vernunft« aufbaue (Freiburg [2]1979), ist dessen Lektüre für das Verständnis der vorliegenden Untersuchung nicht erforderlich. Es wird aber jenen dienen, die in die hier benützten wissenschaftstheoretischen Grundlagen tiefer eindringen wollen.

Unvermeidlicherweise mußten mit der erklärten Absicht des Folgenden gewisse Schematisierungen des historischen Materials in Kauf genommen werden. Der Historiker, der das Gewicht gerade auf die verstreuten Einzelheiten und Mannigfaltigkeiten legt, mag bisweilen daran Anstoß nehmen. Ich glaube aber, daß der Versuch, in solcher Mannigfaltigkeit allgemeine Strukturen und Wesenseigentümlichkeiten herauszuarbeiten, kein minderes Recht hat und immer wieder gewagt werden muß, soll nicht der Blick für größere und umfassendere Zusammenhänge verlorengehen. Im übrigen war es mein Ziel, trotz des erdrückenden Umfanges des zu bewältigenden Stoffes ein auch für einen größeren Kreis lesbares Buch zu schreiben. Diesem Ziel mußte ebenso manches Detail geopfert werden, wie es die Verwendung nur derjenigen Literatur zuließ, die für den vorliegenden Zusammenhang von einschlägiger Bedeutung ist.

FÜR DITA, MEINE FRAU

Nah ist
Und schwer zu fassen der Gott
Hölderlin

Inhaltsverzeichnis

II
Das Denk- und Erfahrungssystem des griechischen Mythos

III
Rationalität des Mythischen

Anhang

Mythos und Wissenschaft: Ein Zwiespalt unserer Kultur

I

I. Die ontologischen Grundlagen der Dichtung Friedrich Hölderlins

Um in mythisches Denken einzuführen ist es zweckmäßig, nicht gleich mit der Analyse eines heute den meisten ferner liegenden Mythos zu beginnen, sondern mit etwas allen Vertrauterem, das sich jedoch bei näherem Zusehen als mythisch erweist. Wir finden es in einer besonderen Art Dichtung, für die ich diejenige Hölderlins als Beispiel wähle. Dieses Beispiel ist jedoch keineswegs willkürlich herausgegriffen.

Das Besondere Hölderlins liegt nämlich darin, daß er die dichterische Erfahrung als mythische begriff und diese in ihrer reinen, durch nichts gebrochenen, mit nichts vermengten Weise suchte und fand. Das bedeutet, daß er mit einer einzigartigen, zur völligen Vereinsamung unter seinen Zeitgenossen führenden Radikalität alles nur ›Mythisierende‹, alles nur Poetisch-Allegorische verwarf. Er wollte vielmehr das *Tautegorische*, also eben jenes Dichterisch-Mythische, das sich gerade nicht als Allegorie, als bloßes Gleichnis versteht und damit auch nicht, wie alle Gleichnisse, auf eine andere Wirklichkeit verweist, sondern das ganz und gar seine eigene, eben dichterische Wirklichkeit hat und darin vollständig ernst genommen sein will. Diese Wirklichkeit freilich muß der echte Dichter die Menschen erst sehen »lehren«[1] und er darf sich nicht, wie die »Zeitungsschreiber«[2], damit begnügen, »getreulich das Faktum zu erzählen«[3], also das Profane, Alltägliche. »Scheinheilig«[4] nennt er daher jene Dichter, die sich, gestützt auf ihren aufgeklärten »Verstand«[5], mythologischer Themen und Namen nur in poetischen Floskeln bedienen. Mythische Gestalten sind für sie wie »gefangenes Wild«[6], das man sich »zu Diensten«[7] macht und mit dem man nur »spielt«[8].

1. Das Eine, in sich selbst Unterschiedene; Parataxe, Hypotaxe und Synthesis

Jede Art von Erfahrung, sie sei wissenschaftlich oder dichterisch, ist gekennzeichnet durch eine bestimmte ontologische Struktur der in ihr auftretenden Gegenstände. Ich nenne sie »ontologisch«, weil sie, in klassischer philosophischer Ausdrucksweise, die Grundformen des »Seins« der Gegenstände bestimmt, die bei irgendeiner Art

Erfahrung immer schon vorausgesetzt werden. So hat beispielsweise Kant die der wissenschaftlichen Erfahrung a priori zugrunde liegende Struktur durch bestimmte Kategorien und bestimmte Formen der Anschauung auszudrücken versucht. Wollen wir nun die ontologische Grundlage mythisch-dichterischer Gegenstände am Beispiel Hölderlins erfassen, dann gehen wir am besten davon aus, was er das hén diapherón heautó, das Eine in sich selbst Unterschiedene, nennt.[9] Damit meint er einen lebendigen Zusammenhang von besonderer struktureller Verfassung, den er in jedem Gegenstand, es sei eine Landschaft, ein Fluß oder was immer, erkennt. Diese Verfassung zu enthüllen, geht er jeweils in drei Zügen vor. Ich nenne sie den *parataktischen*, den *hypotaktischen* und den *synthetischen* Zug.

Betrachten wir etwa die Elegie »Der Wanderer«, wo er das Rheintal schildert. Der parataktische Zug besteht in der Aufzählung der diese Landschaft kennzeichnenden Teile. So nennt er – ich halte mich an seine Reihenfolge –: Tal, Weinberge, Gärten, belaubte Mauern, mit Wein beladene Schiffe, Städte, Inseln, Taunus, Wälder; es fügen sich ein der das Vieh heimtreibende Landmann, Mutter und Kind, Haus, Fenster, Hoftor usf. Der hypotaktische Zug besteht darin, daß diese Mannigfaltigkeit zunächst dem Fluß, dann aber auch umfassender dem Licht spendenden Äther und der fruchtbringenden Erde als ihre Ursprünge und Urquellen untergeordnet wird. In dieser hypotaktischen Sicht hat ein Fluß – dies zeigen wieder andere Gedichte – »seine« Täler, Wälder und Wellen, der Berge Quellen eilen herab »zu ihm«[10], er »trägt« Sonne und Mond »im Gemüt«[11], das heißt, der ganze Kosmos spiegelt sich in diesem Mittelpunkt; ferner sind Städte »Kinder«[12] des Flusses, er »nährt« sie, und »im guten Geschäfte« »baut er das Land«[13]. Synthetisch ist schließlich die Art, wie Hölderlin die parataktische und hypotaktische Ordnung als einen umfassenden, lebendigen Zusammenhang erfaßt. Dies zeigt insbesondere die zuletzt erwähnte unauflösliche Beziehung, die er zwischen Fluß und Menschenwelt herstellt. Der Fluß verbindet aber auch die Kulturen: Über Donau und Rhein kam »das Wort aus Osten« zu uns, »die menschenbildende Stimme«[14], nämlich diejenige der Antike und des Christentums. So sind beide Ströme ein Teil der Geschichte, ja, alle Orte und Windungen unserer Flüsse sind ein Teil der Geschichte und unlöslich mit ihr verbunden[15].

2. Gestalt und Wesen; Subjekt und Objekt

Der in seiner ontologischen Struktur parataktisch, hypotaktisch und synthetisch erfaßte Zusammenhang ist also keineswegs rein biologisch zu verstehen, obgleich er, dies sei ausdrücklich betont, durchaus ein Wirkungsgefüge darstellt, in dem auch die uns bekannten und von uns als naturgesetzlich gedeuteten Vorgänge mit eingeschlossen sind: Der Fluß mit seinen lebenspendenden und lebensbedrohenden Gewässern, der Äther mit seinem alles durchdringenden, zur Reife bringenden Licht, Pflanzen, Tiere und Menschen im harmonisch auf ihre Daseinsbedingungen abgestimmten Gesamtzusammenhang. Dennoch handelt es sich hier um etwas, was weit darüber hinausgeht, ja, es zu etwas ganz anderem macht. Denn der Lebenszusammenhang, den Hölderlin meint, umschließt ja zugleich Natur und Geschichte, oder, in seiner Ausdrucksweise, »Natur und Kunst«[16]. Es ist dieses so verstandene Eine, in sich selbst Unterschiedene, worin Hölderlins dichterischer Gegenstand besteht, und als dieses lebendige Eine tritt es ihm wie eine *Gestalt*, ja, wie ein *Wesen* entgegen. Alle Teile, die es enthält, sind nur durch diesen Zusammenhang definiert. Man kann es nicht aus seinen Teilen aufbauen, weil seine Teile durch dieses Eine gegeben sind, weil sie es alle in irgendeiner Form widerspiegeln. Dieses Ganze, als Gestalt, ist »mehr« als die Summe seiner Teile.

In traditioneller philosophischer Ausdrucksweise könnte man sagen, es handele sich hier um eine wechselseitige Durchdringung von Subjekt – der die Natur erfahrende Mensch – und Objekt – eben diese Natur. Das Objekt, die Natur, ist ganz von der menschlichen Sicht, von »Kunst«, wie Hölderlin sagen würde, durchsetzt, wie umgekehrt das Subjekt gerade deswegen vollkommen objektiviert ist. Damit erhält hier jeder Gegenstand auch *personale Züge.* So sagt Hölderlin zum Beispiel von einem Fluß, daß er anfänglich »unbedacht« sei und »jauchze«[17], im Winter »am kalten Ufer« »säume«, im Frühjahr aber erneut die Felsen »breche«, daß dann die Berge ringsum »erwachen« und sich »schaudernd« »im Busen der Erde die Freude« wieder »regt«[18]. Der Strom als lebendige »Flußwelt«, wie wir vielleicht heute sagen würden, wird ihm so folgerichtig und fast auf natürliche Weise zum »Stromgeist«. Wenn also vorhin gesagt wurde, man könne Hölderlins dichterischen Gegenstand nicht aus seinen Teilen aufbauen, weil diese durch ihn erst gegeben sind, so gilt dies auch für die Verbindung von Mensch und Natur, Subjekt und Objekt. Er geht von ihnen – wieder philosophisch gesprochen – nicht als von etwas

Getrenntem aus, um sie dann in einem zweiten Schritt miteinander in Beziehung zu setzen, sondern er geht von dieser Beziehung als dem eigentlichen Gegenstand aus, weswegen für ihn Subjekt und Objekt in unserem Sinne nur von ihr abgeleitet, nicht etwas Ursprüngliches sind. *Damit aber wird diese Beziehung als solche für Hölderlin zum eigentlich Objektiven.* Zutreffend bemerkt daher *E.Cassirer* in seiner Studie »Hölderlin und der deutsche Idealismus«, der tiefere Grund für das tragische Unverständnis, dem Hölderlin ausgesetzt war, müsse »in den Elementen« des Verhältnisses zwischen Subjekt und Objekt, müsse »in der Art, wie er beides empfand und auffaßte, gesucht werden.«[19]

3. Das Numinose

Nun muß man sich aber nicht nur davor hüten, den lebendigen Zusammenhang, der Hölderlins Gegenstand ist, biologisch mißzuverstehen, sondern man darf ihn überhaupt nicht in irgendeiner Weise »naturalistisch« auffassen. Es zeigt sich vielmehr, daß er überall, wo er auftritt, numinoser Art ist.

Um dies zu verdeutlichen, beschränke ich mich hier auf Naturerscheinungen und lasse die Menschenwelt, obgleich sie unlöslich mit diesen verknüpft ist, außer acht. Sofern Naturerscheinungen wie Äußerungen von etwas Personalem wirken, werden diese Äußerungen als Sprache aufgefaßt, aber eben nicht als Sprache von Menschen, sondern als Sprache anderer Art, nämlich durch Zeichen, also durch Numina. Am deutlichsten geschieht dies vielleicht dort, wo außerordentliche, dem Menschen Furcht und Schrecken einjagende Naturerscheinungen auftreten. Sie können, wie Kant sagte, den Eindruck des Erhabenen und der majestätischen Offenbarung eines Wesens vermitteln. Aber als Zeichen eines Wesens kann auch Bescheideneres erfahren werden, so etwa wenn Hölderlin, wie erwähnt, vom »jauchzenden« oder »säumenden« Bach spricht oder vom Erwachen der Natur im Frühling. In beiden Fällen handelt es sich um Numina von etwas, das weder bloß Mensch noch bloß Natur ist, das aber zugleich als über beiden stehend aufgefaßt wird, weil es auf den Zusammenhang verweist, aus dem beide überhaupt erst abgeleitet sind. *Hierin hat alles Lebendige seinen Ursprung, seinen Sinnbezug, und sein Verlust ist dem Tode vergleichbar.* Deswegen ist es aber auch ein Göttliches und Heiliges. Außerhalb seiner haben weder der Mensch noch die Natur eine eigentliche Existenz, getrennt voneinander erscheinen beide als schattenhaft, leer und leblos. In dieser Trennung nennt Hölderlin die Natur auch das »Aorgische«, also das »Unfühlbare«, »Unbegreifliche« und »Unbegrenzte«[20], nämlich bar jeder geordneten Einheit, die erst in ihrer Begegnung mit dem Menschen, in der Kultivierung (Kunst) durch ihn erreicht wird. Das Göttliche liegt dort, wo sich der »organisch«[21] organisierende Mensch und das Aorgische begegnen, es liegt »in der Mitte von beiden.«[22] Nur wo ihr Zusammenhang erfahren wird, erwacht die Natur aus ihrem bloßen Objekt-Sein wie aus einem Todesschlummer, wie von einem Zauberstab berührt.

So aber zeigt der Naturgegenstand bei Hölderlin alle jene Eigenschaften, mit denen Rudolf Otto das Numinose bestimmt hat:[23] Die Natur kann uns in dieser Sicht als das Tremendum, das Furchterregende, Schreckliche, Erhabene, Majestätische wie als das Fascinosum, das Beglückende, Entzückende und Beseligende entgegentreten.

4. Vertrautheit und Unvertrautheit mit mythischer Welterfahrung. Die Griechen

Die so weit gekennzeichnete dichterisch-mythische Naturerfahrung ist nun in der Tat uns allen noch vertraut, obgleich die wenigsten wissen, daß sie mythischer Art ist, und sie ist keineswegs nur denjenigen gegeben, die Umgang mit Dichtung oder gar mit Hölderlin pflegen. Das zeigen eindeutig bestimmte, der Dichtung verwandte alltägliche Redewendungen. So sagt man etwa, dieses Tal sei »lieblich« oder jener Berg »majestätisch«, womit vorausgesetzt wird, daß man von beiden den *geradezu unwillkürlichen Eindruck einer Wesensgestalt* hat. Gerade weil es sich aber um gebräuchliche Redewendungen handelt, deren Aufzählung überdies leicht ein Buch füllte, verraten sie eine *allgemeine Erfahrung*. Auch hierin hat Cassirer durchaus recht, wenn er des weiteren in der schon erwähnten Studie schreibt: »Hölderlin bedarf … für seine Naturansicht keiner anderen Bestätigung als das Gefühl, das jeder helle und heitere Frühlingstag dem Menschen gibt«.[24] In diesem Sinne kann man von einer alltäglichen Form dichterisch-mythischer Erfahrung sprechen.

Blicken wir auf die bisherigen Zitate aus Hölderlins Dichtung zurück, die sich durch viele ähnlicher Art hätten ergänzen lassen, so muß man feststellen, daß er Erfahrungen der bezeichneten Art auf das Genaueste erfaßt hat. Der Dichter unterscheidet sich in dieser Beziehung vom Nicht-Dichter nur durch die Fülle des Geschauten, durch den Reichtum an Beobachtungen, die er diesem vor Augen führt, und der Genuß an seiner Lyrik beruht nicht zuletzt darauf, daß sie uns überall solche Erfahrungen offenbart und sie auf das Treffendste wiedergibt. Es liegt nichts weniger als dichterischer Überschwang darin, wenn Hölderlin etwa die Städte als Kinder des Flusses bezeichnet, oder wenn er sagt, daß der Fluß in gutem Geschäft das Land baut, daß im Frühling die Berge erwachen, daß schaudernd im Busen der Erde die Freude sich wieder regt usf. Man könnte eher sagen, daß er damit in schlichter Deutlichkeit und nüchterner Klarheit unwillkürliche und ursprüngliche Eindrücke mitteilt. Wer könnte leugnen, daß der Fluß das Land und die Städte nährt und baut – ein »gutes Geschäft«! –, daß »Erwachen der Berge« und »schaudernde Freude der Erde« ein vollkommen angemessener Ausdruck für das im Frühling allenthalben tätig werdende, wachsende, sich regende, sprießende, treibende Leben ist? Hölderlin wäre nicht der Dichter so hohen Ranges, der er ist, spräche nicht aus seinen Worten etwas, was als allgemein Erfahrbares den Anspruch erheben darf, intersubjektiv verstehbar zu sein.

Es ist nun aber merkwürdig, daß wir solche dichterisch-mythische Erfahrungen, obgleich sie uns einerseits so allgemein vertraut sind, andererseits doch nicht wahrhaft gelten lassen wollen. Wenn sich zum Beispiel ein Landwirt bei seiner Tätigkeit auf gewisse sehr allgemeine und eher nur vorwissenschaftlich zu nennende Naturgesetze stützt, dann halten wir diese dennoch für wahr; wenn er dagegen von dem Tal, in dem er lebt, wie von einer numinosen Wesensgestalt spricht und es etwa »lieblich« nennt, dann lassen derartiges die meisten nur im Sinne des »Als Ob« gelten. Die Erfahrung dieses durchaus unwillkürlichen und lebhaften Eindrucks wird nicht ernst genommen, sie wird gewissermaßen verdrängt, über sie schieben sich in der Schule gelernte, nunmehr eher einer wissenschaftlichen Weltdeutung entnommene Redewendungen wie: »nur subjektiv«, »nicht objektiv wahr« usf. Wir stoßen damit auf fast unüberwindliche Hindernisse, dem Mythischen in uns Raum zu geben, es gewissermaßen loszubinden und freizulassen.

Die Folge dieses Verdrängungsprozesses ist, wie gesagt, in Hölderlins Ausdrucksweise, der »scheinheilige Dichter«. Hölderlin selbst bildet jedoch darin eine einzigartige Ausnahme. Und dennoch sind ja auch seine Hymnen und Elegien von der beständigen Klage um den allgemeinen Verlust dichterisch-mythischer Wirklichkeit erfüllt.

In ungebrochener Weise trat diese ihm nur in den Zeugnissen einer vergangenen Welt entgegen und zwar im *griechischen Mythos.* Die Griechen haben die Grundlagen ihrer Weltdeutung von

Dichtern und nicht, wie wir, von Wissenschaftlern gelernt. Weil diese Erfahrung aber dort so allgemein wirksam sein konnte, wurden die numinosen Wesen beim Namen genannt, nämlich als dieser oder jener Gott. Nun aber, da wir dies nicht mehr vermögen, stellt Hölderlin trauernd fest: »Es fehlen heilige Namen«; »Wen darf ich nennen?«[25] »Namenlos ist der Gott.«[26]

»Noch blüht« zwar die Natur, »noch lächelt unveraltet / Das Bild der Erde«[27], noch gibt es »die Himmlischen all«, nämlich die Quellen, Ufer, Haine und Höhen[28], noch »lebt« der Äther[29], noch sieht man die Berge, auf denen einst den Propheten der Gott erschien[30], oder welche die »Tische«[31] der Götter waren, noch erfreuen uns die Wiesen, auf denen sie wie auf »grünen Teppichen«[32] gingen – aber nur für den wahren Dichter ist das noch unmittelbare Gegenwart; die anderen vermögen lediglich einen matten Abglanz davon im sogenannten »Naturgenuß« zu finden, aber die Natur ist der »seliggewohnte Saal«[33] nicht mehr.

Warum dies im einzelnen so ist, wie wir in diese Lage gekommen sind und welche Hoffnungen es gibt, aus ihr wieder herauszukommen, dafür gibt Hölderlin tiefsinnige Erklärungen, die in einem späteren Kapitel behandelt werden sollen. Dagegen sei abschließend noch auf Hölderlins Zeitvorstellung eingegangen, weil sie für die mythische Weltschau besonders kennzeichnend ist.

5. Die Zeit

Besonders deutlich wird diese Vorstellung in seinem Gedicht »Das Ahnenbild«. Dort werden zunächst Haus und Familie wieder als Eines, in sich selbst Unterschiedenes geschildert. Parataktisch werden genannt: Wohnung, Garten, Weinberg, wachende Mutter, spielendes Kind, tätiger Vater und gemeinsames Mahl, bei dem von Vergangenem und Zukünftigem gesprochen wird. Hypotaktisch aber wird alles dem Lar, dem Ahnen untergeordnet, also dem überzeitlichen Zusammenhang, in dem die Familie als solche steht und durch den sie sich als synthetisches Ganzes aller ihrer Glieder und alles zu diesen gehörigen Besitzes begreift. Der Ahn ist nun zwar in oberflächlicher Betrachtung nur als Bild anwesend, aber in Wahrheit ist er dort *wirklich* gegenwärtig: Sein Fleisch setzt sich in ihnen fort und sein Geist fließt in sie ein, sofern er verehrtes Vorbild bleibt und deswegen seine Taten wiederholt werden. Er lebt im Gedächtnis, das man ihm bewahrt, indem die Familie beim gemeinsamen Mahle von ihm spricht und sein Glas auf ihn erhebt; auch er »lebte und liebte« wie sie. So »wohnt« er »als Unsterblicher bei den Kindern«, und »Leben wie vom schweigenden Äther« »kommt öfters über das Haus« von ihm. Wieder ist hier eine ursprüngliche Erfahrung in schlichter Klarheit erfaßt. Die Familie, das *ist* die gemeinsame Wohnung mit ihrer Umwelt, das *sind* Eltern und Kind, behütende Liebe, sorgende Tätigkeit und das Bewußtsein, Glied einer gemeinsamen Ahnenkette zu sein; die Familie, das *ist* dieser bestimmte, engste Lebenszusammenhang, dessen Ganzes als einheitliches Wesen, von Hölderlin »Engel des Hauses« genannt, erlebt wird.

Mit dieser Vorstellung lebt aber offenbar auch ein gewisses mythisches Verhältnis zur Zeit fort, das in Hölderlins Gedicht zum Ausdruck kommt.

Wenn das Gedächtnis an das Vergangene, an die Vorfahren nämlich, zum Bewußtsein gehört, eine Familie zu sein, dann besagt auch dieses Gedächtnis in gewissem Sinne deren wirkliche, weil noch fortwirkende, wirksame Gegenwart. Ideelles (Gedächtnis) und Materielles (wirkliche Gegenwart) verschmelzen hier, ja, das Ideelle ist in diesem Falle das dem einzelnen Ich übergeordnete Band, das wie eine reelle Substanz die Familie in der Abfolge zusammenhält. Selbst wenn man glaubt, dies sei nur eine Einbildung, eine Mystifikation oder Spekulation, so ändert man nichts daran, daß es jener für jeden auch heute noch mächtigen Erfahrung und wirklichen Bindung, die wir »Familie« nennen, zugrunde liegt. Man mag auch den Tod einzelner ihrer Mitglieder beklagen – diese Substanz ist es, die dennoch den Trost gewährt, gemeinsam mit ihnen, mit den Hinterbliebenen und in den Nachkommen, fortzuleben. Eine solche Substanz aber ist, die folgenden Abschnitte dieses Buches werden es noch deutlicher zeigen, mythisch.

II. Zum Vergleich: Ontologische Grundlagen der Naturwissenschaft. Ihre geschichtlichen Wurzeln und ihre Fragwürdigkeiten

Es ist vorhin bemerkt worden, daß eines der entscheidenden Hindernisse, den unwillkürlichen mythischen Erfahrungen Geltung zu verschaffen, eine aus der Wissenschaft stammende Denkweise ist. Dieser Denkweise zufolge handelt es sich bei solchen Erfahrungen nur um etwas Subjektives oder, wie man es gelegentlich auch ausdrückt, um etwas Anthropomorphes, das keinen Anspruch auf Objektivität, auf Wirklichkeit, erheben kann. Auch hier liegt eine ontologische Auffassung vor, denn es wird durch sie a priori bestimmt, worin das Objekt als solches besteht, welche »Seinsform« es hat und wie es sich vom Subjekt unterscheidet. Was aber bedeutet diese Auffassung genauer und worauf beruht ihre Rechtfertigung?

Die vorangegangene Einführung in die mythische Erfahrung beschränkte sich aus Gründen der Einfachheit hauptsächlich auf diejenige der Natur. Mit ihr kann daher unter den Wissenschaften zunächst nur die Erfahrung der Naturwissenschaft verglichen, und nur diese kann ihr entgegengesetzt werden. Für sie aber ist im gegebenen Zusammenhang die Physik kennzeichnend. Es ist nämlich ihr Objektbegriff gewesen, der die allgemeine Vorstellung von der Naturwirklichkeit heute geprägt hat und für die Kritik am nichtwissenschaftlichen, vor allem mythisch gedeuteten Naturgegenstand, ist er maßgebend geblieben.

Ich werde nun einige der wichtigsten Stationen in der Geschichte der Physik, die zur Ausbildung ihres Objektbegriffs und damit zu einer heute für selbstverständlich gehaltenen Trennungslinie zwischen Subjekt und Objekt geführt haben, beleuchten. Nur wenn man dieser Ontologie derart historisch-systematisch auf den Grund geht, wird deutlich, wie es um ihre letzte Rechtfertigung bestellt ist. Denn indem jede Etappe auf der früheren aufbaute, wurden die ursprünglichen und eigentlichen Grundlagen später mehr und mehr vergessen; ihre Denkschemata blieben fürderhin hinsichtlich ihrer Rechtfertigung unbefragt und wurden allmählich wie Selbstverständlichkeiten behandelt.

Wenn ich von einigen der wichtigsten Stationen spreche, so meine ich damit jene Ereignisse der Entwicklung, in denen sich so etwas wie ein *Urgestein* herausbildete, worauf unter anderem unsere von den Naturwissenschaften beherrschte Kultur ruht. Hier sind jene Begriffe entstanden, in deren Rahmen sich naturwissenschaftliche Erfahrung seither abspielte, aus denen sie hervorging, ja, die schließlich das gesamte geistige Leben, darunter auch die nicht mit der Natur befaßten Wissenschaften, in ihren Bann zogen. So kann ich mich hier auf einige große Linien beschränken, ohne für den gegebenen Zusammenhang Wesentliches preiszugeben oder zu vernachlässigen.

1. Descartes

Die Grundlagen für den Objektbegriff der Physik, die so nachhaltig das Bewußtsein bis auf den heutigen Tag prägen sollten, finden wir zum erstenmal in klarer und deutlicher Ausprägung bei Descartes.

Die in der Renaissance sich allmählich durchsetzende Überzeugung, daß sich mit Gottes Gnade die Natur der menschlichen Vernunft erschließe, führte zu der bohrenden Frage, worin diese Vernunft genauer bestehe. Descartes glaubte die Antwort gefunden zu haben: Vernunft setzt ein System voraus, dessen Axiome ebenso wie die sich auf diese Axiome stützenden Beweise absolut einleuchtend sind. Dies findet er vor allem in der Mathematik. Wenn also die Natur vernünftig geschaffen ist, so muß sie mathematisch bestimmt sein. In mathematischer Sicht besteht sie indessen grundlegend aus Körper und Raum, ja, sie verschmelzen geradezu miteinander in der Geometrie. Also gelangt Descartes zu der Folgerung, daß Geometrie und Physik zusammenfallen. Aber es gibt außer dem Körper und dem Raum noch die Bewegung des Körpers im Raum. Da indessen die Bewegung kein Gegenstand der Mathematik ist, (Zahlen und geometrische Gestalten können zwar *Bewegungen* beschreiben, aber nicht hervorrufen), muß nach Descartes' Auffassung etwas über die rein mathematisch zu fassende Natur Hinausgehendes, nämlich Gott, bemüht werden.

Aus diesen Gründen hält Descartes das folgende Axiom für ein Gebot der Vernunft: Gottes Ratschluß, welcher der Schöpfung vorausging, kann niemals geändert werden, denn ewig gültig sind seine einmal getroffenen Entscheidungen. Also wird auch die einmal von ihm hervorgerufene Gesamtsumme der Bewegung im All immer dieselbe bleiben. Jeder Körper wird ebenso suchen, seine einmal eingenommene Geschwindigkeit und Bewegungsrichtung beizubehalten. Das bedeutet, er wird sich auf einer Geraden, wie sie durch die euklidische Geometrie definiert ist, ins Unendliche fortbewegen, falls er nicht durch den Zusammenstoß mit einem anderen Körper von seiner Bahn abgelenkt wird. Und hieraus leitete dann Descartes jene Stoßgesetze ab, auf denen seine ganze Physik beruht. Diese Stoßgesetze besagen, daß auch nach einem Zusammenstoß von Körpern die Gesamtsumme ihrer Bewegung erhalten bleibt.

Reine Vernunft und nicht etwa Erfahrung soll also a priori entscheiden, wodurch das Naturobjekt bestimmt ist, und da sie hier mit der Physik zusammenfällt, so wird alles, was darüber hinausgeht oder nicht damit im Einklang steht, als subjektiv, also dem Bereiche des Ego, seinem Innern, ja, seiner Phantasie und Täuschung zugeordnet. Dazu gehören nach Descartes' Auffassung sogar die übliche physikalische Zeitmessung sowie die Beobachtung nur relativer Bewegungen, so daß er beide nur für einen modus cogitandi, einen Modus des Denkens, nicht aber für einen modus in rebus, also etwas in den Dingen, etwas Wirkliches hält. Unsere gewöhnliche Zeitbestimmung ist nämlich mehr oder weniger willkürlich gewählt, zum Beispiel nach den Tages- und Nachtrhythmen und deswegen nicht vernunftnotwendig; die nur relative Bewegung aber widerspricht den Stoßgesetzen, die von der Erhaltung der absoluten Gesamtsumme der Bewegung im All abgeleitet sind.

In den einander entgegengesetzten Begriffen der res cogitans, des denkenden Wesens – der denkenden »Substanz«, wie Descartes sagt – und der res extensa, des ausgedehnten Wesens, – der körperlichen »Substanz« –, tritt uns die cartesianische Trennung von Subjekt und Objekt aufs deutlichste entgegen. Hier liegt einer der wichtigsten Ursprünge für die »Entseelung der Natur« im wissenschaftlich-technischen Zeitalter und für die zunehmende Entfremdung mythischer Erfahrungsweisen.

Es handelt sich also in der Tat um eine Ontologie. Worauf aber beruht sie? Sie beruht, wie man sieht, hauptsächlich auf drei Voraussetzungen. Erstens: Die Natur ist vernünftig konstruiert, weil sie der uns gnädige, also auch unserer Erkenntnisfähigkeit zugeneigte Gott geschaffen hat. Zweitens: Die Vernunft, die der Natur zugrunde liegt, ist zunächst und grundlegend diejenige der Mathematik. Drittens: Die Gesamtsumme der Bewegung im All bleibt immer dieselbe, weil Gottes Ratschluß, welcher der Schöpfung vorausging, unveränderlich ist.

Was die erste Voraussetzung betrifft, so liegt es auf der Hand, daß sie überhaupt nur aus der besonderen geistigen Lage der Renaissance verständlich sein kann, während ihr heute wohl niemand mehr Beweiskraft zusprechen wird. Das gleiche gilt, um es vorweg zu nehmen, für die dritte Voraussetzung. Denn warum ist es unvereinbar mit der Allweisheit Gottes, daß sich die Welt ändert? Könnte nicht gerade in ihrer dynamischen Wandlung ein Ausdruck seiner unendlichen Schöpferkraft gesehen werden? Descartes Auffassung in diesem Punkte war schon in der Renaissance umstritten, und zum Beispiel Giordano Bruno, um nur einen zu nennen, scheint eher das Gegenteil geglaubt zu haben. Was nun die zweite Voraussetzung betrifft, so läßt sich zu ihr folgendes bemerken: Wie allgemein einleuchtend auch mathematische Axiome und Ableitungen an sich sein mögen – ihre Beziehung auf die Natur kann es nicht auf die gleiche Weise sein. Entsprechend zeigt auch Descartes' weitgehend auf die Mathematik zurückgeführte Physik im einzelnen, daß ihr nicht nur die der Mathematik eigentümliche, sondern überhaupt jede zwingende Evidenz fehlt.

So wird deutlich, daß die ontologische Trennungslinie, durch die Descartes das Subjekt vom Objekt, das dem Subjektiven Zugehörige von demjenigen des Objektiven scheidet, zwar aus den Bedingungen der historischen Lage verstanden werden kann, in der er sich befand, daß aber diese Trennungslinie, die so ungeheuer folgenreich sein sollte, in keiner Weise überzeugend gerechtfertigt war. Man könnte sogar eher sagen, der Vernunftbegriff, auf den sie sich gründete, erwies sich als ein rationalistischer Traum.

2. Newton

Die Nachfolger Descartes' begannen tiefer über den euklidischen Raum nachzudenken, in den er die Physik eingebettet hatte. Dabei glaubten sie herauszufinden, daß dieser Raum nicht nur, wie Descartes schon meinte, Ausdruck göttlicher Vernunft sei, sondern daß er sogar üblicherweise alleine der Gottheit zugesprochene Eigenschaften aufweise. War er denn nicht auch, so bemerken More und Barrow, undurchdringlich, allgegenwärtig, unkörperlich, unendlich usf.? Daraus aber sollte später Newton, der ihr Schüler war, den Schluß ziehen, daß der Raum ein »Sensorium Gottes« sei. Hier war der geistige Boden, auf dem sich seine Ideen vom absoluten Raum und der absoluten Zeit bildeten, die er seiner Physik zugrunde legte.

Diese Idee brachte ihn auf den Gedanken, daß man zwischen der Bewegung eines Körpers zum absoluten Raum und einer Bewegung eines Körpers nur relativ zu anderen Körpern unterscheiden müsse; die erste nannte er »absolute«, die zweite »relative« Bewegung. Diesen Unterschied aber glaubte er empirisch nachweisen zu können.

Er füllte einen Eimer mit Wasser und versetzte ihn in eine schnelle Drehung. Zuerst, als das Wasser sich nur relativ zum Eimer bewegte, also nach Meinung Newtons noch ruhte, war seine Oberfläche eben. Später, als es allmählich die Bewegung des Eimers mitzumachen begann, wurden Fliehkräfte in ihm wirksam, und es begann an den Wänden hochzusteigen. Daraus schloß Newton, daß das Wasser nicht mehr eine bloße Relativbewegung ausübte, sondern nunmehr mit dem Eimer eine solche zum absoluten Raum.

Eine absolute Bewegung schien ihm also an der Wirkung von Kräften nachweisbar zu sein, zum Beispiel, wie im vorliegenden Fall, von Fliehkräften; eine bloße Relativbewegung dagegen, wo keine Kräfte wirksam sind, entspricht offenbar der bereits von Descartes beschriebenen und begründeten Trägheitsbewegung. Daraus ergab sich für Newton weiterhin die Gleichberechtigung aller Trägheitssysteme. Denn da sie nur Relativbewegungen gegeneinander ausführen, also keine Kräfte auf sie wirken, so läßt sich niemals feststellen, welches von ihnen ruht und welches sich bewegt. In ihnen nehmen alle Naturgesetze die gleiche Form an. So sind sie nicht nur untereinander gleichberechtigt, sondern sie sind auch gegenüber allen anderen Arten von Bezugssystemen als ausgezeichnet zu betrachten.

Auf diesen Überlegungen beruht Newtons gesamte Physik. In seinen »Mathematischen Prinzipien« der Naturlehre schreibt er: »Auf die wahren Bewegungen aus ihren Ursachen, Wirkungen und scheinbaren Unterschieden zu schließen, und umgekehrt, aus den wahren und scheinbaren Bewegungen die Ursachen und Wirkungen abzuleiten, wird im Folgenden ausführlich gelehrt werden. Zu diesem Ende habe ich die folgende Abhandlung geschrieben.«[34]

In dieser Bewegungslehre liegt nun zwar das gegenüber Descartes eigentlich Neue, und hieraus leiten sich ferner vor allem Newtons revolutionärer Kraftbegriff sowie die zusätzliche Bestimmung des Körpers als träge Masse ab. Aber die Descartessche Definition des Naturobjekts und damit die Trennungslinie zum Subjekt wird dadurch doch nur weiter entwickelt: Auch für Newton ist das Objekt ein euklidisch ausgedehntes und führt, wenn ungestört, Trägheitsbewegungen aus. Der Rubikon ist von Descartes, wenn auch mit zweifelhaftem Recht, überschritten, ein Zurück gibt es auch für Newton nicht mehr.

Steht es nun mit den soeben beschriebenen Grundlagen der Newtonschen Physik besser als mit denjenigen des Cartesius?

Offenbar haben wir es bei Newton mit zwei allem voraus liegenden Annahmen zu tun, nämlich *erstens,* daß es einen absoluten Raum und eine absolute Zeit gibt, und *zweitens*, daß der Unterschied zwischen absoluten und relativen Bewegungen in gewissen Fällen empirisch nachweisbar sei.

Was die erste Behauptung betrifft, so ist sie schon zu Newtons Lebzeiten heftig umstritten gewesen; zwingende Gewißheit wird ihr niemand zusprechen können, erst recht nicht in dem vorhin erwähnten metaphysischen Zusammenhang, in dem sie historisch auftrat. Was aber die zweite Behauptung betrifft, so wurde sie zum erstenmal erschüttert, als Mach zeigte, daß sich der Eimerversuch Newtons auch anders deuten läßt. Wären nämlich die Wände des Eimers nur genügend mächtig und übten damit merkbare Gravitationskräfte aus, so würde schon bei der bloßen Relativbewegung des Wassers zum Eimer die Oberfläche des Wassers gekrümmt sein, und eine empirische Entscheidung darüber, was sich hier bewegt und was ruht, wäre gar nicht möglich. Umgekehrt könnte man die spätere Krümmung der Oberfläche des Wassers, wenn diese nämlich die Drehung des Eimers mitzumachen beginnt, auch so deuten, daß Wasser und Eimer ruhen, um beides aber das Zimmer mitsamt den Fixsternen kreist und die gravitierenden Massen die Krümmung der Wasseroberfläche bewirken. Auch hier könnten wir also eine absolute von einer relativen Bewegung nicht unterscheiden, alles löste sich vielmehr in bloße Relativbewegungen auf.

Solche und ähnliche Überlegungen führten später dazu, den Versuch Newtons nicht als empirisch zwingenden Beweis für den Unterschied von absoluter und relativer Bewegung – wie gesagt, zwei seiner physikalischen Grundbegriffe – anzusehen. Setzt man den absoluten Raum, das Trägheitsprinzip und die Auszeichnung der Trägheitssysteme schon voraus, dann wird man das Ergebnis des Eimerversuches als die Folge des Unterschiedes zwischen absoluter und relativer Bewegung verstehen; läßt man dagegen, wie Mach, diese Prämisse fallen, dann verschwindet der Unterschied, und wir haben es überall nur mit Relativbewegungen zu tun. Nicht das Experiment entscheidet also hier in Wahrheit, sondern die Art und Weise, wie man die Prämissen a priori begründet.

Nun hat die Begründung des absoluten Raumes und der absoluten Zeit durch Newton, soweit sie nicht auf vermeintlicher Erfahrung beruhte, sondern apriorisch war, ihre Wurzeln in einer Metaphysik, nämlich der schon erwähnten von More und Barrow. Niemand wird aber wohl behaupten, daß diese heute noch jemanden zu überzeugen vermag.

Auch die Grundlagen der Newtonschen Physik erweisen sich somit in Wahrheit als Ontologie, also als apriorische Bestimmung dafür, welche Verfassung das Naturobjekt als solches habe; und auch diese Ontologie ist, weit davon entfernt zwingend begründet zu sein, vielmehr nur noch aus der Zeit zu verstehen, in der sie entstand.

3. Einstein

Ich beginne zunächst mit einer kurzen Beschreibung der Lage, in der Einstein einen wesentlichen Teil der Physik vorfand. Diese Lage war gekennzeichnet durch den Widerspruch zwischen der Maxwellschen Theorie des Lichtes einerseits und der Newtonschen Gleichberechtigung aller Trägheitssysteme andererseits. Aus Maxwells Theorie des Lichtes folgt nämlich, daß nach den Gesetzen der Lichtausbreitung das Licht immer die gleiche Geschwindigkeit hat; die Gleichberechtigung aller Trägheitssysteme aber besagt, daß für Systeme dieser Art alle Naturgesetze, also auch diejenigen der Lichtausbreitung, unverändert gelten. Wenn in einem Laboratorium, das sich gleichförmig geradlinig bewegt, somit ein Trägheitssystem ist, mit Hilfe eines physikalischen Experimentes die Lichtgeschwindigkeit gemessen wird, so wäre zu erwarten, daß das Ergebnis dieses Experimentes ganz verschieden ausfällt, je nachdem ob sich das Laboratorium in der Richtung des Lichtes oder gegen sie bewegt: Bewegt es sich in der Richtung des Lichtes, so müßte man eine langsamere Geschwindigkeit messen, bewegt es sich aber in der entgegengesetzten, so eine schnellere, wie ja auch, wenn wir in einem Eisenbahnabteil sitzen, ein uns entgegenkommender Zug schneller an uns vorüberfährt, als ein uns überholender.

Im Gegensatz zu der Newtonschen Behauptung von der Gleichberechtigung aller Trägheitssysteme, der Behauptung also, daß die Naturgesetze für alle Systeme dieser Art unverändert gelten, wäre demnach anzunehmen, daß Beobachter in verschiedenen Trägheitssystemen zu verschiedenen Ergebnissen hinsichtlich der Geschwindigkeit des Lichtes und damit der Gesetze der Lichtausbreitung kommen müssen.

Es gab nun hauptsächlich zwei einander entgegengesetzte Versuche, diesen Widerspruch zu lösen. Der eine stammt von Lorentz und Fitzgerald, der andere von Einstein.

Zunächst waren sich beide Seiten darin einig, daß entgegen der soeben geäußerten und auf den ersten Blick einleuchtenden Erwartung, ein Unterschied in der Geschwindigkeit der Lichtausbreitung für verschiedene Trägheitssysteme niemals feststellbar sein würde, aber sie gaben einander entgegengesetzte Gründe dafür an, warum das so sei. Nehmen wir zum Beispiel an, wir würden uns mit einem Laboratorium gleichförmig und geradlinig bewegen und würden darin die Geschwindigkeit eines Lichtstrahls messen, der sich in der Richtung des Laboratoriums bewegt. Dann, so meinten Lorentz und Fitzgerald, würde durch die Bewegung des Laboratoriums ein sogenannter Ätherwind entstehen. Dieser Ätherwind aber rufe Kontraktionskräfte hervor, wodurch sich die Maßstäbe und Strecken in der Bewegungsrichtung genau so verkürzten, daß dadurch die erwartete langsamere Geschwindigkeit des Lichtes wieder ausgeglichen wird. – Ganz anders dachte Einstein. Zwar ergab sich auch für ihn eine Verkürzung der Maßstäbe, aber er führte sie nicht auf irgendwelche Kräfte zurück, sondern auf eine Veränderung der Raum-Zeitstruktur. Nach seiner Auffassung können wir nicht mehr von einem überall gleichen euklidischen Raum und einer überall gleichen Weltzeit ausgehen, sondern wir müssen dem Universum davon verschiedene Raum-Zeit-Metriken zugrunde legen. Sie bewirken, daß zwar die Raum-Zeit-Maßstäbe für verschiedene Trägheitssysteme verschieden sind, die Naturgesetze jedoch, darunter auch die Lichtausbreitung, für alle wieder die gleiche Gestalt annehmen.

Der beschriebene Widerspruch wurde also von Lorentz und Fitzgerald dadurch gelöst, daß sie die Gleichberechtigung aller Trägheitssysteme aufgaben und damit einen der beiden sich widersprechenden Teile opferten. Denn die Kontraktionskräfte des Ätherwindes sollen zwar de facto dazu führen, daß ein Unterschied in der Lichtgeschwindigkeit für verschiedene Trägheitssysteme nicht meßbar ist; in Wahrheit aber gab es doch für Lorentz und Fitzgerald Trägheitssysteme, die vor allen anderen solchen Systemen ausgezeichnet sind, nämlich jene, die zum Äther ruhen und in Beziehung auf welche die Lichtgeschwindigkeit auch ohne Verkürzung der Strecken konstant bleibt. Einstein dagegen hielt ausdrücklich an der Gleichberechtigung aller Trägheitssysteme fest; die Raum-Zeitverhältnisse und damit die Meßstrecken können zwar seiner Meinung nach für verschiedene Trägheitssysteme durchaus verschieden sein, aber in dieser Relativität von Raum und Zeit liege nur, daß keines von ihnen beanspruchen kann, die wahren und gleichsam unverfälschten Maßstäbe zu besitzen, also vor den anderen eine Auszeichnung zu genießen. Damit hat nun zwar Einstein im Gegensatz zu Lorentz und Fitzgerald keinen der einander widersprechenden Teile aufgegeben, nämlich weder die Gleichberechtigung aller Trägheitssysteme, noch die Maxwellsche Theorie, sondern vielmehr beide, wie er meinte, wahrhaft miteinander versöhnt; aber dafür opferte er doch etwas anderes, nämlich die klassisch gewordenen Vorstellungen vom Raum und von der Zeit.

Es ist nun außerordentlich bezeichnend, daß der berühmte Michelson-Morleysche Versuch, der die Konstanz der Lichtgeschwindigkeit für zueinander bewegte Trägheitssysteme bestätigte, bei allen diesen Überlegungen kaum eine nennenswerte Rolle spielte. Er konnte auch nicht als experimentum crucis verwendet werden, sondern gab gewissermaßen beiden recht; der Unterschied lag nur darin, daß jeder von beiden ihm eine andere Deutung gab. Für die Geschichte der Wissenschaften, in der das experimentum crucis eine weit geringere Rolle spielt, als die meisten heutigen Wissenschaftstheoretiker wahrhaben wollen, ist dies – auch die vorangegangenen Ausführungen weisen darauf hin – ein eher typischer Fall. Und so war denn auch die soeben skizzierte Idee Einsteins, die seiner Speziellen Relativitätstheorie zugrunde lag und zu ihrer Ausbildung führte, wenn auch im Einklang mit der Erfahrung, so doch keineswegs durch sie zwingend begründet. Warum aber, wenn nicht aus empirischen Gründen, entschloß sich Einstein, die klassische Behauptung über die Gleichberechtigung aller Trägheitssysteme keinesfalls aufzugeben, dafür aber die klassische Idee von Raum und Zeit zu opfern und nicht, wie Lorentz und Fitzgerald, das Umgekehrte zu tun?

Die Antwort lautet: Er hatte zwei Gründe dafür. Der eine ist metaphysisch, der andere erkenntnistheoretisch. Metaphysisch war seine tief religiös empfundene Überzeugung, daß die Natur die göttliche Harmonie widerspiegle und daher einen für die Vernunft begreiflichen, logischen und durchgehenden Zusammenhang aufweise. Auch in der Physik müsse diese Harmonie zu finden sein. Daher könne auch ein in ihr auftretender Widerspruch zweier so bedeutender und bewährter Theorien, wie es die klassische Mechanik und die Maxwellsche Theorie des Lichtes sind, nicht dadurch beseitigt werden, daß man Prinzipien einer der beiden zugunsten der anderen opfert. In seiner Speziellen Relativitätstheorie glaubte er aber, beide miteinander versöhnt zu haben, und dies war der eigentliche Grund dafür, daß er sie für wahr hielt. Die dadurch notwendig gewordene Opferung der klassischen Raum-Zeit-Vorstellung hingegen schien auch ihm, wie Mach, durch die erkenntnistheoretische Überzeugung gerechtfertigt, daß die Ideen eines absoluten Raumes und einer absoluten Zeit, die der Lorentz-Fitzgeraldschen Äthertheorie noch zugrunde liegen, kein Gegenstand der Erfahrung sein können und deswegen als bloße Fiktion zu verwerfen sind.

Es bedarf keines besonderen Hinweises darauf, daß die Grundgestalt der cartesianischen Ontologie, die besondere Scheidung in einen äußeren, durch die Physik definierten Bereich der Objekte von einem der Subjektivität zugehörigen auch in der Relativitätstheorie gewahrt ist. Es ist aber ebenso unschwer zu erkennen, daß Einsteins Metaphysik demselben geschichtlichen Hintergrund entstammt, der auch die Metaphysik Descartes' und Newtons miteinander verband. Der Gedanke eines alles einheitlich umfassenden, logischen und vernünftigen Zusammenhanges als Ausdruck einer mathematischen Weltenharmonie war ja kennzeichnend für die Renaissance und hat dort seine historischen Wurzeln. Auch Kepler und Galilei lebten in einer von diesen Gedanken bestimmten Vorstellungswelt. Ihren reinsten philosophischen Ausdruck aber fand sie nach Einsteins Meinung, der sich dieser Beziehungen durchaus bewußt war, im Werke Spinozas: »Ich glaube an Spinozas Gott«, schrieb er, »der sich in der gesetzlichen Harmonie des Seienden offenbart ...«.[35] »Meine Überzeugungen sind denjenigen Spinozas verwandt: Bewunderung für die Schönheit und Glaube an die logische Einfachheit der Ordnung und Harmonie ...«.[36] Dieser Gott Einsteins, betonte sein Biograph Hoffmann, »war das Leitprinzip seines wissenschaftlichen Handelns.«[37]

Ich möchte hier eine kleine Briefstelle zitieren, die zwar in einen anderen Zusammenhang gehört und eher scherzhaft gemeint war, aber dennoch kennzeichnend für Einstein ist. Als Weyl seine ,einheitliche Feldtheorie' entworfen hatte, schrieb ihm Einstein folgende, übrigens ins Schwarze treffende, kritische Bemerkung: »Könnte man den Herrgott wirklich der Inkonsequenz anklagen, wenn er sich die von Ihnen gefundene Gelegenheit zum Harmonisieren der physikalischen Welt entgehen ließe? Ich glaube nicht. In dem Falle, daß er die Welt Ihnen gemäß gemacht hätte, wäre nämlich Weyl II gekommen, um ihn vorwurfsvoll anzureden: ›Lieber Gott, wenn es schon nicht in Deinem Ratschluß gelegen hat, der Kongruenz unendlich kleiner starrer Körper einen objektiven Sinn zu geben ... warum hast Du, Unbegreiflicher, es dann nicht verschmäht, dem *Winkel* diese Eigenschaften zu belasten ... ?‹«[38] Aber hören wir noch einmal Hoffmann: Es sei die kosmische Schönheit gewesen, nach der Einstein gesucht habe[39], und sein Glaube lasse sich in dem Satz zusammenfassen: Der Herr ist eins.[40]

Wie die geschichtliche Herkunft der Einsteinschen Metaphysik aus der Ranaissance, so ist aber auch diejenige seiner vorhin angedeuteten Erkenntnistheorie und Philosophie verbürgt, die ja für seine Begründung der Speziellen Relativitätstheorie ebenfalls mitbestimmend war. Wir finden sie im Werke Machs. Auf diesen Denker und hervorragenden Vertreter des sogenannten Positivismus war Einstein bereits frühzeitig von seinem Freund Besso aufmerksam gemacht worden, und der Einfluß, den Mach auf ihn ausübte, hat, wie wir noch sehen werden, nicht nur bei der Entstehung der Speziellen Relativitätstheorie eine entscheidende Rolle gespielt.

Es wäre indessen ein Irrtum, wollte man meinen, daß Einsteins Grundlagen dann wenigstens insoweit empirischer Natur sind, als sie im Einklang mit Machs Philosophie stehen. Denn wenn diese Philosophie auch lehrt, daß jede begründete Erkenntnis nur auf Sinneswahrnehmungen zurückgeführt werden könne und daher alles als bloße Fiktion abzulehnen sei, das, wie der absolute Raum und die absolute Zeit, solche Wahrnehmungen übersteige, so stützt sich diese Philosophie doch keineswegs auf die Erfahrung. Man kann nämlich zwar durch die Erfahrung wissen, daß Erfahrung Erkenntnis vermittelt, aber man kann nicht durch Erfahrung wissen, daß *nur* Erfahrung Erkenntnis vermittelt.

Legt man dergestalt den metaphysisch-erkenntnistheoretischen Wurzelgrund frei, aus dem die Spezielle Relativitätstheorie hervorwächst, so ergibt sich nun aber bei näherem Zusehen ein eigentümlich zwiespältiges Bild. Zwar hat Einstein an der allgemeinen metaphysischen Idee, der auch schon Descartes und Newton folgten, festgehalten, aber sie bezieht sich jetzt nur noch auf den harmonischen Zusammenhang des Ganzen als solchen, nicht mehr auf seine einzelnen Teile. Weder für das Trägheitsprinzip noch für die Auszeichnung aller Trägheitssysteme für sich genommen wird von Einstein, wie es noch Descartes und Newton versucht haben, eine metaphysische Letztbegründung mehr gesucht. Sie werden sozusagen unbefragt aus der Newtonschen Konkursmasse übernommen und nur ihre Einordnung als solche in eine neue harmonische Synthese, in das neue Ganze aus klassischer Mechanik und Maxwellscher Lichttheorie, wird von der alten metaphysischen Idee noch mitgetragen. Damit werden in der Anstrengung, gewisse neue Zusammenhänge mit überlieferten Mitteln zu begründen, andere ihrer Begründung mit eben denselben Mitteln beraubt, so daß sie gleichsam freischwebend weiter existieren. Ferner hat die Machsche Philosophie am Eimerversuch keineswegs die Auszeichnung der

Trägheitssysteme demonstriert, sondern im Gegenteil die Gleichberechtigung *aller* Koordinatensysteme, da sie jede Bewegung in eine bloße Relativbewegung auflöste und damit auch jeden Unterschied zwischen Schwere und Trägheitsbeschleunigung aufhob. Schließlich aber bestand ein unaufhebbarer Gegensatz zwischen der beschriebenen Idee der mathematisch-physikalischen Weltharmonie und der Machschen Forderung, alles abzulehnen, was nicht durch Erfahrung geprüft werden kann, denn diese Idee ist durch Erfahrung gar nicht prüfbar. Nehmen wir nämlich an, wir versuchten eine solche Prüfung an Hand einer Theorie, die dieser Idee entspringt. Nehmen wir weiter an, diese Theorie hielte der Erfahrung nicht stand. Müßten wir dann auch die ihr zugrunde liegende Idee für empirisch widerlegt halten? Keineswegs. Wir könnten den enttäuschenden Ausgang der Prüfung damit erklären, daß die geprüfte Theorie eben nicht jene Harmonie beschreibe, die der Natur *in Wahrheit* zugrunde liegt. Die Idee Einsteins von der Harmonie der Natur kann also gerade deswegen nicht auf Erfahrung gestützt werden, weil sie mit jeder beliebigen Erfahrung vereinbar wäre. Es handelt sich daher bei ihr, die eine so grundlegende Rolle in Einsteins physikalischem Denken spielte und ihm zum Beispiel auch erwiesenermaßen die innere Gewißheit gab, gegenüber Lorentz und Fitzgerald im Recht zu sein, um einen ontologischen *Glauben* – nicht mehr, aber auch nicht weniger. Nun hat zwar Mach auch eine einfache Physik verlangt, aber schon der Name, den er dieser Forderung gab, zeigt die tiefe Kluft, die ihn hier von Einstein trennt. Indem er nämlich die Forderung nach einer einfachen Physik ein »Prinzip der Ökonomie« nennt, hat er zugleich ihre rein *methodische* Absicht gekennzeichnet; mit Einsteins metaphysisch verstandener Idee, die sich auf die *wirkliche* Verfassung der Natur und nicht auf ein bestimmtes, mehr oder weniger praktisches Vorgehen bei ihrer Beschreibung bezieht, hat dies nichts zu tun.

Das zwiespältige Bild, das soeben gezeichnet wurde, erweist aber nur aufs Neue auch Einsteins Einbettung in geistesgeschichtliche Zusammenhänge. Ja, man kann sogar sagen, sie sei geradezu typisch für geistesgeschichtliche Prozesse, in denen Altes und Neues miteinander verflochten sind, aber teilweise auch in ungelöstem Widerspruch nebeneinander weiterbestehen. Vor allem aber zeigt sich wieder, daß es nicht genügt, solche außerphysikalischen Grundlagen zu erkennen und einfach festzustellen. Bei Einstein wie bei den anderen großen Physikern werden vielmehr die Bedeutung, die Tiefe, die Möglichkeiten und vor allem die Rechtfertigung dieser Grundlagen mitsamt ihren Fragwürdigkeiten in ihrem ganzen Umfang überhaupt erst deutlich, wenn man sie in dieser ihrer geschichtlichen Dimension sieht.

Auch beim Übergang von der Speziellen Relativitätstheorie zur Allgemeinen, dem ich mich nunmehr zuwende, spielte kein neues Experiment irgendeine entscheidende Rolle; er bestand vielmehr im wesentlichen in der immanenten und folgerichtigen Fortsetzung der bereits entwickelten metaphysischen und philosophischen Voraussetzungen sowie ihrer entschlossenen Anwendung auf die bereits *vorliegende* Physik.

Einstein mußte nämlich bald feststellen, daß, wie vorher die klassiche Mechanik und die Maxwellsche Lichttheorie, so nunmehr die Spezielle Relativitätstheorie und die klassische Gravitationstheorie nicht miteinander zu vereinbaren sind. Wieder sah er sich in der Überzeugung herausgefordert, daß die Physik auch diesen Widerspruch überwinden, daß sie auch hier der vorausgesetzten harmonischen Einfachheit und Einheit der Natur entsprechen müsse; und wieder verband er diese von ihm metaphysisch begriffene Idee mit der Machschen Philosophie.

Diesmal aber ließ er einen Teil der Widersprüche zu dieser Philosophie fallen, von denen vorhin die Rede war, und befreite sich in Übereinstimmung mit ihr endgültig von dem letzten klassischen Relikt, nämlich der Auszeichnung der Trägheitssysteme. Mit Mach konstatierte er nun, daß ein Unterschied zwischen einer nur relativen Trägheitsbeschleunigung und einer absoluten Schwerebeschleunigung in der Tat empirisch nicht feststellbar ist und daher *alle* Koordinatensysteme für gleichberechtigt angesehen werden müssen. Wenn aber dies der Fall ist, dann, so folgerte er, müssen die Bahnen der Trägheitssysteme von gleicher Art sein wie diejenigen, die einem Schwerefeld unterliegen. Mit dem Unterschied von trägen und schweren Massen muß also auch der Unterschied von geradlinigen und gekrümmten Bahnen fortfallen, wie wir sie im euklidischen Raum kennen. Dies ist aber nur möglich im Rahmen von nicht-euklidischen, gekrümmten »Raum-Zeit-Welten«, sog. Riemannschen Geometrien, deren Krümmung jeweils von der Verteilung der schweren Massen abhängig ist. Diese Überlegungen führten Einstein zu den allgemeinen Feldgleichungen in der Allgemeinen Relativitätstheorie, aus denen grundsätzlich entnommen werden kann, welche Krümmung in Abhängigkeit von einer gegebenen Massenverteilung die Raum-Zeit von Fall zu Fall hat und welche kräftefreien Bewegungen vom Standpunkt des jeweiligen Bezugssystems zu beobachten sein werden. Auf diese Weise gelang es Einstein, die klassischen Gravitationstheorien in sein relativistisches System umzuformen und damit diesem einen weiteren, entscheidenden Teil der klassischen Physik harmonisch einzufügen.

Wenn nun bei der Aufstellung der Allgemeinen Relativitätstheorie Experimente genauso eine untergeordnete Rolle spielten wie bei der Aufstellung der Speziellen Relativitätstheorie, wenn es sich hier wiederum zunächst nur um eine neue Deutung vorliegender Sachverhalte im Lichte einer sehr alten Metaphysik und einer neueren Philosophie handelte, so sah Einstein darin keinerlei Nachteil. Und obgleich sich später herausstellte, daß die Allgemeine Relativitätstheorie der Newtonschen Gravitationstheorie überlegen ist, so hat er doch ausdrücklich betont, daß es nicht die Hoffnung auf solche Erfolge war, die ihn geleitet hatte. In der Physik als einzige Aufgabe die Ableitung richtiger Voraussagen zu sehen, wie es heute bei vielen Physikern und Wissenschaftstheoretikern üblich geworden ist, nannte er ein »primitives Ideal«[41]; ja, es schien ihm durchaus möglich, »daß beliebig viele, an sich gleichberechtigte Systeme der Theoretischen Physik möglich wären.«[42] Dann aber müßten ganz andere als empirische Gründe die Auswahl unter ihnen bestimmen. Im übrigen können »die axiomatischen Grundlagen der theoretischen Physik nicht aus der Erfahrung erschlossen werden«[43], sondern sind vielmehr »frei zu erfinden«[44]. »Da die Sinneswahrnehmungen ... nur indirekte Kunde ... vom ... ›Realen‹ geben, so kann dieses nur auf spekulative Weise von uns erfaßt werden.«[45] Als den wichtigsten dieser nichtempirischen Gründe, dieser »Erfindung« und »Spekulation«, gibt aber Einstein die Absicht an, »ein möglichst einfaches Gedankensystem zu suchen, das die beobachtbaren Tatsachen zu einem Ganzen verbindet.«[46] »Das besondere Ziel, das ich ständig vor Augen hatte«, schreibt er weiter, »ist die Bildung einer logischen Einheit im Bereiche der Physik.«[47] Darin liege die »Ratio«[48], mit der er sein System aufgebaut habe, und dies sei ihm gerade in einer Zeit »völlig evident«[49] geworden, als er noch glaubte, davon ausgehen zu müssen, »daß zwei wesentlich verschiedene Grundlagen aufgezeigt werden können« (nämlich die Allgemeine Relativitätstheorie und die Newtonsche Theorie), »die mit der Erfahrung weitgehend übereinstimmen.«[50] Daß sich Einsteins Theorie später in einzelnen Fällen als erfolgreicher als diejenige Newtons herausstellte, konnte ihn freilich bestätigen; *entscheidend* war dies für ihn nach seinen eigenen Worten nicht. »In gewissem Sinne«, schrieb er, »halte ich es ... für wahr, daß dem *reinen Denken* die Erfassung des Wirklichen möglich ist, wie es die Alten geträumt haben,«[51] wobei er auf jene Philosophen anspielt, denen man immer vorgeworfen hatte, mehr von der apriorischen Spekulation als den empirischen Tatsachen ausgegangen zu sein. Einstein war von der Wahrheit der Allgemeinen Relativitätstheorie überzeugt, weil er an die Harmonie der Welt glaubte.

Auch hier, in der Phase des Aufbaus der Allgemeinen Relativitätstheorie, sehen wir jedoch Einsteins geistige Grundlagen in einem eigentümlichen Zwielicht. Zwar sind nunmehr alle jene vorhin aufgezeigten Widersprüche verschwunden, die mit seinem Festhalten an der Auszeichnung der Trägheitssysteme zusammenhingen. Allein der Widerspruch zwischen Machs Positivismus einerseits und der überlieferten Verknüpfung von Physik und Metaphysik andererseits blieb unaufgelöst. Das Bild wird jedoch noch verwickelter, wenn man die soeben aufgeführten Zitate heranzieht. Denn die dortige Betonung und Rechtfertigung des »reinen Denkens« in der Physik ist nicht nur der Machschen Philosophie entgegengesetzt, sondern erinnert sogar, in dem Zusammenhang, in dem sie erfolgt, eher an Kant. War es doch Kant, der die Erkenntnis in einen reinen apriorischen und einen empirischen Teil aufspaltete und auf die beiden Grundvermögen des Denkens und der Sinneswahrnehmungen zurückführte. Alle diese Zwiespältigkeiten kommen daher, daß Einstein weit mehr als die meisten ahnen in der ungeheueren Spannung zwischen einem revolutionären Aufbruch einerseits und einer noch beinahe ungebrochenen geschichtlichen Überlieferung andererseits stand. Alle diese Zwiespältigkeiten zeigen aber auch, daß Einsteins Ontologie, nicht anders als diejenige Descartes' und Newtons, weder als fundamentum inconcussum betrachtet werden darf, noch aus den mannigfaltigen geistesgeschichtlichen Bedingungen und Beziehungen gelöst werden kann, denen sie ihre Entstehung verdankt.

4. Bohr und Einstein

Die ontologischen Grundlagen der auf die Relativitätstheorie folgenden Quantenmechanik lassen sich, meine ich, am einfachsten darstellen, wenn man von der Auseinandersetzung ausgeht, die Bohr und Einstein darüber geführt haben. Es wird sich aber auch zeigen, daß damit die im vorigen Abschnitt erfolgte Freilegung der Ontologie Einsteins eine zusätzliche Abrundung erhält.

Im Jahre 1935 dachte sich Einstein zusammen mit den Physikern Rosen und Podolsky folgendes Beispiel aus: Gegeben seien zwei

Teilchen, die früher in Wechselwirkung miteinander standen, nun aber beliebig weit voneinander entfernt sind. Mißt man zum Beispiel den Ort von einem der beiden Teilchen, so läßt sich unter Angabe bestimmter Anfangsbedingungen und mit Hilfe des Formalismus der Quantenmechanik der Ort auch des anderen, entfernten Teilchens bestimmen. Nun kann nach Einsteins Meinung dieses andere Teilchen wegen seiner Entfernung durch die Messung gar nicht beeinflußt worden sein und folglich habe sich auch seine Ortsbestimmung durch sie nicht verändert, das Teilchen müsse also in seinem Ort schon vorher und unabhängig von der Messung bestimmt gewesen sein. Das gleiche wäre der Fall, wenn wir nicht den Ort, sondern den Impuls eines der beiden Teilchen gemessen hätten. Dann ließe sich entsprechend der Impuls des anderen Teilchens bestimmen, ohne daß er dabei durch die Messung beeinflußt werden könnte. Auch der Impuls des Teilchens müsse also unabhängig von der Messung und schon vor ihr dagewesen sein. Wenn aber aus solchen Gründen ein Teilchen seinen Ort und seinen Impuls gleichsam *an sich* hat, so daß durch die Messung nur aufgedeckt wird, was schon da ist, dann müssen beide auch gleichzeitig existiert haben. Daraus schloß Einstein, daß die Quantenmechanik unvollkommen sei; denn die Heisenbergsche Unschärferelation besagt ja gerade dies, daß der Ort und der Impuls eines Teilchens nicht gleichzeitig bestimmbar seien.

Hieran entzündete sich nun der unter Physikern berühmt gewordene Streit zwischen Einstein und Bohr.

Bohr bestritt Einsteins Schlußfolgerung.[52] Dabei ging er folgendermaßen vor: Eine physikalische Größe, wie zum Beispiel der Ort oder der Impuls eines Teilchens, ist nach seiner Auffassung erst durch die Bedingung ihrer Messung definiert. Liegen diese Bedingungen nicht vor, ist es aus bestimmten Gründen in einem gewissen Fall grundsätzlich unmöglich, eine solche Größe zu messen, dann sei es sinnlos, deren Existenz anzunehmen; es ist, als behaupte jemand zum Beispiel, das legendäre Atlantis oder Utopia hätten einen Ort, obgleich doch die Voraussetzungen für eine Ortsbestimmung hier grundsätzlich nicht gegeben sind. Mißt man nun den Ort eines Teilchens in dem von Einstein angegebenen Fall, so sind nach der Heisenbergschen Unschärferelation in der Tat die Bedingungen für die Messung seines Impulses grundsätzlich nicht gegeben, und dies gilt nicht nur für das Teilchen, an dem die Messung unmittelbar vorgenommen wurde, sondern auch für das Teilchen, dessen Ort aus dieser Messung nur mit Hilfe des Formalismus der Quantenmechanik erschlossen werden konnte. Daher liege zwar keine *mechani-*

sche Störung des entfernten Teilchens vor, und darin habe Einstein zweifellos recht; dafür liege aber eine andere Form der Störung vor, nämlich diejenige, welche die Meßbedingungen betrifft. Die Messung des Ortes eines Teilchens, welche diejenige seines Impulses grundsätzlich ausschließt, mache es selbst in Einsteins Gedankenexperiment sinnlos, auch die Existenz seines Impulses anzunehmen und umgekehrt, und das gleiche gilt für das dort vorkommende entfernte Teilchen. Daraus folgerte Bohr, daß die Quantenmechanik im Gegensatz zu Einsteins Meinung *nicht* unvollkommen sei.

Die physikalische Wirklichkeit ist also für Bohr nur durch die das Meßinstrument, das gemessene Objekt und deren Wechselwirkung umfassende »Ganzheit« gegeben, nur sie *konstituiert* das »Phänomen«. Die Beziehung aber zwischen »Phänomenen«, die durch einander ausschließende Meßapparaturen definiert sind, so daß, wenn das eine bestimmt wird (etwa der Ort eines Teilchens), das andere unbestimmbar bleibt (etwa sein Impuls), nennt er »Komplementarität«.

Wieder haben wir es mit zwei verschiedenen *Deutungen* desselben Experimentes zu tun, und wieder handelt es sich folglich nicht um ein experimentum crucis, wodurch eine der beiden Auffassungen widerlegt werden könnte. Sondern wie schon in den vorher behandelten Fällen dieser Art, so stehen auch hier zwei sich widersprechende Grundideen einander gegenüber.[53]

Gemäß der einen Grundidee, nämlich derjenigen Einsteins, besteht die Wirklichkeit primär aus *Substanzen*, die Eigenschaften *haben* (zum Beispiel einen Ort und einen Impuls), unbeschadet der sekundären Relationen, in denen sie zu anderen Substanzen stehen; entsprechend deckt nach dieser Auffassung eine Messung einen Zustand an sich selbst auf. Gemäß der anderen Grundidee, nämlich derjenigen Bohrs, besteht die Wirklichkeit primär aus Relationen zwischen Substanzen, und die Messung ist nur ein Spezialfall solcher Relationen; daher konstituiert sie überhaupt erst eine Wirklichkeit. Für Einstein sind also Relationen durch Substanzen definiert, für Bohr Substanzen durch Relationen. Wenn daher Einstein in seinem Gedankenexperiment behauptet, das entfernte Teilchen sei durch eine *hier* stattfindende Messung *nicht* gestört, so hat er seine philosophische Grundauffassung über das Wesen der Wirklichkeit vorausgesetzt; dasselbe gilt für Bohr, wenn er sagt, das entfernte Teilchen sei sehr wohl durch die Messung gestört worden. Keiner von beiden kann hier seine Auffassung beweisen; aber jeder von beiden kann zeigen, daß seine Auffassung mit Einsteins Experiment verträglich ist, weil es mit ihr gedeutet werden kann.

Auch dieser Streit zwischen Einstein und Bohr ist also offenbar ontologischer Natur, dreht er sich doch um Strukturen des Seins und der Wirklichkeit, die entsprechend philosophisch – a priori begründet werden. Gerade deswegen spiegelt sich auch in ihm wieder ein Stück Geistesgeschichte, nur daß es diesmal viel weiter zurückreicht als bis zur Renaissance.

Schon die *antiken Skeptiker* wiesen ja bereits auf die durchgängige Relationalität der Dinge hin, womit sie zeigen wollten, daß es unmöglich ist, etwas in seinem Sein an sich zu begreifen. Aristoteles dagegen sah gerade in den Eigenschaften der Substanzen das Wesentliche und meinte, ihre Beziehungen untereinander seien für deren Wesen so bedeutungslos, wie der Hinweis, Müller sei größer als Meier, aber kleiner als Schultze, nichts über dessen Charakter aussagt. Man muß feststellen, daß die aristotelische Seinslehre und Ontologie den Sieg davontrug. Ja, selbst als mit Descartes die Niederlage des Aristoteles endgültig besiegelt war, hielt man an diesem Teil seiner Ontologie weitgehend fest. Zwar hatte Descartes die Mathematik in die Physik eingeführt, zwar hatte er damit die Naturgesetze durch Funktionsbeziehungen beschrieben, aber jede Substanz hat doch auch für ihn primär Eigenschaften, die erst sekundär durch die Einwirkung von anderen Substanzen – und dies auch nur bedingt – veränderlich sind. So kommt in seiner Physik jedem Körper an sich ein bestimmter Umfang, ein bestimmter Ort und eine bestimmte Bewegung zu, wobei sich nur der Ort und die Geschwindigkeit unter Einwirkung von außen wandeln können. Newton hat hieran lediglich geändert, daß er anstelle der vagen Cartesianischen Begriffe ›Umfang eines Körpers‹ und ›Bewegung‹[54] die exakten Begriffe ›träge Masse‹ und ›Geschwindigkeit‹ einführte. Gerade weil es sich aber hier überall um Eigenschaften der Substanzen an sich handelt, existieren sie auch unabhängig von einem möglichen Beobachter; jede Messung deckt hier nur auf und holt aus der Verborgenheit hervor, was an sich existiert. Und wie konnte es anders sein, wo doch die Physik für Descartes, Newton und auch Spinoza nur Gottes Schöpfung beschreiben sollte, die schwerlich von irgendwelchen Beziehungen zum Menschen abhängig sein kann.

Diese Skizze zeigt, daß die soeben erläuterte ontologische Grundidee Einsteins, anders als seine anderen, im vorigen Abschnitt behandelten ontologischen Auffassungen, in jene geistegeschichtliche Entwicklungslinie einzuordnen ist, die von Aristoteles über Descartes zu Newton führt. Wie aber verhält sich nun wieder diese ebenfalls der Metaphysik entstammende Idee zu der antimetaphysischen, weil positivistischen Philosophie Machs, von der Einstein, wie gezeigt, ebenfalls beeinflußt wurde? Um diese Frage zu beantworten, kehre ich jetzt noch einmal zur Allgemeinen Relativitätstheorie zurück. Dabei wird jetzt nachträglich deutlich werden, daß die Ontologie, die Einsteins Kritik an der Quantenmechanik zugrunde liegt, schon in der Allgemeinen Relativitätstheorie eine entscheidende Rolle spielt; ja, man kann feststellen, daß sie dort zur Machschen Philosophie in ein gewisses Verhältnis des Vor- oder Übergeordnetseins tritt.

Die raum-zeitliche Bahn eines Körpers mag nämlich für die verschiedenen Betrachter unterschiedlich gegeben und damit relativ sein, und doch handelt es sich hier nur um verschiedene Betrachtungsweisen und Aspekte desselben, von den Betrachtern Unabhängigen. Dieses von ihm Unabhängige aber sind die Weltlinien der Substanzen und ihre Koinzidenzen im vierdimensionalen Kontinuum. Ein Gleichnis möge dies verdeutlichen: Man stelle sich einen Teppich vor, der von verschiedenen, bestimmte Regeln befolgenden Fäden durchzogen ist. Diese Fäden können als Symbole der Weltlinien betrachtet werden. Nun trage man in diesen Teppich mannigfaltige, voneinander abweichende Koordinatensysteme ein, die solche von Beobachtern darstellen sollen. Beziehen wir die Beschreibung eines jeweiligen Fadens auf voneinander abweichende Koordinatensysteme, so wird diese Beschreibung auch für jedes der Systeme verschieden ausfallen. Der Faden aber bleibt derselbe. Freilich – um in unserem Gleichnis zu bleiben – freilich gibt es keinen Menschen, der diesen Faden an sich, also ohne Zuhilfenahme seiner Koordinaten beschreiben kann; und doch liegt er allen mannigfaltigen Aspekten als *die* Realität zugrunde. E. Cassirer hat daher bemerkt, daß man in der Relativitätstheorie eine niedere von einer höheren onotologischen Ebene unterscheiden könne. Die niedere besteht aus bestimmten Koordinatensystemen wie zum Beispiel demjenigen, das auf die Erde bezogen ist. Diese niedere Ebene nennt Cassirer den »letzten Erdenrest« der Relativitätstheorie.[55] Die höhere Ebene dagegen ist durch die allgemeinen, für alle Koordinatensysteme gleich gültigen Feldgleichungen bestimmt. Diese Feldgleichungen beziehen sich daher auf eine Realität von Weltlinien und deren Koinzidenzen, die *nicht* von den Koordinatensystemen abhängen. An dieser höheren, gleichsam ‚objektiven' Realität hat Einstein eben deswegen festgehalten, weil in ihm jene ontologische Grundidee noch wirksam war, die auch Descartes und Newton bestimmt hatte. So sehen wir ihn zwar in der Idee der Relativität jenem Relationalismus den größtmöglichen Spielraum geben, der die Geistesgeschichte der letzten zweihundert Jahre immer stärker geprägt und Einstein vor allem durch Mach beeinflußt hatte; aber jene Relativität, von der Einsteins Theorie den Namen hat, gehört doch nur in die gleichsam›subjektive‹Sphäre der Beobachter. Gott sähe Weltlinien, Koordinatensysteme hätte er nicht nötig.

In einem solchen Sinne also ist es zu verstehen, wenn ich vorhin sagte, Einsteins ontologische Grundidee erweise sich als dem Machschen Relationalismus übergeordnet. Auch diese Idee aber mündet in die Metaphysik und zwar als eine Form der Theologie und als Ausdruck des Glaubens; dort hatte sie ja auch ihre geistesgeschichtlichen Ursprünge. So erweisen sich diese metaphysische Theologie und dieser Glaube letztlich als das Innerste von Einsteins Gedankenwelt. Nichts kennzeichnet dies klarer als der berühmt gewordene und lapidare Satz, mit dem er den statistischen Formalismus der Quantenmechanik verwarf: »Gott«, sagte er, »würfelt nicht.«

Aber kehren wir zu Bohr zurück. Er rechtfertigte seine ontologischen Grundvorstellungen, aus denen er dann die vorhin erwähnten Begriffe »Phänomen«, »Ganzheit« und »Komplementarität« für die Physik ableitete, mit dem Hinweis auf eine *Philosophie* der *Relationalität,* die inzwischen starken Einfluß gewonnen hatte. Vor allem berief er sich dabei auf Kierkegaard und James. Was Bohr an Kierkegaard faszinierte, war dessen Beobachtung, daß die Bestimmung des Subjektes es zum Objekt mache und damit das Subjekt als solches ausschalte, während der Versuch, daraus wieder zum Subjekt zurückzukommen, wieder seine Betrachtung als Objekt unmöglich mache. Darin sah Bohr einen geradezu fundamentalen Fall von Komplementarität, und die Analogie zu derjenigen in der Quantenmechanik schien ihm umso überzeugender, als Kierkegaard den Übergang von der Bestimmung des Subjektes als Objekt zu einem solchen Objekt als Subjekt nicht selbst für objektivierbar hielt, sondern für einen nicht faßbaren Sprung als Folge eines Akts der Wahl. Denn auch von der Messung eines Ortes eines Teilchens gibt es keinen kontinuierlichen Übergang zur Messung seines Impulses, und der Beobachter hat zu entscheiden, ob er entweder das eine oder das andere tun wolle. – James hat – in diesem Betracht – Ähnliches gelehrt wie Kierkegaard. Im Denken muß man nach seiner Auffassung die »substantive parts« von den »transitive parts« unterscheiden. In den substantive parts wird das Denken zum Objekt, sie betreffen die von ihm hervorgebrachten Wörter und Sätze; aber das, was diese Sätze denkt und hervorbringt, eben die transitive parts, ist damit nicht zu fassen, es ist das Subjekt des Denkens. Auch hier also verschwindet das Subjekt hinter dem Objekt, je mehr man versucht, es genau zu fassen, und umgekehrt tritt das Subjekt umso deutlicher zutage, je mehr man hierauf verzichtet. Auch hier also lag für Bohr Komplementarität vor, und er sah in dieser ein allgemeines Prinzip, das den Phänomenen überhaupt zugrunde liegt. Solche Analogien aus dem Bereich der Philosophie der Subjektivität zur Quantenmechanik führten schließlich dazu, daß man die Wechselwirkung zwischen Meßinstrument und Meßobjekt mit derjenigen zwischen Subjekt (Beobachter) und Objekt (physikalischer Gegenstand) identifizierte und damit in Bohrs Auffassung auch noch eine neue Variante der Philosophie Berkeleys erblickte. Lehrte der nämlich »esse est percipi«, Sein ist Beobachtet-Werden, so behauptete man nunmehr, Sein sei Gemessen-Werden.

Die Fundamente der Quantenmechanik sind demnach, nicht anders als diejenigen der ihr vorangehenden Physik, ontologisch gerechtfertigt worden, nämlich einmal durch philosophische Überlegungen über das Verhältnis von Subjekt und Objekt und zum anderen als apriorisches Deutungsschema gegebener Experimente (zum Beispiel das von Einstein erdachte). Und wieder wird niemand sagen können, daß solche Rechtfertigungen besonders einleuchtend sind. Aus dem Verhältnis des Subjektes zu sich selbst bei Kierkegaard und James wird erstens unversehens ein Verhältnis des Subjekts zu einem Objekt, des Beobachters zum Beobachteten, und dieses wird zweitens wieder identifiziert mit der Beziehung, in der das Meßinstrument mit dem Meßobjekt steht. Mag das erste noch, wie auch immer, in den dunklen Labyrinthen einer Subjektivitätsphilosophie möglich erscheinen, das zweite aber ist sicher anfechtbar. Die Beziehung zwischen Meßinstrument und Meßobjekt ist eine solche zwischen zwei Objekten, sie könnte auch stattfinden, ohne daß ein Beobachter anwesend ist, zum Beispiel indem man ihn durch einen Computer ersetzte. Zudem handelt es sich bei der Messung nur um einen besonderen Fall des der Quantenmechanik allgemein und entscheidend zugrunde liegenden Gedankens, daß nicht zuerst irgendwelche materiellen Substanzen da sind, die dann miteinander in Beziehung treten, sondern daß Substanzen nur durch solche Beziehungen überhaupt definiert sind; von einem Subjekt ist hierbei nirgends die Rede. Was aber schließlich die bloße Fähigkeit der ontologischen Fundamente der Quantenmechanik anbelangt, als Deutungsschemata für gegebene Experimente zu dienen, so zeigt ja gerade das von Einstein erdachte Beispiel, daß damit nichts zwingend zu beweisen ist, weil ihm andere Deutungsschemata entgegengehalten werden können.

Wenn man also auch mit Recht in der Philosophie der Quantenmechanik einen Bruch mit der bis zu ihr geltenden Ontologie sah, so kann dies jedoch nur für den Bruch mit dem allgemeinen, bereits von Aristoteles vertretenen Grundsatz gelten, daß die Substanzen vor ihren Beziehungen untereinander Vorrang haben. An der für die Ontologie der Physik kennzeichnenden Trennung von Subjekt und Objekt, von Ideellem und Materiellem hat sich dagegen hier nichts geändert, und insofern bleibt auch die Quantenmechanik weiterhin in der Cartesianischen Tradition befangen.

5. Schlußbemerkung

Die vorangegangenen Ausführungen haben gezeigt, welcher Abgrund zwischen der naturwissenschaftlichen Ontologie einerseits und der mythischen Hölderlins andererseits klafft. Wo er Ich und Welt, Mensch und Natur in höchster Einheit numinoser Wesensgestalten aufgehoben sieht, zerfällt naturwissenschaftlich betrachtet alles entweder in streng voneinander geschiedene Elemente oder wird, in einer Hölderlins ganzheitliche Sicht sehr verengenden Weise, als Beziehung zwischen einem abstrakten Subjekt und einem abstrakten Objekt miteinander in Verbindung gebracht. Jede Personalisierung des Gegenstandes ist ferner aufgehoben, die sinnlich-anschaulichen Wesensgestalten werden von mathematisch-exakten Konstruktionen verdrängt.

Wenn man sich jedoch, wie es soeben geschehen ist, die großen Entwicklungslinien vergegenwärtigt, welchen jene weitgehend den Naturwissenschaften entnommene Denkschemata ihre Entstehung verdanken, so wird einem deutlich, daß diese Denkschemata nicht dem Gebot einer überzeitlich geltenden Vernunft oder der Erfahrung folgen, sondern nur geschichtlich zu erklären sind. Ihre geschichtlichen Bedingungen sind uns aber mit zunehmender Entfernung fremd geworden, ja, wir haben teilweise überhaupt vergessen, wie brüchig ein Teil des ›Urgesteins‹ ist, auf dem unsere Kultur beruht, weil es so von geschichtlichen Ablagerungen verdeckt wurde, daß wir es darunter kaum noch sehen können. Die historisch längst gefallene Entscheidung gegen den Mythos und für die Wissenschaft schiene uns daher keineswegs so selbstverständlich, wie es heute der Fall ist, stellte sie sich uns nur als eine Wahl zwischen der Subjekt-

und Objekt-Beziehung dar, die für den Mythos kennzeichnend ist, und derjenigen, die der Wissenschaft zur Grundlage dient. Was uns heute so überzeugend vorkommt, das ist ja nicht mehr wie einst, als diese Entscheidung fiel, die Metaphysik und Ontologie der wissenschaftlichen Grundlage, sondern das sind die zahlreichen Erfahrungen und Erfolge, die wir der Wissenschaft verdanken.

Es soll in einem später folgenden Kapitel dieses Buches geprüft werden, ob der Weg über die Erfahrung ausreicht, das blinde Vertrauen in naturwissenschaftliche Denkschemata zurückzugewinnen, das deren unmittelbare historische wie philosophische Analyse zu erschüttern vermag. In diesem nur einführenden Abschnitt sollte lediglich ein erster Schritt gemacht werden, nämlich zunächst einige Grundzüge des Mythos durch Gegenüberstellung mit entsprechenden Grundzügen der Naturwissenschaften deutlich hervortreten zu lassen und gleichzeitig zu zeigen, daß das Ergebnis der Abwägung zwischen beiden nicht von vornherein feststeht, sondern weit schwerer zu gewinnen ist, als allgemein angenommen.

III. Zur Geschichte der Mythos-Deutung

Der in den vorangegangenen Kapiteln behandelte Gegensatz zwischen Hölderlins Welt und derjenigen der Naturwissenschaften ist nur ein, allerdings herausragendes Beispiel für einen Zwiespalt, der unsere Kultur seit den letzten vierhundert Jahren kennzeichnet. Ja, man kann sagen, daß ihre Geschichte zu einem bedeutenden Teil nichts anderes ist als die Geschichte dieses Zwiespaltes.

Von Anfang an stieß die wissenschaftlich-technische Denkweise vielfach auf heftigen Widerstand. Ungeachtet der wissenschaftlichen Auffassung, daß die Natur durchgehend von Kausalgesetzen beherrscht wird, hielt man immer wieder an der Überzeugung fest, in ihr walteten Sinn- und Zweckzusammenhänge. (Zwar ist zum Beispiel der Biologie das Denken in Zwecken nicht fremd, etwa wenn man fragt, wozu ein Organ diene, aber letztlich setzt doch auch sie voraus, daß solche Zwecke durch rein physikalische, chemische oder physiologische Gesetze erreicht werden.) Man fand sich ferner nicht damit ab, daß die Natur in wissenschaftlicher Sicht wie ein lebloses Wesen behandelt wird, und versuchte unbeirrt, in einer Art Gefühlsbeseelung ihr numinoses Wesen zu erkennen. Aus diesem Grunde hielt man sich mehr an ihre unmittelbar sinnlich erfaßbaren Gestalten, die uns, wie schon gesagt, beinahe unwillkürlich entgegentreten, und wies die theoretischen Abstraktionen der Wissenschaft, mit denen sie die anschaulichen Erscheinungen auf etwas Unsichtbares zurückführt, wie das Licht auf Wellen, die Körper auf Elementarteilchen usf., als bloße Denkkonstruktionen zurück. Im Widerspruch zum analytischen Vorgehen der Wissenschaft, die alles erst in seine Elemente zerlegt, um es dann etwa mit Hilfe von mathematischen Funktionen wieder miteinander in Beziehung zu setzen, forderte man ein »ganzheitliches Denken«. Schließlich lehnte man überhaupt das allgemeine Ziel ab, die Natur mit exakten Mitteln zum Gegenstand bloßer Beherrschung zu machen, ihr, wie Goethe es ausdrückte, »mit Hebeln und Schrauben zu Leibe« zu rücken,[56] und zog es dagegen vor, das Göttliche in ihr zu verehren.

Diese wenigen und allgemein bekannten Stichworte seien noch durch die Auffassung einiger Namen und Bewegungen ergänzt; ich erinnere an Shaftesburys organologisches Weltbild, an Rousseaus Revolte gegen die Wissenschaft, an Herders Naturauffassung, an die Sturm- und Drangbewegung, an Goethes schon zitiertes Verhältnis zu den »Phänomenen«, an die Renaissance des antiken Mythos durch die Klassik, an Schellings Goethe verpflichtete Naturphilosophie, an die Naturmystik von Novalis, an die Wiederbelebung der Volksmythen durch die Romantik usf. Der heute aufkommende Kulturpessimismus und die Revolte gegen Wissenschaft und Technik erweisen sich hier nur als ein letztes Glied in einer langen Kette. Nicht, daß diese Revolte sich auf der geistigen Höhe ihrer Vorgänger befände, aber auf eine mehr oder weniger verworrene Weise dringt hier Ähnliches aus der Tiefe zum Ausbruch: Nämlich eine unbestimmte Sehnsucht nach Weltbeseelung, nach einem ganzheitlichen, nicht in lauter Teilfunktionen zerfallenden Dasein und Leben, und vielleicht sogar nach einem letzten göttlichen Sinn.

Nun bedeutet zwar ein so vielfältiger Widerstand gegen die wissenschaftlich-technische Welt noch nicht, daß er in jedem Fall von mythischen Vorstellungen geprägt ist. Es wäre hier auch verfrüht, dies näher zu prüfen, da dies ja eine tiefere Aufklärung darüber, was Mythisches eigentlich sei, voraussetzt, eine solche Aufklärung aber erst im folgenden versucht werden soll.

Dennoch sei der Zwiespalt unserer Kultur, von dem hier die Rede ist, noch an einem anderen Beispiel als dem Hölderlins ausführlicher erläutert, und zwar an einem Beispiel, das hier besonders nahe liegt: Es ist die Geschichte der Deutung und Erforschung des Mythischen selbst. Diese Geschichte ist aber hier auch deswegen von besonderer Bedeutung, weil überall, wo nach den Grundlagen des Mythos geforscht wird, eine kritische Auseinandersetzung mit ihr unerläßlich ist und nur durch sie herausgefunden werden kann, welche Fragen in diesem Zusammenhang ungelöst geblieben sind.

Für solche Zwecke wäre es nun aber wenig hilfreich, wenn sich der folgende kurze Abriß der Geschichte der Deutung und Erforschung des Mythos streng an den historischen Ablauf hielte. Ich habe ihn daher durch bestimmte Typen gegliedert, ohne bei ihrer Aufzählung der zeitlichen Reihenfolge ein besonderes Gewicht beizumessen, die ohnehin nicht immer einzuhalten ist, weil sich die Typen teils zeitlich überschneiden, teils zwischen den Vertretern ein und derselben Mythos-Deutung oft Jahrzehnte, wenn nicht Jahrhunderte liegen. Auch habe ich die verschiedenen Deutungen des Mythos so gut es ging nach ihrer steigenden Neigung geordnet, in ihm nicht nur eine Fabel, sondern eine bestimmte Weise der Wirklichkeitserfahrung zu sehen, wobei allerdings diese Neigung weitgehend mit der zeitlichen Aufeinanderfolge zusammenfällt. Durch eine solche Darstellung treten die entsprechenden Grundgedanken deutlicher und übersichtlicher hervor, so daß wir leichter kritische Fragen stellen und systematisch weitersuchen können.

I. Die allegorische und die euhemeristische Deutung des Mythos

Beide Deutungen finden sich bereits in jenem Abschnitt der Antike, in dem die Kraft des Mythos zu erlöschen begann.[57] In der allegorisierenden Betrachtung, etwa bei den Stoikern und Epikuräern, werden die mythischen Erzählungen hauptsächlich als Gleichnisse und Personifikationen von Naturmächten aufgefaßt, welche die Folgen primitiver Unwissenheit und der allgemeinen Neigung der Menschen sind, das Unbegreifliche nach Menschenart zu deuten; für die euhemeristische Auffassung dagegen, die auf den griechischen Philosophen Euhemeros zurückgeht (etwa 300 v. Chr.), ist der Mythos vor allem eine Verklärung und Vergottung früherer Könige, Heroen und Weiser, wie sie sich leicht in zunehmender zeitlicher Entfernung einstellt. Im Grunde sind also die allegorischen und euhemeristischen Deutungen *psychologisch*. Wenn sie hier trotzdem nicht in die im eigentlichen Sinne psychologischen eingeordnet sind, die später behandelt werden sollen, so vor allem deswegen, weil sie noch nicht auf einer *wissenschaftlichen* Psychologie aufbauen und daher letztlich doch auch ihr Inhalt von den späteren psychologischen Deutungen erheblich abweicht.

Dieses bereits in der Spätantike vorliegende allegorische und euhemeristische Verständnis des Mythos wurde von der rationalistischen Aufklärung des 18. Jahrhunderts übernommen. Im Lichte der cartesianischen Ontologie konnte eine andere als die physikalische Naturerklärung nur der Unfähigkeit zugeschrieben werden, das »Subjektive« vom »Objektiven« zu trennen, und der Mythos insbesondere wurde daher als ungerechtfertigte Übertragung von jenem auf dieses bezeichnet. Man suchte entsprechend an einschlägigen Fällen zu zeigen, wie menschliches Verhalten allegorisch auf die Naturerscheinungen übertragen wurde oder wie man in menschlichen Wesen etwas Übernatürliches erblickt hat. Vertreter dieser Richtungen sind u.a. Fontanelle, Ch. F. Dupuis, der Abbé Fouchet und D. Hume.[58] »Offenbar ist es eine allegorische Auffassung« schreibt Hume, »wenn Cupido, der Sohn der Venus, die Musen, als Töchter der Erinnerung, Prometheus, als der kluge, Epimetheus als der törichte Bruder, die Gesundheitsgöttin Hygieia als Tochter des

Heilkunstgottes Asklepios vorgestellt werden.«[59] Mythische Allegorien sind für Hume nur der Ausdruck von Furcht und Hoffnung. Das rätselvolle Geschick erscheint dem Menschen wie die Launen eines schwer berechenbaren Wesens, mit dem man sich daher durch Bitte und Opfer auf guten Fuß stellen muß. Ähnlich dachten Ch. M. Wieland und J. H. Voss.[60]

Die allegorische und euhemeristische Deutung finden wir noch im 19. und 20. Jahrhundert, wenn auch verfeinert und gestützt auf ein reicheres ethnologisches Material. Ich erwähne E. Tylor[61] und H. Spencer,[62] nach deren Meinung sich im Mythos eine primitive und animistische Denkungsweise allegorischen Ausdruck verschafft. Zu nennen wären ferner A. de Maury,[63] L. Preller,[64] L.Frobenius[65] und P. Ehrenreich.[66] Preller und Frobenius unterscheiden sich allerdings vor allem von Forschern wie Tylor und Spencer in der *Bewertung* der mythischen Kulturen, weil sie diesen Kulturen eine »seelenvolle Naturbetrachtung« bescheinigten, die einem nur mit innerer Ergriffenheit und Einfühlung zugänglich werde. Frobenius zum Beispiel sieht im Sonnenkult die Wurzel des Mythos und begründet dies damit, »... daß es nämlich in der Natur kein so großartiges Schauspiel gibt wie Sonnenaufgang und -untergang.«[67] Im Gegensatz dazu erklärte freilich Ehrenreich mit Hinblick auf den Mythos: »Die wichtigste kosmische Erscheinung ist unzweifelhaft der Mond ...«.[68] Wo also die einen mehr die Auswirkungen einer primitiven Furcht und Hoffnung sehen, glauben die anderen Hypostasierungen oder Personalisierungen ästhetischer Gefühle bemerken zu können. An dem psychologisch begründeten allegorischen oder euhemeristischen Verständnis des Mythos, also an seiner bloß subjektiven Bedeutung ändert sich indessen dadurch nichts.

2. Die Deutung des Mythos als »Krankheit der Sprache«

Diente der allegorischen und euhemeristischen Betrachtung des Mythos eine, wenn auch noch etwas grobe Psychologie, so beruft man sich hier auf die Wissenschaft der Sprache. Beispielsweise hat M. Müller die Auffassung vertreten, daß ursprünglich jeder Gegenstand durch viele Attribute bezeichnet wurde (Polyonymie), während sich später aus dieser Fülle *ein* Name dafür aussonderte (Synonymie). Die anderen Attribute wurden nun auf verschiedene Gegenstände angewandt (Holz zum Beispiel nicht nur auf den Baum, sondern auch auf das Haus, den Tisch usf.), so daß diese Attribute anfingen, eine gewisse abstrakte Selbständigkeit zu gewinnen (Homonymie). Einige von ihnen scheinen jedoch dabei schließlich jegliche Bedeutung verloren zu haben und lebten nur noch in Sprichwörtern, idiomatischen Phrasen usf. weiter. »Nehmen wir an«, schreibt Müller, »die genaue Bedeutung des Wortes ›Zwielicht‹ wäre in Vergessenheit geraten, und ein sprichtwörtlicher Ausdruck, wie ›Das Zwielicht singt die Sonne in den Schlaf‹, hätte sich erhalten, würde dann nicht das Zwielicht gar bald einer Erklärung bedürfen und würden die Ammen lange anstehen, ihren Kindern zu erzählen, das Zwielicht sei ein altes Weib, das alle Abende käme, um die Sonne zu Bette zu bringen ... ? Auf diese und ähnliche Weise erwuchsen in der Kindheit viel Märchen, die ... ein Bestandteil dessen wurden, was wir die Mythologie der alten Völker zu nennen gewohnt sind.«[69] Auf solche Weise führt also nach Müller die Verselbständigung gewisser Wörter schließlich dazu, sie als Namen mystifizierter Personen aufzufassen. Der Mythos ist daher für ihn nichts als eine »Kinderkrankheit« der Sprache,[70] und die Götter sind nur »Masken ohne Schauspieler, die Schöpfung des Menschen, nicht seine Schöpfer; sie sind *nomina*, nicht *numina:* wesenlose Namen, nicht namenlose Wesen.«[71] Eine der Müllerschen ähnliche Auffassung finden wir später auch bei H. Usener, der die Götter des Mythos aus sprachlichen Verallgemeinerungen und Verballhornungen unzähliger ursprünglicher »Einzel- und Augenblicksgötter« hervorgehen läßt.[72]

3. Die Deutung des Mythos als Poesie und schöner Schein

Diese Deutung ist vor allem für jene klassische Vorstellungswelt kennzeichnend, die man mit den Namen Winckelmann und Goethe verbindet, obgleich wir ihre Nachwirkungen sogar noch im 20. Jahrhundert finden können.[73] Sie wurde hauptsächlich von K. Ph. Moritz[74] und von K. A. Böttiger vertreten,[75] aber auch die Frühromantiker A. W. und F. Schlegel sind von ihr unmittelbar beeinflußt.[76]

»Die Göttergeschichten der Alten durch allerlei Ausdeutungen zu bloßen Allegorien umbilden zu wollen«, bemerkt Moritz, »ist ein ebenso törichtes Unternehmen, als wenn man diese Dichtungen durch allerlei gezwungene Erklärungen in lauter wahre Geschichten zu verwandeln suchte.« »Um an diesen schönen Dichtungen nichts zu verderben, ist es nötig, sie zuerst, ohne Rücksicht auf etwas, das sie bedeuten sollen, gerade so zu nehmen, wie sie sind ...«[77] Mythos ist also nicht Allegorie, so hören wir hier, ist nicht nur eine in bildhaften Gleichnissen dargestellte prosaische Wahrheit, sondern Mythos ist *Dichtung*. Damit ist der hier alles bestimmende Grundgedanke ausgesprochen.

Goethe hat, mit anderen Worten, über den Mythos dasselbe gesagt wie Moritz. Er schreibt: »Ob man nun wohl, wie auch geschehen, bei diesem Gegenstand philosophische, ja, religiöse Betrachtungen anstellen kann, so gehört er doch ganz eigentlich zur Poesie.«[78] Darin liegt aber für Goethe, daß er letztlich das Ergebnis derselben Phantasie und Einbildungskraft ist, die sich auch in der alles schaffenden und organisierenden Kraft der Natur widerspiegelt. Gerade deswegen lassen sich für Goethe Dichtung und Naturforschung nicht scharf trennen. Wer das Urphänomen und die Urpflanze zu erfassen sucht, greift nach den ewigen Schöpfungsideen, welche die Natur wie den Künstler leiten; aber diese einheitlichen Formtypen sind nichts Starres, sondern ihrerseits Gegenstand einer unendlichen Produktivität, die immer neue Gestalten hervorbringt – und auch in dieser Produktivität gleichen sich Natur und Künstler. Sofern also der Mythos Dichtung ist, bringt er einerseits wie die Natur klare und deutliche Bildungsgestalten hervor und zeigt er andererseits doch, indem er diese Gestalten unerschöpflichen Metamorphosen unterwirft (wofür diejenigen Ovids ein Musterbeispiel sind), »wie Natur im Schaffen lebt.«[79] »Ich habe eine Vermutung«, bemerkt Goethe daher mit Hinblick auf die Kunst der Griechen, »daß sie nach eben den Gesetzen verfuhren, nach welchen die Natur verfährt und denen ich auf der Spur bin.«[80] »Diese hohen Kunstwerke sind zugleich als die höchsten Naturwerke von Menschen nach wahren und natürlichen Gesetzen hervorgebracht worden.«[81] Dennoch kann man in gewissem Sinne Mythos und Dichtung noch unterscheiden; denn indem jener das Material bietet, an dem sich diese betätigt, stellt er so etwas wie das *Prinzip* der Poesie dar. Aber weil er wie diese spiegelt, »was die Welt im Innersten zusammenhält«,[82] erfaßt er letztlich mit ihr eine höhere Wahrheit. Diese unterscheidet sich von der Wahrheit des bloßen Augenscheins ebenso wie von derjenigen der Naturwissenschaften, soweit sie nach dem Vorbild der Newtonschen Physik geprägt sind. Goethe faßt dies alles mit den Worten zusammen, die »Mythologie« sei jene Dichtkunst, »welche dahin strebt, daß der Einbildungskraft Gehalt, Gestalt und Form dargebracht werde, so daß sie sich daran als an einem Wirklichen beschäftigen und erbauen könne.«[83] Daß es sich aber bei dieser Wirklichkeit um eine »ideale«, also »höhere« gehandelt hat, daran hat Goethe keinen Zweifel gelassen.[84]

Gegenüber den im vorigen Abschnitt behandelten Deutungen des Mythos, die in ihm letztlich nur eine Allegorisierung, wenn nicht gar sprachliche Verfälschung der an sich durchaus »prosaischen« Wirklichkeit zu erkennen meinten, bedeutet dies zweifellos eine Aufwertung. Und dennoch – was Goethe und seine Anhänger fühlten oder lebten, ließ sich nicht auf den Begriff bringen: Die Grenzen zwischen »Dichtung und Wahrheit« blieben verschwommen, ja, sie wurden sogar bewußt in der Schwebe gehalten. So überwog doch am Ende der Eindruck, es handle sich auch beim Mythos nur um einen »schönen Schein«. Schiller hat dem mit harter Klarheit Ausdruck gegeben, als er in seinem Gedicht »Die Götter Griechenlands« unter anderem die folgenden Verse schrieb:

Da ihr noch die schöne Welt regieret,
An der Freude leichtem Gängelband,
Selige Geschlechter noch geführet,
Schöne Wesen aus dem Fabelland –
Ach, da Euer Wonnedienst noch glänzte,
Wie ganz anders, anders war es da,
Da man Deine Tempel noch bekränzte,
Venus Amathusia!

Da der Dichtung zauberische Hülle
Sich noch lieblich um die Wahrheit wand,
Durch die Schöpfung floß die Lebensfülle,
Und was sie empfinden wird, empfand.
An der Liebe Busen sie zu drücken,
Gab man höheren Adel der Natur,
Alles wies den eingeweihten Blicken,
Alles eines Gottes Spur.

Wo jetzt nur, wie unsre Weisen sagen,
Seelenlos ein Feuerball sich dreht,
Lenkte damals seinen goldnen Wagen
Helios in stiller Majestät.
Diese Höhen füllten Oreaden,
Eine Dryas lebt' in jedem Baum,
Aus den Urnen lieblicher Najaden
Sprang der Ströme Silberschaum. usf.[85]

Wenn man dieses Gedicht liest, wird man schließlich wieder an Frobenius erinnert.

4. Die ritualistisch-soziologische Deutung des Mythos

Die bisher betrachteten Deutungen des Mythos sind insgesamt nach dem Vorbild einer *theoretischen* Weltbetrachtung entworfen: Ob es sich um die allegorische Auffassung handelt oder diejenige, welche den Mythos auf bestimmte sprachliche Begriffsbildungen zurückführt, oder um die ästhetische, die von einem poetischen Zauber der Natur ausgeht, immer handelt es sich um bestimmte mythische Formen, in denen die Erscheinungen *erkannt, erklärt, aufgefaßt* oder *dargestellt* werden sollen. Erst die ritualistisch-soziologische Auffassung, wie sie in der zweiten Hälfte des vorigen Jahrhunderts aufkam, hob den Mythos als *eine Daseinsform* hervor, welche auch die *gesamte praktische* Lebenswirklichkeit umfaßt und die Grundlagen menschlicher Gemeinschaften bestimmt. Eine solche Wirklichkeit und solche Grundlagen sind immer durch einen mehr oder weniger systematischen Zusammenhang von Verhaltensregeln gegeben, welche die Bräuche im privaten wie öffentlichen Verkehr, die gesellschaftliche Ordnung, das Verhalten der Natur, überhaupt Handel und Wandel betreffen. Als Urgestalt und Muster dieser Regeln in einer vom Mythos bestimmten Welt aber wurde nun das *Ritual* aufgefaßt.

Wenn wir von einigen Vorarbeiten absehen, die insbesondere W. Mannhardt geleistet hat,[86] so waren es vor allem die in Oxford und Cambridge wirkenden Gelehrten W. R. Smith,[87] J. G. Frazer,[88] J. E. Harrison,[89] F. M. Cornford,[90] G. Murray[91] und B. Malinowski,[92] die in ausgedehnten Forschungen eine solche Deutung vertraten. Zu erwähnen sind jedoch auch die Franzosen E. Durkheim und M. Mauss, auf die sich insbesondere Cornford ausdrücklich berief.[93]

Diese Schule hat zunächst die Meinung vertreten, daß sich der Mythos allmählich aus Ritualen, die eher magisch zu verstehen sind, entwickelt hat und daß er erst später zu einer Einheit mit ihnen verschmolz. Diese Rituale aber deutete man als »Totemismus«. Ihm sollte der Glaube einer noch primitiven Menschheit zugrunde liegen, daß alles belebt ist und daß insbesondere zwischen gewissen Spezies, meist solchen von Tieren und einem Stamm, eine Art Blutsgemeinschaft besteht. Daraus ergeben sich die verschiedenen Tabus, nämlich Unantastbarkeiten von »Heiligem« und »Unreinem«. Als »heilig« galt zum Beispiel, was in der bezeichneten Weise mit dem Stamm verbunden war, als »unrein«, was außerhalb seiner Sphäre lag. Daraus ergaben sich ferner feste Bräuche und Riten aller Art, die nicht nur für den Schutz, sondern überhaupt für Leben und

Fortbestand der Gemeinschaft für unerläßlich gehalten wurden. Als Folge eines erstarkenden menschlichen Selbstbewußtseins wurden später, wie man annahm, aus den Totemtieren menschenähnliche Götter, doch so, daß die Götter immer noch mit diesen Tieren in einem Zusammenhang standen oder gar in deren Gestalt in Erscheinung traten. Entsprechend halten sich nach dieser Auffassung die alten Bräuche und Riten, wenn sich auch ihr Sinn verwandelt. Nach wie vor haben sie zwar im Opfer ihren Ursprung, in dem nach strengen Regeln das heilige Tier geschlachtet und gemeinsam verspeist wird. Aber mit dem Opfer wird nun nicht mehr wie früher die Gemeinschaft mit dem Totemtier, sondern mit dem Gott besiegelt. Der gemeinsame Genuß des lebendigen Fleisches und Blutes eines Opfertieres, einst Aufnahme von dessen magischer Kraft, stiftet nun eine »mystische Einheit von Mensch und Gott!«[94] So ist aus dem magischen Animismus der Urzeit der Mythos geworden. Dennoch sind die Einzelheiten des Rituals und Opfers noch weitgehend geprägt von den Vorstellungen, die ihnen einst zugrunde lagen, die aber nur verdrängt und vergessen sind. Also versucht man Erklärungen, die man dem Mythos entnimmt. Damit wird nach Meinung der ritualistischen Schule begreiflich, daß die sakralen Handlungen und Praktiken später sehr verschiedene Auslegungen erhalten haben, während sie selbst durch die Jahrtausende hindurch unverändert die gleichen blieben. W. R. Smith spricht von einer »Abhängigkeit des Mythos vom Ritus« und schreibt: »Die Mythologie war genau genommen kein wesentlicher Bestandteil der Religion; denn sie hatte für deren Anhänger keine geheiligte Bestätigung und keine bindende Kraft. Die mit einzelnen Heiligtümern oder religiösen Ceremonien verknüpften Mythen waren bloß ein Bestandteil des cultischen Apparates, sie sollten dazu dienen, die Einbildungskraft zu erregen und die Teilnahme des Verehrers lebendig zu erhalten. Oft wurde ihm eine Auswahl von Berichten über denselben Hergang geboten, und wenn er nur das Ritaul genau vollzog, so kümmerte sich niemand darum, was er über diesen Ursprung glaubte.« Aber »Gegenstand der Verpflichtung und verdienstlich war nur die genaue Ausübung bestimmter heiliger Handlungen, wie sie durch die religiöse Tradition vorgeschrieben waren.« Daher meint Smith, »... daß beinahe in jedem Fall der Mythus aus dem Ritus hergeleitet ist und nicht der Ritus im Mythus wurzelt.«[95]

Dieses einseitige Ableitungsverhältnis wurde nun zwar später innerhalb der ritualistisch-soziologischen Schule mehr in dasjenige einer Wechselwirkung oder gar Identität umgedeutet, aber der

Grundgedanke eines unlöslichen Zusammenhangs zwischen Ritus und Mythos wurde damit nur noch verstärkt. Drei Beispiele mögen diese Entwicklung verdeutlichen.

In dem ersten Kapitel seines Buches »Five Stages of Greek Religion« weist G. Murray darauf hin, daß das griechische Fest der Diasien dem Zeus gewidmet war, obgleich in seinem rituellen Mittelpunkt eine Schlange stand; die sog. Thesmophorien waren zwar der Demeter geweiht, aber geopfert wurde eine Sau; und schließlich gehörten die Anthesterien dem Dionysos, obgleich der Höhepunkt des Festes im Bullensaal stattfand, wo die Königin mit dem Gott das Lager teilte. Wie ersichtlich, enthalten alle diese Feierlichkeiten verschiedene Rituale der Wiedergeburt, der Fruchtbarkeit und Zeugung: Die Schlange ist ja das Tier, das sich immer wieder häutet, die Sau ist Sinnbild strotzenden Lebens, und im Bullen verkörpert sich die Kraft des Phallus. Offenbar wurden also diese nach alten magischen Kulten ausgewählten Opfertiere später in den olympischen Mythos verwoben und auf eine nicht mehr ganz durchsichtige Weise mit Zeus und Demeter, aber auch mit Dionysos in Verbindung gebracht. Während nun Murray hier noch im Sinne vom W. R. Smith die Herkunft des Mythos aus dem Ritual betont, berichtet umgekehrt B. Malinowski in seinem Essay »Myth in Primitive Psychology« von einem Mythos, auf den sich die Rituale, aber auch die Lebensgewohnheiten, die Rangordnungen, Speisevorschriften, kurz die gesamte soziale Struktur bestimmter Clane in Melanesien stützen.[96] Diesem Mythos zufolge stammen alle diese Clane aus einer Höhle, Obkula genannt, die sich in der Nähe der Ortschaft Laba'i befindet. Ihre Rangordnungen ergeben sich einerseits aus der Reihenfolge, in der die ihnen jeweils zugeordneten Tiere, nämlich Hund, Schwein, Krokodil usf., die genannte Höhle verließen, andererseits aus der Nahrung, die sie bei diesem Ereignis aufnahmen. So aß der Hund die Frucht der Noku-Pflanze, von der das Schwein sagte, es sei Dreck, weshalb sich der Hund samt dem mit ihm verbundenen Clan auf einer niedrigeren Rangstufe befindet. Mehr in der Absicht, die unmittelbare *Einheit* von Mythos und Ritus hervorzuheben, beschreibt schließlich J. E. Harrison den Mythos von Leid, Tod und Wiederauferstehung von Osiris.[97] Die Geschichte dieses Gottes wird überhaupt nur durch den Ritus Ereignis und Wirklichkeit. Zuerst werden die Bilder von Osiris begraben, während zugleich unter Rezitationen des Priesters gepflügt und gesät wird. Der »Garten Gottes« wird dann mit frischem Wasser aus der Nilüberschwemmung begossen. Wenn die Saat aufgeht, erfolgt die segensreiche

Wiederauferstehung von Osiris. Hier *lebt* der Mythos allein aus dem Ritus, wie umgekehrt der Ritus seinen Sinn allein aus dem Mythos bezieht.

Indem die ritualistisch-soziologische Deutung des Mythos diesen nicht mehr, wie schon bemerkt, auf das eher theoretische Betrachten und Erklären oder die ästhetische Anschauung beschränkte, sondern ihn die gesamte Lebenswirklichkeit bis in alle praktischen Einzelheiten hinein mittels des rituellen Opfers bestimmen ließ, hat sie aus ihm sozusagen blutigen Ernst gemacht. Auch konnte sich diese Deutung, verglichen mit allem, was vor ihr zum Mythos gesagt wurde, auf ein beträchtlich erweitertes und vertieftes ethnologisches Material stützen. Aber zugleich war sie doch ein Abkömmling des von Ch. Darwin und H. Spencer[98] begründeten Evolutionsgedankens. Ihm zufolge stand die Menschheit zuerst auf einer »primitiven, rohen und barbarischen Stufe« (Ausdrücke, welche die Anhänger der ritualistisch-soziologischen Schule beständig im Munde führen), von der sie sich erst allmählich über einen verfeinerten Mythos, über die Religion und die Wissenschaft emporgearbeitet hat. Mythos und Religion beruhen dabei noch auf einem ursprünglichen Magismus, der in ihrem Ritus fortlebt und von dem sie sich nie lösen konnten. Erst die Wissenschaft hat uns von solchem Aberglauben endgültig befreit. In gewissem Sinne fällt also diese Bewertung des Mythos hinter diejenige der deutschen Klassik wieder zurück. Denn wenn die letztere *ihm* auch nicht den gleichen radikalen Ernst zusprechen konnte, so hielt sie ihn doch nicht für etwas schlechthin Vergangenes, sondern sah in ihm jene höhere und immerwährende Wahrheit, die jeder echten Poesie zukommt.

5. Die psychologische Deutung des Mythos

Wie im ersten Abschnitt dieses Kapitels erwähnt, war schon die allegorisch-euhemeristische Darstellung des Mythos letztlich psychologischer Art. Aber erst im 19. Jahrhundert entfaltete die Psychologie jenes reiche Instrumentarium und jene Fülle des Stoffes, die einem solchen Verständnis allein die nötige Tiefe und Breite geben konnten. Dadurch erschien der Mythos am Ende doch in einem ganz anderen Licht. Die psychologische Deutung des Mythos ist, geistesgeschichtlich gesehen, ein Teil jener Entdeckung der Subjektivität, die im Gefolge der cartesianischen Unterscheidung von Subjekt und Objekt allmählich eine ganze Welt der Innerlichkeit zutage gebracht hat.

Die erste verfeinerte Psychologie mythischer Vorstellungen findet man, wenn ich nicht irre, in Nietzsches »Geburt der Tragödie aus dem Geiste der Musik«. Der Grund alles Seins, so verkündet er dort zunächst, ist nichts anderes als jener metaphysische Urwille, mit dem Schopenhauer das Ding an sich gleichgesetzt hatte. Zwar verhüllt diesen Willen die bunte Welt der Erscheinungen wie der Schleier der Maja, aber er verkörpert sich doch auf eine unendlich mannigfaltige Weise in jeder von ihnen. In allem lebt und brennt der ewige Trieb. Weil er nie erlischt, bringt er dauernd Qual und nie endendes Leiden; aber als sich selbst wollendes leidenschaftliches Leben schenkt er auch tiefste Lebenslust. Daher sind Kampf, Vernichtung und Grauen nur die Folge jenes Übermaßes »von unzähligen, sich ins Leben drängenden und stoßenden Daseinsformen«, die der »überschwenglichen Fruchtbarkeit des Weltwillens« entstammen.[99] Ja, nur in diesem schäumenden Daseinswillen, also einem »ästhetischen Phänomen«, wie Nietzsche mehrfach betont,[100] ist die Welt letztlich gerechtfertigt. Wenn auch das Einzelne an sich und an seinem Untergang leidet, so vermag es doch gerade darin das Zerbrechen des »principium individuationis« und damit den Triumph des ewigen und alleinen Lebens zu erfahren. Nichts anderes drückt sich in der Verzückung des dionysischen Dithyrambus, im dionysischen Rausch und der dionysischen Selbstvergessenheit aus. »Jetzt fühlt sich jeder mit seinem Nächsten nicht nur vereinigt, versöhnt, verschmolzen, sondern eins, als ob der Schleier der Maja zerrissen wäre und nur noch in Fetzen vor dem geheimnisvollen Ur-Einen herumflattere.«[101] Wenn der Mythos des Dionysos Zagreus davon erzählt, daß der Gott getötet und zerstückelt wurde, so betrifft dies den Gott, sofern er die Leiden der Individuation an sich erfahren hat; aber in seiner später jubelnd gefeierten Wiedergeburt wird die Einheit mit dem Leben wieder hergestellt.[102]

Allein das Dionysische als objektiver Seinsgrund, als das aller Erscheinung zugrunde liegende Ur-Eine des Lebens und des ewig zeugenden und zerstörenden Weltwillens, stellt nur den einen Pol des griechischen Mythos dar. Der andere, nämlich das Apollinische, muß nach Nietzsche *psychologisch* verstanden werden. Das Apollinische ist nämlich ein Traum, in dem die ewig ruhenden, lichtvollen Gestalten der olympischen Götter auftreten. Ihre klar umgrenzten Bilder sind zwar höchster Ausdruck des principium individuationis, aber sie sind doch eben deswegen nichts anderes als schöner Schein. Das Apollinische erweist sich damit nur als ein Mittel, mit dem sich der Grieche die Illusion einer Ordnung, eines Kosmos schafft, um sich vor dem andringenden Urwillen in das Maß und die Form zu retten. Ohne diese Illusion versänke er in Gestaltlosigkeit, denn dieser Wille selbst ist nichts als »ein ewiges Meer, ein wechselnd Weben, ein glühend Leben.«[103] Der homerische Mythos der Olympier ist so für Nietzsche nur die Sublimation einer seelischen Not – Wirklichkeit hat er nicht.

Der spätere Nietzsche hat schließlich auch das Dionysische in Psychologie aufgelöst und so dem griechischen Mythos jenen »objektiven« Rest geraubt, den er ihm noch in seinem Buch »Die Geburt der Tragödie« zugesprochen hatte. Er beruft sich dabei auf die Wissenschaft. Zwar ist für ihn die Wissenschaft nur die Ausgeburt des Ressentiments, weil sie auf den Tugenden der Wahrheit und Redlichkeit beruht, welche die Schwachen erfunden haben, um dem bloßen Machtwillen der Starken entgegenwirken zu können, aber jene Wahrheit hat sie eben doch ans Licht gebracht, daß überhaupt alles Göttliche und mit ihm der Mythos nur eine Illusion ist: »Die Wahrheit ist häßlich«.[104] Das bedeutet nicht, daß das Dionysische aufhörte, in der Philosophie Nietzsches eine wichtige Rolle zu spielen. »Dionysos wider den Gekreuzigten!« lautet ja seine Parole. Aber das Dionysische »degeneriert« nunmehr zu einem bloßen Kennzeichen für eine rein psychologisch-anthropologische Bestimmung, nämlich für die Wesensbestimmung des Menschen als Wille zur Macht.

Eine andere Deutung des Mythos, nunmehr aber auf der alleinigen Grundlage einer inzwischen aufgeblühten wissenschaftlichen Psychologie, die sich von philosophischen Beimengungen frei wähnt, versuchte W. Wundt. Nach ihm gibt es eine »mythologische Phantasie«, die dazu führt, daß »die ganze Persönlichkeit in ihrem momentanen Bewußtseinszustand samt den Nachwirkungen früherer Erlebnisse ... in das Objekt hinüberwandert.« »... alle Gefühle und Affekte, die der Gegenstand erregt«, werden damit »zu Eigenschaften des Gegenstandes selber.«[105] Wundt spricht von einer Art »mythologischer Apperzeption«, die dem Menschen »ursprünglich« anhafte[106] und die somit die mythische Gegenstandskonstruktion unvermeidlich macht. Dies ist der Grund, weswegen ihr Ergebnis auch als »unmittelbar gegebene Wirklichkeit« erfahren wird.[107] Aber gerade weil es sich hier um eine unvermeidliche und darum allgemeine Apperzeptionsweise handelt, wird sie von allen auf die gleiche Weise vollzogen. Daher ist der Mythos für Wundt »eine Schöpfung der Volksphantasie«[108] und nicht etwa nur des Einzelnen. Erst die später zunehmende »Selbstunterscheidung des Subjektes von den Objekten« und die »fortschreitende Verfeinerung dieser Unterscheidung« führte dann zu jener »sich steigernden intellektuellen Entwicklung«, durch welche das »mythologische Denken« gehemmt wurde.[109]

Verglichen mit Nietzsches Deutung des Mythos stellt diejenige Wundts innerhalb des aufkommenden Psychologismus teils einen Rückschritt, teils einen Fortschritt dar. Einen Rückschritt, sofern sie sich im Endergebnis kaum von der allegorischen Auffassung unterscheidet, wie wir sie zum Beispiel bei Hume antrafen; einen Fortschritt, sofern nur Wundt über ein verfeinertes Begriffssystem verfügt, mit dessen Hilfe er die psychischen Vorgänge, die zu mythischen Vorstellungen führen, im einzelnen erfassen und tiefer begründen kann.

Die *Psychoanalyse* hat Nietzsches Vision, der Mythos sei eine notwendige Form seelischer Entlastung gewesen, mit jener psychologischen Wissenschaftlichkeit zu vereinen gesucht, auf die sich auch Wundt gestützt hat. Sie hat aber darüber hinaus starke Anregungen von der ritualistisch-soziologischen Schule empfangen. Besonders einflußreich war hier J. G. Frazers Deutung des rituellen Königsmordes (The Golden Bough), die er u.a. dem Studium des Dianakultes am Nemi-See verdankt: Da der König die magisch-göttliche Kraft des Stammes verkörperte, durfte er nicht alt und schwach sterben, sondern man mußte ihn rechtzeitig töten und durch einen jüngeren ersetzen. Den Auftakt zum psychoanalytischen Verständnis des Mythos bildeten S. Freuds Ausführungen zur Ödipussage[110] sowie zum Totemismus und Tabuismus.[111]

In der Ödipussage sieht Freud die Sublimation der unbewußten Sehnsucht *aller* Söhne, ihren Vater aus Eifersucht auf die Mutter zu töten und mit ihrer Mutter zu schlafen; unter ausdrücklicher Berufung auf Frazer sind hingegen Totem und Tabu für ihn nur der Ausdruck einer unbewußten Urschuld, nämlich der Ermordung des Häuptlings der Urhorde durch seine Söhne. Diese konnten es nicht ertragen – und hierin weicht Freuds Deutung allerdings von derjenigen Frazers ab – daß der Häuptling alle Weiber allein beschlafen durfte. Im Totem lebt nach Freud die Figur des Vaters fort, während sich im Tabu als Gebot der Enthaltsamkeit gegenüber den Weibern des eigenen Stammes und damit der Verheiratung mit solchen ausschließlich anderer Stämme (Exogamie) das schlechte, wenn auch unbewußte Gewissen Entlastung verschafft.

C. G. Jung sieht nun zwar nicht, wie Freud, im Mythos eine Sublimation des Sexualtriebes, wohl aber hält er ebenfalls daran fest, daß der Mythos gewisse Grundmuster und Strukturen menschlichen

Seelenlebens widerspiegle. Diese meint er in bestimmten, bei allen Kulturen wiederkehrenden Urbildern und »Archetypen« dargestellt zu finden, wie zum Beispiel: Die feindlichen Brüder, das böse Tier (Drache), von dem die Welt durch einen Retter erlöst wird, Auffahrt zum Licht, Abfahrt in die Finsternis, Weltursprungsbilder (Weltei), Bildes der Kosmos (Mandala) usf. In der Religion, im Kult, in der Kunst, überall und zu allen Zeiten treten solche mythischen Urbilder in mannigfachen Formen und Gestalten in Erscheinung. Obgleich sie heute größtenteils ins Unbewußte versunken sind, tauchen sie in unseren Träumen wieder auf. Neben dem privaten gibt es daher nach Jung noch das »kollektive« Unbewußte, und dieses macht sich umso stärker bemerkbar, je mehr es von unserem bewußten Leben verdrängt wurde. Wenn nun der Psychiater die Träume des Patienten untersucht und dabei herausfindet, welcher Archetypus in ihnen vorherrscht, erhält er Hinweise darauf, wo die Seele des Patienten gestört ist.[112]

Die psychoanalytische Deutung des Mythos verlieh diesem ein neues und bisher unbekannte Schwergewicht. Zwar beschränkt auch sie ihn auf den Umkreis des nur Subjektiven, aber indem sie ihn als eine lebenswichtige Form seelischer Entlastung versteht und glaubt, dies mit wissenschaftlichen Methoden aus den Gesetzen des Seelenlebens ableiten zu können, erhält er für sie die Bedeutung von etwas schlechthin *Notwendigem.* Die verlorengegangene objektive Verbindlichkeit des Mythos wird so durch seine subjektive Zwangsläufigkeit ersetzt. Selbst wenn man ihn, wie wir gesehen haben, für eine *unvermeidliche* Kinderkrankheit der Sprache oder eine *unvermeidliche* Übergangsstufe der primitiven Menschheit gehalten hat, so wurde ihm damit doch nur eine geschichtlich begrenzte Rolle zugewiesen. In psychoanalytischer Sicht dagegen reicht der Mythos in die tiefsten Wurzeln des Seelenlebens hinab und bestimmt dessen Wesen in einer über Heil und Unheil entscheidenden Weise für alle Zeiten. Damit läßt sich auch nicht das ästhetische Verständnis des Mythos in der deutschen Klassik vergleichen, obgleich es ihm ja ebenfalls Dauer zusprach; denn letztlich faßt es ihn eher als etwas dem Spiel Verwandtes auf und weniger dem »Ernst des Lebens« Verpflichtetes. (»Ernst ist das Leben, doch heiter ist die Kunst.«)[113]

6. Die transzendentale Deutung des Mythos

Sofern nun aber überhaupt von der Unvermeidlichkeit oder Notwendigkeit des Mythos gesprochen wurde, war damit doch stets nur eine *faktische* gemeint, jene also, die uns auch die Erfahrung von Naturereignissen vermittelt. (Psychologische Gesetze unterscheiden sich ja in dieser Hinsicht keineswegs von solchen der Physik zum Beispiel.) Ganz anders die Deutung des Mythos durch den Transzendentalismus: Für ihn enthält der Mythos, wenn auch noch unentwickelt, Formen des Bewußtseins, die *a priori* notwendig sind. Diese Deutung ist in einer heute noch die Mythos-Forschung beeinflussenden Form nur von E. Cassirer vertreten worden. Sie hat aber Vorläufer bei Hegel und bei Schelling, auf die daher kurz eingegangen werden soll.

Für Hegel war der Mythos eine notwendige Stufe in der Selbstentfaltung des absoluten Geistes und damit das Ereignis eines a priori notwendigen Prozesses des sich selbst denkenden Denkens. So verstanden ist der Mythos nicht etwa ein bloßer Aberglaube oder eine Illusion, sondern er enthält ein Stück Wahrheit, wenn auch nur in der niedrigeren Form der Anschauung und nicht der höheren des Begriffs, der nach Hegel das, was in der Anschauung noch verborgen liegt, erst vollends ans Licht bringt. Die Wahrheit des Mythos sieht aber Hegel darin, daß er in seiner Neigung, alles für etwas Lebendiges und Göttliches zu halten, den »inneren Gehalt der natürlichen Erscheinungen« als eine »vergeistigte Macht« erkennt, die er »zu menschlich im Innern wie Äußern gestalteten Göttern kunstgemäß individualisiert; wie zum Beispiel Homer und Hesiodus ...«[114] Andererseits liegt erst in der Philosophie die *endgültige* »Wahrheit des Mythos«, weil sie diese Macht im Begriff als diejenige des absoluten Geistes erkennt.

Im Unterschied zu Hegel bestand für Schelling der Grund des Seins in der absoluten Identität oder Indifferenz von Subjekt und Objekt, von Unendlichem und Endlichem (wobei das Objekt als etwas stets Begrenztes dem Endlichen, das Subjekt in seiner unendlichen Produktivität dem Unendlichen zugeordnet ist). Indem nun diese Indifferenz in Erscheinung tritt, muß sie sich entfalten, sie muß sich also in die verschiedenen Gegenstände differenzieren. Dennoch findet man auch hier an Jeglichem stets sowohl etwas vom Subjektiven wie vom Objektiven, vom Unendlichen wie vom Endlichen, mag auch dabei einmal das eine, dann wieder das andere dieser polaren Gegensätze überwiegen. Die ersten Ausdifferenzierungen der absoluten Indifferenz, die ersten Formen ihrer Besonderung also, nennt nun Schelling »die Ideen«. Die Philosophie erkennt diese Ideen im Idealen der Vorstellung, die Kunst aber im Realen der Anschauung. »Die Ideen ...«, so schreibt er, »sofern sie real angeschaut werden, sind der Stoff und gleichsam die allgemeine und absolute Materie der Kunst

…«. Diese »*realen*, lebendigen und existierenden Ideen« sind aber für Schelling »die Götter«. Daher ist für ihn »die *Darstellung der Ideen* als realer« »in der Mythologie gegeben.« »In der Tat sind die Götter jeder Mythologie nichts anderes als die Ideen der Philosophie nur objektiv und real angeschaut.«[115] Die Philosophie, nach Schelling die Wissenschaft in ihrer höchsten Form, erfaßt also die gleiche Wahrheit wie der Mythos, nur unter einem anderen, mehr die subjektive Seite der absoluten Indifferenz betonenden Aspekt. Beide, Wissenschaft und Mythos, sind im Grunde gleichwertig.

Diese Deutung steht mit jener in Zusammenhang, die man im Kreis um Goethe finden konnte, ja, Schelling beruft sich ausdrücklich auf K. Ph. Moritz.[116] In Schellings Identitätsphilosophie oder Philosophie der absoluten Indifferenz von Subjekt und Objekt, Unendlichem und Endlichem, lassen sich die Spuren von Goethes Verständnis der Natur als einer unendlichen Produktivität, die nach ewigen Schöpfungsideen verfährt und sich in der künstlerischen Tätigkeit spiegelt, klar erkennen. Auch die Bedeutung des Mythos für die Kunst als ihr Prinzip und Ideal ist hier wie dort zufinden.[117] In gewissem Sinne versuchte Schelling also, Goethe »auf den Begriff zu bringen«. Kein Zweifel aber auch, daß er dadurch Goethes Deutung entscheidend verändert hat. Der Mythos als Poesie, wie es Goethe verstand, bleibt in der Schwebe des Spiels, des Zaubers, der sogleich gebrochen wird, wenn er in die Fesseln einer a priori konstruierenden Metaphysik gerät.[118]

In einem späteren Abschnitt seines Lebens hat Schelling noch eine andere Philosophie des Mythos versucht.[119] Er glaubte nun zeigen zu können, daß der Mythos stets latent monotheistisch ist, da er zwar viele Götter kenne, aber doch stets *einer* von ihnen zumindest als primus inter pares, als erster unter gleichen, zu gelten habe. Polytheismus ist der Mythos eher nur deswegen, weil dieser höchste unter den Göttern von einem anderen abgelöst wird, die Hierarchie der Götter also nicht absolut feststeht, sondern eine Geschichte aufweist, wie es beispielhaft die Abfolge Uranos – Kronos – Zeus im griechischen Mythos zeigt. Der ursprüngliche Monotheismus im Zeitalter des Uranos wird somit dann erst polytheistisch aufgefaßt, wenn Uranos als gestürzt und durch Kronos ersetzt betrachtet wird. Die so entstehende Mannigfaltigkeit führt zu einer ausufernden Menge von Göttern, Kulturen und Völkern, und damit zu einem beständigen Krieg aller gegen alle. Für Schelling ist aber dies nur die Folge davon, daß der höchste Gott zwar ursprünglich in seiner mächtigen Gegenwart dumpf erfahren, noch nicht aber in seiner

Absolutheit ausdrücklich reflektiert, also im Begriff erfaßt wurde. Dies geschieht allgemein und endgültig erst in der Offenbarung des Einen Gottes im Christentum, wenn es auch einzelne Propheten des Alten Testamentes bereits angekündigt hatten.

In der Bibel glaubt Schelling seine Deutung bestätigt zu finden. Adam im Paradiese besitzt noch jene unmittelbare und unreflektierte Erfahrung des höchsten Gottes, des Elohim; im Turmbau zu Babel wird die ausbrechende Verwirrung der Sprachen, Völker und Kulturen geschildert, die ihren Ursprung im entstehenden Polytheismus hatte; die Offenbarungen Noahs, Isaaks und Abrahams zeigen dagegen bereits die Rückkehr zum nunmehr *gewußten* und in seiner Absolutheit *begriffenen* höchsten Gott: Er heißt jetzt Jehovah. Dieser Gott konnte niedere Götter unter sich dulden, und der Monotheismus konnte mit dem Polytheismus versöhnt sein, wie es noch lange in frühchristlicher Zeit der Fall war, sofern nur Jehovah seine unantastbare Stellung unter anderen Göttern in Ewigkeit behielt. Daher schließen sich der christliche Glaube und der griechische Mythos nicht notwendig aus.

Stand Schellings ursprüngliches Mythos-Verständnis unter dem Einfluß Goethes, so ist es zumindest sehr wahrscheinlich, daß die Ursprünge des späteren bei Hölderlin zu suchen sind, worauf hier jedoch nicht näher eingegangen werden kann.

Inwiefern stellen nun diese beiden Deutungen den Mythos als etwas a priori Notwendiges dar? In der ersten wird er aus einer über aller Erfahrung stehenden Einsicht gewonnen, daß die absolute Indifferenz sich zwingend in die anschaubaren Ideen entfaltet; in der zweiten wird er als Ergebnis eines »in Ansehung des Bewußtseins« »notwendigen Prozesses« betrachtet,[120] weil erst im Durchlaufen der polytheistischen Stufe der ursprünglich naive Monotheismus in seiner Absolutheit begriffen werden kann. Aber dieser Prozeß des Bewußtseins ist andererseits nach Schelling durch die »theologischen Mächte« selbst hervorgerufen und erzeugt. »Hier also ist es«, sagt er, »wo die Erklärung vollends ins Objektive durchbricht, ganz *objektiv* wird.«[121] Die eine Deutung stellt demnach den Mythos im Lichte der Schellingschen Identitätsphilosphie dar, die andere im Lichte einer Theologie, welche die »empirischen« Tatsachen der Bibel aus einer sich selbst entfaltenden Gottheit ableitet. Beides beruft sich auf apriorische Konstruktionen, die für denknotwendig gehalten werden. Wie bei Hegel ist daher auch bei Schelling die Notwendigkeit des Mythos mit seiner Wahrheit verbunden. »Die Mythologie«, heißt es bei Schelling, »ist nicht *allegorisch, sie* ist *tautegorisch*«,[122] sie ist also nicht bloß Gleichnis und damit auf etwas anderes, Wahres verweisend, sondern sie ist dieses Wahre selbst. Auch wenn der Polytheismus nur ein Durchgangsstadium sein mag, so ist doch ohne ihn die volle Wahrheit des Einen Gottes gar nicht begreiflich. Wie bei Hegel ist hier die Wahrheit nur das Ganze und jeder Schritt des Prozesses, in dem sie sich entfaltet, ist daher ein Teil von ihr.

Die Grundlage, auf der E. Cassirer den Mythos zu begreifen sucht, ist dagegen Kants Transzendentalphilosophie. Ihr zufolge beruht jede Erkenntnis auf den Anschauungsformen Raum und Zeit sowie einer Reihe von Kategorien wie Kausalität, Substanz, Wechselwirkung usf. Damit ist gemeint, daß ein Gegenstand uns erst dann als objektiv gegeben erscheint, wenn er in gewisser Weise räumlich oder zeitlich bestimmt ist und wenn wir seine Eingeschlossenheit in umfassende kausale Zusammenhänge, seine Identität im Wandel der Erscheinung und dergleichen voraussetzen können. Anschauungsformen und Kategorien definieren also, was Objektivität eines Gegenstandes überhaupt bedeutet und liegen damit aller Erfahrung vorauf; denn um Erfahrungen von Gegenständen der Wirklichkeit machen zu können, muß man offenbar schon wissen, worin solche Gegenstände bestehen. Deswegen spricht Kant auch von den Anschauungsformen und Kategorien als »Bedingungen möglicher Erfahrung« und hält sie daher für a priori notwendig.

Als nun um die Jahrhundertwende das reiche ethnologische Material bekannt wurde, das vor allem durch die ritualistisch-soziologische Deutung des Mythos und die mit ihr zusammenhängende Feldforschung zutage gefördert war, sahen sich die Kantianer vor die folgende Frage gestellt: Wie lassen sich die von den unseren so erheblich abweichenden mythischen Vorstellungen von der Wirklichkeit mit der nach Kantischer Ansicht notwendigen Annahme vereinen, daß die Formen der Erkenntnis für *jedes* Bewußtsein a priori die gleichen sein müssen? Wie ist es möglich, daß für mythische Kulturen offenbar so vieles für objektiv gegeben galt, was uns höchstens als Traum möglich scheint?

Auf der Suche nach einer Antwort auf diese Frage stellt Cassirer zwar fest, daß die mythische Welt nur eine »Welt bloßer Vorstellung« sei, aber er setzt sogleich hinzu: »Auch die Welt der Erkenntnis ist ihrem Inhalt, ihrer bloßen *Materie* nach nichts anderes. Auch zum wissenschaftlichen Begriff der Natur gelangen wir ... dadurch, daß wir« (in den Vorstellungen) »eine Regel entdecken, durch die sie in ihrer Ordnung *bestimmt* werden. Die gewinnt für uns gegenständlichen *Charakter*, indem wir sie ihrer Zufälligkeit entkleiden und an ihr ein Allgemeines, ein objektives notwendiges Gesetz herausstellen. Auch dem Mythos gegenüber kann daher die Frage der Objektivität nur in dem Sinne gestellt werden, daß wir untersuchen, ob er eine ihm immanente Regel, eine ihm eigentümliche›Notwendigkeit‹erkennen läßt.«[123]

Wie Cassirer zeigt, ist dies in der Tat der Fall, weil der Mythos durchaus von bestimmten Anschauungsformen und Kategorien geleitet wird, selbst wenn sie in ihrem *Inhalt* von demjenigen abweichen, den Kant ihnen gegeben hat. Ohne hier näher darauf eingehen zu können, weil uns dies später ausführlich beschäftigen wird, sei nur darauf hingewiesen, daß zum Beispiel im mythischen Raum die Unterschiede des Oben und Unten, Links und Rechts eine objektive Bedeutung haben und daß mythische Kausalität teilweise auf das personale Wirken von Göttern zurückgeführt wird. Einer mythischen Kultur liegt somit, nach Cassirer, nicht anders als der unsrigen, von wissenschaftlicher Aufklärung geprägten, ein umfassendes und geschlossenes Anschauungs- und Begriffssystem zugrunde, in das die Mannigfaltigkeit der Erfahrung eingeordnet werden kann, ja, das sie überhaupt erst möglich macht.

Wie man sieht, gelang Cassirer diese Entdeckung nur dadurch, daß er die Erforschung des Mythos am Leitfaden der Kantischen Erkenntnistheorie betrieb; nur dadurch konnte er sich ja fragen, was denn im Mythos unseren Formen der Anschauung und unseren Kategorien als Grundlagen der Erfahrungen entspricht. Aber Cassirer begnügte sich nicht damit, beides miteinander zu vergleichen. Es besteht vielmehr bei ihm kein Zweifel daran, daß sich die mythischen Erkenntnisstrukturen insbesondere zu denen der Wissenschaft verhalten wie die niedere Stufe der Objektivität »zur höheren«.[124] Ist der Mythos nicht dazu bestimmt, »vor der eigentlichen, der wissenschaftlichen Wahrheit, vor dem Natur- und Gegenstandsbegriff wie er in der reinen Erkenntnis gewonnen wird, zu verschwinden? Mit der ersten Dämmerung der wissenschaftlichen Einsicht scheint die Traum- und Zauberwelt des Mythos ein für allemal dahin, scheint sie wie ins Nichts hinabgesunken zu sein.«[125] Warum dies so ist, verdeutlicht Cassirer am Beispiel des Begriffes der Kraft. Denn dieser mußte nach seiner Meinung »durch die Sphäre der mythischen Anschauung des Wirkens hindurchgehen ... ehe er sich in den mathematisch-logischen der Funktion auflöst.«[126] Zu einer Durchgangsphase gehört aber auch der Wechsel des Mythos zur Religion, denn diese bediene sich zwar noch der mythischen »Bilder und Zeichen«, aber sie »*weiß* sie zugleich als solche – als Ausdrucksmittel, die, wenn sie einen bestimmten Sinn offenbaren, notwendig zugleich hinter ihm zurückbleiben, die auf diesen Sinn ›hinweisen‹, ohne ihn jemals vollständig zu erfassen und auszuschöpfen.«[127]

Den Entwicklungsprozeß, vom dem hier die Rede ist, nennt Cassirer eine »logische Genese«.[128] Was der Mythos ursprünglich bietet, ist also nicht schlechthin Irrtum, Aberglaube oder Phantasterei. In ihm sind vielmehr durchaus alle jene nach Auffassung des Transzendentalismus notwendigen Grundlagen der Erfahrung bereits vorhanden, wenn auch noch durch sinnliche Bilder gebannt, hinter denen sich der Begriff verbirgt. Im fortschreitenden Denken durch *logische* Analyse tritt jedoch der Begriff mehr und mehr hervor, bis er schließlich von allen Schlacken gereinigt in der Wissenschaft und Transzendentalphilosophie, die sich ja wechselseitig erhellen, endgültig zur höchsten Klarheit gelangt. Der Mythos besitzt demnach *Wahrheit,* sofern er wenigstens in einer »ureigentlichen« Weise jene transzendentalen Bedingungen enthält, die jede Erkenntnis der Wahrheit zur Voraussetzung hat.

Die vorhin erwähnte Frage, welche die Kantianer beunruhigen mußte, beantwortete Cassirer also damit, daß er den Transzendentalismus mit der von Hegel und Schelling vertretenen Idee eines *denknotwendigen* Entwicklungsgedankens verband. Auf der einen Seite sind es immer die gleichen apriorischen Voraussetzungen, welche das Subjekt im Aufbau der Erfahrung und Erkenntnis verwendet; aber sie machen auf der anderen Seite doch eine geschichtliche Entwicklung insofern durch, als sie erst spät, erst mit dem Einsetzen der Wissenschaft, ihrem eher unbewußten Gebrauch entrissen und auf einer höheren Stufe der Reflexion in einer begrifflich befriedigenden Weise erfaßt werden. Der metaphysische und theologische Höhenflug Hegels und Schellings wird hier allerdings vermieden und auch deren spekulative Dialektik mehr durch »nüchterne« Logik ersetzt.

Wenn vorhin bemerkt wurde, Cassirer habe, am Leitfaden der Kantischen Philosophie fortschreitend, gefunden, daß dem Mythos ein umfassendes und geschlossenes Anschauungs- und Begriffssystem zugrunde liege, in das die Mannigfaltigkeit mythischer Erfahrung eingeordnet werden kann, ja, das sie überhaupt erst möglich macht, so ist damit nichts anderes gesagt, als daß auch der Mythos, genauso wie die Wissenschaft, auf eine bestimmte und explizite *ontologische Struktur* verweist. Er beruht, anders ausgedrückt, auf einem bestimmten Entwurf darüber, was als Wirklichkeit erscheinen und als Wahrheit betrachtet werden kann. Eine ähnliche Einsicht ist bei Hegel und Schelling wenigstens im Ansatz zu erkennen, wenn auch nicht wirklich im Einzelnen durchgeführt. Bei allen anderen, in den vorangegangenen Abschnitten behandelten Mythos-Deutungen dagegen findet sich davon keine Spur. Erst Cassirer hat versucht, die ontologische Struktur des Mythos ausführlich zu entwickeln und darzulegen. Er hat damit nicht nur die Grundlagen für die weitere Forschung, sondern vor allem auch für den genauen Vergleich zwischen der mythischen und jener wissenschaftlichen Ontologie gelegt, die bereits im vergangenen Kapitel im Umriß erörtert wurde.

7. Die strukturalistische Deutung des Mythos

Um deutlich zu machen, was darunter zu verstehen ist, sei von einem schon beinahe klassischen Beispiel ausgegangen, nämlich der Behandlung des Ödipus-Mythos durch Lévi-Strauss.[129]

Zunächst reduziert er die einzelnen Aussagen dieses Mythos auf kürzeste Sätze wie »Kadmos sucht seine Schwester Europa«, »Ödipus heiratet seine Mutter Jokaste«, »Antigone begräbt ihren Bruder Polyneikes« usf. Diese Sätze werden dann numeriert, wobei solche mit etwas Gemeinsamem im Inhalt gleiche Zahlen erhalten. Dies ist zum Beispiel der Fall, wenn gesagt wird, »Ödipus tötete seinen Vater Laios« und »Eteokles tötete seinen Bruder Polyneikes«, denn beide Male wird von einem Verwandtenmord gesprochen. Die Sätze mit gleichen Nummern werden nun in Gruppen gefaßt, die Lévi-Strauss »*Mytheme*« nennt. Sie stellen die *Bausteine und Konstituenten* des Mythos dar.[130]

Zeichnet man nun jedes Mythem auf, indem man die zu ihm gehörigen Sätze mit gleicher Nummer untereinander schreibt, so daß eine Spalte entsteht, und reiht man die Spalten so aneinander, daß durch das Lesen der Zeilen von links nach rechts und von oben nach unten die zeitliche Abfolge der in den Sätzen berichteten Ereignisse daraus ablesbar ist, dann kann zum Beispiel das folgende Schema entstehen:

I	II	III	IV
Kadmos sucht seine Schwester Europa.			
		Kadmos tötet den Drachen.	
	Die Spartai töten einander.		
			Labdakos (Laios' Vater), der Lahme. Laios (Ödipus' Vater), der Linkische.
	Ödipus tötet seinen Vater Laios.		
		Ödipus tötet die Sphinx.	
			Ödipus, geschwollener Fuß.
Ödipus heiratet seine Mutter Jokaste.			
	Eteokles tötet seinen Bruder Polyneikes.		
Antigone begräbt ihren Bruder Polyneikes.			

An den Mythemen lassen sich nun nach Lévi-Strauss die folgenden *Strukturen* ablesen: Spalte I enthält Ereignisse, in denen eine »Überschätzung der Blutsverwandtschaft« hervortritt, Spalte II im Gegensatz dazu solche, die eine »Unterschätzung der Blutsverwandtschaft« zeigen; Spalte III deutet auf eine Befreiung des Menschen von seinem autochthonen Ursprung hin, Spalte IV im Widerspruch hierzu auf seine Abhängigkeit von diesem.[131] Das letztere bedarf noch einer kurzen Erklärung: Aus den in den Boden gepflügten Zähnen des getöteten Drachens erwachsen Menschen, während die Namen »Labdakos«, »Laios« und »Ödipus« auf eine Körperbehinderung hinweisen, an denen mythisch die Spuren ursprünglicher

Erdgeborenheit zu erkennen sind. Die Spalten I und II einerseits und die Spalten III und IV andererseits stehen also zueinander in einer dialektischen Beziehung.

Liest man nun die Zeilen des obigen Schemas von links nach rechts, indem man mit der ersten beginnt und so von oben nach unten fortschreitet, dann ergibt sich, wie schon erwähnt, der *zeitliche* Ablauf der in dem Mythos berichteten Ereignisse. Liest man aber jede Spalte als eine Einheit, als ein *Mythem*, dann enthüllt sich nach Lévi-Strauss überhaupt erst der verschlüsselte *Sinn* des Mythos. Der Sinn liegt nämlich seiner Meinung nach darin, daß der Mythos ein »logisches Modell« zur Auflösung jener Widersprüche anbietet, in denen die einzelnen Spalten wie angegeben zueinander stehen. Lévi-Strauß argumentiert so: Die Überschätzung der Blutsverwandtschaft – Mythem I – führt ebenso zur Selbstzerstörung, wie ihre Unterschätzung – Mythem II; die Tötung des chtonischen Tieres (Drache, Sphinx) – Mythem III – führt zur Aufhebung des Menschheitsursprungs, während die chthonische Lahmheit des Menschen – Mythem IV – unvereinbar damit ist, daß er Eltern hat.[132] Jedes der Mytheme hebt sich also in sich selbst auf. Man fragt sich freilich, wie es da noch in Widerspruch zu einem anderen stehen kann? Vermutlich meint Lévi-Strauss, der Mythos wolle vor den Extremen warnen und zwar im Handeln wie im Wissen: Μηδὲν αγαν! sagten ja auch die sogenannten sieben Weisen. Alles mit Maß![133]

Eine solche strukturelle Betrachtung des Mythos läßt sich nun immer weiter verfeinern und vertiefen, wenn man noch alle anderen Versionen von ihnen hinzunimmt. Unter diesen verschiedenen Versionen gibt es nicht *die wahre;* sie haben vielmehr gerade den Zweck, durch ständige Wiederholung des Gleichen in wechselndem Gewande die *Struktur* des Mythos und damit seine soeben geschilderte logische Funktion immer deutlicher hervortreten zu lassen.[134]

Aber auch die *Erzählung* der mythischen Ereignisfolge hat nach Lévi-Strauss eine allgemeine Struktur, die er durch die folgende Formel auszudrücken sucht:[135]

$$f_x(a) : f_y(b) = f_x(b) : f_{a^{-1}}(y)$$

In Worten: $f_x(a)$ verhält sich zu $f_y(b)$ wie folgt $f_x(b)$ zu $f_{a^{-1}}(y)$

Was das bedeutet, kann man sich verdeutlichen, wenn zum Beispiel die »f« Handlungen, die »a, b« Personen und »a^{-1}« die Aufhebung (Zerstörung) einer Person bezeichnen. Hier ein Beispiel: Das Morden, f_x, durch die Sphinx, a, verhält sich zur Rettung von Menschen,

f_y, durch Ödipus, b, wie das Morden, f_x, durch Ödipus, b, zur Tatsache der endgültigen Errettung des Menschen, y, durch die Vernichtung der Sphinx, a^{-1}. Auch hier soll offenbar eine Dialektik zum Ausdruck kommen: f_x und f_y sollen Gegensätze ausdrücken, zum Beispiel die böse und die gute Tat, aber die Lösung dieses Gegensatzes gelingt nur, wenn das Gute selbst etwas zerstört, nämlich das Böse. Diese Zerstörung ist nun zwar auch etwas Böses, aber sie schlägt in das Gute um. So kann das Gute das Böse zwar nicht vollends vernichten, aber in dialektischer Weise in sich aufheben.[136]

Es ist hier ohne Bedeutung, daß Lévi-Strauss seine Behandlung des Ödipus-Mythos sich nun, verallgemeinernd, etwa so zusammenfassen läßt: Der Mythos ist ein Kode, der dechiffriert werden muß. Die Dechiffrierung gelingt, wenn man in seinen zahllosen Varianten gewisse stets wiederkehrende Grundmuster wohl eher nur als ein Modell betrachtet wissen wollte und außerdem nicht alle Strukturalisten ihm in den Einzelheiten seiner Methode gefolgt sind. Die vorangegangenen Ausführungen sollten ja auch nur als ein erläuterndes Beispiel für die strukturalistische Mythos-Deutung dienen, die entdeckt, daß diese vor allem *logischer* Natur sind. Sie dienen zum einen der Ordnung, Einteilung und Unterscheidung des Mannigfaltigen durch bildhafte Schemata, die im Bereiche des Mythos den Begriff ersetzen; zum anderen stehen sie in verschiedener Weise in Opposition zueinander, worin sich eine dialektische Auffassung von der Wirklichkeit abzeichnet; die logischen Konstituenten des Mythos, die Lévi-Strauss »Mytheme« nennt, sind jedoch so gefaßt, daß durch sie die Widersprüche bewältigt werden können.

Diese strukturalistische Deutung des Mythos als ein *Instrument der Logik* tritt vielleicht noch deutlicher hervor, wenn man sie dort betrachtet, wo sie sich mit der ritualistisch-soziologischen Auffassung überlagert. In seinem Buch »La pensée sauvage« behandelt Lévi-Strauss den Fall zweier Stämme, von denen der eine das Krokodil, der andere den Fisch als Totem hat.[137] Einerseits entsteht so eine mythische Einheit der Spezies mit einer sozialen Gruppe, andererseits werden damit die Unterschiede der Spezies und Gruppen untereinander überhaupt erst definiert. Daraus ergeben sich gewisse soziale Verhaltensregeln, zum Beispiel Exogamie, wenn die Heirat innerhalb derselben Gruppe als eine Art Inzest der Krokodils- oder Fischmenschen aufgefaßt wird, oder hierarchische Ordnungen, wenn die Krokodilmenschen als Krieger über die friedlicheren Fischmenschen herrschen, oder bestimmte Arbeitsteilungen usf. Wie wir gesehen haben, sind solche Zusammenhänge bereits der ritualistisch-soziologischen Schule durchaus vertraut; der Unterschied zur strukturalistischen besteht jedoch darin, daß die letztere in ihnen das logische Gefüge und damit das Mittel hervorhebt, die Wirklichkeit zu bewältigen. Die ritualistisch-soziologische Deutung bleibt an den *Institutionen* haften; die strukturalistische projiziert diese Institutionen dagegen auf die gedanklichen Operationen, die ihnen zugrundeliegen und eine das Mannigfaltige ordnende Erfahrung ermöglichen. Der Mythos ist in dieser Sicht nicht mehr der Ausdruck einer primitiven, rohen, alogischen oder irrationalen Stufe der Menschheit, wie noch Lévy-Bruhl unter dem Eindruck der ritualistischen Schule behauptete[138]; im Gegenteil, der Mythos hat, nach Auffassung des Strukturalismus, seine eigene und durchaus präzise Rationalität.

Aber sagt nicht der Transzendentalismus, der im vorangegangenen Abschnitt behandelt wurde, Ähnliches? Wie verhalten sich die transzendentalistische Deutung des Mythos und die strukturalistische zueinander? Es ist merkwürdig, daß diese Frage noch nirgends gestellt worden zu sein scheint.

Zunächst haben beide eine wichtige Überzeugung gemeinsam: Sie führen die mythische Vorstellungswelt auf ein mehr oder weniger geschlossenes, alles umfassendes Anschauungs- und Begriffssystem zurück, mag dies auch›bildhaft‹ verkleidet sein. Man kann es auch so ausdrücken: Transzendentalismus wie Strukturalismus suchen die dem Mythos zugrundeliegende Ontologie, sein apriorisches Koordinatensystem sozusagen. Jeder Gegenstand, jedes Ereignis, jede Wahrnehmung wird darauf bezogen, darin eingeordnet und verarbeitet. Es handelt sich um ein Koordinatensystem, weil erst in Beziehung darauf alles seinen Sinn und seine Bedeutung erhält, und es ist a priori gegeben, weil es aller Erfahrung vorausgeht und diese erst ermöglicht.

Der Transzendentalismus und der Strukturalismus ergänzen sich aber auch. Sie sind nämlich zwar mit verschiedenen Koordinatensystemen beschäftigt: der Transzendentalismus mit demjenigen, von dem die *Konstitution* von Gegenständen abhängt, der Strukturalismus mit demjenigen, das die *logischen Beziehungen* der Gegenstände untereinander regelt, mögen sich beide Arten von Koordinatensystemen auch miteinander überlappen. Aber die Konstitution von Gegenständen ist doch in der Regel die Voraussetzung für deren logische Beziehungen. Ein Gott, ein Drache, eine Sphinx, die chthonische Ursprungsidee, ein Totem müssen schon gegeben sein, es müssen die Anschauungsformen und Kategorien, mit Cassirer zu reden, in denen solches als Wirkliches gedacht wird, schon vorliegen, will man die dialektischen Widersprüche auflösen, in denen sie zueinander stehen mögen, will man sie als Mittel von Unterscheidungen und Ordnungen verwenden. Es ist das Medium der mythischen Vorstellungswelt, in dem sich die logischen Operationen abspielen, die der Strukturalismus im Auge hat. Cassirer setzt somit in einer tieferen Schicht an, wenn es weniger seine Absicht ist, die *mythischen Methoden* der Bewältigung logischer Schwierigkeiten aufzudecken, als die Grundlagen für die *mythischen Inhalte* freizulegen, *an denen* diese Schwierigkeiten auftreten.

Aber Transzendentalismus und Strukturalismus ergänzen sich nicht nur, sondern unterscheiden sich auch voneinander in einigen wichtigen Punkten. Für Cassirer ist das mythische A priori so weit transzendental notwendig, so weit es unter Abzug seiner logisch noch unbefriedigenden Formen doch schon im Kern zumindest die Bedingungen möglicher Erfahrung *überhaupt* ausdrückt, während die Strukturalisten darin nur eine bestimmte, historisch-kontingente Form sehen, Erfahrung zu organisieren, eine Form also, die in keinerlei Hinsicht beanspruchen kann, die einzig wahre zu sein. Deswegen stellt auch für die Strukturalisten im Gegensatz zu Cassirer die wissenschaftliche Ontologie, verglichen mit derjenigen des Mythos, nicht eine höhere Stufe dar, sondern beide sind einander gleichwertig, es sind eben nur verschiedene *Weisen*, die Wirklichkeit geistig und materiell zu bewältigen. So schreibt Lévi-Strauß: »... die Art der Logik im mythischen Denken ist ebenso streng wie diejenige der modernen Wissenschaft, und der Unterschied liegt nicht in der Qualität des intellektuellen Prozesses, sondern in der Natur der Dinge, auf die er angewandt wird. ... Was eine Axt aus Stahl derjenigen aus Stein überlegen macht, ist nicht, daß die erstere besser als die zweite gemacht ist. Sie sind beide gleich gut gemacht, aber Stahl ist etwas anderes als Stein. Ebenso können wir zeigen, daß derselbe logische Prozeß im Mythos wie in der Wissenschaft tätig ist und daß der Mensch immer gleich gut gedacht hat; die Verbesserung liegt nicht im angeblichen Fortschritt des menschlichen Geistes, sondern in der Entdeckung neuer Bereiche, auf die er seine unveränderten und unwandelbaren Kräfte anwendet.«[139]

Dieses Zitat bestätigt im übrigen erneut, daß es dem Strukturalismus hauptsächlich um die logischen Formen geht, mit denen der Mythos die Wirklichkeit zu durchdringen sucht, während die Betrachtung seiner konstitutiven Inhalte dabei eher zurücktritt. Er befaßt sich kaum wie der Transzendentalist Cassirer mit der Frage, welchen *Wahrheitsgehalt* der Mythos hat, sondern worin seine *Kohärenz*, sein *innerer* logischer Zusammenhang und damit seine *Rationalität* besteht. »Ein Hauch von Computer« durchweht daher den Strukturalismus, wie W. Burkert richtig bemerkt hat,[140] und es ist wohl kennzeichnend für den modernen, in einer technischen Welt lebenden Menschen, wenn er gerade die *dadurch* möglichen Aspekte des Mythos hervortreten läßt.

8. Die symbolistische und romantische Deutung des Mythos

Der kurze Abriß, den ich bisher von der Geschichte der Mythos-Forschung zu geben suchte, hat uns mit dem Strukturalismus bereits in die Gegenwart geführt. Wir müssen jedoch jetzt noch einmal zu den Anfängen des 19. Jahrhunderts zurückkehren, um uns dem symbolistisch-romantischen Verständnis des Mythos zuzuwenden. Ich behandle dieses erst jetzt, weil es, wie sich noch zeigen wird, in einem engeren Zusammenhang mit der im nächsten Abschnitt behandelten Mythos-Deutung steht und ihr so am besten unmittelbar vorangeschickt wird.

Die symbolistisch-romantische Auffassung vom Mythos hat vor allem zwei Wurzeln: Die eine ist bei J. G. Herder zu finden, die andere in dem Bekanntwerden der indischen *Veden*. Herder sah in den unendlich vielen Erscheinungen, Bildern und Gestalten der Schöpfung *Symbole* und Hieroglyphen der Gottheit. Zur unmittelbaren Erfahrung wurde ihm dies insbesondere auf seiner Seereise von Riga nach Nantes, die er eingehend beschrieb. In allem, was er dabei beobachtete, sah er dabei »Data, die erste Mythologische Zeit zu erklären.«[141] Damit wollte er sagen, daß er nun verstand, wie es zur mythologischen Betrachtung der Dinge kam, und daß sie sich auch dem gegenwärtigen Menschen zwingend in solchem Licht zeigen, wenn er ihnen, wie auf einer Seefahrt, ohne den Schutzmantel der Zivilisation preisgegeben ist. Was die indischen Veden betrifft, so vermeinte man in ihnen auf Grund einer falschen Einschätzung ihres Alters den Abglanz einer Urweisheit sehen zu können, welche die Menschen in grauer Vorzeit wie eine unmittelbare Offenbarung der Gottheit erfüllte. (In Wahrheit stammen sie teilweise aus dem 4. Jahrh. v. Chr.) Hatte Herder die unvergängliche *Gegenwart* des Mythos im überall sichtbaren Symbol beschworen, so erweckte die Sanskrit-Forschung die Neigung, in den *vergangenen, untergegangenen Kulturen* etwas dem Heutigen Gleichwertiges, wenn nicht

Überlegenes zu sehen. Beides führte am Ende zu einer bis dahin unbekannten Aufwertung des Mythos.

Zunächst allerdings überwog die Meinung, der Mythos beruhe auf einer Verballhornung jener indischen oder, wie man damit zusammenhängend ebenfalls glaubte, ägyptischen Weisheit vorgeschichtlicher Zeiten. Darin waren sich A. Kanne,[142] F. G. Welcker,[143] G. Hermann[144] und F. Creuzer[145] einig, mögen sie auch teilweise in vielen Einzelheiten unterschiedliche Meinungen gehabt, ja, sich deswegen eher kritisch gegeneinander verhalten haben.[146] Da von den Genannten Creuzer der bedeutendste war, sei exemplarisch nur auf ihn näher eingegangen.

Creuzer übernahm zwar Herders auf den Mythos angewandten Symbol-Begriff, gab ihm jedoch eine Deutung, welche den Einfluß der inzwischen 1803 erschienen »Philosophie der Kunst« Schellings verrät. Ein Symbol, so sagt Creuzer, drückt die Erscheinung des Unendlichen in endlicher und sinnlicher Gestalt aus. Genau Derartiges liege aber vor, wenn sich Göttliches zeigt: also sei das Symbol ein Mittel göttlicher Offenbarung. In diesem Sinn ist jeder mythische Gott ursprünglich ein Symbol gewesen, das »die Schönheit der Form mit der höchsten Fülle des Wesens wunderbar vereinigt«.[147] Aber nicht nur die Götter hatten jene Symbolkraft, sondern auch die auf sie bezogene Rede als »bloße Formel oder Satzung und gedrungene Meldung.«[148] Solche eher knapp umrissenen Urbilder und Urformeln waren es nach Creuzer, in denen sich die Urweisheit der Menschheit enthüllte. Sie entartete jedoch sehr bald teils dadurch, daß sie dem rohen Volke durch die Priester nur in Fabeln und Märchen dargeboten werden konnte, teils dadurch, daß sich ihrer, besonders bei den Griechen, der ungehemmte Trieb dichterischer Phantasie bemächtigte. Das Symbol konnte man, wenn auch nur unvollständig, philosophisch erfassen – die darüber wuchernde Mythologie mit ihrem aller Logik spottenden Spiel jedoch nicht mehr. Wahrend »die philosophische Symbolik des Orients ... auf das Schöne verzichtend, einzig den großen Inhalt alten Glaubens in sprechenden Bildern zu bewahren suchte ...«,[149] ist »durch die poetische Mythik der Griechen der höchste Ernst grauer Vorzeit in ein freies Spiel der Phantasie ausgeartet ...«.[150]

Aber wenn auch für Creuzer die Urweisheit als eine Form göttlicher Offenbarung in einer längst versunkenen Vergangenheit begraben liegt, so ist sie seiner Meinung nach dennoch – und hier gleichfalls folgt er Herder – für denjenigen wiederzubeleben, der Augen hat zu sehen und Ohren zu hören. Für diesen gibt es »... ein

Erfahren der Mythen, und ein solcher erfährt die Mythen alle Tage, wenn er sich umsieht in den lebendigen Haushaltungen der Natur und das Volk in seinem Tun und Leben beobachtet.«[151]

Über die ›philosophische Symbolik des Orients‹ suchte gleichfalls J. Görres viel Tiefsinniges zu sagen. Dazu seien wenigstens einige erläuternde Hinweise gegeben, zumal Bachofen darauf aufbaute, in dem die symbolistisch-romantische Schule ihren Höhepunkt erreichte.[152] Görres sieht im Lingamdienst so etwas wie einen Urkult, in dem der geschichtliche Gegensatz zu einer kosmischen Polarität wird. In dieser Polarität haben auch Geburt und Tod, Tag und Nacht, Licht und Dunkel usf. ihre gemeinsame Wurzel und werden als objektive Mächte kultisch gefeiert. Damit spiegeln sich für Görres in den Mythen der Urzeit die tiefsten, im Geschlechtlichen wurzelnden Mysterien des Daseins. Im Vergangenen zeigt sich also das Ewige, und gerade in dieser seiner unsäglichen Vergangenheit liegt seine unantastbare Heiligkeit. »Wir sehen aus großer Ferne in den wundervollen Abgrund nieder«, schreibt er, »wo alle Geheimnisse der Welt und des Lebens verborgen ruhen ... Fragst Du die heiligen Bücher aller Völker um der Zeiten Anfang und Beginn, sie deuten dir auf die Ewigkeit ... «.[153]

Die Mystifikation angeblich uralter orientalischer Texte und Kulturen verblaßte indessen bald.[154] Im Gegensatz dazu suchte man nunmehr Mythen von göttlicher Weisheit in der Vorzeit des *eigenen* Volkes zu finden, dessen Geist und Seele, wie man meinte, für immer durch sie geprägt worden seien. Damit hatte sich die symbolistische Deutung des Mythos aufs engste mit der *Romantik* verbunden.

Zu erwähnen in diesem Zusammenhang sind vor allem die Brüder Grimm. So ist für J. Grimm das Wunder jenes »Ferne, worin für jedes Volk der Anfang seiner Gesetze und Lieder tritt«, ja »ohne diese Unnahbarkeit wäre kein Heiligtum, woran der Mensch hangen und haften soll, gegründet.«[155] Aber wir halten nach seiner Meinung auch an diesem Vergangenen und Mythischen fest, »als ein angeborenes Erbgut, das seit undenklichen Jahren die Eltern mit sich getragen und auf uns fortgepflanzt haben, das wir wiederum behalten und den Nachkommen hinterlassen wollen.«[156] »Alles, was meine Arbeiten vielleicht gefruchtet haben«, faßt Grimm zusammen, »verdanke ich der frühe in mir rege gewordenen Überzeugung, daß das Fortlebende« (des Mythos) »in Sprache, Sage, und Lied des Volks nicht neu erfunden, sondern nur im Alterthume entsprungen seyn könne.«[157]

K. O. Müller hat die ›Philosophie‹, die in diesen Bemerkungen Grimms steckt, auf die Griechen angewandt und dabei systematischer entwickelt. Entschieden rechnet er mit dem früheren Symbolismus ab, der im griechischen Mythos eher eine Verfallserscheinung ehemaliger orientalischer Priesterweisheit sah. Für Müller ist im Gegenteil die Mythenbildung gleich ursprünglich wie die Mythenerzählung, wenn er auch nicht leugnet, daß, viel später, die dichterische Phantasie sich dieser bemächtigt hat.[158] Der Mythos ist für ihn ferner nicht die Erfahrung einzelner, sondern es liege in seiner Bildung eine allgemeine »*Notwendigkeit* und *Unbewußtheit*.«[159] Im Mythos kommt »eine Gesamtheit von Wissen und Denken« zum Ausdruck, und die ganze Epoche, in welcher er »blühte«, trägt seine Züge.[160] Mythos und Symbol stehen dabei in einem unauflöslichen Zusammenhang: »Der Mythos erzählt eine gute Tat, worin sich das göttliche Wesen in seiner Kraft und Eigentümlichkeit offenbart, das Symbol veranschaulicht sie dem Sinn …«.[161] Wenn man nun frage, wie es möglich sei, daß man den Mythos nicht etwa für einen bloßen Inbegriff von Gleichnissen oder Allegorien, sondern für *wahr* gehalten habe,[162] so sei auf die »natürliche und notwendige« »Annahme einer übersinnlichen, aller Erscheinung zugrunde liegenden, lebendigen Welt und Natur« verwiesen, die einem »wohlgeschaffenen Geiste« eigentümlich sei.[163]

Ihre faszinierendste Ausprägung hat aber die symbolistisch-romantische Mythos-Deutung wohl durch J. J. Bachofen erhalten. Nach seiner Überzeugung besteht die mythische Grunderfahrung des Menschen darin, in der Erde die große Mutter zu sehen, die das Leben gebiert und wieder in ihren Schoß zurücknimmt. Daher sind für ihn Mutterkult und Totenkult dasselbe. Man kann dies, wie er meint, an den alten Grabstätten beobachten, wo überall auch Symbole des werdenden Lebens, meist in Gestalt des Eis, zu finden sind. Solche Symbole sind keine Gleichnisse, sondern in ihnen konzentriert sich eine Wirklichkeit, in der das tiefste Wesen der Welt anwesend ist und angeschaut wird. Der Mythos ist demgegenüber, wie er sagt, nur »die Exegese des Symbols«.[164] Die Vorstellungswelt der Urzeit ist daher nach Bachofen als tellurisch oder chthonisch zu bezeichnen. Dies verrät auch die ernste und düstere Stimmung, die ihre Zeugen noch heute umgibt. Das Dunkel des Erdmutterschoßes, die Unterwelt, aus der alles kommt und in die alles zurückkehrt, allgemein das Nächtliche prägen Ritus und Kult dieser Epoche, ja, deren ganzes Leben war bestimmt von der mächtigen Gegenwart der Toten. »Für die Toten hat man eher gebaut als für die Lebenden«, schreibt er, »und wenn für die Spanne Zeit, die diesen gegeben ist, vergängliches Holzwerk genügt, so verlangt die Ewigkeit jener Behausung den festen Stein der Erde.«[165] In einer typisch mythischen, personifizierenden Wendung sagt Bachofen, es sei aber die Erde selbst, die durch Menschenhand solche Behausungen erzeugt. *Sie* »sendet Grabsteine, Grenzpfähle und Mauern gleichsam aus ihrem Schoße hervor, wo sie … zuvor schlummerten.«[166]

Es ist für den vorliegenden Zusammenhang ohne Bedeutung, daß Bachofen mit den chthonischen Kulten bestimmte mutterrechtliche Gesellschaftsformen verband, die vermutlich nie existiert haben. Wichtiger ist hier dagegen die weltgeschichtliche Rolle, die er den Mythos spielen läßt. Einem inneren Entwicklungsgesetz folgend wandelte sich dieser nach Bachofen vom ursprünglich chthonischen zum homerischen Mythos, wandelte sich damit das Leben vom Dunkel zum Licht, vom Stofflichen zum Logos. Diese Bewegung vollendete das Christentum, in dem Gott endgültig Geist geworden ist.

Auf der einen Seite gibt es also nach Bachofen innerhalb des Mythos einen Fortschritt; auf der anderen Seite bedeutet das jedoch keineswegs, daß damit seine ursprünglichen Formen endgültig untergegangen und erledigt seien. Sie sind im Gegenteil nicht minder unverändert gegenwärtig wie die Erde, die Nacht, die Geburt und der Tod. Im Unterschied zu ihrem ersten Auftreten ruhen jedoch diese Formen nunmehr auf dem Grunde unserer Vorstellungswelt, sie sind in die tiefsten Schichten der Seele hinabgesunken und wurden von anderen, das höhere Bewußtsein heute erfüllenden, verdrängt. Von solchen Vorgängen wußte schon der griechische Mythos. Noch die Olympier schworen ja bei den Wassern des Styx, also der Unterwelt, und verrieten damit gerade in ihrer stärksten Bindung den chthonischen Ursprung, aus dem auch sie stammten. Ebenso leben in den Totenklagen der Ilias und in den späteren Tragödien uralte chthonische Kulte fort.

Bachofens Vorstellung von Vergangenheit, Fortschritt und Gegenwärtigkeit des Mythos hat A. Baeumler durch ein Gleichnis auszudrücken gesucht, indem er sagte: »Bachofen schaut die Menschheit als ein gewaltiges Bergmassiv. Aus der Tiefe des Meeres strebt es zur Höhe, in unermeßliche Tiefen senkt sich der Fuß, und was die Fluten in Nacht verhüllen, ist größer als der Teil, den das Licht umspielt. Aber der Gipfel *strahlt doch* in apollinischem Licht. Wohl gilt Bachofens Forschung der Tiefe; das Herz des Muttersohnes sucht das Dunkel der in der Tiefe begrabenen und doch ewig gegenwärtigen

Vorzeit. Keinen Augenblick jedoch verliert der Forscher das klare Bewußtsein der leuchtenden Höhe; nur *weil* das Licht des Geistes in ihm leuchtet, vermag der Sohn die Mutter zu *erkennen.*«[167]

Im Grunde ist also für Bachofen alles *Gegenwart*, der alte wie der neue Mythos. Die göttliche Wirklichkeit bildet einen in sich geschlossenen Kreis vom Chthonischen über das Homerisch-Olympische zum Christlichen, und nur in der menschlichen Geschichte wird er *sukzessiv* durchmessen. Aber auch da bleibt das Vergangene etwas Anschaubares und eine wiederholbare Wirklichkeit, die uns in den Symbolen alter Grabstätten anblickt.

Wenn man so dem Bogen von Kanne über Creuzer zu Bachofen folgt, dann wird einem deutlich, daß die symbolistisch-romantische Schule nach anfänglichem Schwanken den Mythos in einer seit der Aufklärung nie dagewesenen Weise ernst nahm. Hatten ihn früher die einen für etwas nur Allegorisches, Subjektives oder gar für die Ausgeburt eines finsteren Aberglaubens gehalten, sahen in ihm die anderen eher das Ergebnis einer mehr oder weniger unverbindlichen künstlerischen Phantasie, einen ›schönen Schein‹, so glaubte man nunmehr im Mythos den Ausdruck einer wieder unmittelbar erfahrbaren göttlichen Wirklichkeit erkennen zu können. Aus diesem Grunde muß man die romantische Deutung des Mythos als eine echte geistige Revolution bezeichnen.

Es ist denkwürdig, daß Hölderlin und die Schule der romantischen Mythos-Deutung voneinander nichts wußten, obgleich sie vieles miteinander verband. Hölderlin nicht, weil er bereits in Wahnsinn verfiel, als diese Schule sich zu bilden begann, sie nicht, weil seine späten Hymnen einer breiteren Öffentlichkeit unbekannt waren und erst im 20. Jahrhundert entdeckt wurden. Andererseits verraten die Vertreter der ritualistisch-soziologischen Richtung kaum Anregungen durch Bachofen, der doch wie sie die enge Verflechtung von Kult, Gesellschaft und Mythos bereits klar gesehen hat. Und schließlich lassen sich, mit einer Ausnahme, keine unmittelbaren Einflüsse Hölderlins oder der Romantik auf die im folgenden Abschnitt behandelte Mythos-Deutung nachweisen, wiewohl diese in manchen Zügen mit ihnen übereinstimmt. Dies sind nur einige von vielen Beispielen dafür, daß verwandte Ideen von weittragender Bedeutung unabhängig voneinander entstehen können. Wie dem aber auch sei: Es gilt festzuhalten, daß in diesen Ideen jene ›andere Seite‹ unserer Kultur hervorbricht, auf der mythisches Denken aller wissenschaftlichen Aufklärung zum Trotz unbeirrt fortlebt. Mit einer solchen wachen und pfleglichen Erinnerung an Vergangenes wird zugleich die Selbstverständlichkeit des Gegenwärtigen immer wieder erschüttert und herausgefordert.

9. Die Deutung des Mythos als Erfahrung des Numinosen

Die Vertreter dieser Richtung teilen mit Romantikern wie Görres, den Brüdern Grimm, K. O. Müller oder Bachofen die Überzeugung, daß der Mythos Ausdruck einer göttlichen Wirklichkeit ist. Sie unterscheiden sich von diesen Romantikern jedoch dadurch, daß sie weniger visionär und intuitiv vorgehen, sondern zu jener strengeren phänomenologischen Methode greifen, die auch R. Otto angewandt hat. (Vgl. Kapitel I, Abschn. 3.) Was sie dabei erfassen, entspricht jenen Formen, die R. Otto als das Numinose beschrieb, und dies ist es letztlich, worin sie mythische Erfahrung verwurzelt sehen. Aber sie sind von den Romantikern auch dadurch verschieden, daß sie sich auf eine inzwischen weit forgeschrittene Forschung in den Gebieten der klassischen Philologie, der Archäologie, der Ethnologie, der Religionswissenschaft und anderer hier einschlägiger Gebiete stützen können, die sie im übrigen größtenteils selbst bedeutend gefördert haben.

Der Ausdruck ›numinose Deutung‹ ist, soweit ich sehe, bisher noch nicht in dem gegebenen Zusammenhang verwendet worden. Auch wird sich der Kenner vermutlich wundern, daß ich unter diesem Titel teilweise so verschiedene Forscher wie U. v. Wilamowitz-Moellendorf, W. F. Otto, V. Grœnbech, J. Evola, J. P. Vernant, K. Keréyi, M. Eliade und andere zusammenfasse. Dennoch verbindet sie etwas Gemeinsames, wie das Folgende zeigen wird, das es rechtfertigt, in dieser Weise vorzugehen.

Man kann kaum eine bessere Einführung in die Deutung des Mythos als Erfahrung des Numinosen finden als in den folgenden Sätzen von U. v. Wilamowitz-Moellendorf: »Die Götter sind da. Daß wir dies als eine gegebene Tatsache mit den Griechen erkennen und anerkennen, ist die erste Bedingung für das Verständnis ihres Glaubens und ihres Kultus. Daß wir wissen, sie sind da, beruht auf einer Wahrnehmung, sei sie innerlich oder äußerlich, mag der Gott selber wahrgenomen sein oder etwas, in dem wir die Wirkung eines Gottes erkennen.«[168] »Denken wir Jahrtausende zurück, so muß man den Verkehr der Götter mit den Menschen beinahe alltäglich nennen, wenigstens können sie immer kommen, und wenn sie geladen werden zu Opfern und Schmaus, so ist das ganz ernsthaft gemeint.«[169] So sieht Wilmaowitz in der *Theoxenie*, dem Opfermahl, wo der Gott zu Tische kommt, den *Grundgedanken* mythischer Welterfahrung. Aber die Götter sind nicht nur da, sie sind überall da. Gestützt auf eine Fülle des empirischen Materials zeigt er, wie sie beständig alle Bereiche des Lebens durchwirken, diejenigen der Natur wie diejenigen der Menschenwelt, und wie sie dabei so sehr als etwas Selbstverständliches betrachtet wurden, daß es dem Griechen nicht einmal in den Sinn kam, dafür irgendwelche Argumente oder Beweise vorzubringen. »Der Mensch«, schreibt Wilamowitz, »brachte den Glauben an einen benannten Gott schon mit ... «.[170]

So weit ist dies alles noch eher eine historische Feststellung. Aber wie bei so vielen Vertretern der numinosen Deutung des Mythos geht eine solche Feststellung auch bei Wilamowitz unversehens in eine persönliche Überzeugung über, die ich die *Vergegenwärtigung des Mythos* nenne. Er könne, bemerkt er, »nicht mit Zuversicht die Möglichkeit bestreiten«, daß Herodots Bericht über das angebliche Auftreten der Göttin Athene in Begleitung des siegreichen Peisistratos (Herodot I, 60) wahr sei.[171] Auch über Sappho, die sich darauf berief, daß ihr Aphrodite erschienen sei, urteilt er: »Wer will leugnen, daß sie die Wahrheit sagt.«[172] Ja, es fällt Wilamowitz keineswegs schwer, sich in solche Begegnungen hineinzuversetzen. »Ich selbst«, berichtet er, »habe eine Epiphanie von ihm« – er meint Pan – »erlebt, als ich in einem Hohlwege Arkadiens ritt und plötzlich über meinem Kopf in den Ästen eines Baumes ein merkwürdiger Bock erschien und ohne sich zu rühren auf Roß und Reiter unter sich herabsah.«[173]

Auch W. F. Otto, selbst ein klassischer Philologe ersten Ranges wie Wilamowitz, hat die numinose Erfahrung in den Mittelpunkt des Mythos gestellt. In den Göttern sieht er die Urgestalten der Wirklichkeit: »Ein Gott sein heißt ...: allen Sinn eines Daseinsreiches in sich tragen, auf jedem seiner Gebilde als Glanz und Hoheit ruhen, an seiner vornehmsten Stelle aber die ganze Herrlichkeit und das wahre Gesicht offenbaren ... Die Gottheit ist die Gestalt, die in allen Bildungen wiederkehrt, der Sinn, der alles zusammenhält und in der menschlichen, als sublimsten, seine Geistigkeit zu erkennen gibt.«[174] Das Göttliche ist für den Griechen gegenwärtig, es wird nicht nur durch Wunder oder dunkle Mysterien, sondern durch »natürliche Erfahrung« erkannt.[175] Es ist der Gott, der in den regelmäßigen Naturabläufen erfaßt wird, es ist aber auch der Gott, der im Glück, im Zufall, in den tieferen Schichten der Seele lebt und wirkt. »Das getreueste Bild der Wirklichkeit ist zugleich das lebendigste Zeugnis für das Dasein der Götter.«[176] »Was wir als Natürliches sehen und zu begreifen suchen, ist das Göttliche.«[177] Dabei ist mit dem »Natürlichen« nicht nur die Natur, sondern auch die Menschenwelt gemeint, in der wir uns alltäglich bewegen. Ja, selbst deren Geschichte ist mythisch nur Teil eines göttlichen Geschehens und spiegelt sich daher in den Erzählungen des Mythos wider. Dies alles ist für Otto nur das Ergebnis einer genauen historischen Analyse, die sich moderner Vorurteile enthält. Aber weit stärker als bei Wilamowitz bricht bei ihm die Vergegenwärtigung des Mythos durch und beherrscht ihn am Ende fast vollständig.

»Und dennoch sagt den Menschen ein Gefühl, ja, eine Erfahrung«, schreibt er, »die einstens sogar mit großer Eindringlichkeit gesprochen haben muß, daß zwar alles vergeht, aber das Vergangene *noch da* ist und zwar als solches, als Vergangenes, nicht bloß in seinen etwaigen Folgen. Und was noch mehr ist: in ihm hat der Mensch das *Ewige* erfahren. Die Kunde davon ist ihm aus keinem Jenseits der Erfahrung zugekommen, sondern aus dem Zeitlichen selbst.«[178] Deswegen seien auch »Die heiligsten Begegnungen in den Gottesdiensten aller Völker« »ein Gedächtnis und eine genaue Wiederholung dessen, was in Urzeiten von Göttern selbst getan worden ist.«[179] Am eindringlichsten finden wir eine solche Vergegenwärtigung des Mythos bei Otto in dem Band »Die Wirklichkeit der Götter«, in dem seine späteren Aufsätze und seine Briefe an die Prinzessin von Sachsen-Meiningen gesammelt sind.[180] Dort lesen wir: »Was unsere Augen wahrnehmen, was unsere übrigen Sinne erfassen, was wir fühlen und denken, all dies mag noch so ursprünglich und eigen sein, es ist uns doch in gewissem Maße schon vorgegeben, denn es steht und bewegt sich innerhalb der Geisterwelt, an der seit vier Jahrtausenden unsere Dichter, Götterboten, Künstler und Denker gebaut haben. Wir selbst, ob wir uns dessen bewußt sind oder nicht, stehen mit unserem ganzen Dasein in dieser geistigen Welt« – eben derjenigen des Mythos. »Es gibt bekanntlich kein Denken ohne Sprache, und schon in der Sprache, die wir als Säugling lernen ... ist diese geistige Welt präformiert ... Unsere Sprache ... ist, wie der Kundige weiß, durchaus mythisch ... «.[181]

Otto gehört zu den wenigen Vertretern der numinosen Deutung des Mythos, die unmittelbare Einflüsse von Hölderlin verraten. Dies gilt vor allem für seine Klage um den Verlust des Mythischen in der heutigen Zeit, die er in dem folgenden Gedicht ausgedrückt hat:

> Nun ist er lange entschwunden,
> Er, in dessen Licht

Ein großes Sein einst sich erfüllte.
Die Säulen sind zerbrochen,
Der Festgesang verstummt,
Und mit den Opferfeuern
Das selige Lächeln der Natur erloschen.
Vergebens sucht die Sonne,
Wenn sie am Morgen sich erhebt,
Die Spur des Lieben.
Die Frühlingsblumen träumen noch von ihm.
Und die Gebirge, die der Gott verlassen,
Blicken mit wilden Urweltaugen
Sprachlos auf uns Einsame herab. usf.[182]

Wie sich die numinose Deutung des Mythos mit der schon in anderem Zusammenhang erwähnten Vorstellung verbindet, daß ihm ein die gesamte Lebenswirklichkeit theoretisch wie praktisch umfassendes Begriffs- und Erfahrungssystem eigentümlich ist, hat besonders V. Grønbech gezeigt,[183] indem er eine Reihe von Grundbegriffen des griechischen Mythos analysierte. Dazu gehören das Heilige, die Frömmigkeit, das Heiligtum, das Opfer, das Fest, die Gottheit, Zeit und Raum, Vernunft, Glück, Ruhm usf. Als besonders fruchtbar erwiesen sich seine Untersuchungen zum Begriff der Arche, womit kurz gesagt der göttliche Ursprung gesetzesartig ablaufender Ereignisse gemeint ist. (Auf all dies werde ich später noch ausführlich zurückkommen.) Kategorien solcher Art haben für Grønbech letztlich stets einen numinosen Sinn. »Bei der Betrachtung des griechischen Geisteslebens«, schreibt er, »müssen wir nicht allein unsere Begriffe revidieren, sondern müssen auch unsere Erfahrungen umdenken.«[184] Die Griechen »... sehen etwas, was wir nicht zu sehen vermögen, deshalb bewegen sich ihre Gedanken in einer ganz anderen Dimension, so daß kein Generalnenner zu finden ist.«[185]

Ähnlich sieht es J. Evola. »Moderne Welt und traditionelle Welt«, schreibt er, »können als zwei universelle Arten, als zwei gegensätzliche apriorische Kategorien angesehen werden.«[186] Man müsse »sich deutlich vor Augen halten, daß der Gegensatz zwischen geschichtlichen Zeiten und Zeiten, die man prähistorisch oder ›mythologisch‹ nennt, nicht bloß ein *relativer* Gegensatz zwischen zwei gleichartigen Teilen derselben Zeit ist, sondern ein *qualitativer, wesenhafter.* Der traditionelle Mensch hatte nicht die gleiche Zeiterfahrung, wie sie der moderne Mensch hat: Er hatte ein überzeitliches Empfinden in der Zeitlichkeit, und in diesem Empfinden erlebte er jede Erscheinung seiner Welt.«[187] Damit stand der Mensch im »Kontakt mit der metaphysischen Realität, die der Zeiterfahrung eine ganz andere, mythologische ... Form gibt.«[188] In dem Verlust dieser Realität, die auch Evola an einzelnen Begriffen, zum Beispiel Königtum, Polarität, Ritus, Raum, Zeit usf. herausarbeitet, sieht er zugleich den Verlust von Wirklichkeit überhaupt. Was der moderne Mensch sucht, ist für ihn nur eine »Fata Morgana«, die umso mehr zerfließt, je mehr er ihr nachjagt.[189]

Auch J. P. Vernant sieht eine Kluft, die zwischen dem Mythos und dem »Logos« klafft. »Der Dialog«, bemerkt er, »ist unmöglich ... Selbst wenn sie dasselbe Objekt zu betrachten, in die gleiche Richtung zu zeigen scheinen, so bleiben die beiden Arten der Rede füreinander undurchdringlich. Wählt man den einen Sprachtyp, so nimmt man zugleich vom anderen Abschied.«[190] Auch der Mythos hat seine »geistige Architektur«, seine »untergründige Logik«[191] – handelt es sich hier also nicht auch um eine »Form der Ontologie«?[192] Eben deswegen genügt es nach Vernant keineswegs, nach Art der Strukturalisten nur die logische Seite des Mythos hervorzuheben, sondern wir müssen zum Verständnis des Mythos über dessen »formalen Rahmen« hinaus zugleich seinen Inhalt heranziehen, nämlich die »Etude interne du texte«,[193] seinen »semantischen Raum« und seine »Kategorien des Denkens.«[194]

Was nun diesen Inhalt betrifft, so erschöpft er sich zwar nach Vernant nicht im Hinblick auf das Heilige und Göttliche (le sacre, le divin),[195] da er ja den gesamten »kulturellen Kontext« umfaßt.[196] Aber dennoch steht hier alles in Beziehung zueinander: Die soziale Hierarchie mit der Ordnung der Natur und beides mit der göttlichen Macht. Damit haben die Götter auch eine »Funktion sozialer Regelung« (une fonction de régulation sociale).[197]

Vernant stellte fest, daß die Forschungen auf so verschiedenen Gebieten wie der Erkenntnistheorie, der Soziologie, Ethnologie, Religionsgeschichte, Linguistik usf. dazu geführt haben, »den Mythos ernst zu nehmen« (de prendre le mythe au serieux) und ihn »als eine einwandfreie Dimension menschlicher Erfahrung anzuerkennen« (de l'accepter comme une dimension irrécusable de l'expérience humaine).[198] Wieder stoßen wir hier auf die Vergegenwärtigung des Mythos: »Man verwirft«, erklärt Vernant, »die enge Beschränktheit, in welcher der Positivismus des vorigen Jahrhunderts befangen war, mit seinem naiven Vertrauen in eine fortschreitende Evolution der menschlichen Gesellschaft vom Dunkel des Aberglaubens zum Lichte der Vernunft ... In verschiedener Hinsicht bahnt sich in einer solchen Perspektive eine Rehabilitation des Mythos an.« So werde das Mythische zu einer »Herausforderung des Verstandes«. Die Wissenschaft sei geradezu gezwungen, »dieses andere, welches der Mythos darstellt«, zu verstehen und es »dem anthropologischen Wissen einzuverleiben.«[199] Aber mehr noch: Spiegelt der Mythos in seiner »Komplexität«, seinen »Polaritäten« und »Widersprüchen«, die unsere moderne Rationalität so leicht verdeckt, nicht grundlegende Züge der Wirklichkeit wider? »Jeder von uns fühlt die Zweideutigkeit der menschlichen Lage. Vielleicht ist dies der Grund, weswegen jene griechischen Götter ... nicht aufhören, zu uns zu sprechen, wenn man sie hört.«[200]

Als weiterer Vertreter der numinosen Deutung des Mythos ist K. Kerényi zu nennen. Mythisch betrachtet, so schreibt er, ist das »Göttliche das Selbstverständlichste.«[201] »Wie die musikalische Welt die tönende ist – die Welt in eine Tonwelt aufgelöst – so ist die mythologische die in den Ausdrucksformen des Göttlichen aufgegangene Welt ...«.[202] Kult und Mythos sind für Kerényi nur »Reaktionen« auf eine als »objektiv« begriffene Gegebenheit, sind das Erfassen einer »Dimension« der Wirklichkeit[203] und zwar eines »besonders festlichen Weltaspektes« von ihr, dem eine »Art Verklärung eignet.«[204] »Es ist die Welt selbst«, betont er daher, die sich im »Mythologem« »spiegelt« und ihm »Sinn verleiht.«[205] Verstehe man den Mythos aitiologisch, also als eine Form der Kausalerklärung im Sinne der Wissenschaft, so müsse einem gänzlich unverständlich bleiben, »wie er überhaupt als überzeugend und sinnvoll empfunden werden« konnte.[206] Versetze man sich dagegen in jene »Dimension« der Wirklichkeit, die er widerspiegeln will, dann werde er einem als eine ganz andere »Denk- und Ausdrucksform« wie die unsere begreiflich und zwar als eine solche, »die der Fremde ebenso zu erlernen hat wie eine Sprache.«[207]

Gerade weil aber der Mythos sich für Kerényi auf eine Wirklichkeit bezieht, bleibt er, wenn auch nicht in seinen einzelnen Erscheinungen, so doch in seinen allgemeinen Strukturen immer gegenwärtig und kann höchstens zeitweise verdrängt oder vergessen werden. Selbst »wenn es gelänge«, schreibt er, »alle Traditionen mit einem Male abzuschneiden, so würde mit der nächsten Generation die Mythologie und Religionsgeschichte wieder beginnen.«[208]

»Nicht ganz vergessene, für unsere Zeit aber doch schon totgeglaubte Traditionen« können wieder aufleben, »weil sie sich von zeitlosen Abgründen nähren, über denen die Insel des Menschen« – nämlich diejenige der modernen Zivilisation – »immerfort gefährdet und angenagt schwebt.«[209] Der Mensch ist nach Kerényi »von einer komplizierten Struktur, von der im Bilde von ›Schichten‹ zu reden schon eine große Vereinfachung des Sachverhaltes bedeutet.« Dabei kann »das Ältere, das zeitlich früheren Ursprungs ist, ... als das Tiefere gedacht werden.«[210] Kerenyi weist zwar darauf hin, daß solche Gedanken auch Jung geäußert habe,[211] aber Kerényi gibt ihnen doch letztlich einen ganz anderen Sinn als dieser, wenn er sie ausschließlich mit der objektiven Wirklichkeit des Numinosen und nicht subjektiv psychologisch begründet.

Die Vergegenwärtigung des Mythischen muß jedoch nach Kerényi keineswegs mit einer Verherrlichung der Vergangenheit einhergehen, wie es zum Beispiel bei W. F. Otto der Fall ist. Für Kerényi ist »das Tiefere nicht selbstverständlich als das Bessere oder doch weniger Gefährliche« vorzustellen, so als ob der Mensch damals, verglichen mit uns, in einer Art Paradies gelebt hätte.[212] Zweifellos befand er sich im Gegenteil in mancherlei Hinsicht in einer schlechteren, ja, gefährlicheren Lage als heute, aber Kerenyi will für eine gerechte Beurteilung des Mythos gerade dadurch plädieren, daß er realistisch nicht nur dessen Vorteile, sondern auch dessen Nachteile darlegt.

Im Rahmen der numinosen Deutung des Mythos gegenwärtig besonders einflußreich ist das Werk M. Eliades. Da ich von seinen Ergebnissen ebenfalls im Folgenden oft Gebrauch machen werden, begnüge ich mich hier wieder mit einigen, unmittelbar für den vorliegenden Zusammenhang wichtigen Stichworten. Nach Eliade besteht einer der herausragenden Grundzüge des Mythos darin, in einem für heilig erachteten Urereignis nicht etwas Vergangenes zu sehen, dessen man vielleicht gedenken oder das man irgendwie nachahmen kann, sondern ein ewig Gegenwärtiges oder zumindest beständig *identisch* Wiederholbares. Der Mythos hat demnach im *Archetypos* seine Mitte. Dieser Archetypos kann im Kult, im Gesang, in der Rezitation usf. immer wieder herbeibeschworen werden und fortwirken wie am ersten Tag.

Es ist nun dieser archetypische Grundzug des Mythischen, den Eliade durch die gesamte Kulturgeschichte hindurch bis heute wirksam sieht. Zu ihm gehören zum Beispiel, nach dem Untergang der Antike, die »liturgische Zeit, also die periodische Wiederkehr des *illud tempus*« im christlichen Ritus, worin Leben, Tod und Auferstehung Christi als ein heiliges Urereignis beständig wiederholt würden und sich die Erlösungs- und Heilstat immer wieder erneuere.[213] Archetypische und damit mythische Formen findet aber Eliade auch im außerkirchlichen Bereich, so etwa in der Tafelrunde des Königs Artus oder in der Gralsidee. Später würden solche Formen sogar vollständig vom Numinosen abgelöst und nehmen rein profane Inhalte an. Zusammenfassend bemerkt Eliade: »... wir können sagen, daß der moderne Mensch zumindest einige Reste ›mythischen Verhaltens‹bewahrt hat«,[214] mag dies auch in noch so pervertierter Form der Fall sein. Und er folgert daraus: »Bestimmte Aspekte und Funktionen des mythischen Denkens sind Konstituenten des Menschen.«[215]

Wie die bisherigen Ausführungen zeigen, sind die Vertreter der numinosen Deutung des Mythos auf der einen Seite Historiker, die den Mythos aus sich selbst und seinen historischen Bedingungen zu begreifen suchen, ohne in ihn ungeschichtlich moderne Vorstellungen hineinzuprojizieren oder ihn mit solchen zu beurteilen; auf der anderen Seite ist der Mythos für sie etwas immer noch Gegenwärtiges, das eine unmittelbare Bedeutung für uns haben kann. Damit drängt sich jedoch unausweichlich die folgende Frage auf: *Wenn der Mythos als in einer numinosen Wirklichkeit verwurzelt betrachtet, ja, erlebt wird, dann bedeutet das doch nichts anderes, als daß man ihn in irgendeiner Weise für wahr hält. Wie aber läßt sich eine solche Auffassung vor unseren heutigen, von der Wissenschaft geprägten Vorstellungen von Wahrheit rechtfertigen?*

Dennoch ist bisher die Wahrheitsfrage des Mythos unmittelbar nur von wenigen Forschern angeschnitten worden. Ich erwähne hier vor allem R. Pettazzoni, A. E. Jensen und A. Jolles.

Pettazzoni weist zunächst darauf hin, daß »wahre« und »falsche« Mythen schon innerhalb mythischer Kulturen voneinander unterschieden werden.[216] Als wahre Mythen werden nach seiner Auffassung nur diejenigen betrachtet, deren Rezitation unter bestimmten rituellen Bedingungen heilige Urgeschehnisse wiederholen. Aus diesen »wahren Mythen« leitet sich die gegenwärtige Gesellschaftsstruktur her, und bis auf den heutigen Tag hängt alles von ihnen ab. Ihre Wirklichkeit kann, wie Pettazzoni meint, »nicht in Zweifel gezogen werden ...«, »denn sie ist die Voraussetzung und unerläßliche Bedingung der jetzigen Wirklichkeit.«[217] Darüber hinaus hängt von der Wiederholung des Mythos die »Erhaltung und Vermehrung des Lebens«,[218] ja, »einer ganzen Welt« ab, »die ohne den Mythos nicht weiterexistieren kann.«[219] Die Wahrheit des Mythos, sagt daher Pettazzoni, ist »die Wahrheit des Lebens.«[220]

Auch A. E. Jensen hat sich mit ähnlichen Fragen beschäftigt. Es gibt vieles im Bereiche des Mythos, Widersprüchliches, Phantastisches, Unverständliches und dergleichen, wovon wir uns fragen müssen, wie es überhaupt ernst genommen werden konnte. »Und doch gibt es zweifellos eine mythische Wahrheit.«[221] Worin aber besteht, worauf beruht sie? Nach Jensen sieht der Mythos »alle Dinge der Welt als etwas Gewordenes …« und beschreibt »… den Werdeprozeß selbst als Ablauf einer Handlung …«.[222] Ein solches Urteil aber »basiert auf dem besonderen Wesen dieser Erscheinung selbst …«, man »sieht« *in* der Erscheinung »die schöpferische Kraft«, die ihr »Sosein hervorgebracht hat«.[223] Jensen faßt dies schließlich mit den folgenden Worten zusammen: »Die Wahrheit der Beschreibung des Urzeit-Vorganges beruht auf der wahren Erkenntnis des Wesens der lebendigen Wirklichkeit, die in unmittelbarer Anschauung gewonnen ist.«[224]

In eindringlicher, teilweise auch dunkler Form, versucht A. Jolles den mythischen Wahrheitsbegriff vom wissenschaftlichen abzugrenzen. Die wissenschaftliche Erkenntnis sucht, wie er meint, »von sich aus« »an die Erscheinung heranzukommen, von sich aus über sie ein Urteil zu bilden« und »den Gegenstand aus seinen Bedingungen zu erzeugen.«[225] Diese Erkenntnis bedeutet für ihn des weiteren »Erfassung des Seins und der Beschaffenheit der Dinge; Erkenntnis ist gegenständlich gerichtet, sie sucht die Einsicht in den Zusammenhang der Dinge, sie will eine Bestimmung des Seins und des Soseins der Objekte und ihrer Beziehungen. Erkenntnis faßt sich in Urteilen. Jedes Urteil soll Allgemeingültigkeit besitzen.«[226] Diesem Vorgang, diesem Willen, »die Welt von sich aus aktiv zu verarbeiten«, diesem »Hineindringen in die Welt, um selbst Einsicht in ihre Beschaffenheit zu gewinnen«,[227] steht nun nach Jolles die mythische Auffassung entgegen, nach welcher sich »Die Welt und ihre Erscheinungen« selbst »bekannt« »geben«[228] und »sich das Gegenständliche selbst erschafft.«[229] Mythisches Wissen ist »göttliches Wissen, das die Dinge aus den Dingen heraus versteht …«.[230] Wissenschaftliche und mythische Erkenntnis stehen also nach dieser Auffassung in diametralem Gegensatz zueinander, sofern sie in entgegengesetzter Richtung zielen: Die Wissenschaft geht tätig auf ihren Gegenstand los, sie analysiert, seziert, manipuliert ihn, während mythisch die Dinge selbst zu uns sprechen: »*sie sagen wahr*« und werden hier nur so von uns »*wahr-genommen*«[231]; auf jede Frage erfolgt dabei eine »unbedingte«[232] und »bündige« Antwort.[233] »*Neben dem Urteil, das Allgemeingültigkeit beansprucht*«, also der wissenschaftlichen Erkenntnis, »*steht die Mythe, die Bündigkeit beschwört.*«[234]

Es ist jedoch nicht so, führt Jolles weiter aus, »daß zeitlich das Eine dem Anderen vorangeht, daß Unzufriedenheit mit dem Einen mählich zu anderem führt, daß die Entwicklung das Eine als unzulänglich auszuschalten vermag,um dem Anderen Raum zu schaffen, sondern überall und immer stehen sie nebeneinander, und immer und überall sind sie, wie die Königskinder im Liede, getrennt durch das Wasser, das viel zu tief ist, und können ›beisammen nicht kommen‹.«[235] So gibt es nach Jolles zum Beispiel »keinen unmittelbaren Weg, der vom Mythos ›Aetna‹ ... zur Erkenntnis geologischer Erscheinungen führte.«[236] Deswegen wollte er »das Wort ›Mythologie‹ am liebsten aus der Reihe unserer Begriffe streichen«[237] – stehen denn nicht Mythos und Logos in einem unauflöslichen Widerspruch zueinander? Auch Jolles sieht offenbar in diesem Widerspruch einen fundamentalen Wesenszug unserer Kultur: »Wenn wir von unserer Literaturgeschichte aus die Geschichte der Philosophie betrachten«, schreibt er, »und das Schauspiel des Anstoßens und Anziehens von Mythe und Erkenntnis beobachten, so wird uns klar, wie hier eine der schwierigsten Aufgaben unserer Morphologie vor uns liegt, aber zugleich, wie wenig wir bisher dieser Aufgabe gewachsen sind.«[238]

10. Kritischer Rückblick

Nach dieser kurzen Darstellung der Geschichte der Mythos-Forschung[239] wende ich mich nun der kritischen Prüfung ihrer einzelnen Phasen zu. Dabei muß ich mich wieder wie im Vorangegangenen auf das Wichtigste beschränken.[240]

Die allegorisch-euhemeristische Einstellung wird heute von Kennern wohl kaum noch vertreten. Die Psychologie, auf die sie sich stützt, erwies sich als zu primitiv, und ihre Einschränkung des Mythos auf Naturphänomene als ein historischer Irrtum. Die Erklärung des Mythos als Krankheit der Sprache übersieht, daß mythisches Denken und Vorstellen doch schon vorliegen müssen, wenn bestimmte Worthülsen mit numinosem Gehalt gefüllt werden; mit solchen Worthülsen können also bestenfalls bestimmte *Auslösungen* mythischer Formen begründet werden, nicht aber diese selbst.

Die Deutung des Mythos als Poesie betont zu sehr dessen ästhetische Seite und verfehlt damit ebenfalls die inzwischen freigelegte historische Tatsache, daß er eine umfassende Lebenswirklichkeit betrifft; ferner verdeckt seine rein künstlerische Betrachtung seinen numinosen Ernst; und schließlich bleibt der Begriff einer sogenannten höheren Wahrheit der Poesie zu vage, als daß mit ihm die einstige allgemeine Verbindlichkeit des Mythos verständlich zu machen wäre.

Die ritualistisch-soziologische Auffassung hat zwar den Ernst und die alles umfassende Lebenswirklichkeit des Mythos erkannt, aber ihr blieb auf der anderen Seite die ihm eigentümliche Logik und Rationalität verborgen, welche, wie wir gesehen haben, die spätere Forschung ans Licht gebracht hat. Dieser Mangel hatte seine Ursache nicht zuletzt darin, daß die Vertreter der ritualisierten Richtung völlig im Banne der Naturwissenschaften und der mit ihnen verbundenen Evolutionstheorien standen, so daß sie im Mythos nichts anderes als eine primitive und barbarische Unterstufe der Menschheit sahen, auf der nichts als Aberglaube herrschte. Aus demselben Grund neigten sie auch zu einer Überbewertung der magischen Seite des Mythos, die heute nicht mehr als zu seinem Wesenskern gehörig angesehen werden kann.

Die Schwächen, welche die psychologische Sicht des Mythos aufweist, seien am Beispiel von Freuds Deutung der Ödipus-Tragödie verdeutlicht. Selbst wenn man von den mannigfaltigen Varianten absieht, in denen dieser Stoff seit altersher aufgetreten ist, und sein Augenmerk nur auf das Drama des Sophokles richtet, so gibt es so gut wie nichts darin, was auf ein komplexiöses Verhalten des Ödipus im Sinne Freuds hinweisen könnte. Wie kann Ödipus das Verlangen nach der Tötung des Vaters befriedigt haben, wenn er, als er ihn umbrachte, gar nicht wußte, daß es sein Vater ist? Wie kann er das Verlangen nach dem Beischlaf mit der Mutter befriedigt haben, wenn er nicht wissen konnte, daß es seine Mutter ist? Selbst der Versuch, ihm in beiden Fällen einen dumpfen Instinkt zu unterstellen, demzufolge er diese Zusammenhänge doch ahnte, ist zum Scheitern verurteilt, weil die Begegnung mit dem Vater ganz plötzlich geschieht und nach wenigen Sekunden mit dessen Tod endet, während die Eheschließung mit seiner Mutter keineswegs die Folge einer Liebesbeziehung zu ihr ist. Sie erfolgt nämlich ausschließlich deswegen, weil Ödipus mit der Errettung der Stadt die Königswürde und damit das Beilager der Königin, eben seiner Mutter, erworben hat. Was aber die Worte der Jokaste betrifft, »Denn viele Menschen haben wohl in Träumen schon / der Mutter beigelegen«,[241] so stützten sie sich auf einen den Griechen geläufigen Topos,[242] wonach ein solcher Traum bisweilen den Tod, bisweilen aber auch Landeroberung bedeuten kann. Nur darauf will Jokaste im gegebenen Zusammenhang hinweisen. Die Deutung der Ödipus-Tragödie durch Freud und seine Anhänger ist also schlechthin willkürlich.[243]

Worum aber geht es in diesem Drama wirklich? Es geht genau darum, daß Inzest und Vatermord von Ödipus *unwissend* begangen werden. Gerade weil Ödipus gottesfürchtig die schrecklichen Verbrechen vermeiden will, die ihm das Orakel vorausgesagt hat, wird er ungewollt zum Vollstrecker der Weissagung. Dies aber rettet ihn nicht vor der unerbittlichen Strafe nach göttlichem und menschlichen Recht, ja, seine Taten wirken wie die Pest, die eine ganze Stadt vergiftet. Schuld ist also hier ein Schicksal, das Götter und Orakel verhängt haben. Und darin liegt das ganz und gar zeitgeschichtlich zu sehende Problem, das Sophokles behandeln wollte. – Zu einer solchen Auffassung von Schuld und Sühne gibt es keinen *psychologischen* Zugang im heutigen Sinne. Wir verlegen Schuld und Unschuld in das »Innere« des Menschen indem wir fragen: Welche seelischen Abläufe führten zu seinen Taten? Konnte er das begangene Verbrechen überhaupt erkennen, konnte er es vermeiden usf.? Hier wird die *Subjektivität* als die Quelle unserer Taten angesehen, und die »objektiven« Ereignisse kommen nur so weit ins Blickfeld, als sie von ihr erfaßt und verarbeitet werden. So ist unsere Sicht eine der sophokleisch-griechischen geradezu entgegengesetzte. Dies macht es uns heute ja so schwer, die Tragödie des Ödipus zu begreifen. Für Sophokles sind es die *»objektiven«* Ereignisse, die zählen, weil mythisch Ich und Welt, Subjekt und Objekt nicht voneinander streng getrennte Sphären, sondern eine unauflösliche Einheit darstellen. Darauf ist hier bereits im ersten Kapitel hingewiesen worden. Das, was wir »Ich« nennen, jenes Gegenstandsfeld der Psychologie, verschwindet mythisch in dieser Einheit. Anders ausgedrückt: Der mythische Mensch erfährt sich nicht »psychologisch«. Man muß aber vor *allem* im Auge behalten, daß die psychologische Auffassung, weil sie auf einer bestimmten Vorstellung von Subjektivität und damit einer bestimmten Trennung zwischen Innen und Außen beruht, eben jene wissenschaftliche Ontologie voraussetzt, von der hier schon häufig gesprochen wurde. Wollte man also etwa sagen, die Griechen hätten von Psychologie nur nichts gewußt, in Wahrheit wären sie aber doch deren Gesetzen unterworfen gewesen, so behauptete man damit, daß jene Ontologie für alle Zeiten eine absolute Gültigkeit hätte. Wie zweifelhaft eine solche Annahme ist, habe ich jedoch im vorangegangenen Kapitel gezeigt und werde, wie angekündigt, noch näher darauf eingehen. Die Frage aber, ob vielleicht die psychologische Auffassung nur eine rein historisch zu verstehende *Deutungsmöglichkeit* menschlicher Wirklichkeit ist, eine Deutungsmöglichkeit freilich, die, einmal ausgesprochen, unser Selbstverständnis prägen und bestimmen kann, nicht anders als der Grieche sein Selbstverständnis aus den Vorstellungen des Mythos bezog, diese Frage haben sich die Vertreter der psychologischen Auffassung des Mythos nicht einmal gestellt. Ihr entscheidender Fehler besteht somit darin, ohne weitere Reflexion und damit naiv eine durchaus moderne Denkungsweise ungeschichtlich auf eine ganz anders geartete Vergangenheit übertragen zu haben.

Damit ist aber bereits gesagt, daß in der Tat die soeben vorgebrachte Kritik an Freuds Erklärung des Ödipus-Dramas die psychologische Deutung des Mythos *allgemein* trifft und deswegen als exemplarisch angesehen werden kann.[244]

Gehen wir jetzt zur kritischen Betrachtung der transzendentalen Deutung des Mythos über, wobei ich auf deren bei Hegel und Schelling zu findende spekulative Variante nicht näher eingehen kann. Diese transzendentale Deutung fußt auf *zwei Hypothesen: Erstens,* die von Kant aufgestellten apriorischen Formen der Anschauung und des Denkens sind notwendige Bedingungen für jede mögliche Erfahrung und für jedes mögliche Bewußtsein; *zweitens,* diese Bedingungen werden den Menschen erst allmählich durch fortschreitende logische Analyse zunächst verschwommener Vorstellungen bewußt, und der Höhepunkt dieser bereits im Mythos beginnenden Entwicklung ist die mit der Kantischen übereinstimmende wissenschaftliche Ontologie. – Beginnen wir mit der zweiten Hypothese. Wie man dem vorangegangenen Kapitel entnehmen kann, steht diese Hypothese in klarem Widerspruch zu dem tatsächlichen Verlauf grundlegender und entscheidender wissenschaftsgeschichtlicher Entwicklungen. Erinnern wir uns: Descartes' drei Grundvoraussetzungen, aus denen die ersten Umrisse der wissenschaftlichen Ontologie hervorgingen, daß nämlich die Natur durch Gottes Güte der menschlichen Vernunft angepaßt sei, diese Vernunft sich aber vor allem in der Mathematik äußere (Geometrisierung der Physik, spezifische Trennung von Subjekt und Objekt usf.), und daß schließlich Gottes Ratschlüsse als unveränderlich betrachtet werden müßten (Trägheitsbewegung usf.), diese drei Grundvoraussetzungen verdanken ihre Entstehung nicht irgendwelchen logisch zwingenden Analysen bestehender Begriffe oder irgendwelchen unausweichlichen Erfahrungen, sondern teils sind sie die Folge bestimmter theologischer Spekulationen des 16. Jahrhunderts, teils sind sie mehr oder weniger willkürliche Annahmen. Spekulationen und Annahmen solcher Art liegen auch, wie sich zeigte,

Newtons Idee des absoluten Raumes zugrunde, also einem weiteren Meilenstein in der Entwicklung der wissenschaftlichen Ontologie, und wie wir gesehen haben, fußen noch die Relativitätstheorie wie die Quantenmechanik auf eher metaphysischen, theologischen und philosophischen Überzeugungen. Erweist sich also schon *innerhalb* der Wissenschaftsgeschichte die zweite Hypothese des Transzendentalismus als eine pure Fiktion, sozusagen als rationalistischer Wunschtraum, so fehlt erst recht jeder Hauch eines Nachweises dafür, daß die Wissenschaft sich aus dem *Mythos* in der von ihr behaupteten Weise entwickelt hätte. Tatsächlich *behauptet* Cassirer auch einen solchen Vorgang nur, und die wenigen Apercus, *in* denen das geschieht, habe ich größtenteils im sechsten Abschnitt dieses Kapitels zitiert. Damit kehre ich nun zur ersten Hypothese des Transzendentalismus zurück. Cassirer hat selbst erkannt, daß sie mit der zweiten in unmittelbarem Zusammenhang steht. Denn wenn, wie die erste Hypothese sagt, die Kantischen Anschauungsformen und Kategorien Bedingungen jeder möglichen Erfahrung, ja, jedes möglichen Bewußtseins sind, dann folgt doch daraus, was die zweite Hypothese behauptet, daß nämlich den Kantischen vergleichbare mythische Anschauungen und Begriffe, zum Beispiel über Raum, Zeit, Kausalität usf., nur deren mehr oder weniger verschwommene und unklare Vorläufer sein können. Andernfalls würde die Art, wie sich die Menschen mythisch die Wirklichkeit vorstellen, in keinerlei logischem Zusammenhang mit der Art stehen, wie sie die Erfahrung dieser Wirklichkeit *in Wahrheit,* wenn auch noch unbewußt, organisieren, und das menschliche Bewußtsein lebte in einer unbegreiflichen Schizophrenie. Nun ist, wie gezeigt, die zweite Hypothese unhaltbar. Die Geschichte des Übergangs vom Mythos zur Wissenschaft läßt sich nicht als ein logischer Vorgang darstellen, in dem das Bewußtsein seiner eigenen Bedingungen immer deutlicher inne wird, und damit fällt auch die erste Hypothese. Denn Falsches kann nicht aus Wahrem folgen. Desgleichen wird aber auch die Behauptung unhaltbar, der Mythos stünde, *weil* bloßer Vorläufer der Wissenschaft, auf einer niedrigeren Stufe als diese. So ist der Versuch, den Transzendentalismus mit einer Evolutionstheorie zu verbinden, als gescheitert anzusehen.

Was kann nun kritisch gegen den Strukturalismus vorgebracht werden? Bedienen wir uns wieder der Beispiele, die schon oben zu seiner Verdeutlichung verwendet wurden. Der Ödipus-Mythos, so hieß es dort, sei ein Kode, der dechiffriert werden müsse, und dies gelte für jeden Mythos. Ist das indessen nicht eine ebenso kühne

Behauptung wie diejenige Freuds, es handle sich in dieser Sage um eine Sublimierung des Unbewußten? Denn da man im Ernst nicht annehmen wird, die Griechen hätten sich solcher verschlungener Geschichten und ihrer zahlreichen Varianten *bewußt* bedient, um jene logischen Probleme zum Ausdruck zu bringen, welche die Strukturalisten mit komplizierten Dekodierungsverfahren in ihnen entdeckt zu haben meinen, so kann es sich dabei wohl nur um eine *unbewußt*, höchstens instinktiv bestätigte und erfaßbare Denkstruktur handeln. Woher aber wollen wir all dies über das Unbewußte mythisch lebender Völker wissen? Liegt hier die Gefahr nicht nahe, daß wir in ihre Mythen nur etwas *hineinlegen*, etwa dasjenige, was, mit Burkert zu sprechen, unserem modernen Hang zum Computer entspricht? (Vgl. S. 62.)

Auch wenn man in Rechnung stellt, daß die Deutung, die Lévi-Strauss den »Mythemen« des Ödipus gibt, von ihm selbst nur als ein Versuch betrachtet wurde, der durch Fachleute der klassischen Philologie verbessert werden könnte, so fällt doch das Gewaltsame daran sogleich auf. Schon die Reduktion des Mythos auf einfachste, aus ihrem Zusammenhang gerissene Sätze, macht den Eindruck des Künstlichen und einer verengten Sichtweise. Was aber die Logik selbst betrifft, die in ihren Gruppierungen und in der formalen Struktur mythischer Erzählungen zum Ausdruck kommen soll, (vgl. S. 58), so ist sie offenbar dialektischer Natur. Nun ist es zwar richtig, daß die Dialektik in der Antike ihre Wurzeln hat, aber erstens war sie doch dort gerade die Frucht einer *gegen* den Mythos entwickelten rationalistischen Bewegung und zweitens hatte sie damals auch nicht allgemein jene erst aus der spekulativen Metaphysik des 18. Jahrhunderts stammende Form, die in dem bekannten Dreischritt »Thesis, Antithesis und Synthesis« besteht. Auch hier werden wir also an eine späte Denkweise und Philosophie erinnert, die im übrigen während der Entstehungszeit des Strukturalismus, vor allem in Frankreich, in altem und neuem Gewande à la mode war. Betrachten wir zum Beispiel die dialektische Form etwas näher, die Lévi-Strauss beim mythischen Erzählungstypos im Auge zu haben scheint (vgl. S. 58), indem wir sie auf die Ödipus-Sage anwenden. In der Tat steht hier die böse Tat, nämlich die Tötung von Menschen durch die Sphinx, der guten Tat, nämlich der Errettung der Menschen durch Ödipus, gegenüber. Aber in der Tötung der Sphinx durch Ödipus eine dialektische Auflösung dieses Gegenstandes zu sehen, müßte doch wohl bedeuten, daß hier das Böse, nämlich die Vernichtung von Wesen, und das Gute, nämlich die Errettung von Wesen, in einer

Synthese zueinander finden: Ein Mord, an sich etwas Schlechtes, schlägt in das Gute um, und umgekehrt, das Gute betätigt sich durch den Mord. Dabei wird jedoch die eher christlich-humanistische Voraussetzung gemacht, daß Töten *an sich* etwas Böses sei – eine der mythischen Mentalität keineswegs eigentümliche Vorstellung.

Aber selbst wenn man all diese Künstlichkeiten, Gewaltsamkeiten und nach modernen Denkvorstellungen riechenden Deutungen auf sich beruhen lassen will, so bleibt noch ein und zwar der wichtigste Einwand gegen den Strukturalismus übrig. Allzusehr mit den logischen *Formen* des Mythos beschäftigt, verliert er oft dessen *Inhalt* aus den Augen. Die Bildung und Anordnung der Mytheme des Ödipus-Mythos und die Freilegung der erzählerischen Struktur verraten uns nichts über das Verhängnis, das in ihm waltet, nichts über die Götter und die Gottesfurcht, über Schuld und Sühne, die seinen Ablauf bestimmen. Ja, selbst die in den Mythemen auftretenden Elemente wie Sphinx, Drachen, Könige, chthonische Ursprungslehren usf., insgesamt das *Medium* einer mythischen Vorstellungswelt, werden nicht weiter untersucht, sondern einfach als gegebene Voraussetzungen logischer Operationen verwendet. So bleibt am Ende vom Mythos nur dessen dürres Gerippe übrig. Man kann das auch so ausdrücken: Im Strukturalismus ist zu viel *Syntax* und zu wenig *Semantik*. Daher sind die Strukturalisten oft geradezu blind für numinose Bedeutungen, die eine so entscheidende Rolle im Mythos spielen.

Was die symbolistisch-romantische Deutung des Mythos betrifft, so kann ich mich hier auf die Wiederholung des schon zu Beginn des neunten Abschnittes gemachten Hinweises beschränken, daß sie mehr visionärer oder intuitiver Natur ist und deswegen heute nur noch eine historische, darin allerdings kaum zu überschätzende Bedeutung besitzt.

Wenden wir uns nun abschließend der numinosen Deutung des Mythos zu. G. S. Kirk hat in seinem Buch »Myth, Its Meaning and Functions in Ancient and other Cultures« (Cambridge 1970) davor gewarnt, den Mythos geradezu als etwas »Religiöses«, wie er es nennt, aufzufassen. So enthalte er auch Volksmärchen, Legenden usf., die damit gar nicht in Zusammenhang gebracht werden dürften. Aber selbst Kirk leugnet nicht, daß jenes »Religiöse«, worunter er die Beziehung zu Göttern versteht, einen substanziellen Teil des Mythos, besonders bei den Griechen, ausmacht. Die numinose Deutung des Mythos bleibt also von Kirks Bedenken insofern unbetroffen, als sie sich diesem Teil zuwendet, ganz abgesehen davon, daß der Begriff des Religiösen mit demjenigen des Numinosen nicht identisch ist. Das Numinose, von dem übrigens Kirk nirgends spricht, umfaßt im Gegensatz zum Religiösen auch Wesen, die keine Personifikationen sind. Ob aber zum Mythos auch noch Volksmärchen, Legenden usf. gehören, und was überhaupt sonst noch alles zu ihm gerechnet werden kann, darüber braucht hier nicht diskutiert zu werden.

Ich glaube daher, vor allem gegen die Vertreter der numinosen Deutung des Mythos kritisch einwenden zu müssen, daß sie dessen Wahrheit notwendig voraussetzen, ohne bisher befriedigend geklärt zu haben, wie eine solche Voraussetzung innerhalb der heutigen Vorstellungswelt befriedigend gerechtfertigt werden kann. Wenn Pettazzoni behauptet, »der Mythos ist die Wahrheit des Lebens«, weil dieser alleine den Fortbestand einer mythischen »Gesellschaftsstruktur« garantiere, so ist damit nichts gewonnen. Denn warum muß man eine solche Gesellschaftsstruktur wollen? Nicht besser steht es mit Jensens Bemerkung, mythische Wahrheit zeige sich in »unmittelbarer Anschauung«. Hier bleibt unbefragt, worin eine solche Anschauung genauer besteht und woher sie ihre Legitimität nimmt. Etwas tiefer dringt, wie wir gesehen haben, Jolles. Dennoch bleibt auch er eher in einer *Beschreibung* des Unterschiedes zwischen wissenschaftlicher und mythischer Erfahrung stecken, ohne beide gegeneinander abzuwägen. Es trifft sicher zu, daß die wissenschaftliche Erkenntnis aus einer gewissen Aktivität hervorgeht, durch welche die Gegenstände analysiert, auseinandergenommen und wieder zusammengesetzt werden, gemäß der Forderung, man habe erkannt, was man selbst konstruieren kann, während mythisch die Wirklichkeit eher ganzheitlich erfahren wird, wie wir am Beispiel Hölderlins gesehen haben. Sie stellt sich somit *unmittelbarer* und, nach Jensen, anschaulicher dar. Auch das trifft ferner zu, daß mythische Wahrheit als göttlich verstanden wird und eben deswegen eine größere Bündigkeit beansprucht als diejenige der Wissenschaft, die einem ständigen Wandel unterworfen ist. Aber daß eine solche Wahrheit wirklich *gegeben* ist und nicht stattdessen pure Illusion, Irrtum, Aberglauben oder subjektiver Schein vorliegen, ist damit nicht im geringsten bewiesen. So blieben die erwähnten Versuche, die Wahrheitsfrage des Mythos zu klären, unbefriedigend.

11. Ausblick auf das Folgende

Es ist merkwürdig: Je weiter Wissenschaft und Technik vordrangen, desto mehr nahm die Beschäftigung mit dem Mythos zu. Den ersten eher kühnen Spekulationen folgte eine sich ständig erweiterende und vertiefende empirisch-kulturhistorische Forschung. Hand in Hand gehend damit übte der Mythos eine ständig wachsende Faszination aus. Diese Tendenz hat sich in den letzten 60 Jahren fortgesetzt. Zuerst bescheinigte der Transzendentalismus dem Mythos eine Art provisorische Wahrheit auf niedrigem Niveau; dann behauptete der Strukturalismus die Gleichwertigkeit der formalen Rationalität des Mythos mit derjenigen unserer Kultur; und schließlich beanspruchte die numinose Deutung, im Mythos eine göttliche Wirklichkeit erkannt zu haben. (Wobei es ohne Bedeutung ist, daß diese Stufen nicht immer streng in zeitlicher Reihe aufeinander folgten, sondern teilweise nebeneinander entstanden sind.)

Dennoch hat sich gezeigt, daß der Anspruch der numinosen Deutung bisher nicht hinreichend gerechtfertigt worden ist. Alles spitzt sich daher auf die entscheidende, längst in der Luft liegende und immer dringender werdende Frage zu, wie es mit der Rechtfertigung des Mythos, wie es mit dem Nachweis seiner Wahrheit steht. Es handelt sich also darum, was Kant in anderem Zusammenhang die *quaestio juris* genannt hat. Solange diese Frage nicht beantwortet ist, solange befinden wir uns im Für und Wider bezüglich des Mythos' immer noch im Zustand mehr oder weniger ungeklärter Glaubenshaltungen und gefühlsmäßiger Vermutungen. Diese können umso gefährlicher werden, als sich hier, wie schon erwähnt, ein Spannungsfeld aufgebaut hat, das unsere Kultur in ihrer Tiefe erfaßt.

Die Frage, um die es hier geht, ist aber letztlich eine philosophische und kann nur im Rahmen der Philosophie beantwortet werden. Wenn wir wissen wollen, welche Beziehung der Mythos zur Wirklichkeit hat, dann müssen wir die Tragfähigkeit der ihm zugrunde liegenden Vorstellungen, Kategorien und Erfahrungsbegriffe, kurz seiner Ontologie prüfen. Daß diejenige der Wissenschaft nicht so selbstverständlich ist, wie meist angenommen wird, hat bereits das zweite Kapitel gezeigt. Andererseits führte die wissenschaftliche Ontologie zu so überwältigenden empirischen Erfolgen, daß solche Zweifel an ihr vielen unangebracht erscheinen. Die Prüfung der mythischen Ontologie schließt daher den Vergleich mit der wissenschaftlichen ein und ist damit nicht nur erkenntnistheoretischer und ontologischer, sondern auch wissenschaftstheoretischer Natur.

Ihre Durchführung setzt aber eine explizite Darstellung des mythischen Denk- und Erfahrungssystems voraus. Der folgende zweite Teil wird dieser Darstellung gewidmet sein. Dabei muß das mannigfaltige historische Tatsachenmaterial, das die Mythos-Forschung inzwischen ans Licht gebracht hat, so geordnet, zusammengestellt und aufbereitet werden, daß es, ohne ihm dabei Gewalt anzutun, einer philosophisch-systematischen Betrachtung zugänglich gemacht wird. Dies ist bisher, zumindest auf der Grundlage der heutigen Philosophie, noch nicht erfolgt. Mit Ausnahme von E. Cassirer, der dem Neukantianismus des ersten Drittels dieses Jahrhunderts angehörte, waren und sind alle Mythos-Forscher in erster Linie von den Methoden und Denkweisen des Historikers geprägt gewesen. (Dies gilt auch für jene, die sich heute zum Beispiel mit noch bestehenden Eingeborenenkulturen beschäftigen.) Ich maße mir nun nicht an, in das Geschäft kulturhistorischer Spezialisten hineinzureden. Ich will nur aufzeigen und aufweisen, was ihre Ergebnisse an philosophisch Bedeutsamem bergen. Nur so kann das Recht des Mythos gegen das Recht der Wissenschaft überhaupt erst begründet abgewogen werden.

Dabei werde ich mich allerdings hauptsächlich auf den griechischen Mythos beschränken. Dafür gibt es zwei Gründe: Erstens ist in jedem Falle eine Beschränkung unvermeidlich, wenn die Darstellung nicht ins Uferlose gehen soll. Zweitens ist in jenem Zwiespalt unserer Kultur, von dem hier schon oft die Rede war, gerade eine Art mythischen Denkens wirksam, für welches die Ontologie des griechischen Mythos als exemplarisch angesehen werden kann. Dies gilt, wie schon das erste Kapitel gezeigt hat, im Bereiche der Dichtung und des allgemeinen Bewußtseins, dies gilt u. a auch, wie wir noch sehen werden, in der Kunst, in der christlichen Religion und in der Politik. Die in diesem Buch alles leitende Frage lautet ja aber, ob und wie eben *dieser unser* Zwiespalt gelöst werden kann, und so eignet sich vor allem der griechische Mythos dazu, eine Antwort darauf zu suchen.

Die folgende Darstellung des Denk- und Erfahrungssystems, das dem griechischen Mythos zugrunde liegt, stellt eine empirische Theorie über eine vergangene Epoche dar.[245] Diese Theorie muß sich also am empirischen Tatsachenmaterial bewähren. Unbeschadet ihrer historischen Wahrheit zeigt sie jedoch, wie wir *heute* den griechischen Mythos verstehen können und drückt damit jedenfalls, so wie auch alle anderen vorhin abgehandelten Mythos-Deutungen, ein Stück geschichtlicher Wirklichkeit aus.[246] Vor allem aber ist die historische Wahrheit für die vorhin aufgeworfene quaestio juris ohne Bedeutung. Denn die Prüfung der Rechtfertigung und Wahrheit einer mythischen Ontologie ist unabhängig davon, ob es je Menschen gegeben hat, deren Denken durch diese Ontologie bestimmt wurde. Diese Prüfung wird im dritten Teil dieses Buches erfolgen.

II Das Denk- und Erfahrungssystem des griechischen Mythos

IV. Der Umriß einschlägiger wissenschaftlicher Ontologien als Leitfaden für die folgenden Untersuchungen

Wie sich in den ersten beiden Kapiteln zeigte, ist unser Bewußtsein heute weitgehend von der wissenschaftlichen Ontologie geprägt. Im zweiten Kapitel wurden einige wichtige Grundlagen dieser Ontologie entwickelt, und es wurde kurz dargestellt, wie sie historisch entstanden ist. Sie ist der Bezugsrahmen, in den wir alles einzuordnen bemüht sind, und stellt ein Denk- und Erfahrungssystem dar, das wir mit Selbstverständlichkeit beständig zur Anwendung bringen. Es wird sich als zweckmäßig erweisen, mit diesem uns so vertrauten System zu beginnen, um dann in die Denk- und Erfahrungswelt des Mythischen schrittweise einzudringen und uns ihren Aufbau klar zu machen. Man kann ein solches Verfahren auf einfache Weise so ausdrücken: Wir geben heute der Wirklichkeit eine Struktur mit den Elementen A, B, C usf. Findet man im griechischen Mythos die gleichen Elemente? Wenn nicht, was setzen die Griechen anstelle von A, B, C usf.? Oder ist sogar ihre Vorstellungswelt mit der gegenwärtigen so wenig vergleichbar, daß unser Erfahrungssystem nicht einmal als Leitfaden dienen kann, um sie uns begreiflich zu machen? Aber selbst das letztere könnte sich doch nur zeigen, wenn wir erst einmal versucht haben, mit diesem Leitfaden voranzukommen. Will man sich eine andere Sprache verständlich machen, sie mag uns so fremd wie nur möglich erscheinen, dann muß man von der eigenen ausgehen.

Beginnen wir also damit, die unser Denk- und Erfahrungssystem tragenden Kategorien darzustellen. Wie schon bemerkt, behandelte das zweite Kapitel nur einen Teil davon und beschränkte sich zudem auf die Naturwissenschaften. Die dortigen Ausführungen müssen also jetzt entsprechend erweitert und zugleich die gewonnenen Ergebnisse in ihrem *systematisch-logischen*, von den historischen Entstehungsbedingungen losgelösten Zusammenhang entwickelt werden. Dabei ist eine Auswahl zu treffen. Der Mythos äußert sich in bestimmten Vorstellungen von der *Natur* und dem *Menschen*. Den Menschen betrachtet er als Bestandteil eines *übergeordneten Zusammenhanges* (Sippe, Stamm, Volk usf.) und versteht diesen

Zusammenhang vor allem *geschichtlich* (Ursprungssagen, kultische Überlieferungen, Ahnen-, Heldenverehrung usf.). Ich werde mich daher zum ersten noch einmal mit der *Ontologie der Naturwissenschaften* befassen, worunter ich hier im Folgenden wieder vor allem diejenige der *Physik* verstehe. Diese Beschränkung hat folgenden Grund: Die Physik bildet die Grundlage *aller* Naturwissenschaften. Die Biologie stützt sich zwar weitgehend auf die Chemie, diese aber wieder auf die Physik. Damit soll nicht geleugnet werden, daß die ontologischen Grundlagen zum Beispiel der Biologie Besonderheiten enthalten, welche die Physik nicht kennt. Aber es würde zu weit gehen, sollten in der hier beabsichtigten *Fundamentaluntersuchung* auch solche Einzelheiten berücksichtigt werden. Zum zweiten werde ich mich den mit dem Menschen befaßten Fächern *Psychologie, Soziologie* und *Geschichtswissenschaften* zuwenden.[1] Dabei wird sich später herausstellen, daß wir im gegebenen Zusammenhang die letzten beiden unter dem Begriff »Sozialwissenschaften« zusammenfassen können.

Schließlich noch eine letzte Vorbemerkung. Die aufgeführten wissenschaftlichen Ontologien werden hier nur so weit entwickelt werden, als sie zugleich ins allgemeine Bewußtsein eingedrungen sind und daher wie ein selbstverständlicher Bestandteil im Weltbild des modernen Menschen auftreten. Dies ist ja jenes geistige Urgestein, auf dem sich heute alles aufbaut oder von dem alles ausgeht, es sei im täglichen Leben, in der Wissenschaft oder wo auch immer. Die Vereinfachungen, die damit in Kauf genommen werden müssen, sind also im gegebenen Zusammenhang gerechtfertigt.[2]

Will man eine wissenschaftliche Ontologie systematisch erfassen, dann muß man die allgemeinen begrifflichen Grundlagen jener Gebilde untersuchen, in denen sich die betroffene Wissenschaft in ausgereifter Form darstellt: in ihren *Theorien.* Dies sei zunächst näher erläutert.

Das Ziel der Wissenschaft ist die *systematische Erklärung.* In den Naturwissenschaften zum Beispiel wird etwas erklärt, indem man es auf *Naturgesetze* zurückführt. So werden bestimmte optische Erscheinungen als Folge der Gesetze der Lichtbrechung betrachtet, diese wieder auf das gesetzliche Verhalten von Wellenbewegungen gestützt usf. Heute ist es zwar üblich geworden zu sagen, das Ziel der Wissenschaft sei die Vorhersage oder die Ermittlung von etwas Vergangenem, zum Beispiel die Stellung eines Sternes zu irgendeinem künftigen oder früheren Zeitpunkt. Dennoch setzt beides eine Erklärung voraus. Denn erst wenn man die Gesetze kennt, worauf etwas zurückgeführt werden kann, läßt sich über Kommendes oder Vergangenes etwas sagen. Die Wissenschaft will jedoch nicht nur erklären, sie will auch *systematisch* erklären. Es genügt ihr nicht, einzelne und verstreute Phänomene herauszugreifen, sondern sie will diese so weit es geht auch in Zusammenhänge bringen und darin ordnen und begreifen. Bleiben wir beim Licht: Seine verschiedenen Farben, seine Brechungsvorgänge in verschiedenen Medien, seine Beugungserscheinungen, Intensitäten usf., dies alles versucht man auf eine möglichst kleine Gruppe von Gesetzen zurückzuführen und daraus abzuleiten. Aus dieser Gruppe können noch weitere Gesetze gewonnen werden, so daß nicht nur die zu erklärenden Phänomene, sondern ebenso die Gesetze selbst in ein solches System gebracht werden können.

Hier wurden physikalische Gesetze erwähnt; aber ähnliche Zusammenfassungen und Ordnungen lassen sich zum Beispiel mit psychologischen Gesetzen herstellen (von denen später näher gesprochen wird). Es muß sich dabei jedoch nicht immer um Gesetze handeln, sondern an ihre Stelle können auch allgemein Regeln verschiedener Art treten. Dies ist besonders in den Sozial- und Geschichtswissenschaften der Fall.

Wenn wir ein geschichtliches Ereignis erklären wollen, so kann es einmal dadurch geschehen, daß wir *physikalische Gesetze* heranziehen, zum Beispiel bei Naturkatastrophen, welche die Menschen zu bestimmten Handlungen zwangen, oder psychologische Gesetze, die das Verhalten von Einzelmenschen und Massen in bestimmten Situationen bestimmen; zum anderen kann es dadurch geschehen, daß wir auf bestimmte *Regeln* hinweisen, die bestimmte Personengruppen unter bestimmten Bedingungen anwandten, wobei diese Regeln nur in einem *geschichtlichen* Zeitraum gültig waren. Hierzu gehören beispielsweise die Regeln, auf denen die Verfassungen bestimmter Staaten beruhten, die Regeln, nach denen der wirtschaftliche Verkehr ablief, Regeln der Politik, der Sitte, der Moral, der Religion, der Kunst und dergleichen. Regeln solcher Art gibt es beinahe so viele wie es Bereiche des Lebens gibt, ja, sie bestimmen sogar unser tägliches Leben vom Anfang bis zum Ende. Selbst die Art, wie zum Beispiel der moderne Europäer seine Morgentoilette macht, wie er die Mahlzeiten einnimmt, wie er grüßt, welche Höflichkeiten er austauscht, wie er zu seinem Arbeitsplatz kommt, was er dort tut usf., ist durch Regeln bestimmt, die nur hier und nur heute gelten, früher aber weitgehend unbekannt waren. Wenn man etwa den mittelalterlichen Streit zwischen Papst und Kaiser erklären will, so muß man u.a. auf die entgegengesetzten Prinzipien verweisen, die sich in beiden verkörpern. Auch ein Prinzip ist aber nichts anderes als eine allgemeine Regel, weil sie angibt, wie im einzelnen, zum Beispiel bei der Besetzung der geistlichen Ämter, bei höchsten politischen Entscheidungen usf., zu verfahren ist. Solche Regeln sind also in der Tat geschichtlich entstanden und unterliegen geschichtlichem Wandel. Im Gegensatz zu Naturgesetzen können sie auch von Menschen durchbrochen werden. Aus diesen Gründen nenne ich sie *geschichtliche Regeln.*

Dem Gesagten ist zu entnehmen, daß eine soziologische Erklärung auf die gleiche Weise verläuft wie eine geschichtliche, nur daß sie sich dabei mehr auf Regeln stützt, welche die *Gegenwart* bestimmen. Allgemein wird die Soziologie definiert als die Wissenschaft von den »Gesetzen« menschlichen Zusammenlebens,[3] aber aus den vorher genannten Gründen ist es zweckmäßiger, auch hier anstatt von »Gesetzen« von *Regeln* zu sprechen. Ich erinnere, um nur ein herausragendes Beispiel zu nennen, an M. Webers klassische Begriffsbestimmung vom »logischen Prinzip des sozialen Handelns« nach dem »Idealtypus«, worunter nichts anderes zu verstehen ist als ein für eine bestimmte soziale Gruppe verbindliches *Regelsystem* (Marktwirtschaft, Interessenverbände, Gewerkschaften, Massenparteien, Aktiengesellschaften, gesellschaftliche Klassen, Gruppen aller Art usf.). Bei diesen erläuternden Hinweisen muß ich es hier belassen und verweise für eine ausführliche Behandlung des Regelbegriffes auf mein schon erwähntes Buch »Kritik der wissenschaftlichen Vernunft«, besonders auf dessen Kapitel VIII und XIII.

Aber auch die Geschichtswissenschaften und die Soziologie begnügen sich nicht damit, einzelne und verstreute Phänomene herauszugreifen, sondern auch sie wollen diese in größere Zusammenhänge bringen, darin ordnen und begreifen. So werden die Ereignisse der mittelalterlichen Auseinandersetzung zwischen Kaiser und Papst aus den *Systemen geschichtlicher Regeln* zu erklären sein, auf denen die Verfassung des Reiches, das Kirchenrecht, die katholische Lehre usf. beruhen; oder man wird soziologisch versuchen, wirtschaftliche Konkurrenzkämpfe der Gegenwart aus jenen *Systemen von Regeln* abzuleiten, welche das Verhalten der Gewerkschaften, der Unternehmerverbände, die ökonomische und rechtliche Verfassung unseres Staates usf. bestimmen. Auch hier wird man also stets zum Ziele haben, die mannigfaltigen historischen Erscheinungen auf eine Gruppe von grundlegenden Regeln zurückzuführen und daraus abzuleiten.

Wo immer wir es nun mit dem Versuch zu tun haben, Gesetze oder Regeln in ein System der bezeichneten Art zu bringen, liegt eine *wissenschaftliche Theorie* vor. Das Ziel der Wissenschaft, systematische Erklärungen zu bieten, besteht also genauer darin, *Theorien als Erklärungssysteme* herzustellen.

Die Gruppe der Gesetze oder Regeln, welche die Grundlagen einer Theorie bilden, nennt man *Axiome.* Eine Theorie ist demnach ein Axiomensystem, mag dies nun mehr oder weniger streng logisch bestimmt sein. Wenn wir also die allgemeinen begrifflichen Grundlagen naturwissenschaftlicher, psychologischer, soziologischer und geschichtlicher Theorien untersuchen wollen, auf denen sie beruhen, so müssen wir die folgenden drei Fragen stellen. Welcher allgemeinsten Art sind die einzelnen *Gegenstände,* von denen die Axiome handeln? Welcher allgemeinsten Art sind die durch Axiome ausgedrückten *Gesetze und Regeln,* durch welche diese Gegenstände bestimmt oder in Beziehung zueinander gesetzt werden? Welcher allgemeinsten Art sind die *Gesamtheiten,* zu denen sich solche Gegenstände miteinander verbinden?

Folgen wir der schon erwähnten Reihenfolge und beginnen wir mit den Naturwissenschaften.

1. Ontologische Grundlagen der Naturwissenschaften

Ich erinnere noch einmal daran, daß ich hier vor allem die für alle Naturwissenschaften fundamentale Ontologie vor Augen habe, nämlich diejenige der Physik. Außerdem werde ich mich auf ihre heute weitgehend als »klassisch« bezeichneten Vorstellungen beschränken, da ihre modernen Abweichungen keinen nennenswerten Einfluß auf die *allgemeine* Bewußtseinslage erkennen lassen. Diese *klassische Ontologie* läßt sich, wenn wir den vorher aufgeführten drei Fragen folgen, in vier Punkten zusammenfassen:

Erstens: Die Axiome der naturwissenschaftlichen Theorien beschreiben Naturgesetze. Diese Gesetze beziehen sich auf rein *materielle* Gegenstände und ihre Eigenschaften, wie zum Beispiel Ausdehnung, Masse, Trägheit, Bewegung, Impuls, Kraft, Kraftfeld usf., die streng von allen sog. »geistigen« oder ideellen Erscheinungen getrennt werden, (was auch immer unter den letzteren verstanden werden mag).[4] Diese Gegenstände sind zwar nicht durch bestimmte Raum-Zeitstellen definiert (als ob sie überhaupt nur da und nur dann sein könnten), befinden sich aber stets an irgendeiner Raum-Zeitstelle.[5] Die Gegenstände werden ferner durch *allgemeine Begriffe* zusammengefaßt und geordnet. – *Zweitens:* Raum und Zeit werden als umfassende kontinuierliche Media betrachtet, *in* denen sich die materiellen Gegenstände befinden.[6] – *Drittens:* Die *Veränderungen* dieser Gegenstände sowie ihre *Beziehungen* zueinander werden durch *allgemeine* Naturgesetze geregelt. Naturgesetze *ordnen* die Stellung der Gegenstände und ihrer Eigenschaften in *Raum und Zeit. Nirgends* wirken sie jedoch nach *Zwecken.* (Solche zu unterstellen ist selbst in der Biologie nur in heuristischer Absicht erlaubt, zum Beispiel, wenn man sich dadurch das Wirken eines Organs verständlich machen will. Das bedeutet, daß man auch hier Zwecke als durch bloße Naturgesetze im Sinne der Physik zustandegekommen auffaßt.) Wie die Zuordnung von materiellen Gegenständen zu ihren Begriffen durch *logische Subsumtion* erfolgt, so auch die Zuordnung von solchen Gegenständen zu den sie bestimmenden Gesetzen. Denn diese Gesetze sind durch die *allgemeinen Begriffe* der Gegenstände definiert und enthalten Raum- und Zeitstellen als *Variable.* (Zum Beispiel: $x = \frac{\text{Beschleunigung}}{2} \cdot t^2$, wobei x und t die Raum- und Zeitkoordination bedeuten.) *Viertens:* Wenn mehrere materielle Gegenstände in einem *Verbund* auftreten, so ist *das Ganze* eine *Funktion seiner Teile* und ihrer Beziehungen zueinander. Das Ganze wird also als aus seinen Teilen zusammengesetzt betrachtet und im Prinzip auch als in seine Teile wieder auflösbar angesehen. Die genannte Funktion ist aber selbst ein Naturgesetz. (Ein Beispiel bietet die Möglichkeit der Linearkombination von Vektoren, die ja materielle Gegenstände ausdrücken können.) Daß *de facto* nicht alle Verbunde auf diese Weise aufzulösen sind, steht auf einem anderen Blatt und kann hier nicht weiter diskutiert werden. (Als Beispiel nenne ich das Viel-Körper-Problem.)

Für das Folgende ist es vor allem wichtig festzuhalten, daß diese Ontologie eine Reihe von *scharfen Trennungen* enthält. Es werden getrennt die *materiellen* von den *ideellen Gegenständen,* die *einzelnen Gegenstände* von ihren *Begriffen* und dem *raumzeitlichen Medium,* in dem sie sich befinden. Alles dieses wird weiter getrennt von den *Naturgesetzen,* die allgemein ausdrücken, wie die unter Begriffe zu subsumierenden einzelnen materiellen Gegenstände in Raum und Zeit einzuordnen und miteinander in Beziehung zu setzen sind. Was diese *Beziehungen* betrifft, so wird dabei ferner vorausgesetzt, daß die durch sie verbundenen Gegenstände zunächst getrennt voneinander sind, also das *Relatum* der *Relation* vorausgeht.[7] Getrennt wird außerdem das *Naturgesetz* von jenen ebenfalls regelhaft verlaufenden Vorgängen, die durch *Zwecke* bestimmt werden. Und schließlich wird noch das *Ganze vom Teil* getrennt in dem Sinne, daß der Teil einen außerhalb des Ganzen für sich bestehenden Gegenstand darstellt.

Dieses klassische ontologische Schema bestimmt im Bereiche materieller Phänomene nun teilweise auch, was wirklich, was notwendig, was möglich und was zufällig genannt wird. Alles *Wirkliche* unterliegt den notwendigen Bedingungen, die in den ersten beiden Punkten aufgezählt sind. Um wirklich zu sein, muß sich nämlich ein materieller Gegenstand im Raume und in der Zeit an einer bestimmten Stelle befinden. Die im dritten und vierten Punkt angegebenen Bestimmungen sind dazu nicht erforderlich. Es kann ein Gegenstand oder ein Verbund von Gegenständen in Raum und Zeit gegeben sein, ohne daß wir dafür eine gesetzliche Erklärung besitzen. Der im Punkt vier geschilderte Aufbau eines Ganzen setzt aber ebenfalls gesetzliche Erklärungen voraus. Als *notwendig* gilt entsprechend, daß die materiellen Erscheinungen den ersten beiden Punkten entsprechen, sowie die besondere Raum-Zeitstruktur, die man dabei annimmt (zum Beispiel euklidisch, nicht-euklidisch usf.); als notwendig gilt aber auch die Wirksamkeit der im Punkt drei gekennzeichneten einzelnen Gesetze.[8] *Möglich* ist, was den ersten beiden Punkten nicht widerspricht, und als *zufällig* gilt, was zwar wirklich oder möglich ist, wofür aber eine naturgesetzliche Erklärung ausgeschlossen ist. (So ist beispielsweise naturgesetzlich zu erklären, warum sich in irgendeinem Haus ein Kurzschluß ereignete und das Licht ausging, und es ist ebenso naturgesetzlich zu erklären, warum dort auch ein Wasserrohrbruch auftrat, aber es ist naturgesetzlich nicht zu erklären, warum beides *zur gleichen Zeit* stattfand.)

Diese Ontologie beschreibt schließlich die notwendigen Bedingungen dafür, daß überhaupt etwas im materiellen Bereich als *Objekt* angesehen werden kann, denn dazu muß man wissen, was dort als wirklich, notwendig, möglich und zufällig angesehen wird.

Hierzu noch eine Schlußbemerkung: Mit den soeben aufgeführten vier Punkten wird nicht beansprucht, eine erschöpfende Vollständigkeit erreicht zu haben. Auch ist nur dasjenige hervorgehoben worden, was für einen Vergleich mit dem Mythos von Bedeutung ist und sich aus der Suche nach dem schon erwähnten Leitfaden ergibt. Dies gilt auch für die folgenden Untersuchungen zur Ontologie der Psychologie und der Sozialwissenschaften.

2. Ontologische Grundlagen der Psychologie

Im zweiten Kapitel sind die Entstehungsbedingungen der naturwissenschaftlichen Ontologie skizziert worden. Es würde zu weit führen, sollte nun Gleiches mit Hinblick auf die Psychologie und die anderen hier folgenden Wissenschaften versucht werden. Ich begnüge mich daher mit dem Hinweis, daß die Wissenschaften, die vom Menschen handeln, von jener Subjekt-Objekt-Spaltung ausgehen, die Cartesius besiegelt hatte, und daß sie alle entweder nach dem Modell der Naturwissenschaften entwickelt oder zumindest von diesen mitgeprägt wurden. Die aufgezeigten Fragwürdigkeiten, die bei den Ursprüngen der Naturwissenschaften festzustellen sind, übertragen sich daher auf die Wissenschaften über den Menschen.

Auch die ontologischen Grundlagen der Psychologie, so weit sie hier von Bedeutung sind, lassen sich in vier Punkten zusammenfassen:

Erstens: Die Axiome psychologischer Theorien beschreiben Naturgesetze. (Wo sie auch geschichtliche Regeln enthalten, sind sie bereits mit sozial- oder geschichtswissenschaftlichen Theorien vermischt.)[9] Diese Gesetze beziehen sich auf *psychische Gegenstände,* die streng von den materiellen im Sinne der Naturwissenschaften getrennt werden. Dies ist auch dann der Fall, wenn sie nur im physischen Verhalten in Erscheinung treten, denn der rein materielle Gegenstand zeigt ein solches Verhalten ja gerade nicht. Zu den psychischen Gegenständen gehören: Erkennen, Vorstellen, Apperzipieren, Denken, Wahrnehmen, Gedächtnis, Lernen, Wille, Trieb, Gefühl, Motivation, Lust, Schmerz, Liebe, Haß, Handeln, Sich-verhalten usf. Auch diese Gegenstände sind zwar nicht durch bestimmte Raum-Zeitstellen definiert (als ob sie überhaupt nur da und nur dann sein könnten), aber sie befinden sich stets *an* irgendwelchen Raum-Zeitstellen in dem Sinne, daß sie mit Körpern von Menschen verbunden sind. Und schließlich werden die psychischen Gegenstände genauso wie die materiellen durch *allgemeine Begriffe* zusammengefaßt und geordnet. – *Zweitens:* Raum und Zeit werden als umfassende Media betrachtet, *in* denen sich die psychischen Gegenstände ereignen. (Ein *Mensch* denkt, fühlt usf. Es ist also nicht nur so, daß ein psychischer Vorgang physisch zum Ausdruck kommen kann, sondern er spielt sich auch stets in einem Körper zu einer Zeit ab, obgleich er selbst nichts Materielles ist.) – *Drittens:* Die *Veränderungen,* der *Verlauf* und die *Beziehungen* psychischer Gegenstände zueinander oder zu materiellen Gegenständen werden *durch allgemeine*

Naturgesetze geregelt. Hier einige Beispiele zur Erläuterung: Mit Veränderungen befaßt sich u.a. die sog. Entwicklungspsychologie, welche die Gesetze des Überganges von der Kindheit zur Pubertät, von dieser zum Erwachsenenalter usf. beschreibt; der Verlauf psychischer Vorgänge wird durch Denk- und Wahrnehmungsgesetze, Gesetze der Gedächtnisbildung, des Lernens, des Triebverhaltens usf. erfaßt; Beziehungen von psychischen Gegenständen zueinander oder zu physischen Vorgängen werden durch Gesetze der Vorstellungsassoziation, des Zusammenhanges von Erkennen, Wollen und Fühlen, von Leib und Seele bestimmt sowie durch Gesetze von Hierarchien- und Schichtenbildungen im Aufbau der Psyche, durch die funktionale Abhängigkeit und Korrelation verschiedener Faktoren und dergleichen. Diese Gesetze ordnen schließlich die Stellung psychischer Gegenstände (zum Beispiel als Ursache und Wirkung) *in der Zeit*, oder, wenn sie auch deren physische Erscheinung betreffen, materieller Vorgänge im Raume und in der Zeit. Vornehmlich beschreiben sie Ereignisse, die nach *Zwecken* gerichtet sind. Wie die Zuordnung von psychischen Gegenständen zu ihren Begriffen durch *logische Subsumtion* erfolgt, so auch die Zuordnung von solchen Gegenständen zu den sie bestimmenden Gesetzen. Denn diese Gesetze enthalten *allgemeine Begriffe* sowie Zeit- bzw. Raum- und Zeitstellen als *Variable*. (Zum Beispiel: Wenn *jemand irgendwann* wiederholt eine *Dame* mit einem *Hund gesehen* hat, dann wird er später die *Vorstellung* von der *Dame* mit derjenigen des *Hundes assoziieren*. Oder: Wenn *irgendwo* und *irgendwann* ein *Pawlowscher Hund* ein *Klingelzeichen hört*, dann wird er *Speichel sekretieren* und zur *Futterstelle laufen*.)[10] – *Viertens*: Wenn psychische Gegenstände in einem Verbund auftreten, sei es innerhalb einer Person oder sei es durch die Beziehungen mehrerer Personen zueinander (Masse, Gruppe, Klasse, Gesellschaft usf.), dann ist hier oft das Ganze nicht Funktion seiner Teile, sondern umgekehrt sind die Teile Funktion des Ganzen. (Beispiele sind: Die Einheit der Person, das sich aus den Zielen der Gruppe ergebende Rollenverhalten des Einzelnen usf.)

Auf der einen Seite ist also die psychologische Ontologie zu derjenigen der Naturwissenschaften insofern analog, als auch sie jene scharfen Trennungen von Ideellem und Materiellem, Begriff und Gegenstand usf. beachtet, die vorhin schon unter den Grundlagen der Naturwissenschaften aufgezählt worden sind. Auf der anderen Seite unterscheidet sich die psychologische von der naturwissenschaftlichen Ontologie jedoch dadurch, daß ihre Gegenstände im allgemeinen nicht außerhalb von Verbunden an sich existieren und die Relation dem Relatum eher vorangeht. Eben deswegen fällt hier auch meist die Trennung von Ganzem und Teil weg. Ferner sind psychologische Gesetze in der Regel nicht von zweckbestimmten unterschieden. (Einen Hinweis dafür gibt die Lehre von der überall wirksamen »Intentionalität«, also einem vom Interesse bestimmten Gerichtetsein auf etwas.)

Was die Bestimmung der Modalitäten »Wirklichkeit«, »Notwendigkeit«, »Möglichkeit« und »Zufälligkeit« betrifft, so kann sie für die Ontologie der Psychologie wörtlich aus der Ontologie der Naturwissenschaften übernommen werden, wenn man dort nur die Worte »materieller Gegenstand« und »materielle Erscheinung« durch »psychischer Gegenstand« und »psychische Erscheinung« ersetzt. (Als Beispiel für psychologische Zufälligkeit nenne ich den gedanklichen Einfall, jedenfalls wo er gesetzlich nicht ableitbar ist, oder das Zusammentreffen von psychischer Disposition und auslösendem äußeren Reiz. Die psychische Disposition mag gesetzlich aus der Persönlichkeit eines Menschen erklärbar sein, und ebenso ist der auslösende äußere Reiz die Folge einer Kausalreihe im Bereich der Wahrnehmungsapperzeption – daß aber beides zur gleichen Zeit zusammentrifft, ist nicht mehr kausalgesetzlich zu erklären, es wird als Zufall betrachtet.) Und wieder beschreibt auch die psychologische Ontologie die notwendigen Bedingungen dafür, daß überhaupt etwas im psychischen Bereich als *Objekt* angesehen werden kann, denn dazu muß man wissen, was dort als wirklich, notwendig, möglich oder zufällig angesehen wird.

3. Ontologische Grundlagen der Sozialwissenschaften

Wie schon vorher bemerkt, ist die Psychologie von den Geschichtswissenschaften nur theoretisch, nicht praktisch scharf zu trennen. So ist beispielsweise das psychologische Verhalten der Bewohner von Slums in Großstädten *auch* ein Verhalten zu einem *geschichtlichen*, erst seit rund hundert Jahren auftretenden Phänomen, während etwa psychologische Gesetze entoptischer Erscheinungen zeitlose Geltung haben. Umgekehrt kommen die Geschichtswissenschaften ohne Psychologie nicht aus, weil sich der Mensch zu geschichtlichen Phänomenen *auch* psychologisch, also auf Grund seiner *naturgegebenen* psychischen Verfassung verhält. Schließlich wies ich ebenfalls bereits darauf hin, daß sowohl in der Psychologie wie in den Geschichtswissenschaften Gesetze der äußeren Natur Anwendung finden und daher *beide* die Naturwissenschaften als Hilfswissenschaften benötigen. Analoge Beziehungen lassen sich ebenso in der Soziologie feststellen. Oft genug verschwimmen ihre Grenzen zur Psychologie und zu den Geschichtswissenschaften, oft genug muß sie sich auf die Naturwissenschaften stützen. Ich erinnere an die psychologische Rolle des Neides bei sozialen Konflikten, an die geschichtlichen Entwicklungen von Sozialstrukturen, an den Einfluß von Bodenschätzen auf soziale Verhältnisse usf. Trotz alldem läßt sich sagen, daß jede der aufgeführten Wissenschaften einen *Schwerpunkt* hat: Die Psychologie die naturgegebenen Gesetze der menschlichen Psyche, die Geschichtswissenschaften *geschichtliche* und die Soziologie *zeitgenössische Regeln* sowie Regelsysteme in der vorhin erläuterten Weise. Da sich jedoch dieser Unterschied zwischen Geschichtswissenschaften und Soziologie nicht auf die Ontologie auswirkt, welche beiden zugrundeliegt, so können wir sie nunmehr im folgenden unter dem Titel »*Sozialwissenschaften*« zusammenfassen.[11]

Betrachten wir nun die für den vorliegenden Zusammenhang wesentlichen ontologischen Grundlagen der Sozialwissenschaften. Sie lassen sich auf folgende Weise zusammenfassen: *Erstens:* Die Axiome der Sozialwissenschaften beschreiben im angegebenen Sinne Regeln (sie seien solche der Gegenwart oder geschichtlich vergangene).[12] Diese regeln das Verhalten von Individuen und Gruppen. Das bedeutet: Befindet sich ein Individuum oder eine Gruppe in einer bestimmten Lage, dann werden sie sich, bestimmte, hier nicht zu erörternde Bedingungen vorausgesetzt, solchen Regeln entsprechend verhalten. Hierzu gehören zum Beispiel eine marktwirtschaftliche Lage, eine soziale, eine juristische, eine politische, moralische, religiöse, militärische, eine solche durch Sitte und Brauch gegebene usf. Eine derartige *Lage* ist also der *unmittelbare Gegenstand* der Sozialwissenschaften. Sie ist von den materiellen Erscheinungen der Naturwissenschaften auch dann *streng getrennt,* wenn sie sich auf Physisches bezieht (zum Beispiel das Sich-Verbeugen als Höflichkeitsform). Die Gründe dafür sind bereits in Punkt Eins der ontologischen Grundlagen der Psychologie aufgeführt. Andererseits ist eine solche Lage zwar nicht durch eine bestimmte Raum-Zeit*stelle,* wohl aber für einen *größeren Raum* und einen *größeren Zeitabschnitt definiert* (zum Beispiel die Lage eines Malers im Barock des 17. Jahrhunderts, der den Auftrag erhalten hat, ein Marienbild zu malen); dennoch spielt sie sich immer *innerhalb* irgendwelcher bestimmter Raum-Zeitstellen des angegebenen Raumes und Zeitabschnittes ab. Lagen als Gegenstände der Sozialwissenschaften werden durch *all-*

gemeine Begriffe zusammengefaßt und geordnet. – *Zweitens:* Raum und Zeit werden als umfassende kontinuierliche Media betrachtet, *in* denen sich die bezeichneten Lagen ereignen. – *Drittens:* Nicht nur das Verhalten von Individuen und Gruppen in solchen Lagen wird durch *Regeln* bestimmt, sondern solche Regeln setzen auch verschiedene Lagen miteinander in Beziehung und führen die eine in die andere über. Meist sind die Regeln zweckbestimmt. (Daß sie es nicht immer *ausdrücklich* sein müssen, zeigt beispielsweise der L'art-pour-l'art-Standpunkt in gewissen Kunstrichtungen und Erscheinungen der modernen Technik.)[13] Wie die Zuordnung der Gegenstände der Sozialwissenschaften zu allgemeinen Begriffen erfolgt, so auch diejenige dieser Gegenstände zu den sie bestimmenden Regeln, denn die Regeln werden durch *allgemeine Begriffe* definiert und enthalten Zeitstellen als *Variable,* wenn es sich um eine bloße Zeitfolge handelt, bzw. Raum- und Zeitstellen als *Variable,* wo Raum- und Zeitfolgen bestimmt sind. (Zum Beispiel: Wenn *irgendwann* ein *Strafurteil gefällt* wird, dann wird es nach einem *Monat rechtskräftig,* falls innerhalb dieser Frist kein *Einspruch erhoben* wurde. Oder: Wenn *irgendwo, irgendwann* ein *Staatsmann* mit dem *Flugzeug ankommt,* dann wird er über einen *roten Teppich* zum *Flughafengebäude geführt.*)

Wir können auch hier wieder eine gewisse Überschneidung der Sozialwissenschaften mit der Psychologie feststellen, da ja die letztere es ebenfalls mit dem Verhalten von Menschen zu tun hat. Der entscheidende Unterschied liegt jedoch darin, daß die sozialwissenschaftlichen Regeln auf *menschlichen Satzungen* beruhen – sie seien ausdrücklich formuliert oder nicht –, nach denen das Leben psychisch wie physisch verläuft, während die psychologischen Gesetze, wie schon betont, die *Natur* des Menschen betreffen. So ist das wissenschaftliche Regelsystem, in dem Denken verlaufen kann, ein Gegenstand der Sozialwissenschaften, die zum Beispiel seine geschichtlichen Bedingungen, seine sozialen Auswirkungen usf. untersuchen und prüfen, wie sich Menschen in bestimmten Lagen nach diesem System verhalten. Die Psychologie dagegen wird u.a. wissenschaftliches Denken unter dem Gesichtspunkt untersuchen, welche Menge Information das Gedächtnis in einer bestimmten Zeit speichern kann, wie schnell die damit verbundenen Inhalte erfaßt werden können, welche Typen von Begabungen sich daran zeigen usf. – *Viertens:* Regelsysteme (marktwirtschaftliche, soziale, juristische, politische, moralische, religiöse, militärische usf.) können sich überlagern. Dann gibt es folgende Möglichkeiten: a) Sie stehen zueinander in der Beziehung des »Sowohl – als auch« oder des »Oder«. (So kann man beispielsweise auf dem Boden sitzend mit Messer und Gabel speisen und damit die Tischsitten des Orients mit denen des Okzidents vereinen, oder man kann zwischen beiden wählen und es dabei für gleichgültig halten, für welche man sich entscheidet.) b) Die Regelsysteme werden hierarchisch geordnet, so daß dem einen das Primat über andere zugesprochen wird. (Beispielsweise kann man sich sowohl in einer politischen wie moralischen Lage befinden und dann der letzteren den Vorzug geben, sich also an die moralischen und nicht politischen Regeln halten.) Im Falle a) existieren die sozialwissenschaftlichen Gegenstände getrennt voneinander, das Relatum geht der Relation voraus; im Falle b) dagegen haben wir es mit einem Ganzen zu tun, das nicht Funktion seiner Teile ist, sondern wo umgekehrt die Teile Funktion eines Ganzen sind, das aus einem hierarchisch gegliederten Verbund von Regelsystemen besteht. Aus solchen Beziehungen ergeben sich die sozialwissenschaftlichen Konflikte.[14]

Nicht anders als in den Naturwissenschaften und in der Psychologie werden auch in den Sozialwissenschaften das Materielle vom Ideellen, der Gegenstand vom Begriff usf. getrennt (vgl. S. 94f. u. 97). Dagegen gibt es Unterschiede zur Psychologie, wenn man die ontologischen Bestimmungen von Wirklichkeit, Notwendigkeit, Möglichkeit und Zufälligkeit in den Sozialwissenschaften betrachtet. Zwar unterliegt hier ebenfalls alles Wirkliche und Notwendige den allgemeinen Bedingungen, die in Punkt eins und zwei aufgeführt sind. Denn wirklich ist eine sozialwissenschaftliche Lage nur, wenn *sie* an einer *bestimmten* Raum-Zeitstelle gegeben ist, und als notwendig gilt, daß sie sich überhaupt an einer solchen befindet, wobei die Raum-Zeitstruktur mit derjenigen zusammenfällt, die in den Naturwissenschaften für notwendig erachtet wird. Dagegen ist die Wirksamkeit der in Punkt eins und drei gekennzeichneten einzelnen Regeln nicht notwendig, sondern nur *geschichtlich* oder, um sich der traditionellen »Modalsprache« der Philosophie zu bedienen, sie ist nur *kontingent.* Andererseits ist wieder sozialwissenschaftlich *möglich,* was den Punkten eins und zwei nicht widerspricht. Das *Zufällige* ist vom Kontingenten zu unterscheiden, obgleich dies oft nicht geschieht. Unter geschichtlicher Kontingenz versteht man zwar, daß Geschichtliches nicht notwendig ist, aber es hat doch insofern eine Art »Quasinotwendigkeit«, als es den Rahmen bildet, innerhalb dessen sich Menschen eines bestimmten Zeitraumes weitgehend bewegen und aus dem herauszutreten nur teilweise und meist nur in mühevoller Auseinandersetzung mit ihm gelingt. Wenn zum Beispiel jemand sich so verhält, wie es seine »Stellung« von ihm fordert, etwa als Kavalier des 18. Jahrhunderts, dann handelt er *sowohl* folgerichtig *wie* kontingent. Folgerichtig, weil er sein Verhalten aus den Regeln des Kavalierstums ableitet, kontingent, weil er sich zum einen auch anders verhalten *könnte* und weil zum anderen ein solches Verhalten an das Zeitalter des Rokoko gebunden ist. Als *zufällig* will ich daher im gegebenen Zusammenhang etwas bezeichnen, was zwar sozialwissenschaftlich wirklich oder möglich ist, aber weder auf Grund von Naturgesetzen noch auf Grund sozialwissenschaftlicher Regeln erklärt werden kann. (So mag es zum Beispiel sozialwissenschaftlich erklärbar sein, warum Kolumbus nach Amerika reiste, und es mag sozialwissenschaftlich ebenfalls erklärbar sein, warum die Indianer sich damals auf einer bestimmten kulturellen Entwicklungsstufe befanden, aber es ist weder naturgesetzlich noch sozialwissenschaftlich erklärbar, daß beides zur *gleichen Zeit stattfand*, weil es sich um bis dahin völlig isolierte Kulturkreise handelte, die da aufeinander stießen. Ähnliches liegt vor, wenn Kulturen durch Naturkatastrophen vernichtet werden usf.) Es bedarf jetzt wohl kaum noch der Erwähnung, daß auch die Ontologie der Sozialwissenschaften die notwendigen Bedingungen dafür definiert, was in ihnen überhaupt als Objekt angesehen werden kann.

4. Der Leitfaden für die folgenden Untersuchungen

Die in den vorangegangenen drei Abschnitten dieses Kapitels entwickelten ontologischen Grundlagen der Naturwissenschaften, der Psychologie und der Sozialwissenschaften kennzeichnen unser heutiges Wirklichkeitsverständnis in den betreffenden Bereichen. Wie schon bemerkt, werden wir nun im folgenden untersuchen müssen, ob es im Mythos etwas diesen Grundlagen Entsprechendes gibt oder wie sich dessen Ontologie davon unterscheidet.

Fassen wir sie noch einmal zusammen:

Erstens: Die materielle Welt der Natur und die ideelle Welt des Menschen sind begrifflich scharf voneinander geschieden (was keineswegs ausschließt, daß sie miteinander in Wechselwirkung treten können und treten).

Zweitens: Die materielle Welt der Natur wird durch Gesetze bestimmt, welche die Veränderungen von Gegenständen sowie die

Beziehung dieser an sich getrennt existierenden Gegenstände zueinander betreffen.

Drittens: Die ideelle Welt des Menschen zerfällt in eine psychologische, in der ebenfalls Naturgesetze die Veränderung und Beziehung psychologischer Gegenstände bestimmen und in eine sozialwissenschaftliche, in der geschichtliche Lagen durch geschichtliche Regeln geordnet werden.

Viertens: Die materielle Welt der Natur und die ideelle Welt des Menschen unterscheiden sich auch dadurch, daß die Regeln innerhalb der ideellen Welt weitgehend zweckbestimmt sind, daß hier ferner oft der Teil eine Funktion des Ganzen ist und die Relation dem Relatum vorausgeht. Derartiges ist, von den schon erwähnten Ausnahmen abgesehen, im Bereich der materiellen Welt auch dann nicht der Fall, wenn die Gegenstände zur organischen Natur gehören, weil diese als weitgehend auf die anorganische zurückführbar betrachtet und der Begriff »Organismus« eher heuristisch verstanden wird. (Hier gilt immer noch Kants Postulat, daß es zwar keinen »Newton des Grashalms« gebe, aber doch jeder Zweck unter dem Gesichtspunkt zu erforschen sei, wie er mit physikalisch-chemischen Gesetzen erklärt werden könne.)

Fünftens: Für *alle* Gegenstände gilt, daß sie sich an einer bestimmten Raum-Zeitstelle befinden müssen, um wirklich zu sein und daß sie an einer solchen denkbar sein müssen, um möglich zu sein.

Sechstens: Raum und Zeit sind kontinuierliche Media, die durch die Physik definiert werden.

Siebentens: Geschichtliche Gegenstände und Regeln sind für begrenzte Raum- und Zeitabschnitte definiert und sind kontingent.

Achtens: Alles bisher Gesagte wie das Folgende wird für notwendig gehalten, es gilt ja als die »wahre« Verfassung der Wirklichkeit. Als notwendig gilt aber auch das Wirken der Naturgesetze (einschließlich der psychologischen) wo es gegeben ist, sowie die physikalisch bestimmte Raum-Zeit Struktur, die auch ein Naturgesetz darstellt. Als zufällig gilt dagegen alles, was nicht mit Hilfe von Naturgesetzen oder Regeln erklärt werden kann.

Neuntens: Allgemein werden voneinander unterschieden: a) Gegenstand und Begriff, b) Gegenstand, Raum-Zeit-Medium und das den Gegenstand im Raum-Zeit-Medium bestimmende Gesetz oder die Regel.

Ich werde also dem Leitfaden dieser neun Punkte folgen, wenn ich nunmehr zur Darstellung des Denk- und Erfahrungssystems im griechischen Mythos übergehe. Dabei dürfte jedoch aus den bisherigen Erörterungen schon das Folgende ersichtlich sein: Da der Mythos, anders als die Wissenschaft, eher synthetisch und weniger analytisch verfährt, da bei ihm alles, was wir streng unterscheiden, eng miteinander verknüpft ist und oft beinahe nahtlos ineinander übergeht, so wird nichts den angegebenen Punkten Entsprechendes bei ihm behandelt werden können, ohne daß bereits alles den anderen Punkten Zuzuordnende in irgendeiner Weise mit hineinspielt. Jede Stelle, an der man in den Mythos eindringt, ist mit dem Ganzen engstens verflochten; jede Stelle, mit der man beginnt, enthält also zwar eines von diesem Ganzen in besonderer Schärfe, das andere aber bildet mehr oder weniger undeutlich sein damit unlöslich verwobenes Umfeld. Dennoch werden die Einzelheiten aus diesem Umfeld im Fortschreiten immer deutlicher hervortreten, so daß sich am Ende, aber *erst* am Ende, ein hinreichend klares Bild ergibt. *Dann* endlich wird ein Vergleich zwischen mythischer und wissenschaftlicher Welterklärung möglich sein.

V. Gegenständlichkeit als Einheit von Ideellem und Materiellem im griechischen Mythos

Der Darstellung des Denk- und Erfahrungssystems im griechischen Mythos, das der Hauptgegenstand des vorliegenden zweiten Teils sein wird, sei der folgende wichtige Hinweis vorausgeschickt: Der mythische Grieche wäre zu dieser Darstellung niemals imstande gewesen. Dies wird schon daraus ersichtlich, daß sie, wie gesagt, am Leitfaden wissenschaftlicher Ontologien entwickelt wird und dem Vergleich mit diesen dienen soll. Sie entspringt daher einer Übersetzung der Sprache des Mythos in diejenige des heutigen Menschen, ja, sie wäre anders gar nicht möglich. Der Grieche, der *im* Mythos lebte und nicht, wie wir, außerhalb seiner, konnte ebenso wenig in dem hier gemeinten Sinne über ihn sprechen wie über ihn reflektieren. Aber die Beschreibung einer Sache von außen, wenn man außerhalb ihrer steht, ist doch nicht darum weniger zutreffend, weil sie von außen erfolgt und nicht von innen. Man hat es nur mit einer anderen Perspektive, einem anderen Aspekt des Gleichen zu tun. Was also nunmehr folgt, ist eine Darstellung des griechischen Mythos unter einem solchen modernen Aspekt betrachtet; es ist eine Rekonstruktion dieses Mythos, die ihn einerseits in seinem historischen Kern zu erfassen sucht, ohne ihm Gewalt anzutun und die ihn uns andererseits dennoch begreiflich werden läßt. Die Schwierigkeiten, die einem solchen Unternehmen entgegenstehen und die Grenzen, die ihm gesetzt sind, können nicht aufgehoben werden, aber es sind doch im Grunde dieselben Schwierigkeiten und Grenzen, auf die jede Übersetzung in eine andere Sprache unvermeidlich stößt.

Die Einheit des Ideellen und Materiellen, der ich mich nach diesen Vorbemerkungen nunmehr zuwende, hat für den Mythos eine ebenso grundlegende Bedeutung wie ihre Auflösung für die wissenschaftliche Ontologie. In welchem Sinne mythisch Ideelles und Materielles miteinander verschmelzen, wurde im Umriß bereits im ersten Kapitel bei der Analyse von Hölderlins Visionen dargelegt. Um recht zu verstehen, worum es hier geht, darf man nicht von dem Unterschied zwischen einem Subjekt als etwas Ideellem und einem Objekt als etwas Materiellem ausgehen, um dann beide in eine enge, schließlich unauflösliche Beziehung zueinander zu setzen, sondern umgekehrt muß man sie aus ihrer vorgegebenen Einheit erst ableiten. Diese Einheit ist das *eigentlich* Primäre, sie prägt mythische Gegenständlichkeit von Grund auf, und in ihr liegt der Ursprung jeder Erscheinung.

Da nun zum Subjekt als einem Ideellen, mag es auch gänzlich mit dem Materiellen verschmolzen sein, Sprache gehört, so hat mythisch *jeder* Gegenstand Sprache, wenn auch nicht notwendig diejenige des Menschen, der ja nur ein besonderer Fall von Gegenständlichkeit ist. Es handelt sich vielmehr allgemeiner um Sprache durch Zeichen, durch Numina. Die mythische Einheit von Ideellem und Materiellem ist mithin etwas Numinoses, Erscheinung eines *numinosen Wesens*, wie zum Beispiel eines Gottes. Es empfiehlt sich daher, die Untersuchung des mythischen Denk- und Erfahrungssystems mit derjenigen der Götter zu beginnen.

1. Die numinosen Wesen der Natur

Es ist ein Gemeinplatz, daß für den griechischen Mythos »alles voll von Göttern ist«.[15] Die Erde ist ein Gott (Gaia), der Himmel (Uranos) und jeder Stern ist einer, auf und in den Bergen leben Götter, es gibt Fluß- und Quellengötter, Götter, welche die Pflanzen und Früchte reifen lassen, Götter die an irgendeinem Ort, einem Hain, einer Stadt oder dergl. anwesen, Götter des Meeres (Poseidon), die Göttin der Morgenröte (Eos), es gibt Windgötter (Boreas und Zephyros), der Gott ist im Blitz, im Feuer, im Regen usf. Alles ist insofern etwas Lebendiges und Beseeltes.

Dieses Lebendige und Beseelte muß nicht im strengen Sinne »Person« sein, wie es zum Beispiel bei den olympischen Gottheiten der Fall ist. Dennoch handelt es sich in jedem Fall um ein lebendiges, ideelles *und* materielles *Individuum*. Dies ist zwar bisweilen bestritten worden, zum Beispiel von F. M. Cornford, der die Trennung von Individuum und Gottheit bei den vorolympischen, vorhomerischen Göttern behauptet hat.[16] In diesen vorolympischen Gottheiten sieht er nämlich eher Spezies, weswegen seiner Meinung nach später die Philosophie der Vorsokratiker mit ihrem Drang zu abstrakteren logischen Verallgemeinerungen leichter an sie anknüpfen konnte. Dennoch spricht Cornford auch ihnen *Seele* zu.[17] Aber eine Spezies, die eine Seele hat, und, wie Cornford ausdrücklich zugibt, als lebend zu denken ist, stellt keinen bloßen Allgemeinbegriff mehr dar, sondern ist eine konkrete Substanz und insofern ein Individuum. Dennoch hat Cornford etwas Richtiges gesehen, wenn er in Göttern

Spezies verkörpert sah, obgleich ihm ein entscheidender Punkt dabei entgangen ist. Dies sei nun verdeutlicht.

Wenn allgemein bei Naturgegenständen mythisch in irgendeiner Form ein Gott als beseelt-lebendiges Individuum gegenwärtig ist, dann kann das ja wohl nicht bedeuten, daß es so viele Götter wie Naturgegenstände gibt. So ist in allem »Erdhaften« Gaia, an vielen Quellen leben die gleichen Nymphen, die Bezeichnung einer Spezies haben, als mannigfaltige Einzelerscheinungen in jedem reifenden Korn wirkt Demeter, in allen möglichen Morgenröten ist Eos usf. Der Name eines Gottes, obgleich ein Individuum bezeichnend, kann also insofern dieselbe Funktion wie ein Allgemeinbegriff oder die Bezeichnung einer Spezies haben, als er mannigfaltige Einzelerscheinungen zusammenzufassen und zu ordnen gestattet. Allgemeines und Individuelles verschmelzen in dieser Hinsicht im Mythos genauso wie Materielles und Ideelles. Eben dies hat Cornford übersehen. Damit fällt aber auch der von ihm betonte Unterschied zwischen vorolympischen und olympischen Göttern. Er besteht nur darin, daß diese ausdrücklich als Personen vorgestellt werden, jene aber nicht oder zumindest nicht mit der gleichen Klarheit. (Immerhin gab Gaia ihrem Sohne Kronos eine Sichel, um damit die Geschlechtsteile des Uranos abzuschneiden, und Kronos selbst wie viele andere von Gaia und Uranos abstammende Götter haben Menschengestalt oder werden als Person aufgefaßt. Man denke an Aphrodite, an Japetos, Themis und andere.) *Die* wichtigsten der vorolympischen Götter sind folglich ebenso wie die olympischen ideelle und materielle *Individuen mit Allgemeinheitsbedeutung. So* tritt mythisch oft der Eigenname an die Stelle der Begriffe.

1.1 Mythische Substanz

Was genauer unter »Individuum mit Allgemeinheitsbedeutung« zu verstehen ist, läßt sich an Hesiods Theogonie zeigen. Zwar enthält der Mythos, den Hesiod darstellt, bereits gewisse »aufklärerische« Elemente, kann also ebensowenig mit demjenigen Homers identifiziert werden wie dieser mit dem vorolympischen. Alle diese Unterschiede sind jedoch teils nur *inhaltliche,* teils solche der *Systematisierung,* die besonders bei Hesiod stark ausgeprägt ist. Weder das eine noch das andere aber betrifft die allgemeine *Struktur* mythischer Vorstellungsweisen, auf die es hier alleine ankommt. (Hesiods Systematisierung ist nur eine besondere logische *Ordnung* von vorgegebenen Inhalten mythischer Verfassung.) Die Berufung auf Hesiod ist also im gegebenen Zusammenhang insofern berechtigt, als sie sich nur auf solche bei ihm erkennbare Strukturen bezieht.

Wir finden in der Theogonie Hesiods zwei Formen der Entstehung von Göttern: Erstens durch Zeugung, es handle sich um Jungfernzeugung oder um solche durch Beischlaf, und zweitens durch eine Art Entfaltung, die dem Zerlegen eines Spektrums vergleichbar ist.

Hier einige Beispiele: Am Anfang, so hören wir von Hesiod, war das Chaos. Dann kamen Gaia, die Erde und schließlich Eros.[18] Aus dem Chaos entstanden das Schattenreich des Erebos (Tartaros) und die Nacht.[19] Aus der Nacht entstanden weiter der Schlaf, der Traum, der Tod, die Moiren und die Keren, die Nemesis, der Streit und die Hesperiden, die im Westen wohnen, wo die Sonne untergeht.[20] Die Nacht gebar auch den Tag, den Erebos mit ihr gezeugt hatte.[21] Gaia entsprangen der Himmel, Uranos, die Berge und das Meer. Mit Uranos zeugte Gaia die Titanen, denen wieder die olympischen Götter entstammen.[22]

Wie sich leicht erkennen läßt, ist die genealogische Linie, die in der vorigen Aufzählung mit dem Chaos und dem Erebos beginnt, um mit den Hesperiden zu enden, durch eine gewisse Analogie oder *Ähnlichkeit* ihrer Glieder bestimmt, denen allen etwas Dunkles und Nächtliches anhaftet. Es handelt sich also um eine Art Entfaltung verschiedener Varianten von etwas Gleichförmigem. Eine Entfaltung liegt nun zwar auch vor, wenn der Himmel, die Berge und das Meer aus der Erde abgeleitet werden, aber da ist das verbindende Mittel offenbar nicht die Ähnlichkeit, sondern ein scheinbar beobachtbares *Kausalverhältnis:* Feuer und ätherische Substanz (Luft) steigen von der Erde zum Himmel empor; aus dem Schoß der Erde erheben sich Berge (zum Beispiel als Vulkane); Meere und Flüsse werden aus Quellen gespeist, die der Erde entspringen usf. Aber selbst wo Hesiod von Zeugung spricht, sind bestimmte Prinzipien des Zusammenhangs unverkennbar: Nacht und Tag stellen zwar polare Gegensätze dar, stehen jedoch zueinander in der engen Beziehung einer *raum-zeitlichen Berührung,* die man besonders morgens und abends beobachten kann, wenn die eine Hälfte des Himmels dunkel, die andere hell ist; und was schließlich die Genealogie der Titanen und der olympischen Götter betrifft, so ist das verbindende Glied wieder die Ähnlichkeit, nämlich die Ähnlichkeit mit ihren Vorfahren Gaia und Uranos, von denen sie teils Himmlisches, teils Irdisches besitzen: Es sei an die Titanen Okeanos und Hyperion (Sonnengott) erinnert oder daran, daß die Olympier ebenso auf der Erde wie in himmlischen Höhen zuhause sind.

Man wird überrascht feststellen, daß man hier ausgerechnet Humes, des Positivisten, Bauelemente der Wirklichkeitserkenntnis wiederfindet, nämlich: *Ähnlichkeit, Kausalität* und *raum-zeitliche Kontiguität.* Der entscheidende Unterschied zu Humes Philosophie liegt allerdings darin, daß mythisch alle in einer dieser drei Beziehungen zueinander stehenden numinosen Wesen zu einer *substantiellen Einheit* verschmelzen: In allem Dunklen und Nächtlichen *ist* das Chaos und *ist* der Erebos *anwesend,* in allen Wirkungen der Erde *ist* die Erde als Ursache *gegenwärtig,* in der raum-zeitlichen Aufeinanderfolge *ist* das Nachfolgende im Schoße der Vergangenheit eingeschlossen, selbst wenn es sich um einen polaren Gegensatz handelt. Das gestaltlose Dunkel des Mutterschoßes steht ja auch in einem polaren Gegensatz zu der Gestalt des Kindes, das aus ihm in die Helle des Tages tritt, obgleich doch die Mutter im Kinde weiterlebt. Im übrigen sind Wasser und Berg ebenfalls schroffe Gegensätze und stehen dennoch mythisch in der bezeichneten engen Verwandtschaftsbeziehung zueinander.

So liegt also allen Hesiodschen Genealogien das gleiche Schema zugrunde, nämlich der Gedanke, daß Mannigfaltiges, wenn es durch Ähnlichkeit, Kausalität oder raum-zeitliche Berührung miteinander verbunden ist, im gegebenen Fall (nicht immer, wie sich später besonders bei der Untersuchung des mythischen Raumes ergeben wird) *eine gemeinsame Substanz* besitzt, die entsprechend in allen Gliedern einer genealogischen Reihe *identisch* anzutreffen ist. Dies ist es, was ich eine *mythische Substanz* nenne. (Eine eingehende Analyse dieses Begriffs erfolgt in Kapitel IX.)

Wenn wir eine im heutigen Sinne verstandene Substanz, zum Beispiel einen chemischen Stoff, an mannigfaltigen Orten verteilt antreffen, so bleibt er doch stets *derselbe Stoff.* Denkt man sich nun diesen zugleich als ein materielles und ideelles Individuum, so wäre auch überall, wo dieser Stoff ist, *dasselbe Individuum* gegenwärtig. (Lägen nur Teile davon vor, wäre es nicht das in Frage stehende Individuum, also auch nicht derselbe Stoff.) Man kann sich dies noch anders verständlich machen: Wenn wir eine rote Fläche in viele Teile teilen, bleibt doch ihre Röte in jedem dieser Teile identisch erhalten und wenn die Röte ein nicht nur materielles, sondern auch ein ideelles Individuum bedeutet, so wäre auch dies überall in diesen Teilen als Ganzes da. In diesem Sinne sagt V.Grønbech mit Hinblick auf mythisches Denken zu Recht:

›Ein Erdklumpen enthält das ganze Feld, weil er das Wesen des Feldes in sich hat und deshalb zu einer Fläche ausgebreitet werden kann.[23]‹

Die Bemerkung, numinose Wesen seien Individuen mit Allgemeinheitsbedeutung, bedeutet demnach, sie sind mythische Substanzen, die sowohl materielle wie ideelle Individuen darstellen, so daß überall, wo solche Substanzen auftreten, das gleiche Individuum gegenwärtig ist. Dem widerspricht nicht, daß einige Götter an bestimmte Orte gebunden sind oder daß man zu ihnen hingehen muß, in ihren Hain oder Tempel, um mit ihnen in Beziehung zu treten. Wenn zum Beispiel Antigone der Dirke Quellen und des wagenreichen Thebens Hain zu Zeugen anruft,[24] dann ist ein solcher Fall gegeben. Aber oft ist die Gegenwart des Gottes an einer heiligen Stelle nur beständiger und konzentrierter als anderswo, ohne deswegen dort sozusagen verwurzelt zu sein. So ist zwar Demeter überall da, wo das Korn reift und auf dem Felde angerufen werden kann, und Zeus ist in jedem Blitz, Pan in vielen Wäldern einsamer Berggegenden, aber sie alle können sich auch irgendwo bevorzugt aufhalten und sich dort vielleicht sogar zur Personengestalt »verdichten« (was die Griechen eine »Epiphanie« nennen).

1.2 Unterschiede zwischen mythischer und wissenschaftlicher Natur-Auffassung

Die bisherigen Untersuchungen zeigen uns bereits zwei wesentliche Unterschiede zwischen mythischer und naturwissenschaftlicher Natur-Auffassung: Zum *ersten,* daß es mythisch keine rein materiellen Naturgegenstände gibt, diese vielmehr Götter oder numinose Erscheinungen, also mythische Substanzen darstellen, und zum *zweiten,* daß eben deswegen mythische Naturgegenstände nicht, wie in den Naturwissenschaften, *auf Begriffe gebracht werden können.* Hier fungiert der *Name eines numinosen Wesens oder Gottes wie ein Begriff.*

Vor diesem Hintergrund kann man verstehen, welche ungeheueren Anstrengungen Plato machen mußte, den allgemeinen Begriff (Idee) als Gegenstand eines besonderen Vermögens, nämlich des Denkens (Noein), von dem Einzelnen und Individuellen als Gegenstand eines anderen Vermögens, nämlich der Wahrnehmung (Aisthesis), zu unterscheiden, eine Unterscheidung, die erst mit dem Beginn der neuzeitlichen Wissenschaft von allem mythischen Beiwerk endgültig befreit wurde. (Auch die Ideen haben ja bei

Plato noch eine Art konkreter Substantialität.) Wenn wir heute Homer lesen, so glauben wir allenthalben von ihm Allgemeinbegriffe verwendet zu finden. Aber er verbindet damit nicht jenes Abstrakte und Allgemeine, was wir darunter verstehen, nicht jene Anwendung eines solchen auf einen besonderen Fall, sondern er verbindet damit etwas Individuelles und Konkretes in der beschriebenen allgemeinen Bedeutung.

Als *dritter* Unterschied zwischen Göttern und wissenschaftlichen Naturgegenständen ist schließlich festzustellen, daß jene im Gegensatz zu diesen a) durch bestimmte räumliche Bereiche definiert sein können, b) sich u.U. dennoch an beliebigen Raumstellen zu einer bestimmten Zeit zu befinden vermögen und c) auch einer raum-zeitlichen Welt zugeordnet werden können, die nicht innerhalb der uns zugänglichen bestimmbar ist. Ein Beispiel für a) ist die Zuteilung der Sphäre Himmel und Erde an Zeus, derjenigen des Meeres an Poseidon und des Tartaros an Hades.[25] Ein Beispiel für b) liegt vor, wenn Athene dem Odysseus auf Ithaka erscheint.[26] Zu c) schließlich gehört der Sitz der Götter auf dem Olymp, der keineswegs mit dem berühmten Berg in Nordgriechenland identisch ist, oder die Wohnung des Hades in der Unterwelt. Es gibt Götter, für die nur a) zutrifft (zum Beispiel die erwähnte Dirke); Eros scheint, zumindest für eine lange Zeit, ausschließlich zur Klasse der b) gehört zu haben; (Plato berichtet ja im Symposion, es habe kaum ein Heiligtum für ihn gegeben, und nirgends sei er fest zu Hause); Kronos muß man wohl hauptsächlich der Klasse c) zurechnen (er befindet sich nur noch im Tartaros), das Gleiche gilt für Hades. (Allerdings ist Hades wenigstens einmal auf der Erde erschienen, um Proserpina zu rauben, und eine Variante des mit ihm verbundenen Mythos erzählt auch, er sei in Pylos dem Herakles begegnet.) Von Zeus läßt sich sowohl a) wie b) wie c) aussagen, von Asklepios nur a) und b), nicht aber c). (Er besitzt Tempel, und von ihm werden Epiphanien berichtet, ob er aber auch, wie manche meinten, von Zeus unter die Sterne versetzt wurde, bleibt fraglich.) Diese Beispiele für einige der möglichen Kombinationen mögen hier genügen.

Manches, was hier noch vage sein mag, wird in späteren Abschnitten deutlich werden, besonders in jenen, die Raum und Zeit aus mythischer Sicht ausführlich behandeln. Hier ging es zunächst nur darum, herauszuarbeiten, was mythisch dem in Punkt eins zur naturwissenschaftlichen Ontologie Gesagten entspricht.

Zum Schluß dieses Abschnittes noch ein Wort zu dem Ausdruck »numinose Wesen der Natur«. Es gibt mythisch keine Natur in unserem heutigen Sinne, die von der Menschenwelt scharf begrifflich zu trennen wäre, sondern beides ist wegen der Einheit von Materiellem und Ideellem unlöslich miteinander verbunden. Dies kommt schon dadurch zum Ausdruck, daß viele Götter, die innerhalb der Natur wirken und ihren Erscheinungen zugrunde liegen, zugleich in der Menschenwelt eine bestimmende Rolle spielen. (Man denke nur an den Blitze schleudernden und Wolken sammelnden Zeus.) Der Ausdruck »numinose Wesen der Natur« ist hier nur als ein Hilfsmittel zu verstehen, an Hand der uns vertrauten Einteilungen, nämlich dem im vorigen Kapitel entwickelten Leitfaden folgend, in den Mythos einzudringen und so zunächst Entsprechungen aufzufinden. Daß wir damit zugleich zu einer von der unseren grundlegend unterschiedenen Vorstellungswelt gelangen, wodurch wir fortschreitend über diese Entsprechungen hinauswachsen, darauf ist schon nachdrücklich hingewiesen worden.

2. Psychische numinose Wesen

Auch der Ausdruck »psychisch« entspricht einer Übersetzung in unsere heutige Sprache und darf nur als Mittel der Darstellung betrachtet werden. Es gibt mythisch so wenig eine »Psyche« nach unserem gegenwärtigen Verständnis wie eine »Natur«. Vielmehr sind beide, »psychischer Gegenstand« und »Naturgegenstand«, durch einen Gott bestimmt. Dieselbe mythische Substanz als ideelles und materielles Individuum ist hier wie dort wirksam. Man kann daran erkennen, daß eine solche Einheit von Ideellem und Materiellem im »Psychischen« auch nichts mit jener Leib-Seele-Einheit zu tun hat, die in der heutigen Psychologie eine so große Rolle spielt. Denn da handelt es sich darum, daß etwas begrifflich und ontologisch scharf Geschiedenes in seinen Wechselbeziehungen, Parallelitäten, Verbindungen usf. betrachtet wird. Daher kann man auch jederzeit denselben psycho-physischen Vorgang einmal von der physischen Seite sehen (zum Beispiel indem man die physiologischen, chemischen oder physikalischen Prozesse untersucht, welche sich in den Nervenbahnen abspielen), einmal von der psychischen. Die Einheit von Ideellem und Materiellem in mythischem Betracht ist dagegen so unauflöslich, ist eine solche Identität, daß kein Grieche je von einer solchen Einheit, in der sich Zweierlei zusammenfindet, überhaupt gesprochen hätte. Und schließlich liegt ihre völlige Verschiedenheit von jedem leib-seelischen Zusammenhang in der uns vertrauten Bedeutung noch darin, daß sich in ihr ein numinoses Wesen kundgibt.

Was wir gemeinhin als das »Psychische« bezeichnen, ist in mythischer Sicht eher Schauplatz und Wirkungsstätte numinosen Einflusses. Gefühle der Kraft, des Glückes, der Leidenschaft, ein plötzliches Begehren und Wollen, Einsicht und Verblendung, aber auch der gute Gedanke, die Weisheit und stille Entrücktheit, dies alles kann in irgendeiner Weise auf die Gegenwart eines Gottes oder numinosen Wesens zurückgeführt werden. Deswegen sagt W. F. Otto in diesem Zusammenhang zu Recht: »Was der Mensch ist, was er ist und vermag, das heißt: was sich in und aus ihm gestaltet, gehört dem großen Schauplatz des Seins an, der im göttlichen Mythos seine Darstellung empfangen hat.«[27] Wir müssen uns jetzt klar machen, was das genauer bedeutet.

2.1 *Leibseelische Orte im Menschen für numinose Wirksamkeit*

Ein Ort, an dem ein Gott, eine mythische Substanz als ideell-materielle Einheit im Menschen wirksam ist, hat keine körperliche oder räumliche Bedeutung in dem uns geläufigen Sinne und zwar aus den gleichen Gründen, aus denen wir auch nicht in der heute üblichen Weise mythisch von »Psyche« oder »Natur« sprechen können. Einer der wichtigsten Orte dieser Art ist nach griechischer Auffassung der *Thymós.*

In diesen Thymós kann der Gott etwas »hineinwerfen«, zum Beispiel Mut oder Schwäche.[28] »Hineinwerfen« ist dabei eine stereotype Redewendung, die sich beständig wiederholt. So kommt es, daß oft in abgekürzter Weise der Thymós wie eine selbständige Macht auftritt, die in der Person handelt und sie dabei in den Hintergrund drängt. Da heißt es zum Beispiel, der *Thymós* ahne[29] oder betrübe sich,[30] der Schmerz überkomme den Thymós[31], der Thymós treibe jemanden an,[32] er befiehlt,[33] grübelt[34] usf.

Ein weiterer Ort numinoser Wirksamkeit ist die *Phrén* (»Zwerchfell«). Auch in die Phrén legen die Götter etwas, zum Beispiel einen Entschluß[35] oder bewirken in ihr Standhaftigkeit[36]. Phrén und Thymós hängen eng miteinander zusammen wie vor allem die häufige Formel »in der Phrén und im Thymós« zeigt.[37] Zu erwähnen ist ferner *Stéthos* (»Brust«). Athene träufelt Nektar und Ambrosia, die Götterspeise, in das Stéthos des Achilleus, der Speise und Trank aus Kummer um den Tod des Patroklos verweigert.[38] Auch Stéthos und Thymós stehen in Beziehung zueinander, wobei der Thymós oft im Stéthos etwas hervorruft, wie zum Beispiel Betrübnis,[39] oder ihm gar etwas befiehlt.[40] Zu der vorliegenden Aufzählung gehören schließlich noch die Ausdrücke *Etor, Kradíe* und *Ker*, die alle ungefähr das gleiche bedeuten (»Herz«).

2.2 *Mythische Substantialität im Menschen*

Wie unangemessen die deutsche Übersetzung all der soeben erwähnten Ausdrücke ist, erhellt schon daraus, daß sie Wirkungsorte numinoser Wesen bezeichnen, die von mythischer Substanz erfüllt werden. Wenn wir hingegen von Herz, Zwerchfell, Brust usf. sprechen, so meinen wir im Allgemeinen damit entweder etwas Materielles oder Psychisches im Sinne der vorhin skizzierten wissenschaftlichen Ontologie. Besonders aufschlußreich sind auch jene Textstellen, wo seelische Vorgänge näher beschrieben werden. So heißt es zum Beispiel, daß Eros die *dichten Phrenes* umfange,[41] daß die Achäer *dichter Schmerz* ergreife[42], daß das Etor *dicht betrübt*[43] und die Phrén von Leid *umhüllt* sei.[44] Auch der Ausdruck *»ringsum schwarze Phrén«* gehört hierher.[45] Dies alles ist durchaus wörtlich und nicht gleichnishaft zu nehmen, weil es ja als Folge numinoser Wirksamkeit und damit mythischer Substanz zu betrachten ist. Wieder tritt uns hier mythisch die unauflösliche Einheit, ja, die Ununterscheidbarkeit von Ideellem und Materiellem sowie die Substantialität »seelischer Vorgänge« entgegen. Wo diese Einheit zerfällt, da ist der Tod. So kann zwar der tote Patroklos dem Achill aus dem Hades erscheinen, er hat noch eine sichtbare Gestalt, aber die Phrenes, und damit das Leben, sind aus ihm entwichen.[46]

2.3 *Seelische Vermögen als göttliche Gabe*

Götter bewirken nicht nur, was wir allgemein »das Menschliche« nennen, wie Lust, Schmerz, Mut usf., sondern sie können auch Göttliches im Menschen hervorrufen. Dazu gehört zum Beispiel *Ménos.* Auch dieses Wort ist kaum zu übersetzen, obgleich man dafür Kraft, Vitalität, Macht oder Ähnliches sagen könnte. Es ist deswegen nicht zu übersetzen, weil darin der Abglanz des Göttlichen mitschwingt, während wir ja die aufgezählten Eigenschaften teils psychologisch, teils physisch verstehen. Die Götter verleihen oder verweigern Ménos, blasen oder werfen auch ihn in den Menschen[47], und zwar in die vorhin aufgezählten Örter wie Stéthos,[48] Thymós[49] und dergleichen. Der Mensch wird dabei so sehr Schauplatz des numinosen Ereignisses, daß er buchstäblich dahinter verschwindet. Da heißt es zum Beispiel in der Odyssee 8,2: »Als dann die Frühe sich zeigte, Eos mit rosigen Fingern, / Stieg aus dem Bett des Alkinoos heilige Kraft.«[50] Oder an anderer Stelle, 7, 178: »Da sprach des Alkinoos Ménos zum Herold.«[51] In der Ilias, 23, 837, lesen wir, daß sich der gewaltige Ménos des göttergleichen Leonteus erhob.[52] Der Ménos also, nicht die Person selbst, erhebt sich vom Bett, zum Kampf oder redet jemanden in einem bedeutungsvollen Augenblick an.

Ein weiteres göttliches Vermögen ist *Areté*. Mit Tugend, wie man dieses Wort übersetzen könnte, hat sie, zumindest im heutigen Sinne, kaum etwas gemein. Eher stellt sie eine vielfältige Art von Tüchtigkeit dar, die dem Menschen, der sie besitzt, die Erscheinungen von etwas Göttlichem verleiht. Deswegen gehören zu ihr ebenso physische Vermögen, nämlich ein guter Kämpfer, Läufer und Tänzer zu sein oder Schönheit zu besitzen, wie seelische, nämlich die Leier zu spielen, Schiffe zu steuern, mit Luxusgegenständen richtig umzugehen[53] und Rechtschaffenheit, Treue, kurz »gute Phrenes« zu haben. Eine rein »ideelle« Tugend, gar im Gegensatz zum physischen Erscheinungsbild stehend, ist für den mythischen Griechen undenkbar. Zeus aber mehret die Areté und mindert sie wieder,[54] ja, der Mensch wäre sogar für sich das elendste Wesen, verliehen die Götter sie ihm nicht.[55]

Die mythische Substantialität solcher Vermögen kommt auch im Zusammenhang mit *Nóos* zum Ausdruck. Wenn wir dafür im Deutschen »Vernunft« sagen, so müssen wir dabei allerdings im Auge behalten, daß es sich beim Nóos hauptsächlich um das schnelle Erfassen von Situationen und um praktische Entscheidungen handelt. Nóos ist ein lichtvoller Gedanke in einer gefahrvollen Situation,[56] ein jetzt und hier gefaßter kluger Plan,[57] wie überhaupt Nóos und Bulé (Wille, Ratschluß) eng miteinander verbunden sind.[58] Auch Nóos aber geben und rauben die Götter.[59] Er befindet sich im Thymós,[60] im Stéthos,[61] und er kann buchstäblich dicht, nämlich dicht von Gedanken sein (die ja selbst auf einem »Einblasen« numinoser Substanz beruhen).[62]

2.4 Das mythische Verhältnis von Innen und Außen

Wo alles Materielle zugleich ideell, alles Ideelle zugleich materiell aufgefaßt wird, wo deshalb zwischen Physikalischem und Psychologischem wie wir es verstehen, keine scharfe Grenze gezogen wird, da existiert auch nicht der für uns so selbstverständliche Unterschied von Innen und Außen. Dies sei nunmehr an einigen einschlägigen Beispielen erläutert.

In der Odysse heißt es von Telemach: »Denn schon ist er ein Mann der Art, das Haus bestens zu bestellen, dem Zeus Kýdos verleiht.«[63] Zur Übersetzung des Wortes *Kýdos* sagt V. Grønbech mit Recht, es sei mehr oder weniger willkürlich, ob man es mit »Ruhm oder mit Macht oder mit Sieg wiedergeben will. Wenn es von Apollon heißt, er habe Agenor in Nebel gehüllt und aus dem Rachen des Todes gerissen, weil er dem Achilleus nicht gönnen wollte, das Kýdos zu gewinnen, kann der Übersetzer hin- und herraten, ohne jemals zu einer Entscheidung zu gelangen, welches Wort am besten in den Zusammenhang paßt ... Bei der Lektüre von Homer flackert ein Wort wie Ehre hin und her, während es in Wirklichkeit mit der gleichen ruhigen Flamme brennt, wo immer ein Grieche es leuchten läßt.«[64] So ist auch der vorhin zitierten Stelle aus der Odyssee nicht eindeutig zu entnehmen, ob Zeus dem Telemach oder seinem Haus Kýdos verleiht. Tatsächlich besteht hier kein Unterschied. Das Kýdos des Telemach steckt nämlich nicht nur in ihm, sondern ebenso in seinem Besitz, in seinen Untertanen und in seinem Geschlecht. Was Zeus verleiht, dringt wie eine Substanz durch Telemachos hindurch in alles, was Telemachs Eigen ist. Nicht weil Telemach das Erbrecht besitzt oder sich als besonders tüchtig erweist, kommt ihm dieses zu, sondern weil Zeus ihm Kýdos gab. Nur so ist Telemach von der heiligen Häuptlingswürde geprägt, die seinen Anspruch legitimiert. Wir können das mit der Idee der Majestät in der Feudalzeit vergleichen. Auch die Majestät des Kaisers ist eine mythische Substanz, die nicht nur in ihrem Träger existiert, sondern auch in seinen Insignien, die ihn wie eine Aura umgibt und Besitz wie Untertanen durchdringt. Wenn Pindar in der fünften olympischen Ode vom Olympia-Sieger Psaumios sagt, er habe die Stadt der Flußgöttin Kamarina »gemehrt«, aus der er stammte, indem er ihr Kýdos »weihte«, und er habe damit seinen Vater und seine Heimat »berühmt« gemacht,[65] so ist hiermit etwas durchaus Substantielles gemeint, das nun seinen Umkreis erleuchtet und erwärmt. Das Kýdos des Psaumios breitet sich buchstäblich aus, es dringt in Häuser und Paläste und erfaßt die Herzen derer, die zu Psaumios gehören.

Der Kern einer solchen Vorstellung wird in dem Worte »weihen« ausgedrückt, das hier nicht nur gleichnishaft verstanden werden darf. Was damit gemeint ist, zeigt der Ursprung des deutschen Wortes »weihen«, das von »weich«, und das bedeutet »heilig« kommt. »Weich«, mittelhochdeutsch »wich«, althochdeutsch »wih«, gotisch

»weihs«, hängt mit dem lateinischen Wort »victima«, Opfertier, zusammen, kennzeichnet also »das für das Opfer geweihte« und damit von göttlichem Wesen erfüllte. Eine solche Erfüllung aber hat immer eine eigentümliche Strahlkraft. G. Nebel hat zum olympischen Kämpfer bemerkt: »Der Athlet wirft sein altes Sein ab, er muß sich verlieren, um sich zu gewinnen. Gott und Heros steigen in den nackten Leib ein, den der Mensch geräumt hat.«[66] Und diese vom Menschen Besitz nehmende mythische Substanz breitet sich aus, ist nicht nur »innen« sondern auch »außen«.

Verwandt mit dem Kýdos ist die *Timé*. Auch Timé ist eine Art Häuptlings- oder Königswürde, auch sie ist von Zeus verliehen und wirkt in seinem Besitz, seinen Verwandten und Untertanen.[67] Daß sie nicht nur im Menschen, sondern ebenso in Sachen lebt, die des Königs Eigen sind und daher von seinem numinosen Wesen geprägt werden, zeigt u.a. das Zeichen der Würde eines Königs oder Richters, nämlich das Zepter. Wir sind heute geneigt, etwas derartiges rein symbolisch zu verstehen. Daß wir dies nicht auch den Griechen unterstellen dürfen, zeigt sich schon daran, daß das Zepter nicht austauschbar ist, sondern daß es genau auf *dieses* Zepter ankommt, das der König gerade besitzt. In der Ilias wird feierlich die Geschichte des Zepters erzählt, das Agamemnon als höchstem Befehlshaber zu eigen ist. Er hat es von seinen Vätern und diese haben es von Zeus. Die Timé des Geschlechtes lebt darin wie eine Erbmasse fort, es enthält jene mythische Substanz, die auch den König erfüllt und ihm seine numinose Bedeutung gibt. Beim Zepter wird deswegen auch geschworen, und dieser Eid ist deshalb absolut glaubwürdig, weil derjenige, der sich nicht an ihn hielte, dabei seine Timé, also sein Königswesen verlöre. Wenn der Pelide nach geleistetem Eid sein Zepter auf den Boden wirft,[68] dann ist dies wie ein Pfand, das er einsetzt, ein Pfand aber, mit dem er alles, was er selbst wahrhaft ist, aufs Spiel setzt. Eine ähnliche und überragende Rolle spielt in diesem Zusammenhang auch die Rüstung eines Helden. Deswegen ist es bei allen Kämpfen der Ilias so überaus wichtig, dem Feinde nicht nur das Leben, sondern auch die Rüstung zu rauben. Wer sie gewinnt, erhält auch die Timé des Gegners, ihre Kraft, ihre numinose Substanz, und damit geht die Wurzel seines Lebens auf den Gegner über. Nur auf der Grundlage solcher Vorstellungen wird es überhaupt begreiflich, daß Aias schließlich in Wahnsinn verfällt, wie er sich durch Odysseus um die Rüstung des toten Achill betrogen sieht, nur so wird begreiflich, daß dieses Ereignis nicht nur mythische Episode blieb, sondern zum Thema eines der größten

Dramen des Sophokles werden konnte. Es ist ferner bezeichnend, daß man nach Auffassung Homers nicht etwa sich selbst entehrt, wenn man jemandem etwas raubt, sondern gerade denjenigen, den man beraubt hat. »... übermütigen Geistes,« sagt Nestor zu Agamennon, »Hast du den tapferen Mann, den selbst die Unsterblichen ehrten, / Schmählich entehrt, denn du nahmst sein Geschenk ihm.«[69] Dies ist nur deswegen möglich, weil die Substanz der Time auch im Geschenk ist. Deswegen kann man aber umgekehrt jemandem durch Geschenke Timé geben, ja, ihn fest an das eigene Wesen knüpfen. (Auf die Rolle des Gastgeschenkes komme ich noch zurück.)

Wenn man Timé mit »Ehre« übersetzt oder *Euchos* und *Kléos* mit »Ruhm« (die eng mit Timé zusammenhängen, weswegen ich hier nicht näher auf sie eingehe), dann muß uns die Ilias, in der diese Worte eine zentrale Rolle spielen, in vielem schal erscheinen. Alles gewinnt sogleich eine ganz andere Tiefe, wenn man den numinosen Sinn erfaßt, der in ihnen mitschwingt.

In engem Zusammenhang mit Kýdos, Timé, Euchos und Kléos steht *Ólbos*. Vordergründig bedeutet Ólbos Reichtum, Wohlstand, Glück; was aber wirklich damit gemeint ist, zeigt u.a. jene schöne Stelle des siebenten Gesanges der Odyssee (S. 84ff.), wo der Ólbos des Alkinoos beschrieben wird. Im strahlenden Licht liegt der Palast aus schimmerndem Erz und Blaustein, die Türen sind aus Gold, die Balken aus Silber. Voll Luxus ist die Ausstattung des Innern, ein Garten umgibt den Besitz, in dem Birnen, Granaten, Äpfel, Feigen und Oliven wachsen. Auch entspringen dort kühle Quellen. Ein stattliches Gesinde ist überall tätig, darunter fünfzig Weiber, die sich mit dem zahlreichen Hausgerät, Getreidemühlen, Webstühlen und dergleichen zu schaffen machen. Sie verstehen die häusliche Kunst, denn Athene hat sie gelehrt, Werke und Schönheit zu schaffen und hat ihnen »edle Phrenes« gegeben. Es waren aber die Götter, denen Alkinoos seinen Ólbos verdankt. Ólbos ist also etwas, worauf göttlicher Segen ruht, er ist im Besitzer wie in seinem Besitz. Deswegen kann auch Odysseus die Himmlischen bitten, sie mögen ihm die Geschenke »olbia« machen, die ihm die Phäaken gaben, also mit jener Substanz durchdringen, die Glück im numinosen Sinn verleiht.[70] Pindar nennt Amphitryon den an Ólbos reichsten, und zwar nicht nur, weil Zeus dessen Gattin beschlief, sondern auch, weil er dessen Speer »nährte«, ihn also »olbia« machte.[71] Vom Ólbos des Battos aber sagt Pindar, er sei uralt und folge beständig mit, beschere dies und das und sei ein Turm der Stadt und das leuchtendste Auge für die Fremden.[72] Er ist uralt, weil er sich von den Göttern über die Ahnen bis zur Gegenwart fortpflanzt, aber er ist nicht nur im Geschlechte des Battos, sondern er ist auch in dessen Burg und strahlt wie ein Auge aus Dingen und Menschen.

Überhaupt ist die Idee der Sippe von besonderer Bedeutung für den mythischen Zusammenhang von Innen und Außen. Die Sippe wird hier weder rein materiell (etwa biologisch) noch rein ideell (etwa mit Hinblick auf bestimmte Charaktereigenschaften der Seele) aufgefaßt. Die Sippe ist vielmehr eine durch unvordenkliche Zeitabläufe hindurch konstante mythische Substanz, die einst von einem numinosen Wesen (Gott oder Heros) in einen Menschen einfloß und nun von Geschlecht zu Geschlecht weitergegeben wurde, wobei zum selben Geschlecht nicht nur die Verwandten und deren Besitztümer gehörten, sondern nach griechischer Auffassung nicht selten auch alle jene, die in engster Beziehung, besonders durch den Austausch von Gastgeschenken, zueinander stehen. Die mythische Ursubstanz der Sippe ist am heiligen Herd des Hauses anwesend, weswegen der heimkehrende Sieger dort seinen Kranz hinlegt, damit der Ólbos und das Kýdos seiner Ahnen um denjenigen der Besiegten gemehrt werde.[73] Der Familienbesitz wird ebenso verteidigt wie das Leben, weil die Angehörigen sich mit ihm identifizieren. Wir haben das bereits am Beispiel der Rüstung gesehen. Wenn Achilleus beklagt, Hektor habe dem Patroklos die Waffen geraubt, die er, Achilleus diesem geliehen hatte, so beruft er sich dabei ausdrücklich darauf, daß diese ein von den Göttern verliehenes väterliches Erbstück waren.[74] So unlöslich waren teilweise Besitz und Mensch miteinander verbunden, so stark lebte in beiden die gleiche mythische Substanz, daß sie miteinander bestattet wurden. Daher kommt es, daß man für »eine Totenfeier veranstalten« sagte: »Ktérea kteréizein«, was so viel bedeutet wie: »Den Besitz als Eigentum bestatten.«[75] Die enge, quasi verwandtschaftliche Beziehung, die durch den Austausch von Gastgeschenken und Sippeneigentum entsteht, kommt auf besonders eindrucksvolle Weise in der Ilias, 6, S. 212 ff., zum Ausdruck: Glaukos und Diomedes stehen einander zum Kampfe gegenüber. Nach wechselseitiger Vorstellung ihrer Sippenzugehörigkeit stellt sich heraus, daß sie Xénoi patróioi sind, ein Begriff, den man mit »Gastfreunde aus Zeiten der Väter« übersetzen könnte. Zu den Ahnen des Diomedes gehört Oineus, zu denen des Glaukos gehört Bellerophontes. Bellerophontes hat einst den Oineus beherbergt und sie tauschten Geschenke: Goldene Becher, purpurne Gürtel und dergleichen. Diese Gaben binden die beiden Geschlechter für alle Zeiten aneinander, es wurde mit ihnen Geschlechtersubstanz ausgetauscht, wodurch von nun an beide Seiten eine gleiche Prägung erhalten. Damit wird der Kampf zwischen Glaukos und Diomedes unmöglich, es ist *genauso*, wie wenn Blutsbande sie daran hinderten. Und so schenken sie sich zur Besiegelung dieser gemeinsamen Identität gegenseitig ihre Rüstungen und reichen einander die Hände.[76] Es ist sehr aufschlußreich, daß im Griechischen das Wort kédeios ebenso »verwandt«, »verschwägert« wie »lieb«, »teuer« und »einem Toten gebührend« bedeutet. Die Grenzen zwischen der Sippe und den engen Freunden verschwimmen hier. Dies alles schwingt mit, wenn zum Beispiel Aias sagt, er und die anderen Heerführer seien doch dem Achilleus die kédistoi unter den Achäern. Man erfaßt den genauen Sinn dieses Wortes nicht, wenn man es etwa mit »die nächsten« oder »liebsten« oder dergleichen übersetzt.[77] In der sechsten olympischen Ode verweist Pindar auf seine Verwandtschaft mit Hagesias, dem er diese Ode gewidmet hat. Die Urahne des Hagesias ist nämlich die Nymphe des Flusses Stymphalos. Die hat eine Tochter Metope, die wiederum die Nymphe des Flusses Thebe ist. Thebe aber betrachtet Pindar als seine Urmutter,[78] da er sich aus ihrem Wasser genährt hat. Ständig gehen mythische und blutsmäßige Verwandtschaften ineinander über, und es war von vornherein eine vergebliche Mühe, wenn später die Mythographen und Logographen versuchten, in die endlosen Genealogien und Stammbäume der Mythen eine biologische Ordnung zu bringen. Da gibt es Aiakiden auf Nina, Salamis und in Phthia, ja, sogar auf Zypern. Wie die Ahnen dieser noch in historischer Zeit auftretenden Geschlechter miteinander verwandt sind und ob sie es im heutigen Sinne überhaupt sind, ob Aiakos der Stammherr ist oder Telamon oder Peleus oder Kychreus – im Grunde war es dem Griechen gleichgültig. Es ist ein mythisches Band, das sie vielfach verknüpft, eine gemeinsame numinose Substanz, die ebenso materiell wie ideell ist, die ebenso biologisch wie durch gemeinsamen Besitz oder durch den Austausch von Gegenständen begründet sein konnte, *in* denen das Wesen der betroffenen Menschen lebte.

In diesem Gemeinsamen findet mythisch der Mensch die Wurzel seines Lebens. Als Einzelner, als Individuum und Ich ist er nichts. Heillos ist daher jener, der áphrétor, athémistos anéstios ist – ohne Geschlecht, ohne Gesetz, ohne Herd; in dieser Reihenfolge stehen diese drei Worte wie eine feststehende Formel nebeneinander.[79] Ohne Geschlecht sein heißt, das numinose Kýdos und Ólbos entbehren, in denen die von den Göttern verliehene Identität der Sippe besteht, also überhaupt keine Identität zu haben; wer aber ohne Identität ist, lebt auch ohne Bindung und Gesetz, ist ein Strohhalm im Winde;

ohne Herd schließlich gibt es kein Geschlecht, denn dieses ist in seinem Haus und Besitz ebenso wie in den ihm zugehörigen Menschen. In der dritten pythischen Ode schildert Pindar das Schicksal der Koronis, die von Artemis getötet wurde, weil sie ein außereheliches Verhältnis mit einem Mann aus der Fremde hatte. Obgleich Koronis einem Geschlecht angehörte, dem Apollo Ólbos verliehen hatte, wartete sie nicht ab, bis ihr der Vater den Bräutigam zuführte. Damit tat sie in den Augen Pindars das »Törichtste«:[80] Sie suchte nicht nach einem gemeinsamen Kýdos mit dem Geliebten, sondern sie sehnte sich nach dem Fremden,[81] gaffte nach dem Fernen[82] und schändete damit die Heimat.[83] Ihre Liebe war also etwas Isoliertes, etwas aus dem Verband des Geschlechtes Gerissenes. Aber in diesem Verband allein kann nach mythischer Auffassung der Mensch gedeihen. Dabei ist der Begriff des Geschlechtes nicht nur in dem schon genannten Sinne sehr weit zu nehmen, sondern er umfaßt sogar den ganzen Stamm, die Phratrie, die durch einen gemeinsamen Kult der in ihr vereinigten Geschlechter bestimmt ist. Es ist bemerkenswert, daß sich die indogermanische Bezeichnung für »Bruder« im Griechischen allein im Worte »Phratrie« erhalten hat.

Auch das Wort »philos«, das man im Allgemeinen ungenau mit »lieb« übersetzt, ist hier sehr aufschlußreich. »Philos« sind nämlich nicht nur diejenigen, die man liebt, nicht nur die Dinge, wie das Haus, der Besitz, die Heimat usf.; philos sind ebenso die Glieder des eigenen Körpers, kurz alles, worin der Mensch sich wiederfindet und was engstens mit seinem Wesen und Eigen verbunden ist. Da bewegt man seine »lieben Hände«, schlägt seine »lieben Lider« auf;[84] der Thymós treibt einen im »lieben Stéthos«,[85] und es schwankt das »liebe Ker« in der Schlacht;[86] das »liebe Ker« wird zaghaft,[87] es brennt das »liebe Etor« in Begierde[88] und man verhaucht das »liebe Etor« im Tode.[89]

Dem mythischen Menschen ist die ideelle Innerlichkeit als Bezirk seines Ich weitgehend unbekannt. Da er ist, was er ist, indem er an einer allgemeinen mythisch-numinosen Substanz teilhat, die in Vielem ist, es seien Menschen, Lebewesen oder »materielle« Gegenstände, so lebt er auch in Vielem, und Vieles lebt in ihm. Der Grieche wird sich so allenthalben ein anschaubarer Gegenstand, in dem Inneres und Äußeres ein unauflösbares Ganzes darstellen. Was er erlebt, »ist kein Eigentum der Seele,« sagt W. F. Otto, »in tiefen Einsamkeiten oder in einem seelenverwandten, gestaltlosen Jenseits verankert, sondern ein Stück Welt, das im Mythos seine Stelle und seinen lebendigen Sinn hat …«. Der innere Mensch ist »völlig in den Mythos von der Welt verflochten und verwoben« »zu einer einzigen geschlossenen Gestalt.«[90] Es handelt sich hier nirgends um irgendwelche »subjektive Stimmungen«, sondern um »Realitäten, bleibende Gestalten des Seins, die dem Menschen in jedem bedeutenden Augenblick mit göttlicher Wesenhaftigkeit entgegentreten können.«[91] Ein »großes Sein« und »lebendige Gestalten« »umgeben« ihn. »Wer diese Gestalten sind, das ist die wichtigste Frage. Wenn er sie kennt, kennt er sich auch selbst.[92]« Aus dieser Vorstellungswelt heraus ist schließlich der mythische Ahnenkult zu verstehen. Wo dieser herrscht, bemerkt E. Cassirer, »da fühlt sich der Einzelne mit den Stammeseltern nicht nur durch den kontinuierlichen Prozeß der Zeugung *verbunden*, sondern er weiß sich mit ihnen *identisch*. Die Seelen der Voreltern sind nicht gestorben; sie bestehen und sind, um sich in den Enkeln wieder zu verkörpern, um sich in den neugeborenen Geschlechtern selbst ständig zu erneuern.«[93]

2.5 Die mythische Bedeutung von Name und Wort

Zu jeder rituellen Handlung gehört die Anrufung eines Gottes mit seinem Namen. Der Name ist nicht nur etwas Ideelles, sondern er ist bereits mythische Wirklichkeit des Genannten. Durch die Anrufung des Namens in bestimmter, zum Ritus des Gottes gehöriger Weise, *ist* der Gott bereits anwesend. Deswegen ist es von entscheidender Bedeutung, daß der Gott mit seinem richtigen und für den jeweiligen Zusammenhang bedeutsamen Namen gerufen wird. (So mußten zum Beispiel bei den Römern die Priester (pontifices) mit Hilfe der von ihnen verwalteten sog. Indigitamenta die Kunst beherrschen, jederzeit die rechte Gottheit in der passenden Form anzurufen.[94]) Dabei spielten die verschiedenen Beinamen eine wichtige Rolle wie Zeus Ómbrios (als Regengott), Zeus Hikésios (als Schützer der Fremden), Athena Ergäne (als Göttin des Handwerks), Demeter Karpóphoros (als Göttin der Fruchtbarkeit) usf. Es ist »mehr als eine grammatische Pikanterie« bemerkt W. Burkert, »daß théos im Singular keinen normalen Vokativ bildet.«[95] Diese allgemeine Bezeichnung für »Gott« wird vielmehr nur verwendet, wenn man zwar sicher ist, einem Gott begegnet zu sein, aber nicht weiß, um welchen es sich dabei handelt.

Eine solche Einheit von mythischer Wirklichkeit und gesprochenem Wort ist besonders im Gebet zu finden, ferner in der kultischen Rezitation von Mythen, im Trinkspruch, im Schwur und im Fluch. Im Worte steckt eine Kraft, die den Menschen als numinose Substanz durchdringt, eine Kraft, durch die ein Mythos gegenwärtige

Wirklichkeit wird (hierauf wird später ausführlich zurückzukommen sein) und künftiges Heil oder Unheil herbeigezwungen und mit dem ihm zukommenden Namen genannt wird; denn nur wenn er in der richtigen Weise angerufen wird, nimmt er die ihm dargebrachte Leistung an. Pindar vergleicht daher die Wirkung des Wortes mit derjenigen des Weines, ja, gar mit dem göttliches Leben spendenden Nektar.[96] »In den Worten,« sagt V. Grønbech, »gewinnt der Mann ebenso deutlich Gestalt, als trete er in sichtbarer Gestalt hervor, sie sind sein Leib.«[97] Er verweist auch darauf, daß der stereotype Ausdruck »geflügelte Worte« keineswegs nur als poetischer Schmuck anzusehen ist. Worte fliegen vielmehr wie eine Substanz aus dem »Gehege der Zähne« in die Seele dessen, an den sie gerichtet sind, und können ihm Kraft oder Schmerz zufügen. Das mythische Verhältnis von Wort und Wirklichkeit hat E. Cassirer folgendermaßen ausgedrückt: »Es fehlt hier vor allem jede feste Grenzscheide zwischen dem bloß ›Vorgestellten‹ und der ›wirklichen‹ Wahrnehmung.«[98] Die mythische Form ist nicht insofern ›konkret‹, als sie es nur mit sinnlich-gegenständlichen Inhalten zu tun hat und alle bloß abstrakten Momente, alles was lediglich Bedeutung und Zeichen ist, von sich ausschließt und abstößt – sondern sie ist es dadurch, daß in ihr die beiden Momente, das Dingmoment und das Bedeutungsmoment ineinander aufgehen, daß sie hier, in eine unmittelbare Einheit zusammengewachsen, ›konkretisiert‹ sind.[99] »Wort und Name« besitzen »keine bloße Darstellungsfunktion,« sondern in beiden sind »der Gegenstand selbst und seine realen *Kräfte* enthalten.«[100] Insbesondere ist es der *Eigenname*, der in dieser Weise ... an die Eigenheit des *Wesens* geknüpft ist ... Name und Persönlichkeit fließen in eins zusammen ... Er bezeichnet die Kraftsphäre, innerhalb deren jeder besondere Gott ist und wirkt. So muß im Gebet, im Hymnus und in allen Formen religiöser Rede sorgsam darauf geachtet werden, daß jeder Gott mit dem ihm zukommenden Namen genannt wird; denn nur wenn er in der richtigen Weise angerufen wird, nimmt er die ihm dargebrachte Leistung an.[101]

2.6 Die mythische Einheit von Traum und Wirklichkeit

Es war für den Griechen gleichgültig, ob ein Gott ihm im Traum erschien oder im Wachen. Beides hatte dieselbe Bedeutsamkeit, und eines war so wirklich wie das andere. Wenn zum Beispiel Sappho um Aphrodites Beistand bittet, »kann sie sich,« wie U. v. Wilamowitz-Moellendorff schreibt, »darauf berufen, daß die Göttin zu ihr gekommen ist ... Wer will leugnen, daß sie die Wahrheit sagt, wenn die Erscheinung auch ὄναρ«, – im Traume – »nicht ὕπαρ« – im Wachen – »geschaut war.«[102] Wenn Athene zur schlummernden Nausikaa spricht[103] oder Zeus zum schlafenden Agamemnon,[104] so kommt es weder Nausikaa noch Agamemnon in den Sinn, es könnte sich hierbei um etwas »Subjektives«, nur ihnen selbst Zuzuschreibendes handeln, und sie verhalten sich durchaus so, als hätten sie dies alles mit offenen Augen und Ohren vernommen. Man leitete das griechische Wort für Traum, Óneiros, geradezu von to an eírein ab, was so viel wie »die Wahrheit verkünden« bedeutet.[105] Daß Träume bisweilen auch etwas Falsches verkünden *können*, wird dabei zwar nicht geleugnet (Agamemnon wird ja in dem vorhin aufgeführten Beispiel von Zeus getäuscht), aber dann wird auch diese Verkündigung nicht als Phantasieprodukt des Träumenden aufgefaßt, sondern als eine wirkliche Eingebung der Gottheit. Selbst hier also wird die »Objektivität« des Traumbildes gewahrt. So werden zum Beispiel in der Odyssee die Wahrheit sagenden von den trügerischen Träumen unterschieden, aber beide sogleich personalisiert, also nicht der ideellen Vorstellungswelt eines Ich zugewiesen: Die trügerischen Träume, heißt es dort, verlassen das Nachtreich durch ein Tor aus Elfenbein, die Wahres bringenden dagegen durch ein Tor aus Horn. Elfenbein heißt griechisch Eléphas, womit wohl auf elepháiresthai, täuschen, verwiesen werden soll, während Horn, griechisch Kéras, offenbar mit kráinein, etwas zur Wirklichkeit bringen, in Verbindung gebracht wird.[106] Träume sind mythisch aus Nachtsubstanz hervorgegangen, sie sind nach Hesiods Auffassung Kinder der Nacht.[107] Daher sagt der Grieche nicht, er *habe* einen Traum, sondern er *sehe* einen Traum.[108]

Dieses mythische Verhältnis von Traum und Wirklichkeit hat noch weit in die geschichtliche Zeit der Antike hineingewirkt. Davon zeugen nicht nur die berühmten Inkubantenorakel in Epidauros, in Athen, auf Aigina, wo man sich im Tempel zum Schlafe legte, um eine Epiphanie zu erleben oder einen göttlichen Rat bei Krankheit zu erhalten, davon zeugen auch so »aufgeklärte« Denker wie Plato und Aristoteles, die durchaus der Meinung waren, daß unter Einhaltung bestimmter Diätvorschriften Wahrheit im Traum erfaßt werden könne.[109] Noch in hellenistischer Zeit wurden zahlreiche Traumbücher verfaßt wie zum Beispiel von Demetrius von Phaleron, Geminos von Tyros und Artemidor von Ephesos, um nur einige zu nennen.

Auch dieser Abschnitt sei mit einem Zitat E. Cassirers beschlossen: »Aber doch kann kein Zweifel daran bestehen, daß bestimmte grundlegende mythische Begriffe in ihrer eigentümlichen Struktur erst dann verständlich und durchsichtig werden, wenn man erwägt, daß für das mythische Denken und die mythische ›Erfahrung‹ zwischen der Welt des Traumes und der objektiven ›Wirklichkeit‹ ein stets schwebender Übergang besteht. Auch in rein praktischem Sinne, auch in der Stellung, die sich der Mensch nicht in der bloßen Vorstellung, sondern im Handeln und Tun zur Wirklichkeit gibt, eignet bestimmten Traumerfahrungen dieselbe Kraft und Bedeutsamkeit, kommt ihnen also unmittelbar dieselbe ›Wahrheit‹ zu, wie dem, was im Wachen erlebt wird.«[110]

2.7 *Beispiele psychischer Götter*

Wie die numinosen Wesen der Natur in der schon beschriebenen Weise Individuen mit Allgemeinheitsbedeutung sind, so auch die numinosen Wesen der Psyche. Wie überall Eos ist, wo die Morgenröte erscheint, überall Iris, wo der Regenbogen zu suchen ist, überall Demeter, wo das Korn reift usf., so ist überall Ares, wo der Krieg tobt, überall Aphrodite, wo Menschen in Liebe zueinander entbrennen, überall Athene, wo praktische Intelligenz oder kluger Rat anzutreffen sind und Selbstbeherrschung der Raserei entgegen wirkt;[111] es ist überall Apollo, wo Weisheit, Maß und Würde zu finden sind oder der Zauber der Leier den Menschen traumhaft entrückt, überall Artemis, wo Keuschheit herrscht oder den Menschen sogar, wie Hyppolit, gefühllos macht usf. Es sind ja Götter, die, wie wir gesehen haben, in den Thymós, den Stéthos, die Phrén die psychischen Vorgänge »hineinwerfen«, es ist daher ihre mythische Substanz, die dort eindringt und wirksam wird. Aischylos hat dies in seinem Drama »Die Schutzflehenden« an einem Beispiel auf konziseste Weise zum Ausdruck gebracht, wenn er dort Danaos sagen läßt: »Auf sich allein gestellt ist das Weib nichts. Nicht ist Ares in ihr.«[112] Alles Ideelle der Psyche nimmt hier sogleich eine materielle Gestalt an, verwandelt sich in ein substantielles, konkretes Wesen und bildet mit dem Materiellen der Natur ein Ganzes, das ja stets zugleich ideelle Züge eines Numinosen, eines Gottes trägt. Daher kommt es, daß auch der Streit (Eris), Frieden (Eiréne), die Gerechtigkeit (Díke), die Ordnung (Eunomía), die Satzung (Thémis), der Schlaf (Hypnos), das Gedächtnis (Mnemosyne) usf. individualisiert vorgestellt werden. Selbst Häßliches und Komisches wird nicht ausgespart, etwa wenn Hermes als der Gott der Diebe, als der Gott von Scherz und Schabernak, Verlust und Reinfall, auftritt. Hermes ist auch anwesend, wenn während eines Gastmahls plötzlich eine Stille eintritt (die man heute noch scherzhaft für die Folge eines durchs Zimmer fliegenden Engels erklärt). »Man weiß nie,« bemerkt G. Nebel zu Recht, »ob man ein Wort groß oder klein schreiben soll, ob es als Person oder Sache gilt – eben diese Unsicherheit ist Mythos.«[113]

Bei all dem ist aber festzuhalten, daß die psychischen numinosen Wesen ebensowenig wie diejenigen der Natur einzelnen elementaren Vorgängen korreliert sind, sondern daß sie stets *Ganzheiten* darstellen, in denen sich eine komplexe Fülle ideeller Erscheinungen substantialisiert. Götter sind, von Ausnahmen abgesehen, nicht schlechthin Personifikationen irgendwelcher Begriffe und zwar gerade deswegen nicht, weil sie ja zugleich stets Individuen sind. Sie stellen, wie W. F. Otto bemerkt, ein »vielfältiges Sein« dar.[114] Einerseits sind sie oft *zugleich* psychische Gottheiten *und* Natur-Gottheiten wie zum Beispiel Artemis, die ebenso für unberührte Gegenden, für die Jagd wie für die Keuschheit zuständig ist; andererseits haben sie auch immer eine eigene Geschichte, wodurch ihnen bestimmte zusätzliche Eigenschaften zukommen. Als Beispiel sei Dionysos erwähnt, der nicht nur in den orgiastischen Seiten des Lebens wirksam ist, sondern auch Beziehungen zum Reiche des Todes hat. Oft ist zwischen ihren vielfältigen Eigenschaften ein Zusammenhang zu erkennen, wie ja die unberührte Natur und die Keuschheit oder der dionysische Rausch und der Tod etwas Analoges sind. Oft aber lassen sich die Beziehungen der Wirksphären eines Gottes nicht mehr erkennen, weil die geschichtlichen Hintergründe nicht mehr bekannt sind, auf die sie zurückgeführt werden müssen. Der Mythos zeigt so eine tiefe Sensibilität für die ungeheuere Mannigfaltigkeit des Lebens und das enge Verhältnis von Geschichte und Gottheit (worauf noch zurückzukommen sein wird); nichts ist ihm fremder als starre Abstraktionen. Götter sind Gestalt gewordene komplexe Erfahrungen, die für die menschliche Welt eine urbildhafte Bedeutung haben. Gerade deswegen sind sie auch für den mythischen Menschen das Vertrauteste und Anschaulichste selbst da, wo sie Schrecken und Schauder auslösen. Die numinosen Wesen des Mythos haben die Wirksamkeit der Urmächte. Es sind Mächte, die in einem bestimmten Lebensraum, unter bestimmten geschichtlichen Bedingungen gegeben sind und als etwas zugleich Individuelles und Allgemeines, Materielles und Ideelles erfaßt werden.

Auf der einen Seite hat dadurch alles Mythische etwas Vages. Scharfe begriffliche Abgrenzungen unter den Göttern fehlen. Beinahe alles kann in alles übergehen: Da werden von Deukalion und Pyrrha geworfene Steine zu Menschen; Phaeton und Orion werden in Sterne verwandelt, Kadmos wird eine Schlange, Daphne ein Lorbeerbaum, Arachne eine Spinne, Niobe ein Stein, Aedon eine Nachtigall usf. Ovids Metamorphosen zeigen dies auf klassische Weise. Aber täuschen wir uns nicht. Das meiste davon ist bloße *Mythologie,* die zwar eine Tochter des Mythos ist, aber nicht zu ihrem festen kultischen Bestand gehört, also nicht ernsthaft geglaubt wird. Die Mythologie verhält sich zum Mythos wie die Scholastik zur Religion, oder der heutige sogenannte Szientismus zur Wissenschaft. Die Scholastik ist zwar auf dem Boden der Religion, der Szientismus auf dem Boden der Wissenschaft entstanden, aber beide sind doch nur besondere historische Ausformungen ihres Ursprungs, ohne von ihm eindeutig legitimiert zu sein. Wo jedoch die geschilderte Neigung zu Metamorphosen *genuin* mythisch ist, da ist sie mit Sicherheit nicht als etwas unbefriedigend Vages empfunden worden. Der Umgang mit den numinosen Mächten war im Gegenteil von so klaren und unterscheidenden Vorstellungen geprägt, daß, wie wir wissen, das gesamte Leben damit geregelt und bewältigt werden konnte. Unsere heutigen Schwierigkeiten, sich dies vorzustellen, kommen nur daher, daß wir den Mythos nicht mehr als eine Lebenswirklichkeit und überdies meist nur bruchstückhaft kennen, ja, daß er uns gerade hauptsächlich als Mythologie vermittelt wird, und zwar besonders dort, wo nach unserer heutigen Vorstellung vor allem die Phantasie freie Bahn hat, nämlich in der Kunst.

2.8 Unterschiede zwischen mythischer und psychologischer Auffassung vom Menschen

Wie die vorangegangenen Untersuchungen zeigen, sind die Unterschiede zwischen der mythischen und psychologischen Auffassung vom Menschen weitgehend denen zwischen der mythischen und wissenschaftlichen Natur-Auffassung analog. Ich kann mich daher kurz fassen: *Erstens,* die ideellen psychischen Vorgänge stehen mythisch nicht etwa zu materiellen Vorgängen im Verhältnis von Parallelität, Wechselwirkung oder dergleichen, sondern *sind* in dem Sinne zugleich etwas Materielles, daß sie mythische Substanzen darstellen. Auch hier ist jede in der Psychologie selbstverständliche Unterscheidung von Ideell-Innerem und Materiell-Äußerem beseitigt. Diese Substanzen stellen *zweitens* numinose Individuen mit Allgemeinheitsbedeutung dar, es sind Individuen, die identisch überall sind, wo die ihnen zugeordneten »psychischen« Vorgänge auftreten. *Drittens* übernehmen hier wieder Eigennamen die Rolle von Allgemeinheitsbegriffen: Die Liebe ist Anwesenheit der Aphrodite, der Krieg Anwesenheit des Ares usf. Im Gegensatz dazu ist der gesamte Gegenstandsbereich der Psychologie ausschließlich durch Begriffe definiert. *Viertens:* Während sich die Gegenstände der Psychologie stets *an* irgendeiner Raum-Zeitstelle befinden, da sie als mit dem Körper des Menschen verbunden gedacht werden, haben psychisch bedeutsame Substanzen des Mythos zwar stets bestimmte Orte wie Thymós, Stéthos usf., aber diese Orte sind zum einen nicht Raum-Zeitstellen im Sinne des von uns gedachten homogenen Raum-Zeit-Kontinuums, zum anderen können diese Substanzen ja auch ganz andere als mit dem Menschen verbundene Orte haben. Als numinose Wesen können sie zugleich Natur-Wesen sein, die durch bestimmte Natur-Bereiche definiert sind (Himmel, Erde usf.) oder die außerhalb der uns zugänglichen Raum-Zeit-Welt existieren (Olymp, Hades usf.).

Hierzu noch eine abschließende Bemerkung. Wie naturwissenschaftliche oder psychologische Gegenstände bisweilen in besonderer Reinheit oder Intensität auftreten können, so auch mythische Gegenstände in Natur und Psyche. So ist schon in Kapitel I.I darauf hingewiesen worden, daß zwar numinose Wesen der Natur an allen möglichen Orten zur Erscheinung zu kommen vermögen, sich aber oft irgendwo bevorzugt aufhalten, besonders in den ihnen geweihten Tempeln; dort wird ihre Nähe besonders stark gefühlt. Analoges gilt für numinose Wesen der Psyche. Nicht zuletzt wird aber ihre Anwesenheit in jenen den Menschen überwältigenden Augenblicken erfahren – der Grieche nennt einen solchen »Kairos« –, wo das Leben plötzlich wie von einem Strahl getroffen aufleuchtet, wo uns ein Entschluß, eine Entscheidung, ein Wille, ein Gefühl, eine Einsicht, eine Idee, eine Erleuchtung oder Verblendung gleichsam überfällt. Überall da ist für den mythischen Menschen ein Übermächtiges und Starkes, ein Kreítton, im Spiele, überall da fühlt er sich als Schauplatz eines numinosen Seins und Wirkens. Ja, er kann sich dann sogar selbst als ein Théion, als ein von Gott erfülltes Wesen verstehen.

3. Numinose Wesen in Gemeinschaft und Geschichte

Wie die Natur und der Einzelne, so ist auch die menschliche Gemeinschaft und ihre Geschichte von numinosen Wesen beherrscht.

3.1 Das Numinose im sozialen Leben

Die numinose Bedeutung von Familie und Sippe ist schon erörtert worden (Kapitel V, 2.4). Es ist eine mythische Substanz, welche die Sippe, ihren Besitz, die damit in enger Beziehung stehenden Menschen und Gegenstände miteinander verbindet und ihren gemeinsamen Ólbos, ihr gemeinsames Kýdos begründet. Die Sippe hat ihren Ursprung in einem numinosen Ereignis, zum Beispiel die Zeugung eines der Väter durch einen Gott, die Tat eines Heros oder dergleichen; und sie hat ihren Mittelpunkt am Herd des Hauses. Alles, was zur Sippe gehört, es sei ein Mensch, ein Ding oder was immer, hat identischen Anteil an dieser gemeinsamen mythischen Substanz, wenn auch *in* verschiedenem Grade (am meisten der Herr des Hauses). Da nun jeder ausschließlich darin seine Identität findet, ist jeder durch diese Substanz und die durch sie bestimmte Überlieferung geprägt. Hieraus bezieht er weitgehend sein Selbstbewußtsein und Selbstverständnis, dies prägt seinen Charakter, sein Wesen, seine Denkweise, sein Handeln und Fühlen auf jede erdenkliche Weise. Der Mensch versteht sich weniger als Einzelner, sondern vor allem als Mitglied seines Geschlechtes. So wirkt hier wieder, in Familie und Sippe, ein zugleich Ideelles und Materielles, ein zugleich Individuelles und Allgemeines. Wie schon erwähnt, wiederholt sich das Gleiche im Rahmen einer Phratrie, die ja durch einen gemeinsamen Kult verbunden war und die meist den Namen eines Heroen oder Gottes trug. Es ist bezeichnend, daß zum Beispiel Herodot von Isagoras, dem Feinde des Kleisthenes, sagt, er wisse zwar nicht dessen Herkunft, wohl aber, daß sein Geschlecht dem Zeus Karios opfere.[115] Was für Geschlechter und Phratrien gilt, trifft entsprechend auf den ganzen Staatsverband, die Stadt, die Polis zu. Auch sie hat ihren Herd und auch sie ist von der mythischen Substanz einer Gottheit erfüllt, zum Beispiel von Athene. Oft ist es Apollo, der durch ein Orakel die staatliche Verfassung verordnet hat,[116] meist ist es Zeus, dem Sitte und Brauch zu verdanken sind, wovon seine Beinamen zeugen wie Xénios (Gastfreundschaft), Hikésios (Hilfsbereitschaft), Hórkios (Eid), Herkéios (Besitz) usf. Fast jede Tätigkeit des Gemeinwesens wird auf eine Gottheit zurückgeführt, die sie hervorgebracht hat und ohne deren Anwesenheit sie nicht gelingen kann. Alles, was der Mensch im Rahmen der Gemeinschaft übernimmt, vor allem jeder Beruf den er ausübt, beginnt mit Gebet und Opfer. Wo der Gott nicht mithilft, also seine Substanz nicht wirkt, den Thymós oder die Phrénes des Menschen nicht erregt, kann nichts gelingen. Athene Ergáne zum Beispiel ist die Göttin des Handwerks, der Töpferei, des Webens, des Wagenbaues, der Ölgewinnung usf. Die Töpfer riefen Athene in einem eigenen Liede an, sie möge ihre Hand über den Töpferofen halten, und es gibt Vasenbilder, die ihre Anwesenheit in der Werkstatt zeigen.[117] Ähnliches gilt für Hephaistos, den Gott des Schmiedehandwerks, für Poseidon, den Gott der Fischerei, für Artemis, die Göttin der Jagd usf. Erwähnenswert ist hier auch, daß Handwerker, die sich aufs Altenteil zurückzogen, ihr Arbeitsgerät einem Heiligtum weihten. So gaben sie dem Gott zurück, was des Gottes war und worin er für sie wirkte. Der ganze Lebensraum in der menschlichen Gemeinschaft überhaupt, Handel und Wandel, waren von Numinosen durchwaltet. Dazu bemerkt W. Burkert: »Ob vor Gericht, ob im wirtschaftlichen Verkehr mit Waren, Geld und Grundbesitz, an allen Rechtsgeschäften sind Götter als Zeugen beteiligt. Jedes Darlehen, jeder Kaufvertrag der nicht sofort vollzogen wird, muß beeidet werden. Um der Sache Gewicht zu verleihen, pflegt man ein Heiligtum aufzusuchen. Gegebenfalls ist gesetzlich vorgeschrieben, in welchem Heiligtum man ›den Eid zu opfern‹ hat. Daher sind Markt und Tempel aufs engste verbunden.«[118] Lebensordnung wird im Opfer durch unwiderrufliche Akte konstituiert, eine Ordnung der Gemeinschaft; so selbstverständlich durchdringen sich ›Religion‹ und gewöhnliche Existenz, daß jede Gemeinschaft, jede Ordnung durch ein Opfer begründet sein muß.[119]

3.2 Das Numinose in der Geschichte

Das Numinose in Sippe, Phratrie und Polis, ist zugleich immer auch ein Numinoses in deren Geschichte. Wie sich zeigte, verstehen sich ja solche Gemeinschaften ausdrücklich durch ihre Vergangenheit, zum Beispiel ihre Ursprungssage oder Heldentaten der Väter, die mit der Wirksamkeit von numinosen Wesen verbunden waren. Profane Geschichte und Göttergeschichte sind für den mythisch denkenden Griechen unlöslich miteinander verwoben.

Homer bietet dafür das klassische Beispiel. Der Ausbruch des Trojanischen Krieges wird auf das Urteil des Paris zurückgeführt. Da er Aphrodite den Apfel als Schönheitspreis verlieh (der von der Göttin

Eris, Streit, bei der Hochzeit des Peleus und der Thetis unter die Götter geworfen wurde), half ihm diese zwar, Helena, die Gemahlin des Menelaos und Tochter des Zeus, aus Sparta zu entführen, aber damit machte er sich auch Athene und Hera zu Feinden, die bei der Schönheitskonkurrenz unterlegen waren. Sie halfen daher den Griechen, sich Helena wieder zu holen und Troja zu zerstören. Es gibt keine entscheidende Phase des Trojanischen Krieges, die ohne die Mitwirkung der Götter, seien es solche, die auf der Seite Trojas standen oder solche, die für die Griechen waren, verlaufen wäre. Ständig werden Thymós, Phrénes oder Stéthos der Kämpfenden von den Göttern sei es mit Mut, Klugheit, Furcht oder Verblendung erfüllt; trifft ein Speer, so half der Gott, verfehlt er sein Ziel, so war es auch der Gott; ein augenblickliches Geblendetsein durch das Licht, eine Sehbehinderung durch aufgewirbelten Staub, die den Tod bedeuten, sind auf einen Gott zurückzuführen. Es ist eine Gottheit, die Achilleus zurückhält, im Rate gewalttätig zu werden, es ist eine Gottheit, die Agamemnon seine kriegerischen Operationspläne eingibt usf. Der Kampf unter den Menschen spiegelt zugleich den Kampf unter den Göttern, die ja darin gespalten sind, ob sie auf Seite der Griechen oder auf Seite der Trojaner stehen sollen. »Wenn sich unter den Menschen etwas entscheiden soll,« schreibt W. F. Otto, »muß zuerst zwischen den Göttern die Auseinandersetzung stattfinden.«[120] Man könnte auch sagen: Jede solche Auseinandersetzung *ist* eine solche im numinosen Bereich oder wird durch ihn entschieden.[121]

Hier ist nun die Stelle, daran zu erinnern, daß das Wort »Mythos« eine Geschichte bedeutet. Jeder Gott hat einen Mythos, das bedeutet, von ihm werden nicht nur Geschichten erzählt, sondern er wird durch seine Geschichten sozusagen definiert. Zum Teil wird in diesen menschliche Geschichte widergespiegelt oder umgekehrt, menschliche Geschichte findet dort in göttlicher ihren Niederschlag. Wenn zum Beispiel Hesiod schildert, wie die Olympier ihre Macht begründeten, indem sie Kronos und das Geschlecht der Titanen nach schweren Kämpfen besiegten und in den Tartaros sperrten, so zeichnen sich darin zugleich die ungeheueren Umwälzungen ab, durch die den Griechen schließlich jene Welt aufging, die wir die homerische nennen.

G. Murray hat in seinem Buch »The Rise of the Greek Epic«[122] die verschiedenen Schichten freigelegt, aus denen schließlich die uns bekannte Fassung Homers hervorgegangen ist. Wir werden Zeugen eines Prozesses, der nach Auffassung der späteren Griechen aus von chthonischen und blutrünstigen Mächten der Tiefe beherrschten

Zuständen in die Helle einer späteren Zivilisation führte; ein Prozeß, in dem sie keine anderen als numinose Ursachen sahen. Hierher gehört auch das auf vielen Tempelgiebeln wiederkehrende Thema der Schlacht zwischen den Lapithen und Kentauern, die den Lapithen, den Vertretern der neuen Humanität, mit Hilfe des Gottes den Sieg über die Kentauern, Sinnbild tierischer Barbarei, brachte. Ein Stück mythischer Auffassung der Kulturgeschichte verrät ferner jener Dionysos-Mythos, der von dem Widerstand des Pentheus gegen den Gott erzählt oder von den Frauen aus Orchomenos, die Dionysos dazu zwang, an seinen Orgien teilzunehmen. »In diesen Geschichten«, sagt U. v. Wilamowitz-Moellendorff, »steckt die Erinnerung an heftige Kämpfe gegen die neue Religion …«.[123]. Auch wenn berichtet wird, daß Apollo unter allerlei Mühen gemeinsam mit den Söhnen des Hephaistos Wege schaffend und das Land bebauend von Delos über Athen schließlich nach Delphi gelangte, wo er die Python-Schlange tötete und sich an die Stelle von Gaia setzte, die dort herrschte,[124] stellt sich darin der Weg dar, den sein Kult kämpfend zurücklegte. Eine andere geschichtliche Tatsache, nämlich der Sieg des Peisistratos bei Pallene gegen die Athener, der ihm den Weg in deren Stadt freimachte, spiegelt sich in dem Mythos wider, daß die Göttin Pallas mit Theseus (der nicht mit dem bekannten Theseus identisch ist) Krieg führte. Pallas war ja die Göttin, die Peisistratos später in Athen einführte, wo sie mit der Stadtgöttin Athene verschmolz, obgleich beide Göttinen noch immer getrennt erkennbar waren: Die eine nämlich bewohnte den Parthenon, die andere das Erechtheion auf der Akropolis. Diese Verflechtung von Menschengeschichte und Götter- oder Heroenmythos können wir also noch in jener Zeit beobachten, die längst nicht mehr der grauen Vorzeit angehörte, sondern für die es bereits eine schriftliche Überlieferung gibt. Als beispielsweise Athen mit Mytilene um Sigeion kämpfte, das an der Stelle Trojas erbaut worden war, so geschah dies ausdrücklich unter Berufung auf die homerischen Ereignisse.[125] Vor der Schlacht bei Salamis wurde ein Schiff nach Ägina ausgeschickt, das die Hilfe der Aiakiden, also eines Geschlechtes des homerischen Mythos bringen sollte.[126] Überhaupt sah man die Perserkriege im Zusammenhang mit den trojanischen Ereignissen, die ja nicht anders als in homerischer, also mythischer Darstellung bekannt waren.[127]

3.3 Unterschiede zwischen mythischer und sozialwissenschaftlicher Auffassung von Gemeinschaft und Geschichte

In Kapitel IV, 3 wurden die ontologischen Grundlagen der Sozialwissenschaften unter Ausschaltung ihrer naturwissenschaftlichen und psychologischen Teile entwickelt. So schälte sich ein genuin sozialwissenschaftlicher Bereich heraus, der durch bestimmte Regeln gekennzeichnete Lagen zum Gegenstand hat, in denen sich Gruppen oder Einzelne als Angehörige von Gruppen jeweils befinden. Als Beispiele wurden erwähnt: Marktwirtschaftliche, politische, soziale, juristische, militärische, moralische und religiöse Lagen. Solche Lagen, selbst wenn sie sich auf Materielles beziehen, werden sozialwissenschaftlich insofern als etwas rein Ideelles aufgefaßt, als die sie bestimmenden Regeln Erfindungen und Schöpfungen des Menschen sind, die sich entsprechend geschichtlich wandeln. Selbst wo es sich zum Beispiel um wirtschaftliche Rohstoffe handelt oder gar um eine geophysisch geprägte militärische Lage, da verhalten sich die Menschen dazu auf Grund allgemeiner wirtschaftlicher bzw. militärischer Normen, die sie gelernt oder geschaffen haben und die sie weitgehend mit anderen teilen.

Auch der Mythos hat solche allgemeinen Verhaltensregeln zum Gegenstand, sofern, wie wir soeben gesehen haben, Sippe, Phratrie und Polis durch ihn im Denken, Handeln und Fühlen geprägt, Sitte und Brauch von ihm bestimmt, Beruf, Recht, Handel und Wandel in seinem Geiste geleitet werden. Aber diese dem Mythos entnommenen Verhaltensregeln werden nicht als ideelle Erfindungen und Schöpfungen der Menschen, sondern als Wirkung numinoser Substanzen aufgefaßt, die der Gemeinschaft die Ordnung geben. Da diese Substanzen Wesen sind, die sich materialisieren können (zum Beispiel als ein Gott, der körperlich Gestalt annimmt), sind sie in der schon mehrfach erläuterten Weise zugleich ideell und materiell, sind sie zugleich etwas Individuelles und Allgemeines, üben ihre Eigennamen die Funktion von Allgemeinbegriffen aus. Überall ist der Ahnenheros oder Ahnengott anwesend, wo den Gesetzen der Sippe, der Phratrie, der Polis gehorcht wird, überall ist Athene Ergáne gegenwärtig, wo man töpfert, Zeus Xénios, wo Gastfreundschaft herrscht, Zeus Hórkios, wo Eide geschworen werden usf. In sozialwissenschaftlicher Deutung sind solche Verhaltensregeln dagegen allgemein durch Begriffe bestimmt, unter die ein bestimmter Fall subsumiert wird.

Auch mit Hinblick auf die Einordnung in Zeit und Raum ergeben sich wieder entscheidende Unterschiede zwischen Mythos und Sozialwissenschaft, sofern beide unter Zeit und Raum etwas ganz Verschiedenes verstehen. Da dies jedoch schon mehrfach hervorgehoben wurde, brauche ich nicht noch einmal darauf einzugehen.

4. Die numinosen Wesen als das Apriori der mythischen Welterfahrung

Wer die numinosen Gestalten noch weiter in ihre Elemente auflösen, aus ihnen erklären oder sie in streng rationale Zusammenhänge bringen wollte, verkennt ihr Wesen und würde die Bedingungen des Mythos leugnen. Zwar gibt es, worauf schon hingewiesen wurde, zwischen den verschiedenen Eigenschaften dieser Gestalten mancherlei Beziehungen der Analogie (zum Beispiel unberührte Natur und Keuschheit bei Artemis) sowie mancherlei logische oder dialektische Strukturen (zum Beispiel Dionysos als Gott des Rausches und Todes), aber vieles bleibt unauflösbar, zumal die historischen Ursprünge der den numinosen Wesen zugehörigen Kulte selbst für die Menschen in mythischer Zeit teilweise im Dunklen lagen. Innerhalb des Mythos hat daher die Frage, warum diese Gestalten so und nicht anders gezeichnet sind, warum sie aus einer denkbaren Welt von Möglichkeiten nicht anders ausgewählt wurden, keinen Sinn. *Der mythische Grieche ging vielmehr von ihnen wie von einem Apriori seiner Welterkenntnis aus.* Überall sieht er sie gegenwärtig und wirksam. Im Rahmen ihrer Ordnung und Sphärenaufteilung, für ihn offenbar von vollständiger Klarheit, erlebt er die Welt. *Mit den Göttern besaß der Grieche, um mit Kant zu reden, das Alphabet, das ihm half, seine einzelnen Erfahrungen zu buchstabieren.* Herodot drückt dasselbe aus, wenn er sagt, »Hesiod und Homer haben den Griechen den Stammbaum der Götter aufgestellt, den Göttern die Beinamen gegeben, Ehren und Fertigkeiten zugeteilt und deren Gestalt klargemacht.«[128] Die Götter aber haben »allen Dingen Ordnung verliehen und jegliches richtig verteilt.«[129] Noch Plato bemerkt, daß man Homer für denjenigen angesehen habe, dem Griechenland mit den Göttern seine ganze Lebensführung verdankt.[130] Deswegen nennt W. Burkert den Mythos einen »Komplex von Erzählungen, in dem menschlich einleuchtende Schemata ... zu einem vielschichtigen Zeichensystem zusammentreffen, das in wechselnder Weise zur Erhellung der Wirklichkeit angewandt wird.«[131]

VI. Regelhafte Abläufe als Archái im griechischen Mythos

Das vorangegangene Kapitel folgte zunächst dem ersten Punkt des im Kapitel IV, Abschnitt 4 entwickelten Leitfadens, indem es den Unterschied zwischen mythischer und wissenschaftlicher Gegenstandskonstruktion prüfte. Damit wurden aber bereits weitere Punkte dieses Leitfadens berührt, besonders der dritte, Psychologie und Sozialwissenschaften betreffende. Wie ich schon bemerkt habe, stellt die mythische Vorstellungswelt ein Ganzes dar, das sich nicht aus schroff voneinander getrennten Elementen aufbauen läßt.

Ich wende mich nunmehr unter weiterer Abrundung des in Punkt drei Gesagten, den Punkten zwei und vier zu. Dabei stellt sich die folgende Frage: Was entspricht mythisch der wissenschaftlichen Vorstellung von Naturgesetzen einerseits und von in Gesellschaft wie Geschichte wirkenden Regeln andererseits? Die Antwort lautet: Es ist der Begriff der *Arché*.[132]

Eine Arché ist eine Ursprungsgeschichte. Irgendeinmal hat ein numinoses Wesen zum ersten Mal (τὰ πρῶτα) eine bestimmte Handlung vollzogen, und seitdem wiederholt sich dieses Ereignis *identisch* immer wieder. Dies gilt zunächst für Naturerscheinungen.

1. Archái in Natur, Psyche, Gemeinschaft und Geschichte

Es ist immer wieder dieselbe Geburt des Meeres aus der Erde, der Gaia, welche die Quellen aus dem Boden entspringen und zum Meere fließen läßt; es ist immer wieder dieselbe Nacht, die den Morgen und den Tag gebiert; es ist immer wieder derselbe Helios, der seine Umfahrt auf dem Himmel und durch den Okeanos macht; es ist immer wieder die gleiche Rückkehr der Persephone aus dem Hades, die den Frühling, und ihre gleiche Rückkehr in den Hades, die den Winter einleitet, um nur einiges aufzuzählen.

Gleiches gilt für die Psyche des Menschen. Der kriegerische Mann verhält sich stets auf die gleiche Weise, weil Ares in ihm wirkt; ebenso der in Liebe entbrannte Mensch, in dem das Wesen Aphrodites, der praktisch Denkende, in dem Athene, der Königliche, in dem Zeus, der Leier-Spieler, in dem Apollo lebt. Der Charakter eines Menschen ist von einem Gott gezeichnet und entsprechend ist man ein Ares-Kind, ein Kind der Aphrodite, des Zeus usf. Aber auch hier gibt es ein mythisches Ursprungsereignis, das sich identisch wiederholt: Diese Charaktere sind ja diejenigen von Gottheiten, und sie ergeben sich aus den Geschichten, die man von ihnen erzählt, ja, die sie geradezu definieren.

Das gleiche gilt schließlich für die Regeln in Gemeinschaft und Geschichte. Ein Gott prägt die Verhaltensregeln in Sippe, Phratrie und Polis, er hat sie irgendeinmal zum ersten Mal »gezeigt« und seither werden sie stets identisch wiederholt. Er selbst ist, wie wir schon gesehen haben, in dieser Wiederholung anwesend, leitet und führt dabei den Menschen, der ihn deswegen vorher im Gebet anruft. Nicht anders ist es in Beruf und Handwerk. »Athene hatte die Webkunst erfunden,« schreibt V. Grønbech, »und Pandrosos war die erste, die im Verein mit ihren Schwestern den Menschen Kleider aus Wolle verfertigte; dies kann man sehen, denn die Schwestern sind ja oben auf der Burg und weben das vorbildliche Priestergewand. Es war Athene, die die Menschen lehrte, die Pferde zu zähmen und sie vor den Kampfwagen zu spannen; ja, das geschah, als Erichthonios zum ersten Male Pferde an den Wagen spannte und das Spiel des Wettfahrers ›zeigte‹ – edeiknye.«[133]

Was mit einer solchen Arché gemeint war, können wir noch heute anschaulich am Westgiebel des Parthenon-Tempels der athenischen Akropolis betrachten. Dort wird der Streit zwischen Athene und Poseidon um die Herrschaft über Athen dargestellt. Poseidon ließ, um seinen Anspruch auf die Stadt anzumelden, eine Quelle sprudeln, aber Athene pflanzte den Ölbaum und »zeigte« so den Athenern, wie man Öl gewinnt. Mit dieser weit bedeutenderen Tat obsiegte sie über den konkurrierenden Gott. Athene hat aber auch die Schiffe mit fünfzig Rudern eingeführt, ein weiterer Archétypos, der ständig wiederholt wurde und mit dem sogar die Einteilung der Heerhaufen und Chöre in je 50 Mann, die Einteilung der Herden und Opfertiere in je 50 Stück zusammenhängen.[134] Der Diebstahl der 50 apollinischen Rinder durch Hermes weist ebenfalls auf den numinosen typos der Zahl 50 hin. »Das Pflügen,« bemerkt V. Grønbech in diesem Zusammenhang weiter, »wurde auf dem heiligen Land, dem eingezäunten Acker, der in Athen am Fuße der Akropolis lag, vollzogen. In Eleusis hieß er der rarische Acker, auf diesem erntete man Getreide, das im Dienste des Heiligtums verwendet wurde. Auf oder neben ihm lag die heilige Dreschtenne, so daß der heilige Bezirk eine Arché, ein Urbild und Prototyp des Bauernlandes war. Hier war das erste Getreide auf Erden gewachsen, von hier war es dem Menschen gegeben worden.«[135] Zur Opferung eines Ochsens zu Beginn der Feldarbeit, der sog. Buphónia, schreibt er a.a.O.: »Der Ochsenmord war der Weg des Ochsens durch den Tod zu neuem Leben, und dies war ... der Urbeginn oder die Arché der Feldarbeit ... «.[136] Auch diese Arché scheint auf Hermes zurückgeführt worden zu sein, wie besonders der Homerische Hermes-Hymnos verrät.[137] Diese wenigen Beispiele müssen hier genügen.

Das ganze soziale Leben, sofern es durch Regeln, Normen, stereotype Handlungen und dergleichen bestimmt war, wurde genauso wie die gesetzlichen Abläufe in der Natur und im psychischen Verhalten des Menschen verstanden als der Vollzug eines numinosen Prototyps. Das Gleiche gilt, sofern wichtige politische Ereignisse mit ausdrücklicher Berufung auf eine Ursprungsgeschichte, eine Arché, eingeleitet wurden. Der Kampf der Griechen gegen die Barbaren ist immer noch der Kampf der Lapithen gegen die Kentauer, der Kampf zwischen Athen und Mytilene um Sigeion immer noch der Kampf um Troja. (Vgl. S. 133).

Kennzeichnend für diese Denkweise sind die Einleitungsformeln der Gebete, die häufig mit Worten wie »wenn je«, »so wahr jemals« und dergleichen beginnen. Damit wird eine frühere Handlung der Gottheit berufen, von der man hofft, daß sie sich jetzt wiederholen, daß sie jetzt wieder wirksam werden würde, ja, diese frühere Handlung als Arché verbürgt überhaupt erst, daß die ewige Gottheit sich als dieselbe erweisen wird.

Losgelöst von den besonderen Bedingungen des griechischen Mythos hat hierzu M. Eliade verallgemeinernd und zusammenfassend bemerkt: »... die Funktion des Mythos besteht vornehmlich darin, exemplarische Modelle für alle menschlichen Riten und alle bedeutenden menschlichen Tätigkeiten zu entwickeln, es handle sich um Speisevorschriften, Ehe, Arbeit oder Erziehung, Kunst oder Weisheit.« »... daher bilden Mythen die Paradigmata für alle wichtigen menschlichen Handlungen.«[138]

2. Die Archái als Ereignisabläufe mythischer Substanzen

Zur weiteren Verdeutlichung des Wesens einer Arché ist es nützlich, sich an einige Grundvorstellungen der späteren griechischen Philosophie, insbesondere Platons zu erinnern, in der, wie nicht anders zu erwarten, noch überall die Spuren mythischen Denkens zu finden sind. Nach diesen Vorstellungen ist zum Beispiel ein Baum dadurch ein Baum, daß er an der Idee des Baumes teilhat. Die Idee des

Baumes ist identisch in jedem Baum anwesend, es ist gewissermaßen Baumheit in ihm. Die Mannigfaltigkeit, Verschiedenheit und Mangelhaftigkeit der einzelnen Bäume rührt nun daher, daß in ihnen die unzerstörbare, ewige und göttliche Idee des Baumes den Stoff, aus dem Sterbliches gemacht, sowie den Raum und die Zeit, worin es lebt, wie eine Substanz durchdringt. Selbst der reinste Stempel, der sich in das Wachs eindrückt, wird darin nur unvollkommen wiedergegeben.[139] So ist die Idee ein substantielles und singuläres Wesen (das sogar unter bestimmten Bedingungen unmittelbar geschaut werden kann) und so besitzt sie doch andererseits Allgemeinheit, eben weil sie identisch in allem ist, was an ihr teilhat.[140]

Denken wir uns nun die Idee eines Naturgegenstandes, wie es ein Baum ist, ersetzt durch die Idee oder den Typus eines bestimmten Ereignis*ablaufes*, zum Beispiel das Aufeinanderfolgen der Jahreszeiten; denken wir uns weiter jede Wiederkehr des Frühlings in einem bestimmten Raum als Teilhabe an diesem Typus, als seine identische Anwesenheit; stellen wir uns vor, daß sich jeder Frühling vom anderen zwar durch immer neue Pflanzen, Tiere und Quellen und dergleichen unterscheidet, die durch ihn entstehen, daß es aber dennoch immer der gleiche Typus als Ausdruck eines göttlichen Wesens, nämlich Persephones, ist, das in solche sterbliche Stoffe eindringt – und wir begreifen, was mit der Wirksamkeit einer numinosen Arché, zunächst im Bereich der Natur, gemeint ist. Mythisch betrachtet ist es ja immer derselbe Frühling, der jedes Jahr wiederkehrt und festlich bejubelt wird, mögen auch jedes Mal ganz andere Blumen blühen; es ist immer derselbe Heilige Tag, der aus der Nacht geboren ist, mag er sich auch noch so vom vorhergehenden unterscheiden.

Alles, was bereits im Kapitel V, Abschnitt I, über die Anwesenheit und Wirksamkeit eines numinosen Wesens als mythische Substanz in Naturgegenständen gesagt wurde, ist hier ebenfalls gültig, nur mit dem Unterschied, daß hier ein sich stets wiederholender Ereignis*ablauf* in der »Natur« gemeint ist. Im Grunde ist freilich beides nicht zu trennen, weil auch ein Naturgegenstand letztlich durch ein typisches Verhalten, Sich-Entwickeln usf. bestimmt wird. Es ist die Anwesenheit und die Wirksamkeit der Persephone, die den Frühling hervorruft, und zwar ist es eine Anwesenheit und Wirksamkeit in einer sterblichen Hülle, die alles nur ihrer Prägung durch ein göttliches Ereignis verdankt. Wieder erkennen wir, daß die mythische Substanz, hier in der Form einer *Handlung*, etwas Singuläres, Individuelles *und* Allgemeines zugleich ist, da sie zum einen die Handlung eines einzelnen numinosen Wesens, ja, einer

Person, zum Beispiel Persephones, darstellt und zum anderen *überall* in Erscheinung treten kann. Eine Arché als singuläre Ereignisabfolge ist aber nicht nur etwas Individuelles mit Allgemeinheitsbedeutung, sondern auch sie ist eine Einheit von Ideellem und Materiellem. Und schließlich handelt es sich bei ihr um eine Geschichte eines Wesens mit einem Eigennamen, der wieder die Funktion eines Begriffes übernimmt. Es gibt nicht *einen* Frühling, sondern *den* Frühling, nämlich eine bestimmte Handlung der Persephone, es gibt nicht *eine* Nacht, auf die *ein* Tag folgt, sondern *die Nacht*, auf die *der Tag* folgt usf.

Daß die Teilhabe an einem sich stets wiederholenden Ereignisablauf als Eindringen einer ewigen Substanz in das Sterbliche verstanden wird, einer Substanz, welche diejenige eines Individuums mit typischen Verhaltensweisen ist, wird vielleicht im Bereiche der Psyche noch deutlicher. Zahlreiche Beispiele in Kapitel V, Abschnitt 2 haben gezeigt, wie das seelische Geschehen mythisch auf numinose »Einflüsse« zurückgeführt wird. Überall da, wo Ares ist, fließt kriegerisches Verhalten in die Menschen ein, überall da, wo Aphrodite ist, erotisches Verhalten usf. Die psychische Arché ist ja eine Urgestalt, eine Urmacht, welche die Menschen mit Gewalt ergreifen und erschüttern kann, und ihr Eingriff in die »Seele« wird dort am stärksten gefühlt, wo solches geschieht. Wem derartiges wiederfährt, wird geradezu ein Theios, ein von Gott Erfüllter genannt. Götter können sich so sehr eines Menschen bemächtigen, daß sie bisweilen sogar in seiner Gestalt auftreten: Zeus wird Amphitryon, Athene wird Mentor, Ares wird Akamas, Hera wird Stentor, Apollo Asios usf.

Der griechische Ausdruck für jenes substantielle Eindringen, wodurch der Mensch des Gottes teilhaftig wird, ist *Pneuma*. Wenn der Geist der Musen Hesiod erfüllt, so sagt er, sie hätten ihm eine göttliche Stimme »eingehaucht« (enépneusan).[141] Ähnliches geschieht, wenn der Mensch in der Not ein Götterbild umklammert, so daß etwas von dessen Wesen und Kraft in ihn übergeht. Dies ist eine in vielen Tragödien vorkommende Szene.[142] Solche Vorstellungen haben sich bei den Griechen noch lange erhalten, als der Mythos längst erschüttert war. Eurypides läßt Hippolytos in seiner gleichnamigen Tragödie sagen: »O göttlich duftendes Pneuma! Selbst im Unheil vernehme ich Deine Gegenwart, und fühle mich erleichtert. Bist Du an diesem Ort, Göttin Artemis?«[143] In allen diesen Fällen wird die göttliche Epiphanie mit ihrem pneumatischen »Anhauch« geradezu gleichgesetzt. In seinem »Phaidros« erzählt Plato, daß jeder

Mensch in seinem besonderen Wesen nach demjenigen Gott geprägt sei, in dessen Geleit er zur Ideenschau vor seinem irdischen Leben aufgefahren ist. War dies Ares, so wird er, falls man ihn beleidigt, sich selbst, ja, den Geliebten zu opfern bereit sein; war dies Zeus, so wird er philosophische Tätigkeiten ausüben und versuchen, den Geliebten ebenfalls dazu zu erziehen; Ähnliches gilt für die Wirkung Heras, Apollos und anderer Götter. Plato spricht wörtlich von der *Physis,* also der Natur, dem Wesen der betreffenden Gottheit, die der Mensch wiederzufinden sucht, ja, er ist so von der Gottheit geprägt, daß er »gezwungen« ist, ständig auf sie wie auf sein Vor-bild hinzublicken, und von ihr »be-geistert«, »enthusiasmiert«, übernehme er ihren »Charakter« und ihre »Handlungsweisen«. Ein solcher Mensch, der aus dem Gott »geschöpft« hat, vermag nun seinerseits dessen Wesen auf den Geliebten »überfließen« zu lassen, soweit es einem Menschen möglich ist, des Gottes »teilhaftig« zu sein.[144] Es sei schließlich an dieser Stelle daran erinnert, daß der auch heute noch übliche Ausdruck »Einfluß« im Bereiche des Psychologischen etymologisch von »Hineinfließen« göttlicher Kräfte in den Menschen kommt und damit seine mythische Herkunft verrät.[145]

Die bisherigen Ausführungen zeigen, daß auch Archäi im Bereich von Gemeinschaft und Geschichte nicht einfach Vorbilder sind, die man *nachahmt,* sondern daß sie sich buchstäblich in jeder auf sie gegründeten Handlung identisch wiederholen. Darauf verweist mit aller Deutlichkeit das Gebet, die Anrufung der zuständigen Gottheit und das ihr dargebrachte Opfer vor der Ausführung der beabsichtigten »archaischen« Handlung. Gebet, Anrufung und Opfer beschwören die Gegenwart der Gottheit, ohne die das Werk nicht gelingen kann. Es gelingt also nur mit ihrer Hilfe, es gelingt, indem ihre Substanz in die Phrénes des Menschen einfließt und sich damit der ur-alte Ereignisablauf in der richtigen Weise vollzieht. Der Gott führt gewissermaßen dem Menschen die Hand wie der Zeichenlehrer dem Kinde. Dies aber geschieht auf die immer gleiche, althergebrachte Weise.

3. Zum Unterschied der wissenschaftlichen Begriffe »Naturgesetz« und »historische Regel« einerseits und der mythischen Vorstellungen einer Arché andererseits

Ich erinnere noch einmal daran, daß Gegenstände wissenschaftlich durch Begriffe Gesetzen und Regeln zugeordnet werden; mythisch aber stehen sie durch numinose Eigennamen mit den entsprechenden Archái in Verbindung. Es handelt sich um die Eigennamen jener göttlicher Wesen, deren Ursprungsgeschichten die betreffenden Archái darstellen. Naturgesetze werden dem materiellen, geschichtliche Regeln dem ideellen Bereich zugeteilt; eine Arché aber umfaßt stets *beide* Sphären.

Eine Arché ist ferner ein singuläres Ereignis, das sich beständig identisch wiederholt, Naturgesetze und Regeln sind dagegen etwas Allgemeines. Insofern kann man sagen, eine Arché sei etwas *Konkretes*, Naturgesetz und Regel dagegen, wegen dieser Lösung von etwas Individuellem, etwas *Abstraktes.* Das mythische Denken verschmilzt aber auch hier das Allgemeine mit dem Besonderen. Denn einerseits wirkt die Arché ja überall und allgemein, andererseits wirkt mit ihr immer das identisch gleiche singuläre Ereignis und dasselbe numinose Wesen. Die Trennung von Allgemeinem und Besonderem in Naturgesetz und geschichtlicher Regel drückt sich nicht zuletzt dadurch aus, daß dort das Besondere als Variable auftritt. Solche Variablen werden dabei in eine *funktionale Beziehung* zueinander gesetzt, wie ja überhaupt Naturgesetze und geschichtliche Regel die Veränderungen und die Beziehungen von Gegenständen untereinander regeln. Dabei stellen die Gegenstände bestimmte Elemente eines gegebenen Bereiches dar, in welche dieser zuvor *analytisch* zerlegt worden ist. Die Arché dagegen ist eine *ganzheitliche Gestalt.* Sie enthält die Geschichte eines Wesens, sie enthält einen Handlungs- und Ereignisablauf mit einem Anfang und einem Ende, ohne daß dieses Wesen durch eine Variable ersetzbar wäre, ohne daß es wie eine Variable mit anderen durch ein von ihnen auch noch zu sonderndes Gesetz zusammenhinge. Diese Geschichte ist, was sie ist, man kann sie auf nichts reduzieren, in nichts auflösen, durch nichts erklären; sie ist, als Ganzes, selbst das Schema einer Erklärung.

Ein weiterer, bisher noch nicht einmal angedeuteter Unterschied liegt darin, daß Gesetze in der materiellen Natur streng von allen zweckgerichteten, finalen Vorgängen getrennt werden. (Dabei wird, wie schon früher erwähnt, von rein methodisch-heuristischen Betrachtungen abgesehen, die zum Beispiel in der Biologie über die Zweckmäßigkeit von Vorgängen eine Rolle spielen.) Wo dagegen Ideelles und Materielles zusammenfallen wie im Mythos, da ist *alles* zweckbestimmt. Die Nacht, die den Tag gebiert, hat die Aufgabe, das Licht in die Welt zu bringen, Helios soll sie durchwärmen;[146] Persephone muß sich der Absprache zwischen Zeus und Hades fügen, die auf der wechselseitigen Anerkennung ihrer Wirkungsbereiche beruht. Hades hatte sich der Göttin auf der Erde, also im Zuständigkeitsbereich des Zeus bemächtigt, während andererseits Persephone, als sie von der Speise des Hades aß, von ihm gezeichnet war und daher nicht mehr gänzlich seiner Welt entrinnen konnte.

In diesem Zusammenhang ist schließlich darauf hinzuweisen, daß die Arché eines Gottes zugleich sein *Nómos* genannt wird. Nómos kommt von némein, aufteilen, zuteilen. So schildert zum Beispiel eine Arché, wie die Welt unter den Söhnen des Kronos, nämlich unter Zeus, Poseidon und Hades aufgeteilt wurde. Zeus erhielt den Wirkungsbereich Himmel und Erde, Poseidon das Meer, und Hades die Unterwelt. Damit zeigt eines jeden Arché auch eines jeden Nómos. Der Nómos drückt also mit dem Wirkungsbereich eines Gottes dessen *persönliches* Wesen und dessen persönliche Substanz aus. Der Nómos ist aber verhängt von der Moira, gegen die zu verstoßen sofort die Strafe und Rache der Nemesis zur Folge hat. Dies gilt nicht nur für die Menschen, sondern auch für die Götter. Wie in der Ilias Poseidon mit Zeus über die Grenzen ihrer Wirkungsbereiche streitet, da warnt er ihn mit den Worten, er möge in seiner dritten »Moira«, in seinem dritten Teil also, bleiben.[147] Arché und Nómos haben so juristisch-moralische Bedeutung, sie werden als Ausdruck einer gerechten Naturordnung betrachtet. Auch hierin ist also jene Zweckbestimmtheit der Natur erkennbar, die der Naturwissenschaft völlig fremd ist.

VII. Die Zeit im griechischen Mythos

Eine Arché ist nicht ein Ereignis *in* der Zeit und enthält auch nicht Gegenstände, die in dieser Zeit durch Gesetze oder Regeln einen bestimmten Ort, zum Beispiel das »Früher« oder »Später« zugewiesen erhalten; sie ist, wie schon vorhin bemerkt, nicht auf solche Elemente, solche Gesetze, Regeln und ein solches Zeitmedium reduzierbar oder gar damit erklärbar, sondern sie ist eine Geschichte als *ganzheitliche Gestalt.* Da sie nun aber andererseits einen zeitlichen Ablauf schildert, woraus das Zeitelement nicht isoliert werden kann, so sei sie eine *Zeitgestalt* genannt.[148] Eine Arché ist somit nicht nur ein Schema der Erklärung für einen Vorgang, weil er durch sie geprägt und bestimmt ist, sondern durch sie wird auch sein zeitlicher Verlauf *konstituiert:* Die in ihr vorkommende Zeitfolge von Ereignissen liegt ausschließlich in ihrem Inhalt beschlossen. Sie ist sozusagen das Paradigma dieser Folge, das sich auf unzählige Weise identisch wiederholt. Es handelt sich um eine identische Wiederholung, weil es ja das gleiche heilige Urgeschehen ist, das sich überall von neuem ereignet; dieses Geschehen wird buchstäblich immer wieder *geholt,* und es ist nicht eine ständige Neuauflage und serielle Nachahmung eines Prototyps. Es wäre mit der Vorstellung, die man sich von einem Gott macht, unvereinbar, wollte man glauben, daß er unzählige Male dasselbe tut, und es ist gerade diese Wieder-Holung eines Urereignisses, seine Ewigkeit im Gegenwärtigen, das seine Heiligkeit ausmacht.

Wegen dieser identischen Wiederholung von Ereignissen ist die mythische Zeit *zyklisch.* Es gibt hier jedoch zwei Arten von Zyklen. Für die eine bietet die Arché der Jahreszeiten, das Gehen und Kommen der Proserpina ein Beispiel, für die andere die Arché des Töpferns als rituelle Handlung. Den ersten Fall können wir durch die Buchstabenreihe ABCDA symbolisieren, den zweiten durch die Buchstabenreihe ABCDAEFGAHIJA. Die einzelnen Buchstaben symbolisieren Ereignisse, die Reihe der Buchstaben, zumindest teilweise, wie wir noch sehen werden, deren Zeitrichtung. Für ABCDA können wir also Herbst, Winter, Frühling, Sommer, Herbst setzen. Für ABCDAEFGA usf. stellt A zusammengefaßt den rituellen Ablauf des Töpferns dar, während die sich nicht wiederholenden Buchstaben zwischen den einzelnen A anzeigen, daß sich nicht, wie im Falle der Jahreszeiten, derselbe Vorgang, hier der des Töpferns, *sogleich* wiederholt, sondern anderes dazwischen liegt. (Wobei aus Einfachheitsgründen hier teilweise dieselbe Buchstabenmenge dafür verwendet wurde.)

Nun muß man sich aber klar machen, daß, genau genommen, die Reihenfolge ABCDA mit D und nicht mit A endet, da doch das A an ihrem Anfang und das A an ihrem Ende *identische* Ereignisse symbolisieren. Sie können also gar nicht unterschieden werden und folglich kann das A auch nicht wirklich wiederholt werden. Man darf demnach nicht sagen, daß in dem Zyklus ABCDA D früher als A und A später als D sei; A stellt unveränderlich den *Anfang* der Reihe dar. Entsprechend stellen alle A in der Reihe ABCDAEFGA usf. dasselbe identische Ereignis dar, und werden auch alle diese A nicht wiederholt, sondern sind derselbe Anfang, dasselbe Urereignis, aus dem verschiedene zyklische Vorgänge der Art ABCDA, AEFGA usf. entstehen. Daher nenne ich die Reihe der Art ABCDA *monozyklisch gerichtet,* die Reihe von der Art ABCDAEFGA *polyzyklisch* gerichtet. Die nachstehende Zeichnung

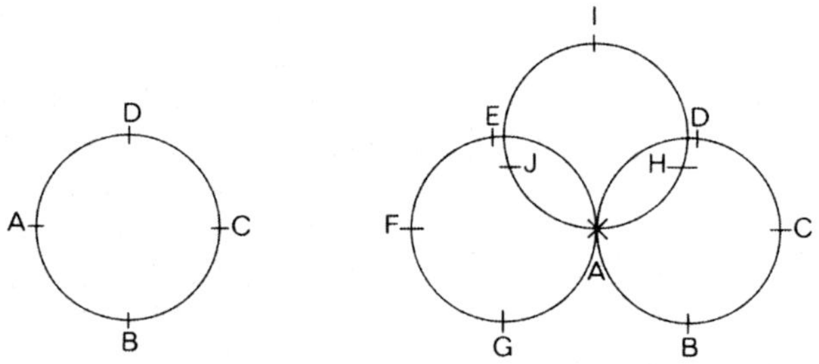

monozyklisch **polyzyklisch**

mag das verdeutlichen. Sie zeigt auch, daß im Falle von Polyzyklen BCD und EFG nicht eine durchgehende Zeitrichtung bestimmen, sondern nur jeder Kreis für sich eine solche Richtung ausdrückt. Es soll daher zum Ausdruck gebracht werden, daß jede Ereignisfolge, in der ein A auftritt, in ein identisches Ursprungsereignis zurückkehrt, aber wie die einzelnen Ereignisfolgen untereinander einzuordnen sind, spielt hier keine Rolle.

1. Die heilige und die profane Zeit

Der mythische Grieche lebt aber nicht nur in solchen zyklischen Zeitverhältnissen der Archái, sondern als Sterblicher, als Brotós kennt er auch jene Zeit, die irreversibel ist und die von der Vergangenheit in die Zukunft fließt, so daß vergangene Ereignisse nicht mehr existieren und zukünftige noch nicht. Es ist die Zeit jener »irdischen Hülle«, in welche die mythische Substanz ja als Arché eindringt. Es ist die Zeit, die nichts Ewiges kennt, die von der »Zeitlichkeit« beherrscht ist und in der alles dem Tode entgegengeht. So lebte der mythische Mensch in *zwei* Zeitdimensionen, nämlich einmal in der heiligen Zeit, die er »zätheos chronos« nannte, und der profanen, die er einfach mit »chronos« bezeichnete. (Ich komme ausführlicher darauf zurück.) Als Sterblicher erfährt er zwangsläufig die mythischen Zyklen *im Rahmen der profanen Zeit*, die mythische Zeit wird in die profane und irreversible *eingebettet*. Daher gibt es für ihn ein »vor A« und ein »nach A« im Zyklus ABCDA sowie ein »nach D«, und der Zyklus endet nicht mit D, sondern beginnt immer wieder von neuem, so daß eine Reihenfolge der Art $A_1B_1C_1D_1$ $A_2B_2C_2D_2$ A_3 usf. daraus wird. Dann zählen die Sterblichen, die Brotós, wie oft sich jedes Ereignis in der Reihe wiederholt hat, wie sie ja zum Beispiel auch die vergangenen heiligen Jahreszeiten und die Jahre abzählen. Ebenso können sie die Wiederholungen der A in der polyzyklischen Reihe zählen.

Genau genommen ist also die Rede von einer »identischen Wiederholung« der Archái ein Widerspruch in sich selbst. Er löst sich jedoch, wenn damit nur die zweifache Dimension mythischer Zeit zum Ausdruck gebracht werden soll: Die Arché wiederholt sich beständig, sofern und soweit sie innerhalb der profanen Zeit wirksam wird; sie bleibt aber identisch die Gleiche, sofern sie einer ewigen, dem Sterblichen entzogenen Welt angehört. Sieht man die Archái gewissermaßen vom »äußeren Standpunkt« der Brotós, dann sind sie abzählbar; vom »inneren Standpunkt« jedoch betrachtet, also aus göttlicher Sicht, ist das nicht der Fall, es handelt sich vielmehr um ein identisch Gleiches. Das bedeutet: Hier geschieht jedes Ereignis des Zyklus einmal und nie wieder. Andererseits hört der numinose Zyklus und seine Folge von Ereignissen nie auf zu existieren, da er ja ein wirklich geschlossener Zyklus ist; er könnte nur aufhören zu existieren, wenn wir ihn in eine irreversible, offene Zeit einbetteten, in der es ein »vor A« in der Reihe ABCDA gibt und ein »später als A«. Wenn es also auch ein Früher und Später in der Reihe göttlicher Ereignisse ABCDA gibt, eben weil es ja eine Reihenfolge ist, so können wir doch nicht sagen, daß einige dieser Ereignisse nicht mehr oder noch nicht existieren oder daß es darin ein ausgezeichnetes Jetzt gibt. Wir können eher sagen: In der Sphäre der Gottheit existiert jedes Ereignis der Reihe auf ewig. Es gibt keinen Zeitfluß innerhalb der heiligen Zeit.

Man könnte es bildhaft auch so ausdrücken: Die profane Zeit hat Löcher, in die das Ewige der Archái hineinscheint und eindringt. Das Sterbliche geht zwar seinen irreversiblen Gang, aber es wirken in ihm unveränderliche Urereignisse.

2. Die mythische Zeit im Spiegel der späteren griechischen Logographen, Genealogen und Mythographen

Der vorangegangene Abschnitt versuchte eine systematische Rekonstruktion der mythischen Zeitvorstellung. Daß es sich hier nur um eine Rekonstruktion handeln kann, ist selbstverständlich, weil, wie ich schon zu Beginn des fünften Kapitels andeutete, der mythische Mensch kein Philosoph sein konnte, der reflektierte, was er *lebte.* Auch hätte er schon deswegen nicht über seine Zeitvorstellungen nachdenken können, weil er einen vom mythischen losgelösten Zeitbegriff nicht besaß. Selbst da, wo erste Systematisierungsversuche des Mythos unternommen werden, nämlich bei Hesiod, kommt das Wort Zeit, Chrónos, so weit ich sehe, überhaupt nicht vor. Und das, obgleich doch Hesiod die Entstehungsgeschichte der Welt und die Genealogie der Götter beschreibt! Mein Entwurf der mythischen Zeitvorstellung stützte sich daher bisher vor allem auf die Rolle der Archái, die sich, wie ich hoffe gezeigt zu haben, hinreichend aus dem Gesamtzusammenhang der griechischen Kulturgeschichte erschließen lassen. Auch glaube ich damit in Einklang mit den heutigen Mythos-Forschern zu stehen, wie die bisherigen Zitate belegt haben mögen. Hier seien nun weitere Quellen herangezogen, die bisher noch nicht berücksichtigt wurden. Dazu gehören die sog. *Logographen, Mythographen* und *Genealogen* des 6. und 5. Jahrhunderts v. Chr., dazu gehören aber auch, wie ich im folgenden Abschnitt zeigen werde, die großen griechischen *Philosophen.* Sie alle nämlich haben in der einen oder anderen Weise versucht, einen Zeitbegriff zu konstruieren, der dem unseren bereits sehr nahe kommt; aber sie taten es teilweise in der Auseinandersetzung mit der mythischen Zeitvorstellung, die sie bereits vorfanden. Daher läßt sich aus ihren Bemühungen vieles über diese mythische Vorstellung entnehmen.

Unter den Logographen, Genealogen und Mythographen versteht man eine Gruppe, die versuchte, den Mythos auf den »Logos« zu bringen, also ihm eine dem aufkommenden Rationalismus entsprechende systematische Ordnung zu geben. Dazu gehörte aber nicht zuletzt, mittels möglichst lückenloser Genealogien die mythischen Geschichten in den durchgehenden Zusammenhang der profanen Zeit zu bringen. Dennoch blieb man dabei teilweise noch in der alten Anschauungsweise befangen.

Besonders deutlich zeigt sich dies bei Pherekydes (6. Jahrhundert v. Chr.). Ich wähle dazu aus seinen Fragmenten ein besonders eindrucksvolles Beispiel aus, nämlich seine Darstellung des Herakles-Mythos. Sie lautet: »Nach Tartesso gekommen wandert er (Herakles) über die Erde und das Meer zum Atlas und heißt ihn, die Äpfel der Hesperiden zu bringen. Atlas aber legt dem Herakles den Himmel auf die Schultern, empfängt von ihnen die Äpfel und übernimmt dann wieder den Himmel. Herakles aber ergreift die Äpfel und wandert nach

Mykene zu Eurystheus und zeigt sie ihm.«[149] Zu Pherekydes' Stil bemerkt die Realenzyklopädie der classischen Altertumswissenschaft (= Real. d. cl. Alt.)[150]: »Die Beziehungen von *Gegenwart* zu dem heroischen Geschehen drückt sich darin aus, daß Pherekydes das Präsens verwendet, *wenn er die fernen Mythen berichtet, deren Inhalt im Grunde gegenwärtig ist.* Ein markiger Charakter haftet der Sprache an, die als solche wirken soll und wirkt. Hauptsatz reiht sich an Hauptsatz an; wie auf alten Bildwerken die Figuren äußerlich beziehungslos nebeneinander stehen, so stellt jeder Satz, knapp zusammengefaßt, den Menschen hin, der folgende bringt sein Gegenüber. Weitere Bestimmungen (Nebensätze) sind auf ein Mindestmaß beschränkt; Objektakkusative, die sich von selbst verstehen, werden gemieden. Jede psychologische Verknüpfung unterbleibt, nur das äußere Faktum wird mit elementarer Wucht hingestellt. Lange genealogische Reihen werden gegeben, in einfachster Form, ohne jeden Schmuck der Rede und ohne jede Abwechslung. Gerade weil eine kraftvolle Person wirkend hinter dem allen steht, verschwindet sie im Ausdruck hinter den Dingen, die in ihrer überragenden Größe durch die Einfachheit der Sätze selber wirken sollen.«[151] In der Tat, dies ist die Art, wie eine Arché zum Ausdruck gelangt, ein Ursprung und Urbild, etwas, das zwar vergangen aus unvordenklicher Zeit stammt, dennoch aber in ewiger Gegenwart wirkt und bei bestimmten heroischen Anlässen zum bewegenden, damit in die Wirklichkeit eindringenden Paradigma werden kann. Es ist der Stil von etwas Kanonisch-Liturgischem, das, rezitiert, von feierlichem, sakralem Gewicht ist.

Und dennoch schreibt Pherekydes in einer Zeit, in der man bereits den Mythos »rationalisieren« will. So archaisch auch der Stil des Pherekydes anmutet, so wenig kann doch darüber hinweggesehen werden, daß nunmehr in Prosa geschrieben wird. Man distanziert sich von den Dichtern. »Alles haben den Göttern Homer und Hesiod angehängt«, klagt Xenophanes,[152] und Hekataios (6. Jahrhundert v. Chr.) betont, er erzähle den Mythos so, wie er ihm »wahr zu sein scheint«, er erzähle einen »logos eikós«, etwas Wahres: »Denn die Geschichten der Griechen scheinen mir auch mannigfaltig und lächerlich zu sein.«[153] »Eikós« war offenbar in dieser Zeit ein Schlagwort. Wir finden es auch bei dem Mythographen Hellanikos (5. Jahrhundert v. Chr.), womit er das in seinen Augen Natürliche und Vernünftige gegenüber dem Phantastischen, nur Erfundenen der Dichter hervorzuheben sucht. Nun beginnt auf breiter Front die »Entmythologisierung«. Da wird durch Hekataios aus dem Höllenhund Kerberos eine gewöhnliche giftige Schlange, Herakles holt die Rinder des Geryones nicht von einer fernen Insel im Westen, sondern aus dem nahen Ambrakia, und selbstverständlich zieht er nicht alleine gegen den König Augeas, sondern zusammen mit den Epeern, um nur einige Beispiele zu geben.

Der Mythos wird also nicht einfach aufgegeben, er wird nur »vernünftig« erklärt. Die Archái mußten deswegen als natürliche Ereignisse erfaßt werden, die im Strom der durchgängigen, profanen Zeit ihre Stelle haben. Dazu aber gehört vornehmlich, wie schon bemerkt, die Herstellung lückenloser Genealogien, weswegen ja auch die Werke der Logographen und Mythographen »Genealogiai« genannt werden. So werden alle mythischen Stammbäume, die Stemmata, in ein System gepreßt, Lücken oft künstlich aufgefüllt, Widersprüche bisweilen gewaltsam gelöst. Hellanikos hat zu diesem Zweck ganze Stammbäume erfunden. Daß seine kühnen Extrapolationen und Interpolationen kaum wissenschaftlich begründet waren, schien dabei weniger gestört zu haben als die Unfähigkeit der Mythen, sich solchen Versuchen, sie in eine durchgängige Ordnung zu bringen, anpassen zu lassen.

Zuerst wurden nur einzelne Genealogien der Sagenwelt entworfen, ja, diese nur in der Abfolge nach Geschlechtern, nicht aber in ihren Zeiträumen. Von solchen Monographien ging man dann zu Stammbaumsystemen über und allmählich begann man auch mit genaueren Datierungen. Dazu diente zunächst der eigene Ausgangspunkt, später zählte man nach Olympiaden. Nun erst versuchte man, die ungeheueren Zeiträume zwischen der Sagenwelt und der

Gegenwart genealogisch zu überbrücken. Hier scheint besonders Hellanikos bahnbrechend gewesen zu sein, der in seinen »Hierai« Grundlagen für die kontinuierliche Aufreihung geschichtlicher Ereignisse erarbeitet hat, indem er die Abfolge der Herapriesterinnen verwertete. Kennzeichnend für diese Entwicklung ist auch der folgende Bericht, den wir Herodot verdanken: »Als vordem der Geschichtsschreiber Hekateios in Theben seinen Stammbaum vorrechnete und die Herkunft seines Geschlechtes väterlicherseits auf einen Gott als sechzehnten Ahnherrn zurückführte, taten die Priester des Zeus mit ihm das gleiche, was sie auch mit mir getan haben. Sie führten ihn in den gewaltigen Tempel und zeigten, sie herzählend, eine Reihe hölzerner Kolossalfiguren .... Denn jeder Oberpriester stellt dort bereits zu Lebzeiten seine eigene Statue auf. Die Priester zählten und zeigten mir alle nacheinander zum Nachweis, daß immer der Sohn dem Vater folge. So gingen sie von dem Bild des zuletzt Verstorbenen alle der Reihe nach bis zum Anfang durch. Dem Hekateios aber, der seinen Stammbaum mit der Behauptung angegeben hatte, im sechzehnten Glied stamme er von einem Gotte ab, wiesen sie ihrerseits die Geschlechter auf Grund der Zählung nach und nahmen ihm die Abstammung eines Menschen von einem Gott nicht ab. Ihre Gegenrechnung lautete so: Sie sagten, jeder der Kolosse bedeute einen Piromis, der von einem anderen Piromis abstamme; wobei sie im ganzen 345 solche Standbilder nachwiesen. Trotzdem aber führten sie diese weder auf einen Gott noch auf einen Heros zurück.«[154]

Was zeigen uns alle diese kritischen Bemühungen der Logographen, Genealogen, Mythographen und Geschichtsschreiber? Sie zeigen uns, daß in der mythischen Kultur, in der sie aufwuchsen und mit der sie sich kritisch auseinandersetzten, eine von der späteren und auch von der unseren gänzlich verschiedene Zeitvorstellung herrschte. Man kann die Stärke des Widerstandes ahnen, auf den sie stießen, wenn man ihr Pathos, ihren Eifer, ihren Fleiß und ihre polemischen Ausfälle beobachtet, womit sie versuchten, den mythisch denkenden Menschen etwas beizubringen, was ihnen offenbar vollständig fremd gewesen ist: Nämlich alle Ereignisse am Faden der profanen Zeit aufzureihen, darin festzubinden, zu datieren und damit die Wirklichkeit der Sagenwelt »zu retten«, wie die Philosophen Bemühungen solcher Art später zu nennen pflegten. (Sózein ta phainómena, Retten der Phänomene.) Eine solche Rettung hatte der mythische Mensch offenbar nicht nötig, ja, er erwog sie nicht einmal. Nirgends ist auch nur das geringste Anzeichen dafür zu erkennen, daß es sich bei den Mythen um irgendeinen Glauben handelt, den man bekräftigen, an dem man zweifeln, den man irgendwie begründen mußte. Das bedeutet, daß seine Wahrheit für die Menschen offen am Tage lag. Was offen am Tage liegt, kann man »sehen«, »sehen« aber kann man nur Gegenwärtiges. So läßt sich den Anstrengungen der Logographen, Mythographen, Genealogen und Historiker entnehmen, daß die Archái als gegenwärtig aufgefaßt wurden, und zwar als die Gegenwart einer heiligen Vergangenheit. Was all diesen Aufklärern das Erklärungsbedürftige war, so daß es gerechtfertigt und gerettet werden sollte, nämlich die Zeitgestalten des Mythos, das war offenbar für den mythischen Menschen umgekehrt gerade das Mittel jeder Erklärung.

3. Spuren mythischer Zeitvorstellung bei Plato und Aristoteles

Plato erzählt im »Timaios«, Gott habe die Welt als eine vollkommene Kugel geschaffen, die sich im Kreise um sich selbst bewege.[155] Diese ließ er ganz von der Weltseele durchdringen, ja, die Weltseele »umhülle« sogar noch deren Außenfläche.[156] Diese Seele nennt er ein Mittleres zwischen dem ewig Gleichen, Selbigen und dem »Anderen«. Unter dem ersten versteht er Gott und die Ideen, unter dem zweiten die Mannigfaltigkeit und Veränderlichkeit der sinnlichen Welt. Dieses Mittlere ist aus dem Gleichen und Anderen »zusammengesetzt«.[157] Das Ganze der den Körper durchdringenden Weltseele teilte Gott nun nach Verhältnissen, die der pythagoräischen Tonleiter entsprechen, in verschiedene Teile, deren jeder aus jener zusammengesetzten Substanz bestand, die Selbiges und Anderes verbindet.[158] Alle Teile fügte er zu insgesamt zwei Kreisen zusammen. Beide brachte er zueinander in jene Lage, in der sich der Himmelsäquator und die Ekliptik zueinander befinden und gab ihnen auch deren Umlaufbewegung.[159] (Es tut hier nichts zur Sache, daß Plato nicht ausdrücklich vom Himmelsäquator und von der Ekliptik spricht, weil die Beziehung eindeutig ist.) Den Himmelsäquator nannte nun Gott nach dem Selbigen, die Ekliptik nach dem Anderen.[160] Damit ist offensichtlich gemeint, daß der erstere, der ja den Umschwung der ewig gleichen Fixsterne bestimmt, dem Ewigen näher, der andere aber, der die Fortbewegung der Sonne im Laufe des Jahres und damit etwas Veränderliches enthält, ihm ferner ist. Deswegen bleibt auch der Kreis des Himmelsäquators ungeteilt, während derjenige der Ekliptik in sieben ungleiche Kreise mit verschiedenen Geschwindigkeiten aufgespalten wird.[161] Von der Ekliptik sagt Plato, sie sei »richtig laufend«, »orthos ion«, vom Himmelsäquator, er sei »wohllaufend«, »eutrochos«.[162] Nun wollte zwar Gott die Welt seinem Urbilde ähnlich machen. Allein dem Gewordenen, »Anderen«, konnte er nicht die Natur seines ewigen Lebens vermitteln. So machte er daraus ein »bewegtes (kineton) Bild des Ewigen und schuf, indem er zugleich den Himmel (Uranos) ordnete, aus dem in der Einheit verharrenden Ewigen ein ewiges, nach der Zahl wandelndes Bild, welches wir die Zeit genannt haben. Denn Tage und Nächte und Monate und Jahre gab es nicht, bevor der Himmel (Uranos) entstand. Dann aber hat er zugleich mit dessen Bau das Werden (Genesis) von jenen bewirkt. Denn diese alle sind Teile der Zeit, und das War und Wird sind gewordene Formen der Zeit, so daß es nicht richtig ist, wenn wir sie auf das ewige Sein übertragen. Wir sagen, daß es ist und sein wird, während ihm in Wahrheit alleine das Sein zukommt, das War und das Wird aber nur von dem in der Zeit fortschreitenden Werden gesagt werden darf.« Bei allem Werden handelt es sich nur um »Formen der das Ewige nachahmenden und nach der Zahl der sich im Kreise drehenden Zeit.«[163] Es sind aber die Sonne, der Mond und die Planeten, mit denen wir die Zeit bestimmen, und so schuf sie der Gott und setzte sie in die sieben Kreise hinein, die er bereits vorher aus der Ekliptik gemacht hatte.[164]

Die mythischen Elemente von Platos Weltschöpfungsbericht sind klar zu erkennen. Die Welt ist etwas Ideelles und Materielles zugleich. Die Weltseele ist eine Substanz, die den Kosmos erfüllt und »umhüllt«. In jedem seiner Teile finden wir daher ein Mittleres zwischen Göttlich-Ewigem und Sterblich- Gewordenem, ja, beides durchdringt einander unauflöslich. Es gibt ferner eine Ereignisabfolge, nämlich die Umdrehung von Himmel und Ekliptik, vor der Schöpfung der Himmelskörper. Diese Ereignisabfolge ist insofern zeitlos, als sie nicht durch ein serielles Abzählen zu bestimmen ist. Dies entspricht genau jener Zeitgestalt, die, wie wir gesehen haben, eine Arché hat zum Unterschied jener profanen Zeit der Sterblichen, die eben durch Abzählen konstituiert wird. Dennoch ist der Kosmos bei Plato von der Arché insofern unterschieden, als er nicht mehr unmittelbare Erscheinung des Göttlichen ist, sondern dessen Abbild. Ein Abbild jedoch, das einerseits die Züge der »heiligen Zeit« trägt, andererseits aber doch nur ein Abbild des Ewigen darstellt, ist etwas Starres. Deswegen wird die nichtprofane Zeitgestalt des »Kosmos« in die profane des »Uranos« eingebettet: Mit der Schaffung von Sonne, Mond und Planeten entsteht, wie Plato sagt, ein bewegtes, lebendiges Bild des Ewigen im zeitlichen, seriell abzählbaren Umschwung des Himmels. Die Lebendigkeit des Irdischen beruht also gerade darauf, daß das Sterbliche, ewig Werdende und Vergehende, daß das profan Zeitliche vom Ewigen, heilig Unvergänglichen und doch in sich Bewegten durchdrungen und geführt wird.

Der für die mythische Zeitvorstellung entscheidende Unterschied zwischen heiliger und profaner Zeit findet auch noch bei Aristoteles seinen Niederschlag.

Seiner Meinung nach beruht jede Veränderung auf einer Ortsbewegung, weil selbst ein qualitativer Wandel letztlich auf Verdünnung und Verdichtung zurückzuführen sei, also auf eine räumliche Annäherung und Entfernung. Da jedoch jede Bewegung, wie er weiter meint, eine Ursache habe, die Kette der Ursachen aber irgendwo enden müsse, so ist auf eine letzte Ursache zurückzuschließen, die in Bewegung setzt, ohne selbst bewegt zu sein. Was aber bewegt, ohne sich selbst zu bewegen? Es ist das, was man begehrt, was man liebt. Also setzt die letzte Ursache wie etwas Geliebtes in Bewegung, hos erómenon. Nun ist die Welt für Aristoteles etwas Ewiges, und folglich bewegt auch die letzte Ursache in Ewigkeit. Was jedoch unmittelbar durch sie bewegt wird, muß selbst eine ewige Bewegung haben. Eine solche beobachten wir in der Tat, es ist diejenige der Fixsterne. Wir müssen demnach annehmen, daß es etwas gibt, das diese aus Liebe zur letzten Ursache, zu Gott, in ewigen Kreisen und mit der immer gleichen Geschwindigkeit durch den Äther treibt. Dadurch werden wieder andere Sphären zum Kreisen gebracht, deren Bewegung jedoch, da ihre unmittelbaren Ursachen nicht mehr unbewegt sind, weniger regelmäßig ist. Dies können wir an der Bewegung der Planeten beobachten. Und so nimmt die Unregelmäßigkeit von Sphäre zu Sphäre immer mehr zu, bis sie schließlich in der untersten Region vorherrschend wird – nämlich auf der Erde. Aber jedes Wesen, das eine der himmlischen Sphären bewegt, ist ein Gott, denn nur ein Gott vermag eine solche Bewegung und ihre Harmonie aus Liebe zum Höchsten hervorzurufen.

Diese Götter und die ihnen entsprechenden Bewegungen sind jedoch für Aristoteles außerhalb der Zeit wie alles Ewige überhaupt,[165] und so sind sie auch nicht dem Maße der Zeit unterworfen.[166] Aristoteles geht sogar so weit zu sagen, daß die Zeit nicht existierte, gäbe es nicht eine Seele, die imstande wäre, die Zeitabstände zu messen.[167] Daher ist die Zeitlichkeit, die wir in den Himmelsbewegungen beobachten, nur der Ausdruck unserer, die Zeit messenden, sterblichen Seele, während das so von ihr Gemessene in ewiger Dauer verharrt.

Wieder liegt hier die Analogie mit der Zeitgestalt einer Arché auf der Hand. Eine Arché enthält eine Folge von Ereignissen, existiert aber nicht in einer bestimmten Zeit. Sie ist etwas Ewiges, der Welt Entrücktes, obgleich sie dort in der Form profaner Zeitlichkeit erscheinen kann. So ist auch für Aristoteles der bestirnte Himmel etwas Zeitloses, selbst wenn er unserer sterblichen und vergänglichen Seele nur im Rahmen profaner Zeitlichkeit gegeben zu werden vermag.

Die griechische Philosophie hat ihre Grundfragen aus dem mythischen Erbe übernommen. Mit ihr ist nicht der »Logos« vom Himmel gefallen, sondern er bildete sich in der Auseinandersetzung mit dem Mythos, den er damit umformte, keineswegs aber radikal beseitigte. Ohne ihre mythischen Wurzeln ist die griechische Philosophie nicht zu begreifen. Weitgehend hält sie an der Einheit des Ideellen und Materiellen fest; Psychisches nimmt substantielle Formen an, Materielles wird selten vom Psychischen vollständig isoliert. Überall ist noch die Spannung zwischen dem Sterblichen und dem Göttlich-Ewigen, zwischen dem zeitlichen Wandel und der zeitlichen Selbigkeit, zwischen Genesis und Usía zu spüren, und selbst da, wo sie scharf getrennt werden, durchdringt doch das Ewige das zeitlich Vergängliche in der Weise der Teilhabe, wie immer diese im Einzelnen auch vorgestellt werden mag. Unverändert hielt der Grieche an der Überzeugung fest, daß das Göttliche und Ewige in den Gesetzen der Natur und den Regeln des menschlichen Zusammenlebens in Erscheinung tritt, wenn auch in der Weise profaner Zeitlichkeit. So hat zwar der Logos der Philosophen den Gedanken der mythischen Epiphanie des Gottes in vielem tiefgreifend verwandelt, so sind beispielsweise aus den Göttern die Platonischen Ideen geworden – aber die Spuren des Mythos sind immer noch und überall klar erkennbar.

4. Zur Literatur über die mythische Zeitvorstellung

Wer versucht, sich in das mythische Denken zu versetzen, dem bereitet gerade die mythische Zeitvorstellung die größten Schwierigkeiten. Mehr denn je ist ja unser ganzer moderner Lebensrhythmus auf das sich schnell Wandelnde, Vorübergehende und Sterbliche eingestellt. Ich möchte daher die vorangegangenen Ausführungen durch eine Reihe von Zitaten aus der jüngeren und jüngsten Mythos-Forschung ergänzen, die einerseits zeigen, daß über die mythische Zeitvorstellung unter denjenigen, die sie zum Gegenstand ihrer wissenschaftlichen Untersuchung gemacht haben, weitgehend Übereinstimmung herrscht, und die andererseits meiner mehr systematisch-abstrakten und philosophischen Darstellung eine anschauliche Abrundung zu geben vermögen.

»Die Menschen«, schreibt v. Grønbech, »waren Zeitgenossen des großen Urgeschehens, und es ist diese Gleichzeitigkeit, die dem kleinen Wort *proton*, zuerst, und dem etwas ausführlicheren, *ex arches*, von Anbeginn an, ... den Sinn gibt. Athene war es, die zuerst den Ölbaum zeigte.«[168] »Die Griechen ... sehen etwas, was wir nicht zu sehen vermögen, deshalb bewegen sich ihre Gedanken in einer ganz anderen Dimension, so daß kein Generalnenner zu finden ist. In unseren Augen lebt der Grieche auf zwei Ebenen. Die Festzeit ist nicht in dem Strom der Zeit enthalten, sondern liegt außerhalb oder richtiger gesagt, über dem Alltag, wie eine Hochebene, von der die Flüsse in das Tiefland des Augenblicks herabströmen. Aus dieser Arché entrollt sich die Zeit; hier, an dem heiligen Ort, werden die Begebenheiten geschaffen, die Geschichte werden ... Bei Betrachtung des griechischen Geisteslebens müssen wir nicht allein unsere Begriffe revidieren, sondern müssen auch unsere Erfahrungen umdenken.«[169] »Was wir Mythos nennen, ist somit Geschichte, die ebenso wahr und wirklich ist wie die unsere; da der Mythos aber einer ganz anderen Lebenserfahrung entspringt, läßt er sich niemals in chronologische und genealogische Erzählung, also in den historischen Bericht in unserem Sinne umsetzen. Die Perspektiven sind so grundverschieden, daß kein Kunstgriff imstande ist, die beiden auf einen Nenner zu bringen.«[170] »Hierdurch erhalten Drama und Sage eine für unser Gefühl verwirrende Vieldeutigkeit; dieses Verwirrende entspringt unserer Unfähigkeit, Arché zu erleben, denn wir empfinden die Geschichte stets als eine gerade Linie und ihre Begebenheiten als gleichlaufende Fäden in ihrem Gewebe.«[171] »Wollen wir den Gedanken der Griechen, oder besser gesagt, ihrer Erfahrung folgen, so müssen wir uns dareinfinden, daß unser Begriff Zeit revolutioniert wird. Wir denken unwillkürlich die Zeit als einen Strom, der aus einem Unbekannten ... kommt und unaufhaltsam einer ebenso unbekannten Zukunft entgegen-fließt; in diesem Strom der Zeit treiben die Menschen und ihre Geschichte. Der Beginn ist ein Punkt, den wir willkürlich wählen ... wir wissen aber, daß vor diesem Punkt andere Anfänge in unendlicher Zeit liegen. Wie wir schon gesehen haben, lebten die Griechen in einer anderen Erfahrung. In ihrer Anschauung war die Zeit kein Raum für Geschehnisse, sondern sie war diese Geschehnisse selbst.«[172]

Was ich hier mit Grønbech »Archái« genannt habe, wird in der Real. d. class. Alt. unter dem Stichwort »Mythos« mit »Aitia« bezeichnet. Dort werden als Beispiele aufgezählt: Der Trug des Prometheus, der Drachenkampf Apollons, der Rinderdiebstahl des Hermes, Aphrodites Geburt usf. Hier werde der Fluß der Zeit aufgehoben, während sie im übrigen im Sinne der inneren Erfahrung weiter fließe. »Es läßt sich nicht zu Ende denken, daß die Zeit das eine Mal regelmäßig fließt, während sie bei anderen Ereignissen stille zu stehen scheint .... Im Aition unterbricht sich der Zeitverlauf ....«[173] Dies ist richtig gesehen, aber zu Ende denken läßt es sich wohl, wenn man, wie es vorhin versucht wurde, das Zusammenspiel von heiliger Zeit in der Arché und profaner Zeit im Bereiche des Sterblichen aus dem Gesamtzusammenhang mythischen Denkens ableitet.

H. Fränkel hat in seiner Studie über »Die Zeitauffassung in der frühgeschichtlichen Literatur«[174] darauf hingewiesen, daß Homer keinen *Zeitpunkt*, sondern immer nur eine *Dauer* kennt. Die Zeit sei niemals Subjekt, sondern stets etwas an Ereignissen. Ja, selbst die Dauer wird immer nur dann erwähnt, »wenn jemand hingehalten oder zurückgehalten wird, oder getrennt ist, oder in der Fremde umherirrt, oder über etwas in Unkenntnis bleibt; wenn jemand sich quälen muß, oder sich unfruchtbarer Klage hingibt«, kurz, wenn etwas »negativer Art« ist.[175] Zeit tritt also überhaupt nur dort in den Vordergrund, wo das Vergängliche, Unwesentliche geschieht; für die großen und heroischen Ereignisse von Ilias und Odyssee dagegen, in denen sich göttliche Geschichte vollzieht, spielt sie keine Rolle. Diese Ereignisse sind für Homer, dem Profanen entrückt, ewig Gegenwärtiges, so etwas wie die »Fülle der Zeit«. Daher kommt es auch, daß bei Homer, wie Fränkel feststellt, »kein Interesse an Chronologie, weder an relativer noch an absoluter«, besteht.[176] Selbst wo bestimmte Zahlen genannt werden wie zwölf Tage, neun Jahre usf., sind diese »im allgemeinen unverbindlich« und nicht als Grundlage von Rechenoperationen und Synchronismen gemeint. Sie bezeichnen nur allgemein die Größenordnung und symbolisieren mit ihrer ... Scheinpräzision einfach eine lange Dauer.[177] »Es gibt noch keinen festen zeitlichen Rahmen, der die epischen Ereignisse umspannen und jedes an seinen Ort binden würde .... Die Dinge bedürfen nicht des zeitlichen Mediums, um sich durch seine Vermittlung zueinander zu finden und sich zu ordnen. Sie wirken direkt aufeinander und ziehen ohne eine Atmosphäre der Zeit merkwürdig scharf und rein vor dem Beschauer vorüber, als etwas, das aus sich ist und nur seiner eigenen Logik und Mechanik zu gehorchen scheint.«[178] Diese Ausführungen Fränkels sind eine exakte Beschreibung der Urbilder und Archái, die sich in die profane Welt und Zeit einlassen und ihr das Gepräge geben. »Wenn wir aber die Chronologie ernstlich rekonstruieren wollen«, fügt er hinzu, »so kommen wir aus den Anstößen überhaupt nicht heraus.« Beispielsweise setzt der Beginn der Ilias mitten im trojanischen Krieg ein; das zweite Buch spielt offenbar im letzten Kriegsjahr; aber im dritten findet unvermittelt die erste Schlacht des Krieges statt. In der Odyssee wird derselbe göttliche Ratschluß im ersten und im fünften Buch gefällt: Hermes soll zu Kalypso gehen, um zu erwirken, daß sie Odysseus entläßt. »Ob diese Beratung dieselbe sein soll wie im ersten, nur noch einmal erzählt, oder eine zweite und andere, bleibt im Dunkeln. Der Text gibt keinen Anlaß in dieser oder jener Richtung. Die Frage soll nicht gestellt werden. Es genügt, daß die Dinge weiter gehen.«[179] Aber diese Frage soll nicht nur nicht gestellt werden, sie kann gar nicht gestellt werden, weil es sich bei einem göttlichen Ratschluß um ein profan nicht datierbares, in der Dimension der »ewigen Zeitfolge« abspielendes Ereignis handelt, dessen Gegenwärtigkeit nie erlischt, obwohl es »einmal« einen Ursprung hatte. Dies ist der Grund, weswegen Homer nicht etwa sagte: »Ich komme nun auf den Ratschluß des ersten Buches zurück« oder »inzwischen war aus dem Ratschluß, der Hermes betraf, Folgendes geworden«.

Ähnliche Beobachtungen wie bei Homer macht Fränkel bei Pindar. Er schreibt: »Seine Darstellung greift auch fortwährend in die Vergangenheit hinein, und sie scheut sich nicht, Gegenwärtiges und Vergangenes verschiedener Stufen so untereinander zu schieben, daß sich unser Zeitsinn mißhandelt fühlt. Er kann also die Zeitfolge ignorieren und er tut es oft.«[180] Im Gegensatz zu Homer spielt zwar der Ausdruck Chrónos, Zeit, bei Pindar eine größere Rolle, aber auch hier tritt sie hauptsächlich in den Vordergrund, wenn es um das Schicksal der Sterblichen geht. Die meisten Stellen, an denen von ihr in Pindars Gedichten die Rede ist, beziehen sich auf die bange Erwartung des Kommenden: »Gnädig möge die ferne Zeit kommen«.[181] »Möge die kommende Zeit seinen Ólbos nicht stören!«[182] »Mit der Zeit stürzt auch der Hoffärtige durch Gewalt.«[183] Aber da, wo Pindar einen Paian verfaßt für die Theoxenien, das Fest der Bewirtung der Götter in Delphi, da spricht er ausdrücklich von der »heiligen Zeit«, dem »zátheos chrónos.«[184] Die Zeit, schreibt G. Nebel in seinem Buch

»Pindar und die Delphik«, »wird im Kult zum Ursprung der Welt hin verlassen.«[185] »Unsterblichkeit ... ist ein Verweilen im Ursprung. Die Götter freilich haben die Ewigkeit aus sich, dem Menschen stößt sie nur aus der Fremde ereignishaft zu: er sinkt immer wieder in die Zeit zurück.«[186]

E. Cassirer bemerkt: »Eine ... Scheidung der einzelnen Zeitstufen und eine Aufnahme derselben in ein festgefügtes System, in dem jedem Geschehen *eine* und nur eine Stelle zukommt, ist dem Mythos fremd.«[187] Aber auch dies gilt freilich nur für den Fall, wo eine ewige Zeitgestalt in die Welt des Werdens einbricht und mit ihr verschmilzt. Es ist die mit einer solchen archetypischen Zeitgestalt verbundene mythische Deutung regelhafter Naturabläufe, die F. M. Cornford im Auge hat, wenn er sagt: »... das Gewicht wird gänzlich auf die Ähnlichkeit, Verwandtschaft und materielle Kontinuität der Ereignisse gelegt, nicht auf die zeitliche Folge. Der ursprüngliche Kausalbegriff ist daher nicht zeitlich, sondern nur statisch, etwas Gleichzeitiges und Räumliches.«[188] Dieser Eindruck drängt sich in der Tat auf, wenn das Geschehen nach dem Prinzip der Ähnlichkeit und Analogie als Teilhabe an einer Arché verstanden wird, deren Ablauf, wie sich gezeigt hat, nicht in den Fluß der Zeit einzuordnen ist.

Wie ich schon erwähnte, habe ich den Ausdruck »Zeitgestalt« für die Archái von Cassirer übernommen. Daß ich damit das Gleiche meine wie er, zeigt die folgende Stelle aus seinem Werk »Philosophie der symbolischen Formen«. Dort schreibt er mit Hinblick auf den Mythos, »daß es sich in der Setzung zeitlicher Grenz- und Trennungsstriche keineswegs um konventionelle Merkzeichen des Denkens handelt«, – man denke etwa an die Abfolge der Jahreszeiten – »sondern daß die einzelnen Zeitabschnitte in sich selber eine qualitative Form und Eigenart, ein eigenes Wesen und eine eigene Wirksamkeit besitzen« – eben die auf nichts weiter reduzierbare Handlung der Arché. »Sie besitzen keine einfache und extensive Reihe, sondern jedem von ihnen kommt eine intensive Erfüllung zu ...«, »überhaupt ist die mythische Zeit ... durchaus qualitativ und konkret, nicht quantitativ und abstrakt gefaßt. Für den Mythos gibt es keine Zeit ›an sich‹«, – etwa als kontinuierliches Zeit-Medium – »sondern es gibt immer nur ... bestimmte Zeitgestalten ... hierdurch wird das Ganze der Zeit in bestimmte Taktstriche ... abgeteilt. Aber diese Abschnitte sind ... unmittelbar empfunden, nicht gemessene oder gezählte ...« – etwa im Sinne einer Metrik. »Das Ritual ist sorgfältig darauf bedacht, bestimmte sakrale Akte bestimmten Zeiten und Zeitabschnitten zuzuweisen … die ›heiligen Zeiten‹ … unterbrechen den gleichförmigen Ablauf des Geschehens …«.[189]

Die unauflösliche Verbindung von Zeit und Zeitinhalt galt übrigens auch für die profane, abzählbare Zeit, worauf auch G. Krüger hingewiesen hat. Er schreibt: »Während die moderne, von der Physik Newtons bestimmte Ansicht die Zeit als etwas an sich ›Leeres‹, Selbständiges betrachtet, – als Gegenstand der reinen Anschauung, wie Kant formuliert hat, – wird sie vom antiken Denken konkret als *die Zeit eines Seienden* verstanden: primär als Dauer und Vergehen eines Lebewesens, dessen *Lebenszeit sie* ist. So bedeutet ja auch das Wort Ewigkeit – Aion – ursprünglich ›Lebenszeit‹«. Wenn der Grieche von der alles umfassenden Weltzeit als ὁ χρόνος überhaupt spricht, so meine er noch immer die »Dauer eines Seienden«, nämlich »die Dauer des Himmels.«[190] Die Mythen der Völker, bemerkt A. Baeumler, »bewahren noch etwas von der Periode der Menschheit, wo das Zeitbewußtsein noch nicht vorherrschend war.«[191]

»Im ephemeren Menschen des Archilochos«, schreibt G. Nebel, »stellt sich zum ersten Mal die Vergötzung der Zeit dar.« Nebel zitiert dessen Verse, welche die Verlorenheit des Menschen an das wechselnde Jetzt beklagen: »So beschaffen ist der Sinn des sterblichen Menschen, wie jeder Tag geartet ist, den Zeus heraufführt, und sie denken solches, wie es ihrer Lage entspricht.« Zeus wird zwar in diesem Gedicht erwähnt, »weil er zum Stil des Jahrhunderts gehört, ernst gemeint wird er nicht. Der Mensch ist, fühlt sich, denkt, wie das Heute es will. Das Heute ist das Subjekt des Menschenlebens, das weder von einem Gott oder Heros bestimmt wird …«.[192] Auch A. Heuss hat auf das späte Entstehen unseres geschichtlichen Zeitbewußtseins hingewiesen. Er schreibt: »Man kann zwar das in der Wiederholung sich Abspielende auch als fortschreitende Zeit auffassen, aber man deckt dabei zu, was mit ›Wiederholung‹ gemeint ist. Wiederholung bedeutet im Gegensatz zu einem progressiven einen zyklischen Zeitbegriff, weil in ihm der Anschein erweckt wird, daß die gleiche Zeit in sich zurückkehrt, da gleiche Vorgänge wie früher auftreten, das heißt, weil eben Wiederholungen stattfinden. Die ›Wiederholung‹ als solche herausstellen ist also gleichbedeutend damit, daß man von der seriellen Aneinanderreihung, welche auf der Neuheit jeder abrollenden Zeiteinheit beruht, absieht und die ›Gleichheit‹ von Vorgängen ins Auge faßt.« So ist »… der Wechsel von Tag und Nacht, die Wiederkehr der Monate und Jahreszeiten und schließlich der Jahre in dieser Hinsicht ›ewig‹, das heißt einer

›zeitlosen‹ Wiederkehr des Gleichen unterworfen. Erst wenn wir in der Jahreszählung das Jahr nicht als wiederholtes, sondern als einmaliges begreifen und anfangen zu zählen – das ist eine keineswegs selbstverständliche menschliche Leistung, zu der der Mensch sich im Verlauf seiner Geschichte verhältnismäßig spät erst verstanden hat –, geraten wir an den anderen, den ›historischen‹ Zeitbegriff.«[193]

Es mag an dieser Stelle nützlich sein, sich daran zu erinnern, daß die mythische Zeitvorstellung nicht etwa eine Besonderheit des griechischen Mythos ist. Hier nur einige Hinweise: Levi-Strauss berichtet über »historische« Riten und Bestattungsriten australischer Eingeborener: »Man sieht also, daß das rituelle System die Aufgabe hat, drei Gegensätze zu überwinden und aufzulösen: denjenigen der Diachronie und der Synchronie; denjenigen periodischer oder nichtperiodischer Merkmale ...; schließlich ... jenen der reversiblen und der irreversiblen Zeit. Denn obgleich Gegenwart und Vergangenheit theoretisch verschieden sind, bringen doch die historischen Riten die Vergangenheit in die Gegenwart und die Bestattungsriten die Gegenwart in die Vergangenheit .... Die Gedächtnisriten und die Bestattungsriten verlangen, daß zwischen dem Vergangenen und Gegenwärtigen ein Übergang möglich ist ...«.[194] Ich schließe diesen Abschnitt mit den an Klarheit nichts zu wünschen übrig lassenden Bemerkungen M. Eliades: »Als allgemeine Formel können wir sagen, daß man, die Mythen ›lebend‹, aus der profanen, chronologischen Zeit heraus- und in eine Zeit von anderer Beschaffenheit eintritt, nämlich in eine ›heilige‹ Zeit, die zugleich ursprünglich und dennoch unbestimmt oft wiederholbar ist.«[195]

5. Topologische und metrische Unterschiede zwischen mythischer und heutiger Zeitauffassung

Wenn ich hier nicht die mythische mit der wissenschaftlichen, sondern mit der heutigen Zeitauffassung vergleiche, so deswegen, weil die heutige Zeitauffassung, jedenfalls sofern durch sie das allgemeine Bewußtsein bestimmt ist, zwar in der wissenschaftlichen ihren einzigen Ursprung hat, sich jedoch nicht vollständig mit ihr deckt, worauf ich hier nicht näher eingehen kann.[196] Vollständige Übereinstimmung besteht nur mit Hinblick auf die folgenden, bereits in den Abschnitten 1 bis 3 des Kapitels IV entwickelten Punkte: *Erstens:* Die Zeit ist ein Medium, in dem sich die Gegenstände befinden. *Zweitens:* Jeder der Gegenstände, die als wirklich betrachtet werden, befindet sich *an* einer Zeitstelle. Diese zwei Punkte sind nun durch vier weitere zu ergänzen, die weitgehend für evident gehalten werden, obgleich sie nur für Teilbereiche der Wissenschaft Gültigkeit haben. Es wird nämlich *drittens* die Zeit als eindimensional beschrieben derart, daß sie durch eine nach beiden Seiten offene Gerade dargestellt wird, deren Punktkontinuum das Zeitkontinuum symbolisiert. Einer weit verbreiteten Auffassung zufolge ist ferner *viertens* die Zeit irreversibel und hat eine Richtung. *Fünftens* wird in ihr ein Jetzt als Gegenwart vor anderen Zeitabschnitten ausgezeichnet und hervorgehoben. *Sechstens* schließlich wird die Zeit als von der Vergangenheit in die Zukunft fließend vorgestellt in dem Sinne, daß vergangene Ereignisse nicht mehr und künftige noch nicht existieren. Der vierte und der letzte Punkt dieser Beschreibung kennzeichnen, was man unter einer *offenen Zeit* versteht. Alle Punkte insgesamt definieren solche Eigenschaften der Zeit, die ich im weiteren Sinne *topologisch* nenne.

Die Zeit wird aber auch metrisch definiert. Es ist daher *siebentens* noch hinzuzufügen, daß, etwa durch Einteilung des Zeitverlaufes in Jahre, Monate, Tage, Stunden, Minuten und Sekunden, *jeder* Zeitabschnitt eine bestimmte Dauer hat und für jedes Ereignis feststeht, was unter *Gleichzeitigkeit* anderer, nämlich entfernter Ereignisse zu verstehen ist.

Es ist jetzt deutlich zu sehen, daß die mythische Zeit hierzu weitgehend im Gegensatz steht. Sie ist *erstens kein* Medium, in dem sich Ereignisse abspielen, sondern Zeit und Zeitinhalt bilden eine unauflösliche Einheit. Deswegen befinden sich auch *zweitens* mythische Gegenstände nicht an einem Zeitpunkt dieses Mediums in dem Sinne, daß sie darin markiert werden können, sondern zeigen nur in sich selbst eine bestimmte Ereignisabfolge. Die mythische Zeit ist *drittens* nicht eindimensional, sondern mehrdimensional, da sie aus der profanen und der heiligen Zeit besteht. Die profane Zeit ist im vorigen Sinne eine offene Zeit: Sie ist irreversibel, fließt von der Vergangenheit in die Zukunft und enthält ein ausgezeichnetes Jetzt als Gegenwart. Die heilige Zeit dagegen ist zyklisch. Sie hat zwar ferner eine Richtung (man denke an die vier Jahreszeiten), aber es gibt darin kein ausgezeichnetes Jetzt als Gegenwart (vgl. S. 145ff.), und sie fließt nicht von der Vergangenheit in die Zukunft in dem Sinne, daß vergangene Ereignisse nicht mehr und künftige noch nicht existieren. Die heilige Zeit stellt auch keinen kontinuierlichen Zusammenhang dar, sondern besteht aus einzelnen, voneinander teilweise unabhängigen Zeitgestalten, den Archái. *Viertens:* Die heilige Zeit wird in die profane abgebildet und eingebettet, wo immer sich eine Arché »ereignet«. *Fünftens:* Dadurch geschieht es, daß aus profaner Sicht Vergangenes beständig wiederkehren und im Gegenwärtigen auftreten kann. Als ein Ewiges ist es aber aus profaner Sicht auch ein Zukünftiges. Und so fallen dann im Gegenwärtigen Vergangenes und Zukünftiges zusammen.

Zu diesen topologischen Unterschieden zwischen der heutigen und der mythischen Zeitauffassung kommen aber auch noch metrische. Es ist klar, daß meßbare Dauer und Gleichzeitigkeit von Ereignissen nur innerhalb der profanen Zeit bestimmt sein können. Jede Messung einer Zeitdauer setzt ja voraus, daß feststeht, was unter der gleichen Länge von Zeitabschnitten zu verstehen ist (Jahre, Stunden usf.). Man muß also bestimmte, sich periodisch wiederholende Ereignisse als gleich lang definieren (zum Beispiel den Umlauf der Sonne, der Gestirne usf.). Da die heilige Zeit als zyklische aber in der Wiederholung des *Gleichen* besteht, ist sie nicht *seriell abzählbar,* wie wir gesehen haben, sondern seriell abgezählt können ihre Zeitgestalten nur werden, wenn man sie in den profanen Bereich *einer fließenden Zeit* überträgt und einbettet; also hat die Ereignisabfolge einer Arché auch keine Dauer im Sinne einer zeitlichen Metrik. Auch die Einteilung des Jahres in 12 Monate ändert daran nichts, weil es sich dabei um eine Einteilung an sich nicht von der Vergangenheit in die Zukunft fließender Vorgänge handelt. Hier wird nur eine Zeitgestalt mit Hilfe einer anderen gegliedert. Deswegen haben zum Beispiel Fragen danach keinen Sinn, wie lange etwa Proserpina in der Oberwelt oder Unterwelt weilte oder sogar wie lange der Trojanische Krieg dauerte. Die Angabe des homerischen Hymnos, Proserpina müsse ein Drittel des Jahres im Hades, zwei Drittel auf der Erde verbringen,[197] bezieht sich nur auf die Einteilung der betroffenen Zeitgestalt, die hier als Ganzes – profan – ein Jahr genannt wird, während, worauf bereits hingewiesen wurde (vgl. S. 156f.), Angaben über die Länge des Trojanischen Krieges nur einfach eine lange Dauer ausdrücken sollen, aber nicht wirklich als metrische Aussage zu verstehen sind.

VIII. Der Raum im griechischen Mythos

1. Der Témenos als heiliger Ort. Die mythische Landschaft

Im engeren Sinne des Wortes ist ein Témenos ein Tempelbezirk. Im Worte »Témenos« steckt die Wurzel »tem«, schneiden. Dasselbe gilt übrigens auch für das lateinische Wort »templum«. Es handelt sich also um einen ausgegrenzten, umfriedeten und geweihten Ort, an dem eine Gottheit gegenwärtig ist. Allgemeiner aber ist jede Stelle ein Témenos, wo ein Gott wohnt oder wo sich eine Arché abgespielt hat und ständig wiederholt. Das kann eine Quelle sein, eine Grotte, ein Berg, ein Hain, eine Wiese usw. Ich erwähnte schon den rarischen Acker, wo das erste Getreide wuchs, die Akropolis, wo Athene den ersten Ölbaum pflanzte; am Fuße des Dikte-Berges wurde Zeus geboren, in Delphi hat Apollon den Drachen getötet; wenn »alles voll von Göttern ist«, so gibt es auch überall Teménea. Selbst Haus und Besitz, wo ja mythische Substanz wirksam sein kann, können solche heiligen Orte sein. So werden in der Odyssee die Güter des Telemach »Teménea« genannt,[198] und in der Ilias sagt Hippolochos' Sohn, sein Geschlecht habe einen schönen Témenos am Ufer des Xanthes gebaut, reich an Bäumen und Äckern.[199] »Heilig« werden ferner Städte genannt, so Ortygia,[200] Athen,[201] Theben[202] und viele andere; »heilig« sind schließlich auch Landschaften.

Das Wesen eines Témenos sei an einigen Beispielen verdeutlicht. In seinem »Ödipus auf Kolonos« läßt Sophokles den Chorführer sagen:

> CH: Versöhne jetzt die Gottheiten, zu denen du
> zuerst gekommen bist, als du den Grund betratst!
> ...
> Als erstes hole heilig Wasser aus dem Quell
> ...
> Es sind da Krüge, kunstgeübten Mannes Werk: Umkränz'
> am Rand und an den Griffen sie
> ...
> Mit Wolle, die du nimmst vom frischgeschornen Lamm.
> ...
> Trankopfer gieße, gegen Morgen hingewandt
> ...
> Dreimal vom Quell ...

> ...
> Öd: Doch wenn der schattenschwarze Boden es empfing?
> CH: Vom Ölbaum lege Zweige dreimal neun darauf mit beiden Händen! Dabei bete das Gebet ... [203]

Was eine ganze Landschaft als mythischer Ort ist, das hat u.a. Pindar in seiner ersten Pythischen Ode beschrieben.

> ... Jetzt jedoch
> Drücken, meerumzäunt, die Gestade von Kyme
> Und Sizilien ihm die Brust, die
> Zottige; es hält des Himmels Säule ihn nieder, die reich
> Ist an Schnee, des Ätnas Höh' ganzjährig des Schnees,
> des scharfen, Amme.
> Dessen Schlünde speien von unnahbarem Feuer heraus
> heiligste Quellen; und gießen bei Tage
> Flüsse hervor einen Strom von Qualm,
> Fahl leuchtend. Zur Nachtzeit aber trägt
> Felssteine die purpurne Lohe wälzend zum
> tiefen Meeres Grund mit Gekrach und Getös.
> Jenes ›Kriechtier‹ schickt Hephaistos' Bäche, höchst
> Fruchtbare, grausge, empor ...
> Wie es an des Ätna dunkellaubiges Haupt ist gebannt
> Und den Grund, sein Bett ganz den Rücken, den fest
> anliegenden, stachelt und ihn wundreibt.
> Laß uns, Zeus, dir wohlgefallen, der
> Du dieses Gebirge betreust, fruchtbaren
> Erdreiches Stirn ... [204]

Die ganze Landschaft wird hier zum Bilde einer Arché. Es handelt sich um den Titanen Typhoeus, den Zeus durch einen Blitzstrahl niedergestreckt und in den Ätna gesperrt hat. Im feuerspeienden Ätna ist die tobende Wut des Gefesselten zu sehen. In dieser Landschaft Siziliens wohnen nicht nur numinose Wesen, sie *ist* diese Wesen.

Rosther hat gezeigt, um ein weiteres Beispiel aus der Fülle des Stoffes herauszugreifen, daß die Mythen der Danaiden und Aigyptiaden sowie des Kampfes zwischen Herakles und der lernäischen Hydra Personifizierungen von Landschaften in Argos sind.[205] Die Danaiden verkörpern den wasser- und quellenreichen Teil von Argos, die Aigyptiaden den trockenen, wo schnell versiegende Gießbäche auftreten und wo besonders bei Lerna viele sumpfige Quellen zutage kommen. Die Werbung der fünfzig Söhne des Aigyptos um die fünfzig Töchter des Danaos ist die Werbung der unfruchtbaren Bäche um die fruchtbaren Quellen. Aber die Werbung wird nicht er hört, die Danaiden-Nymphen schlagen den Weibern die Köpfe ab und werfen sie in die lernäischen Sumpfquellen. Dort war die fünfzigköpfige Hydra, mit der Herakles rang und mit der man heute noch ringt, um das Land zu bebauen und von giftigen Sümpfen freizuhalten. Das Urgeschehen ist das zugleich immer noch Gegenwärtige.

Noch bei Plato finden wir eine anschauliche Beschreibung eines Témenos. Im »Phaidros« verweilt Sokrates an einem Ort, wo nach dem Mythos Boreas die Oreithyia geraubt hat. Dort wird er mit seinem Begleiter in einen Disput über die Wahrheit solcher Mythen verwickelt. Dabei spottet er über jene, die versuchen, sie rationalistisch zu erklären und hebt zugleich den *Zauber* des Ortes hervor: »Bei der Hera, freilich ein schöner Ruhepunkt! Die Platane so dicht und weithin verzweigt und hoch, und des Gesträuches Höhe und schattiges Düster so überaus schön, und wie es gerade in voller Blüte steht, daß es den Ort mit dem süßesten Duft erfüllt! Und zudem fließt unter der Platane die gefälligste Quelle gar frischen Wassers, wie man es mit dem Fuß prüfend empfindet. Nach diesen Figuren und Bildern scheint hier auch ein Heiligtum einiger Nymphen und des Archeloos zu sein. Und willst Du noch weiter beachten, wie lieblich und überaus angenehm ist das Wehen der Luft hier, deren sommerlicher Rauch sich hell tönend in den Chor der Zikaden mischt! Das Allerfeinste aber ist der Rasen, gerade so sanft und geneigt, um, wenn man sich niederlegt, das Haupt gar schön ruhen zu lassen ...«[206] Es nimmt der Eindringlichkeit dieser Schilderung nichts, wenn Sokrates kurz darauf bemerkt, daß »Felder und Bäume« ihn dennoch nichts lehren, wohl aber »die Menschen in der Stadt.«[207]

Er brauchte im Gegenteil die ganze noch immer gegenwärtige Leuchtkraft des Mythos im Témenos, um seiner Überwindung durch die Ideenlehre, die ja nicht seine rationalistische Zerstörung ist, desto größeres Gewicht zu geben.

2. Mythische Raumorientierung und mythischer Kosmos

Die verschiedenen Teménea stehen in einer besonderen Beziehung zueinander. Da es sich um verschiedene numinose Bezirke handelt, ist der Übertritt von einem zum anderen nicht ohne weiteres möglich.

Eine eigentümliche Rolle spielte in diesem Zusammenhang die *Hermessäule*, die an der Hof- und Haustür stand und damit den Eingang zum Sippensitz bewachte. U. v. Wilamowitz-Moellendorff beschreibt dies so: »Von dem Steinhaufen und dem Steinpfeiler müssen wir ausgehen. Wenn jener zu dem Sitz eines Gottes wird ..., so schützt der Pfeiler das Haus vor dem er steht ... und so tut es weiter das Bild des Gottes, wo immer es errichtet wird.«[208] »In dem Steinhaufen am Wege und den Hermen Athens haben wir den Gott vor uns. Daß er im städtischen Frieden beibehalten war, erklärt sich daraus, daß die Sitte von dem Einzelhofe her auch in der Stadt sich gehalten hatte, in der damals so manche solche hofartigen Anwesen bestanden ... auch an den Landesgrenzen stand er ... Das muß man nur recht innerlich auffassen: Die Bilder stehen da, weil der Gott gegenwärtig ist.«[209]

Während die Hermessäule hier mehr eine abweisende, ausgrenzende Funktion hat, ist die *Schwelle* der Ort, über den man von einer numinosen Wirksphäre in eine andere überwechselt. Dies bedarf daher bestimmter kultischer Vorschriften. So konnte man keinen Tempel betreten, ohne vorher bestimmte Reinigungsriten zu befolgen. Dies galt jedoch auch ganz allgemein für den Ein- und Austritt in einen heiligen Bezirk. Daher umgibt die räumliche Schwelle, wie E. Cassirer bemerkt, »ein religiöses Urgefühl.« »Geheimnisvolle Bräuche sind es, in denen sich, fast allenthalben in gleichartiger und ähnlicher Weise, die Verehrung der Schwelle und die Scheu vor ihrer Heiligkeit ausspricht.« Noch bei den Römern erscheint *Terminus* (Grenze) »als ein eigener Gott, und am Fest der Terminalien war es der Grenzstein selbst, den man verehrte, indem man ihn bekränzte und mit dem Blut des Opfertieres besprengte.«[210]

Zu erwähnen ist hier auch die Bedeutung der *Kreuzwege.* Sie gehören zum Bereich der Hekate, weswegen sie von den Römern den Beinamen »Trivia« erhielt. An ihnen entfaltete sie ihr unheimliches und nächtliches Wesen, wie sie ja auch mit dem Totenreich in Verbindung gebracht wurde. Kreuzwege wurden für etwas Gefährliches gehalten, weil sich dort die numinosen Machtsphären überschneiden. Dort kann man in die Irre gehen und den falschen Weg einschlagen, und dort kann das Unheil seinen Anfang nehmen, wie es Ödipus geschah.

Entsprechend werden örtliche Katastrophen bisweilen als Ausdruck numinoser Kämpfe um einen Ort verstanden. Als beispielsweise der Fluß Asterion versiegte, war dies den Griechen ein Zeichen dafür, daß Poseidon der Besitz der Argolis entzogen und einer anderen Gottheit, nämlich Hera zugeteilt worden war. Später eintretende Überschwemmungen wurden dann als Poseidons Rache aufgefaßt und als vorübergehende Rückkehr in seinen ehemaligen Besitz.

Wie die Teménea die Gegenwart einer Gottheit bedeuten, so auch die einzelnen Himmelsrichtungen. »Osten« heißt griechisch »Éos«, das Reich der Göttin der Morgenröte, und für »nach Osten« sagt man entsprechend »prós Éo«, »zur Éos«. Der Süden wird »Nótos« genannt, womit ebenfalls eine Gottheit bezeichnet wird, nämlich der Sohn der Éos und des Titanen Astraios; Nótos ist aber zugleich eine Personifikation des Südwindes. Der Westen ist Héspera, da wo die Gärten der Hesperiden liegen, am Ende der Welt, an der Grenze zur Nacht und zum Totenreich. Der Westen kann allerdings auch »Zephyros« heißen, nach dem Westwind, welcher ein Bruder des Nótos ist. Im Norden schließlich herrscht Boreas, ein weiterer Bruder des Nótos, aber dort hausen auch die Hyperboräer, bei denen sich Apollo während des Winters aufhält.

So *konstituieren* numinose Wesen und die ihnen zugehörigen Archái Räume und ihre Beziehungen zueinander auf die gleiche Weise wie numinose Wesen und ihre Archái – davon handelte das vorige Kapitel – Zeitstrecken und die zeitliche Beziehung von Ereignissen untereinander konstituieren. »Die Orte und die Richtungen im Raume treten auseinander,« sagt E.Cassirer, »weil und sofern mit ihnen ein verschiedener Bedeutungsakzent sich verknüpft, weil und sofern sie mythisch in verschiedenem und entgegengesetztem Sinne gewertet werden.«[211] Diese Vorstellung gilt auch für den Kosmos als Ganzes.

Hesiod beschreibt ihn folgendermaßen:

> So tief drunten unter der Erde,
> Wie der Himmel weit ist von der Erde,
> So weit ist es nämlich von der Erde
> bis zum dunstigen Tartaros.[212]

Die gleiche Auffassung finden wir bei Homer, wo Zeus drohend ausruft:

> »Oder ich faß' ihn und schwing' ihn hinab in des Tartaros Dunkel,
> Ferne, wo tief sich öffnet der Abgrund der Erde …
> So weit unten im Hades, wie über der Erd' ist der Himmel!«[213]

Über der Erde wölbt sich in gleicher Entfernung der Himmel wie unter ihr der Tartaros. Aber Erde (Gaia), Himmel (Uranos) und Tartaros sind numinose Orte, die ein Gott ausfüllt oder an denen Götter hausen.

3. Heiliger und profaner Raum

Die Teménea sind die Bauelemente des Kosmos. Sie stellen keine Raumelemente dar, *in* denen etwas ist, so daß sie beliebig wechselnde Inhalte haben können, sondern sie werden durch diese Inhalte konstituiert, mit denen sie eine unauflösliche Einheit darstellen. Ein Témenos ist ein Ort, der nur ist, was er ist, weil er ein Attribut eines oder mehrerer numinoser Wesen darstellt. Zwar kann es sein, daß ein solches Attribut wechselt und damit ein Ort einem anderen solchen Wesen angehört als früher – ich erinnere noch einmal an den Kampf zwischen Hera und Poseidon um die Argolis –, aber dann ist er nicht mehr der gleiche Ort und der alte hat buchstäblich aufgehört zu existieren. Es gibt kein »Raumsubstrat«, das in Absehung seiner numinosen Inhalte faßbar wäre und zu dem diese in der Weise von Variablen im Verhältnis stünden.

Die Teménea als Raumelemente sind klar voneinander abgegrenzt, es gibt keine kontinuierlichen Übergänge von einem zum anderen. Wie es klare Grenzmarken zwischen den einzelnen Sippenbesitzen, Ländern und Ländereien gibt, so auch zwischen den Orten, an denen Götter hausen. Der griechische Raum ist zunächst *parataktisch* geordnet. Ein Témenos reiht sich an den anderen, ein »Sinnbezirk« folgt dem anderen. Selbst der Kosmos wird entgegen einer heute weitverbreiteten Annahme mythisch nicht als *ein* Ganzes verstanden, wofür ja *ein* Gott zuständig sein müßte – ein für die polytheistische Weltkonstruktion unmöglicher Gedanke. Himmel (Uranos, Olymp), Erde (Gaia) und Unterwelt (Tartaros) sind vielmehr göttliche Sphären, die verschiedenen Göttern zugeordnet werden und als *gleichwertig* aufzufassen sind wie etwa die Besitztümer von Fürsten. »Kosmos« bedeutet nur, daß sich aus diesen Besitzverhältnissen eine *Ordnung* ergibt.

»Oben« und »Unten«, »Rechts« und »Links« haben deswegen keine nur konventionelle Bedeutung, sondern sind durch eine solche Ordnung als etwas »Absolutes« mitgesetzt. Das lichtvolle Reich der Olympier ist *oben*, das dunkle des Tartaros ist *unten*, und sie können nicht ausgetauscht werden, weil es keine »an sich« leeren Räume gibt, in denen ein solcher Wechsel möglich wäre. Auch »Rechts« und »Links« sind nicht nur etwas Relatives: Da die Sonne im Osten aufgeht und über den Süden nach Westen wandelt, Altäre und Tempel aber deswegen stets nach Osten weisen, muß bei Opferhandlungen, die ja alle wichtigen Ereignisse einleiten, stets von links nach rechts um den Altar herumgegangen werden, will man die Wirkung der Gottheit nicht verscherzen.

Zwei Arten von Teménea sind nun zu unterscheiden: Solche, die mehrfach identisch auftreten und solche, die es zwar nur einmal gibt, die aber nur von numinosen Wesen, oder von Menschen nur unter besonderem Beistand solcher Wesen betreten werden können. Zunächst zum ersten.

Es gab viele Orte, an denen Zeus geboren wurde, viele Orte, wo Athene auf die Welt kam, viele Orte, wo Persephone geraubt wurde oder wiederkehrte. So heißt Athene einmal »Tritogeneia« (nach dem Tritonsee in Lybien), einmal »Alalkomenis« (nach einem Städtchen in Böotien); es gab überall »rarische« Äcker, wo das erste Getreide gewachsen ist, und ein Omphalos, ein Stein, der die Mitte der Erde kennzeichnete, war nicht nur in Delphi, sondern zum Beispiel auch in Enna. Wer glaubt, darin Widersprüche erkennen zu müssen, die etwa damit zu erklären seien, daß die Griechen sich über den »wahren« Ort dieser oder jener Arché eben nicht haben einigen können, der hat das Wesen des mythischen Raumes vollständig mißverstanden. (Was nicht ausschließt, daß entsprechende Streitigkeiten aufkommen konnten, als die Vorstellung dieses Raumes allmählich verblaßte.) Weil mythische Substanzen als numinose Individuen an vielen Orten zugleich sein können (vgl. Kapitel V, 1.2), so können ihnen auch viele Orte *attributiv* zukommen und damit identisch sein. Dieselbe Arché an »vielen« Orten ist im Grunde dieselbe Arché am selben Ort. Wir würden uns heute wundern, wenn uns jemand fragte, wo sich denn Wagners »Parsifal« *wirklich* abgespielt hat, ob zum Beispiel im Bayreuther Festspielhaus oder in der Münchner Staatsoper, und zwar deswegen, weil er sich für uns nirgendwo wirklich ereignete; der mythische Grieche hätte sich genauso gewundert, hätte man ihn gefragt, wo eine Arché wirklich anwesend ist, nur mit dem Unterschied, daß sie für ihn *überall* identisch wirklich war, wo sie ihm aus welchen Gründen auch immer ein Gegenstand der Erfahrung werden konnte. Ein Ómphalos ist deswegen mythisch nicht ein »geographischer Ort«, sondern er ist, wie Grønbech sagt, ein Stein, »der das Heiligtum als den Mittelpunkt, aus dem die Erde hervorstrahlt, kennzeichnete.«[214]

»Die phlegräischen Gefilde sind die männergebärende Erde; die heiligen Gewässer, die den Témenos benetzen, sind die viehzeugenden Flüsse; Athenes Ölbaum« (auf der Burg) »sind die Olivenwälder Attikas.«[215] J. Evola spricht deswegen auch von einer »heiligen Geographie.«[216]

Wir stoßen hier auf denselben Unterschied von »heilig« und »profan«, den wir schon bei der Betrachtung der mythischen Zeit feststellen konnten. Identisch sind alle Teménea, in denen die gleiche heilige und ewige Arché wiederkehrt; verschieden jedoch sind sie, wenn wir die profanen und sterblichen Gegenstände betrachten, die dort jeweils zu finden sind. Wie die heilige Zeit, der zátheos chrónos in die profane, so ist der heilige Raum in den profanen eingebettet. Das Umfeld, in dem sich zum Beispiel ein Omphalos je befindet, mag sehr verschieden aussehen, aber es ist immer die gleiche Gaia, als numinoses Wesen, aus deren Mittelpunkt er »hervorstrahlt«. So können zwei Orte einmal als verschieden, einmal als die gleichen betrachtet werden, je nachdem, von welchem Gesichtspunkt man sie ansieht. Heilige und profane Räume durchdringen einander und bleiben doch wiederum klar voneinander getrennt. Wenn derselbe profane Ort den numinosen Besitzer wechselt, so ist er *mythisch* – worauf schon hingewiesen wurde – ein anderer Ort geworden, und es kommt immer auf den kultischen Zusammenhang oder die Art der augenblicklichen Epiphanie an, um welchen Ort es sich gerade handelt.

Es gibt aber auch numinose Orte, die überhaupt nicht in den profanen Raum eingebettet werden können, und zwar jene, die, wie schon erwähnt, von Menschen nur unter besonderem numinosen Beistand zu betreten sind. Dazu gehören der Olymp und der Tartaros. Der Olymp ist nicht mit jenem Berg im Norden Griechenlands identisch,[217] ja, er ist überhaupt nicht an irgendeiner angebbaren Stelle. In der Ilias, 5, S. 749 heißt es: »Und aufkrachte des Himmels Tor, das die Horen / Hüteten, welchen der Himmel vertraut ward und der Olympos, / Daß sie hüllende Wolk' jetzt öffneten, nun verschlössen.«[218] Vom Tartaros aber sagt Hesoid in seiner Theogonie S. 727f.: »Um ihn ist eine eherne Mauer gezogen, / Und Finsternis ist um ihn / Dreifach geschichtet gebreitet, / Oben rings um den Nacken. / Aber darüber ist der Grund, zu dem der Erde Wurzeln / Und des unfruchtbaren Meeres hinabreichen.«[219] Wolken und Finsternis also verhindern, daß Olymp und Tartaros geortet werden können. Zwar erzählt der Mythos von Zugängen zur Unterwelt, von bekannten Höhlen und Quellen, die dorthin führen sollen, wie zum Beispiel bei Tainaron und Hermione, beim pontischen Herakleia, bei Argos, bei Kyme usf. Aber da nur von Göttern Auserwählte solche Zugänge fanden, bleiben sie dennoch einem Sterblichen verschlossen. Staunend sagt daher die verstorbene Mutter zu ihrem Sohn Odysseus im Totenreich: »Kind, wie kamst du lebendig herab in das dunstige Düster? / Was du hier siehst, kann schwerlich ein andrer Lebendiger sehen. / Riesige Ströme und schreckliche Fluten liegen dazwischen.«[220] Auch Äneas konnte nur mit göttlichem Beistand und Zauber den Weg zum Hades finden, und in den Olymp konnte Herakles erst gelangen, als er zum Gotte gemacht wurde.

Teménea bleiben hinsichtlich ihrer Maße oft unbestimmt. So sagt zwar Hesiod: »Wie der Himmel weit ist von der Erde, / So weit ist es nämlich von der Erde / Bis zum dunstigen Tartaros; / Neun Nächte nämlich und neun Tage / Fiele ein eherner Amboß vom Himmel herab. / Am zehnten aber käme er zur Erde; / Neun Nächte wiederum und auch Tage / Fiele ein eherner Amboß von der Erde herab, / Am zehnten aber käme er zum Tartaros.«[221]

Dennoch ist damit keine eindeutige Metrik gemeint. Man erkennt das schon daran, daß solche Angaben überaus schwankend sind. So braucht beispielsweise Hephaistos in der Ilias (1, S. 592) nur einen Tag bis zur »sinkenden Sonne«, um die Erde zu erreichen, nachdem ihn Zeus aus dem Himmel geschleudert hatte; ja, in anderen Fällen können Götter im Nu dieselbe Strecke durcheilen. Zahlenangaben solcher Art sind deshalb »nicht wörtlich zu nehmen«, wie die Real. d. cl. Alt. bemerkt,[222] und W. Marg kommentiert die zitierte Stelle aus Hesiods Theogonie: »Neun Tage, am zehnten: nach der alten typischen Zahlenvorstellung: neun bedeutet viel, lang (zum Beispiel neun Jahre Kampf um Troja, im zehnten wird es erobert).«[223]

Aber auch für Teménea, die in den profanen Bereich eingebettet werden können, wo sich eine Arché abgespielt hat, ergeben Abmessungsangaben meist keinen Sinn. Hier genügen eher gewisse Ähnlichkeiten (ein bestimmter Hain, ein Acker und dergleichen), um den gegebenen Ort mit dem heiligen zu identifizieren. Schon im Kapitel V, 1.1 ist auf den Zusammenhang von Ähnlichkeit und Identität im Begriff der mythischen Substanz hingewiesen worden. »Wie es dem mythischen Denken überhaupt eigen ist,« schreibt E. Cassirer, »daß es bloße ideelle ›Ähnlichkeiten‹ nicht kennt, sondern wie jede Art von Ähnlichkeit ihm als Zeugnis einer ursprünglichen Gemeinschaft, einer Wesensidentität gilt, so gilt dies vor allem für die Ähnlichkeit, für die Analogie der räumlichen Struktur. Die bloße Möglichkeit, bestimmte räumlich Ganze Glied für Glied einander *zuzuordnen*, wird für die mythische Anschauung zum unmittelbaren Anlaß, sie miteinander verschmelzen zu lassen. Sie sind fortan nur verschiedene Ausdrucksformen ein und derselben Wesenheit, die in ganz verschiedenen Dimensionen erscheinen kann. Kraft dieses eigentümlichen Prinzips des mythischen Denkens wird die räumliche

Ferne von ihm gewissermaßen ständig negiert und aufgehoben. Das Fernste rückt mit dem Nächsten zusammen.«[224] Eine solche »eigentümliche Maßlosigkeit«, wie es die Real.d.cl.Alt. nennt,[225] ist also nicht etwa Ausdruck einer zügellosen Phantasie, sondern Ausdruck einer bestimmten, die heilige Dimension betreffenden mythischen Raumauffassung. Deswegen wundert sich auch niemand darüber, daß zum Beispiel Poseidon von den Solymerbergen im südlichen Kleinasien Odysseus im Jonischen Meer fahren sehen kann (Odyssee 5, S. 282), oder Iris sich im Nu vom Berge Ida auf das Schlachtfeld vor Troja schwingt (Ilias 15, S. 570).

Wo dennoch Raummaße eine Rolle spielen, da haben auch sie einen sakralen Ursprung. Als Norm gilt ein Tempel oder Témenos, der in sechshundert Teile geteilt wurde. Jeder dieser Teile stellt die Maßeinheit »Fuß« dar, und die Längeneinheit »Stadion« hatte entsprechend sechshundert Fuß. Wieder hatte ein Gott dies »gezeigt«, denn das Fußmaß wurde an der Tempelwand aufgezeichnet.[226] Auch von den Römern wissen wir, daß sie das Templum als heilig umgrenzten Bezirk für den Ausgangspunkt der Messung hielten und daß sie, wie wir den Schriften der Agrimensoren entnehmen können, den Akt der Limitation auf Jupiter zurückführten (was griechisch bedeutet, daß hier eine Arché des Zeus vorliegt).[227]

4. Der mythische Raum im Spiegel des Vorsokratikers Anaximander und des Geographen Hekataios

Versuche der späteren Zeit, die mythische Raumvorstellung *geometrisch* zu deuten, zeigen, daß den Menschen früher eine solche Deutung unbekannt war. Dabei handelt es sich offenbar nicht etwa nur um eine Präzisierung vorher mehr oder weniger verschwommener Vorstellungen, sondern um eine vollständig neue Denkweise. Als besonders markante Beispiele führe ich Anaximander und Hekataios an.

Anaximander lehrte, die Erde schwebe frei und habe die Form einer Säule, wir aber bewegten uns auf deren Oberfläche, unter der die Gegenseite liege.[228] Diese Säule wird genauer als Zylinder beschrieben, dessen Höhe ein Drittel des Umfanges betrage.[229] Was hier sofort gegenüber den Angaben Homers und Hesiods ins Auge fällt, ist der Versuch, genauere räumliche Angaben zu machen. Es ist die Sprache der Geometrie, zunächst ja als Landvermessung betrieben, die hier erstmals auf die Erde als Ganzes angewandt wird. Bemerkenswert ist auch der ausdrückliche Hinweis darauf, daß unter der Erde die Gegenseite liege, denn offenbar war er, der uns ganz überflüssig erscheint, keineswegs selbstverständlich.[230] Wie wir gesehen haben, stellten mythisch Himmel, Erde und Tartaros, selbst wenn sie als »oben«, »in der Mitte« und »unten liegend« gekennzeichnet wurden, keineswegs genau lokalisierbare und exakt gegeneinander abgegrenzte Orte dar; erst Anaximander scheint das Homerische Weltbild als eine Kugel vorgeschwebt zu haben, also als ein geschlossener geometrischer Raum, in dessen Mitte der irdische Zylinder schwebte, über den sich der Himmel und unter dem sich der Tartaros wölbt.

Hekataios setzte nun fort, was Anaximander begonnen hatte. »Das von der Philosophie entworfene, von Hekataios angenommene Bild zeigt eine offenbar beabsichtigte mathematische Schematisierung«, schreibt dazu die Real.d.cl.Alt.[231] Er zeichnete nämlich eine Karte, in der er Zug um Zug die Orte der Erdoberfläche eintrug. Aber vermutlich hat er damit nur ausgeführt, was Anaximander bereits entworfen hatte. Hand in Hand damit ging der Versuch, »die Geographie des Epos« (gemeint ist das Homerische) »mit der Wirklichkeit in Einklang zu bringen,« heißt es weiter in der Real.d.cl.Alt.,[232] wobei unter »Wirklichkeit« eben die geometrisch dargestellte Welt gemeint ist. Und in der Tat handelt es sich hier um die gleiche »Rettung« des Mythos für den Logos, die schon im Kapitel VII, 2 zur Sprache kam, wo es allerdings um die Zeit und nicht um den Raum ging. Damit beginnen dann auch schon jene Schwierigkeiten, sich die doch nunmehr notwendig anzunehmenden scharfen Grenzen der Erdscheibe klarzumachen. Man sucht daher Beweise für die Annahme, daß die Erdscheibe vom Okeanus umflossen sei. Da man sie nicht für alle Himmelsgegenden liefern kann, verweist man wenigstens auf die physische Unmöglichkeit, die Ränder der Erde zu erreichen. So spricht Herodot von einem »wüsten Land«,[233] von einer »unendlichen Ebene«,[234] von »Sandwüsten«,[235] die im Norden, Osten und Süden lägen und von niemandem durchschritten werden können. In solchen Gegenden sollen dann auch die mythischen Völker leben, wie es zum Beispiel die Hyperboräer und die Arimaspen sind. Es liegt auf der Hand, daß damit die *theoretische* Frage nach den geometrischen Grenzen der Welt unbeantwortet bleiben mußte. Aber diese Frage, und das ist hier das Entscheidende, hat offenbar vorher niemanden beunruhigt und zwar nicht deshalb, weil man etwa denkfauler oder dümmer gewesen wäre, sondern weil sie innerhalb der mythischen Raumdeutung keinen Sinn haben konnte.

Dennoch schimmert hier überall noch die mythische Raumvorstellung durch. Es ist vorhin bemerkt worden, daß diese zunächst parataktisch war, also Raumteil an Raumteil einfach aneinandergefügt wurde. So hat, um es noch einmal durch Beispiele zu verdeutlichen, Pindar die Welt »in der lockeren Reihung der Bilder aufgebaut.« G. Nebel, von dem diese Beobachtung stammt,[236] schreibt ferner: »Wir sahen, daß Pindar die Wirklichkeit einer Stadt in Reihungen hervor- und heranzieht: Er darf noch reihen und Kränze flechten ... Die Tiefe der Welt ist ganz Oberfläche ...« nämlich noch nicht in einen dreidimensionalen Raum eingeordnet.[237] Ganz deutlich tritt das parataktische Raumdenken auch bei Homer hervor. Die sog. epischen Periplen, also Segelrouten, die stets mit gleichlautenden Floskeln eingeleitet wurden, bestanden in einer Aneinanderreihung der zu befahrenden Orte. Gleiches finden wir im sog. Schiffskatalog der Ilias, wo die Kapitäne und ihre Heimatorte in fast ermüdender Folge aufgezählt werden.[238] Diese stereotypen Einleitungsfloskeln wie dieses stereotype Aufzählen deuten auf eine rituelle und kultische Bedeutung solcher Darstellungen hin. Gerade weil alle Orte irgendeine Arché und damit den heiligen Raum repräsentieren, sind sie alle von gleichem Gewicht, bedarf ihre Aufzählung des feierlich Einherschreitenden. Auch ist deshalb jeder Ort nur durch seinen Inhalt gegeben und nicht etwa Funktion irgendeines übergeordneten Gesamtzusammenhanges. All dies ist immer noch auch bei Hekataios erkennbar. Zwar drückt er sich nicht mehr in Versen, sondern in Prosa aus. Aber die archaische Form seines Stils, seine kanonisch-feierlichen, ständig wiederkehrenden und jeden neuen Abschnitt einleitenden Floskeln,[239] die Monotonie, mit welcher die Städte, Flüsse, Gebirge, Meerbusen usf. aneinandergereiht werden, verraten den mythischen Ursprung. Man fühlt, daß es sich auch bei ihm noch um die Nennung heiliger Namen handelt, daß ihr ganzes Gewicht schon bei ihrer Erwähnung mitschwingt. Das Parataktische kommt aber ferner darin zum Ausdruck, wie die einzelnen Orte zueinander in Beziehung gesetzt werden. Die dabei verwendeten Wörter sind: Danach,[240] anschließen,[241] angrenzen,[242] nördlich,[243] bis,[244] überschreiten[245] usf. Eins lehnt sich so ans andere an. Raumteil folgt auf Raumteil, jede Beziehung auf geschlossene Gestalten und Formen, jede *innere* Strukturierung des Ganzen fehlt, selbst wenn alles am Ende doch noch in die eine geometrische Einheit der Ebene eingeordnet wird.

5. Topologische und metrische Unterschiede zwischen der mythischen und der wissenschaftlichen Raumauffassung

Das in den Abschnitten 1 bis 3 im Kapitel IV über die wissenschaftliche Raumbestimmung Gesagte (wobei, ich erinnere noch einmal daran, nur »klassische« Vorstellungen berücksichtigt zu werden brauchten), läßt sich wie folgt zusammenfassen und genauer präzisieren: *Erstens:* Der Raum ist ein allgemeines Medium, *in* dem sich Gegenstände befinden. *Zweitens:* Dieses Medium wird als *kontinuierliche, homogene* und *isotrope* Punktmannigfaltigkeit aufgefaßt. Sie ist homogen, weil Punkte nicht voneinander zu unterscheiden sind, und sie ist isotrop, weil es für Ereignisfolgen gleichgültig ist, in welcher Richtung sie sich ausbreiten. Diese Punktmannigfaltigkeit nennt man den *Gesamtraum* oder *Weltraum*. *Drittens:* Jeder Gegenstand, sofern er wirklich ist, befindet sich *an* einer Raumstelle. Der Raum ist aber nicht nur in diesem dreifachen Sinne *topologisch* (wobei es hier nicht erforderlich war, *alle* seine topologischen Eigenschaften aufzuzählen), sondern er ist auch *metrisch* definiert. Daher sei noch *viertens* hinzugefügt, daß feststeht, was unter der gleichen Länge zweier Raumstrecken zu verstehen ist und daß jeder räumliche Gegenstand eine metrisch bestimmte Ausdehnung nach drei Dimensionen besitzt.

Anhand der vorangegangenen Ausführungen können wir nun die folgenden Unterschiede zwischen der wissenschaftlichen Raumauffassung und derjenigen des Mythos feststellen: *Erstens:* Der mythische Raum ist *kein* allgemeines Medium, *in* dem sich Gegenstände befinden, sondern Raum und Rauminhalt bilden eine unauflösliche Einheit. *Zweitens:* Er stellt *keine* kontinuierliche Punktmannigfaltigkeit dar, sondern ist aus lauter *diskreten* Elementen, den sog. Temenea, zusammengesetzt, die sich aneinanderreihen und Räumliches konstituieren. *Drittens:* Der mythische Raum ist *nicht homogen*, da sich in ihm Orte dadurch unterscheiden, daß sie nicht nur eine relative, sondern auch eine absolute Lage haben (oben, unten usf.). *Viertens:* Er ist *nicht isotrop*, da es keineswegs gleichgültig ist, in welcher Richtung sich eine Ereignisfolge ausbreitet (rechts herum und links herum). *Fünftens:* Mythisch wird ein heiliger von einem profanen Raum unterschieden. Der heilige Raum wird in den profanen eingebettet. *Sechstens:* Nicht alle Orte des heiligen Raumes lassen sich in den profanen einbetten, sie bilden, in der Sprache des Mathematikers ausgedrückt, Singularitäten (Olymp, Tartaros usf.). Auch hat die Einbettung zur Folge, daß identisch heilige Orte an verschiedenen Stellen des profanen Raumes mehrfach wiederkehren können (Omphalos). *Siebentens:* Der profane Raum ist *topologisch* ausschließlich durch die unter Punkt sechs angegebenen Phänomene bestimmt. Er gibt sich also nur dadurch zu erkennen, daß die heiligen Teménea mit ihrer Diskontinuität, Inhomogenität und Anisotropie für den Sterblichen teils unerreichbar sind, teils im Gewande des Verschiedenen auftreten können, obgleich sie ein Gleiches sind. Der Mensch vermag zwar den heiligen Raum anzuschauen, ja, in ihm zu leben, aber dessen profane »Außenbetrachtung« führt zu topologischen Zerreißungen und Verzerrungen, welche dessen »Innenbetrachtung« nicht kennt. *Achtens:* Mythisch gibt es *keinen Gesamtraum,* in dem alles seine Stelle hat, in den alles eingeordnet werden kann, sondern es gibt nur Aneinanderreihungen einzelner Raumelemente, und diese einmal als heilige (Teménea) und zum anderen als profane. *Neuntens:* Während der profane Raum *metrisch* dadurch definiert ist, daß *jeder* seiner Gegenstände eine metrisch bestimmte Ausdehnung nach drei Dimensionen hat, gilt dies für den heiligen Raum nicht.

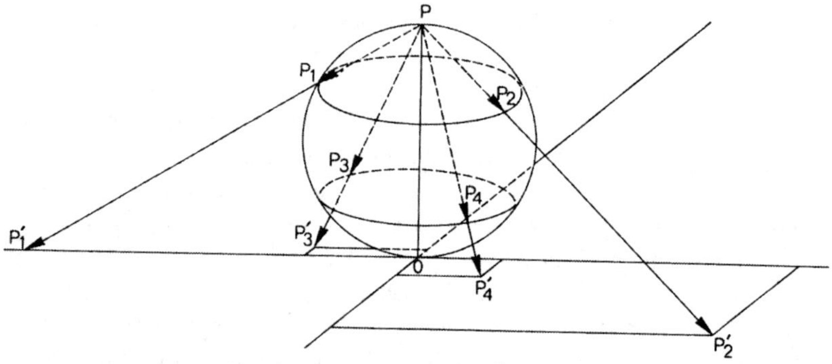

Dem mit topologischen Fragen weniger vertrauten Leser sei an zwei Beispielen mathematischer Projektionen veranschaulicht, was hier mit »Einbettung eines Raumes in einen anderen«, mit »Singularität« und mit der »Wiederholung des Identischen an verschiedenen Orten« zu verstehen ist.

Betrachten wir die stereographische Projektion einer Kugeloberfläche auf eine Ebene (s. Abb. auf gegenüberliegender Seite).

Von P aus werden Strahlen auf die Ebene geworfen und damit jeweils ein Punkt P_i, der Kugeloberfläche in einen Punkt P_i', der

Ebene verwandelt. Allein eine solche Projektion geht nicht ohne Zerreißung der Punktmannigfaltigkeit des Kugelraumes ab: Dem Punkt P entspricht *kein* Punkt auf der Ebene, denn wie man sehen kann, läge seine Projektion im Unendlichen. P stellt also hier eine Singularität dar.

Betrachten wir jetzt den Fall eines Torusraumes:

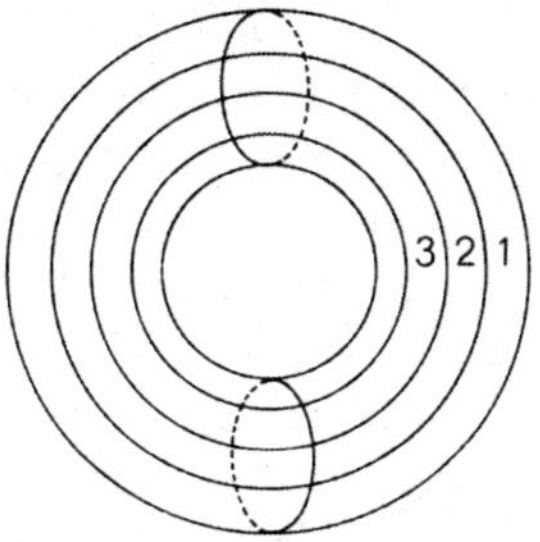

Um sich zu veranschaulichen, was darunter zu verstehen ist, stelle man sich zunächst eine Torusfläche vor, deren Eigenschaften man an Hand eines Wurfringes, wie man ihn zum Spielen am Strand benutzt, erkennen kann. Nun muß man sich, um von der Torusfläche zum Torusraum vorzudringen, die in der nebenstehenden Zeichnung eingetragenen Kurven 1, 2, 3 als dreidimensionale Schalen vorstellen. Wenn jetzt jemand von der Schale 1 loswandert, so könnte er, wie ersichtlich, über die Schalen 2 und 3 wieder zur Schale 1 zurückkehren. Nehmen wir jetzt an, derselbe wüßte nicht, daß er sich in einem Torusraum befindet, sondern glaubte, daß die Schalen geradlinig aufeinander folgten, so daß er immer wieder in eine andere und neue gelangte; dann würde er die Beobachtung machen, daß immer wieder die gleichen Schalen mit den gleichen Gegenständen darin vorkommen, obgleich sie sich doch an verschiedenen Orten des Raumes befinden.

Solche Projektionsbeziehungen verschiedener Räume in der Geometrie sind denjenigen der Einbettung zwischen heiligem und profanem Raum analog. Der Sterbliche kann den heiligen Raum nicht unmittelbar erkennen, er zeigt sich ihm nur an den Phänomenen und Wirkungen innerhalb der ihm zugänglichen Welt. Kein Weg führt zum Sitz der Götter und doch sind sie ständig da; jeder Témenos erscheint von dem anderen verschieden und doch können sie, in mythisch-heiliger Sicht, dasselbe sein.

6. Hypotaxe und Synthese in den Teménea

Im ersten Kapitel ist am Beispiel von Hölderlins Dichtung gezeigt worden, daß ein mythischer Ort parataktisch, hypotaktisch und synthetisch aufgebaut ist. Wenn im vorliegenden Kapitel über den mythischen Raum nur das parataktische Moment hervorgehoben wurde, so liegt das daran, daß Hypotaxe und Synthese nur *innerhalb* des einzelnen Témenos als Bauelement des Raumes auftreten, den Aufbau des Raumes *aus* diesen Elementen aber, der in der Tat rein parataktisch ist, nicht betreffen. Selbst wenn man die Teménea sehr ausgedehnt wählt, etwa Uranos, Gaia und Tartaros, da ja ein Témenos viele in sich enthalten, sich mit vielen überlagern kann, werden wir sie nicht in irgendeiner Weise zueinander hypotaktisch oder synthetisch angeordnet finden. So gibt es ja auch nicht den Kosmos als Ganzheit, wie sich zeigt, sondern »Kosmos« ist nur ein Ausdruck dafür, daß eine Ordnung *zwischen* den Teménea besteht, so wie man von einer Ordnung sprechen kann, wenn Besitzverhältnisse, Abgrenzungen von Ländereien und dergleichen auf eindeutige Weise geregelt sind.

Der einzelne Témenos für sich aber zeigt seine *hypotaktische* Struktur schon darin, daß er in irgendeiner Weise einen Mittelpunkt hat: Einen Tempel, eine Quelle, einen Fluß, einen Hain, Bäume, einen Berg und dergleichen. In Pindars vorhin erwähnter Ode ist es der Ätna, auf den alles in der sizilischen Landschaft weist, im Mythos der Danaiden sind es die Flüsse, in denen die Argolis ihren innersten Lebensnerv besitzt. In solchen Mittelpunkten ist das numinose Wesen des Témenos am dichtesten anwesend, und von hier aus dringt seine mythische Substanz in alle seine Teile. So ist es ausschließlich diese mythische Substanz, die aus ihm eine *synthetische* Einheit macht.

Wie die Griechen eine derartige Einheit sahen, kann man besonders dort am deutlichsten nachvollziehen, wo sie eine solche selbst aufbauten, nämlich in der Polis. Wenn man zum Beispiel in Athen auf dem Pnyx steht, so umfaßt man die Stadt mit einem Blick: Man selbst befindet sich dort, wo die Regierung tagte; links davon, etwas tiefer gelegen, befindet sich die Agora, wo sich vornehmlich das Leben der Polis abspielte; etwas weiter rechts, alles überragend, liegt die Akropolis, wo Athene wohnte. So folgt eines dem anderen und hat doch ein Numinoses, dem es untergeordnet ist, das alles durchdringt und zu *Einem* vereint.

Als ich einmal an einem sehr hellen und klaren Morgen die Ebene des Ganges überflog, konnte ich mit einem Blick das Gebiet des

Mount Everest und eine riesige Strecke des Flusses umfassen. Der höchste Gletscher im Norden überragte alles im gleißenden Licht; der Ganges wand sich zu seinen Füßen; zugleich bot sich mir der Anblick einer umfassenden Einheit, eines unendlich lebendigen Zusammenhanges, dessen Lebenswasser aus dem Gebirge niederströmte. Wenn man solches geschaut hat, fällt es einem nicht schwer, Pindars oder Hölderlins Landschaftsauffassung zu verstehen.

Mit den Kapiteln VII und VIII, darauf sei abschließend hingewiesen, bin ich den Punkten fünf, sechs und sieben des im Kapitel IV entwickelten Leitfadens gefolgt. Ich werde mich nun im nächsten Abschnitt mit einer sich aus Punkt vier dieses Leitfadens ergebenden Frage befassen, die ich aus Gründen der Darstellung zunächst noch unberücksichtigt gelassen habe.

IX. Ganzes und Teil im griechischen Mythos. Eine genauere Bestimmung des mythischen Substanzbegriffes

Wie sich im Kapitel IV gezeigt hat, betrachtet die Wissenschaft das Verhältnis von Ganzem und Teil auf verschiedene Weise: Bisweilen faßt sie ein Ganzes als Funktion seiner Teile auf, bisweilen die Teile als Funktion eines Ganzen. Wir können nun im Bereiche des Mythos eine ähnliche Mannigfaltigkeit finden, aber wir werden auch starke Abweichungen im einzelnen feststellen.

1. Wo der Unterschied von Ganzem und Teil verschwindet

Bei der folgenden Untersuchung ist davon auszugehen, daß mythisch jeder Gegenstand nur durch seine Teilhabe an einer numinosen Substanz ist, was er ist. Er ist in seiner sterblichen Erscheinung nur eine Hülle, ein Gefäß, in welches eine solche Substanz in größerer und geringerer Dichte eindringt, weswegen das Numinose darin stärker oder schwächer anwesend sein und verspürt werden kann. Dies ist im Kapitel V ausführlich dargestellt worden. Dort wurde ferner gezeigt, daß mythische Substanzen zugleich materielle wie ideelle Individuen darstellen, so daß überall, wo eine solche Substanz auftritt, dasselbe Individuum gegenwärtig ist. Das bedeutet, daß es in dieser Hinsicht überhaupt keinen Unterschied zwischen Ganzem und Teil gibt, wie es etwa bei materiellen Stoffen der Fall ist, die in irgendeiner Weise im Raum verteilt sind, so daß wir immer nur ein Stück davon haben.

Aus diesem Grund ist in *jedem* reifen Korn Demeter, in *jeder* Scholle Gaia anwesend; der Kydos des Helden ist auch in seiner Rüstung, die Timé des Königs auch in seinem Zepter, der Ólbos der Sippe auch im Gastgeschenk, ja, identisch in jedem einzelnen ihrer Angehörigen; wegen der Einheit von Ideellem und Materiellem ist aber der Mensch sogar in seinem Namen, weswegen es von außerordentlicher Bedeutung sein kann, wie man mit seinem Namen umgeht; in Athenes Ölbaum auf der Akropolis sind ferner *alle* Olivenwälder Attikas, die phlegräischen Gefilde sind *die* männergebärende Erde usf.

Das schließt nicht aus, daß Gegenstände als mythische Substanzen ebenso im Verbund auftreten können, wie das auch bei Individuen anderer Art möglich ist. Ein solcher Fall liegt zum Beispiel vor, wenn numinose Wesen auseinander entstehen. Eine solche Entstehung (vgl. Kapitel V) wird oft als eine Art Auseinanderfaltung eines Spektrums, als ein Ausscheiden bestimmter Teile aus einem ursprünglichen Ganzen verstanden. Aus dem Chaos entstehen die Schattenreiche des Erebos und der Nacht; aus der Nacht entstehen der Schlaf, der Traum, der Tod, die Moiren, die Keren usf. Alle diese Wesen haben etwas Gleiches an sich, etwas Düsteres und Dunkles, und verhalten sich zum Chaos wie etwas Spezifisches zum Allgemeineren. Wenn andererseits die Berge und das Meer als aus der Erde entstanden gedacht werden, so deswegen, weil Berge sich aus der Erde auftürmen und Meere aus Flüssen gespeist werden, die aus den Tiefen der Erde entspringen. Das aber bedeutet mythisch, daß auch sie Substanz der Erde, der Gaia enthalten müssen, so wie das Kind Substanz der Mutter in sich trägt, aus deren Schoß es geboren wurde und mit der es ursprünglich zu einem Ganzen verbunden war.

Wollen wir uns das Denkschema verdeutlichen, das hier zugrunde liegt, so müssen wir etwas weiter ausholen. Dabei wird es sich wieder als nützlich erweisen, zunächst von bestimmten späteren metaphysischen Vorstellungen auszugehen, die uns noch vertraut sind, die aber in diesem mythischen Denkschema ihre Wurzeln haben. Es handelt sich um das Verhältnis von Substanz und Modus, das in der Geschichte der Philosophie eine so entscheidende Rolle gespielt hat.

Die klassische Definition des Begriffes »Substanz«, die wir noch bei Descartes, Leibniz, Spinoza und vielen anderen finden, lautet so: Unter Substanz ist dasjenige zu verstehen, was keines anderen zu seiner Existenz bedarf; was aber eines anderen, eben der Substanz, zu seiner Existenz bedarf, ist ein Modus von ihr. Dabei handelte es sich um eine *substantialisierte* Auffassung eines nach unserer heutigen Auffassung *rein logischen* Verhältnisses, wie wir am Beispiel der Ausdehnung, die von Descartes als Substanz angesehen wurde, erkennen können.[246] Der Begriff »Ausdehnung« hat den größtmöglichen Umfang in bezug auf das Äußere; es mag etwas viereckig, hart, rot oder sonstwie geartet sein, immer kommt ihm Ausdehnung zu; andererseits ist nicht alles Ausgedehnte viereckig, hart oder rot. Gegenstände der letzteren Art »bedürfen« also der Ausdehnung »zu ihrer Existenz«, nicht aber diese solcher Gegenstände. Sie werden daher Modi genannt, die Ausdehnung Substanz. Dies läßt sich graphisch symbolisieren:

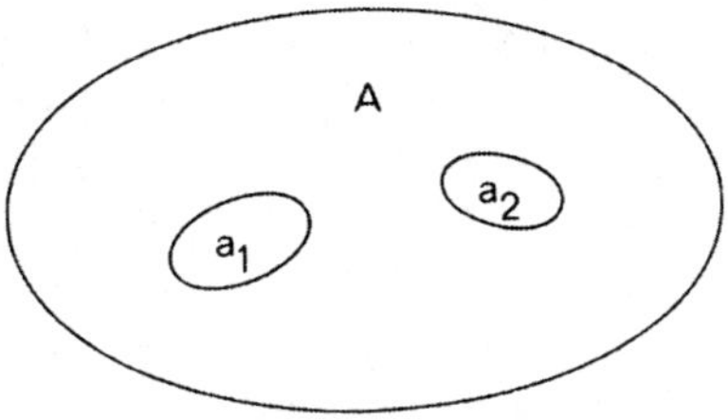

Hier bedeutet A den Begriffsumfang der Substanz, a_1, und a_2 bedeuten die Umfänge zweier ihrer Modi. A stellt also hier logisch die *Vereinigungsmenge* $a_1 + a_2 + \ldots + a_n$ dar, wenn wir der Einfachheit halber eine endliche Menge von a_i, annehmen und ferner davon absehen, daß es auch a_i, gibt, die eine gemeinsame Durchschnittsmenge haben, wie ja zum Beispiel etwas sowohl rot wie hart sein kann. Worauf es hier allein ankommt ist jedoch dies, daß in der Tat, wie schon gesagt, *logische* Verhältnisse als *substantielle* aufgefaßt werden. Die Modi sind etwas *an* der Substanz, mit der nicht etwa nur ein Allgemeinbegriff vorgestellt wird, sondern etwas nicht weniger Wirkliches, als es zum Beispiel Stoffliches ist. Andererseits kann die *Durchschnittsmenge* von A und a_i, die mit »$A \cdot a_i$«, bezeichnet wird, als ein selbständiger »Teil« aus dem A als »Ganzem« ausgesondert werden, so etwa, wenn es Gegenstände gäbe, die nur ausgedehnt und hart und sonst nichts wären.[247]

Gehen wir nun vom metaphysischen zum mythischen Substanzbegriff über und wählen wir als Beispiel für A die Ursubstanz des Chaos. Sie enthält die weiteren Substanzen des Erebos und der Nacht, die wir nun mit $A \cdot a_1$, bzw. $A \cdot a_2$, bezeichnen wollen. Beiden ist das Nächtliche und Düstere des Chaos gemeinsam, aber beide haben noch zusätzliche Eigenschaften. In weiteren Ausdifferenzierungen ergeben sich dann Durchschnittsmengen der Art $A \cdot a_i \cdot a_{ik}$ (zum Beispiel der Schlaf oder der Tod, die etwas Düsteres und Nächtliches und noch zusätzliche Eigenschaften haben) usf. Wir können daher das Denkschema, das der Entstehung mythischer Substanzen zugrunde liegt, auf folgende Weise symbolisieren:

$$
\begin{array}{ccc}
 & A & \\
A \cdot a_1, & A \cdot a_2, & A \cdot a_3 \ldots, \\
A \cdot a_1 \cdot a_{11}, \ldots, & A \cdot a_2 \cdot a_{21}, \ldots, & A \cdot a_3 \cdot a_{31}, \ldots, \\
 & \text{usf.} &
\end{array}
$$

Die mythische Substanz ist also der metaphysischen Substanz analog; die aus ihr hervorgehenden, sich ausdifferenzierenden mythischen Substanzen $A \cdot a_i$ entsprechen den metaphysischen Modi, die Substanzen $A \cdot a_i \cdot a_{ik}$ den Modi der Modi usf. Dennoch unterscheiden sich Metaphysik und Mythos hier auf folgende Weise: *Erstens:* Während metaphysisch die im obigen Schema aufgeführten Reihen ein wirkliches und substantielles »Abhängigkeitsverhältnis« ausdrücken, kennzeichnen sie mythisch einen wirklichen und substantiellen *Entstehungsprozeß. Zweitens:* Wenn wir die Symbole dieses Schemas mythisch interpretieren, dann bedeuten sie nicht, wie in der Metaphysik, substantialisierte Allgemeinbegriffe und Prädikate, sondern *numinose Individuen.* Die in den verschiedenen Zeilen auftretenden Ausdrücke verweisen genauer auf verschiedene Aspekte *ein und desselben Individuums.* An die Stelle der Vereinigungsmenge A tritt also das unentfaltete Individuum, während die folgenden Durchschnittsmengen seine allmählichen Ausdifferenzierungen darstellen. Und ebenso, wie die mythische Substanz, in mannigfaltigen Teilen auftretend, dennoch überall das gleiche Individuum darstellt (vgl. Kapitel V), so kann sie auch in ihren verschiedenen Aspekten gesondert erscheinen, ohne dabei aufzuhören, ein identisches Individuum zu bleiben. In jedem Fisch ist Meersubstanz (Poseidon), in jeder Meersubstanz ist Erdsubstanz (Gaia), und in der Tat ist ja auch Poseidon Kind von Rhea, einer Tochter der Gaia.[248]

Wie man sieht, kann also mythisch der Unterschied von Ganzem und Teil auch dort verschwinden, wo mythische Substanzen im Verbund auftreten. Zwar sieht es auf den ersten Blick so aus, als wäre die Ursubstanz A eine Mischung, aus der sich die darin gemischten Teile $A \cdot a_i$ usf. aussondern. Aber keine der uns geläufigen Vorstellungen von einem aus Teilen bestehenden Ganzen läßt sich hier anwenden: Denn weder ist dieses Ganze eine Funktion seiner Teile, weil es ja identisch in jedem Teil wiederkehrt, noch sind die Teile eine Funktion dieses Ganzen, weil sie ebenso im Ganzen wie ausgesondert aus ihm das Gleiche sind.

2. Wo das Ganze eine Funktion der Teile ist

Ein anderer Fall numinoser Entstehungsprozesse ist die *Zeugung,* so etwa, wenn durch Fortpflanzung aus Gaia und Uranos Titanen und Götter entstehen. Diesem Vorgang liegt nun in der Tat im Gegensatz zu dem vorhin behandelten der Aussonderung aus einer Ursubstanz eine *Mischung* zugrunde, im gegebenen Zusammenhang eine Mischung aus irdischer und himmlischer Substanz, aber diese Mischung ist eher »mechanisch« zu denken, es entsteht dadurch nicht etwas qualitativ Neues, sondern das aus ihr bestehende Ganze ist einfach durch das Maß der Anteile bestimmt, die seine Elemente jeweils daran haben. Sie können also gleich verteilt sein oder das eine kann überwiegen und prägt daher das Ganze stärker als das andere. Hier tritt wieder das Prinzip der Verdichtung und Verdünnung hervor, das schon in früheren Abschnitten öfter zur Sprache kam und mit der Teilhabe von Gegenständen an mythischen Substanzen engstens zusammenhängt – können diese doch als mehr oder weniger stark anwesend gedacht werden.

Die Theogonie Hesiods bietet für solche Vorstellungen viele Hinweise. Wie schon gesagt, enthalten die Abkömmlinge von Gaia und Uranos irdische *wie* himmlische Substanz, aber offenbar in verschiedenem Maße: Bei den Titanen überwiegt das Erdhafte, bei den Göttern das Himmlische. Sind nicht die Götterkämpfe stark von diesen Gegensätzen geprägt? Gaia stürzt Uranos mit Hilfe des Kronos; Zeus aber stürzt wieder Kronos und richtet die Welt der Olympier auf, die zwar auch auf der Erde leben, aber doch in der Höhe ihren eigentlichen Sitz haben. Zwar ist Gaia auch am Sturz des Kronos beteiligt, aber geschieht es nicht, weil er sich gegen ihr Heiligstes, das Gebären, versündigte, indem er ihre Kinder verschlang? Im »Prometheus« des Aischylos wird deutlich, daß Zeus nach dem Sieg über Kronos nicht Gaias Recht wiederherstellte, sondern daß er diesen Sieg benützte, über das alte Reich des Chthonischen die absolute Herrschaft der Olympier aufzurichten. Auch wenn er der Sohn des Kronos und der Rhea war, also der Kinder von Gaia und Uranos, scheint doch das Erbe des Uranos in ihm durchzuschlagen. Andererseits setzt sich das Zeus-Wesen in seinen Kindern Apollo und Hermes durch, die er mit den Titanen Leto und Maia zeugte. Aphrodite ist aus dem Meeresschaum geboren, den die abgeschnittenen Genitalien des Uranos erzeugten. Athene ist unmittelbar aus dem Haupte des Zeus entsprungen usf.

Dieses Strukturmodell der Theogonie läßt sich auch auf die Geschlechterreihen der Menschen anwenden. Der Ahnherr des Geschlechtes wird meist auf einen Gott oder einen Heros zurückgeführt. Dessen mythische Substanz bleibt durch alle mythischen Generationen hindurch bestimmend. Die durch Verehelichung hinzukommenden Substanzen anderer Geschlechter bilden zwar mit der ursprünglichen eine Mischung, doch so, daß diese stets das Übergewicht behält: Es ist die Substanz des mythischen Ahnherrn väterlicherseits, der vor allem in den Nachkommen *identisch* weiterlebt, was auch dadurch zum Ausdruck kommt, daß *sein* Name beibehalten wird, während die anderen verschwinden. Der Name hat Wirklichkeitsbedeutung, wie schon wiederholt bemerkt würde, seine Idealität enthält zugleich die Materialität der Substanz, die er bezeichnet.

So stellt einerseits jedes einzelne Glied der Ahnenkette, jede einzelne Person darin ein Ganzes dar, das Funktion seiner Teile ist, nämlich als Mischung, und so ist andererseits jeder Teil dieser Mischung identisch mit allen jenen Teilen der Vorfahren, aus denen er sich unmittelbar herleitet. Die mythische Sippensubstanz stirbt nicht, solange es noch überhaupt Träger für sie gibt, nur ihre einzelnen Träger sterben.

3. Wo die Teile Funktion eines Ganzen sind

Erinnern wir uns an die Wesenszüge eines Témenos, wie sie zum Beispiel in Pindars erster Pythischer Ode zum Ausdruck kommen. Hier kann man Hölderlins Art, eine Landschaft zu sehen, wiedererkennen. Parataktisch werden aufgezählt: Die Gestade Siziliens und Kymes, das Meer, der Ätna, die Wälder; dies alles ist ein Verbund mythischer Gegenstände, von denen jeder für sich schon einen numinosen Gehalt hat. Aber sie alle werden hypotaktisch dem schneebedeckten Ätna, »des Himmels Säule«, untergeordnet, von dem her sie bestimmt sind. So bildet sich synthetisch ein Ganzes, eine dem Einzelnen übergeordnete Einheit der Landschaft, in welcher sich das immerwährende Drama der Niederwerfung und der Empörung des Titanen abspielt. Hier ist jeder Teil Funktion des Ganzen in dem Sinne, daß er nicht losgelöst für sich besteht, sondern auf ein Zentrum hingeordnet ist, von dem her er seine Gestalt und seinen Sinn bezieht.

Ähnliches liegt überall dort vor, wo mythische Substanzen in einem hierarchischen Zusammenhang auftreten, er sei »psychischer«, »sozialer« oder »geschichtlicher« Art. Der erstere kommt besonders zum Ausdruck, wo ein entscheidender Charakterzug eines Heros bezeichnet wird, etwa der von Athene stammende Noos des listenreichen Odysseus, wie überhaupt die überwiegende Prägung eines Menschen durch einen bestimmten Gott darauf hinweist. (Noch Plato spricht ja von Zeusmenschen, Aresmenschen, Apollomenschen usf.[249]) Ein solcher Charakter eines Einzelmenschen, der eine bestimmte funktionale Ordnung der darin wirkenden numinosen Mächte aufweist, darf übrigens nicht mit seiner Bestimmung durch eine Sippe verwechselt werden, die, wie schon gesagt, eher als eine »mechanische« Mischung von Sippensubstanzen aufzufassen ist. Die einzelnen Träger einer Sippe können sehr verschiedene Wesenszüge haben, aber die Bestimmung durch eine Sippe als solche erfolgt durch den Hinweis auf den *Stammbaum*, also auf ein diskretes Nebeneinander verschiedener Sippensubstanzen, bei meist quantitativem Übergewicht der vom Vater ererbten. Deswegen bedeutet Sippenzugehörigkeit bei Menschen auch weniger den Besitz bestimmter Charaktereigenschaften als das Verfügen über ein besonderes Maß an Kýdos oder Ólbos. Ich erinnere in diesem Zusammenhang noch einmal an Pindars fünfte pythische Ode, wo es lakonisch heißt, der Ólbos des Battos sei uralt und folge beständig mit, er beschere dies und das, er sei ein Turm der Stadt und ein leuchtendes Auge für den Fremden. Was aber die soziale und hierarchische Ordnung der Polis betrifft, so sind ihre Teile, Sippen, Phratrien, und der alles zusammenfassende Kult auf ihrer Burg einem bestimmten numinosen Wesen zugeordnet und doch Funktion des einen Gottes, dem die Stadt ihre Arché verdankt.

4. Die mythische Substanzvorstellung im Spiegel der Vorsokratiker

Aristoteles schreibt in seiner Metaphysik 983 b 6ff.: »Von den ersten Philosophen hielten die meisten nur die stoffartigen für die Archái von allem. Denn woraus alles Seiende ist und woraus es als Erstem entsteht, … dessen Wesen bestehen bleibt, während es in seinen Erscheinungen wechselt, dies, sagen sie, sei das Element und die Arché von allem …. Doch über die Menge und Art einer solchen Arché waren sie nicht gleicher Meinung, aber Thales, der Urheber einer solchen Philosophie, sagte, es sei das Wasser.«

Die Archái der Vorsokratiker stimmen demnach *strukturell* vollkommen mit jenen mythischen Substanzen überein, die wir nicht nur bei Hesiod, sondern fast in allen uns überlieferten Äußerungen des griechischen Mythos beobachten können. Für Anaximander ist es das Apeiron, das Unendliche, aus dem sich aussondert, was er für die Grundformen von allem Seienden hält, nämlich die Gegensätze des heißen Feurigen und des kalten Erdigen; bei Anaximenes ist es die Luft, mit der er nur das Apeiron des Anaximander genauer fassen wollte, bei Heraklit das Feuer als das Prinzip des Gegensätzlichen überhaupt, aus dem alles wird und durch das alles ist, was es ist, während Empedokles vier Archái annimmt, nämlich Wasser, Erde, Feuer und Luft, aus deren Mischung und Entmischung das Seiende bestehe und entstehe, wobei er sogar die Ursachen für diese Mischung und Entmischung, nämlich Liebe und Streit, für etwas Stofflich-Substantielles hält. Es trifft nicht zu, wenn man annimmt, es handle sich hier überall um den Versuch einer ersten physikalischen Welterklärung, weil die mythische Substanzvorstellung materialisiert, zumindest aber ihres numinosen Sinnes beraubt worden sei. Dem widerspricht bereits, daß ja materielle Erscheinungen zugleich eine ideelle Bedeutung haben. Hat aber nicht Thales auch gesagt, die Welt sei voll von Göttern? Wie kann er da das Wasser in einem rein »empirischen« Sinn aufgefaßt haben? Schließlich ist auf die kultisch-feierliche Sprache der Vorsokratiker zu verweisen, die auch den letzten Rest des Zweifels daran beseitigen müßte, daß die von ihnen verkündeten Archái die Rolle der alten mythischen und damit numinosen Substanzen übernommen haben. Der entscheidende Unterschied liegt nur darin, daß jetzt Philosophen versuchen, außerhalb des überlieferten Mythos die Archái zu erkennen, und daß sie diese Archái einer bisher unbekannten Systematik unterwerfen.

Dennoch gibt es Forscher, die solche Zusammenhänge zwischen mythischen und vorsokratischen Substanzvorstellungen leugnen. Für sie ist nämlich schon die hier zugrundeliegende und zitierte Deutung der Vorsokratiker durch Aristoteles zweifelhaft, weil er damit nur versucht habe, ihnen die Verwendung eines Grundbegriffs seiner Metaphysik, nämlich die »stoffartige Arché«, zu unterstellen. Erst recht müsse es daher für unstatthaft angesehen werden, auch noch die den Vorsokratikern vorauf liegenden mythischen Vorstellungen mit solchen aristotelischen Kategorien fassen zu wollen.

Die mythische Substanzvorstellung ist jedoch in den hier vorangegangenen Betrachtungen nicht von Aristoteles aus auf dem Umweg über die Vorsokratiker rekonstruiert worden, sondern ergab sich aus der unmittelbaren Analyse mythischer Texte. Man kann daher sagen, daß man von diesen aus zu demselben Ergebnis wie Aristoteles kommt, was man eher als eine Bestätigung ansehen könnte. Darüber hinaus mußte er ja seine Kenntnisse über die Vorsokratiker nicht nur jenen kümmerlichen Resten entnehmen, die uns zur Verfügung stehen, sondern er konnte noch aus einem reichen Material schöpfen. Man müßte also schon jene unmittelbare Analyse selbst angreifen, wollte man die hier vorgetragene Deutung mythischer Substanz in Zweifel ziehen.

Ohne nun im einzelnen noch einmal eingehend erörtern zu können, was schon mit zahlreichen Textstellen belegt werden konnte, sei hier kurz das Folgende bemerkt: Die mythische Substanzvorstellung dürfte wohl dort am deutlichsten hervortreten, wo wir es mit Ähnlichkeiten zwischen Erscheinungen zu tun haben. Denn daß die Entfaltung des Erebos in Nacht, Schlaf, Tod, Keren usf. als eine substantielle Identität des Selben, eben Dunklen und Düsteren, vorzustellen ist, das drängt sich auch demjenigen unmittelbar auf, der von Aristoteles niemals etwas gehört hat. Die Hauptschwierigkeit dürfte eher dort liegen, wo auch kausal zusammenhängende Erscheinungen durch eine solche identische Substanz als miteinander verbunden gedacht werden sollen, also jeweils die Ursache wie ein substantieller Bestandteil der Wirkung vorzustellen ist. Wenn zum Beispiel Thales gemeint zu haben scheint, daß alles dem Wasser entstamme, warum soll dann, was das Wasser hervorbringt, selbst wieder Wasser sein und nicht vielmehr ein anderes?[250] Warum muß auch das Meer »erdhaft« sein, wenn es von Gaia, der Mutter Erde geboren wurde? Warum muß im Lichte noch etwas von der Substanz des Dunklen, nämlich im Tage noch etwas von der Nacht sein, da diese ihn geboren hat? Auf den ersten Blick scheint hier die mythische Denkweise nicht so unmittelbar greifbar zu sein wie im Falle der Ähnlichkeitsbeziehungen, und doch ergibt sie sich, wenn man in ihre tieferen Zusammenhänge eindringt.

Dabei stößt man immer wieder darauf, daß mythisch das, was wir ein Ursache-Wirkungsverhältnis nennen, nach dem Schema von Zeugung und Geburt vorgestellt wird: In jeder der vorhin aufgeworfenen Fragen taucht das Wort »gebären« auf. Wenn wir von dem Grundsatz ausgehen dürfen, daß die Vorsokratiker nicht nur in vagen Gleichnissen redeten, sondern meinten, was sie sagten, dann kann das Wasser des Thales, das etwas »gebiert«, nicht mit jenem »empirischen« Wasser identisch sein, das uns heute ein so selbstverständlicher Gegenstand ist. Hegel hatte daher so Unrecht nicht, wenn er es ein »spekulatives Wasser« nannte.[251] Das Geborene enthält aber stets etwas von der Substanz der Eltern oder, wenn Jungfernzeugung vorliegt, wie es häufig im Mythos der Fall ist, von der Substanz der Mutter, die darin fortlebt, und dabei spielt es keine Rolle, ob Mutter und Kind bisweilen sogar gegensätzliche Naturen verkörpern mögen (wie es ja auch im Leben der Menschen häufig genug vorkommt). Wenn M. Cornford darauf hinweist, daß nach ursprünglicher Kausalvorstellung Ähnliches nur auf Ähnliches wirken könne (like can only act on like),[252] dann ist das nur die Folge davon, daß der Vorgang der Geburt bei allen Entstehungsvorgängen die leitende Vorstellung ist. Das gilt auch für die Wirkung einer Arché im profanen Bereich, die in Kapitel VI, Abschnitt 3 als Teilhabe des Sterblichen am Unsterblichen bezeichnet wurde. Der Mensch nämlich, der durch die Arché eines Gottes bestimmt ist, wird sozusagen dessen Kind, er ist ein Kind der Aphrodite, ein Areskind, ein Zeuskind usf. Die Persephone prägt zu gegebener Zeit ihr Wesen der Welt auf, sie »gebiert« den Frühling, indem sie ihre Substanz überall verbreitet usf. Auch hier erzeugt »Ähnliches stets Ähnliches«, und dies gilt, wie bereits mehrfach vermerkt, ebenso für die Fälle, wo etwas sein Gegenteil gebiert, denn auch dieses würde dann als im Schoße des Gebärenden noch verborgen gedacht. Ja, dies gilt sogar für Ereignisabläufe »mechanischer Art«, etwa die Wunde, die ein Schwert erzeugt. Die »Tugend des Schwertes«, seine Substanz und Areté, ist seine Kraft zu töten, und so haftet noch der Wunde die todbringende Substanz des Schwertes an: Das Schwert *gebiert* den Tod.[253]

5. Die Unterschiede zur wissenschaftlichen Auffassung von Ganzem und Teil

Hier können wir uns nun kurz fassen. *Erstens:* Wissenschaftlich ist das Verhältnis von Ganzem und Teil entweder durch Naturgesetze bestimmt oder durch geschichtliche Regeln. Mythisch dagegen wird es durch eine Arché beherrscht. Die Substanzmischung in den Nachkommen (das Ganze als Funktion der Teile) ist die beständige identische Wiederholung der Urzeugung des Geschlechtes durch den männlichen Urahn väterlicherseits, und jedes hypotaktische Verhältnis der Teile zueinander in einem mythischen Ganzen (die Teile als Funktion des Ganzen) ist ebenfalls durch die Arché eines Gottes bestimmt, nämlich diejenige, die im gegebenen Zusammenhang der Schwerpunkt ist. *Zweitens:* Wissenschaftlich gibt es viele verschiedene Fälle eines Ganzen oder eines Teils von besonderer Art, die als verschiedene Fälle eines allgemeinen Begriffs aufgefaßt werden. Mythisch dagegen sind jedes Ganze und jeder Teil einer besonderen Art das identisch gleiche Ganze und der identisch gleiche Teil, sie mögen noch so häufig auftreten, und daher sind sie auch nicht besondere Fälle eines Allgemeinbegriffs. *Drittens:* Der besondere Fall, wo, wie gezeigt, mythisch der Unterschied zwischen Ganzem und Teil verschwindet, weil in jedem Teil das Ganze, und zwar dasselbe Individuum gegenwärtig ist, dieser besondere Fall tritt offenbar nur als *Analogon* innerhalb der Wissenschaft, und zwar in der Psychologie auf. Auch dort kennt man ja verschiedene Aspekte desselben Individuums, und auch dort ist das Individuum in allen seinen Aspekten identisch anwesend. Und doch handelt es sich eben nur um ein Analogon, weil solche verschiedenen Aspekte nicht substantiell als Teile aufgefaßt werden und schon gar nicht als etwas Numinoses.

X. Die Modalitäten im griechischen Mythos im Unterschied zu denjenigen der Wissenschaft. Der griechische Mythos als ontologisches System

Dieses Kapitel entspricht Punkt acht und neun des in Kapitel IV, Abschnitt 4 entwickelten Leitfadens.

Erinnern wir uns noch einmal: *Wirklich* ist für die *Wissenschaft,* was sich *erstens* an einer bestimmten Raum-Zeitstelle befindet; *zweitens* ist alles Wirkliche entweder materiell oder ideell, doch kann beides im Verhältnis eines Parallelismus oder einer Wechselwirkung zueinander stehen. Für den *Mythos* hat nun zwar *erstens* ebenfalls das Wirkliche eine raumzeitliche Ausdehnung, aber weder ist damit gesagt, daß es sich an irgendeiner Raum-Zeitstelle befindet, noch sind Raum und Zeit im Sinne der Wissenschaft definiert; im Gegenteil, sie bedeuten dort etwas ganz anderes. (Vgl. die Kapitel VII und VIII.) *Zweitens* ist mythisch das Wirkliche niemals entweder materiell oder ideell oder stehen Materielles und Ideelles nur im Verhältnis des Parallelismus bzw. der Wechselwirkung zueinander, sondern Materielles und Ideelles bilden stets eine *absolut* untrennbare Einheit.

Als *notwendig* gilt in der *Wissenschaft,* daß alle wirklichen Erscheinungen den beiden die Wirklichkeit definierenden Punkten entsprechen; als *möglich,* was diesen Punkten nicht widerspricht. Das gleiche läßt sich entsprechend für den Mythos sagen. Denn die Bedingungen dafür, daß hier wie dort etwas als wirklich angesehen werden kann, sind zugleich die *notwendigen* Voraussetzungen dafür, daß etwas überhaupt als Objekt gegeben oder als möglich angenommen werden kann. *Notwendig* ist aber auch wissenschaftlich das Walten der Naturgesetze, mythisch das Walten der Archái.

Für die Modalitäten »*Kontingenz*« und »*Zufälligkeit*« schließlich gibt es mythisch kein Äquivalent. Für das erstere nicht, weil die das soziale und geschichtliche Leben durchgängig bestimmenden Archái nicht anders als Naturgesetze wirken und jeder Fall ihres Durchbrechens als Ausdruck dämonischer Verblendung, nicht etwa persönlicher Wahlfreiheit gedeutet wird. Für das zweite aber nicht, weil das uns zufällig Erscheinende mythisch stets auf numinose Einwirkungen zurückgeführt wird, die ihrerseits nicht etwa auf bloßer Willkür beruhen, sondern zum definierten Wirkungsbereich eines numinosen Wesens gehören. Kein Gott ist ja für Beliebiges verantwortlich. Es gehört zur Arché Poseidons, Odysseus ständig mit neuen unheilvollen Zufällen zu verfolgen, es gehört andererseits zur Arché der Athene, wenn sie dem durch glückbringende Zufälle entgegentritt. Ob die Lanze trifft oder das Ziel verfehlt, stets war ein Gott dahinter, und wenn man behauptet zu wissen, welcher es war, dann deswegen, weil sich aus dem Wirkungsbereich eines Gottes ergibt, daß er es gewesen sein muß. Darauf werde ich noch ausführlich im Kapitel XXVI, 3 zurückkommen.

In *wissenschaftlicher Sicht* ist streng zu unterscheiden: Der einzelne Gegenstand von seinem Begriff; der einzelne Gegenstand von der Raum-Zeitstelle, an der er sich befindet; der einzelne Gegenstand und die Raum-Zeitstelle vom Naturgesetz oder der Regel, für die wiederum der Unterschied zwischen ihren einzelnen Anwendungsfällen und ihrer begrifflichen Darstellung besteht; und schließlich ist eine finale von einer nichtfinalen Gesetzlichkeit scharf zu trennen.

Im Bereiche des eigentlich *Mythischen, nämlich im Bereiche numinoser Wesen,* verschmelzen einzelner Gegenstand und allgemeiner Begriff in dem Sinne, daß ein numinoser Eigenname die Funktion des Begriffs ausübt: Denn einerseits benennt er eine Vielheit von Gegenständen, andererseits stellt er doch stets das identisch gleiche Individuum dar. (Vgl. Kapitel V, Abschnitt 1). Es verschmelzen aber auch der einzelne mythische Gegenstand und der Raum, an dem er sich befindet, sofern der Gegenstand durch einen bestimmten Ort (Témenos) definiert ist (vgl. Kapitel VIII); eine Zeitstelle gibt es nicht, an der er sich befinden könnte, solange er nicht in die profane Zeit eindringt (etwa bei einer Epiphanie), und selbst dann kommt er aus der profane Zeit stiftenden, selbst aber nicht profan-zeitlichen Welt ewiger Archái (vgl. Kapitel VII). Dieser so räumlich wie zeitlich verstandene Gegenstand wird aber nun nicht etwa von irgendeiner ihm übertragenen Gesetzlichkeit oder Regel bestimmt, die von ihm abgelöst existiert, sondern er *ist* eine solche Gesetzlichkeit oder Regel, nämlich als Arché, die ihn gleichfalls definiert; und deshalb gibt es hier auch nicht den Unterschied zwischen den singulären Anwendungsfällen einer solchen Arché und ihrer begrifflichen Darstellung, sondern es ist immer dieselbe singuläre Arché, die überall identisch wirkt, weswegen ihre Bezeichnung wieder ein Eigenname ist, der, wie schon beschrieben, die Funktion eines Begriffes übernimmt, also allgemein wie singulär zugleich ist. Und schließlich ist *jede* Arché final zu verstehen, weil sie ja auf der Handlung eines lebendigen und damit zweckmäßig handelnden Wesens beruht.

Dem in Kapitel IV entwickelten Leitfaden folgend, ist nun zu jedem Element der hier einschlägigen wissenschaftlichen Ontologien – Naturwissenschaft, Psychologie und Sozialwissenschaften – das entsprechende Element im Bereiche des Mythos aufgezeigt worden. Der Mythos erweist sich so in der Tat als ein geschlossenes ontologisches System. Das bedeutet, daß er ein apriorisches Fundament besitzt, wodurch definiert ist, was innerhalb seiner Wirklichkeitsdeutung ein Objekt ist. Denn dieses wird durch die Modalitäten festgelegt, die ihrerseits auf bestimmten apriorischen Bestimmungen über Gegenstände, deren Raum-Zeitverhältnisse, deren regelhafte Zusammenhänge und deren Verbund beruhen.

XI. Das mythische Fest

Eine der für den Mythos wohl kennzeichnendsten Lebensäußerungen ist das Fest, griechisch Heorte. Noch heute sind unsere Fest- und Feiertage, von wenigen Ausnahmen abgesehen, religiösen Ursprungs, haben aber ebenfalls mythische Wurzeln, sofern sie auf heidnische Gebräuche unserer Vorfahren zurückgehen. Das Fest- und Feierliche des mythischen Festes liegt aber darin, daß in ihm der Gott gegenwärtig ist, daß sich in ihm eine Epiphanie ereignet. Das Fest ist Begegnung mit der Gottheit. An ihm kann man daher in verdichteter und anschaulicher Form alle jene Strukturelemente des griechischen Denk- und Erfahrungssystems ablesen, die in den vorangegangenen Kapiteln V bis X entwickelt worden sind.

1. Die Bedeutung der Archái für mythische Feste

Die kultische, also nicht etwa »zufällige« Begegnung mit einer Gottheit war die Begegnung mit deren Arché, und diese Arché wurde feierlich begangen. So begann zum Beispiel der Zyklus der athenischen Feste mit den *Kallyntéria,* wobei in der Prozession eine Feigenpaste getragen wurde, weil dies die *erste* gesittete Nahrung war, welche die Menschen kosteten. Hierauf folgten die *Arréphoria,* bei denen die geheimnisvollen Umstände der Geburt des *Ahnherrn* von Athen, Erechtheus, dargestellt wurden. Dann kam das *Skira*-Fest, in dem durch eine Prozession der Weg des Erechtheus in seinem Kampf gegen Eleusis nachvollzogen wurde. Auch dies ist eine *Ursprungsgeschichte.* Ihm folgten die *Buphónia,* bei denen der *erste* Ochsenmord auf der Akropolis wiederholt wurde, dann das *Kronos-Fest,* in dem das ›goldene Zeitalter‹ erneuert wurde, und schließlich das Fest *Synoikia*, das dem *ersten* Zusammenschluß der attischen Dörfer zu einer Polis durch den legendären Theseus gewidmet war. Den Höhepunkt aber bildete das *Panathenäen-Fest,* an dem man die Geburt der Athene feierte.[254] Ähnliches fand überall in Griechenland statt, wobei ich noch besonders die Spiele in Delphi erwähnen möchte, welche die Tötung der Python-Schlange durch Apollo zum Gegenstand hatten. Damit habe ich freilich nur einige der wichtigsten Feste genannt. Es gab ihrer einst so viele, daß kaum ein Tag des Jahres ganz ohne ein solches blieb.

2. Der mythische Raum im mythischen Fest

Das Fest begann in der Regel mit einer Prozession, deren Ziel ein Témenos war, meist der Tempel, wo der Gott hauste. Er konnte verdichtet im Kultbild sein oder einfach an dem Ort anwesend, der als heiliger Bezirk ausgegrenzt war. Verdichtung seiner substantiellen Gegenwart erfolgt aber auch durch die nun folgenden kultischen Handlungen und Rituale. Hierzu gehören nicht nur die Riten des Übertritts in den Témenos, sondern hierzu gehören als Einleitung – die Griechen nannten es das »Katarchein« – der Umgang um den Altar von links nach rechts, also, da der Tempel nach Osten gerichtet war, dem Lauf der Sonne entsprechend. Auf dem Altar wird ein Feuer entzündet, Flamme und Rauch steigen nach oben, wenden sich somit zu den Göttern, die oberhalb der Erde, ja, in den himmlischen Höhen des Olymps herrschen, auch wenn dieser oder jener von ihnen gleichzeitig identisch in *diesem* Témenos anwesend ist. (Warum hierin kein Widerspruch liegt, darüber wurde schon hinreichend in den vorangegangenen Kapiteln gesprochen.) Anschließend werden der Boden und die Gemeinde mit Weihwasser besprengt; damit richtet man sich an die chthonischen Götter und diejenigen der Unterwelt. Rechts und Links, Oben und Unten, dies alles hat hier eine absolute Bedeutung. Andererseits spielt es keine Rolle, daß der Témenos ein Raumteil mit austauschbaren Gegenständen zu sein scheint. Als *mythischer* Raum jedenfalls verschmilzt er mit der ewigen Gottheit, die ihn besetzt hält, und geht ganz in ihr auf.

3. Die Rolle der Einheit von Ideellem und Materiellem, des mythischen Verhältnisses von Ganzem und Teil sowie der mythischen Substanz im Fest als Opfermahl

Der Priester, der ebenso der Vorsteher der Sippe, der Heerführer, der König oder irgendeine andere herausragende Persönlichkeit sein kann, wenn er nur ein Kreitton, also ein Mann ist, in dem ein göttlicher Ménos, ein göttlicher Ólbos oder dergleichen vermutet werden darf – der Priester also ruft den Gott mit seinem genauen Namen und lädt ihn damit zum Opfermahl. Dieser Anruf wird von der Kultgemeinde wiederholt. Wie schon mehrfach betont, bedeutet die Idealität des Namens, in bestimmter Konzentration und unter rituellen Bedingungen gesprochen, bereits die materielle Gegenwart des mit ihm Gerufenen. Nun beginnt unter gesprochenen Gebeten die Vorbereitung zur Tötung des Opfertieres. Diese Gebete stellen die Verbindung zwischen dem Tier und dem Gott her, die Idealität der mythischen Substantialität dringt in die Materialität des Tieres ein und verwandelt es in heiliges Opferfleisch. Dann schneidet der Priester nach Waschung der Hände, damit er das Heilige nicht mit profanem Schmutz besudle, dem Tier das Stirnhaar ab und wirft es zusammen mit Opfergerste ins Feuer. Damit wird ein Teil, nämlich ein Teil des Tieres und ein Teil der ganzen Opfergerste, mythisch für das Ganze genommen. Nun ist der entscheidende Augenblick gekommen. Der Priester ruft auf zur Euphemía, zum andächtigen Schweigen.[255] In diesem vollendet sich die Transsubstantiation des Opfermahles, tritt der Gott endgültig in das Kultereignis ein. Dann tötet der Priester das Tier mit der Axt. Es wird in Teile zerschnitten, die Eingeweide werden geprüft und die für die Gottheiten ausgewählten Fleischstücke verbrannt. Ist das Opfer gelungen, steigt der Rauch, mit Weihrauch gemischt, duftend empor, hat damit die Gottheit das Opfer angenommen und ihre numinose Gegenwart bekundet, so teilt sich ihre glückhafte Nähe auf die Anwesenden mit: Sie brechen in den Jubelruf, die Ololygé aus und rufen das iéie paián, iéie paián. Das Blut des Opfers wird in einer Schale aufgefangen und auf den Altar gegossen. So erhält erneut die Erde und die Welt des Chthonischen ihren Teil. Dann beginnt das Opfermahl, bei dem zuerst die Splánchna, die Eingeweide, besonders die Leber und die Niere, verzehrt werden, wo man den Sitz des Lebens vermutete. Dazu ißt man Brot. Anschließend folgt das Trinkgelage. Es beginnt mit einem Trankopfer, einer Spondé, wobei man Wein auf den Altar gießt, was léibein genannt wird. Wie vorher jeder vom Opferfleisch aß (wenn auch einige besondere Teile den Priestern vorbehalten waren), so trinkt nun jeder vom Opferwein.

In den Werken der griechischen Kunst und Dichtung läßt sich der Abglanz der Stimmung erkennen, die über einem mythischen Fest lag. Hier nur einige wenige Beispiele: Der Parthenon-Fries von Athen, der das Panathenäenfest darstellt; das Gedicht des Bakchylides, das die flammenden Altäre sowie den von den Stierschenkeln emporsteigenden Opferduft beschreibt und von den lieblichen Gesängen und schwelgerischen Gelagen spricht, die Dörfer und Städte mit Fröhlichkeit erfüllten;[256] die farbenfrohen Schilderungen von Opfer und Mahl in der Odyssee;[257] ja, sogar die Parodie des Panathenäenfestes in der Komödie »Die Weibervolksversammlung« des Aristophanes, aus der Grønbech eine höchst anschauliche Schilderung dieses Festes überzeugend zu rekonstruieren vermochte.[258] »Die großen staatlichen Opfer,« schreibt Wilamowitz-Moellendorff, »die Feste der Staatsgötter mit ihrem verschiedenen Ritual, die Prozessionen, die allen eine aktive Teilnahme brachten, dann die Zeremonien, welche eine vorbereitende Weihung verlangten, die Nachtfeste, deren es nicht wenige gab, haben ihren tiefen Eindruck auch auf solche nicht verfehlt, die über die persönlichen Götter und ihre Myhten anders dachten.« Und er zitiert Plutarch, der gesagt hat: »Nicht die Fülle von Wein und Braten ist es, die uns an den Festen erfreut, sondern eine frohe Hoffnung und der Glaube an die Anwesenheit des Gottes, der uns gnädig ist und das Gebotene befriedigt annimmt«.[259] W. Burkert bemerkt, »daß über allen organisierten beschreibbaren Veranstaltungen eines Festes zugleich eine gewisse Stimmung liegt, wie ein bestimmter Duft, der vom Erleben her unvergeßlich gewahrt bleibt und sich doch kaum beschreiben läßt.«[260]

Das Opfermahl, die *Theoxenie*, bei welcher der Gott zu Gast ist, stellt ein Herzstück des mythischen Kultes dar. Hier tritt zugleich das mythische Verhältnis von Ganzem und Teil sowie das Wesen mythischer Substanz am deutlichsten und unmittelbarsten hervor. Im Anruf, im Gebet, durch die heiligen Handlungen gerät alles in die sinnlich fühlbare Nähe des Gottes. Der Gott ist hier und jetzt da. Seine Epiphanie (sie sei geschaut, gehört oder gefühlt) ist einerseits nur ein »besonderes« Auftreten seiner »allgemeinen« und umfassenden Existenz, und doch ist er *ganz da.* Wie Körper in der Nähe eines starken elektromagnetischen Feldes von diesem aufgeladen werden, so dringt die Substanz der Gottheit in die Opfernden und das Geopferte. Alles ist im entscheidenden Augenblick von ihr sozusagen elektrisiert, von ihrem »ideell-materiellen« Fluidum durchdrungen. Göttliche Kraft erfüllt aber insbesondere das Fleisch des Opfertieres, die Opfergerste und den Wein, und indem diese von der Kultgemeinde verspeist werden, geht jene Kraft in sie über. Das Opfermahl bewirkt in den Teilnehmern »göttliche Kräftigung«, schreibt V. Grønbech. »Die Mahlzeit vor dem Angesicht des Gottes verbreitet im Volke Glück, Segen und Freude. Ihre Kraft ging vom Opfertiere aus, dem heiligen Fleisch, das nur aufgetischt wurde, wenn sich die Götter inmitten der Menschen befanden«.[261] So ist das mythische Opfermahl, bei allen tiefgreifenden Unterschieden im Einzelnen und Inhaltlichen, ebenso *Kommunion* mit einer Gottheit wie das christliche. Andererseits wird es als höchste Gottesferne bezeichnet, wenn die gemeinsame Mahlzeit mit dem Gotte aus welchen Gründen auch immer ausgeschlossen ist. Die Erinnyen, die schuldbeladene Menschen den schrecklichsten Qualen aussetzen und sie in die tiefste Finsternis stoßen, sagen deswegen in den »Eumeniden« des Aischylos von sich, es sei ihr Los, »Unsterblichen fern zu sein; es gibt ja keinen, der gemeinsam mit uns das Mahl einnähme«.[262] L. Deubner schreibt in seinem Werk »Attische Feste«: »Vom Fleische des Opfertieres essen bedeutete einst teilnehmen am Mahle der Gottheit, mit ihr verbunden werden durch gemeinsame Mahlzeit, teilhaftig werden der Segenskräfte, die sie überströmen ließ auf ihre Tafelgenossen: man aß ja ursprünglich immer im heiligen Bezirk«.[263] Im gleichen Sinne äußerte sich auch P. Stengel in seinem Buch »Opferbräuche der Griechen«.[264] F. M. Cornford bemerkt in diesem Zusammenhang: »By ritual means – the eating of flesh or the drinking of wine – the old sense of mystical oneness and participation can be renewed...«[265] G. Murray hat den ursprünglichen Sinn des griechischen Opferfestes mit den Worten zusammengefaßt: »You eat the flesh and drink the blood of the divine animal in order ... to get into you his manna ...«.[266] Burkert verweist darauf, daß nicht selten Götter mit einer Opferschale in der Hand dargestellt wurden, und er deutet dies mit den Worten: »Der Gott opferte gleichsam sich selbst, oder vielmehr: er ist einbezogen in das Nehmen und Geben im gelassen rinnenden Fluß, ein Inbild in sich geschlossener Frömmigkeit«.[267] Er opferte sich selbst, sofern sich seine mythische Substanz in das Opferfleisch verwandelt, das verzehrt wird, und es ist diese Substanz, die aus ihm in die Menschen und aus deren Frömmigkeit und Hingabe wieder in ihn zurückfließt. W. Burkert erinnert auch an die strukturellen Beziehungen zwischen dem griechischen und dem semitischen Opferkult, womit der Zusammenhang zum christlichen Opfermahl noch naheliegender wird: »... die Verbindung von Speisegabe, Libation und Verbrennung von Teilen des geschlachteten Tieres verbindet alttestamentarische und griechische Opferpraxis«. Daß es sich aber um allgemein mythische Kultformen handelt, scheint daraus hervorzugehen, daß man überall im Bronze- und eisenzeitlichen Europa Spuren davon gefunden hat.[268]

Dieser Deutung des Opfermahles hat U. v. Wilamowitz-Moellendorff widersprochen. Er schreibt: »Ich weiß wohl, daß die ältesten Christen ihr Herrenmahl mit den griechischen Opfern verglichen, aber die Transsubstantiation oder in welcher Weise göttliche Kraft in die Gläubigen eindringt, ist mit dem ursprünglichen Sinn des griechischen Opfers unvergleichbar.«[269] Diesen faßt er als »Ehrenbezeugung« auf.[270] Dennoch sagt er an anderer Stelle: »Wo denn nicht vergessen werden darf, daß in der heiligen Messe die Gedanken der antiken Opfer fortleben, sowohl die Tischgemeinschaft von Gott und Mensch wie das Sühneopfer«.[271] Daß das Opfer später als »Ehrenbezeugung« gedeutet wurde, als der Mythos längst verfallen war und nur noch in erstarrten Formen fortlebte – man denke etwa an Platos »Eutyphron«, wo er sich darüber lustig machte – soll nun zwar nicht geleugnet werden. Transsubstantiationen aber sind doch innerhalb des Mythos etwas ständig Vorkommendes: Beinahe alles kann in alles übergehen. Da werden aus den von Deukalion und Pyrrha geworfenen Steinen Menschen, Phaeton und Orion werden in Sterne verwandelt, Kadmos wird zu einer Schlange, Daphne zum Lorbeerbaum, Arachne zu einer Spinne und Niobe zu einem Stein. Aus Göttern werden Tiere und Pflanzen, aus Menschen Götter usf. Auch wenn dies zum Teil bloße »Mythologie« sein mag, also nicht als mythische Wirklichkeit aufgefaßt, sondern eher der Poesie zugesprochen wird, ist es doch auf den apriorischen Fundamenten des Mythos gewachsen. Wenn man das Opfer in diesem *Zusammenhang* sieht, dann wird deutlich, daß dem Griechen die Erfüllung des Opfertieres von göttlicher Kraft und damit mythischer Substanz nicht sonderbarer vorgekommen sein kann, als die Idee seelischen Erfülltseins von der Gottheit, die doch auch für Wilamowitz eine geschichtliche Tatsache ist.

Einen anderen Einwand gegen die hier versuchte Deutung des Opfermahles findet man in dem Artikel »Opfer« in der Real.d.cl.Alt., S. 618. Er besteht in dem Hinweis, daß die Theoxenie in dem *gemeinsamen* Genuß des Opferfleisches von Gott und Mensch bestand; würde sich dann also nicht der Gott, wenn seine Kraft in das Fleisch überging, gewissermaßen selbst verspeisen? Andererseits wird in diesem Artikel ausdrücklich darauf verwiesen, daß das Fleisch des Opfertieres »durch die kultische Handlung geheiligt« war, was auch dadurch zum Ausdruck kommt, daß es nicht profan mißbraucht und meistens außerhalb des Heiligtums nicht verzehrt werden durfte.[272] Was aber kann denn »geheiligtes Fleisch« hier anderes bedeuten als dies, daß es von göttlicher Substanz erfüllt ist? Zudem ist es nichts Befremdliches, daß die »Unio mystica« von Gott und Mensch eben in der *gemeinsamen* Mahlzeit ihren stärksten Ausdruck findet.

Daß ein Gott sich selbst genießt, ist übrigens eine Vorstellung, die kulturgeschichtlich keineswegs etwas Absonderliches darstellt. Dabei ist auch im Auge zu behalten, daß es sich nicht um einen rein »materiellen« Genuß handelt, sondern um die Aufnahme mythischer Substanz. Auch Christus hat mit den Jüngern das Abendmahl genossen, obgleich er den Wein in sein Blut und das Brot in seinen

Leib verwandelte. Zwar können wir Lukas 22, 18 entnehmen, daß er vor seinem Tode den Wein nicht mittrank, doch wird diese Entsagung zugleich als eine vorläufige bezeichnet, die aufgehoben würde, wenn das Reich Gottes komme. Bei gleicher Gelegenheit fehlt außerdem ein entsprechender Hinweis darauf, daß Christus auch das Brot nicht mitaß, nachdem er es gebrochen hatte (ebenda, 22, 19). Aber in der Apostelgeschichte 10, 41 wird ausdrücklich bezeugt, er habe nach der Auferstehung mit den Jüngern gegessen *und* getrunken. Daß also beim Opfermahl nicht nur die Jünger Christi genießen, sondern dieser auch sich selbst genießt, wie es dann später beständig im Ritual der Eucharistie durch den stellvertretenden Priester geschieht, ist das eigentlich Gewollte, das nur in einer Ausnahmesituation nicht verwirklicht werden konnte.

Auf die formalen Zusammenhänge zwischen christlicher Eucharistie und antikem Kult hat insbesondere 0. Casel hingewiesen. Er schreibt: »Die christliche Eucharistie steht ihrer Form nach ganz unter antiken Gesetzen, auch wo sie orientalische, besonders jüdische Elemente aufgenommen hat.«[273] »So wird die Eucharistie ... zu einer symbolisch-dramatischen Aufführung der Erlösungstat.«[274] Was Casel dabei unter »symbolisch« versteht, erklärt er an einer anderen Stelle, wo er bemerkt, »durch den symbolischen Ritus« werde »das alte Ereignis wieder Gegenwart.«[275] Schließlich faßt er das Ergebnis seiner Untersuchung mit folgenden Worten zusammen: »Die Begriffe: Opfer, Opfermahl, Gedächtnisfeier klingen für ein antikes Ohr durchaus konkret. Fand doch jeder antike Kult, auch der staatliche, seinen Höhepunkt in einem öffentlichen Opferakte. Sehr viele Opfer waren Speiseopfer und schlossen daher mit einem Schmause (θυσία) ab. Der dahinter stehende Gedanke ist der, daß man zuerst dem Gotte Nahrung darbietet und dann mit ihm zusammen von der Götterspeise ißt. So wird man zum Genossen (κοινωνός) der Gottheit; die göttliche Kraft, die durch die Speise im Gotte gestärkt worden ist, strömt zurück auf die Mahlgenossen; oder doch vereinigt das gemeinsame Mahl Gott und Mensch so, daß die Menschen zur Würde der Götter emporgetragen werden. So wird der Altar zum heiligen Tische, die Opfer sind Tischgenossen der Himmlischen. Es ist eine höchst konkrete Art, durch den Genuß derselben Speise in die Lebensgemeinschaft und das Geschlecht der Götter einzutreten. Diese Konkretheit wird im christlichen Kult beinahe noch erhöht.«[276]

Ähnliches schwingt überall mit, wo im Bereiche der Metaphysik und Mystik von dem sich selbst genießenden Gott gesprochen wird.

So genießt Platos Demiurg sein eigenes Werk; der Gott des Aristoteles ist nur mit sich selbst beschäftigt (sich selbst denkendes Denken); die Götter Epikurs leben in völliger Abgeschiedenheit und seliger Selbstanschauung; in der Minnesymbolik der mittelalterlichen Mystik vereinigt sich Christus mit der von ihm erfüllten Braut; und selbst bei Fichte finden wir noch Spuren von solchen Vorstellungen, wenn er meint, die zentrifugale Tätigkeit des absoluten Ich müsse durch eine zentripetale ergänzt werden, damit es seiner selbst inne werden könne. Hölderlin aber dichtet:

»... und bedürfen
Die Himmlischen eines Dings,
So sinds Heroen und Menschen
Und Sterbliche sonst. Denn weil
Die Seligsten nichts fühlen von selbst,
Muß wohl, wenn solches zu sagen
Erlaubt ist, in der Götter Namen
Teilnehmend fühlen ein andrer,
Den brauchen sie ...«[277]

Im Namen der Götter teilnehmend fühlen aber kann nur der, der »des Gottes voll« ist.

4. Mythische Zeit und mythisches Fest

Wie schon bemerkt, war der Gegenstand des kultischen Festes eine Arché. Die bereits im 1. Abschnitt dieses Kapitels aufgezählten Beispiele seien jetzt noch durch einige weitere ergänzt.

An das Panathenäenfest schloß sich ein Agón an, ein Wagenrennen, bei dem gewappnete Krieger von ihren Streitwagen sprangen, um den Wettlauf zu Fuß fortzusetzen. Damit wurde ein Mythos des Erichthonios, des Begründers der Stadt, *wiederholt*, der als *erster* mit einem Wagen im Kriegergewand gefahren ist. Bei den sog. *Anthestérien*, einem dem Dionysos geweihten Fest, fand im sog. »Bukólion«, dem Rinder-Hirten-Haus an der Agora, die »heilige Hochzeit« der Königin, der Frau des »Árchon Basiléus«, mit dem Gotte statt, wobei diese Hochzeit ebenfalls auf einer Arché beruht. In einem bestimmten Ritus werden bei dem gleichen Fest die tragischen Umstände *des Ursprungs* des Weinanbaus *wiederholt*. Die Menschen betranken sich, als sie das *erste Mal* vom Wein kosteten und erschlugen dabei Ikarios, der den Anbau des Weines von Dionysos gelernt hatte. Aus Gram erhängte sich seine Tochter Erigone an einem Baum, was zur Darstellung kam, indem athenische Mädchen auf Schaukeln schwangen. Anläßlich der *Thesmophorien*, die der Demeter gewidmet waren, warf man Ferkel in Schluchten, die später in verwestem Zustand von Weibern wieder herausgeholt und auf Altäre gelegt wurden. Damit wurde *wiederholt*, wie die Schweine des Hirten Eubuleus in die Tiefe gerissen wurden, als Persephone in der Unterwelt verschwand. In Delphi wurden Apollos Kampf mit dem Drachen, sein Sieg über ihn und seine Entsühnung *wiederholt*. So fand beinahe bei jedem Fest eine kultische Aufführung der betroffenen Arché statt.

Oft war sie unmittelbar mit der Anrufung eines Gottes vor der Opferhandlung verbunden: Diese Anrufung hatte bisweilen die Form eines Gedichtes, eines »anrufenden Hymnos« (kletikós hýmnos), den, unter Musikbegleitung, ein Einzelner oder ein Chor vortrug.[278] Dabei wurde das numinose Ereignis zugleich tänzerisch dargestellt. Man kann diesen kultischen Vorgang besonders deutlich am Homerischen Hymnos 28, der die Geburt der Athene feiert, ablesen: Wir sehen den Priester mit erhobenen Händen den Anfang dieses Gedichtes sprechen: »Pallas Athene, die ruhmvolle Göttin, will ich besingen!« Dann spielt der Hymnos darauf an, daß Athene aus dem Haupte des Zeus geboren wurde, woraus sie Hephaistos mit einem Beilhieb befreite. Man kann darin die Beziehung zum Opfervorgang erkennen, wobei ja auch etwas geboren wird, nämlich göttliche Kraft, die aus dem Tier hervorbricht. Weiter berichtet nun der Hymnos vom Tosen der Erde und dem Sturm des Meeres, wodurch alle Umstehenden erschauernd erstarren – ein Hinweis auf das Brüllen des sterbenden Tieres, in dem sich das aufgewühlte Element und das Nahen des Gottes kundtut. Darauf tritt plötzlich tiefe Stille ein, »es stockte plötzlich die Salzflut und der strahlende Sohn Hyperions ließ die schnellen Rosse anhalten« – dies ist der Augenblick der Euphemia, die im vorigen Abschnitt erwähnt wurde. Und dann kommt der große Jubelruf des Zeus, die Ololyge, mit der die Ankunft der Gottheit begrüßt wird. – Über den Zusammenhang von Opfermahl, Gesang und Tanz sagt Homer in der Odyssee: »Diese gehören zusammen.«[279] Zwar spricht er dort nur vom Mahl, aber für die Griechen war das Mahl immer zugleich Opfermahl. Ausführlich schildert er uns nun, wie Alkinoos den zur Leier singenden Rhapsoden Demokodos holen läßt und gleichzeitig der Tanzplatz geebnet wird. Demokodos kommt und begibt sich in die Mitte eines Kreises, der von Tänzern gebildet wird. Während noch Odysseus ihren Tanz bewundert, beginnt Demokodos sein Lied, das wieder eine Arché zur Darstellung bringt, nämlich den Ursprung des »homerischen Gelächters.«[280] Es ist in diesem Zusammenhang bedeutsam, daß offenbar der Homerische Hexameter durch bestimmte Tanzbewegungen bestimmt war, die seine Rezitationen begleiteten.[281] In gewissem Sinne kann aber wegen der mythischen Einheit des Ideellen mit dem Materiellen auch die Erzählung eines Mythos alleine die Wirklichkeit seiner Geschichte »hervorzaubern«. Deswegen sagt van der Leeuw zu Recht: »Le myth est une célebration en parole, le rite est une déclaration en acte.«[282] Dem widerspricht nicht, wenn Aristoteles später die Einführung jambischer Trimeter in die Tragödie darauf zurückführte, daß diese Versform dem gesprochenen Wort angepaßter gewesen sei (Poetik, 4, 1449a 18), denn hier handelt es sich ja um eine viel spätere Erscheinung.

Man muß sich nun klar machen, daß die Aufführung und kultische Darstellung einer Arché im Sinne des mythischen Zeitverständnisses als deren wirkliche Wiederkehr verstanden wurde. Darüber besteht auch in den Kreisen der Mythos-Forscher kaum eine Meinungsverschiedenheit.

»Es ist kein bloßes Schaustück und Schauspiel,« schreibt E. Cassirer, »daß der Tänzer, der in einem mythischen Drama mitwirkt, aufführt: sondern der Tänzer *ist* der Gott, *wird* zum Gott .... Was ... in den meisten Mysterienkulturen vorgeht – das ist keine bloße nachahmende *Darstellung* eines Vorgangs, sondern es ist der Vorgang selbst und sein unmittelbarer *Vollzug*; es ist ein δρώμενον als ein reales und wirkliches, weil durch und durch wirksames Geschehen.«[283] Wirksam aber ist es deswegen, weil die mythische Substanz der in der Arché gegenwärtigen Gottheit die am Drama Teilnehmenden durchdringt, sie erfüllt und damit etwas von der Kraft dieser Substanz in sie übergeht. Darin wurzelt ein beglückendes Lebensgefühl, das sie in ihr alltägliches Dasein hinüberführen. Auch für Cassirer ist diese Identifizierung von Tänzer und Gott nur möglich, weil mythisch die »Trennung des Ideellen vom Materiellen,« von »einer Welt des unmittelbaren Seins und ... der unmittelbaren Bedeutung,« von »›Bild‹ und ›Sache‹« aufgehoben ist. »Wo wir ein Verhältnis der bloßen ›Repräsentation‹ sehen, da besteht für den Mythos ... vielmehr ein Verhältnis realer *Identität*; das ›Bild‹ stellt die ›Sache‹ nicht dar – es *ist* die Sache .... In allem mythischen Tun gibt es einen Moment, in dem sich eine wahrhafte Transsubstantiation – eine Verwandlung des Subjektes dieses Tuns in den Gott oder Dämon, den es darstellt, vollzieht.... So gefaßt aber haben die Riten ursprünglich keinen ›allegorischen‹, nachbildenden oder darstellenden, sondern durchaus einen *realen* Sinn: Sie sind in die Realität des Wirkens derart eingewoben, daß sie einen unentbehrlichen Bestandteil von ihr bilden .... Es ist ein durchgängiger Glaube, daß auf der rechten Ausführung der Riten der Fortbestand des menschlichen Lebens, ja, des Daseins der Welt beruht.«[284]

Nur so ist es auch zu verstehen, wenn Homer von dem Sänger sagt, er sei den Göttern gleich Θεοῖς ἐναλίγκιος, und daß diese Einheit von Mahl, Gesang und Tanz das »Schönste« sei, weil jeder dadurch Euphrosýne erlange. Euphrosýne gilt aber noch den späteren Philosophen als ein Glücksgefühl, das sich in der Erfahrung des Göttlichen einstellt und von der Hedoné, dem profanen und sinnlichen Lustgefühl, scharf unterschieden wird. So sagt Plato in seinem Timaios über die Musik, sie bereite den Unverständigen Hedoné, den Verständigen aber Euphrosýne wegen der in ihr liegenden »Nachahmung göttlicher Harmonie«,[285] und noch Aristoteles spricht von der Fähigkeit der Musik, Euphrosýne hervorzurufen.[286]

Ähnlich wie Cassirer äußert sich auch V. Grønbech: »Die Heiligkeit ... durchdringt und erfüllt ... alles, den Ort, die Menschen, die Dinge, und macht das Ganze göttlich. Diese alles füllende Heiligkeit bildet die Vorbedingung dafür, daß die Menschen im Drama auftreten und ›zeigen‹ können. Mit vollem Recht können wir sagen, daß die Teilnehmer Götter spielen; dies vermögen sie jedoch nur, weil der Gott in ihnen ist. Es ist Athene, die den Waffentanz ausführt, es sind die Aglauriden, die den geheimnisvollen Kasten auf die Burg tragen .... Es ist daher kein weltfremdes Bild, das der Hymnus hervorzaubert, wenn er den Zug der kretischen Männer nach Delphi« (gemeint ist hier der Homerische Hymnus 3) »nach abgehaltenem Opferschmaus und Trinkgelage beschreibt: Apollon führte an, die Harfe in der Hand, und tanzend folgten sie ihm unter Absingen eines Paian ...«.[287] »Die Vorzeit liegt nicht fern im Dämmern vergangener Zeiten, als etwas, woran man sich erinnern kann, als etwas, was man benutzen kann, um die Gegenwart zu erklären. Sie steht vielmehr leibhaftig mitten unter den Kultgenossen und erweist immer aufs neue ihre Macht. In den heiligen Handlungen erlebt man buchstäblich die Urzeit; die Sage, die die Geschichte in ihrem ewigen Verlauf wiedergibt, ist ein realistischer Bericht der Begebenheiten auf der Bühne .... Wollen wir die Institutionen der Griechen verstehen und ihren Wirklichkeitssinn erfassen, so sind wir genötigt, unsere Einteilung des Lebens in die Sphäre des Idealen und Realen aufzugeben. Die Sage ist der höchste Realismus, weil das Fest die höchste Realität ist .... Hierdurch gestalten sich die

Opferhandlungen zu einer Reihe von Dramen, die unseren Begriffen von Bühnenkunst ganz fernliegen .... Im sakralen Drama war die Bedeutung als die Seele des Stoffes mit dem Inhalt identisch. Die Zuschauer dachten nicht den Sinn, sie sahen ihn.«[288] »Der Chor ist Tanz von zwölf oder fünfzehn Chorleuten,« schreibt G. Nebel,[289] »der Tanz kreist in eine immer stärkere, in die göttliche Wirklichkeit hinein, in sich rundenden Wiederholungen hebt er die vorwärtsrinnende, vorwärtsstoßende Zeit auf, er bricht der Zeit das Rückgrat, er bringt die Mauern des Jetzt zum Einsturz. Der Gott selbst tanzt den Tanz der Menschenleiber.«

Auch B. Snell weist auf die Einheit von Darsteller und Dargestelltem, von Aufführung und Wirklichkeit hin: »Die Tragödie,« schreibt er, »war in ihrem Anfang Tanz und Chorlied zu Ehren des Dionysos, aufgeführt von Sängern, die sich als Tier verkleideten und sich damit ursprünglich in göttliche Wesen verwandelten, um den Segen Gottes herbeizuzwingen; so fielen mythische Welt und irdische Wirklichkeit für die Dauer des Tanzes zusammen.«[290] »Es wird berichtet, daß frühe Chorlieder ... ein mythisches Geschehen unmittelbar vergegenwärtigen.«[291] So läßt sich zum Beispiel einem Paian des Bakchylides entnehmen, daß Theseus, nachdem er mit den athenischen Jünglingen und Jungfrauen das kretische Abenteuer bestanden hatte, auf Delos den sog. Kranichtanz getanzt hat, und daß dieser Tanz jedes Jahr wiederholt wurde. Darin wurde der Mythos »zur gegenwärtigen Wirklichkeit.«[292] Bis zu einem gewissen Grade galt das sogar noch zur Zeit des Baykchylides, denn der Schluß seines Paians lautete: »Die Mädchen« (in der Begleitung des Theseus) »jubelten, die Jünglinge aber nahe dabei sangen den Paian mit lieblicher Stimme. Delischer Apoll, erfreue dein Herz am Chorlied der Keer und leih' ihnen gottgesandtes Treffen des Guten.«[293] Hier, meint Snell, verschmelze der Chor des Theseus mit dem Chor der Landsleute des Bakchylides, der Keer, »das Lied des mythischen Chors wird zum Lied des gegenwärtigen Chors.«[294]

Eine solche Verschmelzung des Gegenwärtigen mit dem Vergangenen ist auch immer wieder in der Dichtung Pindars festzustellen. Als Beispiel sei hier die erste pythische Ode aufgeführt, die anläßlich des Zeusfestes in einer von Hieron neugegründeten Stadt am Fuße des Ätna aufgeführt wurde. Sie beginnt mit der Verzauberung der Welt durch Apollos Musik. Einzig die Titanen, die Feinde der durch den Kroniden begründeten Ordnung, können sie nicht ertragen, aber sie bleiben in den Tartaros verbannt. Darunter ist auch Typhoeus, den Zeus unter Sizilien begraben und in den Ätna verbannt hat.

Die feuerspeiende Wut des Titanen schreckt aber noch immer die dort wohnenden Menschen. So ist die Titanenschlacht in dieser Gegend noch weiterwirkend, und man *sieht* dort auch die einander entgegengesetzten Welten: Hier die elementare Kraft der gezähmten, in der Tiefe gebannten Urgötter, dort die »himmeltragende Säule« des in ewigem Schnee glänzenden Berges, dem die von der Schönheit apollinischer Musik entrückten Götter nahe sind. Von diesem mythischen Bild geht dann Pindar unvermittelt zu seinem Zeitgenossen Hieron, dem Städtegründer, über, in dem die Kraft des Zeus und Apollons wirkt: Hat er doch einen Sieg bei den pythischen Spielen errungen. In diesem Fürsten lebt aber auch etwas von dem Wesen der Landschaft, die er bebaute und beherrscht; und schließlich wird noch zum trojanischen Krieg ein Zusammenhang hergestellt: Verwundet wie einst Philoktet hat Hieron an der Feldschlacht teilgenommen. Die Stadt aber, die er gegründet hat, wird eine Verfassung haben, die auf den Ordnungen des Hyllos, Herakles' Sohn, beruht. Es folgt ein Rückblick darauf, wie die Dorer, denen diese Verfassung zuerst von Hyllos gegeben wurde, ihr Reich gewannen und damit Nachbarn der in Amyklei geborenen Dioskuren wurden. Zeus wird schließlich angefleht, auch hier diese Ordnung gegen Feinde zu schützen, und es werden die großen Schlachten heraufbeschworen, in denen sie gegen die Perser, die Etrusker und Karthager jüngst siegreich verteidigt wurde. (Salamis, Plataiai, Kyme und Himera.) So bricht die Zeitfolge in sich zusammen und verschmilzt in *einer* göttlichen Gegenwart.

Für W. Burkert sind im kultischen Tanz »göttliches Urbild und menschliche Wirklichkeit oft nachgerade untrennbar«, nur daß im mythisch-göttlichen Bild Dauer hat, was bei den Menschen kurzer Höhepunkt, »Blüte der Jugend« ist.[295] So war die Pyrrhiche, der Waffentanz, der anläßlich des Panathenäenfestes stattfand, eine Wiederholung des göttlichen Ursprungs der Athene, die, kaum dem Haupte des Zeus entsprungen, einen solchen Tanz mit Schild und Speer aufführte.[296] Ähnliche Beziehungen zwischen mythischer Vergangenheit und Gegenwart hebt W. Burkert auch bei den festlichen Agónen hervor, von denen vorhin bereits einige erwähnt wurden: In Olympia wiederholt sich der Wettkampf zwischen Pelops und Oinomaos, die Wettspiele von Nemea knüpften an den Mythos des Archemoros an, diejenigen am Isthmos an den Mythos des Palaimon, und der Agón von Delphi zeigte, wie schon erwähnt, den Kampf Apollos mit dem Drachen. Zu den olympischen Spielen führt W. Burkert aus: »Das Fest begann mit Opfern, einem Voropfer für Pelops, reichen Rinderopfern für Zeus. Dann lagen die geheiligten

Teile ›auf dem Altar‹« – hier zitiert Burkert Philostratos –, »›Feuer aber war noch nicht an sie gelegt; die Läufer waren vom Stadion weit entfernt; vor diesem stand ein Priester, der mit seiner Fackel das Startzeichen gab. Der Sieger aber legte Feuer an die geheiligten Opferteile ...‹ Der Lauf markiert den Übergang vom blutigen ›Werk‹ zum reinigenden Feuer, vom Chthonischen zum Olympischen, von Pelops zu Zeus.« Bei gewissen Agónen, zum Beispiel den Karneen, »ist der Lauf noch mehr Ritual als Sport. Merkwürdig vom Mythos umsponnen ist der Diskos-Wurf: Appollon selbst hat dabei seinen jugendlichen Liebling Hyakinthos getötet ...«.[297]

»Als allgemeine Formel können wir sagen«, faßt Eliade zusammen, »daß man, die Mythen ›lebend‹, aus der profanen, chronologischen Zeit in eine andere Zeit von anderer Beschaffenheit eintritt, nämlich eine ›heilige Zeit‹, die ursprünglich und dennoch unbestimmt oft wiederholbar ist.« »... die erste Aufgabe des Mythos besteht darin, exemplarische Modelle für alle menschlichen Riten und alle bedeutsamen menschlichen Tätigkeiten zu offenbaren: Ernährungsweise oder Heirat, Erziehung, Kunst oder Weisheit ...«.[298] Einen Mythos ›leben‹ stellt demnach eine genuin ›religiöse‹ »Erfahrung dar, die sich von der gewöhnlichen Erfahrung des täglichen Lebens unterscheidet. Die ›Religiosität‹ dieser Erfahrung liegt daran, daß man sagenhafte, erhebende, bedeutsame Ereignisse wieder in Kraft setzt« (re-enact) »und erneut Augenzeuge der schöpferischen Taten der Übernatürlichen« (Supernaturals) »wird; man hört auf, in der täglichen Welt zu existieren und tritt in eine verklärte, leuchtende Welt ein, die von der Gegenwart der Übernatürlichen durchdrungen ist. Es handelt sich nicht um eine Erinnerungsfeier« (commemoration) »mythischer Ereignisse, sondern um deren Wiederholung« (reiteration). »Die handelnden Personen des Mythos werden gegenwärtig, man wird ihr Zeitgenosse. Das bedeutet auch, daß man nicht länger in einer chronologischen Zeit lebt, sondern in der Urzeit, der Zeit, als das Ereignis *zum ersten Mal stattfand* ... Diese Zeit wieder zu erfahren, sie so oft wie möglich zu wiederholen, Zeuge des Schauspiels des göttlichen Werkes zu sein, den Übernatürlichen zu begegnen und ihre schöpferische Lehre wieder zu lernen, das ist der Wunsch, der sich durch alle rituellen Wiederholungen des Mythos wie ein roter Faden hindurchzieht.«[299]

U. v. Wilamowitz-Moellendorff ist hier offenbar derselben Meinung wie die soeben zitierten Interpreten. »Bei der Einholung frischen Lorbeers aus Tempe vertritt zu Plutarchs Zeit ein Knabe Apollon.« Er fragt zwar: »Ob das ursprünglich war?« Aber er fügt hinzu: »Bei der entsprechenden Daphnephorie in Theben zieht der Lorbeer selbst ein, und in ihm wird einst der Gott gekommen sein.« Dazu bemerkt Wilamowitz in einer Fußnote, der Lorbeer sei von einem Kind getragen worden, das »durch sein unschuldiges Alter und seine Herkunft ἁγνός«, heilig, »ist.« Zwar bestreitet Wilamowitz in anderem Zusammenhang, daß zum Beispiel ein Priester »Demeter spielen soll, weil er eine Maske aufsetzt«, denn »das Götterbild kennt jeder, den Priester auch, und in ihrem Bilde ist die Göttin, nicht in seinem Träger.« An der Tatsache der wirklichen Gegenwart der Göttin ändert das indessen ebenso wenig wie sich diese Behauptung, sollte sie zutreffen, nicht verallgemeinern läßt.[300] Daß der Priester ein sterblicher Mensch der profanen Zeit ist, bedarf im übrigen keiner besonderen Feststellung; worauf es ankommt, ist die ihm fühlbare und sichtbare Nähe des Gottes und seiner Arché.

Lassen wir abschließend noch einmal W. F. Otto sprechen: »Die heiligsten Begehungen in den Gottesdiensten aller Völker«, sagt er, »sind ein Gedächtnis und eine genaue Wiederholung dessen, was in Urzeiten von Göttern selbst getan worden ist.«[301]

XII. Die griechische Tragödie als mythisches Ereignis

Eine zusammenfassende Betrachtung der griechischen Tragödie im Lichte der vorangegangenen Untersuchungen soll die dort gewonnenen Ergebnisse vertiefen und zugleich auf spätere Kapitel vorbereiten. Ich werde mich jedoch auf die Werke des Aischylos und des Sophokles beschränken, da Euripides bereits in einer Welt lebte, für welche die Macht des Mythos gebrochen war.

1. Der Mythos bei Aischylos

Das Werk des Aischylos spiegelt die Spannung wider, in welche der griechische Mythos während seiner Endphase geraten war: Die Spannung nämlich zwischen den in seiner klassischen Zeit vorherrschenden olympischen Göttern einerseits und den inzwischen mit elementarer Gewalt zurückgekehrten chthonischen Urmächten grauer Vergangenheit andererseits. Dies ist das mythische Umfeld, in dem sich für Aischylos das Tragische ereignet.

Dafür bilden seine *Prometheus*-Dramen geradezu das Modell. Prometheus wird von Zeus bestraft und an einen Felsen gekettet, weil er versucht hat, die Menschen durch die Gabe des Feuers vor dem Aussterben zu retten. Aber Zeus ist nicht nur ein kaltherziger Herrscher über die Menschen, sondern auch über die uralten, elementaren Mächte der Erde, die Titanen. Es war zwar gerecht, daß er sie hinderte, ihn zu stürzen, und Prometheus hat ihm sogar dabei geholfen, weil er für die Bändigung blinder Gewalten eintrat (Vers 206f.). Aber die Herrschaft des Zeus, von der eine weisere Ordnung erwartet werden konnte (209–218), schlug in eine Unterdrückung der ganzen Erdnatur um, als seine allmächtige Stellung endlich gefestigt war. Die »alten Götter« behandelte er fortan mit Hochmut (404f.), der ganze Erdkreis stöhnt nun unter seiner Tyrannis (406f.). Kronos hat er in den Tartaros geworfen, die »erdgezeugten« Titanen Atlas und Typhon grausam mißhandelt (345–374). Andere haben sich ihm zwar gebeugt, bekunden aber Prometheus mehr oder weniger heimlich, wie zum Beispiel Okeanos und seine Töchter, ihr Mitgefühl. Klagend wendet sich Prometheus gleich mit seinen ersten Worten an die unterdrückte Natur. Er ruft den Äther an, die Luft, die Sonne, die

Quellen und die »Allmutter Erde« (88–92). Klage gegen den »neuen Herrscher« erheben aber auch die alten Mächte (149, 310). Kratos, die Kraft, hat Prometheus an den Fels geschmiedet, also gerade diejenige blinde Gewalt des Elementaren, die Zeus doch bändigen, nicht zerstören sollte. So hat er nur eine Willkür für eine andere gesetzt (186f.). Als abschreckendes Beispiel wird Io vorgeführt, eine Tochter des Okeanos, die Zeus in eine Kuh verwandelt hat, um sein Verlangen nach ihr vor Hera zu verbergen, während Hera, nicht minder verschlagen wie ihr Gemahl, sie mit einer stechenden Bremse durch die ganze Welt jagt (gewissermaßen als Gegenbild zu Prometheus, der an einer Stelle festgeschmiedet ist). Ausführlich schildert Prometheus, welche Wohltaten er den Menschen erwies, wie er ihnen Kult und Zivilisation brachte, wie er sie lehrte, die Natur zu verstehen und im Einklang mit ihrer Ordnung zu leben. Ihre elementaren Mächte sind heilig, sie müssen nur mit Themis, Satzung und Gesetz, versöhnt werden. *Dies* wäre die Aufgabe des Zeus gewesen. Es ist nun aber höchst aufschlußreich, daß Aischylos Themis mit Gaia gleichsetzt (209f.) und Prometheus sagen läßt, *sie* sei es gewesen, welche die Titanen, ihre Kinder, vor blinder Gewalt und bloßer Kraft gewarnt und sich schließlich auf die Seite des Zeus geschlagen habe, als sie ihr nicht glauben wollten. Allmutter Erde genießt so die höchste Verehrung: Sie ist nicht nur die Quelle aller Kräfte der Natur, sondern sie ist zugleich der Ursprung ihres gezügelten Ausgleichs. Ist nicht sogar Zeus ihr Enkel? Themis – Gaia ist es auch, die für den maßlos gewordenen Zeus die Drohung bereithält, es könnte ihm ein Sohn geboren werden, der ihn um seine Herrschaft brächte (874). Diese Drohung zwingt schließlich Zeus zum Einlenken, wie aus dem leider nur fragmentarisch erhaltenen zweiten Teil des Dramas hervorgeht, das »Der befreite Prometheus« betitelt ist. So ist es Gaia, welche die Naturordnung wieder herstellt. Der Olympier findet im Chthonischen seine Grenze, über ihm steht das heilige Gesetz der Erde. Nur in der Harmonie mit diesem vermag er sinnvoll zu herrschen.[302]

In der »Orestie« des Aischylos scheinen die himmlichen Olympier zunächst ganz im Dienste der chthonischen Mächte, der Mächte der Tiefe zu stehen. Im zweiten Teil dieser Tetralogie, den »Weihgußträgerinnen« – den ersten Teil, »Agamemnon«, der die Ermordung Agamemnons durch seine Gattin Klytämnestra und ihren Geliebten Aigist zum Gegenstand hat, können wir hier übergehen – verweist Apollo ausdrücklich darauf, daß wegen dieses Gattenmordes die »Unterirdischen besänftigt« werden müßten (278); an Zeus ergeht der Ruf, er möge »aus der Tiefe die Strafe senden«, also den Geistern des Hades die Rache für den Toten ermöglichen (383f.); Hermes, der Grabgott wird immer wieder angerufen (1, 727, 813). Andererseits werden die unterirdischen Götter selbst (124ff., 399, 405, 475, 476ff.), zum Beispiel Persephone (490) und die Erde (399), um Beistand angefleht, ja, es wird sogar Agamemnon, der Vater, im Grabe beschworen (4, 334ff.). Göttliche Kraft ist auch im geheiligten Toten, sein Grab wird einem Altar gleichgesetzt (106f.), und so kann er auch helfen (456, 481f.).[303] Der Name der Tragödie, die »Weihgußträgerinnen«, ist ja der Name derer, die den Totenkult ausüben. So ist der ganze erste Teil des Stückes eine einzige Totenklage, Totenanrufung und Totenbeschwörung, die in immer leidenschaftlicheren, sich schließlich ekstatisch zuspitzenden Wechseldialogen und Chören vorgetragen wird. Aber nicht nur die Lebenden bedürfen der Toten, sondern auch die Toten der Lebenden. In den Kindern lebt der Tote fort, durch sie hat man Kunde von ihm (503ff.); wie der Korken das Fischernetz auf dem Wasser hält, so verhüten sie, daß er in der Tiefe endgültig versinkt (506ff.). Dies ist aber nicht in dem banalen Sinne gemeint, daß es ein Gedächtnis an die Toten gibt, sondern damit ist gemeint, daß sie buchstäblich so lange wirk-lich sind, zum Leben gehören, solange ihre Nachkommen in ihrem Geiste und nach ihrem Vermächtnis leben und am Grabe, im Gebet, in der Anrufung, Umgang mit ihnen haben. Denn das »Ideelle«, so zeigten die vorangegangenen Untersuchungen, ist mythisch immer zugleich etwas »Materielles«.

Wenn nun also auch in den »Weihgußträgerinnen« die olympischen Götter eher die Forderungen der »Chthonischen Nacht«,[304] der »Mutter Nacht«[305] erfüllen sollen, so lauert doch von Anfang an im Hintergrund der tödliche Konflikt: Nicht umsonst müssen alle Scheußlichkeiten des Mordes an Agamemnon, Klytämnestras Ehebruch, das weibische Regiment im Staate, die Mißhandlung Elektras, die Verschwendung des angestammten Erbes, die sich überall ausbreitende Gottlosigkeit anklagend aufgezählt werden, nicht umsonst muß sich Orest die entsetzlichen Strafen vor Augen führen, die Apollo ihm angedroht hat, sollte er seinen Befehl zur Rache für Agamemnon nicht befolgen (54ff., 269ff.) – denn erst dies alles zusammengenommen vermag ihn zu bewegen, das Entsetzliche, das in den Augen der chthonischen Mächte schlimmste Verbrechen, zu begehen und seine Mutter zu töten. Kaum aber ist die Tat vollbracht, packt ihn schon das Grauen. Die Erinnyen treten aus dem Dunkel hervor. Das Gesetz der Mutter Erde und Mutter Nacht steht zu dem

Befehl des olympischen Apoll, der das Gesetz des Patriarchats und der staatlichen Ordnung vertritt, in offenem Gegensatz.

Erst in den »Eumeniden«, dem letzten Teil der Trilogie, wird der tödliche Konflikt innerhalb des Mythos aufgelöst. Es ist bezeichnend, daß er mit der Anrufung von Gaia, Themis und der Titanin Phoibe, also der Erdgötter, beginnt; es folgen die Olympier Apollon, Athene, Poseidon und Zeus; auch Dionysos wird nicht vergessen. So wird gleich zu Anfang die *Einheit* der chthonischen und himmlischen Götter beschworen. Aber noch ist sie nicht verwirklicht. Die Priesterin, die das Gebet gesprochen hat, stößt gleich darauf im Tempel auf die Erinnyen, die dort hockend ihres Opfers harren. Apollo, der sie aus dem Tempel wieder vertreibt, hält ihnen alle Gräßlichkeiten ihres blutigen Geschäftes vor (185ff., 192). Sie aber sind dennoch die greisen Urzeittöchter (69), die altes Götterrecht vertreten (173, 727), und entstammen der Erdnacht, die sie ihre Mutter nennen (321ff., 416, 745, 791, 821f., 844f., 1034). Wir stoßen hier auf dieselbe Zwiespältigkeit wie im »Prometheus«: Die chthonischen Mächte sind auf der einen Seite Beschützer von Urrechten, segenspendend, ja, der Quell des Lebens, aber auf der anderen Seite sind sie auch grausam und wild wie die Natur. Für sie wiegt der Muttermord am schwersten, kein besonderer Umstand vermag ihn zu rechtfertigen (210, 212, 262, 267ff., 599), während der Gattenmord, weil er nicht an einem Blutsverwandten begangen wurde, auch außer Verfolgung bleiben kann (605). Diesem Gesetz des Blutes treten die »jungen« Götter, die Olympier entgegen (150, 164, 778). Sie vertreten das staatstragende Recht der Ehe, wie es von Hera, Zeus und Kypris gestiftet wurde (211, 213ff.). Der Vater, dem Zeus das Zepter zur Ausübung der Macht verliehen hat, steht über der Mutter (203, 602, 625ff., 640). Apollo verweist auch auf Athene, die mutterlos aus dem Haupt des Zeus entsprungen ist (657ff.). Aber Athene maßt sich nicht an, wie Apollo einfach das Neue über das Alte zu setzen und die Erinnyen schroff zurückzuweisen. Sie weiß, daß damit die Spannung innerhalb des Mythos nicht beseitigt werden kann, worin die Tragik Orests ihren Ursprung hat. Sie fürchtet nicht nur die Macht der chthonischen Götter, sondern sie anerkennt vor allem auch deren grundsätzliches Recht (476). Daher setzt sie sich für ein unabhängiges Gericht ein, das ein wohlbegründetes, abgewogenes Urteil sprechen soll (482ff.). Dieses entscheidet nun zwar zugunsten Orests,[306] aber nun sind ja die Erinnyen nicht durch blanke Gewalt, sondern durch Vernunft überwunden worden. Und jetzt erst, in dieser »Vergeistigung« der alten Mächte, finden diese zur ursprünglichen Einheit von Gaia und Themis zurück, können sie ihr ursprünglich segensreiches Wirken in vollem Einklang und versöhnt mit den neuen Göttern der Höhe ausüben. Die Olympier beugen sich nun vor deren alter Weisheit (847), erweisen ihnen Ehre und halten die Menschen dazu an, durch Kultstätten, Opfer und Feste das gleiche zu tun (804, 833, 854ff., 890f., 920ff., 1021ff., 1036ff.). Was könnte auch ohne diese Kräfte der Erde und der Fruchtbarkeit gedeihen? Das Erstlingsopfer gebührt ihnen also, wo eine Ehe geschlossen und Kindersegen erhofft wird (834ff.). Ihnen obliegt es ferner, für Tau und Wind zu sorgen, damit die Erde Früchte trägt (930ff., 945ff.) und Mensch und Vieh gedeihen (907, 943). Auch bleibt ihnen das Urrecht unerbittlicher Strafe und Rache im Rahmen der nunmehr neu gewonnenen mythischen *Einheit,* wo wider die Natur und göttliches Recht gefrevelt wurde (930ff.). Aber jedes hat nun das Seine, seine Moira: Für die chthonischen Wesen ist es das Reich der Natur und der Erde, für die Olympier ist es dasjenige der Polis, des Staates, der geschaffenen Rechtsordnung, des menschlichen Wettstreites und des Krieges (1007, 913ff.). Dies ist der Weg für die Vernünftigen, die von Phrónesis erfüllt sind (988). Damit werden die heiligen Mächte der Natur mit Ordnung und Recht, von Göttern und Menschen gesetzt, versöhnt (992ff.). Jede Anmaßung gegenüber dem Urmythos der chthonischen Mächte wird zurückgewiesen, aber ebenso werden deren Wildheit Grenzen gesetzt.

In der Tragödie »Prometheus« tritt ein Mensch nicht auf (Prometheus selbst ist ein Titane); in der Orestie ist der Hauptheld nur Vollstrecker göttlichen Willens, ja, er zeigt kaum persönliche Züge; in der Tragödie »Die Perser« haben wir es nun zwar mit Menschen zu tun, aber sie trifft göttliches Strafgericht gerade deswegen, weil sie in Hybris der Götter nicht achteten. Es sind jedoch die Olympier, die unerbittliches Unheil senden, während die versöhnenden, heilenden, tröstenden Kräfte aus der Tiefe, der Chthonischen Nacht und dem Reich der Toten kommen.

Das ganze Stück spielt am Grabe des Dareios, um das sich der Chor und die Großen des persischen Staates versammelt haben. Man erwartet die Rückkehr des Heeres, von dem man noch keine Botschaft über den Ausgang des Feldzuges erhalten hat. Eine bange Ahnung lastet auf den Anwesenden: Zwar lebt das Land im Luxus (3), zwar konnte es sich ein Heer von unübersehbarer Größe leisten, das in stolzem Hochmut eine Brücke über den Hellespont baute und so den Meergott unterjochte (72). Aber ist dies nicht alles Frevel und

Gotteslästerung? Könnte nicht diese Pracht zur Verblendung führen und solche Hybris im Elend enden? (113–125). Die Königinmutter tritt auf und vergrößert noch diese Angst. Auch sie beschleicht das Grauen vor des Reichtums Übermaß (163f.) und böse Träume quälen sie. Was aber rät man ihr? Sie bete zu Gaia, zur Erde, zu den Toten; sie möge ihnen opfern (220), damit auch Dareios aus »der Erde dunklem Schoß« (223) Gutes ans Licht sende (222). Kurz darauf kommt die Nachricht von der Vernichtung des Perserheeres. Die Umstände, unter denen sie erfolgte, lassen keinen Zweifel aufkommen: Nur ein Dämon (345, 354) und die Olympier, vor allem Athene (347) und Zeus, konnten dies bewirkt haben. Dennoch wendet man sich nun mit großem Ritual nicht ihnen, sondern der Erde, der Tiefe und den Toten zu: Die Gaben der Allmutter Erde werden gespendet, Milch, Honig, Quellwasser, Wein, Oliven und Blumen (610ff.), und man fleht zu Gaia, den chthonischen Göttern, und Hermes, dem Grabgott, sie mögen Dareios, den Heros, ans Licht zurückführen, damit er Rat, Rettung und Heilung bringe. Dreimal wird er gerufen, dreimal beschworen; dann steigt er aus dem Grab herauf. Die Epiphanie des Dareios aber ist die Epiphanie der Arché des Staates. In der Not wendet man sich zu dieser Arché zurück, hofft man, wieder von ihrer mythischen Substanz durchdrungen zu werden und dadurch neue Kraft zu schöpfen. Da die Lebenden nicht mehr von ihr erfüllt waren und in Verblendung von der Arché abgewichen sind, versank sie mit dem Heros zurück in die Tiefe. Nun aber wird mit der Erscheinung des Dareios die vergangene Herrlichkeit des Reiches wieder gegenwärtig. Er bestätigt die bangen Ahnungen des Chores zu Beginn der Tragödie: Es war die Hybris des Xerxes, die alles Elend schuf: Er hat Poseidon beleidigt, als er den Hellespont bändigte, er hat die Tempel der Griechen zerstört (745, 808ff.) und die gottgefügte Ordnung erschüttert. – Der Rest der Tragödie ist, nach dieser Epiphanie des Staatsheros, die Darstellung des Elends und Schreckens, welche die olympischen Götter über Xerxes verhängt haben. Die Olympier sind so zwar einerseits die strafend-ordnenden und damit rettenden Wesen, ihr Gesetz ist das des Tages und des Lichtes, aber dies ist nur die eine Seite der Wirklichkeit. Vergeßt die Toten nicht! Genießt den göttlichen Glanz der Welt (840), aber tröstet Euch auch über die Leiden, denn der Tod ist die »Chthonische Nacht«. In seinem heiligen Reich hüten die Ahnen die verratene Arché der Gemeinschaft und Polis. Vor allem der Jugend muß es gesagt werden, die das Vergangene leicht mißachtet (782ff.). Vergeßt auch die Erde nicht, Gaia, die Allmutter, die den Menschen näher ist als die Olympier, denn aus ihrem Schoß wächst alles und in ihn kehrt alles wieder zurück.

Erst in der Tragödie »Sieben gegen Theben« tritt der Mensch nicht nur als Spielball mythischer Mächte (Orest), nicht nur als Gegenstand gerechtfertigter Rache für Hybris und Anmaßung auf (Xerxes), sondern als eine eigenständige Persönlichkeit. Aber man wird gewarnt: Eine solche Freiheit kann man bewundern, sie muß jedoch in der Katastrophe enden. Der Mensch, der in dieser Tragödie an seiner eigenen Größe zerbricht, ist Eteokles. Von Anfang an läßt der Dichter seine Einsamkeit hervortreten. Schon in den ersten Versen schildert er die ständig wachsame Verantwortung des Herrschers, der wie ein Fels in der Brandung die belagerte Stadt verteidigt. Ihm wird der Chor der klagenden, vor Furcht halb wahnsinnigen Weiber gegenübergestellt, die ihre Zeit wie gelähmt und untätig nur noch flehend auf den Knien vor den Götterbildern zubringen. Sie sind ihm widerwärtig (182), und er muß kostbare Zeit damit zubringen, um zu verhindern, daß sie die ganze Stadt mit ihrer Verzweiflung anstecken. Noch glaubt er, mit den Göttern im Bunde zu sein, und nicht Gebete verurteilt er, wohl aber müssen sie aus kraftvollem Herzen aufsteigen und die Menschen mit göttlichem Mut erfüllen (264ff.). Erst später erfährt er, in welch furchtbare Lage ihn die Götter gebracht haben. Sieben Tore hat Theben. Gegen jedes wird einer der feindlichen Heerführer seine Scharen anführen. Unter ihnen befindet sich Polyneikes, sein Bruder, der ihm das Erbe entreißen und furchtbare Rache an der Stadt nehmen will. Nun ist aber Polyneikes zugleich der Vornehmste der Feinde, sein eigentlicher Herausforderer und allein mit ihm gleichrangig. Also muß er diesem als König entgegentreten (672ff.). Auch hat Polyneikes darauf bestanden (636), so daß er als Feigling gälte, wollte er sich ihm nicht stellen. Er muß also wählen: Soll er seinen Bruder töten und Blutschuld auf sich laden oder soll er seine Königswürde verspielen? Mit der Blutschuld verletzt er göttliches Recht, das mythisch höher steht als seine Königswürde, mag sie ihm letztlich auch von den Göttern verliehen worden sein. Nachdrücklich erinnern ihn auch die Weiber daran, daß die Vermeidung der Blutschuld wichtiger wäre als seine Ehre (718), ja, sie behaupten sogar, der Sieg wäre den Göttern auch dann wohlgefällig, wenn er nicht vom Ruhm begleitet wäre (716). Eteokles aber lehnt diese Unterwerfung ab. Seine Ehre steht über allem (685, 717). Die Götter, so sagt er, haben ihn längst verlassen (702). Warum haben sie es denn gewollt, daß er trotz seiner edlen Gesinnung, seiner Vaterlandsliebe und seines Verantwortungsgefühls in einen so tödlichen Konflikt geraten mußte? Es ist der alte Fluch, der auf dem Hause liegt (653ff., 719, 742, 800ff.), es ist ferner der Fluch, den Ödipus gegen seine Söhne ausstieß (709, 785ff.), wovon er verfolgt wird. Die ganze Kette der Verhängnisse, von denen sein Geschlecht heimgesucht wurde, wird noch einmal aufgezählt. Die freie Persönlichkeit will, nicht aus Hybris, sondern in einem neuen Rechtsgefühl gegenüber den Göttern ihr Haupt erheben – aber wie bewundernswert sie damit auch sei, sie bezahlt doch solchen Stolz mit dem Untergang. Wollte Aischylos dem aufkommenden Individualismus, der auch von politischen Umbrüchen begleitet war, die Grenzen setzen und ihm sein Maß im Mythos weisen?

2. Der Mythos bei Sophokles

Auch bei Sophokles ist das sich stets wiederholende Grundthema die Spannung zwischen den chthonischen und olympischen Mächten. Stärker indessen als im Werke des Aischylos tritt nun die freie Persönlichkeit innerhalb dieses Spannungsfeldes hervor.

Wie sehr die Olympier den Glanz ihrer bisher unangetasteten Herrlichkeit eingebüßt haben, zeigt die Tragödie »Die Trachinierinnen«. Es ist eine Welt voll Trug und tückischer Täuschung, in die wir dort eintreten. Herakles betrügt seine Gattin Deianeira mit Iole. Deianeira wiederum sucht ihn mit einem Zauber zu halten, den ihr Nessos aufschwatzte, wohl wissend, daß er ihr damit nicht helfen, sondern Herakles töten würde. Ihr Sohn Hyllos versagt vor ihrer Verzweiflung, wie sie die entsetzlichen Folgen ihres Tuns entdeckt, und treibt sie damit in den Selbstmord. Der sterbende Herakles schließlich tötet nicht nur den schuldlosen Überbringer des tödlichen Mantels, er bleibt nicht nur völlig gleichgültig gegenüber dem tragischen Irrtum und Tod seiner Gattin, sondern er zwingt auch noch Hyllos zu der Schmach, die Nebenbuhlerin seiner Mutter, nämlich Iole, zu ehelichen. Am tückischsten von allen aber ist Zeus, der Gott selbst. Durch seine doppelsinnigen Weissagungen hat er Herakles auf das Grausamste getäuscht (1157–1173). Am Ende ruft Hyllos zum Zeugnis wider die Götter auf, die sich als Stifter und Väter aller Dinge preisen lassen und solches Leid mitansehen (1267f.). Es gibt nichts, fügt der Chor hinzu, worin nicht Zeus sei (1278).[307]

Auch im »König Ödipus« zeigen die Olympier ihre düsteren Seiten. Das Licht, das sie einst in die Welt brachten, leuchtet nicht mehr im alten Glanze. Deswegen ist das Leben der Menschen zu einem Nichts geworden und ihr Glück Wahn (1186ff.). Nicht geboren zu sein ist das Beste, das Zweitbeste, so früh wie möglich zu sterben (Ödipus auf Kolonos 1224ff.). – Thebens König Laios will den verheißenen Vatermord vermeiden und setzt den Säugling Ödipus aus. Aber gerade die mitleidsvolle Güte eines Hirten, der ihn einem kinderlosen Ehepaar überläßt, durchkreuzt diese Absicht. Erwachsen, befragt Ödipus das Orakel. Aber anstatt ihm Auskunft zu geben, stößt es ihn mit dem Hinweis zurück, er sei ein künftiger Vatermörder und Schänder seiner Mutter. Auch er will nun das Schreckliche vermeiden und flieht deswegen, seine Adoptiveltern für seine leiblichen Eltern haltend, aus dem Hause. Aber gerade diese gute Absicht führt ihn zu jener Wegkreuzung, wo er Laios begegnet und erschlägt. Der Gott führt ihn schließlich nach Theben. Dort befreit er die Stadt von der mörderischen Sphinx und erntet dadurch verdienten Ruhm. Aber gerade dadurch gewinnt er die Hand der verwitweten Königin, die seine Mutter ist. Nachdem jedes nur denkbare Bemühen, den Frevel zu vermeiden, den Frevel herbeigeführt hat, wird dieser an der ganzen Stadt bestraft. Doch damit nicht genug. Das Orakel erteilt dem ahnungslosen Ödipus den Auftrag, den Mörder des Laios, der an der Gottesgeißel schuld sei, zu entdecken und zu bestrafen. Wieder unternimmt Ödipus alles, der Gottheit zu willfahren. Mit Eifer geht er an die Untersuchung, schont dabei niemanden und vor allem sich selbst nicht. Aber dies alles nur, um schließlich zu entdecken, daß er selbst der gesuchte Mörder ist. Nun wäre der Tod für ihn eine Erlösung. Allein selbst diesen wagt er sich aus unerschütterlicher Gottesfurcht nicht zu geben: Hat er doch selbst vorher den Spruch des Gottes so ausgelegt, daß der Mörder des Laios, sollte er gefunden werden, zu ächten sei. Diese Welt allerdings, dies können ihm die Himmlischen nicht verwehren, diese Welt will er nicht mehr sehen. Da sticht er sich die Augen aus. So verläuft das Leben des Ödipus wie nach einem von der Gottheit geradezu teuflisch ausgeheckten Plan, der alle Anstrengungen zunichte macht, ihr zu gehorchen. Das Ende ist dumpfe, hoffnungslose Verzweiflung. – Auf der einen Seite beruht diese Tragödie des Sophokles vollständig auf den Vorstellungen des Mythos. Darunter dieser, daß der Mensch Schauplatz göttlicher Mächte ist und daher alle Schuld letztlich eine »objektive«, nicht »subjektive« Ursache hat; daß dies dennoch vor Strafe nicht schützt, ja, daß diese auf andere übertragen werden kann (der Sündenbock); und schließlich die Vorstellung, daß der Gott im Orakel seinen Willen kundgibt (es geschehe offen oder mit verborgener List). Aber auf der anderen Seite treten gerade diese Elemente des Mythos nun in einer Weise hervor, die zum

Protest im Namen des sich seiner bewußter gewordenen Menschen herauszufordern scheinen. »Apollon, Apollon, war es, Freunde, der dieses Übel, Übel, dieses mein, mein Leiden vollbracht hat!« schreit Ödipus auf (1329f.), den Gott, das Übel und sein Leid zweimal anrufend.

Liest man die »Trachinierinnen« und den »König Ödipus«, so könnte man bei oberflächlicher Betrachtung meinen, Sophokles habe der damals um sich greifenden Aufklärung und Mythoskritik nur künstlerischen Ausdruck geben wollen. Nichts wäre indessen falscher, wie besonders der Tragödie »Ödipus auf Kolonos« zu entnehmen ist. – Zeigten die Olympier zuerst ihre furchtbare, so enthüllten sie nunmehr ihre versöhnliche Seite. Die Götter führen ihn an die von Apollo geweissagte Stelle, wo er in Frieden und unter sichtbaren Zeichen göttlicher Entsühnung sterben kann (84ff.). Diese Stelle ist aber ein heiliger Hain auf Kolonos, der den Eumeniden (42), den Töchtern der Erde und der uralten Nacht, gehört (40, 106). »Heilig ist der Ort, das spürt man gleich«, sagt Antigone (16), die den blinden Vater begleitet, und alsbald wird es durch Herankommende bestätigt. Sie mahnen, das Gebet zu sprechen (484), das Trankopfer zu bringen, nämlich Quellwasser und Honig in von frischer Lammwolle bekränzten Krügen (469ff.), und auf den benetzten Boden Ölzweige zu legen (483). Hier, im friedvoll abgeschiedenen Hain der Totengötter erklingt noch einmal das Chorlied, das den göttlichen Zauber der Welt außerhalb besingt: Die grünen Waldschluchten, wo das Efeu wächst und die Nachtigallen schlagen, die fruchtbaren Wälder, welche Dionysos mit seinen trunkenen Scharen durchschwärmt, wo Krokus und Narzissen blühen und die Quellen des Kephissos sprudeln, wo auch die Musen tanzen und Aphrodite erscheint, wo der heilige Ölbaum wächst, den Zeus und Athene bewachen (668–706). Die Olympier sind nicht nur versöhnlich, sie sind zugleich, all ihren grausamen und düsteren Seiten zum Trotze, die Herrlichkeit des Daseins. Und doch wird hier daran nur noch wie an einen fernen Glanz erinnert, es ist wie ein Abschied. Die letzte Wahrheit, die feierlich erwartet wird, ist der Tod. Den Tod aber besingt nun der Chor als Helfer und Vollender (1220ff.). Er fleht, es mögen Hades und die Erdgötter Ödipus freundlich empfangen und ihn erhöhen (1558–1578). Die Bitte wird erhört. Wie Ödipus seine letzte Stunde gekommen fühlt, begibt er sich innerhalb des Haines zum Hügel der Erdgöttin Demeter. Noch einmal dient er der Gottheit durch rituelle Waschung und Opfertrank. Da verrät ein furchtbarer Donnerschlag des Zeus Chthonios das Nahen der Gottheit, und eine fürchterliche Stimme ruft ihn. Theseus, der Ödipus begleitet hat, wird von einem überirdischen Licht geblendet. Wie er wieder sehen kann, ist Ödipus verschwunden. Diese wunderbaren Erscheinungen lassen keinen Zweifel daran, daß ihm die Götter der Tiefe das dunkle Tor der Erde versöhnlich geöffnet haben (1661f.). »Endet die Klage!«, ruft Theseus den Kindern des Ödipus zu. »Es ist Frevel zu trauern, wenn jemandem die Gnade der chthonischen Nacht gewährt wird.« (1751ff.). – Zunächst scheint es in das Bild nicht zu passen, daß Zeus erscheint, wenn doch die Götter der Tiefe Ödipus erwarten. Es handelt sich aber, wie gesagt, um Zeus *Chthonios*, also denjenigen Gott, der in den Diásien verehrt wurde. Die dabei vorgeschriebenen Riten hatten, wie bereits erwähnt (vgl. Kapitel III, 4), eine Schlange zum Gegenstand, die das Symbol der Wiedergeburt, aber auch der Mächte der Unterwelt und des Todes darstellt. Auch wurden bei den Diásien nicht die üblichen Zeus-Opfer dargebracht, und es wurde nicht gespeist, sondern alles Fleisch wurde verbrannt Damit sollten die Chthonioi, die Mächte der Unterwelt, versöhnt werden. Überhaupt handelte es sich bei den Diásien vornehmlich um ein Besänftigungsritual, weswegen man in diesem Zusammenhang auch von Zeus Melíchios, dem Sanften, sprach. So ist hier ein ursprünglich chthonischer Kult mit dem Zeuskult verschmolzen. Es ist also nicht einfach der *Olympier* Zeus, den Sophokles am Ende des Dramas erscheinen läßt, sondern derjenige, der zum Chthonischen in engster Beziehung steht. Daß er aber überhaupt Zeus für diese Szene gewählt hat, erklärt sich aus der Absicht, am Ende auf den versöhnlichen Zusammenhang von Olympiern und chthonischen Mächten hinzuweisen und damit die Einheit des Mythos, die Einheit zwischen grausam strafenden und freundlich milden Gottheiten noch einmal zum Ausdruck zu bringen. – Wir müssen jedoch auch fragen, worauf eigentlich die Entsühnung des Ödipus beruht. Sie beruht darauf, daß nun doch die »subjektive« Unschuld vor der »objektiven« Schuld hervorgehoben wird: Ödipus hat seine Taten ungewollt getan (963f., 977), er hat sie mehr erlitten als verübt (266ff.), er ist unwissend und ahnungslos (552ff.) gewesen. Damit wird vom Dichter nicht bestritten, daß es objektive Schuld im Sinne des Mythos gibt, und jeder, der darin verstrickt ist, dafür zu büßen hat. Schuld ist hier wie ein Verhängnis, ein Naturereignis, ja, eine Krankheit mit unsäglichen Folgen. Und doch kann der Mensch erlöst werden, der in solchen Prüfungen den Göttern unwandelbar ergeben bleibt. Eteokles, der seine Königswürde höher achtet als das göttliche Gesetz, stirbt einsam in völliger Gottverlassenheit; Ödipus dagegen, der nichts unterlassen hatte, im Einklang mit dem göttlichen Willen zu leben, findet am Ende Gnade und Versöhnung. An dieser Gnade und Versöhnung sind nun zwar auch die Olympier beteiligt, aber die eigentliche Entsühnung findet doch erst dadurch statt, daß ihn die chthonischen Götter in ihre bergende Tiefe aufnehmen.

Die Spannung zwischen den Olympiern und den Göttern der Tiefe hat Sophokles hier jedoch nur vorübergehend gelöst. In seiner »Antigone« treffen wir auf deren unvermindert schroffen Gegensatz. – Kreon, der König von Theben, verbietet, den erschlagenen Bruder der Antigone, Polyneikes, zu begraben. Er sei ein Verräter, Gehorsam und Ordnung aber seien die Säulen, auf denen der Staat beruhe (675ff.). Das Vaterland müsse über die Bande des Blutes gestellt werden (182f.). Die Götter des Hades, welche die Bestattung verlangen, verehrt man vergeblich (779f.). Gerade auf diese Götter aber beruft sich Antigone. Die Toten der Erde wiederzugeben sei Brauch und heiliges Gesetz (23f.). Zwar sei es, anders als dasjenige des Staates, ungeschrieben (454f.), und niemand wisse, woher es kam; aber es bestehe seit Menschengedenken, und eben dadurch, durch diese seine Ewigkeit, erweise es sich als etwas Göttliches, das bei den Mächten der Tiefe geehrt werde (77). Ja, Vater, Mutter und Bruder werden sich in der Unterwelt freuen, weil sie ihnen im Tode gedient hat, und diese Hoffnung mache sie stark (897ff.). Es sei weise, den Geboten der Totenwelt zu gehorchen (519), denn das Leben sei kurz, der Tod aber lang (74f.). Auch Heimon, der Sohn des Kreon und Verlobte der Antigone, teilt diese Meinung. Der Tote muß begraben werden, es ist das Gebot der Totengötter (745, 749). – Man hat oft aus der Gegenüberstellung von Kreon und Antigone zwei gleiche Rechte konstruieren wollen und darin den tragischen Konflikt des Dramas gesehen. Aber Sophokles läßt in Wahrheit keinen Zweifel daran, daß Kreon ein Frevler ist. Dies verkündet nicht nur der Seher Teiresias, sondern das zeigt auch der Ablauf der schrecklichen Ereignisse. Kreon selbst versteht sie als ein Strafgericht und schreit zum Hades, daß er ihn vernichtet habe (1284ff.). Das Totenreich triumphiert über die Staatsraison, aber es zeigt auch seine Macht gegenüber den die Ordnung des Staates schützenden Olympiern. Denn die Gestorbenen, so heißt es, gehören den Göttern der Tiefe (1070), und weder der König noch die Götter in der Höhe (1072f.) hätten ein Anrecht auf sie. Auch in der Antigone nimmt die Idee der freien Individualität Gestalt an, aber wieder in einer neuen Variante. Antigone ist weder nur Spielball mythischer Mächte wie Orest, noch von verblendeter Hybris geleitet wie Xerxes, noch lediglich von ihrer persönlichen Ehre bestimmt wie Eteokles oder ein Opfer »objektiver« Schuld wie Ödipus. Antigone entscheidet sich vielmehr frei im Zusammenprall von olympischen und chthonischen Wertordnungen zugunsten der letzteren. Diese ihre Freiheit zeigt der Dichter schon dadurch, daß er Antigone ihre Schwester Ismene gegenüberstellt. Es ist nämlich Ismene, die Antigone vor Augen führt, daß sie tatsächlich eine freie Wahl hat: Niemand sei gezwungen, sagt sie, um sie von ihrem Vorhaben abzubringen, den Bruder trotz der Drohung des Königs zu begraben, die Gesetze des Staates zu übertreten und sich damit der äußersten Gefahr auszusetzen. Antigone aber antwortet darauf: Du gehst den Deinen, ich meinen Weg (557). Diese freie Entscheidung will Antigone jedoch nicht, wie der Chor, als eine nach eigenem Gesetz (821, 875) verstanden wissen, nicht den Ruhm sucht sie, wie Göttergleiche zu handeln (837f.), im Gegenteil, solches klingt in ihren Ohren wie Spott und Hohn (839ff.). Sie wählt vielmehr das Gesetz der Totengötter, weil es im gegebenen Fall nach ihrer Auffassung das höhere ist, sie wählt es aus frommem Pflichtgefühl. Daher ruft sie auch nicht die Olympier zu Zeugen wider diesen ihr angetanen Schimpf an, sondern die Dirke Quellen, Thebens heiligen Hain (844ff.). Dort, auf dem mütterlichen Boden der Stadt, im Schoße der Erde, sind die heiligen Mächte, an die sie sich gebunden fühlt. Wie soll ich in meinem Leid zu den Göttern blicken (blépein), wen von ihnen um Hilfe rufen, klagt sie, da ich doch gottesfürchtig Gottloses bewirke? Es ist kein Zweifel, daß sie hier, wenn sie von Göttern spricht, die Olympier meint, weswegen Hölderlin an dieser Stelle »Theoi« treffend mit »die Himmlischen« übersetzt und zum Beispiel W. Willige in seiner Übertragung für blépein »aufblicken« schreibt.[308] »Gottloses« tut sie, sofern sie das von den Olympiern geschaffene Gesetz des Staates übertritt, »gottesfürchtig« aber ist sie, weil sie damit zugleich den Mächten der Tiefe gehorcht. Es ist furchtbar, angesichts des Todes den Zwiespalt innerhalb der Götterwelt zu erfahren, und dennoch will Antigone darin Heiliges heilig halten (943).

Ich übergehe die Werke »Elektra« und »Aias«, da sie mit Hinblick auf die hier herauszuarbeitenden mythischen Strukturen der griechischen Tragödie sowie ihren Zusammenhang mit dem zunehmenden Hervortreten der menschlichen Individualität nichts Neues bringen und wende mich abschließend der Tragödie »Philoktet« zu.

Wie im »Ödipus« handelt es sich auch hier zunächst um eine »objektive« Schuld. Ahnungslos hatte Philoktet dem Herakles zur Unsterblichkeit verholfen, die Hera verhindern wollte. Als Strafe wurde er, ausgerechnet während er den Göttern opferte, von einer Schlange gebissen. Da die Wunde nicht heilen wollte und die Achäer ihren Gestank, ihren gräßlichen Anblick und Philoktets Schmerzensschreie nicht länger ertragen konnten, setzten sie ihn kurzerhand auf einem verlassenen Eiland aus, wo er nun qualvoll dahinsiecht. Die Feldherrn aber, die dies zu verantworten hatten, erlangten inzwischen unsterblichen Ruhm in den Schlachten um Troja. Das üble kommt nicht um, klagt Philoktet, ja, es wird gar von den Göttern gehegt und gepflegt, aber das Gute und Edle verstoßen sie (446ff.). Wie soll man das verstehen (451) und wie soll man die Götter loben, die man fromm verehrte und dennoch böse fand (452)? Aber die schwerste Prüfung soll für Philoktet noch kommen. Nachdem sich gezeigt hat, daß Troja nicht ohne den Bogen des Herakles, den Philoktet besitzt, erobert werden kann, mutet man Philoktet auch noch zu, sich mit Odysseus und seinen Genossen, seinen Peinigern, zu versöhnen und nunmehr gemeinsam mit ihnen zu kämpfen. Aber vergebens bäumt sich Philoktet dagegen auf. Wie Herakles aus dem Olymp erscheint, um ihm den höchsten Willen persönlich zu verkünden, fällt er verzückt auf die Knie. Das gewaltige Schicksal, ruft er aus (1466), so schwer und für den Sterblichen kaum verständlich es auch sein mag, ist doch von einem allmächtigen und göttlichen Geist gefügt (1467f.). Von diesem Geiste plötzlich durch die Epiphanie des Herakles beseelt, wendet sich Philoktet wieder den Göttern zu und nimmt Abschied von den Nymphen, Quellen und Hainen der Insel, wo trotz allem Hermes und Apollo nahe waren (1452ff.). – So weit liest sich das Drama beinahe wie eine Neuauflage der »Trachinierinnen«, wenn auch am Ende der numinose Glanz der Olympier doch wieder für alles Leiden entschädigt, das sie dem Menschen zufügen. Und doch gibt es hier einen entscheidenden Unterschied. In diese mythische Lebenserfahrung wird ein Vorgang hineingewoben, in dem die freie Persönlichkeit noch stärker als in allen anderen Tragödien zum Ausdruck kommt. Odysseus rät seinem Gefährten Neoptolemos, den ersehnten Bogen Philoktets mit List zu rauben und den so wehrlos Gemachten dann zu den Schiffen und nach Troja zu entführen. Neoptolemos ist dazu, wenn auch mit Bedenken, bereit. Allein in dem Augenblick, wo er die Qualen des kranken Philoktet und seine erbärmliche Hilfsbedürftigkeit sieht, in dem Augenblick vor allem, wo dieser ihm rückhaltloses Vertrauen entgegenbringt, wird ihm das Böse in seiner Absicht deutlich. Die Waffe, die er schon durch Täuschung entwendet hat, gibt er Philoktet wieder zurück. Odysseus ist entsetzt, daß sich Neoptolemos dem Befehl des Heeres widersetzt. Und in der Tat: Geht nicht die Pflicht gegenüber dem Gemeinwohl der Achäer der sittlichen Entscheidung gegenüber einem einzelnen vorher (926)? Hat nicht Neoptolemos selbst vorher gesagt, es sei der Ratschluß der Götter, daß mit Hilfe Philoktets Troja überwunden werde (192ff.)? Und doch wagt er plötzlich, sich militärischem Befehl und göttlichem Beschluß zu widersetzen, ja, sich dabei ausdrücklich auf seine eigene Natur zu berufen: »Alles wird unerträglich«, sagt er, »wenn man seine eigene Natur verläßt und etwas tut, was ihr nicht zukommt« (902f.). Trotzdem liegt es Sophokles auch hier fern, den sittlich handelnden, freien Menschen aus dem Mythos etwa in aufklärerischer Absicht herauszulösen. Weder dieser noch der listig Verschlagene vermögen den göttlichen Plan zu durchkreuzen: Odysseus nicht, der mit seiner bedenkenlosen List beinahe alles verdorben hätte, wie der Ablauf der Ereignisse zeigt, und Neoptolemos nicht, den Herakles am Ende ermahnt (1434), den von den Göttern erhaltenen Auftrag auszuführen. So wird der Mensch zur Einheit mit der Gottheit wieder zurückgeführt. Es kann jedoch kein Zweifel sein, auf wem ihr wohlgefälliges Auge ruht: Wie zwei Löwen sollen nun Philoktet und Neoptolemos zusammenstehen, fordert der Gott (1436), – von Odysseus ist nicht die Rede. *Sie* sind die Geläuterten, und alles Leiden des Philoktet enthüllt sich nunmehr als Prüfung, welche die Götter über ihn verhängt haben, um ihn auf unsterblichen Ruhm vorzubereiten (1418ff.).

So triumphiert auch hier, wo sich die neu entdeckte Persönlichkeit weit deutlicher ihrer Freiheit bewußt wird als in irgendeinem anderen Stück des Sophokles, am Ende der Mythos. Nur in diesem Rahmen vermag sich Sophokles das Individuelle letztlich vorzustellen. Die Tragik des Menschen ist immer ein Konflikt mit der Gottheit, und in den meisten Stücken ist sie nur ein Spiegel der Konflikte, die innerhalb des Mythos, zwischen der Moira, den Olympiern und den chthonischen Mächten auftreten. Während aber diese Konflikte bei Aischylos stets zu einem Ausgleich führen, neigt sich bei Sophokles die Waagschale zugunsten des Reiches der Erde und der Nacht.

Es ist in diesem Zusammenhang aufschlußreich, daß Sophokles eine Epiphanie des Asklepios widerfahren sein soll, weswegen er nach seinem Tode als Heros Déxios verehrt wurde.[309] Er hat auch einen Paian auf den Asklepios geschrieben.[310] Das Zeichen des Asklepios aber ist die Schlange, also das Zeichen der Mächte der Unterwelt und der Toten. Hatte er es doch gewagt, als Arzt Tote wieder ins Leben zurückzuholen, weswegen er von Zeus mit dem Blitz erschlagen wurde.

3. Die griechische Tragödie als kultisch-mythisches Fest

Erst wenn man die Rolle des Mythos in der Tragödie erfaßt hat, wird einem ihr kultischer Ursprung vollends verständlich; erst wenn man den *inneren* Zusammenhang zwischen Mythos und Tragödie begreift, geht einem auf, daß und in welcher Form mit ihr im Sinne des vorangegangenen Kapitels ein mythisches Fest begangen wurde. Wenden wir uns also nunmehr ihrem Ursprung zu.

3.1 Die von Herodot und Aristoteles angegebenen Quellen der Tragödie

Die Tragödien wurden während der sog. *städtischen Dionysien* aufgeführt. Rückte deren Zeit heran, so brachte man das Bild des Gottes aus dem Dionysos-Tempel im Theaterbezirk zu einem kleinen Heiligtum nahe der Gegend, wo sich später Platos Akademie befand. Von dort wurde es am Vorabend der Feiertage in festlichem Zug von Epheben zu seinem Ursprungsort zurückgeführt. Mit diesem Einbringen des Gottes wiederholte man eine Arché, nämlich die einst erfolgte Überführung des Dionysos von Eleutherai nach Athen zur Zeit des Peisistratos, weswegen auch Dionysos den Beinamen Eleutheros erhielt. Die Epheben führten einen Stier mit sich, der dann geopfert wurde. Im Anschluß an diesen Festzug fand ein Umzug, ein Kómmos statt, der an den heutigen Karneval erinnert haben dürfte: Die Menschen schwärmten in Masken durch die Stadt und trieben Scherz und Spiel. Man weiß nicht genau, ob das Standbild des Dionysos während der Festspiele im Theater blieb oder ob es gleich wieder an seinen alten Platz im Tempel gestellt wurde. Vieles spricht für das erstere, denn die Gegenwart des Gottes während der Aufführungen dürfte eine wichtige Rolle gespielt haben.[311] Den Zusammenhang von Dionysos-Mythos und Tragödie hat nun Aristoteles eher formal zum Ausdruck gebracht, wenn er in seiner Poetik schreibt, die Tragödie habe ihren Ursprung in den Exarchonten, den Vorsängern des Dithyrambos, also des dionysischen Kultliedes.[312] Ähnliches können wir Herodot entnehmen, der berichtet, Arion habe als erster dionysische Dithyramben gedichtet und benannt,[313] denn dieser Arion wird zugleich von dem alten griechischen Lexikon Suda (1000 n. Chr.) als Erfinder des Tragischen genannt.[314] Dennoch ist mit all dem äußerst wenig gesagt. Auch der weitere Hinweis des Aristoteles, die Tragödie habe sich aus dem Satyrspiel entwickelt,[315] hilft kaum weiter, denn obgleich Satyrn zum Thiasos, zum Festschwarm des Dionysos gehörten, so bleibt doch rätselhaft, wie und warum sich die Tragödie aus solchem Possentreiben und scherzhafter Rede[316] entwickelt haben sollte.

Über die tiefere *innere* Beziehung zwischen Tragödie und Dionysos-Kult gibt uns dagegen der Bericht Herodots Aufschluß, man habe früher in Sikyon Dionysos mißachtet, weil man dort nicht ihm, wie es offenbar der Brauch war, sondern dem Heros Adrastos tragische Chöre gewidmet habe. Erst ein Vorfahre des späteren Kleisthenes habe die Chöre dem Dionysos wieder zurückgegeben, die seine Leiden zum Gegenstand hatten, den übrigen Kult aber mit einem anderen Heros, nämlich mit Melanippos, verbunden.[317] Dies gibt uns einen wichtigen Hinweis darauf, daß für die Entstehung der Tragödie die Verschmelzung von Heroen-Kult und Dionysos-Kult von entscheidender Bedeutung gewesen sein muß. Auch ist aufgrund von Herodots vorhin zitierter Bemerkung, Arion habe die Dithyramben nicht nur erfunden, sondern auch benannt, zu vermuten, daß sie schon früh Stoffe der Heroensage enthielten.[318] Wenn schließlich Aristoteles eine gewisse Beziehung des Homerischen Epos zur Tragödie feststellt,[319] so dürfte er nicht zuletzt an die Totenklagen gedacht haben, die man in der Ilias findet. Mit großer Anschaulichkeit und Ausführlichkeit werden dort die Leichenbegängnisse der Heroen Patroklos und Hektor geschildert, die mit feierlichen Riten und düsteren Gesängen verbunden waren.[320] Dabei kommt stets die stereotype Formel vor: »Und er/sie stimmte die Klage an«, worauf die anderen im Chor einfallen.[321] Hier finden wir jene Exarchonten und Vorsänger, in denen Aristoteles, wie schon bemerkt, den Ursprung der Tragödie sieht. Dasselbe oft düstere Wechselspiel von Exarchonten und Chören finden wir in der Tat überall in der Tragödie, und überall handelt es sich dabei um eine Totenklage über einen Heros.

3.2 Über den Zusammenhang von Heroenkult und chthonischem Mythos

Wie sich zeigte, ist es der chthonische Mythos, welcher die Tragödie weitgehend beherrscht. Es ist der Mythos der Allmutter Erde, der Gaia. Ihre Themis, ihr Gesetz ist vor allem dasjenige von Geburt und Tod. Sie ist einerseits jene Urmacht, die alles aus ihrem Schoße hervorbringt, sie ist die Fruchtbarkeit, ihr entspringt alles Leben;[322] aber sie ist auch jene Macht, die, was ihr dunkler Schoß geboren hat, wieder in ihn zurückholt. Sie ist die »Chthonische Nacht«, die Heilige Urnacht, der alles entspringt und in die alles wieder einkehrt. Das Licht des Tages, die Welt vernunftvoller Gesittung, menschlicher Satzung, Staat und Polis gehört nicht zu ihrer Moira, zu ihrem Bereich. Für diesen sind vielmehr die Olympier zuständig.

Diese scharfe Trennung kam auch im Kult deutlich zum Ausdruck. Das Haus, in dem ein Toter ruht, galt für die Lebenden als unrein. Sie zerrissen sich daher die Kleider und streuten Asche auf ihr Haupt. Wer die Schwelle des Hauses übertrat, besprengte sich vorher mit Wasser. Solange der Tote nicht entfernt wurde, erlosch das Herdfeuer, wo man den Göttern der Höhe opferte. War der Tote aber begraben, so reinigte man sich und das ganze Haus, um damit den Lebensgöttern wieder den Zutritt zu ihm zu ermöglichen. Es sei auch daran erinnert, daß Apollo keine Toten auf der ihm geweihten Insel Delos duldete und daß er sich von seinem Schützling Hektor in derselben Stunde abwandte, als dessen Tod beschlossen war.[323] Unterschiedlich sind ferner die Opfer für die chthonischen und olympischen Götter: Den chthonischen gilt das Trankopfer, den olympischen das Brandopfer. So erklärt es sich, daß in der Tragödie hauptsächlich Trankopfer vorkommen. Sie bestehen darin, daß man etwas auf den Boden schüttet, es somit der Erde spendet, während beim Brandopfer der Rauch zum Himmel steigt. Entsprechend wirft man sich beim Gebet zu den Göttern der Tiefe und der Toten zu Boden, beim Gebet zu den Göttern der Höhe aber erhebt man stehend die aufwärtsgewandten Handflächen zum Himmel. Auch der Totenkult beginnt, wie derjenige der Olympier, jeweils mit einer Prozession, aber er führt nicht zum Tempel, sondern zur Grabstätte des Heros. Ferner folgt auf das Opfer nicht, wie dort, der Jubelruf, sondern die Totenklage. Auch hier gibt es ein kultisches Mahl, das Totenmahl, Perídeipnon genannt, aber nun wird damit substantiell die mythische Einheit mit den chthonischen Göttern und den heiligen Toten hergestellt. Im anschließenden Agon wiederholt man die Arché des toten Helden, werden Leben und Kraft erneuert. Die Prozession, Opfer, Klage und Agon umspannende Feier ist ein mythisches Fest, in dem sich Trauer, Trost und Furcht vermischen. Es ist tröstlich und kraftspendend, durch das Opfer mit dem Toten in Verbindung zu treten; aber in dem Wort enagízein, wie dies genannt wird, schwingt noch das Wort »enagés«, »fluch-beladen« und »eidgebunden«, mit, also etwas Furchtbares, Ernstes, Schweres und Düsteres. Selbst die Olympier, wenn sie schwören, schwören bei den Wassern des Styx, dem Strom der Unterwelt. Hier sind ihre letzten und tiefsten Wurzeln. Auch im Homerischen Epos, das in seinen aus einer späteren Zeit stammenden Teilen die Toten als kraftlose Schatten darstellt, bricht der ältere chthonische Mythos in den bereits erwähnten Schilderungen der Leichenbegängnisse doch immer wieder hervor. Hier ragen die Toten gewaltig in das Leben herein, erscheinen den Lebenden, stellen Forderungen an sie, und es werden ihnen sogar Menschenopfer dargebracht.[324] Es sei an die gewaltigen Grabbauten der Urzeit erinnert. Dort versammelte man sich, dort beklagte man die Toten, dort beschwor man sie, holte durch Zeichen und Numina Rat von ihnen ein, fühlte man sich von ihnen beseelt. Ohne diesen Kult sanken die Toten zu kraftlosen Schatten herab und verloren die Lebenden ihre Wurzeln; ohne diese wechselweise Durchdringung von Leben und Tod verwandelten sich beide ins Nichts.

3.3 Über den Zusammenhang von chthonischem und dionysischem Mythos

Dionysos ist einerseits der Gott der überschäumenden Lebensfreude, des Rausches, der Ekstase und des Weines, andererseits aber ist er auch der Gott der Toten. Das eine wird hier nur als Kehrseite des anderen verstanden. Im Zustande verzücktesten Daseins wird das Individuum ausgelöscht, es fühlt sich mit dem Alleben eins und löst sich darin auf; da es sich aber gerade deswegen nicht schlechthin ins Nichts und in bloßen Staub zerfallen fühlt, erwartet es auch noch vom Tode Leben, muß auch die Erde das Tote als Lebendiges bergen und wieder gebären. So ist auch die enge Beziehung zwischen Tod und Geschlechtlichkeit zu verstehen, die im griechischen Kult ihren Ausdruck findet. Bei den Thesmophorien zum Beispiel opferten die Frauen den Unterirdischen, indem sie Ferkel in die Bergklüfte warfen und dabei Bilder menschlicher Geschlechtsteile vorzeigten. Die Säulen des Grabgottes Hermes waren oft Darstellungen des Phallus. Ferner berichtete der Mythos, Hermes sei beim Anblick von Persephone, der Göttin der Unterwelt, geschlechtlich erregt worden. Persephone ist aber auch die Mutter des Dionysos. Sein Martertod – die Titanen zerrissen ihn – und seine Wiedergeburt durch Semele verweisen ebenfalls auf den Zusammenhang, ja, das Ineinander von Tod und Leben. Semele aber heißt phrygisch nichts anderes als »Erde«. Dionysos stieg später in die Unterwelt hinab, um diese seine zweite Mutter heraufzuholen. Es gab bacchische Kultvorschriften für Grabstätten und Mysterien. Dazu wird uns der folgende Hinweis aus der Antike überliefert: »Bekränzt wurden die, die in die Bacchiká eingeweiht wurden, mit Weißpappel, weil diese Pflanze chthonisch ist, chthonisch aber auch der Dionysos, der Sohn der Persephone.«[325] Auch Virgil spricht vom »nocturnus Bacchus«, dem nächtlichen Bacchus.[326] So steht der Gott vor allem dem Erdhaft-Mütterlichen nahe. Seine eifrigsten Diener sind weiblichen Geschlechts, und er umgibt sich mit Ammen und Nymphen, ja, teilweise waren die Männer überhaupt aus seinem Kult ausgeschlossen. Ihm ergeben schwärmten die Mänaden durch die Bergwälder, um den Gott zu suchen und bei Fackelschein ihre Orgien zu feiern. Die Anthesterien, die im Zeichen des Dionysos standen, begannen mit Ritualen der Totenklage, der Totenehrung und Totenbesänftigung. Eine unheilvolle Stille lag an diesen Tagen über der Stadt. Man bewirtete die Toten, fegte aber dann die Häuser und Gassen rein: Das Leben war wieder zurückgekehrt, und in bacchantischen Maskenanzügen begleitete man die Königin in den Bullenstall, das Bukolion, wo sie mit dem Gotte die heilige Hochzeit, den hierós gámos, hielt. Auch dies zeigt nur, daß der Gott des Todes zugleich ein Gott des Lebens ist. Eine naturhafte, den Olympiern fremde Wildheit ist ihm eigen, er trägt Pantherfell, Halbtiere, Satyrn und Silene sind seine Begleiter und sein Zeichen ist der Phallus. Im Zustand orgiastischer Erregung zerreißen die Mänaden lebende Zicklein und verspeisen sie.

3.4 Die Entstehung der Tragödie aus der Verschmelzung von Heroenkult, chthonischem Kult und Dionysoskult. Die Rolle des olympischen Mythos

Mit dem Aufkommen der Homerischen Adelsgesellschaft hatte der olympische Mythos den älteren chthonisch-dionysischen verdrängt.[327] Dennoch lebte er im Volke fort. Das vorhin aufgeführte Zitat Herodots (V. 67) zeigt uns nun, daß zwischen der Erneuerung des Heroen- und Dionysoskultes einerseits und den politischen Reformbewegungen des Kleisthenes, Peisistratos, Periander und anderer (Arion wirkte am Hofe des letzteren), ein Zusammenhang bestand. Sie alle waren zwar Tyrannen, mußten sich aber gegen den herrschenden Adel durchsetzen und stützten sich dabei auf die breiteren Massen der Polis. (Weswegen J. Burckhardt diese Entwicklung eine »antizipierte Demokratie« nennt.)[328] Es ist naheliegend, daß damit eine Wiederbelebung der alten Mythen einherging und sich zugleich eine neue Heroenanbetung herausbildete, die zur Verherrlichung der Tyrannen dienen konnte. So mögen chthonischer, dionysischer

Kult und Heroenkult, im Innersten immer schon verwandt, in den dithyrambischen und tragischen Chören zu jener Einheit verschmolzen sein, aus der sich dann später die Tragödie entwickelte. Die Chöre, welche Dithyramben sangen, stellten ursprünglich die den Dionysos begleitenden Satyrn dar und traten deshalb in bocksartiger Verkleidung auf, weswegen man sie Trag-Odoi (von trágos, der Bock, und Aoidós, der Sänger), also singende Böcke nannte. Als man später die dithyrambischen Chöre auf den Heroenkult übertrug, also dieses Formelement mit einem anderen, dem Dionysos aber keineswegs fremden Inhalt verband, trug man weiterhin Maske und Kostüm, stellte aber jetzt den Heros und sein Gefolge dar. Der Name Tragodoi wurde jedoch beibehalten. Darin ist keineswegs etwas Ungewöhnliches. So hießen ja auch die im Chore hinten Stehenden Psíleis, die Leichten, womit auf dessen Entstehung aus der singenden militärischen Einheit verwiesen wird, wo die Leichtbewaffneten in den rückwärtigen Reihen aufgestellt waren.[329] Und doch erinnern diese Psíleis weder in ihrem Äußeren noch in ihrer Aufgabe an ihre ehemalige Rolle. Die Beibehaltung des Namens Tragodoi aber konnte umso leichter fallen, als der Satyrchor mit dem tragischen Chor verbunden blieb: Auf die Tragödie folgt stets das Satyrspiel. Die Verschmelzung und das Vordringen des chthonischen, des dionysischen und des Heroskultes mußte zu Spannungen mit dem bisher vorherrschenden olympischen Mythos führen. Wie sich nun in den vorangegangenen Abschnitten gezeigt hat, besteht die griechische Tragödiendichtung weitgehend in dem Versuch, diese Spannungen aufzulösen und gleichzeitig dem neu erwachten Persönlichkeitsbewußtsein gerecht zu werden. Dies spiegelt sich jedoch nicht nur in ihrem *Inhalt* wider, sondern auch in ihrer Form. Neben der Lyrik der dithyrambisch singenden Chöre entwickelte sich nun mehr und mehr eine den Homerischen Streitgesprächen zwischen den Helden abgelauschte Dialogform. Die Handlung tritt stärker in den Vordergrund, die Protagonisten nehmen zu. (Aischylos führte als erster zwei Schauspieler ein, Sophokles drei.) Auch die Sprache der Dialoge ist von der Homerischen Dichtung geprägt.[330]

3.5 Epiphanie und Arché in der griechischen Tragödie

Bisher wurde die Bedeutung des dionysischen, chthonischen und olympischen Mythos sowie des Heroenkultes für die griechische Tragödie behandelt. Aristoteles nennt aber, wie erwähnt, als weitere Quellen die *Exarchonten und Vorsänger* des dithyrambischen Kunstliedes. Hinter diesem scheinbar rein formalen Hinweis verbirgt sich jedoch Tieferes.

Wie in dem Knaben, der in Tempe den frischen Lorbeer einbrachte, ursprünglich Apollo selbst war, wie in den Jungfrauen, die den geheimnisvollen Kasten auf die Burg brachten, die Aglauriden selbst waren, im Kranichtanz Theseus mit den athenischen Jünglingen und Mädchen selbst war (vgl. Kapitel XI, Abschnitt 4), so waren auch ursprünglich Dionysos und sein Gefolge im maskierten und kostümierten Vorsänger und Chor mit Maske und Kostüm und so war es später schließlich der Heros mit seiner Schar. »Aoidós« heißt nicht nur Sänger, es heißt auch Beschwörer, Sänger von Zaubersprüchen. Bei solchem Singen und Beschwören wurde aber stets zugleich getanzt. Der Chor hat sich immer bewegt, ja, einst hat er dabei Schritte, Wendungen und Schwenkungen vollzogen, wie sie in militärischen Einheiten üblich waren.[331] Die Aufführung war also immer »Drama« im Sinne von Handlung und brachte die Leidensgeschichte des Gottes oder Helden zur Darstellung. Damit war, wie wir jetzt aufgrund der vorangegangenen Untersuchungen sagen können, mythisch eine Epiphanie und die *Gegenwart* einer Arché gegeben. »In der Tat«, schreibt W. Burkert, »ist der Heroenkult kein eigentlicher Ahnenkult; es geht um die wirksame Präsenz«.[332] Was sich hier ereignete, war ebenso wenig eine Theateraufführung im heutigen Sinne, wie alle anderen kultischen Aufführungen im mythischen Fest. Es ist in diesem Zusammenhang von Bedeutung, daß es Peisistratos war, der die Tragödie zum Bestandteil der Städtischen Dionysien in Athen machte. War er es doch, der, wie Herodot berichtet, Athene persönlich im Triumphzug nach Athen führte,[333] und wenn man auch in späterer, aufklärerisch gestimmter Zeit meinte, er habe nur eine schöne Frau namens Phye als Göttin kostümiert, so ändert dies doch nichts daran, »daß in der Stadt alle glaubten, die Frau sei wirklich die Göttin«.[334] Dazu bemerkte Nietzsche: »... wenn die Göttin Athene selbst plötzlich gesehen wird, wie sie in einem schönen Gespann in der Begleitung des Peisistratos durch die Märkte Athens fährt – und das glaubte der ehrliche Athener – so ist in jedem Augenblicke wie im Traume alles möglich ...«.[335]

Es liest sich wie eine Zusammenfassung der vorangegangenen Betrachtungen und der dabei herangezogenen historischen Tatsachen, wenn A. Baeumler die Vorgänge im Heroenkult als Ursprung der Tragödie folgendermaßen beschreibt: »Man muß das Wort ›Held‹ mit dem ganzen schweren Gehalt und dem Grauen erfüllen, das der religiöse Mensch vor einem dämonischen, noch aus dem Grabe heraus wirkenden Wesen empfindet, um zu verstehen, was das Wort ›Heroendithyramben‹ im sechsten Jahrhundert bedeutet. Der Heros, dem zu ›Ehren‹ man singt, ist nicht fern, sondern hört und genießt die mit einem Opfer verbundene Darbietung. Das Ganze ist kein Konzert, keine musikalische Darbietung, sondern furchtbarer Ernst; es gilt nicht dem Chor der Zuhörer, sondern einem im Grabe wohnenden Geist .... Mit der Zuspitzung auf den Heros im sakralen Sinne gewinnen wir neben dem Anschluß an die chthonische Seite des Dionysoskultes zugleich die *Stimmung* der Tragödie wieder: ... Die Rhythmen der Totenklage und den Thrénos, der im Kommos weiterklingt.«[336] »Hier hängt alles davon ab, jeden Gedanken an Nachahmung ... von den Urphänomenen tragischer Kunst abzuhalten.«[337] »Es sind in der Tat *Schatten*, die auf der tragischen Bühne vor uns aufsteigen. Diese Helden sind ... aus dem Grabe beschworen.«[338] »Die Schauer, die das tragische Kunstwerk umwehen, sind die Schauer des Grabes.«[339] »Ein Heros wird *verkörpert*. Dieser Akt der Verwandlung der Seele des Totenreiches in ein handelndes und redendes Wesen ist das Urphänomen der tragischen Kunst.«[340] Damit vollzieht sich, für Baeumler, ganz im Sinne der hier »Archái« genannten Ereignisse, »... das Gegenwärtigmachen des Vergangenen.«[341] »Stellen wir uns einmal vor«, schreibt er, »wie der ideale Hergang gewesen sein mag. Um das Grab eines Heros oder um den Altar, wo ihm zu Ehren ein Opfer stattgefunden hat, ist eine Schar versammelt, die dem Herrn der Seelen« – gemeint ist Dionysos – »ein Preislied singt. Machen wir uns frei von dem philiströsen Gedanken, daß dieser Dithyrambus ein Männerchor zum Vergnügen der Zuhörer gewesen sei. Versetzen wir uns in den *Glauben* hinein, aus dem die ganze Veranstaltung hervorgegangen ist, in den Glauben an einen dämonischen Ahnengeist, der noch Kraft hat zu schaden und zu nützen ....Hören wir nun das Lied des Chores; düster klingt es und schwer. Es steigt nicht frei in die Lüfte wie der Gesang der Kitharoden und der Rauch der Opfer für die Himmlischen; es scheint die Erde zu suchen, in die Tiefe sinken zu wollen wie das Blut, das beim Trankopfer der Boden trinkt .... Etwas Bezauberndes, Beschwörendes liegt in seinen Rhythmen. Der Heros soll sie *hören*. Man will *ihm*, seiner Seele, die Spenden anzunehmen und zu genießen vermag, etwas Gutes antun. Wie weit ist es noch zu der Vorstellung, daß der Dithyrambus die Kraft habe, die Seele eines Helden leiblich zu beschwören? Daß der Chor, vor dieser Möglichkeit zurückschaudernd, den εξαρχων« – Exarchon, Vorsänger – »mit einem Blitz des Verständnisses zum Heros macht ... ?«[342]

Es mag nun fraglich sein, ob Epiphanie und Wiederholung einer Arché während der Aufführung einer Tragödie zu Aischylos' oder Sophokles' Zeiten noch mit derselben Unmittelbarkeit erlebt werden konnte wie in jenem Kult, aus dem sie entsprungen ist. Zu sehr ist sie bereits »Kunst«, zu weit mag aufklärerischer Geist bereits um sich gegriffen haben. Und doch ist der kultische Zusammenhang noch gegenwärtig, beherrscht die Stimmung der Städtischen Dionysien die Stadt, wenn Tragödien aufgeführt werden, hat, wie schon bemerkt, Sophokles selbst noch eine Epiphanie erlebt. Noch ist zumindest die *Idee* des mythischen Festes erhalten, in dem der Gott oder Heros gegenwärtig ist und seine Arché wiederholt wird, noch ist es nicht gestattet, Stoffe zu erfinden, wie dies später der Fall war, sondern sie alle entstammen dem Mythos. Noch ist die Aufführung ausschließlich auf den Gott bezogen und darf nicht bei beliebiger Gelegenheit gespielt werden. So kann man A. Baeumler auch darin zustimmen, wenn er schreibt: »Als ob die Erde sie entlassen hätte, bewegen« sich die Helden »langsam, ernst und mächtig über die Bühne. Die Züge hinter einer gewaltigen Maske verborgen, tritt der Schauspieler einher. Feierlich und getragen tönt seine Stimme hinter der Maske hervor. Die Stimme hat zu Aischylos Zeiten dem Griechen wie eine Stimme aus dem Grabe geklungen.«[343]

Die jeweilige Arché ist in den einzelnen Stücken der Tragödie klar zu erkennen: Der »Prometheus« hat den ebenso urzeitlich vergangenen wie ständig gegenwärtigen Kampf zwischen der chthonischen und der olympischen Wirklichkeit zum Gegenstand, die »Orestie« dessen sich stets erneuerndes harmonisches Ergebnis. Auch die »Trachinierinnen« gehören in diesen Zusammenhang. Die Heroendramen dagegen feiern archetypisch den ständig neu auszutragenden Konflikt, in den der Mensch durch den Zwiespalt innerhalb der numinosen Welt gerät, ein Konflikt, der sich durch sein neues Individualitätsbewußtsein zusätzlich verschärft.

Auch wenn daher die Tragödie ihre Entstehung einer Zeit verdankt, in welcher der Mythos bereits zu verblassen beginnt, auch wenn sie den vielleicht nur letzten grandiosen Versuch darstellt, die in ihm aufgetretenen Widersprüche und seinen Gegensatz zu dem erwachenden Selbstbewußtsein des Menschen mit Mitteln der Kunst aufzuheben, so ist sie für uns doch ein hervorragendes Mittel, Struktur, Bedeutung und Wesen des mythischen Festes zu begreifen und zur deutlichsten Anschauung zu bringen. Dies aber gelingt nur, wenn man sie nicht als ein isoliertes Phänomen betrachtet, sondern wenn man sie aus ihrem Ursprung versteht und als eingebettet in die mythische Denk-, Erfahrungs- und Vorstellungswelt, wie sie in den vorangegangenen Kapiteln dargestellt wurde. Was damit gemeint ist, hat V. Grœnbech auf die knappste Formel gebracht, wenn er sagt: »Die Sage, die die Geschichte in ihrem Verlauf wiedergibt, ist ein realistischer Bericht der Begebenheiten auf der Bühne.«[344] »Die Worte sind schwer von Bildern, von der Fülle des Lebens.«[345]

3.6 Antike Theorien zum Wesen der Tragödie

Es liegt nahe, die hier versuchte Deutung der griechischen Tragödie als letzten und auch noch schriftlich überlieferten Ausdruck antiken mythischen Geistes mit dem Hinweis darauf in Zweifel zu ziehen, daß sich keine Spur davon in den antiken Theorien über sie findet. Hätten es die Philosophen, die doch die Theateraufführungen noch selbst sehen konnten, nicht besser wissen müssen, als wir Heutigen, zumal uns doch nur ein Bruchteil der damals vorhandenen Texte überliefert ist? Aber in den antiken Schriften findet man kaum den Versuch, sich mit dem *Inhalt* der Tragödie auseinanderzusetzen. Sie beschäftigen sich nämlich entweder mit ihrer bloßen *Form* sowie rein *formalen Beziehung zur Wahrheit* oder mit der *psychologischen Wirkung,* die sie *auf* den Zuschauer ausüben.

Eine der ersten Theorien über sie scheint von Gorgias zu stammen. Wir können ihre Grundideen dem literarischen Streit entnehmen, den Aristophanes in seiner Komödie »Die Frösche« Aischylos mit Euripides austragen läßt, sowie einigen Fragmenten des Gorgias und dessen Schrift über Helena.[346] Abgesehen von einigen mehr formalen Fragen über den Zusammenhang von Versmetrik und Musik scheint diese Theorie vor allem davon gehandelt zu haben, daß die Tragödie auf Täuschung und Illusion beruhe,[347] in den Zuschauern Schauder,[348] Furcht,[349] Mitleid[350] und Sehnsucht[351] hervorrufe und die Menschen besser mache.[352] In echt sophistischer Manier stellt Gorgias dabei die paradoxe Behauptung auf, daß der Dichter als Täuschender gerechter sei als der nicht Täuschende, da gerade durch die Täuschung die erstrebte Besserung der Menschen erreicht werde; auch sei der Getäuschte weiser als der Nichtgetäuschte, weil nur im Getäuschten das Heilmittel der Kunst seine volle Wirkung ausüben könne.[353]

Auch Plato geht, wie Gorgias, auf den *Inhalt* der Tragödie gar nicht ein, dagegen ist es auch für ihn von vornherein ausgemacht, daß ihr keinerlei Wahrheit zukommt. Dies liegt, nach Plato, allerdings weniger daran, daß sie auf Täuschung und Illusion beruhe, sondern daran, daß sie, wie alle Poesie und Kunst überhaupt, *Nachahmung* sei, genauer, Nachahmung der sinnlichen Welt, die ihrerseits schon Nachahmung der wahren Wirklichkeit der Ideen ist.[354] Deswegen kommt Plato schließlich doch zu einer ganz anderen Beurteilung der Tragödie als Gorgias: Sie habe nicht nur keinerlei sittlichen Wert, sie sei sogar für den Menschen schädlich. Eine Kunst, die nichts als Nachahmung von Nachgeahmten bietet, wird denjenigen, der bei ihr eine fragwürdige Befriedigung sucht, vom Eigentlichen und Wichtigsten ablenken: Von der Erforschung und Schau der Ideen. Die Gefahr ist umso größer, als von der Dichtung ein besonderer Zauber ausgeht.[355] Furcht und Mitleid rufe sie zwar hervor,[356] aber hierin wie in anderen von ihr erweckten Gefühlen sieht Plato eher eine Erziehung zur Wehleidigkeit und Weichlichkeit.[357] So sei die Tragödie etwas für Weiber, Kinder und Sklaven.[358]

Betrachten wir nun abschließend die wichtigste antike Theorie der Tragödie, diejenige des Aristoteles. Dort behandelt er zwar dieselben Fragen wie Gorgias und Plato, nämlich die Fragen nach der Wahrheit der Tragödie und nach deren Wirkung auf die Zuhörer, aber er gibt auf sie bisher unbekannte Antworten.

Zunächst ergänzt er sogleich die mehr allgemeine Platonische Auffassung, daß die Tragödie auf Nachahmung beruhe, durch den genaueren Hinweis, es handle sich dabei um die Nachahmung einer Handlung,[359] die sich mit Wahrscheinlichkeit oder gar Notwendigkeit ereignen könnte.[360] Nun beziehe sich zwar die Tragödie *meistens* auf *wirkliche* Ereignisse, erforderlich sei dies aber nicht, wie das Beispiel des Stückes »Antheus« von Agathon zeigte, worin alles erfunden war. Überhaupt seien die alten Sagenstoffe nur noch wenigen bekannt und dennoch hätten sie einen Gefallen daran.[361] So ist für die Tragödie das Wirkliche nur insofern ein tauglicher Stoff, als es, als Wirkliches, zugleich *Mögliches* ist.[362] Diese Bedeutung des Möglichen in der Tragödie zeigt nun nach Aristoteles gerade die Überlegenheit des Dichters über den Historiker, der es *nur* mit dem Wirklichen zu tun hat. Denn wenn der Dichter vor allem darstellen will, was sich ereignet haben *könnte*, so zielt er damit auf das Allgemeine, während der Historiker, der nur das *Wirkliche* sieht, mehr das Besondere zum Gegenstand hat. Das Allgemeine sei jedoch stets das »Philosophischere« und damit ernster zu nehmen.[363] Damit dreht Aristoteles gegenüber Plato in der Bewertung der Tragödie sozusagen den Spieß um.

Ähnliches gilt für seine Lehre von der Wirkung, welche die Tragödie auf die Zuschauer ausübt. Mit Plato ist er nämlich zwar der Meinung, sie bestehe hauptsächlich in Furcht und Mitleid. Aber darin sieht er nicht ein die menschliche Tatkraft lähmendes Übel, sondern im Gegenteil, eine Stärkung und Reinigung, eine Kátharsis.[364] Was damit gemeint ist, hat Bernays in seiner Arbeit »Grundzüge der verlorenen Abhandlungen des Aristoteles über die Wirkung der Tragödie« (Breslau 1857) gezeigt, wobei er außer der »Poetik« des Aristoteles noch dessen Schrift über die »Politik« sowie die Werke des Proklos und Jamblichos hinzuzog. Danach läßt sich die Aristotelische Lehre von der Kátharsis folgendermaßen zusammenfassen: Die Furcht vor Unheil ist dem Menschen ebenso eigentümlich wie das Mitleid mit jenen, denen ein solches widerfahren ist. Da nun in der Welt überall Bedrohungen lauern, läuft der Mensch Gefahr, von diesen Affekten gelähmt zu werden und jene ausgeglichene Gemütsstimmung (Eudaimonía) sowie jene Besonnenheit (Sophrosýne) zu verlieren, ohne die er nicht zum Höchsten, nämlich zur Betrachtung des Göttlichen gelangen kann.[365] Wollte man nun aber solche Gefühle gänzlich verdrängen, so würden sie nur umso stärker.[366] Hier wirkt die Tragödie als das geeignete Mittel: Indem sie Furcht und Mitleid nur in Maßen erzeuge, weil nicht durch wirkliche Ereignisse hervorgerufen, vermöge sich der Zuschauer von ihnen zu reinigen und darin eine freudige Erleichterung zu finden. Wir würden heute eine solche Befreiung von einem seelischen Überdruck »Abreagieren« nennen.[367] Diese Aufgabe könne die Tragödie allerdings nur unter den folgenden Bedingungen erfüllen: Erstens darf der Heros nicht von makelloser Tugend sein, weil wir nur um unseresgleichen zittern,[368] und zweitens darf er nicht durch irgendeine Schurkerei ins Unglück kommen,[369] weil er sonst unser Mitleid nicht erweckt. Am besten aber, so meint Aristoteles, habe Euripides alle diese Bedingungen erfüllt und deswegen sei er der »tragischste« aller Dichter.[370]

Ich übergehe hier die rein formalen Untersuchungen der Tragödie durch Aristoteles, die im vorliegenden Zusammenhang ohne Bedeutung sind, und trage nur noch nach, daß er die Freude, welche sie spendet, nicht nur auf die Kátharsis stützt, sondern auch auf die Befriedigung des Nachahmungstriebes, den alle Menschen besäßen.[371]

Überblickt man so die antiken Theorien zur Tragödie im Zusammenhang, so wird einem in der Tat deutlich, daß sie deren kultischem und mythischem Sinn keinerlei Beachtung schenken. Von der Wahrheit, Wirklichkeit und unmittelbaren Gegenwart eines numinosen Geschehens, einer Arché in ihr, ist nicht die Rede, ja, es wird auf den Stoff der Tragödie im Einzelnen nur oberflächlich eingegangen. Sah doch Gorgias darin nur eine Täuschung, Plato den Schein eines Scheins, während es Aristoteles in »philosophischer Manier« allein darum ging, die allgemeinsten Wesenszüge der Tragödie zu definieren, wofür die *besondere geschichtliche Gestalt,* die ihr Aischylos und Sophokles gegeben haben, gleichgültig war. Aber nicht nur deshalb ging man von dem eigentlichen *Inhalt* der Tragödie sogleich zu der *Wirkung* über, die sie auf den Zuschauer ausübe, sondern auch deswegen, weil einem dieser Inhalt offenbar vollständig fremd geworden war. Dies zeigt gerade die Art, wie man sich jene Wirkung vorstellte. Sie soll hauptsächlich in Furcht und Mitleid bestehen. Die Epiphanie und der Kampf numinoser Mächte erwecken jedoch nicht nur Furcht; sind sie doch, mit R. Otto zu reden, nicht nur ein Tremendum, sondern auch ein Fascinosum.[372] Ferner steht am Ende weniger das Mitleid mit dem Heros im Mittelpunkt, als die *Gewißheit* einer göttlichen Weltordnung. Es ist u.a. diese durch die Tragödie trotz des gezeigten Leidens vermittelte Gewißheit, die im Zuschauer ein nachhaltiges Gefühl des Glückes hervorzurufen vermag. Erst wo sie erloschen ist, wo an die Wahrheit des Mythos nicht mehr geglaubt wird, kann man mit Aristoteles auf den philiströsen Gedanken verfallen, die Ursache für die nach einer Theateraufführung empfundene Befriedigung sei in den homöopathischen Dosen zu suchen, in denen einem Furcht und Mitleid eingeflößt worden sei oder sie beruhe gar auf der Sättigung des Nachahmungstriebes. Mit dem *Inhalt* der Tragödie und mit der Vorstellungswelt eines Aischylos und Sophokles, auf der er beruht, hat das nicht das mindeste zu tun; sie lassen sich überhaupt nicht mit *medizinisch-psychologischen* Kategorien fassen, die, wie insbesondere die vorangegangenen Kapitel IV und V gezeigt haben, einer dem Mythos völlig fremden ontologischen Grundlage entstammen.

So stehen die Theorien antiker Philosophie über die Tragödie größtenteils in einem derartigen Widerspruch zu deren *Text* und *Kontext,* daß sie uns höchstens etwas über den Geisteszustand der Griechen *nach* Sophokles lehren können, nicht aber über den Geist zu dessen Zeit oder vor ihr. Hier ist auch die Bemerkung des Aristoteles sehr aufschlußreich, die Sagenstoffe seien nur noch wenigen bekannt.[373] Die Zuschauer, die er vor Augen hatte, waren die »aufgeklärten« Bürger des vierten Jahrhunderts. Über die fahle und düstere Stimmung, die sich damals nach dem Erlöschen des Mythos ausgebreitet hatte, gibt uns die Überlieferung hinreichend Auskunft.[374] Da leuchtet es dann allgemein ein, daß Furcht und Mitleid die Menschen beherrschten und sie überall in medizinisch-psychologischen Mitteln ihr Heil suchten, also auch in den Tragödien, die sie für solche hielten. Unwillkürlich werden wir an die heutige Zeit erinnert. Wen es wundert, wie der mythisch-kultische Gehalt der Tragödie so schnell verblassen konnte, der halte sich die Theatergeschichte und die ihr zugehörigen Theorien der letzten Jahre vor Augen. Die gegenwärtigen Inszenierungen klassischer Stücke und Opern haben so gut wie nichts mehr mit den Vorstellungen ihrer Schöpfer und der Menschen zu tun, die sich darin wiederfanden. Heute wie einst ist ein solcher Umbruch nicht zuletzt dadurch möglich geworden, daß die Stoffe der klassischen Theaterwerke nur noch wenigen vertraut sind und daher ihre vollständige Entstellung durch moderne Regisseure weithin nicht mehr als störend empfunden wird.[375]

3.7 Exkurs über Nietzsches »Die Geburt der Tragödie aus dem Geiste der Musik«

Die Betrachtungen dieses Kapitels sollten, wie schon eingangs bemerkt, hauptsächlich dazu dienen, den vorher notwendigerweise mehr strukturellen Betrachtungen über Wesen und Gestalt des mythischen Festes eine tiefere Anschauung zu vermitteln und zugleich spätere Abschnitte vorzubereiten. Es würde daher den vorliegenden Zweck weit überschreiten, wollte ich nunmehr in eine ausführliche Auseinandersetzung mit der Literatur eintreten, die zu den hier behandelten Fragen der griechischen Tragödie aufgezählt werden kann.[376] Dennoch sei abschließend noch auf die Deutung der antiken Tragödie durch Nietzsche eingegangen, da sie auf den ersten Blick eine gewisse Ähnlichkeit mit der hier vermittelten aufweist. Auch er sieht ja in den Werken des Aischylos und Sophokles den Versuch, einander entgegengesetzte mythische Vorstellungen miteinander zu versöhnen. Diese nennt er das Dionysische und das Apollinische. Was mit dem Dionysischen und Apollinischen gemeint ist, wurde bereits im Kapitel III, Abschnitt 5 erörtert. Wir können daher sogleich den Zusammenhang betrachten, in dem beides nach Nietzsche mit der Tragödie stehen soll.

Der Ursprung der Tragödie ist nach seiner Auffassung im Satyrchor zu suchen, der schon in seiner Wildheit den Schleier der Zivilisation sowie ihrer geordneten Satzungen zerrissen habe und das Geschlechtliche als wahre Wurzel aller Dinge enthüllte. Damit erregte er ebenso Grausen wie Lust. In Maske und Kostüm singend und tanzend, verwandelte sich dabei der Choreut »in einen anderen

Leib, in einen anderen Charakter«[377] und erlebte so das dionysische »Aufgehen des Individuums«;[378] aber »*als Satyr wiederum schaut er den Gott*«,[379] dessen Leiden nach Nietzsches Meinung der Dithyrambus ursprünglich zum Gegenstand gehabt hat.[380] So nahm schließlich einer der Choreuten sogar dessen Gestalt an, wodurch ihnen Dionysos nunmehr »objektiviert« entgegentrat.[381] Genau dies aber war für Nietzsche der Augenblick, in dem das Apollinische den bisher rein dionysischen Bezirk betrat. Glich der bisherige kultische Vorgang jenem »ewigen Meer«, das ein »wechselnd Weben, ein glühend Leben« ist, und sich ›nicht zum Bilde verdichten‹ kann, so tritt nun daraus eine klar umrissene Gestalt hervor.[382] Jenes ist Ausdruck des dionysischen, dieses des apollinischen Elementes. Später traten dann zwar andere Personen an die Stelle des Gottes, aber im Grunde stellten sie alle nur Dionysos, wenn auch in verschiedenen Masken dar.[383] So »entlädt« sich das an sich gestaltlose Dionysische, nur in der Musik rein Gegebene, in »Bilderwelten«,[384] »sprüht Bildfunken«[385] und wird damit apollinisch objektiviert. Zwar sei der singende Chor der »Mutterschoß« der Tragödie geblieben,[386] aber die Dialogpartien enthielten nunmehr die Sprache Homers.[387] In der Tragödie rettete sich der Grieche vor dem andringenden Urwillen in das apollinische Maß und die apollinische Form der sichtbaren, handelnden und redenden Personen. Selbst wenn diese leidvoll zerbrochen werden, so entlasse uns doch die Tragödie mit dem »metaphysischen Trost ..., daß das Leben im Grunde der Dinge, trotz allem Wechsel unter dem Wirbel der Erscheinungen unzerstörbar mächtig und lustvoll sei.«[388]

Was an dieser Deutung der griechischen Tragödie durch Nietzsche zuerst auffällt, ist ihre einseitige Verkürzung auf das dionysische und apollinische Element. Die entscheidende Rolle des chthonischen Mythos und des Heroenkultes bleibt ebenso unbeachtet wie diejenige der Olympier, die in der Tragödie keineswegs eine rein apollinische Bedeutung haben. Das Dionysische tritt bei Aischylos und Sophokles nur insofern in Erscheinung, als es in engster Beziehung zum chthonischen Reich der Nacht, der Unterwelt, der Tiefe und der Toten steht, gerade nicht aber zum rasenden Lebenswillen, der rauschhaften Verzückung und des seligen Aufgehens im Alleben durch die Zerschlagung des »principium individuationis«, wie Nietzsche meint. Deswegen ist auch der Heros des Dramas keine bloße Maske des Dionysos, sondern im Gegenteil, es geht gerade um *sein* Heil oder *sein* Unheil im Kampf mythischer Mächte. Ihm wie dem Zuschauer wird als metaphysischer Trost jene göttliche Weltordnung geboten, die auch die heilenden Mächte der Mutter Erde enthält und damit einen versöhnenden Tod als bergende Rückkehr in den Schoß der Erde. Was die Olympier betrifft, so stellen sie zwar in der Tragödie Apollinisches vor, weil sie Maß und Ordnung vertreten; damit entsprechen sie aber keineswegs dem »schönen Schein« Bild und Gestalt gewordener »Traumwelten« im Sinne Nietzsches,[389] wodurch die dionysische Wirklichkeit erträglich gemacht werde; sie erscheinen vielmehr als Mächte, die ihre Ordnung mit grausamer Härte vertreten und eher Furcht und Zittern erregen. Ihr Glanz hat daher etwas von jener furchtbaren Schönheit, die, als »des Schrecklichen Anfang, bisweilen gelassen verschmäht, uns zu zerstören«. Sie leben, den Menschen entrückt, in himmlischer Ferne und ihre bisweilen Verderben bringenden Ratschlüsse bleiben diesen oft unbegreiflich. Soll aber jede Objektivation des Dionysischen bereits etwas Apollinisches sein, so setzt dies voraus, daß jenes nur als bild- und gestaltlos, als nur in der Musik faßbar, vorzustellen sei. Nun ist es zwar wahr, daß die Olympier meist in klarerer Form in Erscheinung treten als die chthonischen Mächte, aber das liegt nicht daran, daß sie Ausdruck des principium individuationis und irgendeiner Objektivierung sind, sondern daran, daß sie dem Reiche des Lichtes angehören und nicht der Nacht. Auch die chthonischen Mächte wurden auf ihre Weise »objektiviert«, sofern und soweit im Kult ihre Arché zur Darstellung kam, zum Beispiel des Dionysos Abstieg in die Unterwelt, der Raub der Proserpina, die Erscheinung des aus dem Totenreich beschworenen Heros usf. Die Gleichung Nietzsches: Dionysisches = Musik, Apollinisches = Wort- und Bildgestalt ist schon deswegen unhaltbar, weil der Grieche stets alles als Ganzheit begriff und daher Wort, Gestalt, Gestik, Gesang, Tanz und Musik zumindest überall dort unlöslich für ihn verbunden waren, wo er das Wirkliche selbst zu erfassen glaubte, nämlich im Kult, und damit im mythischen Fest. So ist es recht gekünstelt, wenn Nietzsche die mit der Lyra verbundene apollinische Musik als bloßen »Wellenschlag des Rhythmus« und dessen »bildnerische Kraft« wegzuinterpretieren sucht.[390] Auch wird er damit dem Mythos nicht gerecht, der erzählt, Marsyas habe die dem dionysischen Kult zugehörige Flöte ursprünglich von Athene erhalten, die sie wegwarf, weil das Blasen der Töne ihr Gesicht verzerrte, und Apollo habe mit der Lyra im musikalischen Wettstreit gegen den die Flöte, den Aulos, blasenden Marsyas, gesiegt; denn damit wird zwar der Triumph der apollinischen über die dionysische Musik gefeiert, aber doch zugleich die Bedeutung der Musik für *beide*

Kultformen hervorgerufen. Ohne hier näher darauf eingehen zu können, sei daher nur zusammenfassend bemerkt, daß die soeben erwähnte Gleichung Nietzsches, Dionysisches = Musik, Apollinisches = Wort- und Bildgestalt, nur den mißlungenen Versuch darstellt, bestimmte Probleme der Wagnerschen Theorie des Musikdramas auf die griechische Tragödie zu übertragen. Besonders deutlich wird dies auch durch Nietzsches Bemerkung, die musikalische Dissonanz sei ein unmittelbarer Ausdruck des Urphänomens dionysischer Kunst.[391] Wäre sie dies, wie hätte die griechische Musik sie, wie es doch der Fall war, entbehren können?

Es ist auffallend, welche geringe Mühe Nietzsche darauf verwendet, seine Deutung der Tragödie an Beispielen aus deren Texten zu erhärten. Wo er aber solche aufführt, können sie nicht überzeugen. So nennt er den Augenblick, wo Admetos in der verhüllten Frauengestalt plötzlich sein Weib Alkestis erkennt, ein »Analogon« zur Objektivation des Dionysos.[392] Aber könnte man diese aus einem Drama des Euripides entnommene Szene nicht weit naheliegender mit dem Kult heroischer Totenbeschwörung in Verbindung bringen, da sie doch von der Rückkehr der Alkestis aus dem Totenreich handelt? Als weiteres Beispiel führt Nietzsche Prometheus auf. Soweit dieser in »titanischem Drang« gefrevelt habe, sei er dionysisch und trage daher »eine dionysische Maske«; soweit er für die Gerechtigkeit kämpfe, beziehe er sich auf Apollo, »den Gott der Individuation und der Gerechtigkeitsgrenzen, der Einsichten.«[393] Wie man jedoch dem Abschnitt I dieses Kapitels entnehmen kann, ist es gar nicht Prometheus, der gefrevelt hat, sondern Zeus; die Gerechtigkeit aber, für die Prometheus eintritt, ist nicht diejenige Apollos, sondern diejenige der Erdmutter, der Gaia-Themis. Einen besonders deutlichen Fall für das Eindringen des apollinischen Elementes in die Tragödie sieht Nietzsche in der strengen logischen Folgerichtigkeit, mit der Ödipus sich selbst als Mörder seines Vaters entlarvt; damit komme eine »überlegene Heiterkeit« in das Stück, die den schauderhaften Vorgängen »die Spitze abbricht«.[394] Das Gegenteil ist aber wahr. Gerade diese unerbittliche Logik führt uns doch die nahezu teuflische Ausweglosigkeit des Helden vor Augen. Schließlich sieht Nietzsche noch einen Zusammenhang zwischen der rätsellösenden Fähigkeit des Ödipus und seinen Freveln des Vatermordes und des Inzestes; denn eine solche Fähigkeit wäre nur möglich, wo man das Gesetz der Natur durchbreche und damit das starre Gesetz der Individuation aufhebe.[395] Wie jedoch die rätsellösende Fähigkeit des Ödipus mit dem Gesetz der Natur und dem principium individuationis zusammenhängen soll, bleibt selbst ein Rätsel.

Trotzdem hat Nietzsche im Ganzen das Richtige geahnt. Erwies sich auch seine Gegenüberstellung von Dionysischem und Apollinischem als unzureichend, so hat er doch damit etwas von der Spannung sichtbar gemacht, die innerhalb des griechischen Mythos aufgetreten war. Und auch darin werden wir ihm zustimmen können, daß die Tragödie der letzte große Versuch gewesen ist, diese Spannung mit mythischen Mitteln selbst zu lösen. Nietzsches visionäre Kraft hat sich auf die Dauer als tragfähiger erwiesen als so manche berechtigte philologische Zurechtweisung, die ihm widerfahren ist.[396]

XIII. Mythische Strukturen im homerischen Totenkult

Im vorangegangenen Kapitel war mehrfach vom chthonischen Totenkult die Rede. Dessen mythische Strukturen lassen sich im Rückblick, auf die knappeste Formel gebracht, so zusammenfassen: Wieder ist es die Idee der ideell-materiellen Einheit, die dem Mythos von der Mutter Erde und der Totenbeschwörung zur Grundlage dient. Die Erde ist nicht nur die Bedingung allen Lebens, sie ist zugleich ideell der göttliche Schoß, aus dem es stammt und in den es wieder zurückkehrt, während im Ideellen des Wortes, des Gesanges, des Tanzes und dergleichen der Tote zugleich materiell wirklich werden kann. Mit ihm erscheint seine Arché, sein Heldenleben, das Vergangene wird in die Gegenwart zurückgeholt, wie es der mythischen Zeitvorstellung entspricht. Die mythische Substanz des Toten durchdringt die Lebenden und wirkt in ihnen fort. Aber das Ereignis der Epiphanie des Heros spielt sich am Témenos des Grabes ab, wo sich der mythische Raum befindet, der ihm zugehört. Diese Wechselwirkung zwischen den Lebenden und den Toten setzt voraus, daß es ein eigenes Reich der Toten gibt, den Hades. Nach chthonischer Auffassung leben sie dort leidend, wie zum Beispiel Tantalos und Ixion, oder auf einer Insel der Seligen (Elysion), wie Menelaos, fort.[397] Anders stellt sich die olympisch-homerische Welt das Totenreich vor, aber die mythischen Strukturen bleiben, wie sich gleich zeigen wird, die gleichen.

Die olympisch-homerischen Vorstellungen von der Totenwelt vermittelt uns vor allem das elfte Buch der Odyssee, das den Aufenthalt des Odysseus im Hades schildert. Dort sind die Verstorbenen vom Leben völlig getrennt, jede Beziehung zur Gegenwart und Zukunft ist in ihnen erloschen. Sie sind bloßes Gewesensein – und doch sind sie ewig *da,* nämlich als geronnene Vergangenheit.[398] So haben sie zwar noch ein Gedächtnis, ihr abgerolltes Leben steht ihnen vor Augen, aber es fehlt ihnen jedes Zukunftsbewußtsein und damit auch die von der Zukunft bestimmte Gegenwart. Deswegen sieht Odysseus die Toten in der Unterwelt als Schatten, aus denen die Gespanntheit auf das Kommende und damit das Leben gewichen ist, er sieht sie als ewig still stehende Vergangenheit. Man wird hier, wie W. F. Otto bemerkt hat, an Fausts Gang zu den Müttern erinnert, den Goethe mit den folgenden Versen beschrieben hat:[399]

Entfliehe dem Entstandenen
In der Gebilde losgebundne Räume;
Ergetze dich am längst nicht mehr Vorhandenen ...
Des Lebens Bilder, regsam, ohne Leben,
Was einmal war, in allem Glanz und Schein,
Es regt sich dort; denn es will ewig sein.

Diese Vorstellung von den Abgeschiedenen bestimmt auch das sog. Totenteil, von dem wir durch die Grabfunde Kenntnis haben.[400] Dabei handelt es sich ursprünglich weniger um Geschenke der Hinterbliebenen oder um irgendwelche Mittel, dem Verstorbenen das Weiterleben zu ermöglichen, sondern um seinen Besitz und sein Eigentum. Was ihm gehörte, zum Beispiel seine Waffen, konnte ihm auch dadurch mitgegeben werden, daß man es bei seinem Tode verbrannte.[401] Wie die Gräber von Mykene bezeugen, waren es oft ungeheuere Reichtümer, von denen sich die Hinterbliebenen trennen mußten. Der Gedanke, der hinter all dem stand, wird besonders deutlich, wenn man die verschiedenen, scharf voneinander getrennten Eigentumsbegriffe der Griechen betrachtet. Das der Einzelpersönlichkeit Gehörende wurde Ktéma oder Ktérea genannt, während der Besitz der Sippe Pátroa hieß. Den Toten aber gab man stets nur seinen Eigenbesitz, die Ktérea mit, weil sie zu seinem unmittelbaren Gewesensein, weil sie zur Identität seiner vergangenen Geschichte, seines abgelaufenen Lebens gehörten. Im Sippenbesitz, in den Pátroa dagegen, sah man die Fortdauer des *Lebens* der Sippe. Deswegen finden wir bei Homer die stereotype Wendung ktérea kteréizein für »eine Totenfeier veranstalten«, was so viel heißt wie »das zur Person des Toten gehörende Eigentum bestatten«.[402] Man fürchtete die Toten, denen man ihr Totenteil vorenthalten hat. Sie konnten so lange nicht wirklich tot sein, solange ein Stück von ihnen im Leben zurückgeblieben war, und so irrten sie ruhelos umher und quälten die Lebenden, bis diese sie endlich samt ihrem Besitz, und das bedeutete: in ihrem ganzen Gewesensein, in die Unterwelt entließen.[403]

Zu all dem paßte der Glaube, daß die soziale Ordnung im Diesseits auch im Jenseits erhalten bleibt. »Jeder nimmt im Reiche der Geister den gleichen Rang ein und übt den gleichen Beruf und dieselbe Funktion aus, die ihm im irdischen Dasein zukam«, bemerkt Cassirer.[404] So heißt es in der Odyssee, Kastor und Pollux hätten auch im Hades ihre von Zeus verliehenen Ehren[405] und Minos übe auch dort sein Richteramt aus.[406] In der Tragödie »Die Weihgußträgerinnen« des Aischylos beklagt der Chor, daß Agamemnon nicht in der Schlacht von Troja gefallen sei, denn dann »würd' / er drunten noch strahlen als / Hoheitsvoller Gebieter ... war er doch König im Leben.«[407] Hierzu schreibt v. Fritz: »Denn das Schicksal des Menschen im Jenseits ist bei den Griechen identisch mit dem Erinnerungsbild, das sie von ihm haben, und das traurige Ende des Agamemnon hat seine Gestalt als großer Feldherr und Krieger überschattet.«[408]

Die Homerische Idee des Todes läßt sich auch auf zahlreichen Grabstellen beobachten. Meist sitzt der Verstorbene in einer starren Haltung. Er ist ganz Gewesensein, jede Bewegung ist aus ihm gewichen, und entrückt nimmt er die ihn umstehenden Hinterbliebenen nicht mehr wahr. Weder glückliche Verheißung noch angstvoller Schmerz spiegeln sich in seinen Zügen. Das Jenseits ist keine Gegenwart oder Zukunft, für die es etwas zu erhoffen oder gar zu befürchten gibt. Eine tiefe Stille scheint ihn zu umgeben. Die leise Schwermut, die über dem Bild liegt, kommt von den Trauernden, die ihm seine Ktérea darbringen. (Besonders schöne Beispiele bietet das Grabmal einer Frau aus Thasos im kunsthistorischen Museum in Wien und das Grabmal der Hegeso auf dem Diplyon Friedhof in Athen.) Bezeichnend ist hier ferner, daß man die auf Vasen gemalten Toten »Eídola« zu nennen pflegt, was P. Nilsson treffend mit »Bildseele« übersetzt.[409] Auch in der Odyssee werden die Toten »Eídola« (Bilder), nämlich »Eídola der müden Sterblichen« genannt.[410] In der Verbindung von »Eídolon« und »müde« wird anschaulich, daß aus der Erscheinung des Verstorbenen die Spannung auf das Zukünftige erloschen ist; er ist zum Bilde erstarrt und bleibt daher für immer, was er ist.

Und doch ist der Tote auch nach homerischer Vorstellung »noch da«, wie W. F. Otto hervorhebt.[411] Auch E. Cassirer schreibt: »... der Tote ›ist‹ noch immer; und dieses Sein kann nicht anders als psychisch gefaßt und psychisch beschrieben werden. Wenn er, verglichen mit dem Lebenden, als kraftloser Schatten erscheint, so hat doch dieser Schatten selbst noch Wirklichkeit.«[412] Daher erscheint dem Achilieus der tote Patroklos »Ganz in der großen Gestalt und den strahlenden Augen ihm ähnlich, / Auch in der Stimme, den Körper umhüllt mit den gleichen Gewändern.«[413] Oder es heißt in der Ilias an anderer Stelle: »Ach, so gibt es fürwahr auch dort im Haus des Hades / Seele (Psyché) und Ebenbild (Eídolon), doch fehlen darin gänzlich die Phrénes.«[414] Die Phrénes indessen, so wurde in Kapitel V 2.1 gezeigt, sind der Sitz des Entschlusses, sie sind jedoch auch der Sitz der Sorge und innerer Spannung. Vor Sorge können sie »ringsum schwarz werden« (amphimelaínai)[415] und vor Spannung »dicht« (pykinái).[416] Das Eídolon des Toten ist also durchaus etwas Wirkliches, und es ist nur insofern das Leben aus ihm gewichen, als ihm jede Beziehung auf das Kommende (Sorge, Spannung) fehlt. Auch Odysseus begegnet ja den Toten im Hades, aber erst durch ein besonderes Blutopfer, von dem sie kosten, vermag er sie vorübergehend in die Gegenwart zu bringen[417] und ihnen, wie besonders ein Gespräch mit dem Seher Teiresias zeigt, Zukunftserwartung einzuflößen.[418] So sind sie, um es noch einmal mit Goethe zu sagen, »des Lebens Bilder« und, wenn auch Schatten, so doch in ihrem Vergangensein »regsam«.

Aber das Vergangene ist ja mythisch als solches immer »da«, weil sein Gedächtnis, seine Vorstellung, seine Beschwörung in Wort, Lied und Tanz zugleich seine *Gegenwart* bedeutet. Wenn daher zum Beispiel der Tote im Traum erscheint wie Patroklos dem schlafenden Achilleus,[419] dann wird dies durchaus für etwas »Objektives« und nicht für etwas »Subjektives« gehalten. (Zur mythischen Bedeutung des Traumes vgl. Kapitel V 2.6.) Homer sagt von den Abgeschiedenen im Hades geradezu, sie seien »wie ein Traum« ohne damit zu meinen, sie existierten in Wahrheit gar nicht.[420] Es ist daher zutreffend, wenn V. Grønbech bemerkt: »Die Vorstellungen der Griechen über den Zustand nach dem Tode beruhten nicht auf Theologien, sondern auf Erfahrungen durch Träume und ähnliche Offenbarungen.«[421] Erfahrungen freilich, die von einem ganz anderen Erfahrungsbegriff ausgingen als dem unseren. Aber die Toten waren ja vor allem im mythischen Fest gegenwärtig, auf dem sie gefeiert wurden. (Vgl. Kapitel XI.) Wenn das Heldenlied ertönt, stellt V. Grønbech weiter fest, »füllt Kleos den Saal und die Heldentaten der Vorzeit werden hervorgezaubert und sind in Freude und Kraft anwesend. Die Halle bevölkert sich mit Sippengenossen und Freunden, dahingegangenen wie lebenden; wer seine Vorväter rühmen hört, wird von ihrem Kýdos gelabt, er weiß, werden seine eigenen Taten und sein eigenes Leben in Sang und Erzählung weiterklingen, dann wird er nicht dem Tode verfallen. Ja, wenn das Lied von den Taten des Geschlechts ertönt, dann ist die ganze große Persönlichkeit, die Sippe, zugegen.«[422] Ähnlich äußert sich G. Nebel: »… Die Opfer sind bereit und entschlossen, das Heldentum der Ahnen in sich anschwellen zu lassen. Indem die Polis Sippenstrukturen übernimmt, ist sie in sich Kult der Stadtheroen … und ebenso sammelt sich der Stamm und ganz Hellas um die Ahnen, die das Gedicht besingt. Seelenkult und Sippe sind, solange überhaupt Griechen wirklich waren, die dichtesten Geschehnisse: Polis muß, um zu werden und zu bestehen, sich an dieser todüberwindenden Substanz ansaugen.« »Der Seelenkult heroisiert die Gestorbenen, er empfängt und kräftigt ihre *Wirklichkeit*, er öffnet sich ihrer *wirkenden Wirklichkeit*.«[423] So ist es auch wörtlich zu nehmen, wenn Theognis dichtet, daß der Tote auf den Lippen der Singenden mit zu Tische liege.[424] Das Heldenlied, das auf die genossene Mahlzeit folgte, nannten die Griechen »Anathema Daitós«, das »Weihgeschenk des Festmahles«, womit sie sagen wollten, daß es dem Bereich des Kultischen zugehört. In diesem Weihgeschenk vollzieht sich die Epiphanie des Heros, nicht anders als im Opfer diejenige des Gottes.[425] Bei Pindar finden wir die folgenden Verse: »Auf dies Haus lenk, Muse, hin der / Worte Fahrwind, der / Ehr und Ruhm bringt! Schieden die Männer gleich dahin, / Gesang und Sagen wahren die edlen Taten für sie.«[426]

Diese Übersetzung kann jedoch nicht voll zum Ausdruck bringen, was Pindar gemeint hat. Für das Wort »Fahrwind« steht im griechischen Text »Uros«, womit ein heil- und glückbringender Wind, also ein göttlicher Augenblick und Kairos verstanden wird, der, wenn er Ruhm bringt, zugleich die mythische Substanz übermittelt, die darin liegt. Aber auch »wahren« gibt nur ungenau wieder, was der griechische Text an dieser Stelle mit dem Wort »ekómisan« sagt. Um dies deutlich werden zu lassen, empfiehlt es sich, noch die dritte pythische Ode Pindars heranzuziehen, wo er dichtet: Die alten Heldentaten *sind* in den ruhmvollen Gesängen da.[427] Das »Wahren« von Vergangenem bedeutet also für Pindar zugleich, es zur Gegenwart bringen, »seine Epiphanie vermitteln«. Eben dadurch aber ist es Teil der Gegenwart und des auf die Zukunft gerichteten Lebens selbst. Mächtig bewegt es, verpflichtet und erfüllt es mit Kraft die Hinterbliebenen und Nachgeborenen. »Seid nur Männer«, ruft Nestor den Achäern zu, »und Scham erfüll' euch die Herzen, / Scham vor den anderen Menschen! Dazu gedenket, ein jeder, / Eurer Kinder und Weiber, der Habe, der eigenen Eltern, / Dem sie noch leben sowohl, als dem sie gestorben sind, alle.«[428] Auch in seiner völligen Abgeschiedenheit, in seinem reinen Gewesensein, in seiner vollständigen Passivität ist der Tote noch mächtiges *Dasein*. Diese Unmittelbarkeit der Erfahrung eines allem übergeordneten Zusammenhanges drückt G. Nebel so aus: »Das Leben der toten Vorfahren und Verwandten ist nichts anderes als die Liebe, die der Lebende trotz des Todes von ihnen empfängt. Diese Empfängnisse sind keine Einbildungen, sondern Wirklichkeiten – vielleicht nähren sie uns kräftiger und reiner als die Gaben der Lebenden.«[429] »Die Toten« sind »zum Heil der Lebenden wieder da.«[430] Deswegen gelten

sie als geheiligt und als den Lebenden überlegen, nannten die Römer ihre Ahnen »maiores« und stellten die Griechen die Verstorbenen auf den Grabstelen stets größer als die umstehenden Hinterbliebenen dar. Das ewig gegenwärtige Vergangene leuchtete in das Leben hinein, gab den Menschen Vorbilder und befeuerte ihre Standhaftigkeit und ihren Mut. Daß es sich hier in der Tat um *ursprünglich mythische Erfahrungen* handelt, hat Cassirer gerade mit Hinblick auf die spätere Entwicklung hervorgehoben. Er schreibt: »Wenn somit ... auf der Stufe der Metaphysik der Gedanke sich abmühen muß, ›Beweise‹ für die Fortdauer der Seele nach dem Tode zu erbringen, so gilt im natürlichen Fortgang der menschlichen Geistesgeschichte vielmehr das umgekehrte Verhältnis. Nicht die Unsterblichkeit, sondern die Sterblichkeit ist dasjenige, was hier ›bewiesen‹, d.h. theoretisch erkannt, was erst allmählich durch Trennungslinien, die die fortschreitende Reflexion in den Inhalt der unmittelbaren Erfahrung hineinlegt, herausgestellt und sichergestellt werden muß.«[431]
Blicken wir zurück, so zeigt sich, daß der Unterschied zwischen der chthonischen und der olympisch-homerischen Vorstellung vom Jenseits hauptsächlich in der Art zu finden ist, wie die Toten in das Leben hineinwirken. Im chthonischen Mythos nehmen sie an den Ereignissen der Gegenwart unmittelbar teil, sie leiden an ihr oder freuen sich, sie erscheinen den Menschen als Warner, als Rache Drohende oder voll Teilnahme an ihren Niederlagen und Triumphen. Im olympisch-homerischen Mythos dagegen verharren sie in reiner Passivität, es ist ihr Dasein allein, das die Lebenden erfüllt und leitet. In diesen Unterschieden tritt jedoch das Gemeinsame nur umso deutlicher hervor: Die ewige Gegenwart des Vergangenen in seiner kultischen Wiederholung; die Einheit von Ideellem und Materiellem, so daß die Toten im Traum, im Lied, im Gedächtnis *wirklich* anwesend sind und aus der Tiefe heraufbeschworen werden können; das Durchdrungenwerden von ihrer mythischen Substanz während solcher Epiphanien; die damit verbundene Wiederkehr der Arché, die Einheit von Innen und Außen im Totenteil, den Ktérea usf. So sehen wir auch hier, wie innerhalb der mythischen Ontologie, wenn auch auf wechselnde Weise, zu *objektiver* Erfahrung wird, was für uns nur eine rein *subjektive*, nur der *Innerlichkeit* des Menschen gegebene Bedeutung hat.

XIV. Die mythische Zukunftsdeutung im Orakel

Im mythischen Fest, in der Tragödienaufführung und im Totenkult ereignete sich die Gegenwärtigkeit des Vergangenen. Im Orakel dagegen war es die Zukunft, die mythisch die Gegenwart erfüllte.

Dennoch ist in der kultischen Opferhandlung Zukunft insofern schon da, als die ewige Substanz und Kraft des Gottes die Menschen erfüllt. Wenn sie sehen, daß das Opfer angenommen wurde und die Gottheit zu Tische gekommen ist, wenn sie ferner die heilige Speise genossen haben, dann bietet ihnen dies alles die Gewißheit göttlicher Anteilnahme, göttlichen Schutzes und zugleich göttliches Vermögen, die Zukunft zu bestehen. Ebenso schaut sich die Sippe, die Polis in der Wiederholung ihrer Arché in ihrem ewigen Leben an, wird sie sich ihres künftigen ruhmvollen Fortbestandes inne. Was kommen wird, hat hier seinen Ausgangspunkt, wird von ihm unabwendbar bestimmt werden. So ist im Fest das Jetzt, wie E. Cassirer sagt, »keineswegs *bloßes* Jetzt, ist kein einfacher und abgesonderter Gegenwartspunkt, sondern es ist, um den Leibnizschen Ausdruck zu gebrauchen, chargé du passé et gros de l'avenir – es enthält das Vergangene in sich und geht mit der Zukunft schwanger.«[432] Ähnlich drückt sich W. F. Otto aus, wenn er schreibt, jeder Gott sei etwas Dreifaches: »Im Vergangenen der uralt-ewige Gott; im Zukünftigen der kommende Gott mit der Unendlichkeit vor ihm; in der Gegenwart der anblickend gegenwärtige Gott.«[433] Deswegen ist das Gebet weniger ein Flehen um Hilfe, sondern seine Aussprache ist, wie W. F. Otto weiter bemerkt, eher »ein Zeichen, daß die Gottheit selber nahe ist«[434] – und *darin* liegt die Gewißheit künftigen Heils. Auch V. Grønbech bemerkt, das Gebet sei »nicht ein Ansuchen an die Götter, den Wünschen der Menschen nachzukommen, wenn dies mit dem gnädigen Willen der Hohen übereinstimmen sollte, sondern es ist eine Prophezeiung dessen, was gewiß geschehen wird ... was mit Kraft und Gebet wirkte, war eben das Göttliche, die Vereinigung von Göttern und Menschen.«[435]

Weil mythisch die Zukunft als Ausdruck *ewiger* göttlicher Substanz immer schon *gegenwärtig* ist, wird das Orakel, das den künftigen göttlichen Willen verkündet, zum Wesensmerkmal mythischer Welterfahrung. Deswegen bemerkt E. Cassirer: »In diesem Sinne gehört insbesondere die Mantik, in der sich eben dieses eigenartige qualitative ›Ineinander‹ aller Zeitmomente am deutlichsten darstellt, zum integrierenden Bestandteil des mythischen Bewußtsein.«[436]

Dennoch herrscht heute im Allgemeinen weitgehend Unkenntnis darüber, was das Orakel ursprünglich bedeutet hat. »Mantik« kommt von »Mantis«, was soviel bedeutet wie »Verkünder des göttlichen Willens.«[437] Es geht also weniger darum, zu erfahren, was dem Befrager des Orakels *persönlich* die Zukunft im Einzelnen bringen wird, als darum, den göttlichen *Befehl* zu bestimmtem Handeln entgegenzunehmen. Es kommt vor allem darauf an, in Übereinstimmung mit dem göttlichen Willen zu leben, wobei es zweitrangig ist, ob dies das eigene Glück oder Unglück bedeutet. Dabei ist der Gedanke leitend, daß auf weite Sicht Glück ohnehin niemals gegen ein göttliches Gebot zu erlangen ist. So befiehlt ja Apollo auch durch das Orakel dem Orest, Aigist und Klytämnestra zu töten, obgleich Orest dabei Gefahr droht, der Rache der Erinnyen zu verfallen. Nicht Tod und Leiden werden hier als die höchsten Übel aufgefaßt, sondern ein Leben, von dem sich die Götter abgewandt haben. Leiden und Tod können zu ewigem Leben im Nachruhm führen, zur Kräftigung der ewigen Substanz der Sippe, welche die eigentliche Wirklichkeit des »Ich« ist; aber ein Leben ohne Gottheit ist nichts als leeres Dunkel.

Mit all dem hängt es auch zusammen, daß ein Orakel weniger für den vorliegenden Einzelfall seine Weisung gibt, als vielmehr allgemeine Regeln für das Verhalten von Menschen aufstellt.[438] Entsprechend faßte es seine Sprüche in eine Form, die damals allein ein allgemeines Gedächtnis und ein Weiterwirken gewährleisten konnte, nämlich in den Hexameter.[439] Besonders die Funde in Dodona, einem der ältesten griechischen Orakel, sprechen hier eine deutliche Sprache. Bei den auf Tafeln aufgezeichneten Fragen an den Gott handelt es sich meist nicht darum, ob dies oder jenes geschehen wird, sondern darum, welchem Gott geopfert werden *soll*, ob eine Neuerung im Sakralwesen eingeführt werden *darf*, ob und wann gewisse kultische Feste zu veranstalten *sind* usf. Man wollte ferner vom Orakel die Bestätigung einer neuen Staatsverfassung erhalten, zum Beispiel diejenige der Lykurgischen Gesetze, der Einteilung in Phylen durch Kleisthenes, der Sakralgesetze von Kyrene sowie das Aparche-Dekret von Athen, um nur einiges zu nennen.[440]

»Der Herr«, übersetzt H. Diels einen Spruch des Heraklit, »dem das Orakel von Delphi gehört, sagt nichts und birgt nichts, sondern er bedeutet.«[441] Nun steht im Griechischen für »sagt« »légei« und für »bedeutet« »semaínei«. »Légei« bedeutet aber nicht nur »sagt«, sondern u.a. auch »behauptet«, »schildert«, »erzählt«, allgemein also »sagt etwas aus«, während mit »semaínei« eher »befiehlt«, »verkündet« gemeint ist. Der Gott sagt also weder aus, was kommen wird, noch verbirgt er es, sondern er nennt seinen *Willen.* Daß dies oft in dunkler Sprache geschieht, ist weniger die Folge von Priesterschlauheit, die sich keine Blöße geben will, obgleich es solches gewiß auch gegeben hat, sondern hauptsächlich davon, daß der Gott sich im Numen äußert und damit dem Sterblichen nicht so leicht verständlich sein kann wie andere Menschen. Hierzu gehören ja u.a. auch die sogenannten »Térata«, Zeichen, wie Blitz, Donner, Regenbogen und Ähnliches. Deswegen heißt zwar Apollo mit Beinamen auch »Loxias«, was soviel wie »der dunkel Sprechende« bedeutet, aber damit wollte man zugleich darauf hinweisen, daß er Zeus' Wille und Befehl verkündet. Ausdrücklich heißt es in der Odyssee, 16, 402f.: »Aber zuerst müssen wir den *Willen* der Götter erfahren. Gibt dann der *Ratschluß* des mächtigen Zeus seine Zustimmung …« usf.[442] So hat G. Murray das Wesen des Orakels zutreffend zusammengefaßt, wenn er sagt: »Es ist, wie ich glaube, wichtig zu erkennen, daß es sich in der Regel nicht darum gehandelt hat, das Orakel nach Tatsachen zu fragen. Vielmehr wollten die Menschen bei auftauchenden Schwierigkeiten einfach wissen, wie sie sich verhalten *sollen.*«[443]

Der göttliche Wille konnte nur erfahren werden, wo der Gott anwesend ist oder erscheint und in die Menschen eindringt. Deswegen gab es Orakel nur an Stätten, wo der Gott wohnte, den man zu befragen wünschte. Deswegen nannte man die mantische Priesterin ursprünglich Pallaké, nämlich das Kebsweib des Gottes, mit dem sich der Gott auch physisch vereinigen konnte.[444] Die Pythia dagegen wurde vom Pneuma mantikón erfüllt, worunter nichts anderes als mythische Substanz zu verstehen ist. Dieses Pneuma atmet sie ein, wodurch sie befähigt wird, den Gott in Delphi zu hören. Entsprechend seinem apollinischen Wesen versetzt er sie nur in eine Art Trance, nicht in Ekstase, wie alle Darstellungen der Pythia zeigen: Ruhig, versunken, in sich gekehrt, wird sie auf dem Dreifuß sitzend gezeigt. Aufschlußreich ist hier auch die Vorschrift für die Priester mancher Orakel, mit ungewaschenen Füßen auf der Erde zu schlafen. Dazu heißt es in der Real.d.cl.Alt., der Sinn davon sei vermutlich gewesen, »daß die Priester in ständiger Berührung mit der von der Erde ausgehenden Kraft bleiben mußten und daher die ihren Füßen anhaftende Erde nicht entfernen durften und auf dem Boden schliefen.«[445]

Weil das Orakel als Verkünder göttlichen Willens galt und nicht zur Vorhersage kommender Ereignisse mißbraucht werden durfte, deren Erkenntnis den Menschen nicht zugänglich ist, ja, über die als Moira, Schicksal, nicht einmal die Götter frei verfügen können, waren nicht alle Fragen erlaubt. Es ist daher kennzeichnend für den Verfall mythischer Kultur in der Zeit des Hellenismus und der römischen Kaiser, daß Orakel und Mantik mehr und mehr in den Dienst privater Zukunftsforschung gestellt wurden und allmählich zur bloßen Wahrsagerei verkümmerten. Daß eine solche Gefahr immer schon bestand, kann nicht geleugnet werden. Davon zeugt auch die Stelle des zweiten Buches der Ilias (326ff.), wo Kalchas den Térata entnimmt, daß der trojanische Krieg zehn Jahre dauern werde. Solchen genauen Voraussagen gegenüber aber war man schon in der Frühzeit skeptisch. Hektor weist eine Zeichenwarnung ausdrücklich zurück (ebenda, 12, 230ff.), und Penelope traut der ihr im Traum vermittelten Zukunftsdeutung nicht (Odyssee, 19, 54ff.).

Rationalität des Mythischen | III

XV. Was ist Rationalität?

In Kapitel III wurde gezeigt, wie sich die Entwicklung der Mythos-Forschung immer mehr auf die Frage nach der Wahrheit des Mythos zuspitzte, nachdem sich herausgestellt hatte, daß er nicht einfach als etwas schlechthin Subjektives und Phantastisches abgetan werden kann, sondern, weit mehr als ursprünglich angenommen, ernst zu nehmen ist. Diese Frage ist im Sinne der Kantischen quaestio juris zu verstehen, nämlich als eine solche nach der *rationalen* Rechtfertigung und Begründung des Mythos. Darin liegt eine Herausforderung unseres Zeitalters, das weitgehend von der Überzeugung getragen ist, allein die Wissenschaft habe, streng genommen, die Rationalität auf ihrer Seite. Vor allem aus diesem Grunde hält man doch ihre Form der Weltdeutung, ihren Zugang zur Wirklichkeit für den einzig angemessenen und allen anderen überlegenen, ja, man sieht darin so etwas wie den endgültigen Triumph des menschlichen Geistes, den Sieg des Lichtes der Vernunft über die Finsternisse des Aberglaubens und des Irrationalen. Aber wenn auch bereits die Betrachtungen der vorangegangenen Kapitel diese Einschätzung als zweifelhaft erscheinen lassen müssen, so ist damit noch nichts wirklich entschieden. Denn weder die fragwürdigen Entstehungsbedingungen wissenschaftlicher Ontologien noch die bloße Darstellung und Herausarbeitung des Unterschiedes zwischen diesen Ontologien und derjenigen, auf welcher der Mythos beruht, besagen endgültig etwas über die Beziehungen, die sie allesamt zur Wirklichkeit haben, und damit letztlich über ihren Wert. Nun ist die quaestio juris eine *philosophische Frage*, zum Beispiel eine solche der Wissenschafts- und Erkenntnistheorie, und so kann sie auch nur philosophisch beantwortet werden.

Von Rationalität ist hier schon öfter gesprochen worden, besonders in Kapitel III, wo die strukturalistische, die transzendentale und die Deutung des Mythos als numinose Erfahrung behandelt wurden. Aber ist nicht überhaupt ein Denk- und Erfahrungssystem, aus dem der Mythos doch besteht, wie der zweite Teil zeigte, an sich schon etwas Rationales?

Dennoch muß nun zunächst geklärt werden, was unter Rationalität näher zu verstehen ist. Mit ihr verbindet man *intuitiv* die Vorstellung von *Begreiflichkeit, Begründbarkeit, Folgerichtigkeit, Klarheit* und *allgemein verbindlicher Einsichtigkeit.* Dies drückt sich im einzelnen in verschiedenen Formen aus.

Erstens: Offenbar hat alle Rationalität diejenige der verwendeten Begriffe zur Voraussetzung. Die Rationalität von Begriffen aber wird in ihrer Klarheit und allgemeinen Einsichtigkeit gesehen, was bedeutet, daß jedermann genau dasselbe unter ihnen versteht und sie deswegen auch auf die gleiche Weise angewandt werden. Vagheit, Verworrenheit, willkürliche Auslegungsmöglichkeit oder schwankender Gebrauch stehen dem entgegen. Ich nenne daher jene Rationalität, die auf der Klarheit und allgemeinen Einsichtigkeit von Begriffen und aus ihnen gebildeten Urteilen beruht, *semantische Intersubjektivität.*

Zweitens: Aussagen, die sich auf empirische Tatsachen stützen, hält man für rational begründet. Dabei müssen diese Tatsachen wieder in Klarheit begriffen und grundsätzlich von jedermann als allgemein verbindlich eingesehen oder anerkannt werden können. Entsprechend bezeichnet man Behauptungen über die Wirklichkeit, die bewußt auf eine Begründung durch Tatsachen verzichten oder gar ausdrücklich aufrechterhalten werden, obgleich sie im Gegensatz zu ihnen stehen, als dogmatisch, irrational oder dergleichen. Bei dieser Art von Rationalität handelt es sich also um *empirische Intersubjektivität.*

Drittens: Für rational begründet gelten ferner Sätze, die sich aus logischen Schlußfolgerungen ergeben. So kann zum Beispiel ein Richter sein Urteil auf eine Kette von Indizien gründen, und zugleich wird er es aus den bestehenden Gesetzen ableiten. Auch dies setzt Begreiflichkeit, Klarheit und allgemeine Einsichtigkeit voraus. Sprechen wir also hier von *logischer Intersubjektivität.*

Viertens: Eine weitere Art rationaler Begründung ist diejenige, die sich auf bestimmte Handlungsweisen stützt. Dafür bietet jedes Strickmuster ein Beispiel. Die Reihenfolge, in welcher die Maschen eines Pullovers hergestellt werden, stellt keine logische Notwendigkeit dar, sondern einen mehr oder weniger unverbindlichen Vorschlag, und die einzelne Masche ist keine zwingende, unabänderliche Tatsache, wie zum Beispiel ein Naturphänomen, sondern etwas mehr oder weniger freiwillig Hergestelltes. Dennoch kann kein Zweifel daran sein, daß die einzelnen Tätigkeiten des Strickens mit Hinblick auf das vorliegende Strickmuster in Klarheit und allgemein verbindlicher Einsichtigkeit begründet sind. Diese Klarheit und Einsichtigkeit beruhen vor allem darauf, daß die einzelnen Maschenelemente und ihre Folgen, woraus sich das Muster aufbaut, für jeden eindeutig erkennbar sind und von jedem grundsätzlich auf die gleiche Weise hergestellt werden können. Dies sei als *operative Intersubjektivität* bezeichnet. – Das aufgeführte Beispiel könnte Anlaß zu der Vermutung geben, es handle sich hierbei um etwas eher Nebensächliches. Das Gegenteil ist jedoch der Fall. Der größte Teil der industriellen Tätigkeit beruht nämlich auf operativer Rationalität. Insbesondere die Herstellung von Fließbandprodukten besteht in schematischen Operationen nach Art eines Strickmusters, und es ist geradezu kennzeichnend dafür, daß daran alles operativ begründbar, klar und von jedem nachvollziehbar sein muß. Jede Maschine kann dafür als Beispiel gelten. Hier ist alles geeicht, formalisiert, und subjektive Beliebigkeit oder Willkür haben kaum einen Spielraum. Die Idee einer umfassenden »Rationalisierung« der modernen Welt hat deswegen vor allem im Bereich der Industrie ihre Wurzeln und bezieht gerade von dort ihr so suggestives und faszinierendes Vorbild.

Fünftens: Als rationale Begründung wird schließlich betrachtet, wenn eine Handlung von Normen abgeleitet wird. Zwar ist auch eine Norm eine Handlungsanweisung und wird oft von derjenigen im operativen Sinne nicht unterschieden. Dennoch werden in der Regel mit dem Wort »Norm« bestimmte *Werthaltungen* verbunden, wie es zum Beispiel bei moralischen Geboten, Rechtsgrundsätzen, Gebräuchen und dergleichen der Fall ist, die man ja nicht allesamt mit Strickmustern, Kochrezepten oder maschinellen Anweisungen in einen Topf werfen würde. Auch für die Begründung von Normen wird jedoch Begreiflichkeit, Klarheit und allgemeine Einsichtigkeit gefordert, wenn sie rationalen Ansprüchen genügen sollen. Liegt eine solche Rationalität vor, so kann man sie dem Begriff *normative Intersubjektivität* zuordnen.

Heute wird viel von »Zweckrationalität« gesprochen. Es zeigt sich jedoch, daß sie alle bisher aufgezählten Formen zur Voraussetzung hat. Man versteht unter ihr die zur Verwirklichung gesetzter Zwecke notwendigen Handlungen. So ist es zum Beispiel zweckrational, wenn man in der Absicht, sein Reiseziel so schnell wie möglich zu erreichen, bei Glatteis und Nebel weder mit dem Auto noch mit dem Flugzeug reist, sondern sich der Eisenbahn bedient. Hier ist zum einen unter Umständen die Absicht rational begründbar, zum Beispiel, wenn sie normativ aus einer beruflichen Verpflichtung abzuleiten ist; die Auswahl der Verkehrsmittel ergibt sich mit Hinblick auf die gegebenen Wetter- und Straßenverhältnisse, kann also empirisch jedem begreiflich gemacht werden; die hieraus gezogenen

Schlußfolgerungen sind logisch, die damit verbundenen Handlungen (Buchungen am Flughafen usf.) operativ allgemein einsichtig; schließlich besteht für den gesamten Zusammenhang semantische Eindeutigkeit.

Ich betone noch einmal, daß die aufgezählten Formen von Rationalität nur den intuitiven Vorstellungen entsprechen, die man heute von ihr hat, und daß damit nicht der Anspruch erhoben werden soll, es handle sich um exakte Definitionen.[1] Es sind aber eben jene Vorstellungen, denen die meisten Vorurteile gegen den Mythos entspringen. Man hält die ihm zugrunde liegenden Begriffe und Normen für vage und nicht intersubjektivierbar; man zweifelt, daß er sich in einer allgemein einsichtigen Weise auf Tatsachen stützen kann; man spricht ihm die durchgängige Logik ab und glaubt ihn in Widersprüche verwickelt; und schließlich ist man davon überzeugt, daß er mangels operativer Rationalität dem technischen Fortschritt nichts Gleichwertiges entgegenzusetzen vermag.

Ohne mich hier in eine langatmige Untersuchung darüber einlassen zu können oder auch nur zu wollen, ob all diesen Vorwürfen eine gewisse systematische Vollständigkeit zugesprochen werden kann, sei doch dieses noch bemerkt; Rationalität spricht man gemeinhin erkennendem Denken und Handeln zu. Gedacht wird in Sätzen, Urteilen und Begriffen. Rational kann also nur deren semantischer Sinn, deren logischer Zusammenhang und deren Beziehung zur Wirklichkeit sein. Die Rationalität des Handelns aber kann nur in bestimmten Normen und Anweisungen sowie in den Folgerungen liegen, die man daraus ableitet. Diese wiederum intuitiven Hinweise müssen hier genügen.

Die folgenden Ausführungen werden nun aber in einer genaueren Prüfung bestehen, wie es mit der hier umrissenen Rationalität in Wissenschaft und Mythos steht. Es wird sich dabei als zweckmäßig erweisen, mit der Rationalität als empirischer Intersubjektivität zu beginnen.

XVI. Rationalität als empirische Intersubjektivität in der Wissenschaft

Was bedeutet wissenschaftlich, es stütze sich eine Aussage auf intersubjektiv nachprüfbare empirische Tatsachen? Zur Beantwortung dieser Frage können wir uns hier wieder auf die Naturwissenschaften, die Psychologie sowie die Geschichts- und Sozialwissenschaften beschränken. Wenn also im folgenden schlechthin von Wissenschaft gesprochen wird, sind stets diese gemeint.

Wie aus den einleitenden Ausführungen zu Kapitel IV hervorgeht, bestehen auch die Wissenschaften nicht im bloßen Sammeln von Tatsachen, sondern in deren systematischer Erklärung und Ordnung. Eine solche Erklärung erfolgt, so wurde dort weiter gezeigt, teils mit Hilfe von Naturgesetzen, teils mit Hilfe von geschichtlichen Regeln. So erklärt man zum Beispiel die einzelnen Phänomene des Lichtes durch die Gesetze der Optik, einzelne Ereignisse des mittelalterlichen Streites zwischen Kaiser und Papst durch die Regeln des Kirchenrechts, des Reichsrechts usf. Diese Gesetze und Regeln werden jedoch nicht isoliert betrachtet, sondern in systematische Zusammenhänge gebracht. Bestimmte Brechungsgesetze des Lichtes zum Beispiel lassen sich auf die Gesetze seiner wellenförmigen Ausbreitung zurückführen und einzelne Regeln des Reichsrechts auf die Grundlagen der Reichsverfassung. Solche Rückführungen finden ihr Ende in einer kleineren Gruppe von Gesetzen oder Regeln, die, als Axiome zusammengefaßt, den Kern einer wissenschaftlichen Theorie bilden. Das Ziel der Wissenschaft ist, ich wiederhole noch einmal die entsprechenden Bemerkungen aus Kapitel IV, *Theorien als Erklärungssysteme herzustellen.* Ein solches Erklärungssystem ist aber zugleich auch ein *Ordnungssystem.* Beispielsweise zeigt die Theorie der Optik, wie Brechungs- und Beugeerscheinungen innerhalb des Systems miteinander zusammenhängen und im Gesamtzusammenhang dieser Theorie zu deuten sind, und das gleiche gilt entsprechend für bestimmte Verhaltensweisen des Papstes oder des Kaisers im Lichte jener geschichtlichen Theorie, die man sich von den allgemeinen theologischen, bzw. politischen Grundregeln macht, auf denen ein bestimmter Abschnitt des Mittelalters beruhte.

Die Wissenschaft enthält also zum einen Aussagen über *einzelne* Phänomene oder Ereignisse, die in einem bestimmten Raum und zu einer bestimmten Zeit stattfinden – man nennt sie *Basissätze* –, zum anderen enthält sie Aussagen über Naturgesetze und geschichtliche Regeln. Die Basissätze können in der logischen Form *singulärer Sätze* (hier findet eine Lichtbrechung statt, 1075 belegte der Papst Heinrich IV. mit dem Bann), die Aussagen über Naturgesetze und Regeln in der logischen Form von *Allsätzen* ausgedrückt werden. (Für alle Lichtbrechungen gilt .... Für alle Päpste der Epoche galt ....) Die Frage, wie wissenschaftliche Aussagen mit intersubjektiv nachprüfbaren empirischen Tatsachen begründet werden können, lautet also genauer: Wie ist dies bei Basissätzen, Allsätzen und Theorien möglich?

Es würde eines eigenen Bandes bedürfen, sollte diese Frage ausführlich beantwortet werden. Da ich dies bereits in meinem Buch »Kritik der wissenschaftlichen Vernunft« (= Kritik d.w.V.) getan habe, das eine für die folgenden Betrachtungen grundlegende Bedeutung hat, beschränke ich mich hier auf eine zusammenfassende und für den wissenschaftstheoretisch nicht vorgebildeten Leser geeignete Wiedergabe der dort bereits gewonnenen Ergebnisse.

Einer wissenschaftlichen Erklärung liegt, sehr vereinfacht und in ihrer allgemeinsten Form betrachtet, das folgende Schema zugrunde:

$$\left.\begin{array}{ll} \text{1. a ist F (Fa)} & T_1 \\ \text{2. \textit{immer wenn F, dann G}} & T, T_3 \\ \text{3. a ist G (Ga)} & T_2 \end{array}\right\} T_4; S_{t1}$$

Wie man sieht, handelt es sich hier um einen logischen Schluß. Darin stellen die erste Prämisse und die Konklusion *Basissätze* dar, zum Beispiel: »Der Körper a fällt zur Zeit t von der Höhe h« (Fa) und »Der Körper a schlägt zur Zeit t + Δt auf dem Boden auf« (Ga). Die zweite Prämisse aber besteht aus einem Naturgesetz oder einer geschichtlichen Regel, zum Beispiel, um zunächst bei dem soeben erwähnten Fall zu bleiben: »Immer wenn ein Körper von der Höhe h fällt, dann benötigt er dazu die Fallzeit Δt« (Wenn F, dann G.). Man könnte also dem angegebenen Schema den folgenden Inhalt geben: *Wenn* erstens der Körper a zur Zeit t von der Höhe h herabfällt und *wenn* zweitens alle Körper die Fallhöhe h in der Fallzeit Δt durchlaufen, *dann* wird der Körper a zur Zeit t + Δt auf dem Boden auffallen. Damit ist einerseits *erklärt,* warum der Körper zur Zeit t + Δt auf dem Boden aufschlug, und *weil* andererseits dieses Ereignis erklärt werden kann, ist es zugleich bei Kenntnis der beiden aufgeführten Prämisse *vorhersagbar.*

Das vorige Beispiel war den Naturwissenschaften entnommen. Wählen wir jetzt, zur besseren Verdeutlichung, noch einige besonders einfache, teilweise klassische, aus den anderen im vorliegenden Zusammenhang einschlägigen Wissenschaften.

Hier eines aus der Psychologie: Ein Pawlowscher Hund hört zur Zeit t das Klingelzeichen k. Immer wenn ein solcher Hund ein solches Klingelzeichen hört, sekretiert er Speichel. Also sekretiert der Hund zur Zeit t Speichel.

Ein Beispiel aus der Geschichtswissenschaft: Der Hochmeister des Ritterordens, Ulrich von Jungingen, stieß im Jahre 1410 bei Tannenberg unter bestimmten äußeren Umständen auf das polnisch-litauische Heer. Zu den Regeln des Rittertums gehörte es damals, unter dieser Art Umstände keine Schlacht anzunehmen. Also nahm U. von Jungingen die Schlacht nicht an.

Ein Beispiel aus der Soziologie: Im Lande L gibt es keine Geburtenbeschränkung. Für alle Länder ohne Geburtenbeschränkung nimmt die Bevölkerung in Form einer geometrischen Reihe, diejenige der Versorgung jedoch nur in Form einer arithmetischen Reihe zu (Gesetz von Th. R. Malthus). Also werden im Lande L im Zeitraum Z die Grenzen der Versorgung erreicht sein und damit die Bevölkerungszunahme stagnieren.

Diese Beispiele sind freilich stark verkürzt wiedergegeben. Wissenschaftliche Erklärungen enthalten im allgemeinen weit mehr als nur zwei Prämissen, zu denen sowohl Basissätze wie Naturgesetze und geschichtliche Regeln als auch ganze Theorien und Theorienverkettungen gehören können (wovon noch zu sprechen sein wird). Auch haben geschichtliche Regeln innerhalb von Erklärungen nicht dieselbe Funktion wie Naturgesetze, nämlich als Allsätze die logische Verbindung zwischen den Basissätzen der Prämissen und der Konklusion herzustellen, wie es hier in der vereinfachten Darstellung der Beispiele zu sein scheint. Weiter werden in den Geschichts- und Sozialwissenschaften bisweilen die Entstehungen von Regeln selbst erklärt und nicht nur Ereignisse auf Grund von Regeln.[2] Auf alle diese Feinheiten kann ich hier nicht eingehen. Sie können aber im gegebenen Zusammenhang auch vernachlässigt werden, weil sie für die grundlegende und ganz allgemeine Frage, um die es hier geht, nämlich wie die im wissenschaftlichen Erklärungsmodell auftretenden Basissätze, Naturgesetze, geschichtlichen Regeln und Theorien durch intersubjektiv überprüfbare Tatsachen gestützt werden können, ohne Bedeutung sind. Da spielt es keine Rolle, ob mehr oder weniger Basissätze oder Allsätze bei wissenschaftlichen Erklärungen auftreten, ob geschichtliche Regeln darin dieselbe logische Stellung wie Naturgesetze haben (in Wahrheit treten Regeln dort nämlich innerhalb von Basissätzen auf) oder ob die Entstehung von Regeln selbst erklärt wird (denn dort wird dasselbe Erklärungsmodell verwendet).[3]

Übrigens zeigt die Geschichtswissenschaft, daß nicht jede Erklärung eine Vorhersage ist, obgleich umgekehrt jede Vorhersage auf einer Erklärung beruht. Es wäre dennoch falsch anzunehmen, geschichtliche Erklärungen könnten, weil sie sich auf bekannte Tatsachen beziehen, nur ad hoc zu diesen erfunden werden und somit nur »elende Tautologien« darstellen, um ein Wort Hegels zu gebrauchen. Oft genug zeigt sich ja, daß die Regeln und Theorien, die der Historiker benutzt, nicht alle Ereignisse, für die sie definiert sind, zu erklären vermögen und daß er also damit nicht nur Erfolg haben, sondern auch scheitern kann. Nicht selten kann aber auch er damit etwas vorhersagen, nämlich bestimmte Funde oder Zeugnisse, die, obgleich selbst nur etwas Vergangenes berichtend, dennoch später entdeckt werden können (wofür die Ausgrabungen Schliemanns ein klassisches Beispiel sind).

I. Die den wissenschaftlichen Basissätzen zugrundeliegenden axiomatischen Voraussetzungen a priori

Kehren wir nun zu unserem Schema auf S. 264 zurück. Der Buchstabe »T« weist darauf hin, daß der in der zweiten Prämisse angegebene Allsatz (Naturgesetz, geschichtliche Regel) entweder Axiom einer Theorie T oder aus der Gruppe ihrer Axiome abgeleitet ist. So kann man zum Beispiel das Fallgesetz aus der Gravitationstheorie ableiten, das Pawlowsche Gesetz aus der Theorie bedingter Reflexe, die Regeln ritterlichen Kampfes aus der Theorie über das Rittertum, während die Regel des Malthus eher ein Axiom seiner Theorie soziologisch-ökonomischer Zusammenhänge zum Ausdruck bringt.

Wie man dem obigen Erklärungsschema entnehmen kann, ist *die empirische Überprüfung theoretischer Allsätze nur über die Basissätze möglich, die singuläre Ereignisse in Raum und Zeit ausdrücken.* Wer zum Beispiel die theoretische Behauptung aufstellt: »Immer wenn F, dann G«, der muß beweisen können, daß immer, wenn der dem Satz Fa entsprechende Sachverhalt vorliegt, dies auch für den Ga entsprechenden der Fall ist. Man muß also, um bei unserer Ausgangsfrage zu bleiben, zunächst Fa und Ga mit »der Wirklichkeit« vergleichen.

In einer Reihe von Fällen scheint das einfach zu sein, in einer noch größeren Reihe von Fällen ist dies jedoch ein höchst komplizierter Vorgang. Dies liegt daran, daß wissenschaftliche Basissätze meist keine schlichten Wahrnehmungen und Beobachtungen ausdrücken, sondern selbst Aussagen von stark theoretischem Gehalt sind. So sind zum Beispiel Angaben über eine gemessene Stromstärke, Temperatur, Wellenlänge und dergleichen nur innerhalb von Theorien definiert und setzen überdies die Geltung jener Naturgesetze voraus, nach denen die bei ihrer Überprüfung verwendeten Instrumente funktionieren. Zeigerstellungen, Skalen, aufleuchtende Signale und dergleichen, die man in einem Laboratorium beobachten kann, sagen dem Laien nichts und helfen nur dem Fachmann, der die damit verbundenen zahlreichen verwickelten und theoretischen Zusammenhänge begreift, daraus Basissätze zu formen. Zu ihnen gehören auch die theoretischen Voraussetzungen der Fehlerrechnung, die bei der Ablesung von Meßdaten erforderlich sind. Man glaube nicht, daß solche Schwierigkeiten nur in der Physik auftreten. Auch die Psychologie arbeitet ja teilweise mit Meßdaten. Sind aber die von ihr untersuchten empirischen Tatsachen nicht quantifizierbar, so ist oft genug die Theorienabhängigkeit der Basissätze nicht geringer und ihre intersubjektive Überprüfbarkeit nicht einfacher. Man denke nur zum Beispiel an alle jene vermuteten Gesetze »innerer« Vorgänge wie Denken, Wollen, Fühlen oder sog. intentionale Akte, die ja eher theoretisch erschlossen als unmittelbar erfaßt werden. Jeder Psychologe hat bereits seine Testperson theoretisch eingeordnet, wenn er sie psychologisch diagnostiziert. Oder betrachten wir die Basissätze innerhalb der Geschichtswissenschaften. Die empirischen Tatsachen, die sie behaupten, können Urkunden, Funden und dergleichen entnommen werden. Oft aber vermögen wir diese nur zu verstehen im Lichte einer Theorie darüber, was sie eigentlich bedeuten und auf welche Ereignisse sie damit verweisen. Dazu kommt, daß zu ihrer Datierung eine Reihe von Theorien aus sog. Hilfwissenschaften herangezogen werden müssen, wie zum Beispiel der Geologie, der Chemie, der Astronomie und anderen. Betrachten wir schließlich die Sozialwissenschaften. Wie bestimmt man empirisch eine marktwirtschaftliche Lage, die dann in Basissätzen beschrieben werden könnte? Auch hier handelt es sich offenkundig nicht um für jedermann einfach feststellbare Tatsachen, sondern um ein z.T. sehr kompliziertes Konstrukt, das unter Mitwirkung zahlreicher theoretischer Annahmen, u.a. über die Bedeutung und das Gewicht zahlreicher Daten, zustande gekommen ist. Genau genommen gibt es überhaupt keine gänzlich theorienunabhängigen wissenschaftlichen Tatsachen, weil sie immer in irgendeiner Weise schon im wissenschaftlichen Licht gesehen und dadurch gedeutet sind. Der Pawlowsche Hund, psychologisch betrachtet als *Testtier*, ist gewiß nicht das gleiche wie beispielsweise ein Hund als Gegenstand mythischer Betrachtung. Und dasselbe gilt auch für jede Person als Testperson, auf die ja schon das theoretische Gefüge psychologischer Begrifflichkeit und Gesetzlichkeit angewandt wird. Ganz ähnlich liegt es, wenn wir eine vergleichsweise so einfache Tatsache wie Ulrich von Jungingens Schlacht als Beispiel nehmen. Es ist ein entscheidender Unterschied, ob man ihn als Person im wissenschaftlichen oder mythischen Sinn (etwa als Heros) sieht. Die Datierung der Schlacht ist auch hier nicht etwas so Selbstverständliches, wie es scheint, weil sie zum einen auf dem ja nicht unmittelbar als einfache Tatsache gegebenen Grundsatz der Retrodiktion beruht, also dem Schluß von gegenwärtigen Zeugnissen auf Vergangenes, zum anderen auf jener Art von Zeitrechnung, die sich aus den Gesetzen der Astronomie ergibt.[4]

Aus all dem geht hervor, daß bei der Begründung von wissenschaftlichen Basissätzen durch Tatsachen die Geltung einer Reihe von theoretischen Annahmen, und das heißt, einer Reihe von Gesetzen und Regeln, *vorausgesetzt* wird. Diese theoretischen Voraussetzungen sind in dem obigen Schema mit den Buchstaben T_1 und T_2 bezeichnet. Ich nenne sie *axiomatische Voraussetzungen*. Man könnte nun versuchen, sie alle ihrerseits zu überprüfen und zu begründen. Das könnte jedoch nur dadurch geschehen, daß man auch auf sie das angegebene Erklärungsschema anwendete, daß man also auch ihre Allsätze auf Basissätze stützte. Dabei würde man jedoch wieder andere Voraussetzungen T_1' und T_2' machen müssen. Da man nun diesen Begründungsvorgang nicht ins Unendliche fortsetzen kann, muß man schließlich bei einer Gruppe von T_2'' und T_2'' Annahmen stehen bleiben, die nicht mehr empirisch überprüft werden. Diese Annahmen stellen dann die *axiomatischen Voraussetzungen a priori* der für den vorliegenden Prüfungszusammenhang einschlägigen Tatsachen dar. *Wissenschaftliche, in Basissätzen ausgedrückte Tatsachen, sind also niemals rein empirisch gegeben, sondern sie gelten stets relational, nämlich nur unter der Bedingung, daß auch ein dazugehöriger nichtempirischer Teil akzeptiert wird.*

2. Die für die empirische Bestätigung oder Verwerfung wissenschaftlicher Allsätze notwendigen judicalen Festsetzungen

Nehmen wir nun an, Fa und Ga im Erklärungsschema seien in der angegebenen Weise mit Hilfe apriorischer Annahmen empirisch begründet. Heißt das, daß damit auch der in der zweiten Prämisse auftretende Allsatz empirisch begründet ist? Offenbar ist dies nur zum Teil der Fall, da Basissätze nur etwas über *einzelne* Tatsachen aussagen, Gesetze oder Regeln aber über *alle* Fälle in einem bestimmten Bereich, wobei deren Menge meist zumindest *praktisch* unendlich ist. Mit wieviel Tatsachen der Art Fa, Ga soll man sich also zufrieden geben, um den betreffenden Allsatz als empirisch hinreichend bestätigt anzusehen? Sind dazu sehr viele oder nur einige erforderlich, oder genügt dazu unter Umständen sogar einer? Es ist klar: Die Entscheidung darüber kann niemals ihrerseits empirisch begründet werden, weil es eine Entscheidung *für*, nicht durch Erfahrung ist, weil es von ihr abhängt, wann Gesetze oder Regeln als empirisch bestätigt angesehen werden oder nicht.

Ähnliches liegt vor, wenn ein wissenschaftlicher Allsatz geprüft, aber *nicht* bestätigt worden ist, also Fa den Tatsachen entspricht, Ga aber nicht. Zwar könnte man meinen, daß damit der Allsatz ein für allemal widerlegt wurde, denn er soll ja für *alle* möglichen Fälle gelten. Aber wie die Geschichte der Wissenschaft zeigt, findet man sich nur selten zu einer so schnellen Verwerfung bereit. Das liegt daran, daß eben Ga nicht auf eine eindeutige und einfache Weise empirisch gegeben ist, sondern damit eine Reihe apriorischer und theoretischer Voraussetzungen verbunden sind, deren Fragwürdigkeit niemals gänzlich aufgehoben werden kann. Dazu kommt, daß in der Regel nicht nur ein einzelner Allsatz auf dem Prüfstand steht, sondern ganze Theorien und Theorienkomplexe. Man wird also in einem solchen Fall stets abzuwägen haben, ob man den Fehler bei den apriorischen Voraussetzungen der Basissätze oder bei den mit den Basissätzen überprüften Allsätzen und Theorien suchen soll und wo in dem dichten Geflecht der letzteren dabei anzusetzen ist. In gleicher Weise kann man im übrigen auch bestätigende Basissätze akzeptieren oder mit Hinblick auf die dabei gemachten apriorischen Voraussetzungen in Zweifel ziehen. Aber wie immer man sich entscheidet, es wird auch diese Entscheidung nicht empirisch begründet werden können. Fällt doch damit eine Entscheidung über die durch Basissätze vermittelten Tatsachen und nicht durch sie, hängt es doch eben hiervon ab, ob man sie zum Anlaß der Verwerfung nehmen soll oder nicht.

Handelt es sich bei dem Allsatz im Erklärungsschema um ein statistisches Gesetz oder um eine statistische Regel, so werden die Probleme der Überprüfung besonders groß. In einem solchen Fall drücken die verwendeten Basissätze statistische Verteilungen von Prädikaten in einer gegebenen Menge aus. Der Allsatz aber gibt an, mit welcher Wahrscheinlichkeit von diesen Verteilungen im vorliegenden Fall auf andere, zum Beispiel künftige Verteilungen der definierten Menge zu schließen ist. Da ich hier nicht auf Einzelheiten eingehen kann, sei zur Erläuterung für den mit Fragen der Statistik nicht vertrauten Leser wieder ein einfaches Beispiel aufgeführt. Es habe sich gezeigt, daß in einem Zeitraum T bei 1/6 aller Würfe mit einem Würfel eine Sechs gefallen sei. Angenommen, jemand stellt nun das statistische Gesetz auf: Immer wenn mit Würfeln gewürfelt wird, beträgt die Wahrscheinlichkeit, eine Sechs zu erzielen, 1/6. Angenommen ferner, man habe in einem späteren Zeitraum bei 100 Würfen nicht eine einzige Sechs geworfen. Ist jetzt das statistische Gesetz als widerlegt anzusehen? Wie aber, wenn wir weiter würfeln und schließlich bei 360 Würfen genau 60 Sechser erhalten? Soll jetzt das Gesetz wieder akzeptiert werden? Es ist klar, daß eine Entscheidung darüber nicht allein empirisch bestimmt sein kann.

Ich nenne allgemein solche Entscheidungen über Annahme oder Verwerfung wissenschaftlicher Allsätze und Theorien, sie seien statistisch oder nicht, *judicale Festsetzungen.* Diese Festsetzungen werden jedoch keineswegs nur nach Belieben ad hoc gemacht, sondern sie beruhen ebenfalls auf einem ganzen Geflecht schon vorher geschaffener methodologischer Regeln und axiomatischer Annahmen. Deswegen werden sie im obigen Schema zusammenfassend ebenfalls mit einem »T«, nämlich mit T_3 bezeichnet.[5]

3. Die für empirische wissenschaftliche Sätze notwendigen ontologischen Festsetzungen

Ein Satz wird als wissenschaftlicher nur anerkannt, wenn er bestimmte Normen erfüllt. Physikalische Allsätze, in denen zum Beispiel von Zwecken die Rede ist, geschichtliche Regeln, die als Wirkung von Göttern aufgefaßt werden, Basissätze, mit denen physikalische Gegenstände als etwas Ideelles bezeichnet oder nicht in das Raum-Zeitkontinuum eingeordnet werden, sind nicht als zur Wissenschaft gehörig anzusehen. Wie man jedoch feststellen kann, handelt es sich bei solchen Normen um jene sehr allgemeinen Vorstellungen, die, wie das Kapitel IV zeigte, die ontologischen Grundlagen der Wissenschaften bestimmen. Sie sind deren Grundlagen in dem Sinne, daß jede ihrer Theorien aus ihnen unter Vorlage bestimmter Randbedingungen abgeleitet ist. So ist zum Beispiel die Behauptung, daß das Raum- und Zeitkontinuum durch die euklidische Geometrie beschrieben werde, nichts anderes als eine solche Spezifikation. Wir können nun die ontologischen Grundlagen der Wissenschaften, die in Kapitel IV entwickelt wurden, als Axiome hohen Allgemeinheitsgrades von Theoriengruppen begreifen, weswegen sie im Erklärungsschema zusammenfassend mit »T_4« bezeichnet werden. *Diese Axiome definieren die allgemeine Art und Weise, mit der die Wirklichkeit wissenschaftlich betrachtet wird.* Sie stellen den Rahmen dar, in dem sich alles wissenschaftliche Behaupten und empirische Prüfen abspielt; sie sind das Bezugssystem, in dem alles Wirkliche aufgefaßt, gedeutet und verarbeitet wird; sie bestimmen die Fragen, die man an das Wirkliche stellt, und diese Fragen bestimmen daher in gewissem Sinne die Antworten mit, die es uns darauf gibt; mit ihnen *organisieren* wir sozusagen die wissenschaftliche Erfahrung. Aus diesem Grunde werden zwar Theorien als Spezifikationen dieser Axiome empirisch mit Hilfe des Erklärungsschemas überprüft, diese Axiome selbst aber werden dabei stets a priori vorausgesetzt. Sollten sie jedoch jemals, soweit dies überhaupt möglich ist, ihrerseits empirisch zur Disposition gestellt werden, dann hätte sich nicht nur die Definition dessen, was als wissenschaftlich betrachtet wird, geändert, sondern dann würden wieder andere ontologische Axiome a priori vorausgesetzt werden, die nunmehr, um einen Ausdruck von Lakatos mit abgeändertem Sinn zu verwenden, so etwas wie der neue »harte Kern« wissenschaftlichen Selbstverständnisses wären. Ich nenne daher diese apriorischen Voraussetzungen *ontologische Festsetzungen.*[6]

4. Was sind wissenschaftliche Erfahrung und empirische Wahrheit oder Falschheit?

Nachdem so deutlich wurde, welche wichtige Rolle apriorische Voraussetzungen und Festsetzungen bei der Bildung und empirischen Begründung wissenschaftlicher Sätze spielen, müssen wir uns fragen, was unter diesen Umständen Erfahrung überhaupt bedeutet.

Dazu sei, die Erläuterung des Erklärungsmodells abschließend, noch mitgeteilt, was dort der Buchstabe »S_{t1}«, anzeigt. Er bezeichnet die Menge aller theoretischer Annahmen und Voraussetzungen T bis T_4.

Wir können nun feststellen, daß, was man gemeinhin wissenschaftliche Erfahrung nennt, stets durch ein *Bedingungsverhältnis* ausgedrückt *ist: Wenn* bestimmte Wahrnehmungen, Beobachtungen oder dergleichen unter bestimmten a priori gemachten axiomatischen und normativen Voraussetzungen T_1, T_2, und T_4 aufgefaßt und gedeutet werden, *dann* ergeben sich/ ergeben sich nicht die in Basissätzen beschriebenen Tatsachen Fa und Ga; *wenn* sich Fa und Ga ergeben haben, *dann* ergibt sich/ ergibt sich nicht unter judicalen Festsetzungen T_3 eine Bestätigung des Allsatzes »Immer wenn F, dann G.« Wenn sich Fa, nicht aber Ga ergeben hat, dann ergibt sich/ ergibt sich nicht unter denselben Voraussetzungen eine Verwerfung des Satzes »Immer wenn F, dann G.« Keiner der im Erklärungsschema auftretenden Sätze ist also im Gegensatz zu einer weit verbreiteten Meinung *an sich* etwas Empirisches. An sich und damit *rein* empirisch ist dagegen, daß unter bestimmten apriorischen Voraussetzungen eine bestimmte Ergebnismenge E gewonnen wird. Denn *daß* wir mit T_1, T_2, und T_4 das Vorliegen oder Nicht-Vorliegen von Fa und Ga feststellen müssen, *daß* wir ferner mit T_3 eine Bestätigung oder Verwerfung von T erhalten, das alles vermag uns *nur* die Erfahrung zeigen. Keine noch so schönen apriorischen Festsetzungen oder Voraussetzungen können uns vorher wissen lassen, ob Fa oder Ga im gegebenen Fall *wirklich* vorliegen werden, ob unsere Theorie *wirklich* bestätigt werden kann. Wir haben mit diesem Apriori nur die Spielregeln festgelegt, mit denen wir unser Spiel der Erfahrung spielen wollen. Was sich aber dabei im Einzelnen ereignen wird, ob wir dabei gewinnen oder verlieren werden, das können wir vorher nicht wissen. Wir können dies, kurz zusammengefaßt, auch so ausdrücken: *Rein empirisch ist ausschließlich, daß sich unter der Bedingung von S_{t1}, die vorhin gekennzeichnete Ergebnismenge E_1 ereignet.* Niemand kann daran etwas ändern. Im ersten Schritt seid ihr frei, sagt Goethe, im zweiten seid ihr Knechte. Zu ändern vermögen wir nur S_{t1}, indem wir S_{t2}, S_{t3}, usf. dafür setzen. Aber auch dann wird uns *nur die Wirklichkeit* sagen, ob das Ergebnis davon wieder E_1, oder vielleicht E_2, E_3 usf. lauten wird.

Der Ausdruck »rein empirisch« weist also darauf hin, daß, was man *gemeinhin* »empirisch« nennt, nämlich Fälle wie Fa, Ga usf., dies nicht im *strengen* Sinne ist. Dennoch ist eine solche Verwendung der Bezeichnung »empirisch«, wenn damit der Unterschied zu

»rein empirisch« nicht aus den Augen verloren wird, nützlich, da ja zwischen Basissätzen, die unter anderem auch auf Beobachtungen, Wahrnehmungen usf. beruhen, und Allsätzen, die, wie zum Beispiel ontologische Aussagen, einen *rein* theoretischen Gehalt haben, klar unterschieden werden kann.

Die vorangegangenen Überlegungen zeigen aber auch, daß die Art, wie man gemeinhin von der Wahrheit oder Falschheit von wissenschaftlichen Aussagen spricht, ebenso ungenau und irreführend ist. Zwar wird zugegeben, daß die Bestätigung von Allaussagen über einen zumindest praktisch unendlichen Bereich mit Hilfe einzelner und verstreuter Tatsachen nicht die Wahrheit dieser Aussagen beweisen kann; aber es ist weit weniger erkannt worden, daß Tatsachen wegen ihrer Theorienabhängigkeit genauso wenig die Falschheit von Allsätzen zwingend beweisen. So vermeiden die Wissenschaftler heute oft den Ausdruck »Wahrheit« oder »Verifikation« und sprechen lieber von »*vorläufiger* Bestätigung«; das Wort »Falsifikation« dagegen erfreut sich heute noch unter dem Einfluß des Popperianismus großer Beliebtheit, obgleich man doch auch hier lieber von »*vorläufiger* Widerlegung« sprechen sollte.

Nun ist es sicher zutreffend, daß der Grad der Theorienabhängigkeit von wissenschaftlichen Basissätzen unterschiedlich ist, obgleich sie nirgends vollkommen fehlt. Was damit gemeint ist, wird sofort deutlich, wenn man zum Beispiel die vorliegenden Behauptungen einander gegenüberstellt: »Napoleon zog im Jahr 1812 in Moskau ein« (geringe Theorienabhängigkeit) und »Zur Zeit T befand sich eine Elektronenwolke am Ort O« (hohe Theorienabhängigkeit). Daß mit dieser Feststellung jedoch kaum etwas für die Wahrheit wissenschaftlicher Theorien gewonnen ist, die eine Wissenschaft überhaupt erst zu einer solchen machen (die vorige Feststellung über Napoleon könnte ja auch in einer bloßen Chronik, die nichts mit Geschichtswissenschaft zu tun hat, vorkommen), zeigt die folgende Überlegung: Wie wir gesehen haben, erfolgt die Überprüfung von Theorien u.a. notwendigerweise mit Hilfe von Basissätzen, die im Erklärungsmodell die Konklusion eines Schlusses darstellen. Aber selbst wenn man diese Konklusion im gegebenen Fall für wahr hielte, folgte daraus nach den Regeln der Logik nichts über die Wahrheit jener Prämissen des Schlusses, zu denen die Allsätze der Theorien gehören; sie könnten ebenso wahr wie falsch sein. Dies sei noch auf eine einfache Weise veranschaulicht. Wenn man nicht wüßte, wie eine Uhr funktioniert, könnte man vielleicht eine Theorie über sie entwickeln, derzufolge sie nach mechanischen Gesetzen mit Hilfe eines Räderwerkes betrieben wird. Diese Theorie wäre zweifellos vollauf bestätigungsfähig. Dennoch könnte es sich um eine elektronische Uhr handeln. Dann wären alle theoretischen Behauptungen über sie falsch, obgleich wir mit ihnen durchaus erfolgreich wären. Freilich könnten wir eine Uhr öffnen und hineinsehen; aber die Wirklichkeit können wir nicht einfach öffnen, sondern wir sind bei der Begründung von Theorien über sie stets auf den fragwürdigen Rückschluß von Basissätzen auf Allsätze angewiesen. Dieses Beispiel zeigt uns zugleich, wie man in der Tat bei verschiedenen theoretischen Annahmen zu gleichen Ergebnissen kommen kann.

Wie schwer es uns auch fallen mag, dies zuzugeben, so müssen wir doch folgendes feststellen: *Selbst die größten Erfolge von Theorien sagen nicht das Geringste über ihre Wahrheit. Empirisch wahr* kann nur der vorhin erläuterte Bedingungssatz sein: Wenn irgendeine Menge S von theoretischen Annahmen und apriorischen Voraussetzungen vorliegt, dann erhalten wir eine bestimmte Menge E von Ergebnissen.

Die von der Wissenschaft erfaßte Wirklichkeit ist demnach nicht die Wirklichkeit an sich, sondern sie ist stets eine auf bestimmte Weise gedeutete. Die Antworten, die sie uns gibt, hängen von unseren Fragen ab. Aber daß sie diese und keine anderen Antworten auf unsere Fragen gibt, daß sie sich uns so und nicht anders zeigt, wenn wir unsere wissenschaftlichen Deutungsschemata an sie anlegen, das ist in der Tat eine *rein empirische, von keiner Theorie mehr abhängige Tatsache.* Man kann, wie sich zeigte, die Bestätigung oder Widerlegung von Theorien unterlaufen, indem man die Voraussetzungen in Frage stellt, durch die sie zustande gekommen sind. Aber *daß* eine solche Bestätigung oder Widerlegung unter solchen Voraussetzungen stattgefunden hat, das kann niemand bestreiten. Ich nenne es daher *reine Erfahrung.*

5. Über die Intersubjektivität der apriorischen Elemente wissenschaftlicher Erfahrung

Wir müssen uns jetzt fragen, ob die für die wissenschaftliche Erfahrung konstitutiven apriorischen Elemente in irgendeiner Weise intersubjektiv begründet werden können oder ob sie etwas mehr oder weniger Willkürliches darstellen. Dabei wollen wir von denjenigen absehen, die im gegebenen Zusammenhang nur vorläufig von einer empirischen Überprüfung suspendiert wurden (wozu viele der axiomatischen Voraussetzungen a priori gehören) und beschränken uns nur auf jene, die entweder grundsätzlich keiner empirischen Begründung fähig sind oder über den Augenblick hinaus eine geschichtliche Epoche bestimmen. Dazu gehören vor allem die ontologischen Festsetzungen.

Wenn solche ontologischen Festsetzungen eine gewisse epochale Rolle spielen, so liegt darin schon, daß sie intersubjektiv anerkannt sind. Da man sich jedoch nicht zu ihnen bekannt haben wird, weil sie einfach vom Himmel fielen oder von irgendwelchen Leuten dogmatisch verkündet wurden, mußten Gründe dafür vorliegen, die allgemein geteilt werden konnten. Nun ist es unmöglich, apriorische Festsetzungen, wie es die ontologischen sind, auf Tatsachen zu stützen, weil sie ja im Gegenteil erst die Rahmenbedingungen liefern, in denen Tatsachen überhaupt auftreten können. Also kann ihre Begründung nur darin bestehen, daß sie von *anderen* apriorischen Annahmen abgeleitet werden. Da man damit nicht ins Unendliche fortfahren kann, muß man schließlich bei irgendwelchen Annahmen enden, die hinreichende Überzeugungskraft ausstrahlen. Das können aber nur solche sein, die, aus welchen Gründen immer, geschichtlich etabliert sind und damit allgemeine Anerkennung genießen, zumindest aber dem allgemeinen Vorstellungshorizont entstammen, der eine Epoche kennzeichnet. Was das u.a. bedeutet, dafür sind in Kapitel II zahlreiche Beispiele gegeben worden. Heben wir daraus noch einmal in zusammenfassender Kürze einiges heraus: Descartes' apriorischer Ausgangspunkt ist die in der Renaissance aufkommende Idee der Vernunft und deren Identifikation mit der Mathematik; Newtons apriorische Grundlage ist dic Idee des absoluten Raumes, die er der Metaphysik des 17. Jahrhunderts entnommen hat; Einstein wurzelte mit seiner Vision von der Harmonie der Natur in der Keplerschen Naturphilosophie und dem Spinozistischen Pantheismus, welche die Bildungsvorstellungen seiner Zeit noch stark mitgeprägt haben; Bohr fand so etwas wie sein geistiges Schlüsselerlebnis in der dialektischen Philosophie von Kierkegaard und James. Wie sich zeigte, entwickelten diese Forscher aus solchen Grundvorstellungen ihre ontologischen, axiomatischen und, wie besonders der Streit zwischen Einstein und Bohr zeigt, auch judicalen Festsetzungen. So endet der Begründungsprozeß stets unvermeidlicherweise in einem historisch gegebenen Hintergrund, der selbst früher einmal auf die gleiche Weise aus einem anderen solchen Hintergrund gewachsen ist. Eine solche Ableitung von Ideen aus dem Hergebrachten ist jedoch keineswegs mit Stillstand gleichzusetzen. Im Gegenteil führt sie oft, wie die obigen Beispiele gezeigt haben, zu revolutionären Umwälzungen. Das ist besonders dann der Fall, wenn damit zugleich neue Gebiete erschlossen werden oder der hierdurch eröffnete Entwicklungsprozeß schließlich rückwirkend zu einer Änderung der ursprünglichen Ausgangspunkte führt. Wie dem aber auch sei: Der Vorgang der Begründung apriorischer Voraussetzungen aus dem historischen Hintergrund ist in jedem Fall notwendig, weil deren bloß willkürliche Annahme ohne jene visionäre und heuristische Faszination bliebe, die den Forscher und seine Mitmenschen durch Überzeugung mitreißen und das Feuer fortschreitender Tätigkeit entfachen könnte.[7]

Und doch läßt sich nicht leugnen, daß der so gewonnenen intersubjektiven Anerkennung Grenzen gezogen sind. Auch dies zeigten schon die historischen Ausführungen des zweiten Kapitels. Diese Grenzen sind zum einen dadurch gegeben, daß der jeweilige historische Vorstellungshorizont oft nicht einheitlich ist, zum anderen dadurch, daß er eben nur ein historischer ist. Zwar haben die rationalistische Philosophie und der Transzendentalismus immer wieder versucht, in den apriorischen Bedingungen der Erkenntnis gewisse Konstanten nachzuweisen, die überzeitlich gelten. Der Rationalismus glaubt in diesen Konstanten ein Gebot der Vernunft zu sehen. Da es sich jedoch bei ihnen um bestimmte, alles andere begründende *inhaltliche* Aussagen handelt, muß man sich fragen, woher man weiß, was jene Vernunft ist, der sie angeblich entsprechen? Offenbar könnte man diese Frage nur beantworten, wenn man auf bestimmte Axiome verwiese, die definieren, was Vernunft ist. Woher aber wollen wir wissen, daß sie dies leisten, ohne schon vorausgesetzt zu haben, daß sie vernünftig sind? Aus diesem Zirkel ist nicht herauszukommen. Der Rationalismus durchbricht ihn daher im Grunde nur durch eine dogmatische Festsetzung darüber, was Vernunft sei. Alle Versuche dieser Art, zu absolut vernunftevidenten und damit endgültigen Wahrheiten im Bereiche der Wissenschaft zu gelangen, sind nicht mehr wert als der Faustschlag auf den Tisch. Was nun den Transzendentalismus betrifft, so glaubt er, daß es immer nur dieselben apriorischen Elemente sind, die Erfahrung möglich machen. Die Wissenschaftsgeschichte, aber auch die Mythosforschung haben indessen, wie die Kapitel II und III gezeigt haben, diese Überzeugung erschüttert. Wir müssen endlich davon Abschied nehmen, ontologische Vorstellungen, die sich im 17. und 18. Jahrhundert gebildet haben und unser Weltbild immer noch größtenteils beherrschen, für etwas Ewiges und Notwendiges auszugeben. »Der Philosoph, der tritt herein«, heißt es in Goethes Faust, »und beweist Euch, es müßt' so sein.«

6. Die historische Bedingtheit empirischer Intersubjektivität in der Wissenschaft

Damit läßt sich jetzt die Frage nach der Rationalität der Wissenschaft als empirische Intersubjektivität beantworten. Empirische Intersubjektivität liegt in ihr nur dann vor, wenn wir es in der geschilderten Weise mit reiner Erfahrung zu tun haben oder wenn die für wissenschaftliche Erfahrung konstitutiven apriorischen Elemente in einer bestimmten geschichtlich gegebenen Lage oder Epoche innerhalb der Gelehrtenwelt weitgehende Anerkennung gefunden haben. Dagegen beruht die heute weitverbreitete Annahme, die empirische Intersubjektivität der Wissenschaft bestehe darin, daß grundsätzlich *jedermann* ihre durch Tatsachen bewiesenen Aussagen anerkennen und für wahr halten müsse, wenn er die dazu notwendigen theoretischen Kenntnisse erworben habe, auf einer Illusion.

Das bedeutet keineswegs, daß damit die Wissenschaft einem schrankenlosen Relativismus preisgegeben ist, so als herrsche in Wahrheit in ihr bloße Willkür und Beliebigkeit. Schon das, was hier als reine Erfahrung bezeichnet wurde, steht dem entgegen; aber selbst ihre apriorischen Elemente sind ja durchaus *begründet*, mag diese Begründung auch immer nur innerhalb eines Bezugsrahmens möglich sein, der nur geschichtlich zu verstehen ist. Man könnte also eher von einer *historischen Relationalität* dieser Elemente sprechen. Der Mensch ist nun einmal ein bedingtes, insbesondere historisch bedingtes Wesen, und von seinem Werk, der Wissenschaft, etwas anderes zu erwarten, wäre eine Anmaßung.

Wenn die Philosophen dasjenige, was weder rein zufällig oder willkürlich noch notwendig entstanden ist, *historisch kontingent* nennen, so gilt dies auch dafür, was man als empirische Intersubjektivität in der Wissenschaft bezeichnet hat. Sie beruht ja weder auf einer bloßen Konvention noch auf irgendeiner zwingenden Vernunfterkenntnis oder Erfahrung, sondern auf einem nur in einer bestimmten geschichtlichen Situation gegebenen logischen Zusammenhang.

Der wissenschaftliche Fortschritt vollzieht sich teils im Rahmen dieser seiner kontingenten, besonders ontologischen Deutungsschemata, teils wird er durch reine Erfahrung hervorgerufen. Aber selbst dann gilt Kants Feststellung, daß zwar alles mit Erfahrung anhebe, jedoch nicht alles aus ihr stamme. Denn *wie* man sich zu den Ergebnissen der reinen Erfahrung, ihrer Bestätigung oder Zurückweisung verhält, *wie* man dabei von seinen judicalen, axiomatischen oder ontologischen Festsetzungen Gebrauch macht oder sie ändert, das läßt sich wieder nur aus dem Geflecht der mit einer historischen Situation gegebenen apriorischen Elemente begreifen.

Es gibt keine absolute Wahrheit, auf die sich der wissenschaftliche Fortschritt zubewegte, wenn man darunter verstünde, daß es eine Wahrheit *an sich,* eine von allen diesen Elementen freie wissenschaftliche Wahrheit gäbe. Die Wissenschaft ist vielmehr nur eine durch diese Elemente geschichtlich bedingte *Art und Weise,* die Wirklichkeit zu interpretieren und zu bewältigen. Alles was sie erkennt, alles was sie entdeckt, enthüllt deswegen auch nicht irgendeine Wirklichkeit *an sich,* sondern es zeigt nur, wie uns die Wirklichkeit notwendig erscheint, wenn wir auf wissenschaftliche Weise an sie herantreten. So ist ihre Rationalität als empirische Intersubjektivität, eben weil sie sich nicht auf zwingende Erfahrung oder zwingende Vernunft stützen kann, sondern etwas historisch Kontingentes darstellt, nichts anderes als der Ausdruck des Wirklichkeitsverhältnisses einer Epoche.

XVII. Rationalität als empirische Intersubjektivität im Mythos

Die Ausführungen des zweiten Teiles dieses Buches haben, so hoffe ich, hinlänglich gezeigt, daß auch der Mythos nicht lediglich verstreute Ereignisse zum Gegenstand hat, sondern, als ein Erfahrungssystem, zugleich ein Mittel *systematischer* Erklärung und Ordnung darstellt. Er erklärt allerdings nicht mit Hilfe von Naturgesetzen und geschichtlichen Regeln, wie die Wissenschaft, sondern durch Archái, mögen sich diese nun auf das Reich der Natur oder des Menschen beziehen. Diese Archái aber treten ebenso wenig wie die Naturgesetze und Regeln isoliert auf, sondern schließen sich in Gruppen zusammen und zwar *erstens,* soweit sie *einem* numinosen Wesen zugeordnet werden und so nur verschiedene Aspekte davon zum Ausdruck bringen; *zweitens,* soweit sie sich zueinander im Verhältnis des Spezifischen zum Allgemeinen verhalten, und *drittens,* soweit sie in einer hierarchischen Ordnung zueinander stehen. Der erste Fall liegt zum Beispiel vor, wenn Apollo Maß, Würde, Weitsicht und eine hierdurch gestimmte Musik umfaßt, wenn Artemis für Jagd, unberührte Natur und Keuschheit steht, Zeus für Donner, Blitz und Königswürde usf. Der zweite Fall ist im Verhältnis von Ganzem und Teil gegeben, etwa bei der »spektralen« Zerlegung mythischer Substanzen, und der dritte in der hypotaktischen Zuordnung numinoser Wesen zueinander. (Vgl. Kapitel IX.) Denn die Ordnung solcher Eigenschaften, Mächte, Wesen und Substanzen sowie ihr Verhältnis zueinander ist zugleich eine Ordnung und ein Verhältnis ihrer Archái, Archetypen und Urbilder, durch die sie ja ausschließlich definiert sind. Zwar sind diese Zusammenhänge der Archái aus Gründen, die ich später im Abschnitt über logische Intersubjektivität behandeln werde, nicht mit einer streng logischen Ableitung aus letzten Axiomen zu fassen, wie wir sie bei wissenschaftlichen Theorien finden; aber deswegen sind sie doch keineswegs willkürlich, sondern beruhen, wie sich gezeigt hat, weitgehend auf dem *Prinzip der Analogie.* Wenn trotzdem manches dunkel bleibt, so ist dies vor allem darauf zurückzuführen, daß es das Ergebnis geschichtlicher Vorgänge ist, die wir nicht kennen oder nur noch zu ahnen vermögen.

Auch im Mythos können wir Sätze über einzelne Ereignisse von solchen unterscheiden, die einen regelartigen, nämlich von einer Arché bestimmten Vorgang beschreiben. Jene werden wieder die Form singulärer Sätze haben, weswegen wir sie ebenfalls »Basissätze« nennen wollen, diese wieder die *Form* von Allsätzen, obgleich sich hier ein gänzlich anderer Inhalt damit verbindet als in der Wissenschaft. Wir müssen also, dem vorigen Abschnitt entsprechend, die Frage stellen, ob mythische Basissätze und mythische Allsätze empirisch intersubjektiv begründet werden können.

I. Das erste mythische Erklärungsmodell

Der in Wissenschaft und Mythos gleichen logischen Form der Sätze entspricht die in beiden gleiche Form des Erklärungsmodells. Einige sehr einfache Beispiele mythischer Erklärung im Bereich der Natur, der Psyche, sowie in Geschichte und Gemeinschaft mögen diese formale Identität verdeutlichen:

1. Dies ist der Nordwind Boreas (Sohn der Morgenröte Eos). 2. Immer wenn Boreas stürmt, tobt Poseidon (das Meer). 3. Also tobt Poseidon.[8]

1. Dem in blinder Wut das Schwert ziehenden Achill erscheint Athene. 2. Wem immer Athene erscheint, den leitet besonnene Überlegung. 3. Also beherrscht sich Achilles und steckt sein Schwert in die Scheide.[9]

1. Hektor tötet Patroklos. 2. Immer wenn ein Heros einen anderen getötet hat, mußte er ihm die Waffen rauben. 3. Also raubte Hektor dem Patroklos die Waffen.[10]

1. Kroisos, der König Lydiens, prägte 561 mit Götterbildern versehene Münzen (Nómisma) mit schwankendem Goldgehalt. 2. Außerhalb Lydiens war es eine Regel, daß man Münzen nur mit reinem Goldgehalt annahm. 3. Also prägte Kroisos später nur noch Münzen mit reinem Goldgehalt.[11]

Auch alle diese Erklärungen beruhen auf Schlüssen der im vorigen Abschnitt behandelten Art; auch hier können wir auf die Erörterung der dort behandelten Feinheiten verzichten, die in solchen einfachen und verkürzt wiedergegebenen Beispielen nicht zum Ausdruck kommen. Das erste von ihnen entspricht einer naturwissenschaftlichen, das zweite einer psychologischen Erklärung. Für einen Griechen des 6. Jahrhunderts könnte das dritte Beispiel als einer geschichtlichen Erklärung entsprechend aufgefaßt werden, wenn man annimmt, daß es damals nicht mehr Brauch war, Rüstungen zu rauben, während das vierte Beispiel für diesen Zeitraum als Gegenwartsregel betrachtet werden dürfte und daher dem soziologischen Bereich entspricht. Im Grunde freilich fallen diese Unterschiede mythisch deswegen weniger ins Gewicht als wissenschaftlich, weil es dort selten geschichtliche Archái gibt, die nicht gegenwärtig sind, und kaum gegenwärtige, die nicht geschichtlich sind. Mit dem Götterbild geprägte Münzen und mit ihnen verbundene Tauschregeln sind jedoch genauso mit dem Numinosen verbunden wie alles andere. (Vgl. dazu S. 129.) Immerhin gibt es auch im Mythos Geschichtliches als etwas, das endgültig der Vergangenheit angehört, was sich besonders in den verschiedenen Entstehungsgeschichten der Ilias nachweisen läßt (vgl. S. 131f.).

Die Arché und der Mythos oder die Gruppe der Archái, die durch die zweite Prämisse des mythischen Erklärungsmodells repräsentiert wird, sei nun durch ein »M« bezeichnet, das an die Stelle des »T« im wissenschaftlichen Erklärungsmodell tritt. Hier muß jedoch hervorgehoben werden, daß es im Mythos noch ein weiteres, der Wissenschaft unbekanntes, Erklärungsmodell gibt (vgl. dazu Kap. X und XXVI). Worum es sich dabei des näheren handelt, sei an dem folgenden Beispiel erläutert: Patroklos schwindelt es plötzlich vor den Augen; sein Panzer hat sich gelöst; zugleich fällt ihm sein Helm vom Kopf und sein Speer zerbricht. Folge: Wehrlos dem Gegner preisgegeben empfängt er den Tod.[12] Zum einen wird hier diese Folge nicht unter dem Aspekt medizinischer Gesetze beurteilt, sondern liegt in der »todbringenden Substanz« der gegnerischen Waffe, die immer zugleich mit irgendeiner numinosen Arché verbunden, immer zugleich ein hierós, etwas vom Göttlichen Herrührendes ist, weswegen ja hierós griechisch auch zugleich »stark«, »kräftig«, »schnell« heißt. (Vgl. zur Substanz des Schwertes S. 190.) Zum anderen aber, und hierzu gibt es in wissenschaftlicher Sicht nichts Vergleichbares, werden die Prämissen im obigen Beispiel mit dem Einwirken eines numinosen Wesens erklärt. Wissenschaftlich gesehen kann man zwar jede dieser Prämissen für sich mit Gesetzen erklären, zum Beispiel daß Patroklos in diesem Augenblick einen durch abfallenden Blutdruck hervorgerufenen Schwächeanfall erlitt, daß er sich durch eine ungeschickte Handbewegung selbst den Helm vom Kopf stieß, daß ein schadhafter Riemen an seinem Panzer durch übermäßigen Druck riß usf. Aber daß dies alles *zugleich* geschah, dafür gibt es keine mögliche wissenschaftliche Erklärung, weswegen man in einem solchen Fall von einem »unglücklichen Zusammentreffen mehrerer Ereignisse«, also von einem *Zufall* spricht. Der Mythos dagegen erklärt dies damit, daß ein Gott, nämlich Apollo, dies alles veranlaßt hat, und zwar deswegen, weil die Achäer und damit auch Patroklos, gegen seine Gesetze, also gegen seine Arché verstoßen haben. Sich gegen die Arché eines Gottes versündigen, ist aber für die Griechen das gleiche, wie sich gegen die »Natur« versündigen und hat Unheil zur Folge. Nicht immer mag es klar sein, welcher Gott auf Grund welcher Arché im Spiele war; aber daß es überhaupt ein Gott gewesen ist und zwar nicht irgendein beliebiger, sondern derjenige, der im gegebenen Zusammenhang zuständig war, sofern es um *seinen* Nómos ging, das ist dem Griechen ebenso selbstverständlich wie die uns heute geläufige Voraussetzung, daß in bestimmten Fällen Naturgesetze auch dann wirksam sind, wenn wir sie noch nicht erkannt haben.

Gleiches gilt, wie sich noch zeigen wird, selbst dort, wo der Grieche eher unbestimmt von der Moira, dem Schicksal, spricht, das einzelne Vorkommnisse lenkt. Das damit verbundene Erklärungsmodell wird im Kapitel XXVI näher untersucht werden. Es sei im folgenden als das *zweite mythische Erklärungsmodell* bezeichnet, um es von dem vorhin behandelten, welches das erste genannt werden soll, zu unterscheiden.

2. Die den mythischen Basissätzen zugrundeliegenden Archái

Es gehört zu den bisher fast unausrottbaren Vorurteilen gegenüber dem Mythischen, daß es sich dabei um eine Art Glauben an etwas Transzendentes, zumindest der Wahrnehmung und Erfahrung Unzugängliches gehandelt habe. In Wahrheit beruht es jedoch ganz im Gegenteil darauf, daß die *Wirklichkeit* dem Menschen ursprünglich mythisch entgegentrat. Er fand die Archái und ihre Gruppierungen in einer Mannigfaltigkeit einzelner Erfahrungen, durch eine Fülle von Ereignissen und Erscheinungen ebenso bestätigt oder widerlegt, wie der Wissenschaftler Naturgesetze oder geschichtliche Regeln. Auch dem mythischen Menschen dienten dazu, wie der vorherige Abschnitt über sein Erklärungsmodell zeigte, Basissätze. Der Unterschied ist nur dieser, daß er sich dabei von vornherein gleichsam in einer anderen Dimension, in einer anderen Vorstellungswelt bewegte und damit auch die von ihm verwandten Basissätze auf einer ganz anderen Deutung und konzeptionellen Erfassung der Wirklichkeit beruhten, als es in der Wissenschaft der Fall ist.

Betrachten wir noch einmal die vorhin aufgeführten Beispiele. Der Nordwind und das Meer werden als Götter aufgefaßt; die Gefühlslage des Achilleus wird als Gegenwärtigkeit der Athene verstanden; der Tod des Patroklos und seine Begleitumstände sind durch Apollo bewirkt; der Raub der Rüstung des Helden ist der Raub seines Wesens; in Münzen ist die Substanz von Göttern wirksam, die auf ihnen abgebildet sind; das Prägen der Münzen ist ein in der Time der heiligen Königswürde begründetes Recht. Dieses und ähnliches wird in mythischen Basissätzen stets mitgedacht und ist untrennbar mit deren Sinn verbunden.

Es wäre eine Illusion, wollte man annehmen, es handle sich dabei um Deutungen, die den unmittelbar feststellbaren und »reinen« Tatsachen nur *hinzugefügt* würden, denn solche »reinen« Tatsachen gibt es nicht. Schon die Art, wie Gegenständlichkeit überhaupt erfaßt wird, ist ja bereits, man erinnere sich an die Ausführungen im zweiten Teil dieses Buches, von dem ontologischen Schema abhängig, mit dem man die Welt betrachtet. Selbst das banalste Naturobjekt wird ganz verschieden aufgefaßt, zum Beispiel je nachdem, ob man darin etwa die mythische »Einheit des Ideellen und Materiellen« sieht oder etwas rein Materielles. Läßt man also die eine Deutung weg, erhält man nur eine andere Deutung. Dann werden zum Beispiel der Wind zu einer mechanischen Luftbewegung (Physik), die Gefühlslage eines Menschen zu etwas Subjektivem (Psychologie), der Tod zu einem chemisch-physikalischen Vorgang (Medizin), die Münze zu einem profanen Tauschmittel (Nationalökonomie). Wohlgemerkt, es geht hier nicht um die Frage, welche dieser Deutungen die *richtige* ist, sondern nur darum, daß alle diese Ereignisse in solchen Deutungen erfaßt werden und erfaßt werden können. Meist wird dies nur deswegen verkannt, weil man sich an eine bestimmte Auffassung von der Wirklichkeit so gewöhnt hat, daß man diese Auffassung nicht mehr reflektiert und ihr Ergebnis deshalb für eine »reine« Tatsache hält. Die Positivisten, die versucht haben, solche Tatsachen in den bloßen Wahrnehmungen zu finden, weil sie in ihnen das einzig Wirkliche vermuteten, sind dabei am Ende nach eigenem Eingeständnis gescheitert. Sie mußten feststellen, daß die sog. Protokollsätze, in denen solche schlichten Tatsachenwahrnehmungen aufgezeichnet werden sollten, immer schon eine Reihe von Voraussetzungen enthielten, die weit über die bloßen Sinneseindrücke hinausreichten, ja, daß keines vom anderen scharf getrennt werden kann. Selbst den einfachsten Aussagen liegen schon Vorstellungen und Anschauungen zugrunde, die dem konzeptuellen

Instrumentarium entstammen, dessen wir uns in der Erfahrung der Wirklichkeit bedienen, und die dem »Koordinatennetz« angehören, das wir über die Wirklichkeit »werfen«. Hier macht auch die heute so oft beschworene sog. Lebenswelt keine Ausnahme. Es gibt keine Lebenswelt an sich, sondern stets ist sie von irgendeiner Kultur geprägt, in der die Menschen immer schon leben, sie sei zum Beispiel mythisch oder wissenschaftlich.

Wir können also feststellen, daß bei der Begründung mythischer Basissätze durch Tatsachen *nicht anders* als bei der entsprechenden Begründung wissenschaftlicher Basissätze die Geltung einer Reihe von Annahmen vorausgesetzt wird, nur daß diese Annahmen eben mythischer, nicht wissenschaftlicher Natur sind. Sätze, mit denen zum Beispiel mechanische oder chemische Vorgänge, subjektive Akte oder materielle Gegenstände gemeint sind, beruhen keineswegs weniger auf teilweise komplizierten Deutungen und Voraussetzungen als Sätze, die sich auf numinose Wesen oder »ideell-materielle Einheiten« beziehen. Wenn wir daher vom wissenschaftlichen zum mythischen Erklärungsmodell übergehen, müssen wir entsprechend die Bezeichnung »T_1« und »T_2« durch »M_1« und »M_2« ersetzen. Dadurch kommt zum Ausdruck, daß den in den Prämissen und in der Konklusion vorkommenden Basissätzen ebenso Mythen wie Mythengruppen zugrunde liegen, wie den wissenschaftlichen Basissätzen Theorien und Theoriengruppen. Dabei spielen die Rolle, die in den letzteren die Naturgesetze und Regeln spielen, in den ersteren die Archái. Denn ein Mythos, welcher der Deutung von Tatsachen als »ideell-materielle Einheit« zugrunde liegt, ist stets derjenige eines numinosen Wesens, es handle sich um einen Gott, einen Dämon, eine Nymphe, einen Heros oder ähnliches; ein numinoses Wesen aber ist stets durch seine Arché oder genauer durch seine Archái definiert.

So können wir nun hier von mythischen Voraussetzungen sprechen wie im anderen Fall von axiomatischen, und da auch die mythischen ebenso wenig wie die axiomatischen ins Unendliche mit Hilfe der Erklärungsmodelle überprüft und begründet werden können, gibt es schließlich irgendeine Gruppe M_1 und M_2, welche für die im gegebenen Erfahrungs- und Prüfungszusammenhang herangezogenen Tatsachen die Grundlage bilden. So sind auch mythische, in Basissätzen ausgedrückte Tatsachen niemals *rein* empirisch gegeben, sondern gelten nur *relational*, nämlich nur unter der Bedingung, daß auch ein dazu gehöriger nichtempirischer Teil akzeptiert wird.

3. Die für die empirische Bestätigung oder Verwerfung mythischer Allsätze notwendigen judicalen Bestimmungen

Was die Fragen der empirischen Bestätigung oder Verwerfung von Allsätzen betrifft, so sind sie stets die gleichen, ob diese Allsätze nun mythische oder wissenschaftliche sind. Hier wie dort kann es sich ja nur um eine Bestimmung oder Festsetzung für Erfahrung, nicht durch Erfahrung handeln, ob man viele, einige oder eine Tatsache als hinreichend für eine solche Bestätigung ansehen will, ob man überhaupt vorliegende Bestätigungen oder Widerlegungen hinzunehmen bereit ist oder sie mit Hinblick auf die dabei gemachten nichtempirischen Voraussetzungen anzweifelt usf. Ich brauche daher nicht weiter darauf einzugehen und kann mich hier mit der Feststellung begnügen, daß auch das mythische Erklärungsmodell mit *judikalen Bestimmungen* verbunden ist, die in einem Geflecht von Regeln und Annahmen bestehen. Im Übergang vom wissenschaftlichen zum mythischen Erklärungsmodell müssen wir deshalb jetzt zu den Bezeichnungen »M«, »M_1« und »M_2« noch die Bezeichnung »M_3« hinzufügen, die »T_3« ersetzt und auf die nunmehr in Mythen begründete Gruppe judicaler Bestimmungen verweist. Auf diese Gruppe komme ich später noch einmal zurück.

Es ist jedoch jetzt die Stelle, wo der irrigen Vorstellung entgegengetreten werden muß, als seien empirische Überprüfungen von Basissätzen und Allaussagen, als sei das umfassende Verfahren von »trial und error«, von Bestätigung und Widerlegung, hauptsächlich der Wissenschaft vorbehalten, wodurch sie der Wahrheit in beständigem Fortschritt immer näher komme, während der Mythos mehr eine Art Weltanschauung darstelle, die durch konservative Beharrlichkeit, Nichtüberprüfbarkeit, ja, Dogmatismus gekennzeichnet sei. Dabei vergißt man, daß es im Zeitalter des Mythos ungeheuere Umwälzungen gegeben hat, die sich mit den technischen Revolutionen des 19. und 20. Jahrhunderts durchaus vergleichen lassen und ohne beständiges Ringen mit der Erfahrung, also jenem umfassenden Zusammenhang von Entwurf, Versuch, Prüfung, Enttäuschung und Bestätigung, den man sonst nur in der Wissenschaft zu finden meint, gar nicht möglich gewesen wären. Ich erinnere nur an die Domestizierung von Tieren und die Entwicklung des Ackerbaues im Neolithikum sowie an die Übergänge von der Stein- zur Bronzezeit und von dieser wieder zur Eisenzeit. Und doch ist dies alles ohne Zweifel ausschließlich auf der Grundlage mythischer Denk- und Erfahrungssysteme erfolgt. Zahlreiche Namen numinoser Wesen verweisen auf solche Zusammenhänge zwischen Mythos und empirischer Bestätigung, wie zum Beispiel Hephaistos, der Gott der Schmiede, Asklepios, der Gott der Medizin, Athene, die für das Handwerk zuständige Göttin, Demeter, die Göttin der Landwirtschaft usf. Greifen wir zur besseren Verdeutlichung ein Beispiel heraus, nämlich dasjenige der Metallurgie.

In der Metallgewinnung und -verarbeitung Tätige gehörten im alten Griechenland Bruderschaften an, die sich Söhne des Hephaistos nannten und bestimmten, von ihrem Mythos geprägten Riten unterworfen waren.[13] Sie hatten aber auch noch andere göttliche Ahnherrn, nämlich die Daktylen, Kureten und Telchinen.[14] Von den Daktylen wird gesagt, sie hätten die Kunst des Hephaistos als erste gepflegt, wohnten im Gebirge und seien Söhne der Erdgöttin Rhea; ähnliches gilt für die Kureten, von denen aber überdies berichtet wird, sie hätten als erste Bronzewaffen getragen und den Waffentanz, die Pyrrhiche erfunden; Daktylen und Kureten werden oft gleichgesetzt; die Telchinen dagegen scheint man für diejenigen zu halten, die den Menschen als erste die Eisenbearbeitung gezeigt haben.

Diesen mythischen Ursprüngen der mit der Metallgewinnung und -verarbeitung Beschäftigten entsprach eine Reihe mythischer Vorstellungen, die den gesamten Ablauf ihrer Arbeitsprozesse begleiteten. Zwar sind wir darüber nur in großen Zügen unterrichtet und müssen dabei sowohl die Alchemie zuhilfe nehmen, die ja auf antiken Überlieferungen beruht, als auch auf andere mythische Kulturen zurückgreifen, die uns in Einzelheiten auf diesem Gebiet zugänglicher sind; aber im großen und ganzen kann man die Umrisse der dem Metallgewerbe zugrunde liegenden Archái deutlich erkennen.[15]

Nach verbreiteter mythischer Vorstellung hat die Erde das Gestein, die Gewässer und alle Arten von Lebewesen geboren wie die Mutter ihre Kinder. Schluchten und Quellen werden mit weiblichen Geschlechtsteilen verglichen und oft auch bezeichnet, wofür Delphi, von delphýs, Mutterschoß, herkommend, ein herausragendes Beispiel ist. Mehrere Mythen, ich erinnere an diejenigen von Deukalion und Kadmos, erzählen davon, daß Menschen der Erde entsprangen. Entsprechend wachsen die Erze im dunklen Mutterschoß der Gebirge, wo sie allmählich reifen, bis sie eines Tages ans Licht gelangen. So wurden auch die Bergwerke als Uterus betrachtet, in dem die Metalle in embryonalem Zustand vorgefunden werden. Der Schmied, der sie dann bearbeitet, beschleunigt gewissermaßen diesen Reifungsprozeß, der sonst nur in Äonen abliefe, und nimmt damit die Stelle der Erdmutter ein.[16] Der Schmelzofen wird entsprechend als künstliche Matrix verstanden, in der sich die Arché der Eisenentstehung wiederholt. Aus diesen Gründen waren die Sprache und Riten der Bergleute und Schmiede mit der Sprache und den Riten der Gynäkologen und Geburtshilfe identisch. Das Verschmelzen der Metalle unter Einwirkung des Feuers wurde als heiliger Zeugungsakt, als hierós gamós, aufgefaßt, in dem sich Himmlisches, eben das Feuer, mit Irdischem, dem Erz, vereine. Auch der hierós gamós ist ja eine Arché. Aber auch die Metalle selbst wurden in männliche und weibliche eingeteilt und so nach dem Muster geschlechtlicher Polarität bestimmt.

Wie gesagt sind damit nur die Rahmenvorstellungen angezeigt, in denen sich die Metalltechnik in mythischer Zeit bewegte, aber es ist sicher, daß sich daraus eine Fülle einzelner Deutungen für die ablaufenden Produktionsprozesse ergab, Deutungen, die einerseits diesen Prozessen als Leitfaden dienten, andererseits aber durch sie auch rückwirkend überwacht und korrigiert wurden. Sie spielten damals also dieselbe Rolle wie heute bei ähnlichen Anlässen theoretische Erwägungen. Auch die Arché des Hephaistos oder der Kureten zeigte sich nicht sofort und unmittelbar, sondern bedurfte einer durch Mühe und Arbeit gewonnenen Aufnahmebereitschaft und Empfängnisfähigkeit des Menschen. Wie erfolgreich man aber am Ende dabei war und wie sehr man sich in seiner mythischen Betrachtung des Gegenstandes bestätigt sehen durfte, das zeigen uns die Funde herrlicher Bronze- und Eisengeräte in überreicher Fülle.

4. Ontologische Voraussetzungen, Erfahrung und Wahrheit im Mythos

Im zweiten Teil dieses Buches sind die dem Mythos zugrunde liegenden ontologischen Voraussetzungen ausführlich behandelt worden. Wir können jetzt hinzufügen, daß sie innerhalb des mythischen Erklärungsmodells dieselbe Rolle spielen wie die ontologischen Voraussetzungen der Wissenschaft im wissenschaftlichen Erklärungsmodell. Wenn die letzteren definieren, welcher Satz als wissenschaftlich anerkannt wird und worin die wissenschaftliche Betrachtung der Wirklichkeit besteht, so die ersteren, wie dies alles auf mythische Weise geschieht. Entsprechend den vorangegangenen Substitutionen ersetzen wir daher nunmehr das »T_4« des wissenschaftlichen Erklärungsmodells durch ein »M_4«. Im übrigen verweise ich auf den Inhalt des Abschnittes 3 in Kapitel XVI, dessen formelle Übertragbarkeit auf den Mythos unmittelbar einleuchtet, so daß ich, um Wiederholungen zu vermeiden, nicht näher darauf eingehe.

Ebenso kann ich mich nun auch kurz fassen, wenn es um die Frage der Erfahrung im Mythos geht. Bezeichnen wir analog zu den im Abschnitt 4 des Kapitels XVI verwendeten Zeichen »S_{t1}« mit »S_{m1}« die Menge aller M bis M_4, die für mythische Erklärungen erforderlich sind, so müssen wir auch für den Mythos feststellen, daß keiner der in seinem Erklärungsschema auftretenden Sätze *an sich* etwas Empirisches ist. Rein empirisch ist wieder nur dies, daß unter bestimmten Voraussetzungen eine bestimmte Ergebnismenge gewonnen wird: *Wenn* S_{m1}, *dann* E_1.

Man muß sich nun aber klar machen, daß diese Verhältnisse mythisch in *einem* anderen Licht erscheinen, und daher auch völlig andere Schlußfolgerungen daraus zu ziehen sind als diejenigen, die in den Abschnitten 3. und 4. des XVI. Kapitels zur Darstellung kamen (vgl. hierzu auch meine zu Beginn des Kapitels V gemachten Bemerkungen).

Da der Mythos die scharfe Trennung zwischen Subjekt und Objekt, Bewußtsein und Gegenstand im Sinne der wissenschaftlichen Ontologie nicht kennt (vgl. den zweiten Teil dieses Buches), beruht für ihn Erkenntnis auch nicht darauf, daß ein Subjekt in der rein geistigen Innerlichkeit seines Denkens ein außerhalb seiner liegendes Objekt erfaßt, sondern er begreift sie als einen Vorgang, in dem die numinose Substanz, die das an ihr teilhabende Objekt durchdringt, in den Erkennenden einfließt und ihn erfüllt. Alles Ideelle ist ja, wie wir gesehen haben, zugleich ein Materielles und umgekehrt; das Vorgestellte ist in gewissem Sinne schon das Wahrgenommene; der Name, die Bezeichnung und das Wirkliche, das »Dingmoment« und das »Bedeutungsmoment« werden nicht scharf geschieden (vgl. S. 122); im Tanz und im Gesang ist das darin »Erinnerte« gegenwärtig, Traum und Wirklichkeit stellen keine Gegensätze dar (vgl. S. 193f., Abschnitt 1); die Erkenntnis der Pythia beruht darauf, daß sie göttliches Pneuma empfängt usf. Noch in der späteren Eidolon-Lehre der griechischen Erkenntnistheorie finden wir eine Nachwirkung dieser Idee, denn das Eidolon wird dort als ein kleines *substantielles* Abbild des Gegenstandes gedacht, das in den Erkennenden eindringt. Wegen der mythischen Identität von Ganzem und Teil besteht daher zwischen dem Gegenstand im Bewußtsein und demjenigen außerhalb seiner nur ein gradueller, die *Dichte* seiner Substanz betreffender Unterschied. So ist das Objekt wie seine Erkenntnis im Subjekt letztlich die gleiche »ideell-materielle Einheit« und überall ist die gleiche »objektive Wirklichkeit«.

Im Lichte einer solchen Auffassung können jene bisher an Hand des mythischen Erklärungsmodells herausgearbeiteten Voraussetzungen empirischer Erkenntnis nicht als *Schöpfungen* oder *Deutungen* angesehen werden, die der menschliche Geist hervorgebracht hat, sondern sie sind etwas von einem Numinosen Mitgeteiltes, sie beruhen auf *numinosen Erfahrungen*, in denen ein Gott etwas dem Menschen *zeigt*. Es verbietet sich daher, sie als irgendwelche Festsetzungen oder etwas Apriorisches, somit in der Innerlichkeit des Subjektes Erdachtes oder das Subjekt transzendental Bestimmendes anzusehen. Sie sind vielmehr das Ergebnis numinoser Erleuchtungen, die dem Menschen erlauben, die profane Wirklichkeit des Sterblichen, Vergänglichen, auf ein Allgemeingültiges und Ewiges hin zu durchdringen. Im Gegensatz zum Wissenschaftler, der sich des durchgängigen und reinen Deutungscharakters seiner theoretischen Voraussetzungen und ihrer *hypothetischen Verfassung* stets bewußt bleiben muß (oder wenigstens sollte), weil er sich nie aus der Subjektivität der ausschließlich von *ihm* ersonnenen, aus ihm stammenden Denkmöglichkeiten und »Koordinaten« endgültig entlassen sehen kann, darf der mythische Mensch hoffen, in der numinosen Erfahrung, in der *Epiphanie göttlicher Wirklichkeit Wahrheit* zu erkennen. Es ist eben ein Unterschied, ob man von einem Gesetz und einer Regel einerseits oder von einer Arché andererseits ausgeht. Das erste ist etwas Profanes, das zweite etwas Heiliges, das als numinose Substanz in der hier schon öfter beschriebenen Weise in den Menschen eindringt. Damit entfällt auch für den mythisch denkenden Menschen die uns so vertraute Spaltung des Bewußtseins in einen »spontanen« und »rezeptiven« Teil, in Denken und Erfahren, die eine auf der wissenschaftlichen Ontologie aufbauende Erkenntnistheorie ersonnen hat, und *alles* wird für ihn zu einer Frage der Erfahrung, mag auch diese Erfahrung von der unseren der Art nach abweichen.

Dennoch kennt der mythische Mensch ebenso den Irrtum, überprüft er ebenso empirisch seine mythischen Voraussetzungen, wie wir gesehen haben. Geht er also im Grunde ebenfalls hypothetisch vor, und ist daher seine Haltung nicht widersprüchlich?

Was wir jedoch »Erkenntnisprozeß« nennen, jenen Wechsel von Versuch, Irrtum, Bestätigung und Verwerfung, ist für den mythischen Menschen selbst nur ein numinoser Vorgang, in dem göttliches »Zeigen« oft nur allmählich in den forschenden Menschen eindringt und sich in ihm durchsetzt. Deswegen bedarf es des vorhergehenden Gebetes, des Opfers und anderer ritueller Vorbereitungen, um einer solchen Empfängnis zugänglich zu sein. Auf solchen Formen des Ritus zum Beispiel beruhen die judicalen Regeln, die im Mythos Verwendung finden. Zu diesen Regeln gehört aber auch der Hinweis auf altehrwürdige Überlieferung (vgl. »Antigone«, 454f.) oder auf göttliche Epiphanien. Die heilige Wahrheit wird also dann für gesichert gehalten, wenn sich die mythischen Voraussetzungen nach solchen im Mythos liegenden judicalen Regeln als empirisch bestätigt erweisen. Empirische Enttäuschungen aber werden auf folgende Weise erklärt: Erstens können sie ihren Grund darin haben, daß der Erkennende die Voraussetzungen für den Empfang der Wahrheit nicht oder noch nicht erfüllt hat; zweitens kann der Gott selbst ihn getäuscht haben (wofür es viele Beispiele im Mythos gibt); drittens ist es möglich, daß eine Wandlung im numinosen Bereich selbst stattgefunden hat, also andere Götter und Archái inzwischen wirksam geworden sind. Und auch hierin liegen mythische judicale Regeln, weil auch mit ihnen über das, was wir heute eine »Falsifikation« nennen, geurteilt wird. Mythisch haben auch Götter eine Geschichte, und sogar jede geschichtliche Entwicklung der Menschen wird nur als deren Widerspiegelung betrachtet. Neue Erfahrungen bedeuten daher oft zugleich die Verdrängung alter durch neue numinose Wesen. Die Ablösung der mythischen Erfahrungswelt der Jäger und Nomaden durch diejenige der Bauern, und wieder diejenige der Bauern durch diejenige der mit Bronze und Eisen bewaffneten Aristokraten wird entsprechend auf den Sieg neuer Götter zurückgeführt und nicht als von Menschen vollbracht angesehen. Wo wir dazu neigen, die untersuchte Wirklichkeit für unverändert zu betrachten und die Ursachen empirischer Enttäuschung bei uns zu suchen, da hat sich für den Mythos die *Wirklichkeit selbst geändert*, und es ist nicht mehr wahr, was früher einmal *wirklich wahr* war.

Der auf S. 272 gezeigte Unterschied zwischen rein empirisch und apriorisch existiert nun zwar für den mythisch Denkenden nicht, aber dafür hält er an einem anderen Unterschied fest: demjenigen zwischen heiliger und profaner Erfahrung. Alles, was hier empirisch und apriorisch genannt wurde, stellt für ihn aus den erwähnten Gründen eine heilige Erfahrung dar; das *rein* Empirische aber ist für ihn etwas Profanes. Die *bloße Tatsache* nämlich, die auch ihm im Wechsel von Versuch und Irrtum bewußt wird, daß unter bestimmten Voraussetzungen dieses, unter anderen jenes Ergebnis erzielt wird, bleibt, weil selbst jeder mythischen Voraussetzung ledig, auch ohne numinose Bedeutung. Es ist eine profane Wahrheit (zu ihr gehört ja zum Beispiel auch die Feststellung eines Irrtums), weil sie die numinose noch nicht enthüllt, die sich erst dann einstellt, wenn sich auch die genannten Voraussetzungen selbst als wahr erweisen.

5. Zur Frage der Intersubjektivität der für mythische Erfahrung notwendigen Voraussetzungen

Wie sich zeigte, besteht *formal* kein Unterschied zwischen dem ersten mythischen und dem wissenschaftlichen Erklärungsmodell, wenn sie auch jeweils mit ganz anderen Inhalten, Erfahrungsbegriffen und Wahrheitsvorstellungen verbunden werden. Dasselbe gilt für die *Begründung* der jeweils verwendeten ontologischen Voraussetzungen.

Wir wissen zwar im Gegensatz zur Entstehung der wissenschaftlichen Ontologie im 17. Jahrhundert nichts über diejenige des Mythos, wir wissen aber, daß es *innerhalb* mythischer Rahmenbedingungen Entwicklungen gegeben hat, in denen sich, von neuen Erfahrungen ausgelöst, einige geschichtlich bedingte Besonderheiten mythischer Erfahrungsgrundlagen geändert haben. Ich erinnerte bereits an die Umwälzungen, die sich bei den Übergängen von der Jäger- und Nomadenkultur zu derjenigen von Bauern und Aristokraten, von der Steinzeit zur Bronze- und Eisenzeit abspielten. Einen klaren Einblick *in* die *formalen Bedingungen* solcher Wandlungen erlaubt die Entstehung der griechischen Tragödiendichtung, die in Kapitel XII behandelt wurde.

Fassen wir noch einmal kurz zusammen: Die aufkommende Tyrannis stützte sich in ihrem Kampf gegen die Aristokratie auf den Demos. Dazu bedurfte sie, sollte ihre Macht von Dauer sein, einer tieferen Begründung ihrer Prinzipien. Diese Begründung konnte nach Lage der Dinge nur im Mythos gesucht werden. Also griff man auf den chthonischen Mythos zurück, der im Demos herrschend geblieben war. Es war der Mythos des Erd- und Mutterkultes, des Totenkultes und des Dionysos. Angewandt auf die besonderen Bedingungen der Tyrannis, verschmolz dies alles zu einem neuen Heroenkult, der sich in den tragischen Gesängen, Tänzen und Dithyramben Ausdruck verschaffte.

Die Logik dieser Entwicklung ist unverkennbar. Die Tyrannis rechtfertigt die mythischen Voraussetzungen ihres Systems, indem sie diese aus den mythischen Grundlagen ableitete, auf denen die Vorstellungswelt des Demos beruhte. Indem diese Ableitung aber, um es in der Sprache moderner Wissenschaftstheorie zu sagen, unter den »Randbedingungen« der Tyrannis erfolgte, der chthonische Mythos also auf ein neues Gebiet angewandt wurde, entstand zugleich damit etwas Neues.

Die hier wirksame Logik wird aber noch deutlicher, wenn man sich den bereits im Kapitel XII behandelten Widerspruch vor Augen hält, in den dieser »Neochthonismus« nunmehr zu einem anderen geschichtlich etablierten Mythos trat, nämlich dem olympischen. Und wieder entsteht etwas Neues dadurch, daß man beide, den chthonischen und den olympischen Mythos miteinander in Einklang zu bringen sucht. Die Frucht dieser Bemühungen ist die griechische Tragödiendichtung.

Das klassische Beispiel für die hier überall obwaltende Logik liefern die »Eumeniden« des Aischylos. Erinnern wir uns: Dem Gesetz des chthonischen Mythos, daß der Muttermord zu rächen sei, steht dasjenige des olympischen entgegen, daß der Gattenmord bestraft werden müsse. Der Widerspruch wird dadurch gelöst, daß der chthonische Mythos für die Natur, der olympische für die Menschenwelt gelten soll. Der chthonische Mythos tritt in Kraft, wo Kindersegen erhofft wird (Vers 834ff.), wo die Früchte der Erde reifen (903ff., 945ff.), wo Bäume und Pflanzen wachsen (939ff.), wo Mensch und Vieh gedeihen (907, 943); der olympische Mythos dagegen wirkt in der Polis, im Staat, in Wettstreit und Krieg, und er bestimmt die Rechtsordnung (913ff.). So werden die heiligen Mächte der Natur mit den Mächten von Ordnung und Recht in der Menschenwelt versöhnt. Diese Versöhnung aber wird ausdrücklich als ein Sieg der *Vernunft* gefeiert (988), also als das Werk logischer Abwägung im Widerstreit und vor dem Hintergrund historisch überlieferter, überall vorausgesetzter Mythen.

Das Beispiel der »Eumeniden« zeigt darüber hinaus, daß hier weit mehr auf dem Spiele stand als die Politik. Wenn Herodot von Homer und Hesiod sagt, sie hätten »den Griechen den Stammbaum der Götter aufgestellt, den Göttern die Beinamen gegeben, ihnen Ehren und Fertigkeiten zugeteilt und deren Gestalt klar gemacht«,[17] so meint er damit nichts anderes als jenen umfassenden Entwurf, der im Abschnitt 4 dieses Kapitels als »die Menge S_{m1}« bezeichnet wurde. Ein solcher Entwurf ist aber auch der chthonische Mythos. Nennen wir ihn »S_{m2}«, so entstünde durch die Synthese von beiden, wie sie in den »Eumeniden« angedeutet wird, ein System »S_{m3}«.[18]

Das alles zeigt, daß sich die Begründung ontologischer Fundamente im Mythos, wann immer sie stattfinden mag, in *formaler*

Hinsicht in keiner Weise von derjenigen ontologischer Fundamente in der Wissenschaft unterscheidet. Hier handelt es sich ebenfalls um die logische Ableitung Erfahrung *begründender*, nicht mehr selbst empirisch zu überprüfender Voraussetzungen aus anderen solchen Voraussetzungen unter geschichtlich vorliegenden »Randbedingungen«, wobei diese anderen als geschichtlich Etablierte intersubjektive Anerkennung genießen.

Es bedarf jedoch keines besonderen Hinweises, daß auch diese Intersubjektivität nicht einhellig sein kann. Oft spiegelt der Mythos selbst die Kämpfe wider, die um seine Anerkennung ausgefochten worden sind. Gerade der Dionysos-Mythos ist dafür ein gutes Beispiel, wie ich auf S. 132 zeigen konnte. Dennoch wird sich der mythische Mensch deswegen nicht zu jener allgemein skeptisch-hypothetischen Haltung veranlaßt sehen, die dem Wissenschaftler eigentümlich ist. Der anders Denkende unterliegt in seiner Sicht entweder einem profanen Irrtum oder ist das Opfer eines numinosen Verhängnisses.

6. Die historische Bedingtheit empirischer Intersubjektivität im Mythos

Das Ergebnis der vorangegangenen Untersuchungen ist also das Folgende: Wie in der Wissenschaft beruht empirische Intersubjektivität auch im Bereiche des Mythos entweder auf reiner Erfahrung in dem hier schon öfter gebrauchten Sinne oder auf der intersubjektiven Anerkennung der für mythische Erfahrung notwendigen Voraussetzungen. Wie in der Wissenschaft kommt die Intersubjektivität dieser Voraussetzungen dadurch zustande, daß sie aus anderen abgeleitet werden, die in einer bestimmten historischen Lage, wenn auch in Grenzen, intersubjektiv anerkannt sind. Auch ihre Anerkennung besitzt also nur *historische Relationalität.* Und schließlich: Wie in der Wissenschaft, so findet im Mythos empirischer Fortschritt entweder im Rahmen der genannten Voraussetzungen statt, so daß aus diesen immer mehr abgeleitet und sie auf immer weitere Gebiete angewandt werden, oder dadurch, daß neue *reine* Erfahrungen neue Voraussetzungen dieser Art auslösen (wenn auch nicht unmittelbar begründen).

Der Unterschied zwischen Mythos und Wissenschaft in diesem Betracht liegt dagegen darin, daß die Wissenschaft wegen der Historizität der für Erfahrung notwendigen Voraussetzungen diese Voraussetzungen als historisch *kontingent* betrachten und die Idee der Erkenntnis absoluter Wahrheit ablehnen muß, weil ihr die Wirklichkeit als eine durch die Subjektivität gedeutete erscheint, während andererseits für den Mythos das Geschichtliche die *Geschichtlichkeit des Numinosen selbst* ist und die Erkenntnis auf eine Epiphanie dieses Numinosen zurückgeführt wird.

Solche Unterschiede spielen jedoch keine Rolle, wenn wir jetzt die folgende Frage stellen: Ist die Wissenschaft dem Mythos überlegen, weil sie als empirisch besser begründet angesehen werden darf, weil sie, mit anderen Worten, empirisch intersubjektiv überzeugender und daher von zwingenderer Rationalität ist? Bei dieser Frage geht es ja gar nicht um die verschiedenen Inhalte der ontologischen Grundlagen, sondern alleine um die *Art und Weise ihrer empirischen Begründung und Rechtfertigung.* Was aber diese betrifft, so müssen wir feststellen, daß die behauptete Überlegenheit der Wissenschaft über den Mythos selbst *ohne jede Begründung* ist. Die *reine* Erfahrung ist im Mythos genauso stichhaltig wie in der Wissenschaft, sie beruht ja nur auf einer Wenn-Dann-Beziehung, die keinerlei besonderer Voraussetzungen bedarf; jene Erfahrung aber, die, wie gezeigt, solcher Voraussetzungen bedarf, ist hier wie dort immer nur eine *historisch relationale,* weil diese Voraussetzungen von der historischen Situation nicht getrennt werden können, denen sie ihre Rechtfertigung verdanken, und weil sie daher niemals über diese Situation hinaus zu extrapolieren sind. (Diese Situation werde mythisch als das Ergebnis numinoser Vorgänge und Wandlungen oder wissenschaftlich als die Folge menschlicher Bemühungen betrachtet.) Dazu kommt noch die Begrenztheit der Intersubjektivität des Vorausgesetzten auch innerhalb einer solchen Situation, wobei diese sogar nicht selten genug mythisch von weit mehr Menschen geteilt wird als wissenschaftlich. Der Eindruck des Mangels an empirischer Begründung und damit an empirischer Intersubjektivität, den man dem Mythos vorwirft, kommt nur daher, daß wir uns aus historischen Gründen *heute,* im wissenschaftlichen Zeitalter, eine solche mythische Intersubjektivität nicht mehr vorstellen können, nicht aber ist er dadurch begründet, daß diese grundsätzlich nicht möglich oder nicht zu rechtfertigen wäre. *Die Überlegenheit der Wissenschaft über den Mythos ist also, ganz anders als sich das die meisten vorstellen, allein eine faktisch-historische, nicht eine solche zwingender Rationalität oder größerer Wahrheit.*

XVIII. Rationalität als semantische Intersubjektivität in Wissenschaft und Mythos

1. Die Wissenschaft

Unter semantischer Intersubjektivität wird verstanden, daß alle das gleiche mit einem Wort oder Satz meinen. Wie aber ist so etwas möglich?[19]

Manche Philosophen behaupteten, dies sei dann möglich, wenn sich Worte und Sätze auf bestimmte Anschauungsformen, Wahrnehmungen oder »abstrakte« Vorstellungen beziehen, die allen Menschen in gleicher Klarheit und Deutlichkeit gegeben werden können. So hat beispielsweise Kant die Geometrie auf apriorische Anschauungsformen begründet, und die Positivisten haben den Sinn eines Satzes durch die Methode seiner empirischen Verifikation bestimmt, worunter sie seine Rückführung auf allen Menschen grundsätzlich zugängliche Sinnesdaten (Wahrnehmungen) verstanden. Wie sich jedoch herausstellte, gibt es weder a priori notwendige Anschauungsformen noch allgemein gültige sinnliche Daten. Die moderne Geometrie verzichtet heute weitgehend auf Anschaulichkeit, und was die Sinnesdaten betrifft, so ist schon in den vorangegangenen Abschnitten (vgl. S. 268f. und 284) gezeigt worden, daß sie stets von bestimmten apriorischen Deutungen abhängig sind. Bleiben die »abstrakten« Vorstellungen übrig, die den Theorien selbst zugehören. Ausdrücke wie »Elektron«, »Wellenlänge«, »Denkart«, »Intentionalität«, »römischer Rechtsgrundsatz« und dergleichen, lassen sich nicht unmittelbar durch Hinweis auf bestimmte Anschauungen oder Wahrnehmungen verdeutlichen, sondern sind nur im Rahmen des deduktiv-hypothetischen Aufbaus der Theorie zu erfassen, in der sie auftreten. Hierzu gehören Axiome, Theoreme, Basissätze, sowie bestimmte Zuordnungsregeln zwischen ihnen einerseits und bestimmten Beobachtungen andererseits, wobei diese Beobachtungen, wie schon gesagt, selbst wieder theoretisch interpretiert sind. Wenn sich zum Beispiel jemand unter einem Elektron ein winziges Kügelchen vorstellt, das um einen Atomkern kreist, so ist das nur seine persönliche und vage Illustration – mit dem physikalischen Begriff als solchem hat das so gut wie nichts zu tun. Eine semantische Intersubjektivität von Begriffen und Aussagen aber, die nicht unmittelbar einzelnen Anschauungen, Wahrnehmungen und dergleichen zugeordnet werden können, sondern nur durch den theoretischen Zusammenhang begreiflich sind, in dem sie stehen, läßt sich überhaupt nur feststellen, indem man überprüft, ob alle, die mit diesen Begriffen und Aussagen umgehen, zu denselben Ergebnissen kommen. Wir können nur Wittgenstein recht geben, der gesagt hat, die semantische Bedeutung von Begriffen und Aussagen liege in ihrem *Gebrauch*. Ist dies aber der Fall, so können wir semantische Intersubjektivität immer nur empirisch feststellen und darin liegt, daß es stets ungewiß bleiben wird, wie weit sie reicht und wie lange sie vorliegen wird. Was heute noch klar und deutlich schien, kann morgen schon getrübt und dunkel sein. So werden wir teils durch neue Entdeckungen zu neuen Definitionen gezwungen, teils aber ergeben sich auch im Zuge der Entwicklung unvermeidliche Schwankungen im Sinnverständnis von Begriffen und Aussagen dadurch, daß die Zuordnung zwischen diesen und irgendwelchen Erfahrungen nicht eindeutig ist, so daß Spielräume der Interpretation entstehen.

Die Geschichte der Wissenschaft liefert zahlreiche Beispiele sowohl für solche Grenzen semantischer Intersubjektivität wie dafür, daß sie nur empirisch festgestellt werden kann. Ich beschränke mich hier auf die Erwähnung einiger weniger, aber herausragender aus den exakten Wissenschaften, weil man diesen ja vor allem ein hohes Maß an semantischer Intersubjektivität zuspricht.

Descartes forderte die intersubjektive Klarheit und Deutlichkeit der Begriffe, aber sein Begriff des Impulses, wenn auch bahnbrechend, blieb vage, weswegen er durch Huyghens und Newton mit Hilfe desjenigen der trägen Masse präzisiert wurde. Träge Massen gibt es jedoch nur relativ zum absoluten Raum; was aber bedeutet dieser? Das Newtonsche Gravitationsgesetz enthielt darüber hinaus den Ausdruck »Quadrat der Entfernung«. Konnte man daran zweifeln, daß er semantisch intersubjektiv ist? Spricht dagegen heute jemand dieses Wort aus, so wird ihn der Physiker fragen, was er mit »Entfernung« meine. Für ihn ist »Entfernung« etwas geworden, wovon man in Klarheit und Deutlichkeit nur sprechen kann, wenn man zugleich das Bezugssystem angibt, von dem aus sie bestimmt wurde. Es waren nicht zuletzt solche Mängel an semantischer Intersubjektivität in der Newtonschen Physik, die Einstein dazu bewogen, zu neuen Raum-Zeitvorstellungen überzugehen. Werfen wir abschließend noch einen Blick auf die Geschichte der exakten

Wissenschaften, nämlich Mathematik und Logik. Zunächst schien den Griechen intersubjektiv klar und deutlich, was eine Zahl ist. Als sie aber die irrationalen Zahlen entdeckten, wurden sie schwankend und fragten sich: Was verstehen wir eigentlich unter Zahlen? Ein ähnlicher Streit entstand um die Jahrhundertwende, als man auf die sog. Antinomien der Mengenlehre stieß, die als Grundlage der Mathematik diente. Diese Antinomien suchte man mit einem neuen Verständnis des Beweisbegriffs und der sog. Quantoren zu lösen. Dabei gelangten einige zu einer »logizistischen«, andere zu einer »formalistischen«, wieder andere zu einer »intuitionistischen« Deutung der mathematischen Grundlagen. Noch heute ist der Streit zwischen diesen verschiedenen semantischen Auffassungen nicht beendet.

Dies alles zeigt, daß wissenschaftlich semantische Intersubjektivität immer nur im begrenzten Rahmen und für einen begrenzten Zeitraum feststeht. Sie ist daher etwas *Geschichtliches.* Sie kommt nicht durch irgendwelche allgemein notwendige Anschauungen, Wahrnehmungsfähigkeiten oder allen unmittelbar einleuchtende abstrakte Vorstellungen zustande, sondern ist die Folge einer Einübung und Eingewöhnung in einem historisch vorliegenden, sehr komplexen theoretischen Zusammenhang. Semantisches ist ja, als solches, etwas Sprachliches und deswegen wird es auch stets wie eine Sprache erlernt. Wie diese schwankt, entwickelt und wandelt es sich; und damit ändert sich auch das Ausmaß seiner Intersubjektivität.

2. Der Mythos

Obgleich nun, wie sich soeben gezeigt hat, semantische Intersubjektivität innerhalb der Wissenschaft keineswegs etwas so Eindeutiges ist, wie weithin angenommen wird, wird dennoch behauptet, die Wissenschaft sei doch *im Ganzen* wenigstens etwas Exaktes, der Mythos aber etwas Vages und daher auf mehr oder weniger beliebige Weise Auslegbares.

Diese Behauptung ist jedoch genauso sinnlos wie der Satz, »Paris liegt rechts«, weil auch bei ihm das Bezugssystem fehlt, in dem alleine er einen Sinn haben kann. Wenn sich zum Beispiel jemand mit seiner Freundin für den folgenden Tag um zwölf Uhr vor dem Rathaus verabredet, dann ist diese Verabredung vage, verglichen mit Raum-Zeitangaben für eine physikalische Erscheinung im Labor auf den tausendstel Millimeter und die tausendstel Sekunde. Und doch würde die Freundin mit Recht am Geisteszustand des Freundes zweifeln, wollte er das Rendezvous mit ihr auf den tausendstel Millimeter und die tausendstel Sekunde bestimmen, weil die Angabe »wir treffen uns morgen um 12 Uhr vor dem Rathaus«, für den betreffenden Zweck, der hier die Rolle des Bezugssystems spielt, jede nur wünschenswerte Genauigkeit besitzt. Ebenso können wir über die Präzision mythischer Aussagen nicht urteilen, indem wir sie mit wissenschaftlichen vergleichen, sondern indem wir sie in dem übergeordneten Zweck- und Lebenszusammenhang prüfen, der eine mythische Welt kennzeichnet und der sich, wie gezeigt wurde, weitgehend von demjenigen der Wissenschaft unterscheidet. *Exaktheit ist demnach kein absoluter, sondern nur ein relationaler Begriff*

So betrachtet ist die Wissenschaft auch nicht exakter als die sog. heutige Lebenswelt. Die Vorstellung, die Wissenschaft stelle ein Ideal semantischer Intersubjektivität vor, ist nur dadurch entstanden, daß sie häufig scheinbar Präzisierungen im täglichen Leben verwendeter Begriffe vornahm. Dabei übersah man aber, daß sie damit diese Ausdrücke auch einem ganz anderen Zusammenhang zugeordnet hat, der sich von demjenigen des Alltags grundlegend unterscheidet. Es sieht nur so aus, als handle es sich um eine Präzisierung der intersubjektiv noch mangelhaften Alltagssprache, während ihr in Wahrheit dieser Mangel keineswegs allgemein angelastet werden kann.

Zahlreiche Beispiele dafür finden sich wieder in der Physik. Fast alle ihre klassischen Grundbegriffe sind Ausdrücken entnommen, die jeder gebraucht. Ich erwähne, um nur einige herauszugreifen: Kraft, Arbeit, Energie, Impuls, Schwere, Trägheit, Ursache. Aber der Sinn, den sie im wissenschaftlichen Bereich erhalten haben, hat so gut wie nichts mehr mit ihren ursprünglichen Bedeutungen zu tun, ja, deren weiterhin übliche Verwendung in anderem Zusammenhang ist es gerade, was es für viele so schwer macht, physikalische Begriffe zu verstehen.

Nun kann man zwar nicht sagen, daß Mythos und Lebenswelt geradezu identisch sind, da er ja nur für die heilige, nicht die profane Wirklichkeit zuständig ist, die doch auch zu ihr gehört. Aber er überlappt sich mit ihr doch weitgehend insofern, als er den täglichen Umgang des Menschen mit der Natur und den Mitmenschen bestimmte. Bedenkt man die fast alles beherrschende Rolle, welche die Götter der Archái dabei gespielt haben, bedenkt man, daß mit Hinblick auf ihre Wirksamkeit fast jede Erscheinung gedeutet wurde, mit ihnen das ganze menschliche Zusammenleben geregelt, das Leben überhaupt in »Theorie« und »Praxis« bewältigt wurde, dann kann kein Zweifel an der intersubjektiven Eindeutigkeit und Klarheit der auf sie bezogenen Aussagen bestehen. Es fällt uns nur deswegen heute so schwer, dies zu begreifen, weil wir vom Exaktheitsideal der Wissenschaft geblendet und die Götter aus unserer Welt verschwunden sind, so daß nur noch vereinzelte und dunkle Vorstellungen von ihnen übrig blieben.

Halten wir uns noch einmal vor Augen, daß der Mythos eine Vorstellungswelt ausdrückt, die unsere Scheidung von Subjekt und Objekt nicht kennt, sondern wo beide zu einer »ideell-materiellen Einheit« verschmolzen sind und alle Erscheinungen am Numinosen teilhaben. Von diesem Wesen des Mythos und den damit verbundenen Zielen und Zwecken her gesehen, wäre eine Weise der Präzisierung, die wir in den Wissenschaften finden, genauso sinnwidrig wie die Präzisierung lebensweltlicher Vorgänge heute. Die Scheu, die Ehrfurcht vor einem numinosen Vorgang verbietet es zudem, ihn zum Beispiel dem Instrumentarium eines Labors zu unterwerfen. Wenn man dies tut, hat man sozusagen den Gott darin getötet und ihn zu einem ganz anderen Gegenstand gemacht. Es ist, als ob man den Umgang mit einem lebendigen Menschen, als ob man sein Wirken mit der ihm eigentümlichen semantischen Sphäre durch die Anatomie seines Leichnams ersetzte, damit aber entsprechend seine semantische Sphäre durch eine ganz andere, versteht sich.

Wir können somit auch die semantische Intersubjektivität von Begriffen und Aussagen über Mythisches nicht mit jener vergleichen, die wir in den Aussagen über Naturgesetze finden, und wir können feststellen, daß im *mythischen* Zusammenhang ebenso jede nur wünschenswerte semantische Intersubjektivität möglich ist, wie in der uns heute so vertrauten Lebenswelt, in der Wissenschaft, oder wo immer umfassende Bereiche menschlicher Betätigung vorliegen.

Gewiß gehört zum Numinosen das Geheimnisvolle, ein Mysterium, ja, das Unsagbare. Aber sind alle Prädikate, die auf etwas in diesem Sinne Vages zielen, selbst vage? Keineswegs, könnte doch sonst der Ausdruck vage auch nur vage gebraucht werden. Zudem handelt es sich dabei nur um *einen* Aspekt des Numinosen, während es in anderer Hinsicht, wie sich gezeigt hat, eine genaue Bestimmung regelhafter Abläufe gestattet. Wer aber die Beziehung auf Vages überhaupt als nicht rational verwirft, der kann damit nur meinen, daß es so etwas gar nicht gibt. Das wäre indessen eine Behauptung, die sich nicht gegen den Mangel an semantischer Intersubjektivität im Mythos richtete, sondern gegen denjenigen an empirischer Rationalität. Wie unbegründet jedoch diese Behauptung ist, hat bereits der vorangegangene Abschnitt gezeigt.

Aber wenn auch Aussagen über Götter und Archái nicht geringere semantische Intersubjektivität haben können als solche über profane Gegenstände, Naturgesetze und Regeln, so könnte man doch vielleicht noch fragen, ob nicht der Begriff der mythischen *Teilhabe* am Numinosen, der mit dem Begriff der Arché unlöslich verbunden ist, dunkel bleibt. Ist eine genauere Vorstellung davon, wie numinose Substanz in das Sterbliche eindringt, überhaupt denkbar? Plato, der diese Frage in seine Ideenlehre gewissermaßen mit hinübergeschleppt hat, sagt geradezu, es handle sich dabei um etwas »höchst Unerklärliches« und »äußerst schwierig zu Fassendes«.[20] Aber stehen wir denn nicht vor derselben Schwierigkeit, wenn wir uns klarmachen wollen, wie eigentlich die »Teilhabe« von Gegenständen an Gesetzen zu denken sei, unter die sie fallen? In Wahrheit handelt es sich hier um eine typische Pseudofrage, weil sie grundsätzlich nicht zu beantworten ist. Da die Teilhabe in beiderlei Sinn, am Numinosen wie am Naturgesetz bzw. der geschichtlichen Regel, ein *Mittel* der Erklärung ist, kann sie nicht selbst erklärt werden. Sie gehört vielmehr zu den ontologischen Grundbegriffen, die keiner weiteren Definition fähig sind. Auch hier besteht kein semantischer Vorteil der Wissenschaft über den Mythos.

Wir können also abschließend sagen: Wer das semantische Exaktheitsideal der Wissenschaft als allen anderen Exaktheitsvorstellungen überlegen ansieht, der kann damit in Wahrheit nur meinen, daß dieses Ideal der Wirklichkeit besser entspricht und deswegen auch erlaubt, sie besser zu bewältigen. Mit dieser Behauptung über die Wirklichkeit reduziert sich aber seine Ablehnung mythischer Semantik auf diejenige mythischer Erfahrung. Diese Erfahrung ihrerseits läßt sich indessen nur ablehnen, wenn man ihren Anspruch zurückweist, empirische Rationalität zu besitzen. Eine solche Zurückweisung ist jedoch, wie der vorangegangene Abschnitt zeigte, ohne rationale Begründung.

XIX. Rationalität als logische Intersubjektivität in Wissenschaft und Mythos

Wo streng logische Folgerungen vorliegen, können wir ihrer intersubjektiven Anerkennung absolut sicher sein. In ihrem Streben nach einem Höchstmaß an Rationalität versucht daher die Wissenschaft, ihren Theorien einen möglichst logischen und damit, wie wir gesehen haben, axiomatischen und systematischen Aufbau zu geben. Darüber hinaus versucht sie, die verschiedenen Theorien zu immer größeren Einheiten zusammenzuschließen, mit dem fernen Ziel, am Ende alle aus irgendwelchen obersten Axiomen ableiten zu können. Es liegt auf der Hand, daß sich damit die in der Wissenschaft verbreitete Neigung verbindet, ihren Gegenständen so weit wie möglich eine mathematisch beschreibbare Form zu geben. Doch muß hier nicht näher darauf eingegangen werden, weil die Mathematik, was ihre Rationalität betrifft, vor allem durch *logische* Intersubjektivität gekennzeichnet ist. Nur hierum geht es aber in diesem Kapitel.

Nun zeigten die vorangegangenen Untersuchungen, daß der Mythos keineswegs ohne Logik ist. Die ihm zugrunde liegende Ontologie ist nicht weniger systematisch konzipiert als die Ontologie der Wissenschaften, entspricht doch jeder ihrer Teile einem Teil der wissenschaftlichen Ontologie (vgl. den zweiten Teil dieses Buches); das mythische Erklärungsmodell ist formal mit demjenigen der Wissenschaft identisch (vgl. Kapitel XVII, 1.); und schließlich werden für Erfahrung konstitutive Voraussetzungen im Mythos, nicht anders als in der Wissenschaft, auf andere, historisch schon etablierte, zum Zwecke der Begründung gestützt (vgl. Kap. XVII, 6.). Dennoch ist dem Mythos jene der Wissenschaft eigentümliche Denkweise fremd, *überall durchgängige* logische Zusammenhänge herzustellen und *alles* nach einheitlichen Prinzipien ausrichten zu wollen. Liegt vielleicht hierin sein behaupteter Mangel an Rationalität?

Um diese Frage zu beantworten, muß man sich erneut vor Augen halten, daß dem Mythos eine ganz andere ontologische Auffassung von der Wirklichkeit zugrunde liegt als der Wissenschaft. Numinose Wesen und ihre Archái lassen sich nicht aus einzelnen Elementen logisch nach bestimmten Prinzipien aufbauen, sondern stellen ganzheitliche Gestalten dar, die nicht weiter auf etwas außerhalb ihrer

Liegendes reduzierbar sind (vgl. u.a. Kapitel V, 4. und Kapitel VI, 3.). Zwar können sie durchaus zueinander in bestimmten systematischen Beziehungen, zum Beispiel der Dialektik (Polarität), der Analogie, des Allgemeinen zum Besonderen oder der hierarchischen über- und Unterordnung stehen (vgl. Kapitel IX, 2. und 3.). Aber zugleich stellen sie doch voneinander getrennte Sphären dar, es sind verschiedene Nomoi und Zuständigkeiten, für die ein einheitliches logisches Prinzip sinnwidrig wäre, weil sie als Ausdruck verschiedener Mächte der Natur und des Lebens teils in Harmonie, teils in Fehde miteinander liegen, auf jeden Fall aber eine numinose Eigenständigkeit, wenn nicht gar ausdrückliche Personalität besitzen. Nicht anders steht es mit der Zeit und dem Raum, wie wir gesehen haben, die in eine Mannigfaltigkeit diskreter Zeit- und Raumgestalten zerfallen, also gerade nicht aus einem einheitlichen Zusammenhang abgeleitet werden können (vgl. die Kapitel VII und VIII.).

Der Mangel an *durchgängiger* Logik innerhalb des Mythos rührt also nicht daher, daß er zu dergleichen Rationalität nicht fähig wäre, sondern hat seinen Grund darin, daß der *Gegenstand* und die *Wirklichkeit*, mit der es zu tun hat, eine solche Logik nicht zulassen. Wer ihm aber eine solche Wirklichkeitsvorstellung vorhält, der argumentiert nicht auf dem Boden der Logik – denn diese entscheidet nicht über die Wirklichkeit –, sondern der argumentiert wieder auf dem Boden der Erfahrung. Die Frage, ob es rationaler sei, die Wirklichkeit eher in logisch-systematischer Form wissenschaftlicher Theorien oder in der aufgelockerteren Form von Mythen zu sehen, sie mehr als umfassende Einheit oder mehr als Mannigfaltigkeit zu betrachten, ist nämlich mit der Frage identisch, wo die größere *empirische* Intersubjektivität zu finden ist. Damit stehen wir aber in der Tat vor einer Situation, die zu der im vorangegangenen Abschnitt geschilderten analog ist. Dort zeigte sich, daß der Vorwurf mangelnder semantischer Intersubjektivität im Bereich des Mythischen nur dann berechtigt ist, wenn man bestreitet, daß die mythische Erfahrung rational begründet werden kann. Jetzt stellen wir fest, daß dasselbe für den Vorwurf mangelnder Logik des Mythos zutrifft, weil auch sie nur mit Hinblick auf jene Wirklichkeit zu beurteilen ist, auf die sich der Mythos bezieht. Nun ist aus den schon angegebenen Gründen eine definitive rationale Entscheidung über diese Wirklichkeit gar nicht möglich. Also fehlt es nicht nur der Kritik an der semantischen Eindeutigkeit des Mythos, sondern auch der Kritik an dessen Logik an rationaler Begründung. (Etwas anderes wäre es, wenn man meinte, es sei aus irgendwelchen Gründen einfach *zweckmäßiger*, den Vorstellungen der Wissenschaft eher als denjenigen des Mythos zu folgen. Davon wird später die Rede sein.)

Aber man wirft ja dem Mythos nicht nur einen Mangel an durchgängiger Logik vor, sondern man verweist darüber hinaus auch darauf, daß er sogar auf eine dem modernen Menschen geradezu unbegreifliche Weise Widersprüche nebeneinander stehen lasse. Anstatt jedoch ohne weiteres zu unterstellen, man sei früher offenbar zum Denken unfähig gewesen, sollte man lieber darüber nachdenken, wie so etwas überhaupt möglich war, warum es die Menschen nicht gestört hat und was sich dahinter verbergen mag.

Dabei zeigt sich, daß man vieles nur deswegen für einen Widerspruch hält, weil man es unwillkürlich in die Denkschemata einer dem Mythischen beinahe entgegengesetzten Vorstellungswelt übertragen hat. Im Lichte der modernen Rauminterpretation ist es natürlich Unsinn, wenn an mehreren Ortern Steine sein sollen, die den Mittelpunkt der Welt, einen Omphalos darstellen (vgl. S. 165); projiziert man darüber hinaus, wie heute üblich, alles auf die profane Zeitdimension, dann wird die Vorstellung von der Gegenwärtigkeit des Vergangenen sinnwidrig; auch kann von der modernen Psychologie her gesehen ein Ich nicht an mehreren Stellen zugleich sein usf. Wie jedoch die vorangegangenen Untersuchungen zeigten, ist dies alles nichts Ungereimtes für jemanden, der auf der Grundlage einer mythischen Ontologie steht.

Ich muß jedoch hier noch auf einen Punkt eingehen, der in diesem Zusammenhang besonders häufig hervorgehoben wird. Es handelt sich um die geradezu quellende Variabilität vieler Mythen. Oft wurde ja dieselbe Geschichte von Ort zu Ort abweichend erzählt. Es gibt verschiedene Versionen über die Geburt der Athene (vgl. S. 164), der Aphrodite und des Erechtheus; es gibt einander widersprechende Darstellungen des Dionysos-Mythos und desjenigen Apollos; jedes Lexikon des antiken Mythos liefert für solche Unterschiede zahlreiche Beispiele.

Nun soll nicht geleugnet werden, daß dabei bisweilen ernste Meinungsverschiedenheiten zwischen verschiedenen Städten, an denen derselbe Gott verehrt wurde, auftraten, andererseits allerdings nicht eben jede Variante ernst genommen wurde, wie ja überhaupt der Übergang vom Mythos zur Mythologie, davon ist bereits gesprochen worden (vgl. S. 127f.), ein fließender ist. Dennoch blieb vieles, das kultische Bedeutung hatte und daher kaum mit dichterischer Freiheit erklärt werden kann, nebeneinander bestehen, obgleich es miteinander unvereinbar zu sein scheint.

Das Rätsel löst sich jedoch, wenn man bedenkt, daß die Mythen und Archái zwar etwas Ewiges und Heiliges, immer Gleiches und immer Wiederkehrendes ausdrücken sollen, zugleich aber nur zur Epiphanie kommen können, indem sie in der Sphäre des Sterblichen und Profanen Gestalt annehmen und diese durchdringen. Es gibt fast keinen Gegenstand der Natur, in dem nicht ein Gott erscheinen könnte, und es gibt zahlreiche Örter, wo sein numinoses Wesen gegenwärtig ist. Gerade deswegen aber ist er zugleich *auch* stets auf ein Hier und Jetzt, eine bestimmte Situation bezogen und damit durch diese mitbestimmt, mitgeformt. Wieder kommt dabei die für den Mythos kennzeichnende unlösliche Verflechtung von »subjektiv« und »objektiv« zum Ausdruck. Wir suchen heute ja stets das subjektiv »perspektivische« Moment auszuschalten, wir meinen, »objektiv« sei etwas gerade in Absehung dieser Beziehung auf ein erkennendes Bewußtsein. Aber für den Griechen sind eben alle diese Mannigfaltigkeiten und Varianten des »Subjektiven« und »Perspektivischen« jenes wahrhaft »Objektive«, in dem das Numinose alleine sichtbar wird, in dem es ihm allein gegeben sein kann. Wenn die Athener, die Arkadier, Böotier und Libyer je verschiedene Geschichten über die Geburt der Athene erzählten, so war das nur der Ausdruck der für sie »objektiven« Tatsache, daß jede dieser Städte aus der Substanz der Göttin stammt und daher mit ihr geboren wurde. Die Identität Athenes aber war damit aus schon mehrfach erörterten Gründen keineswegs aufgehoben. Ferner wird der Widerspruch, daß Athene und Pallas einerseits getrennte Gestalten, andererseits *eine* Person darstellten, durch einen geschichtlichen Vorgang aufgelöst (nämlich die Eroberung Athens durch die Griechen), in dem »objektiv« beide numinosen Gestalten miteinander verschmolzen, wie ja überhaupt sehr viele Widersprüche im Mythos eines Gottes darauf zurückzuführen sind, daß er von einem siegreichen Stamm übernommen und damit in dessen Mythos eingeordnet wurde. Mythisch betrachtet aber ist dies keine Änderung im »Bewußtsein«, sondern innerhalb der numinosen Wirklichkeit selbst.

Der Gott, einerseits durch *ein* Wesen geprägt, erscheint andererseits dennoch in vielen, durch Zeit, Ort und beteiligte Menschen verschiedene Facetten, und es wäre deswegen den Griechen höchst sonderbar vorgekommen, hätte jemand versucht, wie es später durch die Logographen und Mythographen geschah, diese Facetten in allen Einzelheiten auf einen Nenner bringen zu wollen. Die *Wirklichkeit selbst* ist mythisch voller Widersprüche, weil die Widersprüche, die zwischen den Menschen auftreten, nicht allein auf deren Subjektivität und Irrtümer zurückgeführt werden können, sondern selbst »objektiv«-numinose Bedeutung haben. (Womit freilich nicht das Unmögliche gemeint ist, daß ein einzelner Mythos *in sich* widersprüchlich ist, sondern eben nur dies, daß er einander widersprechende Varianten aufweist.) Der Mythos besitzt eine starke Sensibilität für die lebendige, durch keinen Gedanken zu erschöpfende Fülle der Welt. Seine Logik und Systematik steigert sich niemals zu dem Versuch, alles an einem einzigen Faden logischer Deduktionen aufzuhängen und damit nach Möglichkeit aus *einer* kleinen Gruppe von Axiomen einheitlich zu erklären. Ein solches der Wissenschaft weitgehend eigentümliches »regulatives Prinzip« und Ideal ist ihm fremd. Es widerspricht der im Rahmen des Mythos sich abspielenden Erfahrung und Erkenntnis sowie den damit verbundenen menschlichen Zielen und Zwecken.

Anders als Levi-Strauss (vgl. Kapitel III, Abschnitt 7 und 10) sehe ich also in den Mythen und ihren Varianten nicht einen mehr oder weniger unbewußten Code, mit dem logische Schwierigkeiten dialektisch aufgelöst werden, sondern im Gegenteil ein offenes und unverhülltes Bekenntnis zum Alogischen einer Wirklichkeit, die sich »logischer Vernunft« nicht ergibt. Im übrigen sei daran erinnert, daß es selbst in der Wissenschaft zumindest Teile der Wirklichkeit gibt, für die Gleiches gilt. Wäre es zum Beispiel nicht unsinnig, wollte ein Psychologe einem Menschen unterstellen, er sei von durchgängiger logischer Rationalität und seine Persönlichkeit müsse daher mit Hilfe des streng systematischen Gebäudes einer auf ihn zugeschnittenen Theorie erfaßt werden?[21]

XX. Rationalität als operative Intersubjektivität in Wissenschaft und Mythos

Nehmen wir an, jemand warnt ein Kind vor Meier, weil dieser ein schlauer Fuchs sei. Das Kind überlegt nun so: Wenn etwas ein Fuchs ist, hat es vier Beine. Also hat Meier vier Beine. Daß sich das Kind irrt, wissen wir nur daher, daß wir mit dem *Inhalt*, also der Semantik des Wortes »Fuchs« vertraut sind. Achten wir dagegen nur auf die *Form* des kindlichen Schlusses, so ist er korrekt, wie man sogleich sieht, wenn man ihn formal etwa so ausdrückt: Etwas ist F; wenn F, dann V; also ist auch V.

Betrachten wir jetzt ein Strickmuster. Angenommen, jemand hat eine Masche der Form A gestrickt; laut Strickmuster aber folgt auf eine solche Masche immer eine der Art B; also strickt man nun eine Masche B. Drücken wir das wieder formal aus: Etwas ist A; wenn A, dann B; nun B. Zwischen dieser und der obigen Schlußform besteht also formal kein Unterschied.

Aber nun ändern wir die Formel »Wenn A, dann B« und schreiben: »Wenn A, dann A oder B.« Auch diese Regel könnte sich auf die Herstellung von Strickmustern beziehen; sie könnte aber auch für Sätze gelten und etwa bedeuten »Wenn der Satz ›A‹ wahr ist, dann ist auch der Satz ›A oder B‹ wahr«. Im Gegensatz zum vorigen Fall liegt nun hier ein Unterschied vor: Die geänderte Strickformel drückt eine reine Setzung aus, während dagegen die geänderte Satzformel »logisch einleuchtet«. Achtet man nicht auf den Inhalt, so haben wir es in beiden Fällen mit Regeln zur Herstellung von Figuren und Zeichen zu tun. Diese Herstellung erfolgt offenbar in vollkommener Exaktheit und ist intersubjektiv eindeutig wiederholbar. Es handelt sich hier also um einen Fall operativer Intersubjektivität (vgl. S. 260 f.). Jeder, der die Regel kennt, wird mit ihr genau das herstellen, was sie herzustellen erlaubt, und wir können uns von der Korrektheit seines Vorgehens dadurch überzeugen, daß wir prüfen, was er hergestellt hat. Ob dagegen und in welchem Maße etwas irgendwem »einleuchtet« – wer mag das genau wissen?

Systeme von Regeln der angegebenen Art nennt man Kalküle. Zwar kann man nur durch inhaltliche Deutung wissen, ob man es im gegebenen Fall mit dem Kalkül eines Strickmusters, der Logik oder irgendetwas anderem zu tun hat; allein jene intersubjektive Strenge, die man der Logik zuspricht, liegt doch letztlich nur darin, daß sie wie ein formaler Kalkül behandelt und deswegen auch einem Computer überlassen werden kann. Logische Intersubjektivität ist also im Grunde nur eine besondere Form der operativen.

Diesem engen Zusammenhang beider ist es nun hauptsächlich zu verdanken, daß wissenschaftlichen Theorien bisweilen eine logische Form gegeben werden kann, die nicht nur ihre schematische Handhabung ermöglicht, sondern auch diese Handhabung auf den Gegenstandsbereich zu übertragen gestattet, auf den sie sich beziehen. Das wird vor allem deutlich an Theorien der exakten Naturwissenschaften, die sich deswegen besonders zur praktischen Verwendung im technisch-industriellen Bereich eignen. Für diesen ist ja der intersubjektiv eindeutige Umgang mit Zeichen, Symbolen, Signalen, überhaupt mit elementaren physischen Gegenständen nach Regeln kennzeichnend. Hierauf beruht die heutige industrielle Massenproduktion.

Kalküle der bezeichneten Art haben aber wegen des klaren Hervortretens ihrer formalen Struktur zugleich den Vorteil, daß sie leichter mit anderen in Zusammenhang gebracht und durch Variation, Kombination usf. fortentwickelt werden können. (Strukturgleichheit oder -ähnlichkeit, Ableitbarkeit des einen aus dem anderen und dergleichen.) Die logisch-operative Verfassung wissenschaftlicher wie auf Technik angewandter Theorien führt damit zu jenen für unsere Zeit typischen Erscheinungen des Erfindens oder Ausspähens neuer Möglichkeiten und damit zu ständigem technischen Fortschritt. Eine gewisse Gleichgültigkeit gegenüber den Inhalten ist die Folge, ein gewisser l'art pour l'art Standpunkt des Spiels mit immer neuen Konfigurationen, und der Wechsel wird ein Wert an sich. Zugleich ist aber das Gewollte, Gesuchte, weitgehend quantitativ-materiell: Es geht hauptsächlich um die Erhaltung von Zuständen (Heizung, Kühlung, Lüftung, Bunker, Deiche, Konserven), um die Nutzung von Energie (Auto, Flugzeuge, Raketen usf.) und die Beschleunigung der Informationsübertragung (Telefon, Radio, Fernsehen, Druckverfahren, Computer usf.).[22]

Nun finden wir selbstverständlich auch in einer mythischen Kultur das Operative im Sinne eines Herstellens von physischen Gegenständen nach intersubjektiv eindeutigen Regeln, wie derartiges ja auch zur praktischen »Lebenswelt« überhaupt gehört. (Man denke zum Beispiel an handwerkliche Tätigkeit.) Aber wie ihr das Ideal möglichst durchgängiger Logik fehlt, so auch dasjenige durchgängiger Operativität. Die damit zusammenhängende Neigung, systematisch nach neuen praktischen Möglichkeiten zu suchen und im beständigen Fortschritt das eigentliche Ziel zu sehen, ist ihr umso fremder, als sie den verwendeten operativen Regeln eine numinose Bedeutung gibt, die es ihr nicht erlaubt, sich leichtfertig vom Überlieferten zu trennen. So nimmt der mythische Mensch oft bewußt eine Einschränkung von Möglichkeiten hin, indem er viele davon tabuisiert, aber dafür scheinen ihm die Inhalte, bei denen er verharrt, umso gewichtiger.

Besonders hervorzuheben ist in diesem Zusammenhang auch, daß mythisch, wie wir gesehen haben, das Erzeugte niemals ein bloß materielles Ding ist. Es ist vielmehr etwas, in das die numinose Substanz, die seinen Schöpfer bei der Herstellung erfüllt hat, übergegangen und eingedrungen ist (vgl. Kapitel V, 3.1). Daher ist es unmittelbar an seiner Hände Arbeit gebunden. Erinnern wir uns auch daran, daß in jedem Gerät das Wesen seines Besitzers wohnt (vgl. Kapitel V, 2.4) und daher schon für diesen persönlich zugeschnitten ist. Eine maschinelle Produktion, wo der Produzent wie der Konsument austauschbar sind, wäre damit unvereinbar.

So wird unsere heutige Welt bis in die Einzelheiten des täglichen Lebens hinein weit mehr von operativer Intersubjektivität beherrscht, als dies in einer mythischen Kultur möglich wäre. Wir müssen uns aber fragen, ob denn ein solches Vorherrschen und eine solche Betonung operativer Rationalität selbst etwas Rationales ist. Anders ausgedrückt: Ist es ein Gebot irgendeiner Form von Rationalität, wie viele meinen, eine solche Rationalität durchgängig zu *wollen?* Welche rationalen Gründe können wir dafür angeben?

Man sagt, die technisch-industrielle Welt habe unsere materiellen Daseinsbedingungen unermeßlich verbessert, und dies ist zum großen Teil zweifellos zutreffend. Aber auf der anderen Seite müssen wir auch zugeben, daß dies keineswegs immer so etwas wie der Traum der Menschheit gewesen ist. Wenn man liest, was alles Philosophen und Propheten im Laufe der Menschheitsgeschichte als das höchste Glück bezeichnet haben, wenn man die von den unseren oft sehr verschiedenen Wertvorstellungen vergangener Zeiten betrachtet, so wird man feststellen, daß ihnen weitgehend das uns heute mit Selbstverständlichkeit Wünschenswerte fremd war. Nicht etwa, daß ihnen an einer Verbesserung der Lebensbedingungen nichts gelegen gewesen wäre, obgleich auch das vorkam; aber solche Verbesserungen wurden nur in einem höheren Zusammenhang gesucht, der mythischer, religiöser oder sittlicher Art gewesen ist.

Einem weit verbreiteten Irrtum zufolge hätten die Menschen, wäre ihnen nur bekannt gewesen, was technisch machbar ist, dies auch gewollt.[23] Es sei aber darauf verwiesen, daß wir die Entstehung der Technik im 16. und 17. Jahrhundert einem *Programm* verdanken, gewissermaßen einer neuen Willensverkündung, wie wir sie zum Beispiel bei Bacon und Descartes finden, und daß dieses Programm ausdrücklich als eine Kampfansage gegen die frühere Einstellung gedacht war, die Beherrschung der als göttlich verstandenen oder von Gott geschaffenen Natur nur in maßvollen, durch Ehrfurcht und Frömmigkeit gesetzten Grenzen zu wagen. Die Übertretung solcher Grenzen nannten die Griechen Hybris, später die Christen Teufelswerk. Schon die Arbeit im Bergbau wurde als ein bedenklicher Eingriff in einen Témenos betrachtet, der nur unter Beachtung entsprechender Riten erlaubt war;[24] der gewaltige Brückenbau über den Hellespont durch Xerxes wurde als Frevel angesehen,[25] der Mythos des Ikaros sollte den Menschen als Warnung vor dem übermütigen Wunsche dienen, den Menschen gesetzte Grenzen der Naturbeherrschung zu mißachten. Solche Beispiele könnte man beliebig vermehren. Selbst als die technische Welt ihren Siegeszug angetreten hatte, hörte die Menschheit bis auf den heutigen Tag nicht auf, an ihrem Sinn und ihrer *Weisheit* zu zweifeln.

Eine solche historische Erinnerung zeigt uns, daß die Beantwortung der Frage, ob die heutige Betonung logisch-operativer Rationalität, ob der Wille zu ihr selbst rational zu begründen sei, letztlich davon abhängt, wie weit die damit zusammenhängenden höchsten Zwecke rational begründbar sind. Diese Zwecke sind aber zugleich *Normen*, weil man ihnen eine für das Glück, das Wohl, das Gute der Menschen, oder wie immer man es nennen will, verbindliche Bedeutung beimißt.

Damit komme ich zur letzten der im Kapitel XV aufgezählten Formen von Rationalität.

XXI. Rationalität als normative Intersubjektivität in Wissenschaft und Mythos

Wir müssen uns jetzt die folgende Frage stellen: Gibt es eine *rationale* Entscheidung zwischen den Wissenschaft und Mythos trennenden Zwecken und Normen? Läßt sich nachweisen, daß einer von beiden Bereichen den Anspruch erheben darf, über eine *normative* Intersubjektivität zu verfügen, die der andere nicht besitzt? Ist es rationaler, jene *allgemeinen* Ideen des Glücks, des Guten usf. zu verwirklichen, die zur Suche nach der numinosen »Einheit des Ideellen und Materiellen«, nach den Archái sowie allen anderen damit zusammenhängenden mythischen Handlungen und Tätigkeiten führen, oder ist es rationaler, jene vom Mythos abweichenden *allgemeinen* Ideen des Glückes, des Guten usf. in die Tat umzusetzen, die mit dem wissenschaftlichen Ziele verknüpft sind, Gegenstände durch eine Trennung des Ideellen vom Materiellen aus jedem numinosen Zusammenhang herauszulösen, damit Naturgesetze und Regeln aufzustellen, entsprechende Raum- und Zeitkonstruktionen vorzunehmen und alle weiteren sich daraus ergebenden, dem Mythos fremden Handlungen und Tätigkeiten durchzuführen?

Zur Beantwortung dieser Frage ist es nicht erforderlich, genauer zu definieren, worin die letzten normativen Zwecke liegen, denen die wissenschaftliche oder die mythische Betrachtungsweise dienen mag. Die Andeutungen des vorigen Abschnittes ergänzend sei nur daran erinnert, daß es zum Beispiel zu den Klischees des modernen Bewußtseins gehört, der wissenschaftliche und technische Fortschritt habe die Befreiung des Menschen von den Zwängen der Natur und den Ängsten vor transzendenten Mächten gebracht und damit sein Glück vermehrt oder seine Würde gerettet. Es ist im gegebenen Zusammenhang auch nicht notwendig, etwa näher darauf einzugehen, daß im Laufe der Zeit verschiedene Glücks- und Zielvorstellungen selbst innerhalb der wissenschaftlich geprägten Welt aufgetreten sind. Hier genügt es nämlich, die folgende Überlegung anzustellen.

Wollte man die einen oder die anderen normativen Zwecke rational begründen, so könnte dies nur dadurch geschehen, daß man sie aus irgendwelchen anderen ableitet. Dabei kann man entweder in diesem rationalen Begründungsverfahren immer weiter fortfahren, so daß man in einen unendlichen Regreß geriete, oder man kann schließlich irgendwo bei etwas geschichtlich Gegebenem haltmachen. Wie immer man verfährt: Am Ende läßt sich eine Norm nur *behaupten,* nicht rational rechtfertigen. Daran ändert sich auch nichts, wenn man in wissenschaftlicher Sicht die höchsten Zwecke als von Menschen historisch hervorgebracht oder mythisch als göttliche Gebote begreift, ihnen also eine profane oder eine numinose Faktizität zuspricht. Daraus folgt, daß auch die allgemeine Überzeugungskraft, die von solchen Zwecken ausgeht, nur eine faktische, *keine rationale* sein kann, normative Intersubjektivität daher immer nur in Grenzen und immer nur in einem bestimmten Zeitraum vorliegen wird, somit, wissenschaftlich betrachtet, etwas *geschichtlich Kontingentes* ist.

Selbst Kant, der einen der eindrucksvollsten Versuche unternommen hat, moralische Normen als absolute Zwecke von ihrem dogmatischen Verständnis zu lösen, hat diese letztlich aus einem »Faktum der Vernunft«, wie er den kategorischen Imperativ nannte, abgeleitet.[26] Ohne hier näher darauf eingehen zu können, sei darauf verwiesen, daß es sich dieses Faktums wegen beim kategorischen Imperativ ebenfalls um etwas Geschichtliches handeln muß, auch wenn sich Kant dessen nicht bewußt gewesen ist. Etwas Geschichtliches nämlich, das aus den allgemeinen Bedingungen eines aufklärerischen Moralverständnisses folgt. Von dieser geschichtlichen Gebundenheit unmittelbar loszukommen, ist unmöglich. Das historische Scheitern aller, die sich aus ihr herausreflektieren wollten – ich erinnere vor allem an Hegel –, zeigt, daß sie jene rationale Intersubjektivität eben nicht vermitteln konnten, die sie beanspruchen mußten. Sie erinnern nur an den Baron von Münchhausen – man verzeihe diese respektlose Bemerkung –, der sich am eigenen Zopf aus dem Sumpf gezogen haben will.

Damit ist die zu Beginn dieses Abschnittes gestellte Frage beantwortet. Eine *rationale* Entscheidung zwischen den mit der Wissenschaft einerseits und dem Mythos andererseits verbundenen normativen Zwecken ist ausgeschlossen. Die normative Intersubjektivität, auf die sich die Zwecke der Wissenschaft heute weitgehend stützen, ist eine *geschichtliche Tatsache,* weiter nichts. Zwar kann es niemandem verwehrt werden, in diesen Zwecken etwas ihm mit Gewißheit Einleuchtendes, ja Zwingendes zu sehen; auf eine rationale Rechtfertigung dieser seiner persönlichen Überzeugung, auf eine absolute intersubjektive Anerkennung, kann er jedoch nicht hoffen.

XXII. Zusammenfassung sowie abschließender Exkurs über Irrationalismus und das Vorrationale, über Relativismus und Rationalismus

Das Ergebnis der vorangegangenen Untersuchungen ist also, noch einmal in Kürze dargestellt, das Folgende:

Erstens: Wissenschaftliche und mythische Erfahrung haben die *gleiche Struktur.* Sie verwenden dasselbe Erklärungsmodell. In beiden können wir eine reine Erfahrung von einer solchen unter Voraussetzungen unterscheiden. Die reine Erfahrung ist intersubjektiv zwingend gegeben. Sowohl in der Wissenschaft wie im Mythos gibt es das Verfahren des »trial and error«. Die erwähnten Voraussetzungen enthalten einen fundamentalen, nämlich ontologischen Teil. Diese Ontologie hat eine systematische Verfassung. Ihre intersubjektive Anerkennung beruht darauf, daß sie entweder historisch etabliert ist, also eine historische Situation, ein Zeitalter prägt, oder daß sie unter bestimmten neuen Randbedingungen aus verwendbaren Teilen der historisch etablierten Ontologie abgeleitet und damit logisch auf neue Gebiete angewandt wird.[27] So werden Wandlungen in den Voraussetzungen der Erfahrung intersubjektivierbar gerechtfertigt. Eine solche empirische Intersubjektivität von Erfahrung unter Voraussetzungen ist jedoch, wissenschaftlich gesehen, immer nur eine *historisch kontingente.* Als Erfahrung unter Voraussetzungen hat sie keine absolute Bedeutung in dem Sinne, daß sie niemals einer Wandlung unterliegen wird, zumal diese ihre Voraussetzungen nicht als ein Ergebnis einer notwendig für immer geltenden Vernunfteinsicht angesehen werden können. – Die Unterschiede zwischen wissenschaftlicher und mythischer Erfahrung liegen also ausschließlich im *Inhaltlichen.* Die rationale Struktur ihrer Erklärung und intersubjektiven Begründung bleibt davon unberührt.

Zweitens: Im Gegensatz hierzu wird die Rationalität einer Semantik gerade durch die empirischen Inhalte bestimmt, worauf sie sich bezieht. Die verschiedenen Inhalte in Wissenschaft und Mythos führen daher auch zu verschiedenen Kriterien (zum Beispiel Formen von Exaktheit) für die jeweilige semantische Intersubjektivität. Diese Kriterien sind somit dadurch gerechtfertigt, daß die Inhalte selbst empirisch gerechtfertigt sind; gerade deswegen sind sie aber auch nicht miteinander vergleichbar, so daß die einen nicht den anderen etwa als rational überlegen angesehen werden können.

Drittens: Das gleiche gilt für die Kriterien über die Art und das Ausmaß der Verwendung logischer wie operativer Rationalität in Wissenschaft und Mythos.

Viertens: Zwischen den normativen Zwecken, denen Wissenschaft und Mythos dienen, gibt es keine *rationale* Entscheidung. Die Wahl zwischen ihnen ist vielmehr eine *faktisch historische,* obgleich sie rationale Elemente insofern enthalten kann, als sie zum Teil aus faktisch historischen Bedingungen abzuleiten ist.

Es empfiehlt sich, abschließend einige Begriffe zu klären, um mögliche Mißverständnisse auszuschalten.

Viele neigen dazu, alles, was nicht in irgendeiner Weise rational begründet werden kann, als *irrational* zu bezeichnen. Dies könnte zu der Behauptung verleiten, daß Wissenschaft und Mythos in ihren ontologischen Entwürfen und normativen Zwecken letztlich irrationale Wurzeln hätten. Nun sind zwar Definitionen weitgehend frei, aber dem heutigen Sprachgebrauch zufolge versteht man doch unter dem Irrationalen eher etwas ausdrücklich *gegen* das Rationale Gerichtetes, etwas, was irgendwelchen pathologischen Gefühlen und Leidenschaften, Ressentiments oder einem blinden Aktionismus entspringt. Nichts von dem wird man feststellen können, wenn man jene dem Rationalen sich entziehende historische Faktizität ins Auge faßt, die, wie gezeigt, in Wissenschaft und Mythos eine so grundlegende Rolle spielt. Die letzten ontologischen wie normativen Voraussetzungen, auf die sich beide jeweils stützen, sind insofern gerade nichts Irrationales, jedenfalls nicht nach dem heutigen Sprachgebrauch, als ja alles Rationale in Erfahrung, Semantik, Anwendung der Logik, operativem Handeln und Normensetzen von ihnen ausgeht. Sie sind aber auch oft, wie schon gezeigt, auf mancherlei Weise selbst rational vermittelt, nämlich durch Ableitung aus einer historischen Situation, freilich ohne deshalb in dieser Rationalität ganz aufzugehen. *Die Ergebnisse der vorangegangenen Untersuchungen können also nicht jenen zum Vorwand dienen, die heute einem das Denken preisgebenden Irrationalismus das Wort reden wollen.* Ich schlage daher vor, das rational nicht Begründbare in Wissenschaft und Mythos als das »*Vorrationale*« zu bezeichnen.

Ein weiteres Mißverständnis liegt darin, daß die Hervorhebung der *Relationalität* von semantischen, logischen und operativen Kriterien zu ontologischen und normativen Voraussetzungen sowie die Hervorhebung der *Relationalität* wiederum dieser Voraussetzungen zu einer historischen Situation als Ausdruck eines *Relativismus* angesehen wird. Obgleich ich mich zum Relativismus auf S. 277 bereits kurz geäußert habe, möchte ich hier noch einmal darauf eingehen. Versteht man unter Relativismus die Auffassung, es könne innerhalb von Wissenschaft und Mythos oder zwischen beiden mehr oder weniger beliebig und willkürlich oder subjektiv entschieden werden, so hat die erwähnte Relationalität mit Relativismus nicht das Geringste zu tun. Denn jene Relationalität, die in der Beziehung ontologischer und normativer Grundlagen auf etwas historisch Kontingentes besteht, ist ja gerade ein teilweise faktisches, teilweise rationales, weil auf einen logischen Zusammenhang mit diesem Kontingenten gestütztes, *Gebundensein*. Logischer Natur, und damit alles andere als rein willkürlich, ist aber ebenso, wie wir gesehen haben, die Relationalität der erwähnten semantischen, logischen und operativen Kriterien, weil sie nichts anderes bedeutet, als daß diese Kriterien aus dem jeweiligen Gegenstandsbereich abzuleiten sind. Ist es Relativismus, wenn man aus der Situation A andere logische Schlußfolgerungen zieht als aus der Situation B?

Hier noch ein letzter Hinweis. Vom Rationalen streng zu unterscheiden ist der *Rationalismus*. Unter ihm ist eine philosophische Richtung zu verstehen, die bestimmte Axiome oder Prinzipien (welche es sind, darüber bestehen bezeichnenderweise unüberbrückbare Meinungsverschiedenheiten) als Ausdruck einer absolut und damit intersubjektiv für immer bindenden Vernunftseinsicht betrachtet. Wenn man so will, kann man die gesamten vorangegangenen Untersuchungen als eine einzige Widerlegung dieser weder historisch noch systematisch haltbaren Denkrichtung ansehen.

Blicken wir noch einmal zurück: Im zweiten Kapitel dieses Buches sind die fragwürdigen Begründungen herausgearbeitet worden, die bei der Entstehungsgeschichte der uns heute so weitgehend beherrschenden naturwissenschaftlichen Ontologie eine entscheidende Rolle gespielt haben. Dort wurde aber auch darauf hingewiesen, daß eine solche historische Betrachtung eine systematische und wissenschaftstheoretische Untersuchung der naturwissenschaftlichen Grundlagen nicht ersetzen kann. Diese Untersuchung ist nun, ausgeweitet auf die hier einschlägigen wissenschaftlichen Ontologien, vorgetragen worden. Dabei erwies sich die heute übliche Meinung, die Wissenschaft stelle eine Art Paradigma des Rationalen dar, als eine Illusion. Diese Illusion hat ihre historischen Wurzeln in der Aufklärung, welche, weitgehend vom Rationalismus beherrscht, die wissenschaftliche Ontologie, besonders diejenige der

Naturwissenschaften, fälschlich für einen Ausdruck notwendiger Vernunftseinsichten oder von der Vernunft geleiteter Erfahrungen hielt. So kam es zu einer ebenso suggestiven wie unklaren, heute noch nachwirkenden Identifizierung von Wissenschaft, Rationalität, Vernunft und Rationalismus. *Unser sog. aufgeklärtes und wissenschaftliches Zeitalter ist jedoch in Wahrheit weder rationaler noch vernünftiger als andere, es wird nur so genannt.*

Im Abschnitt 9 des dritten Kapitels wurde gezeigt, wie sich nach langen, ins vorige Jahrhundert zurückreichenden Forschungen innerhalb der neueren Mythos-Deutung allmählich die dringende Vermutung verdichtete, daß der Mythos »ernst zu nehmen« sei und über eine der wissenschaftlichen gleichwertige Ontologie und Rationalität verfüge. Auch diese mehr auf Grund historischer und eher rhapsodisch gesammelter Tatsachen gestützte Vermutung bedurfte einer systematischen und wissenschaftstheoretischen, genauer ontologischen und somit philosophischen Prüfung. Sie ist durch eine solche Prüfung, wie nunmehr die vorangegangenen Abschnitte zeigen, uneingeschränkt bestätigt worden.

Die Gegenwart des Mythischen | IV

Im dritten Kapitel ist von dem Zwiespalt die Rede gewesen, der für unsere Kultur kennzeichnend ist. Nun ist zwar, wie dort schon bemerkt, nicht jeder Widerstand gegen die sie weitgehend beherrschende wissenschaftlich-technische Welt mythischen Ursprungs; dennoch sind solche Widerstände sehr oft gerade vom Fortleben mythischen Denkens in uns aufs stärkste geprägt. Erst die Analysen und Ergebnisse der vorangegangenen Untersuchungen, besonders diejenigen des zweiten und dritten Teils, versetzen uns aber in die Lage, dies in Klarheit zu erkennen. Das noch immer mächtige Wirken des Mythos sowie das ständige Ringen zwischen mythischer und wissenschaftlicher Weltdeutung sei nun an einigen einschlägigen Beispielen belegt. Diese Beispiele finden wir in der Kunst, der Religion und der Politik.[1] Gerade dort verrät sich die Verfassung einer Zeit mit besonderer Deutlichkeit. Der Anspruch auf Vollständigkeit wird im Übrigen im folgenden nirgends erhoben. Es handelt sich eher um eine Reihe allerdings systematisch zusammenhängender Abhandlungen, die einen neuen Zugang zu bekannten Gegenständen eröffnen und die aktuelle Bedeutung der vorangegangenen Ergebnisse auf dem Gebiete des Mythos exemplarisch veranschaulichen sollen.

XXIII. Das Mythische in der modernen Malerei

Als einst die Kraft des Mythos nachzulassen begann, als das Numinose immer weniger in der Wirklichkeit erfahren werden konnte, begann man, es mehr und mehr nur ideell, im bloßen Bild nämlich, festzuhalten. Das Bild war nun nicht mehr die Sache selbst, wie vordem, wo auch der Gott im Tempel er selbst und nicht bloß dessen Abbild war. Indem so die alte Einheit von Ideellem und Materiellem zerbrach, traten auch Kunst und Wirklichkeit auseinander. Gerade dies aber hatte zunächst ein unerhörtes Aufblühen künstlerischer Tätigkeit in der klassischen Zeit der Antike und ihrer Spätzeit zur Folge. Denn was nicht mehr wirklich göttlich ist, kann zumindest als göttlich dargestellt werden, auch lockert sich nun die enge Bindung des Kunstwerkes an den Kult. Jetzt erst wird der volle Umfang der Wirklichkeit, und nicht nur die Gottheit, Gegenstand der Kunst, aber eben auf solche Weise, daß die Kunst das in der Wirklichkeit mehr und mehr verlorengegangene Ideelle wenigstens im schönen Scheine, den sie bietet, festzuhalten und zu retten sucht. So wird ihr Mittel die Illusion. In der Malerei bezeugt es das Aufkommen der Perspektive, man denke vor allem an die römische Wandmalerei, in der Plastik bezeugt es der Versuch, das Abbild dem Original zum Verwechseln ähnlich zu machen. Die Illusion gestattet nicht nur, das Wirkliche im Scheine zu wiederholen, sondern sie gestattet darüber hinaus – und das war ja die eigentliche Absicht – es in einem höheren Lichte erstrahlen zu lassen.

Selbst der Schein ist unhaltbar, wenn sich das Göttliche, wie es das Christentum zeigte, weitgehend aus der Welt ins Jenseits, in die Transzendenz zurückgezogen hat. Damit verliert auch die Kunst ihre bisherige Aufgabe, wenigstens Erinnerung an Mythisches, Verklärung des Sinnlichen zu sein und damit zugleich das Mythische in der höheren Wirklichkeit der Idee anzuschauen. Weil ferner das Transzendente und das Mysterium der Beziehung zu Gott vor allem im Worte, im Logos der heiligen Bücher vermittelt ist, spielt die Kunst nunmehr im Bereiche des Kultes nur noch eine zweitrangige Rolle. Sie stellt lediglich die ewigen Urbilder des Heilsgeschehens wie die Geburt Christi, das Abendmahl, die Kreuzigung usf. dar, und sie nimmt überhaupt nur in ihren Themenkreis auf, was in irgendeiner Beziehung hierzu steht. Aber auch diese Bilder *sind* nicht mehr notwendig das Dargestellte, wie in mythischer Zeit, obgleich Mythisches hier noch mächtig nachwirkt, wie das Gnadenbild zeigt, oder wie man insbesondere an der Ikonenmalerei sehen kann. Es ist, als ob die ganze sichtbare Welt von der eigentlichen Wirklichkeit und damit einzigen Bedeutsamkeit der Transzendenz und des Mysteriums aufgesogen würde. Dies änderte sich erst, als mit dem aufkommenden Aristotelismus die Wahrnehmungswelt wieder an Bedeutung gewann.

Betrachtet man so die Geschichte der Kunst unter dem Gesichtspunkt von Wirklichkeitsdeutungen, dann wiederholt sich in gewisser Hinsicht nur in der mit der Renaissance beginnenden Epoche bis ins späte 19. Jahrhundert hinein jene Idee von der Rolle der Kunst, die wir im Übergang zwischen Mythos und Christentum in der Antike beobachten können. Der gesamte Inhalt der Welt wird ja allmählich wieder ihr Gegenstand, aber die Einheit von Kunst und Wirklichkeit im Mythos ist unwiderruflich zerbrochen, Kunst und Wirklichkeit bleiben getrennt. Die Kunst ist Schein, Illusion, Abbild, und gerade damit vermag sie das in der unmittelbaren Wirklichkeit nicht mehr erfahrbare und erkennbare Ideelle, das Numinose oder Ideale zur Darstellung zu bringen. Was diese Kunst von ihrer antiken Vorgängerin unterscheidet, ist der *Inhalt* dieses Ideellen, dieses Numinosen und dieser Ideale, in denen sich nun vor allem Christliches und Antikes, Feudales und Bürgerliches, Katholisches und Protestantisches miteinander finden und verbinden oder einander entgegensetzen und aufheben. Man muß sich diese trotz solcher gewaltiger inhaltlicher Unterschiede und deren zusätzlich noch gewaltigen inneren Veränderungen gleichbleibende Grundvorstellung des Menschen von der Wirklichkeit, wie sie eben skizziert wurde, vor Augen halten, wenn man den radikalen Bruch mit einer 600 Jahre währenden Tradition, wenn man das volle Ausmaß der Revolution ganz ermessen will, welche die mit dem Ende des vorigen Jahrhunderts beginnende Kunst darstellt.

Der entscheidende Anstoß für sie lag etwa 300 Jahre zurück und kam von der Physik. Hier stoßen wir wieder auf Descartes, einen der größten Wendepunkte abendländischer Geschichte, von dem bereits im zweiten Kapitel ausführlich die Rede war. Wenn er lehrte, daß die äußeren Gegenstände nur mathematischen und mechanischen Gesetzen gehorchen, dann verschwindet damit alles Leben, alles Organische aus der Natur oder muß zumindest auf solche Gesetze, die das Leblose beherrschen, zurückgeführt werden. Die Welt ist eine gewaltige Maschine, selbst Tiere sind nur Automaten, »animalia sunt automata«. Lediglich der menschliche Geist ist scharf davon unterschieden, er ist res cogitans, Denkendes, während die Natur und die äußere Welt res extensa, Ausgedehntes ist. Die Natur als Maschine ist berechenbar und deswegen auch demjenigen zur Beherrschung unterworfen, der ihre Gesetze kennt. Als etwas Totes kann er sie sich daher ohne Skrupel auf beliebige Weise dienstbar machen. Um diese ihre Gesetze zu finden, muß man sie also zunächst – eben wie eine Maschine – in ihre Teile und Elemente zerlegen, dann deren Funktionsweisen studieren, um sie schließlich wieder aus ihren Elementen zusammenzusetzen. Ähnlich denkend forderte schon Bacon, man müsse die Natur zerschneiden, »dissecare naturam«, um sie durch die Tat zu »besiegen«.[2] Newton hat dieser neuen Deutung der Wirklichkeit zum Durchbruch verholfen und vollendet, was vor ihm Galilei, Kepler, Descartes, Bacon und viele andere begonnen hatten. Damit schienen jetzt Ich und Welt, Ideelles und Materielles, Subjekt und Objekt nicht nur in der kruden Wirklichkeit, sondern sogar in der Idee oder höheren Wirklichkeit voneinander getrennt. Die ungeheueren Erfolge der Wissenschaft und der aus ihr hervorgehenden technischen Revolution mußten den Eindruck weithin verstärken, daß dies nun endgültig und unausweichlich sei. Offenbar hatte die Naturwissenschaft den einzig richtigen Zugang zur Erfassung der objektiven Welt und damit der Wahrheit gefunden. Alles andere beruht, so schien es nun, nur auf Illusionen, Wunschbildern und Einbildungen. Als sich die wissenschaftliche Wirklichkeitsauffassung und Ontologie der Neuzeit zu Ende des vorigen Jahrhunderts schließlich allgemein durchzusetzen begann, schrieb Du Bois-Reymond, der sehr viel durch seine populären Schriften dazu beitrug, daß sie ins allgemeine Bewußtsein drang, aus dieser Welt habe die Wissenschaft nicht alleine die Götter und das Wunder verjagt, sondern auch alle menschlichen Züge, nämlich die Anthropomorphismen »als Ausgeburt des uns eigenen unwiderstehlichen Hanges zur Personifikation«.[3] Wir blickten, meint er weiter, »in das … Getriebe der entgötterten Natur«,[4] die »stumm und finster«[5] sei. Dies zumindest wirkte als die Kehrseite jenes sieghaften Glaubens an den Fortschritt der Menschheit, der nur durch die Wissenschaft und damit ihre Art, die Wirklichkeit zu sehen, ihre Ontologie also, möglich geworden war.

Als der Triumph der Wissenschaft zusammen mit der Technik und der Industrialisierung um die Mitte des vorigen Jahrhunderts endgültig gesichert war, fand sich die Kunst in einer völlig neuen, in ihrer bisherigen Geschichte noch nie aufgetretenen Lage. Was für ein Gegenstandsbereich blieb ihr jetzt noch übrig, wenn der Zugang zur Wirklichkeit und Wahrheit alleine der Wissenschaft vorbehalten war? Wo Ich und Welt, Subjekt und Objekt, Ideelles und Materielles nicht einmal mehr in der Idee glaubhaft vereint werden können, aber auch der Glaube an die Transzendenz verblaßt war, wie sollte sie da noch ihrer früheren Aufgabe dienen können, diese Einheit, dieses Numinose und Göttliche zum Bild werden zu lassen und damit der Verklärung des Sinnlichen oder des Weltgrundes zu dienen? Man kann die ganze Geschichte der Kunst seit dem Ausgang des vorigen Jahrhunderts als einen einzigen Versuch auffassen, diese Frage in immer wieder neuen Anläufen und Ansätzen zu beantworten. Es versteht sich dabei von selbst, muß aber zur Vermeidung von Mißverständnissen gesagt werden, daß damit nur ein bestimmter, wenn auch entscheidender Aspekt der Malerei betroffen ist, der andere, ebenso wesentliche, zum Beispiel ästhetische, außer acht läßt. Aber nur dieser Aspekt ist hier von Bedeutung, wo das Ringen zwischen mythischen und »entmythologisierten« Elementen in der Malerei der Gegenstand der Betrachtung ist.

1. Die Malerei im Bannkreis der wissenschaftlichen Ontologie und technischen Zivilisation als Malerei der Subjektivität

1.1 Der Impressionismus

Nachdem die Wissenschaft das Objekt so entschieden vom Subjekt losgelöst und in seiner rein materiellen Existenz aufgefaßt hatte, zugleich aber die alleinige Zuständigkeit dafür beanspruchte, was lag da für die Kunst zunächst näher, als in die Subjektivität auszuweichen? Wenn der Kunst nicht mehr die Erkenntnis der Wirklichkeit im Sinne einer allgemein verbindlichen Objektivität zustand, konnte sie dann nicht wenigstens dem zugegebenermaßen rein subjektiven Wahrnehmen und Sehen als solchen ihre ganze Aufmerksamkeit widmen, ja, konnten dessen Gesetze und Seinsweisen nicht geradezu selbst in einer Art Wissenschaft der Malkunst aufgespürt werden? Dies war im Grunde die sozusagen in der Luft liegende Frage, der sich die *Impressionisten* stellten.[6]

Der Gegenstand soll also nicht so dargestellt werden, wie er an sich, und sei es auch nur in der Idee, faßbar ist, sondern er soll ohne jeden mythischen, religiösen, metaphysischen oder wissenschaftlichen Hintergedanken so dargestellt werden, wie er sich in diesem flüchtigen Moment, in dieser besonderen Perspektive, unter diesem

Aspekt und diesem Subjekt zeigt. Das reine Sehen und Wahrnehmen als solches soll genossen werden wie man eine köstliche Speise auf der Zunge zergehen läßt, also kulinarisch gewissermaßen. Der die Wahrnehmung verarbeitende Verstand, ständig bereit, sich auf eine Erkenntnis des Objektes in seinem reinen Objektsein einzulassen, muß daher stets zurückgehalten werden. So *sieht* man zum Beispiel ein verschwommenes Grün, wo der Verstand genau weiß, daß sich dieses Grün an sich in lauter einzelne Blätter auflöst, und nur dieses verschwommen *Gesehene*, nicht auch dieses Gedachte geht in die Darstellung des impressionistischen Malers ein. Der Impressionist, darin ganz Kind seines wissenschaftlich gewordenen Zeitalters, vermag sich nur noch dem Genuß des gedankenlosen Schauens lustvoll hinzugeben; für das Gedachte glaubt er sich nicht mehr zuständig. Und doch verhält er sich bezeichnenderweise ganz wie ein Wissenschaftler, indem er eben dieses Malen und Erkennen des Wahrnehmens selbst mit all seinen besonderen Gesetzen systematisch erforscht. Am deutlichsten sieht man das bei den Pointillisten, allen voran Signac: Ausgehend von den Wahrnehmungstheorien von Helmholtz, Chevreul und anderen, stellt er Experimente an, deren Endergebnisse seine Bilder sind.[7] Die Kunst hat sich also unter dem Druck der Wissenschaft auf einen Ausschnitt der Wirklichkeit zurückgezogen, nämlich auf die Tatsachen subjektiven Schauens. Das Objekt kommt überhaupt nur so weit in den Blick, als es ganz durch die Subjektivität hindurch sinnlich erforscht, als es ganz in ihre Wahrnehmung hineingenommen, von ihr aufgesogen ist.

1.2 Der Kubismus

Der Impressionismus war der entscheidende Schritt in die Moderne. Was nun folgt ist von einer erstaunlichen Logik. Stück für Stück werden zunächst die Möglichkeiten, die in der radikalen Hinwendung zur Subjektivität liegen, künstlerisch erforscht und verwirklicht. Ich folge diesem Leitfaden der Logik, ohne auf den tatsächlichen zeitlichen Verlauf in der Entwicklung der Kunst einzugehen, in dem auch andere, diesem Leitfaden nicht folgende Antworten auf die bestehende, von der wissenschaftlich-technischen Zivilisation bestimmte Lage gegeben wurden – von ihnen wird später die Rede sein.

Der Impressionismus hatte sich, wie gesagt, auf die wahrnehmende Subjektivität zurückgezogen, weil die Wissenschaft der Kunst das Objekt als Gegenstand der denkenden Erkenntnis entrissen hatte.

Aber war nicht dieses Objekt erst das *End*produkt eben jener Erkenntnis? War Wissenschaft nicht die Folge des konstruierenden Verstandes, eben jenes cartesianisch-newtonischen Verstandes, der die Natur in ihre Elemente zerlegt, die Funktion dieser Elemente nach Regeln studiert und sie dann wieder zu einem Ganzen zusammensetzt, worüber man nunmehr in Freiheit zu verfügen vermag, weil man es begriffen und durchschaut hat? Hatte nicht Kant, einer der größten Theoretiker der Grundlagen der Wissenschaft, gelehrt, das erkannte Objekt sei zum Teil vom Subjekt in gewissen Erkenntnisprozessen hervorgebracht, eben weil es nur durch die Operationen des Geistes zu dem wird als was es nun erscheint? Subjektivität liegt also nicht nur im Wahrnehmen, sondern auch im Denken, sie liegt ebenso in der Sinnlichkeit wie in der Ratio. Im ersten Fall ist sie ganz dem Perspektivischen, dem Aspekt und dem Individuellen verhaftet, im zweiten Fall aber bringt sie den Gegenstand im Denken so hervor, wie ihn alle denkend hervorbringen, weil das Denken allgemein gültig, weil es intersubjektiv ist. *Man könnte also auch von einer subjektivistischen und einer intersubjektivistischen Seite der Subjektivität sprechen.* Wenn aber das Subjekt sein Objekt, wenn es Wirklichkeit teilweise selbst hervorbringt, wenn der Mensch, wie schon Cartesius dachte, maître et possesseur dieser Wirklichkeit ist, wenn der moderne Mensch des naturwissenschaftlich-technischen Zeitalters gerade hierin sein Wesen sieht, gerade hieraus sein stolzes Selbstverständnis bezieht, warum sollte diese Souveränität, diese seine schöpferische Kreativität im Begriff und Gedanken nicht auch in der Art zum Ausdruck kommen können, wie der Maler seine Gegenstände schafft? Dies ist sozusagen die zur Grundfrage des Impressionismus komplementäre Frage, und es ist jene Frage, der sich die *Kubisten* gestellt haben.

Die Elemente der Wirklichkeit sind auch für sie diejenigen der Wissenschaft, nämlich die exakten Formen der Geometrie: Kubus, Kugel, Zylinder, Dreieck usf.; nach Gris, der Picasso nicht nur als Maler gewachsen war, sondern ihn auch als Theoretiker klar überragte, hat daher das kubistische Bild seine »Mathematik«.[8] Es ist wie der Kristall konstruiert, und der Maler stellt dies dar, indem er »deduktiv« verfährt, nämlich sein Bild aus bestimmten Elementen und allgemeinen Prinzipien entwickelt.[9] Der Kubist schafft seinen Gegenstand durch den Begriff,[10] die ratio, indem er ihn gerade nicht in seinen perspektivischen Aspekten der bloßen Wahrnehmung zeigt, sondern mit all dem, was wir nicht sehen, was wir an ihm nur *mitdenken*, nämlich mit seinem Volumen, seiner Ober- und

Innenfläche, seiner Vorder- und Rückseite usf. Eine menschliche Gestalt, eine Flasche, eine Gitarre, was immer es sei, erschöpft sich nicht im bloßen Hinsehen, sondern erst im Gedanken. Wer sie also durch diesen, wer sie in ihrer »eigentlichen Wirklichkeit«, in ihrer Objektivität darstellen will, darf sich auch nicht auf Farbschattungen einlassen, wie sie nur der subjektive Eindruck vermittelt, sondern er muß sie monochrom malen, also so, wie sie »an sich« sind, wie ihre »Lokalfarbe« ist. Daher die oft eintönigen Farben der Kubisten. Jeder subjektive Schein der Wahrnehmung und Perspektive, alles Illusionistische muß überdies vermieden werden; dazu dient ihnen auch die Collage, das Einfügen von nichtgemalten Gegenständen in das Bild wie Zeitungspapier, ein Lappen, Wachstuchreste und dergleichen.

Nun unterscheidet man zwar zwischen einem sog. *analytischen* und einem *synthetischen Kubismus,* aber für die soeben erfolgte Zusammenfassung der kubistischen Grundintention ist das unerheblich, weil sie in beiden Fällen darauf hinausläuft, eine Malerei der Ratio zu schaffen. Im analytischen Kubismus steht die dreidimensionale Konstruktion des konkreten Gegenstandes aus seinen geometrischen Raumelementen im Vordergrund; im synthetischen Kubismus dagegen beginnt der Maler mit der abstrakten mathematischen Konstruktion, aus der er dann das Gegenständliche entwickelt: »... Ich gehe von einem Zylinder aus«, schreibt Gris, »um ein Einzelwesen eines bestimmten Typs zu schaffen, aus einem Zylinder mache ich eine Flasche.«[11] Damit verschwindet allerdings zugleich die konkrete Flasche, sie wird vielmehr aus der zylindrischen Form nur als Begriff und Typus »deduziert«.[12] So will er die »Uridee«, den »Begriff des Gegenstandes« zum Ausdruck bringen, »der allgemein menschlich und für alle der gleiche ist«, zum Beispiel die »Idee des Tisches, die der Wirtschafterin wie dem Tischler und dem ›Poeten‹ gemeinsam ist ...«.[13] Die »bildnerische Mathematik« als abstrakte Architektur des malerischen Ausgangspunktes führt ihn also fort zur »darstellenden Physik«, in der sich der Gegenstand, wenn auch nur als Begriff, aus diesen seinen abstrakten Grundformen konkretisiert.[14] Wenn somit auch Gris die Ausdrücke »Mathematik«, »Deduktion«, »Physik« und »Begriff« hauptsächlich für den von ihm vertretenen synthetischen Kubismus verwendet, so kann doch kein Zweifel daran sein, daß sie ebenso für den analytischen Kubismus Anwendung finden können. Die Mathematik äußert sich dort im dreidimensionalen und quasi geometrischen Aufbau des konkreten Gegenstandes, die Deduktion aber darin, daß diese Konstruktion aus dem Begriff des Gegenstandes abgeleitet ist. Auch von Physik kann man hier reden, und zwar in dem Sinne, daß eben nur so der konkrete Gegenstand *als* physikalischer Körper zum Ausdruck kommt. Diese Gemeinsamkeit, auf die es im gegebenen Zusammenhang, wie gesagt, alleine ankommt, spiegelt sich schließlich noch darin, daß sowohl im analytischen wie im synthetischen Kubismus die sog. primären Sinnesqualitäten, nämlich diejenigen der räumlichen Form, die Grundlage bilden und die sog. sekundären Sinnesqualitäten, in diesem Falle diejenigen der Farbe, ihnen untergeordnet sind (mögen beide auch schließlich für den Betrachter eine harmonische Einheit bilden). Der Übergang vom analytischen zum synthetischen Kubismus stellte also in der Tat keine fundamentale Änderung der künstlerischen Grundintention dar, sondern hatte eher seine Ursache in rein malerischen, rein ästhetischen Problemen. So ließ sich zum Beispiel die aus dieser Intention in der geschilderten Weise folgende Notwendigkeit, auf Abschattungen zu verzichten und die »Lokalfarbe« des Gegenstandes festzuhalten, nur schwer mit der erforderlichen Harmonie des Bildganzen vereinbaren; die Lösung eben dieser Aufgabe war mit dem synthetischen Kubismus beabsichtigt.

Der Kubismus ist, so hat Apollinaire, einer ihrer ersten Interpreten gesagt, »wissenschaftliche Malerei«,[15] Gleizes bemerkte, sie wolle geradezu die Operationen des Geistes, durch die das Objekt im Begriffe hervorgebracht wird, ins Bild bringen,[16] und Kahnweiler, der die Geburt des Kubismus Anfang des Jahrhunderts aus nächster Nähe miterlebte, betonte dessen Verwandtschaft u.a. zur Kantischen Philosophie.[17]

So wie Kant gelehrt habe, man müsse die verschiedenen Vorstellungen im Bewußtsein zueinander tun, um ihre Mannigfaltigkeit in der Synthese einer Erkenntnis zu ergreifen, so zwinge das kubistische Bild den Betrachter gewissermaßen zu einem Nachvollzug einer solchen Synthesis, indem er die dort vorfindlichen verschiedenen Facetten des Gegenstandes zu einem Ganzen zusammensetze. Das kubistische Bild erzeuge im Betrachter einen »Reiz«, der ihn dazu bringe, mit Hilfe des vorliegenden »Formschemas« »den fertigen Gegenstand zu konstruieren. So entsteht im Bewußtsein des Beschauers die volle gewünschte körperliche Darstellung.«[18] (Wozu aber nicht nur seine schon erwähnten Raumteile und die primären Sinnesqualitäten, sondern auch seine Stoffbeschaffenheiten gehören, etwa seidig, glänzend, gemasert, gekachelt usf.). Damit werde aber auch die Benennung des Bildes, zum Beispiel »Flasche und Glas«, zu einem notwendigen Bestandteil des Bildes selbst. Weiter schreibt

Kahnweiler [19]: »Die unbewußte Arbeit, die wir an jedem Gegenstand der Körperwelt vornehmen müssen, um seine Form zu ‚erkennen', um uns ein genaues Bild von ihm zu schaffen, erleichtert uns das kubistische Gebilde, indem es uns die Beziehung dieses Körpers zu den Urformen zeigt, vor Augen stellt.« So habe sich Gris geradezu als Neukantianer erwiesen, indem er das Apriori des Raumes als Bedingung äußerer Erkenntnis erkannt und als eine Grundlage der Subjektivität begriffen habe.[20] Freilich sei der Kubismus nicht nur eine späte Übertragung der Kantischen Philosophie auf die Malerei, sondern die ganze Philosophie der Subjektivität, also auch Fichte, Stirner usf. hätten hier ebenso Pate gestanden wie die Naturwissenschaft,[21] obgleich die Kubisten über keine besondere philosophische Bildung verfügten. Gris drückt sich daher auch mehr allgemein aus, wenn er sagt: »Ein Philosoph hat gesagt: Die Sinne geben die Bewußtseinsmaterie, aber der Geist gibt ihnen die Form.«[22] Gris spricht auch mehrfach von den »Elementen des Geistes«, aus denen er seine Bilder aufbaue, zum Beispiel in einem Brief an Kahnweiler, den dieser in seinem Buch über ihn abgedruckt hat,[23] sowie in Valori Plastici, Rom, Februar 1919 und in »Antwort«, Europa-Almanach, Potsdam 1925, (übers. von W. Mehring), wo er hinzufügt, der Maler müsse diejenigen Elemente auswählen, »die im Geiste durch die Erkenntnis fixiert bleiben«. – Für den Kubisten schwindet damit schließlich der Unterschied zwischen einem Bild und einem wirklichen Gegenstand – beides ist ja Erzeugnis des Bewußtseins. »Formal gesehen«, bemerkt Kahnweiler, »ging es den kubistischen Malern um die Existenz des ›Kunstwerkes‹ als *Gegenstand*, als konstruierten Gegenstand, dessen Einheit die Teile beherrschte, als einmaligen Gegenstand, der nicht Reflex, sondern individuelle Schöpfung war.«[24]

Wenn ich nun vorhin bemerkte, der Impressionismus habe die Wirklichkeit in die Wahrnehmung aufgelöst, so kann man jetzt hinzufügen, der Kubismus zeige die Wirklichkeit, sofern sie durch das Komplement der Wahrnehmung, nämlich durch die Ratio, das Denken, hervorgebracht wird. Der Kubismus hat daher mit dem Selbstverständnis der Malerei, wie es seit der Renaissance etwa 600 Jahre anhielt, noch entschiedener gebrochen als der Impressionismus. Im vordergründigen Genuß am Sinnlichen im Impressionismus schimmert immer noch ein Abglanz früherer mythischer Weltverklärung. Dies alles ist nun weitgehend verschwunden. Der Kubismus ist Begriffskunst, »*art conceptuel*«, wie man ihn auch nennt. Er huldigt der Konstruktion der Wirklichkeit durch das Rationale im Denken und damit ebenso der schöpferischen Freiheit des Menschen wie seiner Herrschaft über den Gegenstand. Auf eine eigentümliche Weise schlägt so, was man den »Geist der Wissenschaft« nennen könnte, auf die Malerei durch, stellt sich ein ihm entsprechendes, durch ihn ermöglichtes Lebensgefühl auf eine besondere Weise im Bilde dar: Der Mensch als maître et possesseur der Wirklichkeit. Und dennoch: Wenn wir im Impressionismus noch einen Abglanz mythischer Weltverklärung finden, so hat sich auch der Kubismus diesem Zauber nicht völlig entziehen können. Dies ist besonders bei Gris zu beobachten.

Gris sagte einmal, der analytische Kubismus verhalte sich zum synthetischen wie eine »Umschreibung physikalischer Phänomene« zur Physik selbst.[25] Im analytischen Kubismus hat es nämlich nur »begriffliche Zusammenhänge zwischen dem Maler und seinen … Objekten« gegeben, aber »fast nie Zusammenhänge zwischen den Objekten selbst.«[26] Die Physik besteht eben nicht aus der Anhäufung von verstreuten Einzelheiten, die der einzelne vorfindet – das wäre bloß »Umschreibung der Phänomene« –, sie zielt vielmehr auf ein in sich geschlossenes System, aus dem der Betrachter ausgeschlossen ist (von den besonderen Problemen der Quantenmechanik können wir hier absehen). Das von Gris aufgestellte Gleichnis müssen wir nun ins Bild des synthetischen Kubismus übertragen: Hier entsteht ein in sich geschlossenes System von Objekten, die für Gris Ideen sind. Es sind Ideen, weil die Welt, der er nach seinen eigenen Worten »die Elemente der Realität« »entnimmt«, »nicht sichtbar, sondern vorgestellt ist.«[27] Aber eben dadurch, daß sich im synthetischen Kubismus ein geschlossenes System von Gegenständen als Ideen darstellt, das den Beobachter ausschließt, schwächt sich das Bewußtsein davon wieder ab, sie seien im Grunde nur Konstrukte des menschlichen Geistes; auf eine mysteriöse Weise machen sie sich unversehens wieder selbständig und bekommen etwas Archétypisches, Urbildhaftes. Die Ideen, die Gris auf dem Höhepunkt seines Schaffens malte, umweht ein Hauch des Ewigen, dem Subjekt Entrückten, das auch die mythische Grundlage von Platos Philosophie bildet. (Vgl. u.a. Kapitel VI, 2.) Hier strahlt etwas von jener Heiterkeit und Ruhe, jenem Apollinischen aus, wie es der Anblick der platonischen Idee vermitteln soll. Auf seinen reifsten Bildern erscheinen zum einen die Gegenstände, Tisch, Berg, Wasser, Himmel, in urbildhafter Typik, zum anderen ist es, als stünden sie in numinosen Beziehungen zueinander. Trotzdem findet man diesen zarten mythischen Zauber nur selten in kubistischen Bildern. Die gestaltende, schöpferische

Selbstherrlichkeit des Malers bleibt hauptsächlich bestimmend. Dies wird auch durch die überwiegende »Profanität« der Bildsujets deutlich, wie: Tisch, Flasche, Glas, Schale, Zeitung, Notenblatt usf. Die Natur, von den häufig wiederkehrenden Weintrauben abgesehen, bleibt meist ausgespart, man zieht das Artefakt vor.

1.3 Der Surrealismus

Folgt man der vorhin angedeuteten inneren Logik der Kunstentwicklung weiter, die sich daraus ergab, daß überhaupt erst einmal die Subjektivität als jenes Feld entdeckt worden war, auf dem sich Wirklichkeit jenseits der Wissenschaft künstlerisch gestalten ließ, so geschah es geradezu zwangsläufig, daß nunmehr nach den Gesetzen des Wahrnehmens und des Denkens auch das Innere des Seelenlebens, nämlich Wille, Trieb und Gefühl, Gegenstand der Malerei wurden. Aber wie die Impressionisten teilweise bestimmte Theorien des Sehens, die Kubisten teilweise bestimmte Theorien rationaler Erkenntnis künstlerisch anwandten, so stützten sich vielfach jene Maler, die sich in die Tiefen des Ich versenkten, auf Theorien des Unbewußten, nämlich auf die Psychoanalyse.[28]

Die Abhängigkeit von der wissenschaftlichen Welterkenntnis, der Respekt vor ihr, ist also überall zu spüren, und die Kunst versucht nur, sich in deren System einzuordnen, einen ihr eigentümlichen Platz darin zu suchen. Sie trägt unverkennbar wissenschaftsartige Züge. In diesem weiteren Sinne ist sie *allgemein* – und nicht nur der Kubismus – »art conceptuel«. Eben deswegen spielt auch das Experiment in ihr eine so überragende Rolle, genauer das Experimentieren nach Theorien und Prinzipien, so daß ihre Bilder mehr das Ergebnis künstlerischer Erkenntnis und Erfahrung sind als – wie früher – Ausführungen eines vorher schon in Zielsetzung, Thematik und Vision feststehenden Entwurfes.

Genau dies geschieht auch in jener Malerei, die sich nun der Tiefe des Seelenlebens zuwendet und die wir mit dem Ausdruck »*Surrealismus*« zu bezeichnen pflegen. Denn der Malakt ist für den Surrealisten ein Stück Selbsterfahrung, ein Stück Selbstanalyse. Er hütet sich davor, die aus der Tiefe seiner Subjektivität heraufdrängenden Bilder rationalen Regeln und Gesetzen zu unterwerfen. Der Surrealist malt vielmehr assoziativ so wie der Patient auf der Couch dem Arzt und sich selbst durch Assoziation die Schlüssel zu seinem Innern vermittelt. Eben damit enthüllt sich aber das Irrationale, Imaginäre, Absurde, das auf dem Grund der Seele sein Wesen treibt.

Die Bilder des Surrealisten füllen sich mit Symbolen des Penisneides, der Kastrationsangst, der Impotenz, des Ekels, sadistischer wie masochistischer Grausamkeiten, des Kannibalismus und jeder nur denkbaren Scheußlichkeit. Oft sind sie für den Betrachter überhaupt nur verstehbar, wenn er Näheres über die Person des Malers weiß. Erst dem Kommentar entnimmt man, daß zum Beispiel gewisse Bildelemente bei Dalî die Unterdrückung des Künstlers durch seinen autoritären Vater bedeuten, andere seine Kindheitsängste, verschlungen zu werden, wieder andere die komplexiöse Beziehung zu seiner Frau Gala zum Ausdruck bringen. Man muß etwas von Psychoanalyse verstehen, um zu wissen, daß sein Bild »Wilhelm Tell« den umgekehrten Ödipuskomplex darstellen soll, nämlich den Sexualneid des Vaters auf seinen Sohn, seine Angst vor Impotenz usf.

Auf der einen Seite ist also das surrealistische Bild mit der Person des Künstlers unlöslich verknüpft; auf der anderen Seite aber beansprucht es doch Allgemeingültigkeit dadurch, daß es die Archetypen des Unbewußten, wie sie von der Psychoanalyse vorgestellt werden, zur Anschauung bringt.

Auch hier stoßen wir nun, wie im Impressionismus und im synthetischen Kubismus an eine Grenze, wo Mythisches, gebrochen freilich, aber immer noch erkennbar, aufleuchtet. Denn obgleich mit den im Surrealismus dargestellten Archetypen eher allgemein die Grundbegriffe der Psychoanalyse gemeint sind, gehören doch die Archetypen C. G. Jungs ebenfalls dazu, die ja in einem bestimmten Verhältnis zum Mythos stehen. (Vgl. Kapitel III, 5.)

1.4 Drei dem Impressionismus, dem Kubismus und dem Surrealismus entsprechende Grundformen abstrakter Malerei

1.4.1 Der Suprematismus

Wenn Impressionismus, Kubismus und Surrealismus, wie schon bemerkt, in einem gewissen logischen Zusammenhang zueinander stehen, so bieten die drei Hauptformen der abstrakten Kunst, nämlich *Suprematismus, Konstruktivismus* und *informelle* oder *lyrisch-abstrakte Malerei* sozusagen den zwingenden Schlußpunkt darin.

Der Impressionismus löste das Objekt in die subjektive Wahrnehmung auf; der von K. Malewitsch begründete Suprematismus läßt folgerichtig das Objekt überhaupt verschwinden und kehrt gleichsam zum Nullpunkt zurück: Ein schwarzes Quadrat auf weißem Grund.

Später baut er dann seine Bilder mit reinen Wahrnehmungselementen, Farben, Linien usf. wieder auf. Die Sinne triumphieren über die Ratio – das soll »Suprematismus« bedeuten.

Vielleicht mag auf den ersten Blick eine solche Beziehung zwischen dem Impressionismus und dem Suprematismus von Malewitsch verwundern, entwickelte sich Malewitsch doch aus dem Kubismus und hat er doch über diese Beziehung in seinen theoretischen Schriften nichts verlauten lassen. Dennoch läßt sich seinen Ausführungen entnehmen, daß der Suprematismus im Grunde ein radikaler Impressionismus ist.

In seinem Buch »Suprematismus – die gegenstandslose Welt«[29] wendet sich Malewitsch entschieden gegen die Wissenschaft, die Technik, das Denken und Erkennen und lehnt damit gerade ab, was der Kubismus, als betonter art conceptuel, mit anderen und künstlerischen Mitteln fortsetzt oder auf seine Ursprünge in der Subjektivität zurückführt. »Die wissenschaftliche Technik«, meint Malewitsch, gerade weil sie so ganz und gar »den Weg über den Verstand gewählt« habe,[30] beziehe sich auf die *Gegenstände* (Objekte), ja, das Gegenständliche sei eben deswegen ihr eigentliches Gebiet. Heute sehe die Menschheit »keine andere Möglichkeit, dieses Leben aufzubauen, als auf wissenschaftlich begründete Ideen.«[31] Allein »Der technisch-mechanistische Realismus kennt keine anderen Werte als die technisch-mechanistischen. Er erkennt weder das Künstlerische noch das Ästhetische an ...«.[32] Daher bleibe für die Kunst heute nur die Begrifflosigkeit und damit die Gegenstandslosigkeit, worin aber Malewitsch so etwas wie einen Triumph des bloßen Schauens, Wahrnehmens und Empfindens über das Denken sieht. Der »Suprematismus« dieser Kunst liegt gerade darin, daß sie »als Gegenstandslosigkeit« »absolut keine Begriffsbestimmungen« nötig hat.[33] Letztlich sei es die in Wissenschaft und Technik aufgipfelnde Gegenständlichkeit des Denkens, in der sich alles übel finde: »Darum lebt auch die Menschheit in ewiger Angst, daß die Grundlagen ihres Lebens zerstört werden könnten.«[34] Gegenständlichkeit ist nämlich für Malewitsch mit Kausalität und dem Willen unlöslich verknüpft. Erst in der gegenstandslosen Kunst schweigt das nie endenwollende, nie zum Ziele gelangende Denken, enden die Unterwerfung unter die Kausalität und der nie zu stillende Wille. Von beiden gelöst,[35] erfährt der Künstler im bloßen Schauen des Gestaltlosen die »Erregungen«[36] des »befreiten Nichts«[37].

Ist dies nicht in Wahrheit die radikalste Form des Impressionismus, nämlich die totale Rezeption, das bloße Schauen, Wahrnehmen und Vernehmen, die von jeder Spontaneität des ordnenden, unterscheidenden, formenden, Gegenstände bestimmenden Verstandes gereinigt sind? In dieser vollständigen Gegenstandslosigkeit löst sich schließlich die Welt des konstruierenden Denkens in bloßen Schein auf. »Der Verstand«, meint daher Malewitsch, »führt nicht in die Wirklichkeit, sondern nur in die Vorstellung von der Wirklichkeit.«[38] Die Natur, die Wirklichkeit an sich ist für ihn eine undifferenzierte Einheit, gestaltlose, gegenstandslose Erregung.[39]

Malewitsch hat also den Impressionismus in der Tat »zu Ende gedacht«, indem er die Rezeptivität und Subjektivität der Wahrnehmung verabsolutierte. Eine solche Verabsolutierung aber läßt am Ende mit aller Gegenständlichkeit (die ohne Verstand nicht möglich ist) auch die Subjektivität verschwinden, die doch des Objekts, wie immer auch durch ihre »Brille gesehen«, bedarf. Der impressionistische Respekt vor der Wissenschaft schlägt so in einen Suprematismus über sie um: Die Kunst und nicht die Wissenschaft verfaßt im reinen Anschauen die absolute Wirklichkeit und mit ihr das »Heil«.[40] – Wenn somit Malewitsch an einer Stelle den Kubismus und nicht den Impressionismus als eine Bewegung betrachtet, die den Suprematismus »eingeleitet« habe, so ist er offenbar davon irregeführt worden, daß der Kubismus vordergründig auffälliger mit der gewohnten Gegenständlichkeit brach und ihr sozusagen Gewalt antat; aber ihm ist entgangen, daß damit das von ihm kritisierte Denken und seine Gegenständlichkeit nur einen anderen, neuen, sozusagen metaphysischen Triumph beging, während es gerade der Impressionismus war, in dem das Gegenständliche sich anschickte, in der bloßen Wahrnehmung immer dichterer Nebelschwaden und Farbwolken endgültig unterzugehen.

1.4.2 Die konstruktiv-abstrakte Malerei

Im Gegensatz zum Impressionismus hatte der Kubismus das Objekt in seine rationalen Elemente aufgelöst; komplementär zu der Zielsetzung von Malewitsch wird nun in der von T. van Doesburg und P. Mondrian ins Leben gerufenen Stijl-Bewegung das Objekt durch die rationale Konstruktion als solche, nämlich durch seine reine Struktur ersetzt. Ihre Bilder füllen sich mit geometrisch klar abgegrenzten Formen, Farben und Linien.

T. van Doesburg sieht in der Stijl-Bewegung eine »exakt gestaltete Kunst« und »die logische Fortsetzung der bisherigen Entwicklung der bildenden Kunst«.[41] Der Kubismus wird offensichtlich als die letzte

Vorstufe dieser Bewegung betrachtet.[42] Im Gegensatz zu Malewitsch verwirft van Doesburg das Sinnlich-Passive, Rezeptive und betont die Bedeutung des Geistig-Aktiven, den schöpferischen Verstand für das Kunstwerk.[43] »Die geistige schöpferische Intuition« des Künstlers »muß ... stets durch den Verstand kontrolliert werden.«[44] Die natürliche Erscheinung werde damit so »rekonstruiert«, daß »das Objekt in seinem Wesen auf eine neue Art gegenständlich« gemacht wird.[45] Der Künstler gestalte »nach logischen Gesetzen«.[46] Es stehe »dem Künstler frei, sich jeder Wissenschaft (zum Beispiel der Mathematik) ... zu bedienen, um diese Exaktheit zu erreichen.«[47] Wahre, d.h. »ästhetisch reine Kunst«, hat entsprechend einen exakten Aufbau, es geht um das »Gleichgewichtsverhältnis durch Stellung und Gegenstellung (zum Beispiel vertikal gegen horizontal)«, um »Wechsel und Aufhebung von Maß (zum Beispiel groß und klein)«, um die »Proportion (zum Beispiel breit und schmal)«[48] usf. Jede andere Malerei nennt van Doesburg »präexakt«.[49] – Auch hier also wird die »Ästhetik« des konstruierenden Verstandes, der schöpferischen, Objekte hervorbringenden Operation des Geistes, also die »intersubjektive Seite der Subjektivität« zur Grundlage der Kunst gemacht. Daran ändert sich nichts, wenn van Doesburg die »Gestaltung des realen Wesensgrundes ... und nichts anderes« als Ziel seiner »reinen Kunst« betrachtet[50] und in ihren exakten Strukturen »kosmische Grundformen«,[51] sowie einen Spiegel der Harmonie des Weltalls und seines Gleichgewichtes sieht.[52] Denn all dies ist ja, bei Licht besehen, ebenfalls nur eine schöpferisch-rationale Konstruktion eben dieser intersubjektiven Subjektivität, ist letztlich ihre Schöpfung.

Dieselben grundlegenden Gedanken finden wir bei P. Mondrian. Die Kunst soll »der unmittelbare Ausdruck des Universellen in uns sein, daß heißt die exakte Erscheinung unseres Wesens.«[53] Um dies zu verstehen, muß man wissen, daß Mondrian unter dem »Ausdruck ... des Universellen« »das Abstrakte« versteht.[54] Universelles und Abstraktes aber hängen miteinander zusammen, weil das Abstrakte, wie die Mathematik zeigt, das allgemein Gültige ist. In der Tat unterscheidet sich nach Mondrian die Malerei von der Mathematik nur darin, daß sie das Abstrakt-Universelle »durch plastische Realität« und nicht, wie diese, als etwas Ideelles ausdrückt.[55] Das Universelle als abstrakte Exaktheit ist aber nun für Mondrian »die tiefste Verinnerlichung des Äußerlichen und die reinste Veräußerlichung des Innerlichen.«[56] Es ist wohl deswegen die Verinnerlichung des Äußerlichen, weil dadurch die apriorischen Strukturen der Subjektivität im Äußeren sichtbar werden und eben dadurch ist es auch die Veräußerlichung des Innerlichen. Zwar spricht er davon, daß das Universelle »das für uns noch mehr oder weniger Unbewußte« sei.[57] Aber es ist uns nur unbewußt, *sofern* es die universellen Grundstrukturen des Bewußtseins enthält, die, als zugleich formale Bedingungen des Seins, durch die *konkrete* Erscheinung der Naturobjekte verschleiert werden. Und doch: »Das Unbewußte wird uns bewußt«,[58] nämlich im Kunstwerk. (Es dürfte also klar sein, daß hier nicht vom Unbewußten der Psychoanalytiker, sondern eher der Transzendentalisten die Rede ist.) Auch Mondrian verband wie van Doesburg mit solchen Gedanken kühne Spekulationen über eine allgemeine, durch die Kunst herzustellende Harmonie, ja, er erhoffte sogar eine Ausdehnung der soeben erläuterten Veräußerlichung des Innerlichen und der Verinnerlichung des Äußerlichen auf die gesamte Wirklichkeit in einer Art Übergesamtkunstwerk. (Dies soll offenbar sein Begriff »Neue Gestaltung« bedeuten.) Doch kann hier dieser phantastische Ableger einer Art pythagoräischen Transzendentalismus nicht näher verfolgt werden.[59]

Aus der Stijl-Bewegung entwickelten sich eine Reihe weiterer Bemühungen. Ich erwähne die sog. »konkrete Abstraktion« von M. Bill und A. Herbin, die bisweilen nach mathematischen Regelprogrammen arbeiteten. Teils sind ihre Bilder veranschaulichte Algorithmen, teils fußen sie auf wissenschaftlichen Farbenlehren.[60] Besonders deutlich wird die solchen Kunstrichtungen zugrunde liegende Idee in der soggenannte ars accurata Z. Sykoras, der sich des Computers bedient. Er faßt seine theoretischen Vorstellungen folgendermaßen zusammen: »Ich bemühe mich um eine programmierte Struktur, deren Charakter durch den Elemententyp bestimmt ist, und um Regeln, nach denen sich diese Elemente einreihen. Die Elemente sind aus einfachen geometrischen Formen und ihren Segmenten konstruiert. Sie werden so gewählt, damit der Computer sowohl ihren Typ als auch ihre Lage unterscheiden kann .... Eine weitere Eigenschaft der Elemente ist die Möglichkeit der gegenseitigen Verbindung ... oder im Gegenteil – ihre Isolierung.«[61] Was Sykora damit beschreibt, ist die Form eines Kalküls, wie er den Logikern und Mathematikern vertraut ist. Hier könnte man noch viele andere, von derselben Idee geleitete Formen abstrakter Malerei aufführen, etwa die sogenannte Op-Art Vasarelys, die Hard Edge Art F. Stellas, die Signalkunst A. d'Arcangelos, um nur einige zu nennen.

Zusammenfassend läßt sich sagen: Eine solche abstrakte Kunst sucht nicht die Phänomene der rein subjektiven, vom Objekt endgültig gelösten Wahrnehmung, wie es Malewitsch vorschwebte, sondern sie sucht die Ästhetik des Exakten, die Ästhetik reiner Rationalität.

1.4.3 *Die informelle oder lyrisch-abstrakte Malerei*

Wie der Impressionismus und der Kubismus, so findet auch der Surrealismus in einer bestimmten abstrakten Malerei seine logische Fortsetzung, nämlich in der schon erwähnten sogenannte informellen oder lyrisch-abstrakten Kunst. Hier fehlt oft jede theoretische Konstruktion, sie beruhe auf den Gesetzen der Wahrnehmung oder der Ratio; nur das Unbewußte ist am Werk. Es äußert sich aber nicht mehr in bildhaften Symbolen, sondern in Strichen, Linien, Farbflecken, die das Ergebnis des spontanen jetzt und hier, in diesem Augenblick sich vollziehenden Malaktes sind, so daß man von einem »Automatismus« dieses Malens spricht. Man kann dies durchaus mit jenen Kritzeleien vergleichen, die man, ohne darauf genauer zu achten, während eines Gespräches auf ein Stück Papier malt, nur daß hier eben die Hand eines Künstlers am Werke ist. Der Künstler nimmt irgendein Malelement, das ihm gerade einfällt, zum Ausgangspunkt, und von ihm her, durch Assoziation und Intuition, die ihm den Pinsel führen, erzeugt er Stück für Stück sein Bild. Auch diese Art Malen kann also eine Selbsterfahrung, eine Selbstanalyse sein, sofern nämlich dem Maler am Ende das fertige Bild wie ein Psychogramm seiner Seele entgegenschaut. J. Miró hat das folgendermaßen ausgedrückt: »So kann ein Stück Faden eine Welt entstehen lassen .... Ich finde meine Titel im Fortschreiten der Arbeit, indem ich ein Ding an das andere reihe. Wenn ich den Titel gefunden habe, lebe ich in seinem Bannkreis.«[62]

2. Die Pop Art

Fassen wir noch einmal zusammen: Die Kunst wich unter dem Druck der Wissenschaft in die Subjektivität aus, die sie in ihrem vollen Umfang erfaßte und im Bilde zur Anschauung brachte, nämlich erstens als Subjektivität der Wahrnehmung (Impressionismus und seine Fortsetzung im Suprematismus), zweitens als Subjektivität rationaler Operation (Kubismus und seine Fortsetzung in der konstruktiv-abstrakten Malerei) und schließlich drittens als Subjektivität des Unbewußten (Surrealismus und seine Fortsetzung in der informellen oder lyrischen Abstraktion). So begannen folgerichtig und beinahe systematisch die Gegenstände der äußeren Welt, die

Objekte, allmählich gänzlich zu verschwinden. Aber indem dies geschah, erloschen auch die letzten Spuren mythischer Weltverklärung in der Kunst, die wir noch im Impressionismus, im Kubismus und im Surrealismus beobachten konnten. Denn die von aller Gegenständlichkeit gerissene Subjektivität in der Kunst ist der mythischen Einheit des Ideellen und Materiellen nicht weniger fern, als die von aller Subjektivität gereinigte Gegenständlichkeit.

Und doch war das nur ein Teil der Versuche, welche die Kunst unternahm, in der wissenschaftlich-technischen Welt ihren Platz zu finden. Ich behandle zunächst drei weitere, bei denen trotz allem, wenn auch auf äußerst unterschiedliche Weise, am Gegenständlichen ohne dessen Auflösung in die Subjektivität festgehalten wurde. Der eine von ihnen steht wenigstens teilweise im Einklang mit unserer Zivilisation, die übrigen jedoch verstehen sich als radikale Revolte gegen sie.[63] Ich beginne mit dem ersten, obgleich er zeitlich am spätesten auftrat. Dieses Vorgehen hat wieder einen systematischen Grund: Da die bisher behandelte Malerei in der wissenschaftlichen Weltdeutung ihren Ausgangspunkt hat, läßt er sich am besten im unmittelbaren Anschluß an sie behandeln.

Neben der Natur und dem technischen Gerät hatte sich mehr und mehr ein dritter Gegenstandsbereich entwickelt: Es ist derjenige der industriellen Konsumgüter wie Autos, Flugzeuge, Toilettengegenstände, elektrische Heiz- und Beleuchtungskörper, Bierdosen, Fertighäuser usf. Sie sind vor allem zum Komfort, für die Annehmlichkeit, für die Bequemlichkeit und für die Befriedigung materieller Wünsche da; sie bieten, als solche, keine Erkenntnisprobleme wie das Naturobjekt oder das technische Gerät, man fragt nicht wie bei diesen, welchen Gesetzen sie unterworfen sind, welches ihr Wesen ist, sondern sie dienen eben nur dem Verbrauch, dem Genuß; sie fallen, mit anderen Worten, in dieser Hinsicht nicht in den Zuständigkeitsbereich der Wissenschaft oder der Industrie. Um aber ihre Aufgaben als Konsumartikel zu erfüllen und um überhaupt verkauft zu werden, müssen sie eine die Sinne ansprechende und reizende Form haben. Schon der Jugendstil der zwanziger Jahre hatte nach einer solchen Form gesucht, wenn auch mit den untauglichen Mitteln einer überkommenen Kunst, wie mir scheint, die dem, was wir heute industrial design nennen, mehr oder weniger nur aufgepfropft wurde. Besser gelang es dem Bauhaus, aber erst später, als nach dem Kriege die moderne Konsumwelt auf kapitalistischer Basis gleichsam explodierte, fanden auch ihre Erzeugnisse eine ihnen eigentümliche Ausdrucksform, die wohl am treffendsten mit dem Stichwort »Reklame« gekennzeichnet wird.

In dieser Welt leben wir heute weitgehend. Sie verstellt den Blick ebenso auf die meist häßlichen Produktionsstätten, die diese Artikel erzeugen, wie auf die Natur, von der sie ja gerade Entlastung bringen, die sie teilweise ersetzen will. Sie verstellt aber ebenso den Blick auf die Innerlichkeit der Subjektivität, weil sie sowohl die Problematik von deren Erkenntnisfunktionen (Wahrnehmung, Denken), als auch die Problematik ihres Unbewußten umgeht. Ihr Ziel ist die unbeschwerte Lust und das Vergnügen für jedermann, sie ist also, wie auch immer man dies bewerten mag, rein ästhetisch. So konnte, so mußte die Konsumwelt geradezu ein Gegenstand der Kunst werden, und gerade hier durfte die Kunst ihre volle und uneingeschränkte Zuständigkeit beanspruchen. Deswegen ist sie in diesem Falle ebenso unbeschwert gegenständlich, wie sie ihre Gegenständlichkeit nur unter dem Gesichtspunkt subjektiver Lust, des Gebrauchs und Verzehrs darstellt: Sie hat sich jene Sphäre der Subjektivität ausgesucht, in der sie die Wissenschaft mitsamt ihrer Ontologie nicht berührt. Diese Kunst nennen wir »Pop Art«.

Pop Art entzückt sich am Glitzern chromblitzender Autos und Flugzeuge, an den leuchtenden Verpackungen der Nahrungsmittel- und Zigarettenindustrie, der Waschmittel usf.; Pop Art schwelgt im Glamour der Hollywood-Szenerie und der Traumwelt gewaltiger Kitschfilme. Die Menschen aber, die sie malt, sind schemenhaft, hübsche Puppen ohne Gesichter, der Massentyp mit Leerformeln für lusterregende Sexualität.[64] Diese Art moderner Mensch ist ebenso wie die Gegenstandswelt, mit der er umgeht, von allen Gewichten des Mythos, der Religion, der Metaphysik und der Wissenschaft befreit – er ist eine reine Vergnügungsmaschine. So malen ihn und seine Reklame-Welt J. Rosenquist, T. Wesselmann, R. Lichtenstein und andere Pop-Künstler. Aber eben hieraus erwächst auch Kritisches. Pop Art schlägt teilweise in Ironie, ja, Haß auf die Leere der modernen Konsumgesellschaft um und sucht ihre dämonische Hintergründigkeit. Ich nenne R. B. Kitaj, R. Lindner, F. Botero, um nur einige aufzuführen oder G. G. Erro, der den Spieß umdreht und die Mittel dieser Kunst zur politischen Agitation gegen den Kapitalismus verwendet.

3. Malerei als Revolte gegen die wissenschaftliche Ontologie und technische Zivilisation. Neue Formen des Mythischen

3.1 Der Dadaismus

Die wirklich radikale Revolte in der Malerei gegen unsere wissenschaftlich-technische Zivilisation, die auf deren dunklen Grund stößt und sich nicht in vergleichsweise oberflächlicher politischer Agitation erschöpft, finden wir jedoch in zwei Richtungen, die völlig verschieden operieren und völlig verschiedene Ziele verfolgen: Es ist die Kunst des *Dadaismus* und die Kunst des *Expressionismus.* Ich beginne mit dem Dadaismus.

Der Dadaismus entdeckte eine Lücke in der wissenschaftlichen Wirklichkeitsbetrachtung und Ontologie, nämlich erstens den *Zufall* und zweitens das einzelne, *konkrete Objekt.* Wenn jemand über eine Brücke geht, die plötzlich einstürzt, so kann man u. U. wissenschaftlich erklären, warum die Brücke einstürzte und vielleicht sogar – etwa psychologisch –, warum der Betreffende sie gerade in diesem Augenblick überqueren wollte; aber man kann wissenschaftlich nicht erklären, warum beide Ereignisse gleichzeitig stattfanden. Ebenso ist für die Wissenschaft jedes konkrete Objekt nur Ausfüllung einer Variablen, eine bloße Instanz für das Walten irgendeines Gesetzes, auf das es ihr alleine ankommt. Der Physiker sagt zum Beispiel: »Dieser Körper fiel aufgrund der Schwerkraft so oder so schnell«; aber dieser Körper wäre auch durch irgendeinen anderen, beliebigen, austauschbar. Die Wissenschaft richtet sich auf das Allgemeine, nicht auf das Besondere, Konkrete.

Der Dadaismus stellt nun gerade den isolierten, aus allen kausalgesetzlichen Zusammenhängen und Funktionen herausgerissenen, damit zufälligen, einzelnen Gegenstand in den Mittelpunkt. H. Richter, einer der Begründer des Dadaismus, schreibt, man könne die Entdeckung des Zufalls geradezu als das »erschütternde« »Zentral-Erlebnis von Dada« bezeichnen, »welches Dada von allen vorhergehenden Kunst-Richtungen unterschied«. »Der Zufall wurde unser Markenzeichen«.[65] Den Dadaisten war es ausdrücklich bewußt, daß sie sich damit unserer cartesianisch bestimmten Zivilisation widersetzen: »Seit Descartes«, bemerkt Richter, »hatte sich der Aberglaube von der All-Erklärbarkeit der Welt durch den Verstand etabliert. Dieser Aberglaube mußte durch eine notwendige Umkehrung ausgeglichen werden«.[66] »Der offizielle Glaube an die Unfehlbarkeit der Vernunft, der Logik und der Kausalität erscheinen uns sinnlos ...«.[67] Erst recht sind für den Dadaismus jene teils idealen, teils subjektiven Beziehungen, in denen früher die Kunst den Gegenstand gesehen hat, ohne Bedeutung. Das Objekt ist dabei zunächst diese besondere Wirklichkeit hier und jetzt, seine Konkretheit hat gewissermaßen eine in sich mächtige Existenz, die nicht – durch welche allgemeinen und darum abstrakten Beziehungen auch immer, in denen es sonst noch stehen mag –, zum Verschwinden gebracht werden kann. »... in the end«, schreibt hierzu K. Finch, »we only discover that each thing or event is an exception and governed by no rules but its own.«[68] Dies aber wird uns erst ganz deutlich, wenn wir selbst darauf nur zufällig, eben unvermittelt stoßen. Es ist dasjenige, was man seit Duchamp das »*objet trouvé*« nennt.

Mit Vorliebe wählt der Dada-Künstler als objet trouvé die banalen und trivialen Gegenstände des alltäglichen Lebens, wie zum Beispiel jenes Urinbecken, das Duchamp zum Entsetzen des Publikums zur Schau stellte. Solche Dinge werden ja in ihrer konkreten Besonderheit eben deswegen übersehen, weil sie so ganz und gar nur für ihren allgemeinen Zweck da sind und in keiner Weise in sich selbst zu existieren scheinen. Was aber zeigt sich an ihnen, wenn sie uns plötzlich aus ihren Beziehungen gerissen entgegentreten? Scheinbar ist es das, was Sartre das bloße Insichsein, das en soi der Dinge genannt hat: Ohne alle Zusammenhänge ist es, als dies da, nicht mehr weiter ableitbar oder erklärbar, weder aus Gesetzen noch aus Zwecken, es ist damit das Nichtrationale schlechthin, pure Faktizität, ja, für die Dadaisten das Absurde. »Es trifft das«, schreibt Richter, »was alle ahnen; – daß in unserem wissenschaftlichen Weltglauben etwas fehlt; ... daß diese Flaschentrockner, Räder, Kohlenschaufeln nur der Ausdruck jenes Nichts sind, in dem wir herumtaumeln.«[69]

Der Dadaismus will auf das Objekt an sich, auf dessen Grund stoßen; aber dieser Grund ist für ihn das unauflösliche und unheimliche Rätsel. Die Elemente des Daseins sind in seinen Augen der Zufall und das konkrete Objekt – daraus erst, darüber und dazwischen hat man, wie er meint, Netze des Mythos, der Religion, der Kunst, der Metaphysik und der Wissenschaft gesponnen, die uns die Welt zum Scheine verständlich machen oder gar den falschen Eindruck vollständig rationaler Verfügbarkeit und Berechenbarkeit erwecken sollen. »Die Vernunft«, schreibt der Dadaist F. Picabia, »läßt uns die Dinge in einem Licht erscheinen, wie sie nicht wirklich sind. Und schließlich: wie sind sie wirklich?«[70] Die *ready mades*, wie man die objets trouvés Duchamps auch nennt, bezeichnet daher Richter als »ein Abführmittel gegen die verlogene Gegenwart.«[71]

Gerade weil sich aber in ihnen der Grund der Wirklichkeit in seiner Unbegreiflichkeit, Unverstehbarkeit und damit Menschenfremdheit als etwas Verschlossenes zeigt, dessen wir uns in keiner Weise bemächtigen können, erwachen sie gleichsam, wo sie uns unvermittelt entgegentreten, zu einem dämonischen Eigenleben. Der fröhliche Fortschrittsoptimismus von Wissenschaft und Technik ist eitler Wahn – hier ergreifen wir die eigentliche und jeden faßbaren Sinnes bare Wirklichkeit.

Der Dadaismus kehrt somit zur Einheit von Kunst und Wirklichkeit, die wir am Ursprung unserer Geschichte, im Mythos, gefunden haben, wieder zurück, wenn auch in einem gegenüber damals völlig geänderten, ja, geradezu gegensätzlichen Sinne. Diese Einheit ist für den Dadaismus dadurch gegeben, daß nur der wirkliche Gegenstand selbst das objet trouvé sein kann, nicht aber seine Abbildung im Scheine, in der Illusion, im Bilde;[72] denn dies alles enthielte schon künstlerische Formung und damit Zusammenhang, Sinnbeziehung und Sinnverweisung. Darin liegt aber zugleich der Unterschied zwischen Dadaismus und Mythos. Denn das Ergebnis der dadaistischen Einheit von Kunst und Wirklichkeit ist ja nicht mehr, wie im Mythos, daß uns überall in der Natur das Numinose oder Göttliche anblickt – es sei im Guten oder Bösen – sondern daß die Welt sich als etwas Sinnloses, Absurdes und als ein Pandämonium enthüllt. Das bedeutet keineswegs, daß nicht auch Erheiterndes im Dadaismus zu finden sein kann. Aber dann hat es die Weise des Grotesken oder des absurden Witzes, wie sie vor allem im Unterschied zum New Yorker Dadaismus Duchamps im Züricher Dadaismus Arps, Tzaras und anderer zu finden ist.[73]

Der Dadaismus beschränkt sich indessen nicht auf das objet trouvé als toten Gegenstand; er will die bezeichnete Einheit von Kunst und Wirklichkeit, ja, von Kunst und Leben überall demonstrieren. Hierzu gehört zunächst dies, daß der Dadaismus nicht beim einzelnen Gegenstand als objet trouvé stehen blieb, sondern mehrere miteinander kombinierte, aber eben wieder so, daß damit ihr ursprünglicher Sinnzusammenhang gesprengt wird. Ein besonders gutes Beispiel hierfür sind die Collagen K. Schwitters', in denen verschiedene Abfallprodukte wie Schuhsohlen, Drähte, Scheuerlappen, Billets, Streichhölzer usf. miteinander verbunden werden. Weiter werden auch einzelne Situationen, Bewegungsabläufe, Handlungsprozesse aufgeführt, die aber ebenfalls vorzugsweise banale und triviale Vorgänge des Alltagslebens darstellen und die man aus ihren rationalen Beziehungen herauslöst. So entspricht dem objet trouvé das sogenannte *Happening*. Auch hier kann ich nun freilich auf die zahllosen Varianten dieser Grundidee nicht eingehen, die man etwa im *Berliner Dadaismus*, im sogenannten *Neo-Dadaismus*, im *Neuen Realismus*, in der *Decollage*, in der *Arte povera*, in der *Fluxus-Kunst*, im *dadaistischen Environment*, der *Prozeß-Kunst*, der *Behaviour-Art* usf. finden kann. Viele Dadaisten der ersten Stunde haben allerdings die neueren und neuesten Formen des Dadaismus vernichtend kritisiert. So schreibt Duchamp: »Dieser Neo-Dada, der sich jetzt neuer Realismus, Pop Art, Assemblage etc. nennt« – gemeint ist hier mit Pop Art jener nicht näher behandelte Teil dieser Kunst, der dadaistische Züge trägt – »ist ein billiges Vergnügen und lebt von dem, was Dada tat. Als ich die ›Ready mades‹ entdeckte, gedachte ich den ästhetischen Himmel zu entmutigen. Im Neo-Dada benutzen sie aber die ›Ready mades‹, um an ihnen ästhetische Werte zu entdecken! Ich warf ihnen den Flaschentrockner und das Urinbecken ins Gesicht als eine Herausforderung, und jetzt bewundern sie es als das ästhetisch Schöne.«[74] Ähnlich äußert sich H. Richter: »Was jetzt im Neo-Dadaismus geschieht, ist der Versuch, den Schock als Wert – an sich – zu etablieren. Man versucht dem ›Antifetisch‹ wieder das ›Kunst-Attribut‹ zuzulegen .... Aber mit einer Schockwirkung zu arbeiten, die keinen Schock mehr auslöst, ist sinnlos. Oder, wie Brian O'Doherty, der Kritiker der ›New York Times‹ es ... ausdrückt: ›Der Spießer macht die Avantgardisten konfus. Er beschämt sie, bringt sie aus dem Häuschen, indem er gar nicht mehr mit Schock, sondern mit Vergnügen und der Geldbörse reagiert. Er kauft und amüsiert sich köstlich. Mit anderen Worten, er glaubt den Rebellen die Rebellion überhaupt nicht und wird dadurch durch den Kunsthandel und die Museen bereitwillig unterstützt.‹«[75] Am Ende seines Buches schreibt H. Richter: »Niemand kann sagen, wann, wo und von welcher Ecke das ununterbrochene Streben des Menschen nach einem echten Bild seiner selbst aus dem Vakuum wieder durchbricht. Daß es auch in dieser Anti-Kunst« (die ja der Dadaismus sein will) »wieder durchbrechen wird, möchte ich gern glauben.«

Diese selbstkritischen Worte eines führenden Dadaisten kommen nicht von ungefähr. Je mehr nämlich der Dadaismus mit dem konkreten Objekt und dem Zufall seinen Kult trieb, je heftiger er die wissenschaftliche Ontologie herausforderte, desto häufiger schlug sein trotziger »Nihilismus« in eine Erfahrung des Numinosen und Mythischen um. Wieder können wir, wie im Impressionismus, im Kubismus und Surrealismus, den mythischen Urgrund vermutlich allen künstlerischen Gestaltens gerade dort beobachten, wo er vom sog. modernen Bewußtsein beinahe völlig verschüttet zu sein schien.

So ist für H. Arp der Zufall eine »kultische Instanz«, er sei der Urgrund, aus dem alles Leben dringe.[76] In »Flamingo Feathers, Laurens v. d. Post« lesen wir: »Zufall oder was ihr ›Glück‹ nennt, ist eine Manifestation der gleichen Dinge, nicht nur etwa ein zufälliges Ereignis, das in keinem Zusammenhang steht in der allgemeinen Ordnung von Vorgängen, sondern im Gegenteil Teil eines fundamentalen Gesetzes, dessen Funktionierens ihr entweder schmerzhaft unwissend seid, oder das ihr arrogant verachtet .... Wir betrachten Ursache und Wirkung nur als zwei unter mehreren Aspekten des entscheidenden Triebes und Zweckes des Lebens.«[77] Richter bemerkt dazu, im Zufall habe man versucht, »dem Kunstwerk Teile des Numinosen zurückzugeben, dessen Ausdruck Kunst seit Urzeiten gewesen ist, jene Beschwörungskraft, die wir heute in den Zeiten allgemeinen Unglaubens mehr denn je suchen.«[78] Zufall und »Antizufall« seien im Grunde etwas Komplementäres, zwischen denen die Dadaisten »hin- und hergeschleudert« worden seien.[79] Das konkrete Objekt ist eben nicht nur »die Deklaration des Nichts«[80] wie Duchamp, Picabia und viele Dadaisten zunächst glaubten, es ist nicht nur »inutile comme tout dans la vie«, wie Tzara gelegentlich meinte,[81] sondern dieses scheinbare Nichts vermag offenbar auch auf verborgene, numinose Zusammenhänge zu verweisen, wo das Kausalgesetz und der Zufall nur »zwei verschiedene Aspekte« des Gleichen sind und miteinander verschmelzen. Das aber entspricht, wie wir gesehen haben, den Vorstellungen mythischer Ontologie. (Vgl. Kapitel X.)[82]

Daß übrigens auch andere mythische Aspekte als derjenige von Zufall und Kausalität in dadaistischen Werken zu finden sind, dafür bietet die Säule von K. Schwitters ein geradezu klassisches Beispiel. Er hatte in ihr Höhlungen und Wölbungen angebracht, die jeweils zu einer bestimmten Person in Beziehungen standen und irgendwelche ihr zugehörige Details enthielten: Eine Haarlocke, einen Bleistift, ein Schuhband, einen Schlips, eine Zahnbürste, eine Urinflasche mit Namen des Spenders und dergleichen. Die Säule wuchs immer mehr mit dem sich erweiternden Freundeskreis des Künstlers, bis er schließlich die Decke durchbrechen mußte, um sie fortsetzen zu können. Er bekannte, daß sie ein Teil seines Ich sei; ein Teil des Ich, weil seine Freunde dazugehörten, die wiederum durch Teile repräsentiert wurden, in denen sie selbst gegenwärtig waren. Dies ist mythisch insofern, als die Grenze zwischen Innen und Außen verschwindet, das Ich also identisch in den Dingen lebt, die ihm zugehören; dies ist aber auch mythisch insofern, als der Teil das Ganze enthält. (Vgl. hierzu V. 2.4 und IX. 1.)

3.1.1 René Magritte: Eine Variante des Dadaismus

Gewisse dadaistische Züge bei Magritte liegen so auf der Hand, daß seine häufige Zurechnung zum Surrealismus nur schwer verständlich ist. Auch ihm geht es ja zunächst darum, gerade den trivialen Gegenstand aus seinen scheinbar selbstverständlichen Begriffs- und Zweckzusammenhängen herauszureißen und ihm durch eine solche Verfremdung ein konkretes Eigenleben zu geben. Ausdrücklich bekennt er: »Da meine Absicht feststand, die vertrautesten Gegenstände wenn möglich aufheulen zu lassen, mußte die Ordnung, in die man die Gegenstände im allgemeinen bringt, natürlich umgestürzt werden.«[83] So erst offenbart sich, was Magritte das »Mysterium« der Welt nennt.[84]

Und doch unterscheidet sich Magritte in gewissen Punkten von den Dadaisten. Das liegt zum einen an der Wahl seiner Mittel, zum anderen, und damit zusammenhängend, daran, daß er dem Wirklichkeitsverständnis der Dadaisten eine noch radikalere Deutung gibt. Seine Mittel sind diejenigen der überlieferten Illusionsmalerei, das also, was man allgemein den *trompe l'oeil* nennt. Aber gerade weil er daran festhält, weil er die Dinge so schön abzumalen scheint, wirkt die Verfremdung der aus ihren vertrauten Beziehungen gerissenen Dinge beinahe noch schroffer. Mehr noch: Magritte begnügt sich nicht mit der dadaistischen Zurschaustellung absurder Konkretheiten und verwirrender Zusammenstellungen, sondern er will eine solche provozierende Nichtrationalität sogar in rationaler Weise aufdecken, sie gewissermaßen durch ein bewußtes, bestimmtes *Bilddenken* klarstellen. Das geschieht zum Teil durch das *Verschmelzen von Gegenständen,* die durch die gewohnten Begriffe getrennt werden, zum Teil durch die Darstellung des *Widersprüchlichen.* So läßt er beispielsweise die Haut eines Frauenkörpers mit der Maserung von Holz verschmelzen (Die Entdeckung, 1927), ein in einem Kleiderschrank hängendes Damenhemd mit den Brüsten der Besitzerin (Lob der Dialektik, 1936–37); der Widerspruch dagegen tritt uns etwa in jenem Zimmer entgegen, das zugleich eine Straße ist (Der Schlafwandler, 1927/28), bei jenem Baum, der aus Ziegeln besteht (Die Schwelle des Waldes, 1926) oder bei jenem Marmorkopf, der blutet (Die Erinnerung, 1954). »Auf diesem Wege«, bemerkte Magritte, »gelange ich jetzt zu Bildern, bei denen der Blick auf eine ganz andere Art als bisher *denken* muß.«[85] Damit bringt er das dadaistische Mysterium der Dinge auf rationale Formeln, die es gewissermaßen »bilddenkerisch nachweisen«. Die Magrittsche Variante des Dadaismus liegt also darin, daß er dessen Zerstörung aller vertrauten rationalen Beziehungen mit der intellektuellen Schärfe denkerischer Rationalität betreibt. »Die Kunst des Malens«, sagt er daher auch, »ist eine Kunst des Denkens«[86] – freilich eines solchen, das den Maßstäben wissenschaftlichen Denkens genau entgegengesetzt ist.

Besonders deutlich wird dies in seiner Behandlung des Themas Wort und Ding, Bild und Ding. In seinem Bild »Der Sprachgebrauch« (1928) bezeichnet er zwei unförmige Kleckse mit den Worten »miroir« beziehungsweise »corps de femme«. Verführen nämlich nicht die Worte zu der irrigen Meinung, die Dinge mit ihnen erfaßt, durchdrungen zu haben, die sie bezeichnen, während sie oft genug nur nichtssagende Hülsen sind? Auf einem anderen Bild malt er eine Pfeife und schreibt darunter: Ceci n'est pas une pipe. Man soll nämlich das Bild in seinem Bild-Sein sehen, mit dem ihm eigentümlichen Wirklichkeitsaufweis und Wirklichkeitscharakter und soll es nicht als bloßes Abbild auffassen. Mit all dem versucht er, den üblichen Vertrautheitsprozeß aufzusprengen und den Betrachter für neue Erfahrungen, Denk- und Sichtmöglichkeiten zu öffnen. »Meine Bilder«, sagt er dazu, »sind entworfen worden als materielle Zeichen der Freiheit und des Denkens.«[87] In diesem Zusammenhang ist auch seine Bemerkung zu verstehen: »Ich lege besonderen Wert auf diese Idee, daß meine Malerei *nichts ausdrückt*«.[88] Nämlich nichts in dem Sinne, daß sie auf etwas außerhalb ihrer verwiese, in das sie einzuordnen wäre; seine Bilder stellen immer nur *diese konkrete* Situation dar, die auf ihnen zu sehen ist; sie stellen nicht ein Vorbild dar, das, wie das Beispiel mit der Pfeife zeigt, schon etwas ganz anderes wäre als das Bild (zum Beispiel etwas, das in dem Zweckzusammenhang des Rauchens vertraut sein kann); auch nicht einen Begriff oder ein Wort, die eine rationale Verfügbarkeit vorspiegeln. Daraus folgt seine Erläuterung der Titel seiner Bilder: »Die Titel sind so gewählt, daß sie … verhindern, meine Bilder in einem vertrauten Bereich anzusiedeln, den der automatische Ablauf des Denkens für sich finden könnte, um ihre Reichweite zu unterschätzen.«[89]

Wir stoßen damit auf einen weiteren wichtigen Unterschied zwischen Magritte und den anderen Dadaisten. Die Darstellung des Absurden, Irrationalen und Paradoxen ist offenbar für ihn nur ein Mittel, ein Meditationstraining gewissermaßen, das den Schein falscher

Rationalität aufbricht und uns überhaupt erst offen für dasjenige werden läßt, was Magritte das »Mysterium« nennt. Wenn wir uns nämlich den vertrauten Beziehungen entfremden, stoßen wir auf eine konkrete Welt voller Bedeutsamkeiten, wo alles auf mannigfaltige Weise zum Zeichen, zum Numen wird. Diese Numina lassen sich freilich nicht enträtseln, sie sind durch die Schichten, durch die hindurch sie alleine wahrzunehmen sind – die falsche Rationalität, deren Umkehr ins Paradoxe – bis zur Unkenntlichkeit entstellt, so daß sie zur unlöslichen Chiffre geworden sind. Und doch bekundet sich durch all dies hindurch der mythische Weltgrund, er ist immer noch da, er ist überall gegenwärtig – wir vermögen ihn nur nicht mehr zu entziffern.[90]

3.2 Der Expressionismus

Nun zur anderen Revolte gegen die wissenschaftlich-technische Zivilisation, dem Expressionismus. Er führt uns in gewisser Hinsicht wieder zum Ausgangspunkt, dem Mythos zurück.

Mit flammender Schrift sucht er diesen zu beschwören, wie er gleichzeitig der leidenschaftlichen Klage über die Vertreibung des Menschen aus dem verlorenen Paradies der Einheit von Mensch und allebendiger Natur in die moderne Asphaltwelt der Großstädte und der Industrie Ausdruck verleiht. Im Expressionismus explodiert jene unterdrückte und verschüttete Seite des modernen Menschen, auf der er nie aufgehört hat, das Numinose zu erfahren und in den Mysterien der Liebe, der Geburt, des Todes, der Sonne, des Lichtes, der Nacht und des Tages dem Göttlichen zu begegnen.[91] Gerade weil dies alles nicht mehr selbstverständlich ist, sondern bezweifelt wird, überzeichnet es der Expressionismus, sind seine Bilder wie Plakate, die ohne Umschweife das Wesen der Sache grell herausstellen. Es ist bisweilen etwas Gewaltsames in ihnen, als ob man zu solchem Aufschwung nur noch in der Ekstase fähig wäre.[92] Man denke an die glühenden Landschaftsbilder van Goghs, Vlamincks, Derains, Noldes, Schmidt-Rottluffs und Kirchners, um nur einige zu nennen, Bilder, die wie Vulkane aus erloschener Erde aufbrechen.[93] Hier wird die alte Subjekt-Objekt-Einheit, die Einheit von Idee und Wirklichkeit, von Mensch und Gott in der Natur wieder geschaut und verherrlicht. »Wie kann man das Empfinden eines Malers vor einer Landschaft von dem unterscheiden, das er vor einem Menschen hat?« schreibt Kirchner. »Es ist dasselbe.«[94] »Die Kunst ist dionysisch, eine Hymne an die Freude, eine Trunkenheit des Geistes ...« erklärte Derain.[95]

Und van Gogh bekannte: »Man muß die Liebe zweier Liebender durch die Ehe zweier Komplementärfarben ... und durch das Vibrieren verwandter Töne ausdrücken. Den Gedanken einer Stirn durch das Strahlen eines hellen Tones auf einem dunklen Hintergrund, die Hoffnung durch irgendeinen Stern, die Glut eines Wesens durch das Leuchten der untergehenden Sonne. Das ist gewiß keine ... Illusionstechnik ... ist es nicht etwas tatsächlich Vorhandenes?«[96]

Aber man versteht diese expressionistische Verklärung der Natur, in der alle Gegenständlichkeit nicht etwa in der Subjektivität verschwindet, sondern in der das Objekt mit ihr verschmilzt, wo die Subjekt-Objekt-Einheit selbst das Objektive, Wirkliche ist, wo nach alter Weise der Kosmos sich als Organismus enthüllt, »ein wechselnd Weben, ein glühend Leben«, wo sich das Innere überall im Äußeren spiegelt und umgekehrt,[97] man versteht diesen Expressionismus nur halb, wenn man nicht seine Kehrseite sieht, die Darstellung der Selbstentfremdung und Vereinsamung der Menschen in den Städten, in den Werkstätten der Industrie, in der naturfernen Welt der modernen Zivilisation. Es gibt Künstler, die vornehmlich darauf das Gewicht legen, wie Toulouse-Lautrec, Munch und Beckmann, es gibt solche, die sich mehr dem Mythos der Natur zuwenden wie Marc und Nolde;[98] es gibt schließlich solche, die sich beidem zuwenden, wozu van Gogh, in erster Linie aber Kirchner gehören. Und doch hängt in jedem Falle das eine mit dem anderen zusammen. Der »Schrei« des angstbesessenen, seiner Identität mit dem Weltgrund verlustig gegangenen Menschen, um eines der markantesten Themen Munchs zu zitieren, ist hier nur verständlich vor dem Hintergrund des leidenschaftlichen Versuches, die verlorene Einheit mit der Natur sozusagen im Alleingang festzuhalten, wie umgekehrt das Fiebrige dieser Versuche in den Landschaftsbildern die Qual der Sehnsucht, die Anstrengung der Beschwörung verrät.

Der Expressionismus hat eine Verwandtschaft mit der Romantik, insbesondere insofern, als er etwas Sentimentalisches hat, etwas Gebrochenes. Aber es ist eben nicht mehr die Romantik des Bürgers in der Enge der Kleinstadt, sondern die Romantik des von der Natur abgeschnittenen Großstadtmenschen. Das gibt dem Expressionismus etwas eigentümlich Flackerndes und Unruhiges. Stilelemente anderer zeitgenössischer Kunstformen, zum Beispiel des Impressionismus, teilweise auch des Kubismus, verarbeitet er für seine Zwecke, nur so kann er in seiner Aussage wahr bleiben, nämlich als eine solche des 20. Jahrhunderts; eine Rückkehr zum Vergangenen ist ausgeschlossen, mag man auch vieles von ihr zurücksehnen, aber die Sehnsucht ist nicht der Besitz, und einen Besitz vortäuschen, den man nicht hat, wäre Lüge und Selbstbetrug. So ist der Expressionismus konservativ, verglichen mit den anderen hier erwähnten Formen moderner Malerei, und so ist er doch zugleich, in seiner Suche nach Verlorenem und in seinem Leiden an der »entzauberten« Gegenwart, von höchster Aktualität auch heute.

3.3 Paul Klee und der Mythos

Beobachtet man, wie sich das Ringen zwischen dem mythischen und dem wissenschaftlich-technischen Weltverhältnis innerhalb der modernen Malerei spiegelt, so wird man feststellen, daß darin Paul Klee einen eigentümlichen und herausragenden Platz einnimmt. Klee verbindet das Mythische (oft christlichen Inhaltes), das die Expressionisten suchten, mit jenen Strukturen der Subjektivität, die wir bei den abstrakten Malern finden. Alle seine Gegenstände wachsen ja in einer Weise aus abstrakten Strukturen heraus wie auch im Lied Worte Sublimationen der Musik sein können. Aber diese Gegenstände sind gewöhnlich von unverkennbar mythischer Art.

Betrachten wir zum Beispiel sein Bild »Betroffener Ort« (1922, Bern). Horizontale Streifen von unterschiedlicher Dichte senken sich von oben nach unten, werden aber in der unteren Bildhälfte durch senkrechte Linien durchbrochen, aus denen sich ein Ort herausschält: Häuser, Gärten, Umzäunung und andere Symbole menschlichen Lebens. Ein dunkler Pfeil, von oben irgendwo herkommend, ändert plötzlich seine Bahn und fährt, die Schwerkraft der herabsinkenden horizontalen Streifen in sich zusammenraffend, wie ein Blitz auf den Ort nieder: Ein schwarzes, numinoses Verhängnis. Man könnte das Raumelement des griechischen Mythos, den Témenos (vgl. Kapitel VIII, 1), in dem sich, auf umgrenztem Ort, eine göttliche Epiphanie abspielt, nicht eindringlicher auf eine knappeste Formel bringen. Ähnliches zeigt uns Klees Bild »ad parnassum«. Dessen Struktur ist einerseits abstrakt, aus kleinen Quadraten und linearen Formen wächst aber der mythische Inhalt hervor: Der göttliche Berg, zu dessen Füßen sich die Reste des delphischen Heiligtums abzeichnen. Und doch schwebt das alles gleichsam in der Mitte zwischen bloß subjektiver Idee und heiliger Wirklichkeit. Klees Bilder sind erfüllt von Gestalten der Geburt und des Todes, des Kreislaufs des Lebens, und verweben Mensch, Tier, Pflanze, Berg, Meer und Fluß in einen kosmischen Allzusammenhang. Alles Nicht-Menschliche hier ist mythisch personifiziert, alles Materielle ideell, alles Ideelle materiell, alles ist numinos, zeichen- und symbolhaft, verweist auf ein Übergeordnetes, auf einen Urgrund des Seins.

In seinem Werk »Das bildnerische Denken« hat Klee die Wechselbeziehung zwischen Ideellem und Materiellem auch in Worten zum Ausdruck gebracht. Dort schreibt er über »die Kraft des Schöpferischen«: »Wahrscheinlich ist sie selbst eine Form von Materie, nur als solche nicht mit denselben Sinnen wahrnehmbar wie die bekannten Arten der Materie. Aber in den bekannten Arten der Materie muß sie sich zu erkennen geben .... In der Durchdringung mit der Materie muß sie eine lebendige wirkliche Form eingehen. Dadurch bekommt die Materie ihr Leben ...«.[99] Klee spricht es ferner deutlich aus, daß er die Kunst als eine »Projektion aus dem überdimensionalen Urgrund ...« betrachtet.[100] Man müsse vom »Vorbildlichen«, nämlich den bloßen »vorliegenden« Erscheinungen, an denen die Impressionisten haften blieben,[101] »zum Urbildlichen« vorstoßen.[102] »Unser pochendes Herz aber treibt uns hinab, tief hinunter zum Urgrund.«[103]

Daß es sich hier in der Tat um mythisches Denken handelt, darauf deuten noch eine Reihe weiterer Bemerkungen des erwähnten Buches hin. So beginnt es mit dem »grauen Punkt«[104] als Symbol des Chaos, woraus das »Urei« und die »Urzelle« entstünden.[105] Aus diesem Punkt aber entwickelt sich auch jede bildnerische Gestaltung: »Ich beginne logischerweise mit dem Chaos .... Das Chaos ist ein mythischer Urzustand der Welt.«[106] Bedeutsam sind hier ferner einige Bemerkungen aus Klees Tagebüchern,[107] die übrigens genau so gut von einem Expressionisten stammen könnten, zum Beispiel: »Der Sturm setzt gewaltige Schenkel ins Tal der Welle und in den Nacken der Eiche .... Es wohnt die Gottheit bei .... Ähnlich beobachtete ich ein Gewitter mit Hagelschlag.«[108] Oder: »Zwei Berge gibt es, auf denen es hell ist und klar, den Berg der Tiere und den Berg der Götter. Dazwischen aber liegt das dämmrige Tal der Menschen. Wenn einer einmal nach oben sieht, erfaßt ihn ahnend eine unstillbare Sehnsucht, ihn, der weiß, daß er nicht weiß, nach ihnen, die nicht wissen, daß sie nicht wissen, und nach ihnen, die wissen, daß sie wissen.«[109] Und schließlich, um noch ein drittes Beispiel aufzuführen, die folgende Eintragung Klees: »Einmal stand ich plötzlich in der Aare .... Welch ein Anblick ... dieses smaragdgrüne dahinschießende Wasser und das sonnengoldene Ufer! Ich hatte lange kein Auge mehr für die Landschaft gehabt. Nun lag sie da in ihrer ganzen Pracht, erschütternd! ... O Sonne, Du mein Herr!«[110] (Mir scheint übrigens auch Klees Denken in Polaritäten mythischen

Ursprungs zu sein, ohne daß ich hier näher darauf eingehen kann. Immer wieder beschäftigt er sich mit ihnen in seinen theoretischen Abhandlungen, immer wieder gehen sie in seine Bildtitel ein, wie: Chaos – Kosmos, Unordnung – Ordnung, Gut – Böse, Geistlich – Weltlich, Weiblich – Männlich, Statisch – Dynamisch, Darunter – Darüber usf.)

Aber Klee beläßt es nicht bei solchen eher ungefähren und sporadischen Bemerkungen, sondern er gelangt zu einer grundlegenden Beschreibung des Verhältnisses von Ich und Gegenstand, die uns aus dem Mythos bereits vertraut ist.

Früher, schreibt er in »Das bildnerische Denken«,[111] suchten das Ich und das Du, worunter er den Künstler und seinen Gegenstand versteht –, »Beziehungen auf dem optisch-physischen Weg durch die Luftschicht, welche zwischen Ich und Du liegt.« Insofern befaßte sich der Künstler mit der unmittelbaren »Erscheinung«. Aber wenn der Gegenstand für Klee zum »Du« wird, dann wird er zu etwas Ideellem, ja, erhält personale Züge, wie das überall im Mythos geschieht. Und weil der Gegenstand als »Du« zu uns spricht, so sagt Klee nicht etwa, das Ich suche die Beziehungen *zum* Du als Gegenstand, sondern das Ich *und* das Du suchen solche Beziehungen. Entsprechend beginnt das Kapitel, aus dem hier zitiert wurde, mit den Worten: »Die *Zwiesprache* mit der Natur bleibt für den Künstler Conditio sine qua non.«[112] Früher, so hörten wir gerade, beschränkte sich diese Zwiesprache auf den »optisch-physischen Weg«, die unmittelbare Erscheinung, wie es vor allem bei den Impressionisten der Fall war. Dieser Weg stellt jedoch für Klee eine unzulässige Einschränkung dar. Denn der Künstler, lesen wir weiter, ist »auch Geschöpf auf der Erde und Geschöpf innerhalb des Ganzen ...«.[113] Damit trete in die Auffassung des Gegenstandes eine »Totalisierung« ein, »sei dieser Gegenstand Pflanze, Tier oder Mensch, sei es im Raum des Hauses, der Landschaft oder im Raum der Welt ...«.[114] So komme das Ich von der »optischen Außenseite auf das gegenständliche Innere ...«,[115] so werde der »Erscheinungseindruck zu funktioneller Verinnerlichung« »gesteigert«.[116] Der optisch-physische Weg enthält also offenbar deswegen eine Einschränkung, weil er nur das Äußere der unmittelbaren physischen Erscheinung vermittelt, ihr isoliertes Gegenstandsein, nicht aber deren Verwobenheit mit dem Ganzen der Erde und des Himmels. Was aber bedeutet es, daß das »Innere«, die »funktionelle Verinnerlichung«, hervortritt, wenn diese Verwobenheit in den Gegenstand als »Du« eingeht? »Funktionell« bedeutet bei Klee einen Gegensatz zu formal oder formell, und zwar bezeichnet es das Organische, Lebendige. Die Einbeziehung des Gegenstandes in das Ganze, seine »Totalisierung« ist somit seine Verlebendigung, die, als solche, auf die Wesensverwandtschaft des Gegenstandes mit dem Ich hinweist. Einerseits ist also mit dem »Inneren« das Wesen des Gegenstandes gemeint, andererseits kommt aber mit seiner »Verinnerlichung« die Wesensverwandtschaft mit dem Ich zutage – der Gegenstand hält als »Du« »Zwiesprache« mit ihm. Klee leugnet übrigens nicht, daß schon die frühere Malerei das Ich an der Erscheinung zu »gefühlsmäßigen Schlüssen« »anreizte«.[117] Allein »in ein über die optischen Grundlagen hinausgehendes Resonanzverhältnis« und damit »zu einer Vermenschlichung des Gegenstandes«[118] gelange man nur auf den beiden folgenden Wegen: »Erstens den nicht-optischen Weg gemeinsamer irdischer Verwurzelung ..., und zweitens den nicht-optischen Weg kosmischer Gemeinsamkeit ... Metaphysische Wege in ihrer Vereinigung.«[119] Dabei definierte Klee an dieser Stelle den »nicht-optischen Weg gemeinsamer irdischer Verwurzelung« genauer als jenen, »der dem Ich von unten ins Auge steigt«, zum Unterschied vom »nicht-optischen Weg kosmischer Gemeinsamkeit«, »der von oben einfällt«. Das bedeutet, Erde und Himmel sind hier nicht als neutrale oder ›objektive‹ astronomische Tatsachen aufgefaßt, sondern es handelt sich um unsere Beziehung zu ihnen; entsprechend bedeutet »nicht-optisch« etwas, was nicht nur physisch-physikalisch gegeben ist, sondern mit dem Ich, dem Subjekt, mit dieser *unserer* Erde und diesem *unserem* Himmel lebendig verwoben ist. Daß schließlich Klee beide Wege »metaphysisch« nennt, ist leicht zu verstehen: Nach dem Sprachgebrauch seiner Zeit wurde alles für metaphysisch gehalten, was sich der empiristisch-positivistischen Betrachtungsweise, die man mit den Naturwissenschaften verbunden hatte, widersetzt. In Wahrheit aber finden wir bei Klee, besonders wenn wir die soeben analysierte Textstelle im Zusammenhang mit den anderen hier erwähnten und noch folgenden sehen, weniger metaphysische als mythische Grundvorstellungen zum Ausdruck gebracht. Klees hierzu angefertigte nebenstehende Skizze soll zu ihrer weiteren anschaulichen Verdeutlichung dienen.

»Sämtliche Wege«, heißt es nun weiter,[120] »treffen sich im Auge und führen, von ihrem Treffpunkt aus in Form umgesetzt, zur Synthese von äußerem Sehen und innerem Schauen. Von diesem Treffpunkt aus formen sich materielle Gebilde, die vom optischen Bild eines Gegenstandes total abweichen und doch, vom Totalitätsstandpunkt aus, ihm nicht widersprechen«,[121] sondern ihn eben

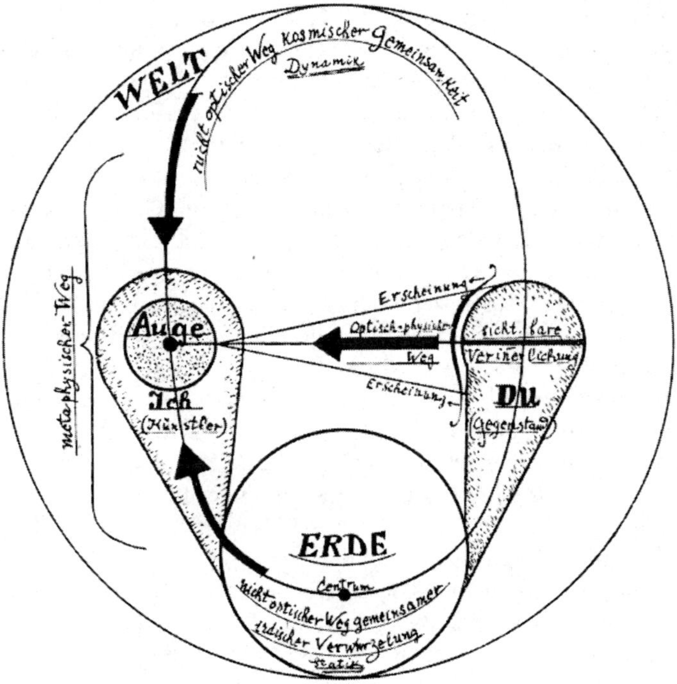

(Aus Paul Klee, Das bildnerische Denken, S. 67.)

nur in seinem erweiterten und vertieften Zusammenhang sichtbar machen.

Klee gibt sich keinen Illusionen hin, was ihn vom sog. Zeitgeist her erwartet: »Entrüstung und Verbannung: Vollsynthetiker Hinaus! Hinaus Totalisator! … dann die hagelnden Schimpfwörter: Romantik! Kosmik! Mystik!«[122] Dem folgt Klees Stoßseufzer: »Ja man müßte am Ende einen Philosophen berufen, einen Magier! … Man müßte Kolleg halten an Feiertagen, außerhalb des Schulkomplexes. Draußen unter den Bäumen, bei den Tieren, an Strömen. Oder auf Bergen im Meer.«[123] Aber es gibt Methoden, wenigstens ein besseres Verständnis vorzubereiten. Man solle sich doch, so Klee, als Lockerungsübung gewissermaßen, vor Augen halten, daß die Welt einmal von der unseren verschieden war und vermutlich später auch wieder von ihr verschieden sein wird: »Auf ganz anderen Sternen kann es wieder zu ganz anderen Formen gekommen sein.«[124] Diese Übung diene »einer Freiheit, die lediglich das Recht fordert, ebenso beweglich zu sein, wie die große Natur beweglich ist.«[125] Unsere sichtbare Welt ist deswegen für Klee »in dieser ausgeformten Gestalt ... nicht die einzige der möglichen Welten!«[126]

Bisher war nur vom Mythischen bei Klee ausführlich die Rede. Wenden wir uns nun dem Abstrakten bei ihm zu, jener, wie sich zeigte, modernen Sprache der Subjektivität, in welcher er das Mythische ausdrückte. »Man verläßt die diesseitige Gegend«, schreibt er,[127] womit er diejenige der bestehenden sichtbaren physischen Wirklichkeit meint, »und baut dafür hinüber eine jenseitige, die ganz Ja sein darf. Abstraktion. Die kühle Romantik dieses Stils ohne Pathos ist unerhört. Je schreckensvoller diese Welt (wie gerade heut), desto abstrakter die Kunst, während eine glücklichere Welt eine diesseitige Kunst hervorbringt.«[128] Was heißt das? »Jenseitig« heißt hier nicht etwa »transzendent«, sondern eine »mögliche Welt« im vorhin genannten Sinne, die jedoch »mit der großen Schöpfung Ähnlichkeit aufweist«.[129] Das ist romantisch, aber, in die exakten Strukturen des Abstrakten eingeflochten, zugleich »kühl« und »ohne Pathos«. Kein Zweifel schließlich, was Klee mit der »schreckensvollen Welt« meint, eben jene, die *keine* diesseitige Kunst hervorzubringen vermag, sondern die sich in die Abstraktion der Subjektivität, in die bloße Vorstellungswelt zurückziehen muß. Die »glücklichere Welt« liegt in der Vergangenheit: »Das antike Italien«, schreibt er in seinen Tagebüchern,[130] »ist auch jetzt noch die Hauptsache, die Hauptsache für mich. Eine gewisse Wehmut liegt darin, daß eine Gegenwart hier nicht daneben existiert. Daß man die Trümmer mehr bewundert als das Wohlerhaltene, ist voll Ironie.« Im Jahre 1901 schreibt er: »So weit bin ich jetzt, daß ich die große Kunst der Antike und ihre Renaissance überblicke.«[131] Aber: »Nur zu unserer Zeit kann ich mir kein künstlerisches Verhältnis denken. Und unzeitgemäß etwas leisten zu wollen, kommt mir suspekt vor. – Große Ratlosigkeit. – Deshalb bin ich wieder ganz Satire.«[132] Dieses zeitgemäße »künstlerische Verhältnis« hat er später gefunden. Indem er nämlich die Gegenstände des Mythos aus den abstrakten Formen der Subjektivität herauswachsen und mit ihnen verschmelzen ließ, »rettet« sich durch ihn das Mythische, das in der äußeren Wirklichkeit nicht mehr erfahrbar ist, in die bloße »Vorstellung«. So malt er, nach eigenem Bekenntnis – ich zitiere noch einmal – »mögliche Welten«.

Dem abstrakten Formalismus, dessen er sich hierbei bedient, geht nun auch er wie die abstrakten Maler mit durchaus wissenschaftlicher Strenge nach. Ein großer Teil seines Buches »Das bildnerische Denken« zeugt davon in eindrucksvoller Weise. A. Gehlen hat nachgewiesen, daß er dort auf eine unabhängige und schöpferische Weise zu einer Art Gestaltpsychologie gekommen ist.[133] Vieles freilich erinnert eher an Goethes Farbenlehre, steht also in Beziehung zur »sinnlich-sittlichen Wirkung der Farbe«; manches wieder enthält mythische Symbolik, wie etwa Klees Lehre vom Punkt (siehe oben). Dennoch findet sich dort eine Fülle von Beobachtungen, welche die Wahrnehmungspsychologie des Menschen im allgemeinen betreffen, also »kulturunabhängig« sind. Einige Kapitelüberschriften mögen wenigstens Hinweise dazu geben, da hier im einzelnen nicht darauf eingegangen werden kann: »Linie: aktiv, passiv, medial«[134]; »Linie, Fläche und Orientierung im Raum«[135]; »Synthese der räumlich plastischen Darstellung und Bewegung«[136]; »Die gegenseitigen Beziehungen der Farben«[137] usf. Daß aber mit solchen Studien und auf ihnen aufbauenden abstrakten Gestaltungen allein das von ihm erstrebte künstlerische Ziel nicht erfaßt wird, hat er mehrfach klar und deutlich gesagt. »Freimachung der Elemente«, schreibt er, »ihre Gruppierung zu zusammengesetzten Unterabteilungen, die Zergliederung und der Wiederaufbau zum Ganzen auf mehreren Seiten zugleich, die bildnerische Polyphonie, die Wiederherstellung der Ruhe durch Bewegungsausgleich, all dies sind hohe Formfragen, ausschlaggebend für die formale Weisheit, aber noch nicht Kunst im obersten Kreis. Im obersten Kreis steht hinter der Vieldeutigkeit ein letztes Geheimnis, und das Licht des Intellekts erlischt kläglich.«[138] »Aus abstrakten Formelelementen wird über ihre Vereinigung zu konkreten Wesen … hinaus zum Schluß ein formaler Kosmos geschaffen, der mit der großen Schöpfung solche Ähnlichkeit aufweist, daß ein Hauch genügt, den Ausdruck des Religiösen, die Religion zur Tat werden zu lassen.«[139] Darin liegt aber schließlich die Grenze, die Klee zur Wissenschaft zieht, mag er sie noch so bewundern, mag er ihre Möglichkeiten noch so für sich nutzen. »Auch der Kunst«, bemerkt er,[140] »ist zu exakter Forschung Raum gegeben, und die Tore dahin stehen seit einiger Zeit offen … Mathematik und Physik liefern dazu die Handhabe … Man lernt … Logik. Das alles ist sehr gut, und doch hat es seine Not: … Man belegt, begründet, stützt, man konstruiert …; aber man gelangt nicht zur Totalisation.« Er müsse betonen, »daß die genaueste wissenschaftliche Kenntnis der Natur … uns nichts nützt, wenn wir nicht mit allem Rüstzeug versehen sind zu ihrer Darstellung.«[141] Gemeint ist die künstlerische Darstellung jener soeben erwähnten »Totalisation«, der mythischen Einheit von Ich und Gegenstand als Einheit von Ich und Du im lebendigen Zusammenhang der Erde und des Himmels.

Man könnte vielleicht sagen, Klee habe im Bereich der Malerei das Mythische am überzeugendsten bewahrt, und zwar gerade deshalb, weil er es mit den allein verbliebenen Mitteln der Subjektivität getan hat. So ist er ebenso entfernt von der Egozentrik der Surrealisten wie dem Nihilismus der Dadaisten, auch wenn sie ihn mißverständlich gerne als einen der ihren ansahen; nicht weniger fremd ist ihm der Rationalismus der Kubisten. »Picasso und Klee«, bemerkt W. Hofmann, »stehen an verschiedenen Ufern.«[142] Andererseits verbindet ihn mehr als man glaubt mit den Expressionisten, von denen er sich freilich vor allem dadurch unterscheidet, daß er in deren gewaltsamer Revolte offenbar keine Lösung sah; auch den Abstrakten steht er näher, als es scheint, selbst wenn er ihren endgültigen Verzicht auf Gegenständliches ablehnt; und schließlich hat er von den Impressionisten gelernt, die Gesetze subjektiven Sehens und Wahrnehmens wissenschaftlich zu erforschen. Auf eine eigenwillige, leise, platonische, apollinische Art, leicht ironisch – witzig verfremdet – er nennt das gelegentlich, wie vorhin erwähnt, »satirisch« – will er in der seiner Zeit zugänglichen Sprache des Subjektiven so etwas wie uralt mythisches Weiterleben bewahren.

Blicken wir zurück. Es ist selbstverständlich, daß die aufgeführten Beispiele, obgleich untereinander in einem gewissen logischen Zusammenhang stehend, wie sich gezeigt hat, kein vollständiges Bild von der Entwicklung der modernen Malerei vermitteln konnten oder sollten. Wichtige Stilformen, wie zum Beispiel der *Naturalismus* oder die *Neue Sachlichkeit*, mußten, um die Grenzen dieses Kapitels nicht zu überschreiten, unerwähnt bleiben. Dennoch ist die zusammenfassende Feststellung erlaubt, daß sich der Expressionismus mit seinem provozierenden Bekenntnis zum Mythos am kompromißlosesten und, wie wir heute sagen können, mit begründbarem Recht von den Denkschemata unserer wissenschaftlich-technischen Zivilisation gelöst hat. Ein künstlerisches Werturteil ist damit freilich nicht verbunden. Man wird dem vielleicht entgegnen wollen, die dadaistische Revolte gegen wissenschaftliche Rationalität zeuge von keiner geringeren grimmigen Entschlossenheit. Aber wenn dies auch zutrifft, so bleibt doch die Abhängigkeit der dadaistischen »Philosophie« von der wissenschaftlichen Ontologie in einem entscheidenden Punkt bestehen: In dem schroffen Gegensatz nämlich, den diese »Philosophie« zwischen dem Gesetz und dem Zufall herstellt. Denn mythisch existiert ja dieser Gegensatz gar nicht (vgl. Kapitel X). Nun hat zwar, wie gezeigt, ein Teil der Dadaisten den Gegensatz von Gesetz und Zufall später wieder aufgehoben, aber das bestätigt nur, daß der Expressionismus in seinem radikalen Versuch, zum Mythos zurückzukehren, durchgehender und entschiedener mit der von der Wissenschaft geprägten Weltdeutung gebrochen hat.

Man wird sich am Ende die naheliegende Frage stellen, was sich auf dem Gebiet der Kunst abspielen wird, wenn die Faszination durch die Wissenschaft in noch stärkerem Maße nachläßt, als es schon der Fall ist. Vermutlich wird die Kunst allmählich wieder als Ganzes zu ihrer früheren Überzeugung zurückkehren, daß ihr eine eigene *objektive* und nicht nur subjektive Wirklichkeitsdimension zugeordnet werden kann, und daß sie diese Dimension nicht in einer Art Revolte gegen diejenige der wissenschaftlichen Welt verteidigen muß.[143]

XXIV. Das Mythische in der christlichen Religion und der klassische Versuch Rudolf Bultmanns, sie zu entmythologisieren

Seit der Aufklärung ist die christliche Religion Gegenstand wissenschaftlicher Kritik. Diese Kritik hatte einen ihrer letzten Höhepunkte in Rudolf Bultmanns Theologie, die ich hier aus folgenden Gründen beispielhaft herausgreife und untersuche: *Erstens* hat Bultmann gerade das Mythische im Christentum und seinen Gegensatz zur wissenschaftlichen Wirklichkeitsauffassung auf das Deutlichste herausgearbeitet; *zweitens* konnte sich Bultmann dabei auf ein inzwischen außerordentlich umfangreich und eindrucksvoll gewordenes Material moderner theologisch-historischer Forschung stützen, worüber andere, zum Beispiel die früheren liberalen Theologen, nicht verfügten; *drittens* wiegt Bultmanns Werk umso schwerer, als er zugleich ein gläubiger Christ war, seine Kritik also von innen und nicht, wie so oft, von außen geübt wird; und *viertens* hat die Theologie der unmittelbaren Gegenwart zu dem Thema »Mythos, Religion und Wissenschaft« keinen mit dem Bultmannschen an Rang und Umfang vergleichbaren Beitrag geliefert.

Es ist zwar zutreffend, daß Bultmann das Wesen des Mythischen mehr an zahlreichen einzelnen Beispielen und verstreuten Aperçus als systematisch dargestellt hat, aber seine Ausführungen hierzu lassen sich dennoch, von einigen Ausnahmen abgesehen, nahtlos in die allgemeinen ontologischen Bestimmungen des Mythos einfügen, die hier in den vorangegangenen Abschnitten herausgearbeitet worden sind.

So sagt er zum Beispiel, mythisch sei das Göttliche ein Zustand der Welt,[144] das Jenseitige zugleich das Diesseitige. (Vgl. hierzu das Kapitel V, insbesondere die dortigen Ausführungen über den Begriff der mythischen Substanz, durch die das Sterbliche mit dem Unsterblichen durchdrungen wird.) Im mythischen Kult sieht er eine Handlung, in der materielle mit nichtmateriellen Kräften verbunden werden.[145] (Vgl. hierzu Kapitel XI über das mythische Fest und das Opfermahl.) Eher ungenau ist dagegen Bultmanns Behauptung, die Transzendenz des Gottes werde mythisch als räumliche Entfernung dargestellt,[146] denn wie im Kapitel VIII über den Raum gezeigt wurde, befindet sich ein Gott zwar an einem Ort, dieser aber ist nicht im profanen Raum lokalisierbar.

Auch Bultmanns Entwurf des »mythischen Weltbildes« stimmt weitgehend mit den ontologischen Ausführungen überein, die ich oben im zweiten Teil entwickelt habe. Hierzu gehört nach seiner Auffassung die Dreiteilung der Welt in eine himmlische, eine irdische und eine unterirdische Sphäre. Die himmlische und die unterirdische Sphäre sind numinose Orte, die mit ihren Kräften auf die irdische einwirken. In christlicher Sicht bedeutet das, daß die Erde der Schauplatz ist, auf dem göttliche mit teuflischen Mächten ringen. Dies gilt sowohl für die Menschenwelt wie für die Natur.[147] In der Tat ist unschwer die Strukturgleichheit eines solchen »Weltbildes« mit dem homerischen zu erkennen, auch wenn die Inhalte stark voneinander abweichen. (Der Olymp ist nicht der Himmel und der Hades nicht die Hölle, obwohl es entfernte Analogien gibt: Auch der Olymp ist ein Ort göttlicher Seligkeit, und der Tartaros gleicht in manchen Mythen durchaus der Hölle, wie etwa die Geschichten des Tantalos oder des Sisyphos zeigen.)

Man kann nun die Inhalte des Neuen Testamentes im einzelnen, soweit sie nach Bultmanns Meinung mythisch geprägt sind, folgendermaßen in Gruppen zusammenfassen. *Erstens:* Die Erbsünde und der Tod als Strafe. *Zweitens:* Die Fleischwerdung Gottes in Christus. *Drittens:* Die stellvertretende Buße durch die Kreuzigung Christi. *Viertens:* Die leibliche Auferstehung Christi. *Fünftens:* Die Wirkung der Sakramente. Für Bultmann ergibt sich die mythische Verfassung dieser Gruppen einfach daraus, daß er sie aus verschiedenen, die frühe christliche Ära beherrschenden Mythen, wie zum Beispiel solchen der Gnosis, der jüdischen Apokalyptik usf., ableiten kann. Dies ist jedoch unbefriedigend. Da Bultmann, von seinen mehr oder weniger intuitiven Aperçus abgesehen, über kein strenges Kriterium darüber verfügt, was mythisch ist und was nicht, so steht auch nicht fest, was in der Gnosis oder der jüdischen Apokalyptik wirklich mythisch ist. Dieser Mangel aber führt, wie sich noch zeigen wird, zu einigen Fehleinschätzungen Bultmanns über den mythischen Gehalt des Neuen Testaments. Ich werde daher zunächst das nach Bultmann Mythische im Neuen Testament an Hand der Kategorien mythischer Ontologie prüfen, die im zweiten Teil dieses Buches erarbeitet worden sind.

1. Mythisches im Neuen Testament

1.1 Die Erbsünde und der Tod als Strafe

Wenn in Röm 5,12–19 die Sünde aller Menschen auf die Sünde Adams zurückgeführt wird, so besteht für Bultmann kein Zweifel, »daß Paulus hier den auf der adamitischen Menschheit liegenden Fluch unter dem Einfluß des gnostischen Mythos darstellt.«[148] Hierzu gehört aber auch der Tod als der Sünde Sold.[149] Für Bultmann bleibt das letztlich unverständlich. Wie kann Sünde vererbt werden, wie kann sie auch dort vorliegen, wo gar kein Gesetz bekannt ist, das zu übertreten wäre?[150] Die innere Folgerichtigkeit dieses Gedankens kommt jedoch zum Vorschein, wenn man sich nicht allein darauf beschränkt, seine mythische *Herkunft* festzustellen, sondern wenn man auch seinen mythischen *Sinn* erfaßt. Diesen Sinn kann man den obigen Kapiteln V und IX, Abschnitt 2, entnehmen. Die numinose Substanz des Urahnen pflanzt sich *identisch* durch die Geschlechter fort, ja, die Identität zwischen Toten, Lebenden und Kommenden beruht gerade auf der immerwährenden Gegenwart dieser Substanz. War der Ahn göttlich, so sind es alle nachkommenden Geschlechter, und war er fluchbeladen, war seine Substanz befleckt, so erbte sich auch dies wie eine Krankheit fort (Tantaliden), die nur durch eine besondere Heilstat zu beseitigen ist – wovon später noch einmal die Rede sein wird. Da der Mensch mythisch Schauplatz numinoser Mächte ist und ein *substantielles* Wesen hat (Einheit von Ideellem und Materiellem), wird Schuld ausschließlich als ein *objektives* Ereignis verstanden (vgl. hierzu auch den Ödipus-Mythos). Jener andere Schuldbegriff, der sich auf die menschliche Freiheit und Autonomie stützt, setzt die Metaphysik des Subjektes voraus, die wir der Aufklärung verdanken, und war den Menschen früher weitgehend unbekannt. Dennoch blieb ihnen jeder »Sündenfatalismus« fremd. Wie schon erwähnt, konnten sie stets auf eine »Heilstat« hoffen, auch wenn selbst diese nicht ohne göttliche Hilfe möglich erschien. Das Ringen numinoser Mächte spiegelt sich zugleich in den Taten der Menschen, und beides ist voneinander nicht zu trennen. Das mit Leidenschaft vorgetragene apostolische Wort soll buchstäblich wie ein göttliches Feuer in die Menschen dringen und sie vom Bösen reinigen. So ist mythisch alles Gnade oder Ungnade und tathafte Handlung zugleich.

Dem gnostischen Mythos entstammt nach Bultmann auch die Vorstellung, die Juden seien Kinder des Teufels (Joh 8, 44). Diese

Vorstellung unterscheidet sich strukturell zum Beispiel nicht von derjenigen, daß die Tantaliden ein fluchbeladenes Geschlecht seien.

1.2 Die Fleischwerdung Gottes in Christus

»Dem mythischen Weltbild entspricht die Darstellung des Heilsgeschehens«, sagt Bultmann.[151] Dazu gehört nach seiner Auffassung zunächst die Vorstellung, daß »ein präexistentes Gottwesen« »auf Erden als ein Mensch« erscheint.[152] »Wie Antike und Orient von Göttern und Gottwesen erzählen, die in Menschengestalt erscheinen, so ist es auch das Hauptstück des gnostischen Erlösungsmythos, daß ein Gottwesen … Menschengestalt annahm, sich in menschliches Fleisch und Blut kleidete, um Offenbarung und Erlösung zu bringen. In dieser Mythologie prägt sich der Offenbarungsglaube aus; er besagt, 1. daß Offenbarung ein Geschehen von jenseits ist, 2. daß sich dieses Geschehen, wenn es für den Menschen etwas bedeuten soll, in der menschlichen Sphäre vollziehen muß … der Mensch weiß, was Offenbarung *bedeutet*, so gut wie er weiß, was Licht bedeutet, so gut wie er vom Brot oder Wasser des Lebens reden kann.«[153] In der Tat leitet sich, wie gezeigt, aus der Ontologie des Mythischen die sinnliche Phänomenalität des Göttlichen im Menschen als eine beständige Möglichkeit ab, und Bultmann kennzeichnet diese Phänomenalität in ihrer substantiellen »Stofflichkeit« sehr plastisch, wenn er sie mit dem Licht, mit Brot und Wasser vergleicht.

1.3 Die stellvertretende Buße durch Christi Kreuzigung

Auch diese gehört, wie Bultmann ausdrücklich hervorhebt, zum »mythischen Weltbild«.[154] Zur Verdeutlichung des Sinnes eines solchen Ereignisses verweise ich wieder auf Kapitel IX, Abschnitt 2. Da alle Geschlechter mit einem gemeinsamen Ahnherrn durch eine von diesem stammende *identische* mythische Substanz verbunden sind, hat eine Veränderung dieser Substanz in *einem* zugleich eine Änderung *aller* diesem Geschlecht Angehörigen zur Folge. Wegen der mythischen Ununterscheidbarkeit von Ganzem und Teil kann also die Heilstat oder Entsühnung von *einem* zugleich die Erlösung für jeden anderen von derselben Substanz erfüllten nach sich ziehen. Eine mythische Variante davon ist der »*Sündenbock*«. Wie wir 3 Mose 16 entnehmen können, wurde ein mit den Sünden des jüdischen Volkes beladener Bock in die Wüste gejagt. Es ist erkennbar, daß es sich dabei nicht um ein gewöhnliches Tier handelt, sondern um ein

Opfertier, das nach entsprechenden rituellen Handlungen mit der mythischen Substanz des Volkes erfüllt wurde. So lud man seine Sünden ab, indem man sie durch ein Wesen büßen ließ, mit dem man durch die gleiche numinose Identität verbunden war. Da die Sünde ferner wie eine Krankheit aufgefaßt wird, die andere ansteckt, läßt sie sich auch beseitigen, indem man ihren Herd beseitigt oder durch Buße entsühnt. Auch die Freveltat des Ödipus hat ganz Theben korrumpiert, und nur durch seine Strafe können alle Thebaner davon geheilt werden. Im Neuen Testament spielt Christus die Rolle des Sündenbocks. Durch einen numinosen Vorgang sammelt sich in ihm die sündige Substanz der Menschen; indem er büßt, verändert sie sich zu göttlicher Substanz; nunmehr aber hat jeder daran teil, der Träger dieser Substanz ist. Christi Heilstat ist also in der Tat das genaue Gegenstück zu Adams Fall und zeigt, wenn auch mit umgekehrten Vorzeichen, die gleiche mythische Struktur. Deswegen heißt es in Röm 5, 18: »Wie durch *eines* Sünde die Verdammnis über alle Menschen gekommen ist, also ist auch durch *eines* Gerechtigkeit die Rechtfertigung des Lebens über alle Menschen gekommen.« Diese Veränderung der mythischen Grundsubstanz der Menschheit schließt aber freilich nicht die persönliche Korruption des einzelnen aus, der zwar *als Mensch* nunmehr gerechtfertigt und nicht mehr automatisch dem Tode verfallen ist, diese Befreiung aber *als einzelner* sehr wohl wieder verspielen kann.

1.4 Die leibliche Auferstehung Christi

Auch diese zählt Bultmann, wie überhaupt die Berichte über Wunder, zum Mythos des Neuen Testaments.[155] Hier rächt es sich jedoch, daß Bultmann den Unterschied zwischen Mythos und Mythologie nicht genügend festgehalten hat, ja, überhaupt nicht eigentlich bemerkte. Der Mythos stellt, wie bereits gezeigt, ein bestimmtes *Erfahrungssystem* dar, enthält also eine Deutung jener Erscheinungen, die wir als *Gesetz* (Regel), und jener, die wir als *Zufall* verstehen. Gesetz und Zufall schließen sich nicht aus, wohl aber Gesetz und Wunder, weil das Wunder das Gesetz aufhebt. Nun ist in einer Vorstellungswelt, in der alles Wirkliche numinos bedeutsam ist, der Übergang von einer (in unserem Verständnis) durch Gesetz und Zufall bestimmten Erfahrungswelt zum Wunderbaren oder zum Wunder sicher fließend, und so neigt der Mensch dazu, diese Grenze immer wieder zu überschreiten. Ein Beispiel hierfür bietet die Geschichte der Alkestis, die aus der Unterwelt zu den

Lebenden zurückkehrt. Da aber der Mythos als Erfahrungssystem des Wunders nicht bedarf, ja, ein davon klar abgegrenztes, in sich geschlossenes Ganzes darstellt, ist es zweckmäßig, ihn auch begrifflich von allem darüber Hinausgehenden zu unterscheiden. Es ist im übrigen schon in Kapitel V, 2.7 darauf hingewiesen worden, daß die Trennung von Mythos und Mythologie ein Analogon in der Trennung von Wissenschaft und demjenigen hat, was man etwa zusammenfassend als »Szientismus« bezeichnen könnte. Wie die Mythologie das Erfahrungssystem des Mythos transzendiert, so der Szientismus dasjenige der Wissenschaft, indem er sie mehr oder weniger in eine dogmatische Metaphysik verwandelt. Beispiele hierfür sind der dialektische Materialismus oder der Neopositivismus der Wiener Schule. Beide machen aus dem geschichtlich bedingten, hypothetisch-deduktiven System der Wissenschaft ein Gebäude vermeintlicher absoluter Gewißheiten.

Die Wiederauferstehung eines Toten ist also nichts genuin Mythisches, sondern gehört im vorliegenden Fall, wie das Wunder überhaupt, in den Bereich der Religion. Wir stoßen hier auf einen ersten Punkt, wo sich Mythos und Religion nicht überlappen, sondern getrennte Wege gehen.

1.5 Die Wirkung der Sakramente

»Wer zur Gemeinde Christi gehört«, schreibt Bultmann,[156] »ist durch Taufe und Herrenmahl mit dem Herrn verbunden und ist, wenn er sich nicht unwürdig verhält, seiner Auferstehung zum Heil sicher. Die Glaubenden haben schon das ›Ahngeld‹, nämlich den Geist, der in ihnen wirkt und ihre Gotteskindschaft bezeugt und ihre Auferstehung garantiert.« Dies alles aber ist, wie Bultmann hierzu bemerkt, »mythologische Rede«. (Wobei er hier wieder das Wort »mythologisch« im Sinne von »mythisch« verwendet.)

In Kapitel XI, 3 ist ausführlich dargelegt worden, daß die Eucharistie (Herrenmahl) in der Tat ein mythischer Vorgang ist, weswegen ich hier nicht mehr näher darauf einzugehen brauche. Das gleiche gilt aber für die Taufe. Auch hier wird ja ebenfalls etwas Stoffliches, nämlich Wasser, durch einen besonderen Ritus gewissermaßen numinos aufgeladen und dringt als mythische Substanz in den Getauften ein. Die durch Christi Heilstat von der Erbsünde erlöste Substanz des Menschen reinigt buchstäblich von derjenigen Adams.

Die Substantialität dieses Vorganges wird besonders deutlich, wenn man sich daran erinnert, daß der »Geist«, der sich so des erlösten

Menschen bemächtigt, »Pneuma« ist. Setzt man dieses griechische Wort für »Geist« in Luthers Übertragung von Röm 8, II, dann lautet die Stelle folgendermaßen: »So nun das Pneuma des, der Jesum von den Toten auferweckt hat, in euch wohnet, so wird auch derselbe, der Christum von den Toten auferweckt hat, euere sterblichen Leiber lebendig machen um deswillen, daß sein Pneuma in euch wohnet.« Über die mythische Substantialität von Pneuma, das ja Hauch, Atem, Wind bedeutet, ist bereits im Kapitel XIV gesprochen worden. Gerade in diesem Wort kommt die »ideell-materielle Einheit« als Kategorie mythischen Denkens in einer Weise zum Ausdruck, wie es, zumindest für unsere heutigen Ohren, bei dem Wort »Geist« nicht der Fall ist. Dieser »ideell-materielle« Sinn tritt ja auch dadurch hervor, daß das Pneuma die sterblichen Leiber lebendig macht, also keineswegs nur »psychisch« verstanden werden darf.

Hierher gehört auch der nach Bultmann wiederum dem gnostischen Mythos entstammende Gedanke, daß die Kirche der *Körper* oder die *Braut* Christi sei. Unschwer läßt sich darin eine weitere Variante der mythischen Identität von Ganzem und Teil feststellen. Das Pneuma Christi und damit er selbst ist in dem vollzogenen Sakrament ungeteilt anwesend, und da die Kirche die Gesamtheit der Sakramente darstellt, gilt für sie das gleiche. Sie ist aber der Körper Christi, sofern in ihr dieses Pneuma unmittelbar sichtbare Gestalt annimmt.

2. Mythos und Wissenschaft im Lichte der »entmythologisierenden« Theologie Bultmanns

»*Mythisches Denken*«, schreibt Bultmann, »ist der Gegenbegriff zum wissenschaftlichen Denken.«[157] Dem ist mit der Einschränkung zuzustimmen, daß hier nicht von *dem* Gegenbegriff, sondern von *einem* Gegenbegriff gesprochen werden muß, da sich ja noch beliebig viele andere Abweichungen von der wissenschaftlichen Ontologie denken lassen. Was nun allerdings die genauere Unterscheidung von Mythos und Wissenschaft betrifft, die Bultmann u.a. an derselben Stelle angibt, so möchte ich mich hier mit der Feststellung begnügen, daß sie nicht in allem zutreffend ist. Das liegt wieder daran, daß Bultmann eher intuitive Vorstellungen von Mythos und Wissenschaft hatte und ihm eine systematische Einsicht in beider Grundlagen nicht verfügbar war. Wir können aber weitgehend deswegen darüber hinweggehen, weil es hier vor allem darum geht, zu klären und kritisch zu prüfen, warum Bultmann, den Gegensatz von Mythos und Wissenschaft vorausgesetzt, sich für die letztere entscheidet und wie er die christliche Religion vom Mythischen lösen zu können glaubt. Einige unrichtige Vorstellungen Bultmanns zur Verfassung des Mythischen werden aber trotzdem bei gegebenem Anlaß noch zur Sprache kommen.

»Ein Weltbild«, schreibt Bultmann, »kann man sich nicht durch einen Entschluß aneignen, sondern es ist dem Menschen mit seiner geschichtlichen Situation je schon gegeben ... es ist unmöglich, das *mythische* Weltbild zu repristinieren, nachdem unser aller Denken unwiderruflich durch die Wissenschaft geformt worden ist. Ein blindes Akzeptieren der neutestamentlichen Mythologie wäre Willkür ... ein abgezwungenes sacrificium intellectus, und wer es brächte, wäre eigentümlich gespalten und unwahrhaftig. Denn er würde für seinen Glauben, seine Religion, ein Weltbild bejahen, das er sonst im Leben verneint.«[158] Andererseits gibt Bultmann aber zu, ein Weltbild sei »nicht unveränderlich, und auch der Einzelne kann an seiner Umgestaltung arbeiten. Aber er kann es doch nur so, daß er auf Grund irgendwelcher Tatsachen das Weltbild modifiziert oder ein neues entwirft. So kann sich das Weltbild ändern etwa infolge der kopernikanischen Entdeckung oder infolge der Atomtheorie; oder auch indem die Romantik entdeckt, daß das menschliche Subjekt komplizierter und reicher ist, als daß es durch die Weltanschauung der Aufklärung und des Idealismus verstanden werden könnte; oder dadurch, daß die Bedeutung von Geschichte und Volkstum neu zum Bewußtsein kommt.«[159] Und so ist es für Bultmann auch »durchaus möglich, daß in einem vergangenen mythischen Weltbild Wahrheiten wieder neu entdeckt werden, die in einer Zeit der Aufklärung verloren gegangen sind, und die Theologie hat allen Anlaß, diese Frage auch in bezug auf das Weltbild des Neuen Testaments zu stellen.«[160] Diese Lage sieht aber offenbar Bultmann eben *jetzt* nicht für gegeben an. »Man kann nicht«, bemerkt er, »elektrisches Licht und Radioapparat benutzen, in Krankheitsfällen moderne medizinische und klinische Mittel in Anspruch nehmen und gleichzeitig an die Geistes- und Wunderwelt des Neuen Testaments glauben.«[161]

Betrachtet man diese Aussagen Bultmanns genauer, so fällt auf, daß seine Entscheidung zugunsten der Wissenschaft rein historisch begründet ist. Er behauptet nirgends, die Wissenschaft habe den Mythos endgültig theoretisch *widerlegt*, er erhebt keinerlei absoluten Wahrheitsanspruch in ihrem Namen; er verweist nur darauf, daß die Gebundenheit an ihr Weltbild unsere geschichtliche

Situation kennzeichnet und daß man aus einer solchen Situation nicht willkürlich kraft eines bloßen Beschlusses aussteigen kann. Soweit ist ihm auch zuzustimmen. Es ist aber die Frage, ob das fortgesetzte Festhalten am Mythos des Neuen Testaments in solcher Lage wirklich ein sacrificium intellectus, ja, ein Zeichen der Unredlichkeit wäre, weil man es zugleich durch das tägliche Leben verneinte. Man könnte nämlich im Gegenteil sagen, daß gerade der Zwiespalt, gleichzeitig wissenschaftlich *und* mythisch zu denken, zu jener Situation *gehört*, in der wir uns heute befinden. Ja, es ist die Frage, ob unser praktisches und persönliches Leben nicht weit eher von mythischen als von wissenschaftlichen Haltungen geprägt ist. So kann es sein, daß wir uns oft weit mehr verleugnen, wenn wir uns einseitig für das wissenschaftliche Weltbild entscheiden und nicht für das mythische. Die historische Situation spricht also keineswegs so eindeutig zugunsten der Wissenschaft, wie Bultmann meint.

Es ist im übrigen nicht miteinander vereinbar, wenn Bultmann zum einen behauptet, unser Denken sei durch die Wissenschaft »unwiderruflich geformt«, zum anderen aber die Möglichkeit einer Veränderung ihres Weltbildes ins Auge faßt. Ihre Veränderung, so sagt er doch in aller Klarheit, würde sich durch neue *Tatsachen* ergeben, die bisher nicht gesehen wurden, ja, der Gedanke liegt ihm gar nicht so fern, wie sich zeigte, daß eines Tages die Bedeutsamkeit mythischen Denkens wieder unter dem Sedimentgestein der Aufklärung hervorgehoben werden könnte. So ist eine Entscheidung mit bloßer Berufung auf die historische Situation, in der wir uns befinden, am Ende nicht weniger willkürlich als der Versuch, kraft eines bloßen Beschlusses aus ihr auszusteigen, weil in beiden Fällen nicht wirklich argumentiert wird, sondern die blanke Faktizität den Ausschlag gibt. Die Gebundenheit an eine bestimmte historische Situation, die ich, wie die vorangegangenen Ausführungen zeigen, in aller Klarheit sehe, ist zwar der unüberspringbare *Ausgangspunkt*, und insofern ist auch alles, was daraus folgt, von ihm mitgeprägt; wen dies jedoch zu einem geschichtlichen Fatalismus verleitet, der verkennt, daß uns dieser Ausgangspunkt nicht einfach determiniert, ja, daß er sogar in fortschreitender Entwicklung wieder aufgelöst werden kann (wobei dann die Prägung durch ihn immer noch darin bestünde, daß er das Thema der Auseinandersetzung ist).[162] So ist also im Gegensatz zu Bultmanns Meinung unsere historische Situation nicht nur keineswegs vollständig durch die Wissenschaft geprägt, sondern diese Situation bietet auch keinen Anlaß zu dem Glauben, es wäre die Wissenschaft unser unentrinnbares Schicksal.

Unsere Situation wird sich zumindest in dem Maße ändern (ja, sie hat es schon), wie sich die *theoretische* Beurteilung von Mythos und Wissenschaft seit Bultmanns Zeit, freilich von den meisten Theologen noch nicht bemerkt, grundlegend geändert hat.

Betrachten wir aber nun im einzelnen kritisch Bultmanns Versuch, die Religion im Namen der Wissenschaft zu »entmythologisieren«.

3. Existentiale Analytik und eschatologischer Glaube

Will man das biblische Schrifttum für die im wissenschaftlichen Weltbild denkenden Menschen annehmbar und begreiflich machen, dann muß man, nach Bultmanns Meinung, seinen mythischen Gehalt neu interpretieren. Es handelt sich also nicht um die einfache »Elimination« dieses Gehaltes, nicht um eine Art »Subtraktionsverfahren«, wodurch man am Ende übrig behält, was man gerade noch glauben kann. »Entmythologisierung« bedeutet vielmehr die Anwendung einer »hermeneutischen Methode«, die uns dazu verhilft, einen von den mythischen Entstehungsbedingungen der biblischen Schriften unabhängigen Sinn des Evangeliums zu erfassen, der dem heutigen Menschen zugänglich ist.[163] Diese Methode vermittelt Bultmann die *existentiale Analytik* Heideggers. Es ist hier nicht der Ort zu prüfen, wie weit diese von Bultmann verwandte Analytik mit derjenigen Heideggers wirklich übereinstimmt. Es genügt, wenn zunächst ihr Grundgedanke so dargestellt wird, wie Bultmann ihn aufgefaßt und zur Grundlage seiner Theologie gemacht hat.

Die existentiale Analytik legt die Strukturen des menschlichen Daseins frei, das nicht einfach nur da und vorhanden ist, sondern dem es um sein eigenes Sein geht.[164] Der Mensch versteht zugleich, daß ihm dieses sein Sein selbst überantwortet ist, daß er dieses Sein selbst zu übernehmen hat. Es ist daher wesentlich Sein-Können. Darin zeigt sich aber zugleich die fundamentale Zeitlichkeit menschlichen Daseins. Denn im Sein-Können, im Möglich-Sein liegt eine Spannung zum Kommenden, Künftigen; allerdings so, daß damit gerade das Vergangene in den Blick gerät, die Situation nämlich, in der man sich einerseits faktisch vorfindet und in der man sich doch andererseits aktiv vorsorgend verhält. Aus diesem Aufeinanderangewiesensein von Zukunft und Vergangenheit bestimmt sich schließlich die Gegenwart. Eine Gegenwart freilich, die niemals zur Ruhe kommt, sondern immer wieder neu in der Dialektik von Faktizität und Möglichkeit, Vergangenheit und Zukunft zerrieben wird. So ist für Bultmann das wichtigste Ergebnis der existentialen

Analytik die durchgängige *Geschichtlichkeit* des Menschen und die ihn damit beherrschende *Angst.* Die Geschichtlichkeit liegt darin, daß es nichts Festes, Endgültiges, Verfügbares gibt, woran er sich als etwas einfach nur Vorhandenes klammern könnte; die Angst aber ist jene Grundstimmung des Menschen, die ihm eine solche fundamentale Verfassung seines Daseins enthüllt. Der Exponent dieses Daseins ist der Tod und seine alles beherrschende Gewißheit. Nur dort entgeht der Mensch der Lüge und Selbstentfremdung, wo er seine Daseinsverfassung uneingeschränkt erkennt und ihr ins Auge schaut. Erst wenn er endgültig jede Illusion aufgibt, es könne in der absoluten Geschichtlichkeit des Daseins doch noch irgendetwas endgültig Verfügbares gefunden werden, wenn es nichts mehr gibt, woran er sich in solcher Selbsttäuschung hängen könnte, dann allein gewinnt er, was existentialphilosophisch die *Eigentlichkeit* genannt wird.[165]

Diese existentiale Analytik ist nun nach Bultmann deswegen als hermeneutisches Mittel für den christlichen Glauben geeignet, weil sie seiner Meinung nach exakt den Zustand beschreibt, in dem sich der Mensch je profan befindet, bevor ihn der Anruf der göttlichen Botschaft erreicht. Wird dieser Anruf gehört, dann geht dem Menschen nicht nur die vollständige Nichtigkeit seines ausschließlich im Geschichtlichen, Relativen und Vergänglichen zerrinnenden Daseins auf, sondern dann erkennt er auch, daß selbst die Eigentlichkeit nur auf einer Illusion beruht. Liegt in ihr doch das trügerische Ziel, wenigstens über sich selbst so zu verfügen, daß man der Wesenlosigkeit der Dinge zu trotzen vermöchte. Aber erst wenn der Mensch *jede* innerweltliche Hoffnung radikal fahren läßt, selbst die auf seine Eigentlichkeit und Kraft, wird er offen für die totale Hingabe an Gott, überliefert er sich wahrhaftig dessen Gnade.[166]

Das bedeutet freilich nicht, daß er nun nichts mehr zu tun brauchte und alles Gott überlassen könnte. Wollte er sich so verhalten, so wäre nun Gott jenes Verfügbare, das er vergeblich innerweltlich gesucht hat, und der Mensch fiele wieder in die Selbsttäuschung zurück. Der Glaube als Selbstauslieferung an Gottes Gnade ist daher selbst als Gnade zu verstehen und bleibt nur eine Hoffnung. Im Lichte dieser Hoffnung setzt der Mensch seine Tätigkeit fort und muß er sie fortsetzen. Aber die Nichtigkeit und der Tod haben ihre *absolute* Bedeutung für ihn verloren.

Die Sünde ist nun nichts als die Abgewandtheit von Gott, und diese Abgewandtheit ereignet sich überall, wo das Innerweltliche, Geschichtliche, an seine Stelle gesetzt wird. Der biblische Ausdruck

»Fleisch« ist für Bultmann nur eine andere Bezeichnung für dieses Innerweltliche, Sinnliche, und in diesem Sinne sind »Zuwendung zum Fleisch« und »Sünde« synonym.[167] Insofern sich also der Glaube auf das absolut Jenseitige bezieht und das Weltgericht als das Eschaton der Geschichte in jedem Glaubensakt schon jetzt vollzogen wird, da ja mit ihm das Urteil über alles Innerweltliche bereits gefällt ist, stellt sich der christliche Glaube in Bultmanns Theologie wesentlich als *eschatologischer Glaube* oder *eschatologische Existenz* dar.[168]

In dieser Welt der Sünde, des Geschichtlichen und des Todes, haben wir Angst; aber im Glauben und damit im Vertrauen auf die Gnade Gottes ist die Angst überwunden.[169] Nur im Glauben finden wir unsere wahre und einzig mögliche Eigentlichkeit, nämlich diejenige, in der wir eben dadurch unser wahres und durch keine Selbsttäuschung getrübtes Sein gewinnen, daß wir es ganz in Gottes Hand geben. Damit ist der völlige Verzicht auf jede Form der Selbstwertgebung, des »sich Rühmens« (Kauchesis), die Voraussetzung für das Heil. Dieser Verzicht und damit der Glaube ist freilich kein Zustand, der ein für allemal erworben wird, womit er, es ist oben schon gesagt worden, sogleich wieder etwas innerweltlich Verfügbares würde; er muß vielmehr immer wieder in jeder bestimmten Situation neu versucht, neu erhofft, neu erfahren werden. Andererseits, wie das Weltgericht schon je im Glauben da ist, so auch das Heil und die Erlösung. Der Glaube ist eine existentielle Bewegung, nichts Starres; er ist keine neue »Natur«, kein »Indikativ«, sondern er ist ein beständiger »Imperativ«. So betrachtet ist er zwar auch bei Bultmann durch den tiefen Dualismus zwischen Fleisch und Geist, Sünde und Heil gezeichnet, aber dieser Dualismus ist nicht, wie im Mythos, der Ausfluß einander entgegengesetzter kosmischer Substanzen, sondern es ist der Dualismus einer existentiellen Entscheidung.[170] Wo sie zugunsten Gottes fällt, ändert sich zwar äußerlich nichts; aber das Verhältnis zur Welt hat sich radikal geändert. Der Glaubende gewinnt durch diese Entscheidung nicht irgendeine theoretisch feststellbare neue (substantielle) »Qualität«, sondern sie führt nur zur Praxis eines neuen Lebens.

Der eschatologische Glaube schwebte aber nun gleichsam in der Luft, wäre nicht in Kreuz und Auferstehung die göttliche Gnade offenbar geworden, durch die alleine Sünde und Tod überwunden werden können. Kreuz und Auferstehung gehören insofern unlöslich zueinander, als die Bedeutung des Kreuzes nur durch die Auferstehung gegeben ist. Indessen, so wenig für Bultmann das

Kreuz in dieser seiner eschatologischen Bedeutung eine beweisbare Tatsache ist, auf die sich der Glaube zu stützen vermöchte, so wenig ist es auch die Auferstehung. Jeder Versuch, beides als von wem auch immer bezeugte »wirkliche Ereignisse« zu betrachten, geriete sogleich in den Strudel geschichtlichen Zweifels und geschichtlicher Relativität. Auf die Frage »Wie kommen wir dazu, an das Kreuz als das Heilsgeschehen zu glauben«, kann es daher nach Bultmann »nur *eine* Antwort geben: weil es als solches verkündigt wird, weil es mit der Auferstehung verkündigt wird. *Christus, der Gekreuzigte und Auferstandene, begegnet uns im* Worte der Verkündigung, nirgends anders. Eben der Glaube an *dieses Wort ist in Wahrheit der Osterglaube*«.[171] Wir werden nur gefragt, ob wir das glauben wollen oder nicht, jedes Rechten ist ausgeschlossen; aber die daraufhin gefällte Entscheidung ist kein »blinder, willkürlicher Entschluß, sondern verstehendes Ja oder Nein.«[172]

Folgerichtig betrachtet Bultmann alle der Bibel zu entnehmenden Einzelheiten über Leben, Tod und Auferstehung Christi für unbedeutsam. Sie alle wären Gegenstand innerweltlich-historischer Prüfung und fielen daher aus dem eschatologischen Glauben heraus. Für ihn ist alleine das bloße Daß des Heilsgeschehens entscheidend.[173] Und doch wird nach Bultmann damit der Glaube nicht allen Inhalts entleert, im Gegenteil, mit dieser Betonung von Kreuz und Auferstehung als eines eschatologischen, durch nichts Innerweltliches zu erfassenden Ereignisses, wird ja gerade der unendliche Reichtum der Gnade und der Welterlösung gewonnen.

4. Bultmanns »Entmythologisierung« des Neuen Testaments und ihre Kritik

Im Lichte des eschatologischen Glaubens führt nun Bultmann die für den modernen Menschen fällige »Entmythologisierung« des Neuen Testaments im einzelnen durch. Verfolgen wir sie an Hand der fünf Punkte, die in der Einleitung zu diesem Kapitel auf S. 360 aufgeführt wurden, und prüfen wir sie nun.

Hierzu jedoch noch eine Vorbemerkung. Es würde den Rahmen dieses Kapitels sprengen, wollte ich hier auf die Kritik auch anderer an Bultmanns »Entmythologisierung« eingehen.[174] Es ist aber im gegebenen Zusammenhang auch nicht erforderlich, weil es hier vor allem darum geht, die Bultmannsche »Entmythologisierung«

von den Ergebnissen her zu prüfen, zu denen die Analysen des vorangegangenen zweiten und dritten Teiles geführt haben.

4.1 Die »Entmythologisierung« der Erbsünde und des Todes als Strafe

Daß der moderne Mensch »infolge der Schuld eines Ahnherrn dazu verdammt sei, dem Todesschicksal eines Naturwesens verhaftet zu sein, kann er«, nach Bultmanns Meinung, »nicht verstehen, da er Schuld nur als verantwortliche Tat kennt und deshalb die Erbsünde als eine mit Naturkraft fortwirkende Krankheit für ihn ein unsittlicher und unmöglicher Begriff ist.«[175] »Er versteht sich nicht so eigentümlich geteilt wie das Neue Testament den Menschen sieht, so daß fremde Mächte in sein inneres Leben eingreifen könnten. Er schreibt sich die innere Einheit seiner Zustände und Handlungen selbst zu und nennt einen Menschen, der diese Einheit durch den Eingriff dämonischer oder göttlicher Mächte gespalten wähnt, schizophren.«[176] So kann er sich auch nicht als »dem Zugriff supranaturaler Mächte« offen betrachten.[177]

Ich habe schon hervorgehoben, daß der Mensch nicht so einheitlich denkt, wie Bultmann behauptet, und daß vor allem der bloße Hinweis auf ein *faktisch bestehendes* Bewußtsein kein Argument gegen eine mythische Deutung des Menschen ist. Man kann aber auch die Autonomie des Menschen gar nicht zwingend *beweisen*, genauso wenig freilich wie seine Heteronomie. Entsprechendes, und damit zusammenhängend, gilt für die Bestimmung des Daseins als Sein-Können. Wollte man sich bei all dem auf Erfahrung berufen, so hätte man damit alle ontologischen Voraussetzungen schon mitgewählt, die eine solche je leiten. Da zu diesen in der Wissenschaft das Naturgesetz gehört, ist allen Philosophen klar gewesen, daß innere Freiheit nicht auf der Grundlage wissenschaftlicher Erfahrung gegeben werden kann. Im Sinne der Wissenschaft, wie sie hier im zweiten Teil definiert wurde, kann der Mensch nur durch Gesetze oder allenfalls durch den Zufall bestimmt sein, der aber mit einem aktiven Wirken in Freiheit nichts zu tun hat. (Dabei ist es ohne Bedeutung, ob Gesetze deterministische oder indeterministische sind, weil jedenfalls beide nichts für die Frage seiner Autonomie hergeben.) Begründet man aber die Freiheit des Menschen oder das Sein-Können des Daseins a priori, dann ist derartiges, wie schon in den vorangegangenen Untersuchungen ausführlich dargelegt, nur historisch zu vermitteln, niemals aber von zwingender Evidenz. Daran ändert sich auch nichts, wenn sich die existentiale Analytik auf eine bestimmte Methode, nämlich die Phänomenologie beruft. Ohne hier näher auf diese eingehen zu können, genügt es darauf hinzuweisen, daß selbst eine phänomenologische Erkenntnis, wie jede andere auch, aus Elementen der Erfahrung wie der apriorischen Einsicht bestehen muß und folglich, was immer sie im einzelnen für Vor- und Nachteile haben mag, denselben, schon ausführlich behandelten, grundsätzlichen Fragwürdigkeiten ausgesetzt ist, wie jede andere Erfahrung oder Ontologie auch.

Bultmanns »Entmythologisierung« von Sünde und Tod erfolgt also gar nicht auf Grund der durch die Aufklärung endlich ans Licht gekommenen Wahrheit, sondern auf Grund des modernen Glaubens an eine bestimmte Idee der Subjektivität oder des menschlichen Daseins. Im übrigen ist diese Idee, wie sich gezeigt hat, weniger das Ergebnis empirischer Wissenschaften, die ihr vielmehr teilweise entgegenstehen (obgleich sie ihnen auch manches schuldet), als das Ergebnis einer bestimmten Metaphysik, deren historische Wurzeln unschwer bei Kant und Husserl gefunden werden können. Heideggers Philosophie des Daseins wäre ja nicht nur ohne diese Denker unmöglich gewesen, sondern er teilt auch mit beiden unverändert den Gedanken, daß die Ontologie des Selbst, wie immer er sie im einzelnen kategorial abweichend von seinen Vorgängern bestimmen mag, eine *Fundamentalontologie* darstellt, also derjenigen der Wissenschaft noch voraus liegt. Nur so vermag er den Gedanken der Autonomie in der Form der Eigentlichkeit, als Nichtausweichen vor dem Sein-Können, festzuhalten und die wissenschaftliche Determination des Ich oder seine Bestimmung durch den Zufall zu vermeiden. Ohne hier näher darauf eingehen zu können, sei ferner auf die ebenso einschneidende wie treffende Kritik an der hier gemeinten Metaphysik der Subjektivität verwiesen, die sich aus Wittgensteins »Philosophischen Untersuchungen« ableiten läßt.[178]

Daher sind Bultmanns Voraussetzungen, nicht anders als diejenigen der Physik, von denen ausführlich im ersten Teil dieses Buches die Rede war, nur aus ihren historischen Entstehungsbedingungen zu begreifen und nur aus diesen zu begründen. Selbst wenn er, wie schon gesagt, dies gelegentlich durchaus gesehen hat, so ist doch gerade dann nachdrücklich daran zu erinnern, wenn der Glaube an die scheinbar selbstverständliche Geltung dieser Voraussetzungen heute mehr und mehr verlorengeht. Für den gegebenen Zusammenhang bedeutet das, daß wir zwar den Gedanken der Erbsünde ablehnen können, ein inzwischen hinreichend vorurteilsloser Einblick in das mythische Denken es uns aber erlaubt, ihn nicht mehr wie Bultmann schlechthin unverständlich oder gar theoretisch unannehmbar zu finden.

4.2 Die »Entmythologisierung« der Fleischwerdung Gottes im Menschen

Diese Entmythologisierung besteht eigentlich nur darin, daß Bultmann alles Biographische über Jesus für nichtig erklärt. Das bloße »daß Gott in ihm Mensch geworden ist«, muß genügen. Jedes Sich-Vergegenwärtigen dieses Menschen als göttlicher Erscheinung bezöge sich bereits auf jenes Innerweltliche, das es radikal zu überwinden gilt, wäre bereits ein Teil der geschichtlichen Welt, die vom Tode beherrscht wird. Christus kann, was seinen irdischen Wandel anbelangt, *nur* als Mensch, wie bedeutend er auch gewesen sein mag, betrachtet werden. Der eschatologische Glaube verbietet es, ihm irgendwelche *sichtbare* Kennzeichen seiner göttlichen Abkunft zuzusprechen. Diese Abkunft ist überhaupt nichts sinnlich Gegebenes und kann daher, als etwas absolut Transzendentes, nur in der existentiellen Entscheidung des Glaubens angenommen werden.

Eine solche Entmythologisierung der Fleischwerdung Gottes in Christus stößt jedoch auf eine unüberwindliche Schwierigkeit. Auch für den eschatologischen Glauben ist ja Christus Gott und Mensch *zugleich*. Wenn aber Bultmann ausdrücklich und zutreffend den Mythos als ein Denken *definiert*, wofür das Jenseitige zugleich Diesseitiges ist,[179] dann *ist* Christus als der fleischgewordene Gott etwas Mythisches. Die genuin mythische Grundidee, daß Göttliches sinnlich erscheint, mag es auch nicht immer von allen als solches erkannt werden (wofür Homer viele Beispiele bietet), ist nicht zu eliminieren, soll nicht das ganze Gebäude der christlichen Lehre zum Einsturz kommen.

Ist aber schon der Christus-Mythos nicht aus der Welt zu schaffen, wenn man überhaupt glauben will, so ist nicht einzusehen, was mit der Beschränkung auf das bloße Daß dieses Mythos gewonnen werden soll. Gott als Mensch verliert dann alle greifbare Menschlichkeit und wird zu einer abstrakten Idee. Er spricht daher auch nicht wahrhaft zum Menschen, wofür ja seine sinnliche Erscheinung die Voraussetzung ist. Der eschatologische Glaube macht aus dieser Erscheinung jene von Karl Barth erfundene Tangente der Transzendenz, welche die Erfahrungswelt, eben wie eine Tangente, nur in einem *gedachten* Punkt berührt. Indem so Diesseitiges von Jenseitigem möglichst scharf getrennt wird, ohne daß es doch ganz voneinander gerissen werden könnte, geht aber die *Erfahrbarkeit* von Gottes Liebe und Weltzuneigung verloren. Der Mensch bleibt in Wirklichkeit von solcher Transzendenz mit all seiner eigenen Sinnlichkeit und Anschaulichkeit wie abgeschnürt.

So verliert nicht nur der größte Teil des Neuen Testaments für den Glauben seine Bedeutung, sondern es werden zudem noch über zweitausend Jahre christlichen Kults und christlicher Kunst zu sündiger Weltverfallenheit. Im Lichte des eschatologischen Glaubens ist es ja geradezu verwerflich, sich Christi Leben und Sterben »auszumalen« und mit einem »Heiligenschein« darzustellen (um mit diesem Attribut alle Insignien seiner Göttlichkeit zusammenzufassen).

Es ist also im Grunde paradox, einerseits die Erscheinung des Göttlichen im Fleisch, im Sinnlichen zu bejahen, dieser Erscheinung aber zugleich alle Sinnlichkeit zu entziehen. Dem christlichen Glauben wird damit jegliche Nahrung geraubt. Wo lebendig geglaubt und nicht nur philosophisch-wissenschaftlich argumentiert wird, da wird auch mythisch erlebt, man drehe und wende es wie man will.

4.3 Die »Entmythologisierung« der stellvertretenden Buße durch Christi Kreuzigung

Die Gründe für die Ablehnung der stellvertretenden Buße sind letztlich die gleichen, mit denen Bultmann die Idee der Erbsünde verwirft. Wenn jedes Selbst autonom ist, kann es ebensowenig durch die Tat eines anderen (Adam) schuldig werden, wie es durch die Sühne eines anderen (Christus) freizusprechen ist. Insofern ist die »Entmythologisierung« der stellvertretenden Buße derselben Kritik ausgesetzt wie diejenige der Erbsünde und muß daher nicht nochmals vorgetragen werden.

Wir müssen uns aber auch hier fragen, ob nicht eine solche »Entmythologisierung«, entgegen Bultmanns Meinung, den christlichen Glauben in seiner Substanz zerstört.

Man kann den Mythos stellvertretender Buße ablehnen oder nicht – auf jeden Fall ist er, wie gezeigt, in sich klar verständlich. Was aber bedeutet das Kreuz im eschatologischen Glauben, der ihm diesen Mythos nimmt? Es bedeutet offenbar, daß sich der Mensch durch den Tod von Gottes Sohn der radikalen Gottferne und damit der Sünde der Welt bewußt wird, um sich ganz von ihr ab und Gott zuzuwenden. In diesem Sinne ruft das Kreuz den Menschen zur beständigen Entscheidung. Wenn Gottes Sohn in dieser Welt starb, dann ist sie die absolute Finsternis; aber weil es Gottes Sohn ist, der starb, gibt es dennoch das absolute Licht, wenn auch als etwas ganz und gar Transzendentes.

Diese Deutung setzt jedoch wieder den Christus-Mythos voraus, der im vergangenen Abschnitt als für den christlichen Glauben unerläßlich nachgewiesen wurde. Christus muß wirklich Gottes Sohn gewesen sein, wenn sie einen Sinn haben soll. Das ist jedoch nicht alles. Noch schwerer wiegt für den unmittelbaren Zusammenhang, daß es Bultmann nicht gelingen kann, die eindeutige Verknüpfung wegzuinterpretieren, die in der heiligen Schrift zwischen Adam und Christus hergestellt wird. Ich zitiere noch einmal Röm 5,19: »Wie durch *eines* Sünde die Verdammnis über alle Menschen gekommen ist, also ist auch durch *eines* Gerechtigkeit die Rechtfertigung des Lebens über alle Menschen gekommen.« Dies läßt keine andere als die mythische Deutung zu und steht in klarem Gegensatz zu derjenigen Bultmanns, die gerade die enge Verklammerung von Adam und Christus aufbrechen will. Hier kann keine Rede mehr davon sein, der Mythos sei nur das zeitbedingte Kleid, in dem sich der eschatologische Glaube verhüllt. Wer sich wie Bultmann ausdrücklich und allein auf das göttliche Wort, die Verkündigung, beruft, der kann bei aller Berechtigung des Auslegens nicht so weit gehen, daß er ihm geradezu widerspricht.

4.4 Die »Entmythologisierung« der leiblichen Auferstehung Christi

Daß es sich hier in Wahrheit nicht um eine Entmythologisierung handelt, weil die Auferstehung nichts genuin Mythisches ist, wurde schon gesagt. Dennoch soll hier die Frage gestellt werden, was mit ihr im Sinne des eschatologischen Glaubens überhaupt gemeint sein soll.

Wenn der Kreuzestod Christi derjenige von Gottes Sohn gewesen sein *muß*, weil nur dadurch die radikale Sündhaftigkeit und Nichtigkeit der Welt offenbar wird, dann wird andererseits nur durch die Auferstehung erkennbar, *daß* es sich wirklich um Gottes Sohn gehandelt hat und wir somit jenseits der Verfallenheit an die Welt und trotz ihrer Finsternis auf das Licht, nämlich die Gnade und das neue Leben der Erlösung hoffen dürfen. Zur sinnlich fleischlichen Erscheinung Christi gehört also *notwendig* die physisch fleischliche Auferstehung dieses Gott-Menschen. Die Entmythologisierung der Auferstehung soll nun darin bestehen, daß sie nicht als eine beweisbare Tatsache, als wirkliches und bezeugbares Ereignis, sondern nur als Gegenstand des Glaubens betrachtet werden darf, der sich jedoch wieder nur auf das bloße Daß dieses Vorganges zu beschränken habe unter peinlichster Weglassung aller der Bibel zu entnehmenden anschaulichen Einzelheiten davon.

Aber auch hier kommt man mit diesem bloßen Daß nicht darum herum, die *physische* Auferstehung Christi als zum Kern der Lehre gehörig zu betrachten, weil ohne sie gar nicht zu begreifen ist, wieso wir nicht nur in der Finsternis, sondern auch im Lichte der Gnade zu leben vermögen. Wollte man die Auferstehung in irgendeiner Weise »symbolisch« verstehen, wozu Bultmann gelegentlich zu neigen scheint, wenn er meint, die Auferstehung vollziehe sich ständig und überall, wo geglaubt wird, dann nimmt man ihr letztlich all ihre Kraft, die doch einzig darin liegt, daß sie blutige und wunderbare Wirklichkeit ist.

Der Rückzug auf das bloße Daß ist auch nichts anderes als der halbherzige Versuch, das vielbeschworene sogenannte »moderne Bewußtsein« so weit wie möglich zu schonen und ihm die anschaulichen Einzelheiten des numinosen Vorganges, die es nicht anzunehmen vermag, zu ersparen. »... ein solch mirakulöses Naturereignis wie die Lebendigwerdung eines Toten«, schreibt Bultmann, kann der heutige Mensch – »ganz abgesehen von seiner Unglaubwürdigkeit überhaupt –« »... nicht als ein ihn betreffendes Handeln Gottes verstehen ...«. »... daß ein Gestorbener wieder zum Leben erweckt wurde, ist ihm unvorstellbar.«[180] Die Meinung, die leibliche Auferstehung sei unannehmbar, ist im übrigen heute unter den Theologen noch weiter verbreitet, als zu Bultmanns Zeiten. Fragt man warum, so bekommt man auch stets die gleiche Antwort, nämlich: Weil dies den Naturgesetzen widerspricht.

Seit Hume wird immer wieder versucht zu beweisen, daß Naturgesetze unaufhebbar seien. Aber schon er scheiterte daran, solchen Gesetzen eine absolute Rechtfertigung zu geben, weswegen er ihre Annahme letztlich auf Gewöhnung und einen Glauben zurückführte. Das hinderte ihn allerdings nicht daran, paradoxerweise den Glauben an Wunder eben unter Hinweis auf den doch seiner Meinung nach nicht zu rechtfertigenden, sondern nur psychologisch zu erklärenden Glauben an Naturgesetze zurückzuweisen. Die Schwierigkeiten, auf die schon Hume stieß, türmten sich immer höher auf, je mehr sich Erkenntnis- und Wissenschaftstheoretiker bemühten, über ihn hinauszukommen. Es ist hier nicht der Ort, der Geschichte dieser Bemühungen, die über Kant und den Positivismus bis zur heutigen analytischen Philosophie reichen, im Einzelnen nachzugehen. Ich kann mich hier damit begnügen, an die Ergebnisse des ersten und zweiten Teils dieses Buches zu erinnern, die im übrigen keineswegs den ganzen Umfang des Scheiterns aller Versuche erfassen, die von Hume geforderte Rechtfertigung naturgesetzlichen Denkens doch noch zustande zu bringen. Diesen Ergebnissen ist zu entnehmen, daß die Aufstellung von Naturgesetzen auf einem bestimmten, rein historisch zu begründenden Interpretationsschema der Wirklichkeit beruht, nicht aber irgendeiner Erkenntnis dieser Wirklichkeit *an sich* entspricht. Wer behauptet, die Wissenschaft habe die durchgängige und absolute Geltung von Naturgesetzen bewiesen, vertritt nicht die Wissenschaft, sondern eine dogmatische Metaphysik der Wissenschaft. Damit enthüllt sich jene Überzeugung des »modernen Bewußtseins«, Wunder seien heute auf Grund besserer wissenschaftlicher Einsicht nicht mehr glaubwürdig, ihrerseits als ein bloßer Glaube, den man einfach demjenigen der Religion entgegensetzt. Wissenschaftstheoretisch spricht jedoch in Wahrheit weder etwas für noch gegen Wunder, es sei denn, man verweise auf die triviale Tatsache, daß solche kein Gegenstand *wissenschaftlicher* Erfahrung sein können, weil diese ja auf dem regulativen Prinzip beruht, überall, wo sich etwas gesetzlich nicht Erklärliches ereignet, nach einem Gesetz zu *suchen*. Aber wie schon in den früheren Abschnitten dieses Buches ausführlich gezeigt wurde, kann die wissenschaftliche Erfahrung nicht für sich in Anspruch nehmen, die allein mögliche zu sein.

In der Auferstehung Christi allein liegt die Verheißung der Gnade. Bleibt also im Unklaren, was die Auferstehung eigentlich ist, so bleibt auch im Unklaren, was Gnade eigentlich ist; ist aber unklar, worin die Gnade besteht, so auch, was das Heil und die Erlösung bedeuten. Wo die physische Auferstehung Christi nicht ohne Wenn und Aber geglaubt wird, wozu gehört, daß sie auch anschaulich muß vorgestellt und bezeugt werden können, da wird erst recht nicht die eigene Auferstehung zum ewigen Leben geglaubt. So kommt es, daß sich die Erlösung durch die Gnade, das erhoffte Heil, für Bultmann schließlich so darstellt: »Die Vorstellung von einem als Himmelswesen präexistenten Christus und ebenso die korrelative Vorstellung von der eigenen Versetzung in eine himmlische Lichtwelt … ist für« den modernen Menschen »nicht nur rational unvorstellbar. Denn er versteht nicht, daß in einem solchen Zustand sein Heil bestehen soll, in dem er zur Erfüllung seines Lebens, seiner Eigentlichkeit käme.«[181] Aber wenn diese Eigentlichkeit doch in der totalen Gottzugewandtheit besteht, wo anders kann dann ihre Seligkeit liegen als darin, ganz von Gott erfüllt zu sein? Und wie kann dies wiederum anders geschehen, als durch die *Schau Gottes*, die *visio Dei?*[182] Der Glaube mag im Gefühl göttlicher Durchdringung einen bloßen Vorgeschmack davon bekommen – die Gnade der Erlösung und Seligkeit kann nur in der ungebrochenen Gegenwart Gottes liegen. Mythisch besteht wahres Glück in der Wahrnehmbarkeit der Götter, christlich in derjenigen Gottes; beides aber ist Erfülltsein von göttlicher Substanz als Gnade. Daher sei hier noch einmal wiederholt: Wo lebendig geglaubt und nicht nur philosophisch-wissenschaftlich argumentiert wird, da wird auch mythisch erlebt, man drehe und wende es wie man will. So wahr folglich in der Auferstehung Christi als einem erfahrbaren und bezeugbaren Ereignis die Gnade und das Heil offenbar wird, so wahr darf damit der Glaubende zugleich mit der eigenen Auferstehung hoffen, dereinst vor das Angesicht Gottes zu treten. Das häufige Raisonieren vieler Philosophen und Theologen, damit werde das Verhältnis von Mensch und Gott zu einem solchen zwischen Subjekt und Objekt, Gott also vergegenständlicht und damit verendlicht, geht fehl, weil die kategoriale Trennung von Subjekt und Objekt eine Angelegenheit der wissenschaftlichen Ontologie ist, die, wie gesagt, mythisch aufgehoben werden kann.

4.5 Die »Entmythologisierung« der Sakramente

»Der Kult«, bemerkt Bultmann, ist »primär Wortverkündigung und antwortendes Bekenntnis des Glaubens, des Glaubens, der die Heilstat preist. Sofern er sich auch in den Sakramenten vollzieht, steht er auch dann unter der Herrschaft des Wortes. Die Sakramente stehen neben dem Wort als ein verbum visibile; denn sie tun ja nichts anderes, als das Wort: sie vergegenwärtigen wie dieses die Heilstat; sie fordern wie dieses den Gehorsam und sie enthalten wie dieses die Möglichkeit, das Leben zu spenden, die andere, das Gericht zu vollziehen … So kann Paulus die Feier des Herrenmahls auch geradezu als ein Verkündigen … bezeichnen.«[183]

Im Mittelpunkt des Kultes steht also für Bultmann die Predigt, der ständig erneuerte Aufruf und die beständige Mahnung zur Entscheidung in dem bereits mehrfach beschriebenen Sinne. Die Sakramente spielen nur eine untergeordnete Rolle. Sie dienen nur der »Vergegenwärtigung« im Sinnlichen (verbum visibile); sie haben also eine eher symbolische Bedeutung. Ihre Entmythologisierung besteht daher darin, daß ihnen jede Bedeutung als wirksame Träger göttlicher Substanz entzogen wird. Brot, Wein (Eucharistie) und Wasser (Taufe) verwandeln den Gläubigen nicht qualitativ, geben ihm keine neue Natur, sondern sind, etwa wie ein Handschlag, nur die sichtbare Bekräftigung eines gefaßten Entschlusses. Aber wie kann man überhaupt in diesem Sinne glauben und hoffen, ohne zugleich von der *Gegenwart* des göttlichen Geistes angerührt zu sein, ihn in irgendeiner Weise in sich zu *erfahren?* Ein solches Erfahren ist aber nichts anderes als die pneumatische Wahrnehmung, von ihm durchdrungen zu werden, also eine solche mythischer Substanz. Genau auf diese Erfahrung stützt sich ja die Deutung der Sakramente, in denen Materielles gewissermaßen numinos-ideell aufgeladen wird. Bultmann, der allein den wissenschaftlichen Erfahrungsbegriff gelten läßt, kann solches nur psychologisch verstehen, somit als von jenen subjektiven Fragwürdigkeiten belastet, die es gerade für den eschatologischen Glauben, der alle diese Relativitäten transzendieren will, unbrauchbar machen. Und doch schwebte der Glaube ohne eine solche numinose Erfahrung in der Luft, und seine Gewißheit wäre überhaupt nicht begreifbar. Will man unbedingt den Sakramenten ihre mythische Substantialität absprechen, weil man allein das Wort gelten läßt, so müßte wenigstens *dieses* jene Substantialität besitzen, die den Sakramenten abgesprochen wird – aber das wäre nicht weniger mythisch, wie sich im zweiten Teil dieses Buches gezeigt hat, wo die numinose Einheit des Ideellen und Materiellen, auch der gesprochenen Rede, behandelt wurde. Eine solche Substantialität des Wortes ist indessen in der für das Religiöse erforderlichen Dichte, Dauer und Intersubjektivität überhaupt nur in Verbindung mit dem allgemeinen Ritus möglich. Indem Bultmann die Sakramente entmythologisiert, hebt er damit den Sinn der Kirche auf, mit Gottes Wort auch Gottes *erfahrbare Gegenwärtigkeit* zu vermitteln. Beides ist jedoch notwendig aufeinander angewiesen: Das Wort ist die Grundlage des Glaubens, aber in Kult und Sakrament wird seine Wahrheit, nämlich die von ihm verkündete Wirklichkeit, beständig bekräftigt. Somit ergibt sich, daß eine Entmythologisierung der Sakramente und des Kultes den Sinn der Kirche aufhebt, mit Gottes Wort auch Gottes Gegenwärtigkeit zu vermitteln, denn beides ist für den Christen unlöslich miteinander verbunden. Eine Gegenwart Gottes ohne Gottes Wort in der heiligen Schrift kann es für ihn nicht geben; aber Gottes Wort ohne seine Gegenwart bliebe leer.

5. Worin unterscheiden sich christliche Religion und Mythos?

Fassen wir zunächst noch einmal zusammen. *Erstens:* Die christliche Religion zeigt weitgehend mythische Strukturen. *Zweitens:* Der Versuch, diese zugunsten eines wissenschaftlich und philosophisch geprägten Weltbildes des modernen Menschen zu entfernen, führt zu unaufhebbaren Widersprüchen mit der heiligen Schrift und sprengt gleichzeitig die Grundlagen, auf denen der christliche Glaube beruht. *Drittens:* Er führt aber auch zu inneren Widersprüchen, da einerseits Mythisches, das auf der Einheit von Materiell-Sinnlichem und Ideellem besteht, doch nicht zu umgehen ist, andererseits aber eschatologisch seines sinnlichen Gehaltes wieder beraubt wird. *Viertens:* Eben deswegen kann lebendiger Glaube immer nur mythisch erfahren werden. *Fünftens:* Es gibt überhaupt keinen theoretisch zwingenden, auf Wissenschaft oder Philosophie verweisenden Grund, die mythischen Grundelemente des christlichen Glaubens abzulehnen, da Wissenschaft und Philosophie nur eine bestimmte, historisch vermittelte Wirklichkeitsdeutung darstellen, die nicht den Anspruch erheben kann, die einzig mögliche zu sein. *Sechstens:* Es gibt aber auch keinen praktisch zwingenden, auf das gegenwärtige Bewußtsein verweisenden Grund dafür, und zwar zum einen deswegen, weil diesem Bewußtsein keineswegs mythisches Erfahren gänzlich fremd ist, zum anderen deswegen, weil das bloße Faktum dieses Bewußtseins kein unveränderliches Schicksal darstellt.[184]

Mit diesen sechs Punkten werden *Feststellungen* ausgedrückt. Sie enthalten daher keine Forderung, daß man an die mythischen Elemente in der christlichen Religion glauben soll, sondern sie weisen nur darauf hin, daß man an sie glauben *kann*, ohne ein *sacrificium intellectus* zu begehen.

Trotzdem bestehen, wie schon angedeutet, entscheidende Unterschiede zwischen christlicher Religion und Mythos. Diese sollen abschließend gezeigt werden, wobei hier nicht der Anspruch erhoben wird, sie erschöpfend aufzuzählen.

Die christliche Religion ist monotheistisch, zumindest verlangt sie den *absoluten* Vorrang *eines* Gottes, der Mythos dagegen ist polytheistisch. Dieser Gott ist zugleich *Weltschöpfer.* Der Mythos kann nach einem solchen nicht einmal fragen, weil ihm in seiner polytheistischen Verfassung die Idee von einem *einheitlichen* Kosmos, für den ja auch *ein* Gott zuständig sein müßte, fehlt. Zwar läßt zum Beispiel Hesiod alles aus dem Chaos entstehen, aber dieses ist ja gerade dasjenige, in dem zunächst vieles ungeordnet da ist und aus dem sich dann das Spektrum des polytheistischen Kosmos entfaltet. Die meisten mythischen Weltentstehungslehren sind von der gleichen Art (vgl. zum Beispiel die indische Idee vom Weltei), wenn sie nicht überhaupt nur die Entstehung der sozialen Weltordnung zum Gegenstand haben. Während es ferner mythisch viele Menschen gibt, in denen ein Gott sichtbare Erscheinung wird, gibt es innerhalb der christlichen Religion nur *einen,* überhaupt nur *ein Wesen, in dem Gott Fleisch geworden ist.* Damit wird aber zugleich ein Zeitraum innerhalb der *profanen Zeit absolut ausgezeichnet,* eben jener, in dem dieser Mensch lebte, während im polytheistischen Mythos eine solche Auszeichnung unbekannt ist, zumal überall und beständig Heiliges Sterbliches durchdringt und dieses auf jenes zurückgeführt wird. Eben deswegen ist aber die christliche Religion nicht, wie der Mythos, auch eine Weise der Welterklärung (Erfahrungssystem), sondern nur eine *Anleitung zum rechten Leben,* eben demjenigen mit Gott. Schließlich – es ist schon gesagt worden – ist für den christlichen Glauben *das Wunder* von grundlegender Bedeutung, für den Mythos aber nicht. Darauf bezieht es sich ja vor allem, wenn man ihn einen *Glauben* nennt, während der mythisch denkende Mensch zu einem Glauben nicht aufgefordert zu werden brauchte; der Mythos war für ihn ja nur eine Weise tagtäglicher Erfahrung. Diese entscheidenden Unterschiede lassen sich zum Teil in analoger Weise auf das Verhältnis anderer Weltreligionen zum Mythos verallgemeinern. So sei abschließend und zusammenfassend gesagt: *Mythos und Religion sind nicht das gleiche, aber während der Mythos von der Religion getrennt werden kann, gibt es keine Religion ohne Mythos.*

6. Exkurs über den Unterschied von Magie und Mythos

Die Hinweise auf die Unterschiede zwischen Religion und Mythos seien durch solche über die Unterschiede von Magie und Mythos ergänzt. Dies liegt umso näher, als heute, wie bereits im ersten Kapitel erwähnt, eine umfangreiche Literatur über Hexen, Zauberer, Schamanen und dergleichen erschienen ist, die zwar sehr viel Neues und Wissenswertes zu solchen Themen gebracht, zugleich aber auch zu einigen Begriffsverwirrungen und Mißverständnissen geführt hat.

Die Magie, soweit sie auf das Abendland beschränkt ist, hat ihre Wurzeln in der Spätantike und ist aus einer spekulativen Verschmelzung des ursprünglichen antiken Mythos mit dem Logos der griechischen Philosophie und Metaphysik zustandegekommen. Im Mittelalter in den Untergrund gedrängt, feierte sie in der Renaissance ihre triumphale Wiederauferstehung und wurde bis ins 17. Jahrhundert zu einer beherrschenden Macht. Sie wurde nicht nur durch so hervorragende Köpfe wie M. Ficino, Pico della Mirandola, Agrippa von Nettesheim, Paracelsus, Nostradamus und G. Bruno vertreten, um nur einige zu nennen, sondern sie hat auch viele Väter der aufkommenden exakten Naturwissenschaften, wie zum Beispiel Kopernikus, Kepler und Newton beeinflußt. Ihre Auswirkungen finden wir aber noch im 19. Jahrhundert, so bei Schelling und in Goethes »Faust«.[185]

Eine der wichtigsten Quellen der abendländischen Magie sind die Schriften des Hermes Trismegistos aus den frühen nachchristlichen Jahrhunderten. Deren vornehmlich auf platonische, aristotelische, plotinische und astrologische Elemente zurückgehende Grundideen lassen sich folgendermaßen zusammenfassen: Gott ist das Ureine, das sich in der Mannigfaltigkeit und Besonderheit entfaltet. Es handelt sich dabei um eine durchaus substantielle Emanation, sie fließt buchstäblich in die Dinge und verleiht ihnen Wesen und Wirklichkeit. Wie sich nach Aristotelischer Auffassung die erste Bewegung der Fixsterne mit zunehmender Variabilität auf alles andere überträgt, so fließt das Ureine durch die Sternsphären in die Vielheit der Dinge. Jeder Stern ist eine Facette von ihm; zu jeder dieser Facetten gehören wieder andere, die alle etwas von der Kraft des zugeordneten Sterns und damit schließlich von der Kraft des Ureinen, das die Wurzel von allem ist, enthalten. Das Universum stellt in dieser Sicht eine Einheit dar, in der alles mit allem dank des überall wirkenden Flusses göttlicher Substanzen und Kräfte verbunden ist. Immer wieder vergleicht man es nach dem Vorbild von Platons »Timaios« mit einem durch die Weltseele gesteuerten Organismus. Überall ist Göttliches und überall ist Leben.

An diese spekulative Metaphysik knüpft sich nun der eigentlich magische Gedanke, diese das All durchflutenden Kräfte und Einflüsse zu bannen und in den Dienst des Menschen zu stellen. Es kommt also darauf an, Wesen und Wirkungsweise jedes einzelnen Sterns zu erfassen und herauszufinden, welche Gruppe irdischer Dinge von seiner Substanz durchdrungen ist. Eine solche Gruppe kann sehr Verschiedenes enthalten, wie bestimmte Steine, Pflanzen, Tiere, Menschen, ja, sogar auch Körperteile von Organismen. Jedes ist ja in irgendeiner Weise mit dem einen oder anderen Stern verbunden und von diesem geprägt. Auf solchen Vorstellungen aufbauend erweist sich der *Talisman* als eines der wichtigsten Instrumente magischer Praktik. Als Talisman gilt ein Gegenstand, dem ein bestimmter Stern entspricht und der folglich dessen Wesen enthält. Gebrauchen wir einen solchen Gegenstand in der rechten Weise, so können wir mit seiner Hilfe die Wirkungskraft seines Sterns auf andere oder uns selbst übertragen. Dabei wird hauptsächlich mit Analogien gearbeitet wie Sonne – Gold, Mond – Quecksilber, Mars – Eisen, um nur überhaupt einige veranschaulichende Andeutungen zu machen. Talismane sind also Mikrokosmen, die einen Makrokosmos, ja sogar das ganze Universum enthalten können, indem sie dessen Gesetz in konzentrierter Form einschließen. Aber nicht nur Bilder und Figuren und andere Gegenstände können dazu dienen, magische Kräfte zu gewinnen, sondern auch Zahlen, Wörter und Gesänge, deren okkulte Bedeutung bereits im Mittelalter durch die Kabbala entdeckt worden war.

Jede Erscheinung wird im Magismus zugleich substantiell *und* personal aufgefaßt. Jeder Stern ist als Facette der *einen* personalen Gottheit selbst ein Gott, worunter meistens ein solcher des antiken Mythos vorgestellt wird, wie die Planetennamen zeigen; es ist entsprechend ein Gott, der im Talisman wirkt, im Zahlensymbol usf. Die magische Beschwörung beginnt daher stets mit dem Anruf eines numinosen Namens. Unermüdlich werden Beziehungen zwischen allen nur denkbaren Erscheinungen einerseits, sie seien geistiger oder materieller Natur, und numinosen Wesen andererseits hergestellt. Jede magische Handlung wendet sich daher letztlich an ein solches Wesen meist personalen Charakters.

Aus Gründen der Kürze habe ich hier nur skizziert, was man die »weiße Magie« nennt. Ihr entspricht die sogenannte schwarze, die es anstelle von Göttern mit niederen Dämonen, ja, dem Teufel selbst zu tun hat. Die Unterschiede sind jedoch nur inhaltlicher Art, nicht strukturell und daher für den vorliegenden Zusammenhang ohne Bedeutung. In gewissem Sinne ist die schwarze Magie nur die Umkehrung der weißen, weil sie von einem Gegenprinzip, nämlich demjenigen des Bösen und Luzifers ausgeht.

Wir können nun unschwer die mythischen Bestandteile der abendländischen Magie erkennen. Jede Erscheinung wird als ideell-materielle Einheit aufgefaßt. In jeder Erscheinung ist ein numinoses Wesen wirksam. Eben deswegen ist diese Wirksamkeit in der schon erläuterten Weise durch eine Arché geprägt, also eine sich ständig identisch wiederholende Urgeschichte dieses Wesens. Das magische Verhältnis von Makro- und Mikrokosmos entspricht demjenigen von Ganzem und Teil, das uns bereits in der mythischen Ontologie begegnet ist. Alle diese Denkschemata werden aber andererseits in diejenigen der griechischen Metaphysik und damit des sich in dieser offenbarenden griechischen Logos eingebaut. Dem Logos entspricht hier die Neigung, alles logisch aus *einem* Prinzip herzuleiten (das der polytheistischen Grundauffassung des Mythos fremd ist), wozu nicht nur die Idee des *einen* Gottes, sondern auch des einen, umfassenden, von ihm allenthalben durchwalteten Kosmos gehört; dazu gehört ferner der durchgehende Versuch, alles auf scharfe Begriffe zu bringen und einer systematisierenden Logik zu unterwerfen. Vor allem aber geht nun mit dieser denkerischen Energie ein nicht nur dem Mythos, sondern selbst dem griechischen Logos noch unbekannter Wille einher, die numinosen Archái weitgehend verfügbar zu machen und sich damit zum Beherrscher über die Natur aufzuwerfen. Der Magier sieht sich nicht als Teil im Zusammen- oder Gegeneinanderwirken numinoser Mächte, sondern als ihr Meister.

So verschmelzen antiker Mythos und griechischer Logos zu einer Einheit, die sich als Werkzeug eines neuen Herrschaftswillen erweist. In dieser selbstbewußten Freiheit des Menschen gegenüber der Natur liegen auch die Wurzeln, denen das naturwissenschaftliche Denken entsprang.[186] Die Naturwissenschaften und die Magie sind Töchter desselben Stammes und lebten, es ist schon gesagt worden, lange Zeit beinahe ununterscheidbar nebeneinander. (In diesem Zusammenhang sei auch an die enge Beziehung von Alchemie und Chemie erinnert, wobei die Alchemie ebenfalls weitgehend von magischen Denkformen geprägt war.)

Die außereuropäische Magie hatte freilich andere Entstehungsbedingungen, vor allem fehlte ihr das spekulativ-theosophische Fundament, das der griechischen Philosophie entlehnt war. Aber auch hier handelt es sich weitgehend um den Versuch, mythische Vorstellungen in Beherrschungsrituale umzuwandeln. Es geht also darum, sich das Numinose in den Erscheinungen, sich die in ihnen wirksamen Archétypen individueller Wesen dienstbar zu machen, sich also der mythischen Substanzen zu bemächtigen, wozu die mythische Einheit von Innen und Außen, von Wort und Bedeutetem, von Name und Person, von Ort und Gott, von Ganzem und Teil als entscheidende Hilfsmittel dienen; denn so kann man mit etwas greifbar Äußerem ein Inneres, mit einem Wort oder Namen das damit bezeichnete Wesen, mit einem Teil das Ganze in seine Gewalt bringen.

Es ist naiv, wenn man glaubt, die Magie mit Hinblick auf ihren Mangel an »Falsifizierbarkeit« oder »Verifizierbarkeit«, um die heute gängigen Schlagworte zu gebrauchen, erledigen zu können. Diesen Mangel wirft man ihr nämlich nur deshalb vor, weil man damit wie selbstverständlich empirische Überprüfungsmethoden voraussetzt, die der wissenschaftlichen Ontologie entnommen sind. Kein Wunder, daß einem dann die Magie vielleicht sogar noch absurder vorkommt als der Mythos. Mit Recht hat daher zum Beispiel H.P. Duerr in seinem Buch »Traumzeit« darauf hingewiesen, daß die Fähigkeit des Schamanen zu fliegen nicht mit derjenigen eines Vogels oder eines Pan Am-Piloten verglichen werden kann.[187] Das ist schon daran zu erkennen, daß innerhalb eines Denkens, dem die ideell-materielle Einheit der Dinge zur Grundlage dient, alles *rein* Materielle herausfällt oder ohne eigentliche Bedeutung ist (weswegen ja die gewaltigen Leistungen abendländischer Technik bei anderen Kulturen, solange sie noch ihre Eigenständigkeit bewahrt haben, oft weniger Bewunderung als ein mitleidiges Lächeln über so viel Mangel an Weisheit und so viel Abkehr vom Wesentlichen hervorgerufen haben). Wir können also über die Fähigkeit von Schamanen, um bei diesem Beispiel zu bleiben, nur urteilen, wenn es uns gelingt, in ihre Denkwelt einzutreten. Jede vorschnelle oder gar höhnische Ablehnung ist daher ohne Grundlage. Mit welchem Recht sehen wir in einem Großteil unserer Geschichte und anderer Kulturen nichts anderes als den Ausdruck von Dummheit und finsterem Aberglauben? Das alles fällt nur auf uns zurück.

Ich lege jedoch Wert auf die ausdrückliche Feststellung, daß dies keine Parteinahme *für* die Magie ist; es entspricht nur der gerechten Forderung, nicht über Dinge zu urteilen, von denen man genauso wenig versteht wie der »Wilde« von Atomphysik. Man möge aber auch bedenken, daß man sich mit der brüsken Zurückweisung der Magie den Zugang dazu verbaut, die Renaissance, die wir doch heute für das Zeitalter aufgehenden Lichtes anzusehen gewohnt sind und die uns die größten Kunstwerke geschenkt hat, anders als durch die Brille moderner Vorurteile zu sehen. Dabei haben viele dieser Kunstwerke, wie die neueste Forschung gezeigt hat, eine magische Bedeutung.[188] Solche und andere, erst kürzlich gewonnene Erkenntnisse, eröffnen nicht nur der Renaissance-Forschung, sondern auch derjenigen auf dem Gebiet der Wissenschaftsgeschichte neue Perspektiven. (Der enge Zusammenhang zwischen der Renaissance-Magie und der Wissenschaftsgeschichte ist bereits erwähnt worden.)

Aber wie dem auch sei: Das Verhältnis zwischen Magie und Mythos, von dem hier ja vor allem die Rede sein soll, gleicht demjenigen zwischen Mythos und Religion. Der Mythos vermag ohne

Magie, nicht aber diese ohne den Mythos zu sein. Die griechische Kulturgeschichte bietet hierfür das eindrucksvollste Beispiel. In der homerischen Welt gibt es nichts mit Hexen, Zauberern, Schamanen oder Magiern Vergleichbares, im Gegenteil, jeder Versuch, sich durch bestimmte Praktiken numinose Wesen dienstbar zu machen, wäre als das schwerste Verbrechen betrachtet worden, das der antike Mensch kannte: Nämlich als Hybris vor den Göttern.[189]

XXV. Das Mythische in der Politik heute

Wie in den vorangegangenen Kapiteln auf das Verhältnis von Kunst, Religion und Mythos, so kann auch hier auf das Verhältnis von Mythos und Politik kaum mehr als ein Ausblick gewagt werden, wenn nicht der Rahmen dieses Buches gesprengt werden soll. Dennoch scheint es mir unerläßlich, auf die Gegenwärtigkeit des Mythischen auch auf diesem so wichtigen Gebiet hinzuweisen und damit zugleich zu zeigen, wie sich die Ergebnisse des zweiten und dritten Teils darauf anwenden lassen. Schließlich soll damit eine vorurteilslose Erörterung des Themas »Mythos und Politik« erleichtert werden, der sich aus naheliegenden Gründen der jüngeren Zeitgeschichte manche Hindernisse entgegenstellen.

Das gesamte politische Leben spielt sich heute innerhalb der Nation ab. Ich beginne daher mit der Frage, was unter ihr verstanden wird.

1. Der mythische Begriff der Nation

Eine Nation wird durch ihre Geschichte und den Raum definiert, in dem sich diese Geschichte abgespielt hat. Eine Nation hat also nicht eine rassische oder sprachliche Homogenität zur Bedingung. Worauf es hier ankommt, ist nur eine geschichtlich begründete Gruppierung in dem dazu gehörigen geschichtlichen Raum.

Dieser Makrozusammenhang von Nation und Raum wiederholt sich analog in Mikrozusammenhängen, wie sie zum Beispiel eine Land-, Stadt- oder Dorfgemeinde, die darin lebenden, dort geborenen oder aufgewachsenen Einwohner und die dazu gehörige Landschaft bilden. Solche Zusammenhänge werden im engeren Sinne als »Heimat« umschrieben. Auch hier versteht man sich als Glied einer geschichtlichen Kette, wenn man etwa sagt, man fühle sich als Bayer oder Pfälzer oder Hesse oder dergleichen.

Was aber wird unter der Geschichte verstanden, durch die sich eine Nation oder derartige Gruppe definiert und die einen Raum zu einer Einheit mit ihnen verschmelzen läßt? Diese Geschichte ist nicht eine Reihe endgültig vergangener Geschehnisse, sondern besteht aus herausragenden Ereignissen von bleibender Bedeutung, denen man ein dauerndes Gedächtnis widmet. Hierzu gehören entscheidende Schlachten, Friedensverträge, Staatsgründungen, Einführungen von Verfassungen, Revolutionen, Geburts- und Todestage führender Persönlichkeiten sowie überhaupt alles von vorbildhaftem und paradigmatischem Charakter. In regelmäßig sich wiederholenden Feierlichkeiten wird derartiges vergegenwärtigt. Es wird aber teilweise auch in fortbestehenden Monumenten, Dokumenten, Kunstwerken, Funden, Reliquien oder Ähnlichem unmittelbarer Gegenstand der Anschauung und Verehrung.

Solche Ereignisse erhalten nun oft Wesenszüge, die folgendermaßen beschrieben werden können:

Erstens: Sie werden nicht als schlechthin vergangen und tot, sondern als etwas auch heute noch zu uns Sprechendes aufgefaßt. Sie wirken in uns fort, bestimmen und formen unser Leben. Das ist gemeint, wenn gefordert wird, »im Geiste der Ahnen«, »im Geiste des geschichtlichen Erbes«, »nach dem Vermächtnis und den Werten der Vorfahren« usf. zu leben und zu wirken. Damit wird aber auch eine *Identität* vorausgesetzt, welche gegenwärtige oder kommende Ereignisse, trotz aller Verschiedenheit im einzelnen, mit vergangenen haben sollen. Wir haben es also hier mit einem Appell zur Wiederholung des Gleichen zu tun, mag auch diese Wiederholung in immer neuer und variabler Gestalt in Erscheinung treten.

Zweitens: Die Gegenwart der geschichtlichen Ereignisse, von denen hier die Rede ist, kann durchaus *substantiell* erfahren werden. Manche empfinden einen »heiligen Schauer«, wenn sie Orte betreten, wo solche Ereignisse stattgefunden haben, oder wenn sie der Gegenstände angesichtig werden, sie gar berühren können, die dabei eine Rolle spielten. Die Reichsinsignien zum Beispiel sind für solche Betrachter mehr als Gold und Edelstein, genauso wie das Wasser, mit dem getauft wird, mehr als Wasser, der Meßwein mehr als Wein ist. Man erinnere sich in diesem Zusammenhang an den tiefen Eindruck, den die Rückkehr der Stephanskrone nach Ungarn vor wenigen Jahren hinterließ. So wird als »heiliger Schauer« das Gefühl des Eindringens und Einfließens der in solchen Gegenständen liegenden Kraft beschrieben. Alles Physische löst sich hier in jene ideell-materielle Einheit auf, die sich als kennzeichnend für mythische Substanzen erwies. (Vgl. die dazu gemachten Ausführungen im dritten Teil.)

Wie stark derartiges in der Tat noch weithin empfunden wird, kann man sich auch an einem Gedankenexperiment klarmachen. Man stelle sich vor, eine Regierung wolle, etwa aus Kostengründen, jede Denkmalspflege aufgeben, alle Museen und Archive liquidieren sowie alle Ausgaben streichen, die für den Erwerb oder Erhalt geschichtlich bedeutsamer Dokumente, Originale und dergleichen entstehen können. Sie würde damit gewiß selbst dann auf den entschlossenen Widerstand vieler Bürger stoßen, wenn sie verspräche, von allem Photographien, Abschriften oder ähnliches herzustellen, um es dem Gedächtnis zu erhalten. Was dabei verloren ginge, wäre dasjenige was Levi-Strauss die saveur diachronique genannt,[190] also den *Geschmack*, so etwas wie den »fleischlichen« und nicht nur »geistigen« Genuß des Vergangenen.

Drittens: Eine solche »saveur diachronique« ist aber im Kern eine numinose Erfahrung und zwar auch dann, wenn es sich dabei um die substantielle Gegenwärtigkeit eines Ereignisses handelt, in dem nur Menschen, keine Götter oder dergleichen eine Rolle spielen. Sie ist es deswegen, weil damit etwas aus der Welt des Todes im Leben wirksam wird und sich so seine sterbliche Qualität in ein überzeitliches verwandelt. Das Menschliche wird zu einem eigentümlich Transzendenten, Obergeschichtlichen, von urbild- und vorbildhafter Art. Dadurch entzieht es sich aber auch profaner Kausalität und wird als geschichtliches Schicksal verstanden, nämlich als Wirkung einer menschliche Willkür übersteigenden Fügung und Ordnung. Alle nationalen Gedenkstätten und Heiligtümer umgibt daher, so betrachtet, ein Hauch des Numinosen, und es ist im Grunde der alte Heroenkult, dem wir hier wieder und wieder begegnen.

Wer nun geschichtliche Ereignisse von höchster nationaler Bedeutung in einer Weise auffaßt, wie sie in den drei vorangegangenen Punkten geschildert wurde, der betrachtet sie mehr oder weniger unbewußt nach Art mythischer Archái: Nämlich als ein substantiell Gegenwärtiges, überzeitliches Numinosum, das sich dadurch identisch wiederholt, daß es, wenn auch in der äußeren Hülle mannigfaltiger Varianten, zu immer neuer geschichtlicher Wirksamkeit kommt und darin fortlebt. Die auf diese Weise mythisch verstandene Nation wird somit durch eine *archetypisch* verstandene Geschichte bestimmt.

Wer aber die Nation so deutet, der sieht auch den zu ihr gehörigen Raum mythisch. Hölderlins Dichtung, die uns im ersten Kapitel beschäftigt hat, weiß davon zu sagen. (Man denke zum Beispiel an seine Gedichte »Der Archipelagus«, »Der Main«, »Der Neckar«, »Der Rhein«, »Die Heimat«, »Heidelberg«, um nur einige zu nennen.) überall in den Bergen, Tälern und Ebenen, an den Windungen der Flüsse und in den Städten finden sich »Zeugen« der Vergangenheit, die, wie bereits beschrieben, als ideell-materieller und damit substantieller Teil der Gegenwart aufgefaßt werden. Solche Orte sind auch mythisch in dem Sinne, daß sie nicht als bloße Form mit wechselndem Inhalt erscheinen, sondern als mit ihrem Inhalt, soweit er von archetypischer Bedeutung ist, unlöslich verbunden. So wäre es sinnwidrig, die Heidelberger Schloßruine, um bei einem Beispiel Hölderlins zu bleiben, an einen anderen Ort zu verpflanzen. Und wäre sie völlig verschwunden, so sagte man, in dieser Sicht, »hier stand einst das Heidelberger Schloß«, als ob der Ort nun gewissermaßen seiner selbst entfremdet worden und früher ein ganz anderer gewesen wäre.

Ein mythisches Verhältnis zur Nation liegt ferner vor, wenn man sich in dem Sinne mit ihr identifiziert, daß sie zugleich in allen ihren Kindern identisch *wirksam* vorgestellt wird. Jeder Landsmann mag dann auf seine Weise vom anderen verschieden sein, im Hinblick darauf, daß sie alle Deutsche oder Franzosen usf. sind, werden sie hier *nicht* voneinander unterschieden. Diese Identität und Wirksamkeit wird aber wieder, den vorangegangenen Ausführungen entsprechend, *substantiell* aufgefaßt, weil es ein ideelles *und* materielles Bild sein soll, das alle miteinander verbindet. Denn obgleich die Nation durch ihre Geschichte definiert ist, existiert sie doch auch physisch. Ganzes und Teil fallen hier wieder in typisch mythischer Weise ebenso zusammen wie Allgemeines und Einzelnes; Ganzes und Teil, weil ja das Ganze der Nation in jedem ihrer Teile identisch anwesend ist; Allgemeines und Einzelnes, sofern die Nation einerseits in allen ist, andererseits aber als in jeder einzelnen Person substantiell Identisches selbst nur etwas Personales, also Einzelnes sein kann. Sie ist, wie die numinosen Wesen, ein Individuum mit Allgemeinheitsbedeutung. (Vgl. Kapitel V, i.) Jeder einzelne ist entsprechend, in seiner Teilhabe an ihr, eine Personifikation von ihr. Daher die weitverbreitete Neigung, die Nation in menschlicher Gestalt vorzustellen, etwa im deutschen Michel, in der französischen Jeanne usf. In gesalbten Königen wurde stets die Nation angeschaut, und noch heute kann man zum Beispiel in England etwas davon verspüren, wo die legitime Monarchin für viele die Kontinuität, Überzeitlichkeit und umfassende Ganzheit des Volkes verkörpert.

Otto v. Gierke, einer der führenden Juristen um die Jahrhundertwende, hat ein solches mythisches Verhältnis zur Nation zutreffend, wenn auch in dem uns heute fremden Pathos seiner Zeit, folgendermaßen geschildert: »Ich fühlte ihn« (den Volksgeist) »mein Inneres durchfluten und erfuhr, wie er die anderen alle mit gleicher Macht durchflutete … Das war kein Einigwerden, wie es unter gleichgesinnten Einzelnen eine Aussprache schaffen mag. Das war ein Sicheinswissen in der höheren Lebenseinheit des Ganzen, wie es nur vom wirkenden Ganzen selbst stammen konnte. Fast ausgelöscht schien zeitweilig das Einzel-Ich. Das erhabene Ich der vaterländischen Gemeinschaft hatte Alleinbesitz vom Bewußtsein ihrer Glieder ergriffen. Da wurde der Glaube zur Gewißheit: Ich hatte den Volksgeist erschaut.«[191]

Ein »Nationalgefühl« solcher Art ist offensichtlich von denselben ontologischen Vorstellungen geprägt wie das mythische Verständnis der Zugehörigkeit zu einer Sippe oder einem Stamm. (Vgl. die Kap. V und IX.) Auch hier verschwinden die scharfen Unterschiede von Materiellem und Ideellem, von Innerem und Äußeren. Entsprechend werden damit äußere Gegenstände, in denen eine Nation »lebt« und sich materialisiert, wie Landschaften, Baudenkmäler, Dokumente, Kultstätten usf., zu einem Teil des inneren Wesens jener selbst, welche dieser Nation angehören. Mensch und Vaterland, Mensch und Heimat verschmelzen so zu einem untrennbaren Ganzen; wer sie verliert, verliert seine Identität. Hier ist der Mensch, was er ist, dadurch, daß er in einer Umwelt lebt und sie in ihm.

2. Der entmythisierte Begriff der Nation

Es gibt jedoch nicht nur einen mythischen, sondern auch einen entmythisierten Begriff der Nation. Diesem will ich mich nun zuwenden. Freilich kann auch er die Nation nur durch ihre Geschichte und den dazu gehörigen Raum definieren; wie sich aber der entmythisierte Begriff der Nation dennoch von dem ihm entsprechenden mythischen unterscheidet, das läßt sich am Leitfaden der im vorangegangenen Abschnitt aufgeführten Punkte zeigen.

Erstens: Vergangene Ereignisse von herausragender nationaler Bedeutung werden zwar als in uns fortwirkend gedacht, aber doch nur in einem rein innerlichen, ideellen Sinn. Diese Wirksamkeit ist nicht Wiederholung eines Identischen, sondern nur dessen Nachahmung. Was war, ist objektiv tot und lebt nur subjektiv in der Erinnerung weiter.

Zweitens: Die Gefühle, die physische historische Gegenstände in uns hervorrufen, die »saveur diachronique«, sind etwas rein Subjektives, dem nichts in diesen Gegenständen an sich entspricht.

Drittens: Die Geschichte wird als rein profaner Kausalität einerseits und dem Zufall andererseits unterworfen betrachtet, woraus das Wirken eines Ewigen, eines Transzendenten oder eines Schicksals ausgeschlossen ist.

Entsprechend anders stellt sich das Verhältnis des Einzelnen zur Nation dar. Was ihre Angehörigen zusammenfügt, ist nicht eine identische Substantialität, sondern ein ideelles Band, nämlich entweder eine gleiche freie Willensentscheidung oder eine Art Zusammengehörigkeitstrieb, nicht anders als derjenige, der einst die Horde einte. Die Nation existiert sozusagen nur in der »Vorstellung«, sie wird zu einem Begriff, unter den alle mit der gleichen Willensentscheidung oder dem gleichen Trieb fallen (wobei eins das andere nicht ausschließen muß). Selbst wenn dieser Trieb sich mythisch objektiviert, so wäre ein solcher Mythos auf ihn zurückführbar und damit das Ergebnis rein subjektiver Phantasie. Wo die entmythisierte Idee der Nation vorherrschend ist, da pflegt man nach Möglichkeit, wie das heute besonders in der Bundesrepublik Deutschland üblich geworden ist, den Ausdruck »Nation« zu vermeiden und spricht lieber von »Gesellschaft«.

Wie man sieht, beruht der entmythisierte Begriff der Nation auf bestimmten, mit der wissenschaftlichen Ontologie übereinstimmenden Vorstellungen: Innen und Außen, Ideelles und Materielles, Begriff und Individuum sowie Allgemeines und Besonderes werden scharf voneinander getrennt; die Geschichte wird ausschließlich im Lichte profaner Zeitlichkeit, Kausalität und Zufälligkeit betrachtet. Es besteht also in der Form der Begründung, nämlich der Rückführung auf ontologische Grundlagen, kein Unterschied zwischen dem entmythisierten und dem mythischen Begriff der Nation, wie inhaltlich voneinander abweichend diese Grundlagen auch immer sein mögen. Zur Frage einer solchen Begründung ist aber bereits in den Teilen II und III das hierzu Einschlägige gesagt worden, nämlich daß sie überhaupt nicht im Sinne von wahr oder falsch zu entscheiden ist.

3. Das heutige Nebeneinander mythischer und nichtmythischer Vorstellungen von der Nation. Das Grundgesetz der Bundesrepublik Deutschland als herausragendes Beispiel

Die Präambel des Grundgesetzes der Bundesrepublik Deutschland hat folgenden Wortlaut:

»Im Bewußtsein seiner Verantwortung vor Gott und den Menschen, von dem Willen beseelt, seine nationale und staatliche Einheit zu wahren … hat das deutsche Volk …, um dem staatlichen Leben für eine Übergangszeit eine neue Ordnung zu geben, ... dieses Grundgesetz ... beschlossen. Es hat auch für jene Deutschen gehandelt, denen mitzuwirken versagt war. Das ganze deutsche Volk bleibt aufgefordert, in freier Selbstbestimmung die Einheit und Freiheit Deutschlands zu vollenden.«

Was bedeuten diese Worte? Spricht aus ihnen der mythische oder der nichtmythische Begriff der Nation?

Bringt man den nichtmythischen auf seine knappeste Formel, so kann man sagen, daß sich durch ihn die Nation als eine nur *subjektive*, nicht objektive Wirklichkeit darstellt. In seinem Lichte ist die Nation etwas Ideelles, eine Vorstellung, ein Begriff, unter den alle mit gleicher freier Willensentscheidung oder dem gleichen Triebe fallen. Als bloß subjektive Wirklichkeit aber steht sie stets zur Disposition. Daher ihre Umbenennung in eine Gesellschaft, in die man bekanntlich nach Belieben eintreten und wieder austreten kann.

Daß all dies nicht in der Präambel des Grundgesetzes gemeint sein kann, wird sogleich deutlich, wenn man dort die Worte »nationale Einheit« durch »gesellschaftliche Einheit«, »deutsches Volk« durch »unsere Gesellschaft«, und »jene Deutschen« durch »jene Mitglieder unserer Gesellschaft« ersetzte. Die sofort ins Auge springende Lächerlichkeit einer solchen Formulierung beruht auf dem Widerspruch zwischen der feierlichen Anrufung Gottes auf der einen Seite und einem höchst profanen Gesellschaftsbegriff auf der anderen. Wie kann man ferner die Zugehörigkeit der in der DDR Lebenden zu unserer Gesellschaft für selbstverständlich halten, die Trennung mit ihnen beklagen und sich ungefragt das Recht nehmen, in ihrem Namen zu sprechen, wenn man sich nicht darauf berufen darf, daß diese Zugehörigkeit einzig und alleine darauf beruht, daß sie *Deutsche sind?* Das Pathos einer solchen Einheit läßt sich nicht auf den schwankenden Boden subjektiver Willensentscheidungen oder Triebe stellen, von denen sich der entmythisierte Begriff der Nation herleitet, sondern es muß sich auf eine objektive Wirklichkeit beziehen. Nur so kann auch diese Einheit wie etwas Unveräußerliches feierlich beschworen werden.

Geht man daher von dieser unveräußerlichen, objektiven Wirklichkeit als dem eigentlichen Gegenstand der Präambel des Grundgesetzes aus, so erhält sie sogleich einen in sich geschlossenen Sinn: Die Nation stellt sich als ein Individuum dar, das identisch durch die Zeitläufe hindurch existiert und daher etwas Überzeitliches ist. Ihre Geschichte ist insofern stets gegenwärtig, als die Nation selbst gegenwärtig ist, denn die Nation und ihre Geschichte sind ein und dasselbe. Die Zugehörigkeit zu ihr steht nicht zur subjektiven Disposition, sondern ist ein Schicksal und damit profaner Kausalität und Zufälligkeit enthoben. Daher die Feierlichkeit der Sprache, die Anrufung Gottes, daher die Forderung nach Wiederherstellung der Einheit und das selbstverständliche, nicht erst zu beglaubigende Recht der Stellvertretung für jene, die von ihr getrennt sind. Ohne daß es ausdrücklich gesagt oder näher erläutert wird, erweckt die Präambel des Grundgesetzes mehr oder weniger unbewußt einen Vorstellungshorizont, der im ersten Abschnitt dieses Kapitels umrissen wurde und mythischer Natur ist. Die Gefühle, die dadurch wachgerufen werden, mögen vage sein, aber sie beziehen sich doch auf eine klar bestimmbare Ontologie.

Gehen wir nun aber von der Präambel zu Artikel 1, Abs. 2 des Grundgesetzes über, so wird, wie sich nun zeigen wird, unversehens diese ontologische Grundlage durch eine andere ausgewechselt. Dort heißt es: »Die Würde des Menschen ist unantastbar, sie zu achten und zu schützen ist die Verpflichtung aller staatlichen Gewalt.«

Was aber ist unter der Würde des Menschen zu verstehen? Offensichtlich ist damit ein sittlicher Wert gemeint. Dieser Zusammenhang von Sittlichkeit und Menschenwürde war den Vätern des Grundgesetzes durch die Philosophie des deutschen Idealismus vertraut, auf die man u.a. nach dem Kriege als ein von den Niederungen der nationalsozialistischen Ära unzerstörtes, nationales Erbe zurückgriff. Nach Kant setzt das sittliche Gebot die *innere Freiheit* des Menschen voraus, also die Fähigkeit, sich inneren Zwängen, zum Beispiel seinen Trieben, zu widersetzen. Nur wer in diesem Sinne frei ist, kann verantwortlich handeln, und nur wer verantwortlich handeln kann, vermag auch schuldig zu werden. Die innere Freiheit macht daher den Menschen zur sittlichen Person, und dessen Würde, sagt Kant, besteht einzig darin, eine solche Person zu sein. (Selbst unwiderstehliche äußere Zwänge können die innere Freiheit und damit die Person nicht aufheben.)

Die für eine solche Würde erforderliche innere Freiheit ist aber mythisch *undenkbar*. Wie u.a. in Kapitel XXIV gezeigt, ist der Mensch mythisch Schauplatz numinoser Mächte. Deswegen ist Schuld für ihn ein objektives Ereignis in dem Sinne, wie es eine Krankheit ist. Zudem ist mit dem Begriff der inneren Freiheit auch jene vom äußeren scharf unterschiedene Innerlichkeit gesetzt, die der Mythos ebenfalls nicht kennt. Das Ich ist in ihm etwas weitgehend substantiell Bestimmtes und verschwindet beinahe vollständig hinter dieser seiner Substantialität. (Vgl. auch Kap. V, 2.3.)

Ob nun die Präambel mit dem Artikel 1, Abs. 1 des Grundgesetzes unvereinbar ist, weil sie an ganz andere ontologische Voraussetzungen appelliert als dieser, kann hier nicht geprüft werden. Hier kommt es ausschließlich darauf an, dieses tatsächliche Nebeneinander von Mythischem und Nichtmythischem in den politischen Grundlagen unseres Staates aufzuweisen.

Gehen wir jetzt im Grundgesetz noch ein Stück weiter und betrachten wir Absatz 2 des Artikels 1. Dort heißt es: »Das deutsche Volk bekennt sich darum« (wegen der Würde des Menschen nämlich) »zu unverletzlichen und unveräußerlichen Menschenrechten als Grundlage jeder menschlichen Gemeinschaft, des Friedens und der Gerechtigkeit in der Welt.«

Die Menschenrechte, wozu u.a. die freie Entfaltung der Persönlichkeit, Gleichheit vor dem Gesetz, Glaubens-, Gewissens- und Bekenntnisfreiheit gehören, sind ein Teil der *äußeren Freiheit*, die in keinem unmittelbaren Zusammenhang mit der inneren steht und von ihr wohl unterschieden werden muß. Es ist kein Widerspruch, einen Menschen, der im vollen Besitz aller Menschenrechte ist, dennoch als ausschließlich seinen Trieben unterworfen und damit innerlich determiniert anzusehen; und es ist ebenso wenig ein Widerspruch, sich jemanden zu denken, der zwar als Sklave lebt, dennoch aber innerlich frei ist. In dem soeben aufgeführten Zitat des Grundgesetzes werden aber ausdrücklich die Menschenrechte als äußere Freiheit mit der Würde des Menschen als sittliche Person und damit seiner inneren Freiheit begründet.

Daß dies in der Tat nicht erforderlich ist, hat beispielsweise F. A. Hayek gezeigt. Seiner Meinung nach müssen die Menschenrechte lediglich deswegen gewahrt werden, weil sie alleine einen optimalen Fortschritt ermöglichen. Dieser hat die freie Entfaltung des Einzelnen, den ungehinderten Austausch seiner Gedanken und dergleichen zur unabdingbaren Voraussetzung und kann durch staatliche Gängelung nur gebremst werden. Ob dagegen die innere Freiheit überhaupt existiert, hält Hayek, ohne dabei auf das Grundgesetz einzugehen oder es zu erwähnen, für ein letztlich unlösbares metaphysisches Problem.[192] Man kann daraus folgern, daß er sie zur Begründung einer politisch so wichtigen Sache, wie es die Menschenrechte sind, für untauglich hält.

So hängt zwar, historisch gesehen, die *Entstehung* der Menschenrechte zweifellos mit dem Verfall mythischer und sakraler Vorstellungen auf politischem Gebiet zusammen. Das ist auch daraus ersichtlich, daß die Menschenrechte Ergebnis der Aufklärung sind.

Aber dieser Zusammenhang ist doch eben *nur* ein historisch, nicht notwendig in der Sache begründeter. Die substantielle, mythische Gebundenheit des Menschen an eine Nation schließt keineswegs die Gleichberechtigung ihrer Angehörigen aus. Gerade im griechischen Kulturkreis ist die äußere oder politische Freiheit stets als ein hoher Wert betrachtet worden. Die beiden berühmten Tyrannenmörder Harmodios und Aristogeiton haben in Athen eine fast kultische Verehrung in Bild und Lied genossen, und ihre Tat wurde wie ein nationaler Arché-typos gefeiert. Noch in Hölderlins Hyperion schwingt diese Einheit von politischer Freiheit und mythischer Volksidee fort, ja, bestimmt weitgehend das ganze Werk.

So leben also in der Tat im Grundgesetz, aus dem sich ja das ganze politische Leben ableitet, Mythisches, Nichtmythisches und Mythosneutrales nebeneinander fort. Wir können darin unsere Lage, die sich aus verschiedenen, teilweise einander entgegengesetzten Strömen gebildet hat, und in der Altüberliefertes mit Neuerem zusammenkommt, wie in einem Spiegel betrachten. Die Tiefe und Mannigfaltigkeit des Lebens erlaubt es, manches miteinander zu verknüpfen, was sich zu widersprechen scheint, und sie widersetzt sich dem allzu eifrigen und gerade wirklichkeitsfremden Bemühen, alles logisch unter einen Hut zu bringen.

So führt uns das Grundgesetz deutlich vor Augen, daß eine mythische Auffassung der Nation keineswegs mit jenem Nationalismus und Chauvinismus oder jener bornierten Überheblichkeit verwechselt werden darf, unter deren unseligen Folgen wir heute noch zu leiden haben. Eine solche Verwechslung liegt umso näher, als ja gerade im Deutschland der nationalsozialistischen Ära nationalistische Exzesse im Zeichen eines neuen »Mythos« standen. In Wahrheit handelte es sich dabei jedoch um einen Pseudomythos, wie die folgenden Abschnitte zeigen werden.

4. Politische Pseudomythen. Die Theorie von R. Barthes

Aus dem Kreise der im dritten Kapitel behandelten Mythos-Forscher haben sich besonders K. Kerényi und M. Eliade mit bestimmten Erscheinungen im politischen Leben heute beschäftigt, die Kerényi als »unechte Formen« des Mythos bezeichnet hat.[193] Sie sind für ihn unechte Formen, weil sie nicht als »Urphänomene« betrachtet werden können, die spontan entstanden oder geschichtlich überliefert sind, sondern zur Erreichung politischer Zwecke »bewußt gemacht« wurden.[194] Ähnlich sieht es Eliade und führt u.a. als

Beispiele auf: Die römische Republik als Archetypus des republikanischen Gedankens im 18. und 19. Jahrhundert, den arischen Helden als mythisches Urbild des faschistischen Rassismus, das goldene Zeitalter als Sinnbild der klassenfreien Gesellschaft marxistischer Prägung usf.[195]

An dieser Stelle ist aber vor allem auf das weitverbreitete und vielbeachtete Buch von R. Barthes, »Mythen des Alltags«, einzugehen.[196] Denn obgleich er darin versucht hat, dem Mythos *im Allgemeinen* die Grundlage zu entziehen, hat er doch in Wahrheit, ohne es zu wissen, nur die Struktur politischer Pseudomythen herausgearbeitet. Der Leser möge daher zunächst der Darstellung von Barthes' Theorie folgen, ohne sich davon verwirren zu lassen, daß sie teilweise im Vorangegangenen schon Abgehandeltes wieder in Frage zu stellen scheint. In der anschließenden Kritik wird sich dann herausstellen, was von dieser Theorie insbesondere für die Unterscheidung unechter von echten Mythen brauchbar ist und was nicht.

Barthes erläutert seine Thesen an folgendem Beispiel: »Ich sitze beim Friseur, und man reicht mir eine Nummer von Paris-Match. Auf dem Titelbild erweist ein junger Neger in französischer Uniform den militärischen Gruß, den Blick erhoben und auf eine Falte der Trikolore gerichtet. Das ist der *Sinn* des Bildes. Aber ob naiv oder nicht, ich erkenne sehr wohl, was es mir bedeuten soll: Daß Frankreich ein großes Imperium ist, daß alle seine Söhne, ohne Unterschied der Hautfarbe, treu unter seiner Fahne dienen, und daß es kein besseres Argument gegen die Widersacher eines angeblichen Kolonialismus gibt als den Eifer des jungen Negers, seinen angeblichen Unterdrückern zu dienen.«[197]

Dieses Beispiel analysiert nun Barthes im Rahmen der Semiologie. Sie unterscheidet das Bedeutende vom Bedeuteten. Das *Bedeutende* kann zum Beispiel ein akustisches Bild sein, nämlich ein Wort, das *Bedeutete* ein Begriff. Das akustische Bild, als eine bloße Abfolge von Tönen an sich etwas Bedeutungsleeres, wird zu einem Bedeutenden nur dadurch, daß es als ein *Zeichen* aufgefaßt wird: Das Wort bezeichnet den Begriff. Damit wird aber zugleich das an sich bedeutungsleere Bild, es sei akustisch, optisch (etwa ein Signal) oder wie auch immer, von dem bedeutenden Zeichen so erfüllt, daß es damit vollständig verschmilzt. Nur in der Anstrengung bewußter Analyse können beide noch voneinander getrennt werden. Ganz entsprechend ist im Zeichen auch das Bedeutete bereits anwesend, und nur mühsam können wir noch das eine vom anderen unterscheiden.

Es gibt nun nach Barthes *primäre* und *sekundäre* semiologische Systeme. Das vorige Beispiel dient ihm dazu zu zeigen, wie sie miteinander in Zusammenhang stehen. Das primäre System besteht dort aus dem Bild eines Negers, das zum *Zeichen* für ein Bedeutetes dient, nämlich einen Neger als ein bestimmtes Individuum, mit einer persönlichen Biographie und der ganzen Welt von unmittelbaren Beziehungen, in der er wirklich lebt. Dies nennt Barthes den *Sinn* des Bildes. Das sekundäre System baut nun auf dem primären auf. Es verwendet zwar das Bild des primären, aber es verdrängt seinen ursprünglichen Sinn, indem es dieses Bild zu einem neuen Zeichen verwendet. Das somit neue Bedeutete ist jetzt das große, »menschenbeglückende« französische Imperium. Aus dem ursprünglichen Sinn wird dadurch nach Barthes eine »*Form*«, womit er andeuten will, daß der Sinn in ihr enthalten, aber darin wie in einem Gefäß verschwunden ist. Der individuelle Neger ist zwar noch da, aber er repräsentiert zugleich eine allgemeine Idee.

Mit diesem Beispiel illustriert Barthes, was er unter einem Mythos versteht. Ein Mythos ist für ihn ein sekundäres System, das ein primäres zur Voraussetzung hat. Beide verhalten sich zueinander wie eine Metasprache zur Objektsprache.[198] Nur das primäre System verweist seiner Meinung nach auf die Wirklichkeit, die er »reine Materie« nennt,[199] während sich das sekundäre mit der mythischen Idee oder dem mythischen Begriff gewissermaßen über das primäre schiebt und damit nicht »aus der Natur der Dinge« hervorzugehen vermag.[200] Ja, der mythische Begriff »deformiert« und »entfremdet« den ursprünglichen Sinn,[201] weswegen Barthes den Mythos eine »gestohlene Sprache« nennt.[202] Dennoch geht der ursprüngliche Sinn nicht gänzlich unter, im Gegenteil, er wird immer wieder zurückgerufen: Der zur Folie, zur bloßen Form gewordene Neger, der nun zum Zeichen für französischen Imperialismus dienen soll, bleibt doch gleichzeitig dieser konkrete und individuelle Neger. Gerade diese »Deformation«, die ja keine Zerstörung ist, macht sich der Mythos nach Barthes in entscheidender Weise zunutze. Es entsteht nämlich dadurch ein »unaufhörliches Kreisen«, bei dem der »ursprüngliche« Sinn des Bedeutenden und seine Form, seine Objektsprache und seine Metasprache miteinander abwechseln.[203] Dadurch wird der Eindruck hervorgerufen, als wäre der den Imperialismus darstellende Neger zugleich der wirkliche, individuelle Neger. Dieser letztere liefert also dem Mythos gewissermaßen ein »Alibi«.[204] »Der Sinn ist immer da, um diese Form *präsent zu machen*, die Form ist immer da, um den *Sinn zu entfernen*.«[205] Wie semiotische Zeichen und

Bedeutetes nur noch in einer intellektuellen Anstrengung voneinander zu unterscheiden sind, so hier auch Sinn und Form, altes und neues Zeichen. Damit »verschanzt« sich die mythische Bedeutung »hinter dem Faktum«, das ihr zugleich »eine Verkündigungspose« verleiht.[206] Der Mythos läßt seine Form als ein System von Fakten erscheinen, er »wird als ein Faktensystem« gelesen, während er doch nur ein »sekundäres« semiologisches System darstellt.[207] Damit gibt er sich den Anschein einer »Natur«, ja, einer »ewigen Begründung«, in der das individuelle Leben zur Repräsentation mißbrauchter Einzelner gewissermaßen »erstarrt«,[208] und doch hat er in Wahrheit nur eine »Pseudonatur« hervorgebracht.[209] So enthüllt sich schließlich der Mythos für Barthes als eine Ideologie, er entspricht nur den »Interessen einer bestimmten Gesellschaft.«[210]

Worin besteht aber nun genauer jene »reine Materie«, also die »Wirklichkeit«, die »Natur« und das »Faktum«, worauf sich nach Barthes nur die Objektsprache des primären Systems bezieht? Sie besteht seiner Meinung nach in der »Gesamtheit der menschlichen Beziehungen« sowie deren »sozialer Struktur«, soweit in ihnen »die Macht der Herstellung der Welt« liegt.[211] Die entmythisierte, die »reale Sprache« ist für ihn diejenige der »produzierenden Menschen«.[212] Wir finden sie überall, »wo der Mensch spricht, um das Wirkliche zu verändern.«[213] Sie spricht der Holzfäller, wenn er »Baum« sagt, sie spricht der Landmann, wenn er »gutes Wetter« sagt. In beiden Fällen sind Objekte gemeint, die mit der Arbeit zusammenhängen.[214]

Aus diesen Gründen ist für Barthes die Sprache des Mythos diejenige der Bourgeoisie, während die »Linke« den Mythos nicht »essentiell«, höchstens »taktisch« benötigt.[215] Sie, die sich zum Fürsprecher der produzierenden Menschen, der Unterdrückten und Revolutionäre macht, bekämpt ja gerade die Pseudonatur der Bourgeoisie und entlarvt damit die Täuschung semiotisch sekundärer Systeme.[216]

Soweit Barthes' Analyse. Wie leicht erkennbar, liegt ihre entscheidende Schwäche in der Behauptung, das primäre semiotische System beziehe sich jeweils auf eine mythenfreie Wirklichkeit. Diese Behauptung ist weder historisch zutreffend noch systematisch zu rechtfertigen.

Sie ist historisch unzutreffend, weil in mythischen Kulturen die *gesamte* Wirklichkeit, also auch die Arbeitsprozesse, mythisch gedeutet werden. Aber selbst dem heutigen Bauern können wir nicht einfach unterstellen, er betrachte gutes Wetter ausschließlich unter dem Gesichtspunkt seiner ökonomischen Arbeit und nicht auch in einer dem Mythischen verwandten Weise. Gerade bei ihm sind doch altes Brauchtum und die Überlieferung keineswegs vollständig erloschen. Im übrigen gibt es in unserer Epoche Unterdrückte, die gerade deswegen unterdrückt sind, weil sie Barthes' Vorstellung von Wirklichkeit ablehnen. So kann man zum Beispiel dem Kolonialismus, den ja Barthes als besonders geeignetes Beispiel für seine Thesen ansieht, gerade dies vorwerfen, daß er die Eingeborenen sich selbst entfremdet, indem er sie zwang, ihren mythisch-magischen Umgang mit der Natur als Holzfäller, Landmann, Bergmann und dergleichen aufzugeben, um unsere vollständig profanierte Einstellung zu übernehmen, in der Natur nichts anderes als ein Rohstofflager für industrielle Produktion zu sehen.

Was aber die systematische Prüfung von Barthes' Behauptung über die mythenfreie Beziehung des semiotischen Primärsystems zur Wirklichkeit betrifft, so haben bereits die vorangegangenen Ausführungen in Teil III hinreichend gezeigt, daß es überhaupt keine »reine Materie« oder Natur an sich gibt, sondern nur verschiedene Deutungen der Wirklichkeit, von denen die nichtmythische keinerlei Vorrang vor der mythischen beanspruchen kann.

Mit dem Scheitern von Barthes' Versuch, den Mythos insgesamt als ein Scheinsystem zu entlarven, wird auch seine Absicht zunichte, dieses Scheinsystem alleine der politischen Rechten zuzuschieben. Denn dies wäre ja nur dann möglich, wenn alleine die Linke die wahre Wirklichkeit und »reine Materie« verträte, die es jedoch nicht gibt. So könnte man Barthes' eigenes Beispiel ebenso auf die »Gegenseite« anwenden und sagen: »Ich sitze beim Friseur, und man reicht mir eine Nummer der ›Humanité‹. Auf dem Titelbild erhebt ein Arbeiter die geschlossene Faust zum Gruß, den Blick erhoben und auf eine Falte der Sowjetfahne gerichtet ...« usf. Der Arbeiter steht hier für den Neger, die Sowjetfahne für die Trikolore, und damit die Idee der Weltrevolution für diejenige des französischen Imperialismus. Es bedarf wohl keiner weiteren Erläuterung, um festzustellen, daß zwischen den beiden Bildern, dem in »Paris-Match« und dem in der »Humanité« formal kein semiotischer Unterschied besteht.

Aber wenn es Barthes auch nicht gelang zu zeigen, daß der Mythos ein bloßer Schein sei, so hat er doch, ohne es zu wissen, eine Theorie politischer *Pseudomythen* bereitgestellt.

Zwar weist, was Barthes als Mythos bezeichnet, in der Tat mythische Strukturen auf: In dem Neger sollen Allgemeines und Besonderes, Ganzes und Teil miteinander verschmelzen; einerseits ist er dieser individuelle Neger, andererseits ist er mit der Nation der

Union Française identisch; das Ganze lebt in ihm als Teil; »Sinn« und »Form« sind hier unlöslich miteinander verknüpft; indem die Nation in ihm zum Bilde wird, ist er als Individuum in deren Ewigkeit »erstarrt«, die zugleich die Gegenwart ihrer Geschichte und ihrer Vergangenheit ist usf. Und doch können solche Strukturen *dann* nicht darüber hinwegtäuschen, daß es sich um einen Pseudomythos handelt, wenn die Wirklichkeit, auf die sich das primäre System bezieht, in der Tat nicht mythisch ist oder wenigstens den im sekundären System zum Ausdruck gebrachten Ideen widerspricht. (Wobei es hier ganz dahingestellt bleiben möge, ob dies bei dem von Barthes angegebenen Beispiel der Fall ist oder nicht.) Erst dann klaffen Schein und Sein, natürliche und künstliche Welt auseinander, finden jene Deformationen, Entfremdungen und leeren Verkündigungsposen statt, wie sie Barthes geschildert hat. Insofern haben Kerényi und Eliade intuitiv das Richtige erfaßt, wenn sie glauben, politische Pseudomythen daran erkennen zu können, daß sie zwar mythische Strukturen aufweisen, nicht aber spontan entstanden oder geschichtlich gewachsen sind, sondern bewußt zur Erreichung bestimmter Zwecke *gemacht* werden. Sie haben dabei allerdings übersehen, daß auch ein ursprünglich echter Mythos zu einem Pseudomythos werden kann, nämlich dann, wenn er nicht mehr »gelebt« wird, sondern gewaltsam aufrechterhalten oder künstlich wieder eingeführt werden soll.

Ein klassisches Beispiel dafür bietet die sogenannte Renovatio Augusta, nämlich der Versuch des römischen Kaisers Augustus, dem Staat wieder eine mythische Grundlage zu geben. Die Äneis des Vergil spielte in diesem Zusammenhang eine herausragende Rolle. Und doch ist der Mythos in ihr, trotz aller Meisterschaft, zum Kunstwerk verblaßt und lebt nicht mehr mit der gleichen naiven und ursprünglichen Kraft wie bei Homer.

Damit komme ich noch einmal auf den Mythos der Nation zurück. Dieser Mythos ist nicht nur geschichtlich gewachsen, sondern besitzt, wie bereits gezeigt, eine in sämtlichen heutigen Ländern immer noch fortwirkende, die Grundlagen des Staates bestimmende Macht. Im Grundgesetz der Bundesrepublik Deutschland kommt ihm sogar die Schlüsselrolle zu. Die ihm teilweise entgegenstehenden Vorstellungen und Bestrebungen, die sich ebenfalls darin niedergeschlagen haben, mögen ihn zwar schwächen, zerstört haben sie ihn nicht. Immer noch gelten heute alle Länder als Nationalstaaten, selbst diejenigen, die aus vielen Völkern bestehen wie die Vereinigten Staaten, die Sowjetunion oder die Schweiz. Auch kommt darin erneut zum Ausdruck, daß die Idee der Nation, im Osten wie im Westen fortwirkend, von dem jeweiligen politischen System unabhängig ist, in dem sie auftritt, also nicht mit nationalistischen, chauvinistischen oder ähnlichen Bestrebungen in einen Topf geworfen werden darf. Bisher sind alle Pläne, zu grenzüberschreitenden Staatenbildungen zu kommen, etwa zu einem Paneuropa, reine Utopie geblieben. Wenn daher de Gaulle sagte, es könne nur ein Europa der Vaterländer geben, so hat er damit zweifellos auf eine bestehende Wirklichkeit verwiesen. Aus diesen Gründen darf der Mythos der Nation nach wie vor als ein echter Mythos gelten.[217]

Es muß jedoch hier darauf hingewiesen werden, daß ein echter Mythos nicht schon deswegen begrüßt werden muß, weil er echt ist. Manche Mythen dieser Art, vergangene oder gegenwärtige, etwa solche bestimmter heute noch existierender Indianerstämme, mögen uns anziehen, manche dagegen abstoßen. Selbst die homerischen Griechen hatten ihr »Mittelalter«, vor dem sie sich mit Schaudern abwandten, woran in Kapitel V, 3.2 erinnert wurde. Freilich kann einen echten Mythos nur derjenige verwerfen, für den er nicht die eigene Lebensgrundlage bildet. Er wird dann allerdings sein Werturteil an Maßstäben messen, die seinem anders geprägten Kulturkreis entstammen.

5. Mythos und Ideologie. Über das Verhältnis von Pseudomythen zu genuinen Mythen

Politische Programme werden heute weitgehend als »ideologisch« bezeichnet. Unter einer politischen Ideologie versteht man ein mehr oder weniger loses, mehr oder weniger klares System von Grundsätzen, welche die Richtlinien politischen Handelns bestimmen. Der allgemeine Sprachgebrauch verbindet damit teils die Vorstellung von einem Glauben, teils von einem Interesse. Beruht eine Ideologie auf einem Glauben (man spricht zum Beispiel vom Glauben an den Sozialismus), so unterscheidet sich dieser allerdings grundlegend von demjenigen der Religion. Für den religiös Glaubenden ist sein Glaube durch die Gottheit gegeben, für den ideologisch Glaubenden dagegen wurzelt sein Glaube allein im Menschen und seiner Geschichte. Ideologischer Glaube wird daher als säkularisierter, als profaner Glaube verstanden. Beruht eine Ideologie aber auf einem Interesse, dann sind ihre Grundsätze und Leitlinien nur Vorwände. Wenn man zum Beispiel die Religion auch nur für eine Ideologie unter anderen hält, dann sieht man oft darin nur ein Werkzeug, womit eine Gruppe oder Klasse die anderen verdummt, um sie desto besser unterdrücken zu können. (»Opium für's Volk.«)

Worauf stützt sich aber der ideologische Glaube? Da er sich als säkularisierter nicht auf eine göttliche Erleuchtung, Gnade oder dergleichen berufen kann, nicht also darauf, was man zusammenfassend als »lumen supranaturale« zu bezeichnen pflegt, so sucht er seine Rechtfertigung im »lumen naturale«, also im Appell an die menschliche Vernunft. Ideologischer Glaube ist letztlich Vernunftsglaube, Glaube an die vernünftige Evidenz seiner Grundsätze. Dies geschieht selbst dann, wenn er, wie zum Beispiel in der Hippie-Bewegung, die Befreiung des Irrationalen, der Gefühle, der Instinkte und sexuellen Bedürfnisse von sogenannten rationalen Zwängen fordert. Denn in diesen wie in anderen Erscheinungen eines neuen Rousseauismus wird ja eine solche Befreiung als das Werk wahrer Aufklärung gefeiert, also als das Werk wahrer Vernunft gegen eine Pseudovernunft, die in der Fesselung des Trieblebens eine finstere Tyrannis ausübe und so der Freiheit und Menschenwürde widerspreche.

Gerade weil nun mit dem Wort »Ideologie« ein säkularisierter Glaube oder ein verschleiertes Interesse gemeint ist, wird es in der Regel abwertend gebraucht. Mit der Feststellung: »das ist eine Ideologie« wird daher meistens die »Ideologiekritik«, ein nicht weniger beliebter Ausdruck heute, verbunden.

Hier ist es nun bezeichnend, daß diejenigen, die diese Kritik üben, meist eine wissenschaftliche oder zumindest mit der Wissenschaft in Einklang stehende Kritik meinen. Sie versuchen, den Anspruch einer Ideologie, mit dem lumen naturale in Einklang zu stehen, dadurch als unwahr zu entlarven, daß sie diese Ideologie entweder wissenschaftlich widerlegen oder ihre Unfähigkeit hervorheben, der rationalen Forderung nach logischer Konsistenz oder empirischer Überprüfung zu genügen. Ja, das Interesse selbst an einer Ideologie wird wissenschaftlich erklärt, zum Beispiel psychologisch, tiefenpsychologisch, nationalökonomisch oder soziologisch. So meinen selbst diejenigen, welche sogar die Wissenschaft der Ideologie verdächtigen, etwa als »bürgerliche Wissenschaft«, die wahre, nämlich die sogenannte »kritische Wissenschaft« zu vertreten.

Ein solcher Wortgebrauch von »Ideologiekritik« enthüllt nun aber zugleich noch weitere Seiten des Wortgebrauchs von »Ideologie«. Denn versteht man kritisch unter Ideologie »Pseudowissenschaft«, dann unterstellt man ihren Anhängern doch offenbar den Willen, wenigstens wissenschaftlich sein zu *wollen,* und sei es auch im

Sinne einer Gegenwissenschaft gegen die etablierte; wird sie aber als Trägerin verschleierter Interessen entlarvt, so unterstellt man ihren Trägern eine Geisteshaltung, die kennzeichnend für unsere säkularisierte, glaubenslose Zeit ist. Diese ins 18. Jahrhundert zurückreichende Epoche hat zur Vorstellung einer transzendenzfreien Welt und infolge davon zu einem rein psychologischen Bild vom Menschen geführt, wonach alle seine Äußerungen profanen Interessen entspringen, sie mögen seinen Willen zur Macht, zum Besitz, die Kompensation enttäuschter Wunschvorstellungen oder ähnliches verraten.

In gewissem Sinne ist es also zutreffend, wenn man in den politischen Ideologien von heute eine Art Religionsersatz sieht, einen Ersatz nämlich der Religion durch Wissenschaftsähnliches oder Pseudowissenschaftliches.

Es ist nun aber gerade diese der Wissenschaft entnommene und daher eher nüchterne Form von Ideologien, die ihre Anhänger dazu treibt, sich des Mythos zu bedienen, um desto wirkungsvoller das Gefühl und die Instinkte der Massen mobilisieren zu können. Wie Destutt de Tracy den Ausdruck »Ideologie« für grundlegende Erkenntnisse eingeführt hat, die von den vermeintlich absoluten Gewißheiten der Wissenschaften abgeleitet sein sollen, und wie Napoleon als erster die dazu gehörige Ideologiekritik lieferte, indem er diese angeblichen Gewißheiten als *nur* ideologisch, nämlich nicht der Wahrheit entsprechend bezeichnete, so sprach G. Sorel zum ersten Mal von »Mythos«, wo es um die Zusammenfassung der Bemühungen geht, einer Ideologie revolutionären Schwung zu geben. Der Mythos, schrieb er, müsse die »Tendenzen«, die »Instinkte« und »Hoffnungen«[218] eines Volkes oder einer Partei in »Bilder« bringen,[219] die es gestatten, alle diese Ängste und Sehnsüchte in einer Art »Ganzheit« zu veranschaulichen. Es spiele dabei keine Rolle, daß der Mythos im einzelnen »phantastisch« sei und von der »Wirklichkeit« »erheblich« »abweiche«; es komme nur darauf an, die Phantasie des Menschen anzusprechen.[220] Der Einfluß von Sorel kann kaum überschätzt werden; keine der großen sozialistischen wie faschistischen Massenbewegungen dieses Jahrhunderts ist von ihm unbeeinflußt geblieben.

Sorel ist also einer der geistigen Väter jener politischen Pseudomythen, welche die Geschichte des 20. Jahrhunderts so stark geprägt haben. K. Kerényi und M. Eliade haben aber darauf hingewiesen, daß diese Pseudomythen nur deswegen von den Politikern aufgenommen wurden und so erfolgreich waren, weil sie offenbar einem »mythischen Bedürfnis« in den Menschen entgegenkamen. Deswegen sagt Kerényi, echten wie unechten Mythen sei trotz allem gemeinsam, daß sie etwas »mit der Wirklichkeit zu tun haben«.[221] »Wenn sie überhaupt nichts mit der Wirklichkeit zu tun hätten, so wären die unechten Mythen, die doch einem Zweck dienen sollen, unbrauchbar und ... die echten Mythen wären ›Fabeln, Wahnbilder, Hirngespinst‹ und von so begabten Völkern wie den Griechen dennoch für wahr gehalten!«[222]

Unechte Mythen haben aber nach allem deswegen eine Beziehung zur Wirklichkeit, weil sie tief verwurzelte Vorstellungsformen erwecken, mögen dabei auch diese Vorstellungsformen mit neuen Inhalten gefüllt und damit verfremdet werden. Darauf spielt M. Eliade an, wenn er bemerkt, »... bestimmte Aspekte und Funktionen des mythischen Denkens sind Konstituenten des Menschen.«[223] Politische Demagogen machen sich solche echten mythischen Potentiale zunutze, um sie für ihre Ziele einzusetzen oder gar zu mißbrauchen. Geschickt erwecken sie bestimmte Assoziationen, die immer noch lebendige, wenn auch verdrängte Erfahrungsformen anrühren. Die Wirkung ist umso größer und weitet sich zu explosiven Aufbrüchen aus, je größer die Verdrängung war und nur nach einem Ventil suchte, um sich Luft zu schaffen. Hitler zum Beispiel verstand es meisterhaft, den mit dem Versailler Vertrag tief getroffenen Mythos von Reich und Nation als Vehikel für seine rassistischen und antisemitischen Pseudomythen zu verwenden.

So bekundet sich heute paradoxerweise die Gegenwart echter Mythen noch in jenen Pseudomythen, die aus ihnen ihre geborgte Kraft saugen und zu den schrecklichsten Verbrechen geführt haben. Die Erinnerung an diese Verbrechen ist es nicht zuletzt, die eine sachliche Erörterung des Themas »Mythos und Politik« nach wie vor erschwert und viele geneigt macht, alles Mythische insgesamt zu diskreditieren. Aber auch im Namen von Religion und Wissenschaft ist Schreckliches geschehen, ohne daß uns dies berechtigte, sie deswegen in Bausch und Bogen zu verwerfen. Man denke an die Verfolgung Andersgläubiger oder die Konstruktion und den Abwurf der Atombombe im Zweiten Weltkrieg, um nur einiges zu nennen.

Wo immer wir Pseudomythen bekämpfen, sollten wir daher nicht vergessen, daß es auch echte Mythen gibt, die immer noch eine der Grundlagen moderner Nationalstaaten bilden und den innersten Gefühlen der Menschen entsprechen. Bisher ist nicht ersichtlich, wie auf sie vollständig verzichtet werden kann, ohne die politische Landschaft von heute zu zerstören. Auch ist es, wie gezeigt, keineswegs zutreffend, daß alleine eine umfassende Entmythisierung des politischen Lebens den Weg zu Wahrheit, Freiheit und Frieden weise. Je mehr aber der irrige Glaube verblaßt, *jeder* Mythos sei bloßer Schein und führe in die politische Katastrophe, desto gewisser werden jene Mythen auch in Zukunft fortwirken, deren politische Bedeutung auch in demokratisch verfaßten Ländern ungebrochen ist.

XXVI. Theoretische Probleme der Versuche, die Verdrängung des Mythos zu erklären

Wie sich in den Kapiteln XVII bis XXI gezeigt hat, können wir die Frage, warum der Mythos von der Wissenschaft verdrängt wurde, nicht mehr in der gängigen Weise beantworten, indem wir behaupten, dies sei das Ergebnis fortschreitender Erfahrung, verbesserter Semantik und Logik, operativer Wirksamkeit und normativer Überlegenheit, insgesamt also höherer Rationalität. Die Erfahrung, worauf sich die Wissenschaft stützt, ist nicht begründeter oder intersubjektiv überzeugender als diejenige des Mythos, sie hat nur andere Gegenstände und Inhalte als dieser (vgl. Kapitel XVII); die wissenschaftliche Semantik ist nicht exakter, wenn man die so anderen Zwecke ins Auge faßt, denen sie dienen soll (vgl. Kapitel XVIII); die wissenschaftliche Logik ist zwar extensiver, ihre Operativität wirksamer, aber auch dieses beides hängt ausschließlich an den besonderen, von der Wissenschaft ausgewählten Gegenständen und Zwecken, die eine solche Extensität und Wirksamkeit zulassen (vgl. die Kapitel XIX und XX); schließlich kann man nicht rational begründen, warum man diese Inhalte, Gegenstände und Zwecke denjenigen des Mythos vorziehen *soll*, weil eine solche Forderung normativ ist, Normen aber nicht absolut begründet werden können (vgl. Kapitel XXI). Wenn aber aus allen diesen Gründen die Wissenschaft nicht rationaler ist als der Mythos, so drängt sich unabweisbar die Frage auf, ob der Umbruch vom mythischen zum wissenschaftlichen Denken *überhaupt* erklärt werden kann.

Es handelt sich also um eine *grundsätzliche* Frage, und deswegen können wir den Umstand vernachlässigen, daß hier ein langwieriger und komplizierter geschichtlicher Prozeß vorliegt, der sich in vielen einzelnen Schritten abspielte. Es genügt zu prüfen, welche Form ihn betreffende Erklärungen haben können.

1. Über den Versuch, die Verdrängung des Mythos durch die Wissenschaft wissenschaftlich zu erklären

1.1 Ungeschichtliche Erklärungen

Wenn wir uns, wie es hier stets geschah und aus den schon im Kapitel XVI genannten Gründen auch im folgenden der Fall sein wird, auf die Naturwissenschaften, die Psychologie sowie die Sozial- und Geschichtswissenschaften beschränken, dann kann man sagen, eine wissenschaftliche Erklärung erfolgt mit Hilfe von Naturgesetzen oder geschichtlichen Regeln. Im ersten Fall handelt es sich um ungeschichtliche, im zweiten Fall um geschichtliche Erklärungen.

Nehmen wir nun an, jemand stelle folgenden Schluß auf: Es gibt einen psychologisch-anthropologischen, also *naturgesetzlichen Trieb* des Menschen, die Welt nach seinen Zwecken immer besser zu beherrschen. Nun stellt die wissenschaftliche Ontologie gegenüber derjenigen des Mythos eine solche Verbesserung dar. Also ging der Mensch vom Mythos zur Wissenschaft über.

Tatsächlich ist dies weitgehend geglaubt worden, ja, man kann die Deutung der Geschichte im Geiste des wissenschaftlichen Fortschrittsoptimismus geradezu auf eine solche Formel bringen. Die Wissenschaft, so sagt man doch, habe den Menschen insgesamt ein besseres Leben beschert und schreite darin beständig fort. Sie habe die Erfüllung alter Menschheitsträume ermöglicht, das Verlangen nach Wohlstand befriedigt, durch die Bändigung der Naturkräfte unsere Furcht vor ihnen beruhigt, sie habe unsere Hoffnung auf ein längeres Leben gestärkt, überhaupt das Leben angenehmer und bequemer gemacht, sie habe den Wissensdurst, der den Menschen eigentümlich ist, durch unermeßlich viele Erkenntnisse gestillt usf. Entsprechend sieht man mit einem gewissen Mitleid auf die Menschen frührerer Zeiten herab, die nicht in den Genuß solcher Errungenschaften gekommen sind, obgleich sie diese, dessen ist man sicher, ebenso beglückt hätten wie uns.

Die Glücksidee, die all dem zugrunde liegt, ist nun aber durch eine vollständig säkularisierte, ja, weitgehend »materielle« Grundeinstellung gekennzeichnet. (Selbst die geistige Neugier, die in ihrem Rahmen auftritt, bezieht sich auf einer solchen Einstellung entsprechende Erkenntnisse.) Es handelt sich hier also um die Befriedigung der sog. »sinnlichen« Bedürfnisse, während das Numinose und damit »übersinnliche« dabei überhaupt keine Rolle spielt. Wo es noch zu finden ist, besonders im privaten Bereich, stellt es nur ein Relikt aus der Vergangenheit dar, ist demnach für die Gegenwart nicht typisch.

Wenn man als *Tatsache* behauptet, die erwähnte Glücksidee sei von den Menschen immer schon gestellt worden, habe aber erst im wissenschaftlichtechnischen Zeitalter die Voraussetzungen für ihre fortschreitende Verwirklichung gefunden, so ist das eine empirische Hypothese, die einer Nachprüfung nicht standhält. Es ist eine empirische Hypothese, sofern sie sich auf einen psychologisch-anthropologischen *Wesenszug*, also ein die Triebe des Menschen steuerndes Naturgesetz bezieht, und sie ist falsch, sofern, wie sich gezeigt hat, die Vorstellung vom Glück erheblichen Wandlungen unterworfen war. Für den mythischen Menschen war Glück jene Eudaimonia, die in der Epiphanie einer Gottheit gipfelt; für den Menschen des Mittelalters war es die Beatitudo, die sich in der visio dei vollendete. In beiden Fällen war Glück, ganz anders als heute, ohne Einklang mit dem Numinosen, ohne seine Erfahrung, Gegenwart oder Mitwirkung, undenkbar.

Es hülfe auch nichts, wollte man die Glücksidee des wissenschaftlich-technischen Zeitalters durch einen rein theoretischen Trieb zu jener durchgehenden Rationalität ersetzen, von der die Wissenschaft geprägt ist. Denn diese Rationalität hat doch, wie sich gezeigt hat, das Interesse an einer vollständig säkularisierten Gegenstandskonstruktion zur Voraussetzung und damit eben jene praktische Glücksidee, die gerade umgangen werden sollte.

Fassen wir zusammen. Es gibt weder einen naturgesetzlichen Trieb des Menschen, aus dem die Ziele der Wissenschaft folgten, noch läßt sich die Wissenschaft als eine Verbesserung des Mythos auffassen. Das erste trifft nicht zu, weil dem die ebenso grundlegende wie eindeutige Verschiedenheit von Mythos und Wissenschaft widerspricht, derselbe Trieb also niemals *beides*, sei es auch nacheinander, wollen konnte; das zweite deshalb nicht, weil von einer Verbesserung, es sei welche sie wolle, doch nur unter der hier eben *nicht* vorliegenden Voraussetzung vergleichbarer Ziele gesprochen werden könnte.

Diese Einwände treffen aber ganz allgemein auf *jeden* möglichen Versuch zu, die geschichtlichen Entscheidungen zugunsten der Wissenschaft naturgesetzlich, also ungeschichtlich, zu erklären. Denn eine solche Erklärung müßte doch stets darin bestehen, daß bestimmte, in Wahrheit nur geschichtlich zu begreifende Inhalte aus einer angeblich psychologisch-anthropologischen Verfassung des Menschen hergeleitet und Wissenschaft wie Mythos einem *auf diese Verfassung* bezogenen Vergleich unterworfen werden.

1.2 Geschichtliche Erklärungen

Wie steht es nun mit der zweiten Möglichkeit, derzufolge die gesuchte Erklärung mit Hilfe geschichtlicher Regeln zustande käme?

In diesem Falle würde man zum Beispiel das geschichtliche Regelsystem der Wissenschaft, also die Ontologie, auf der sie als Bedingung wissenschaftlicher Erfahrung beruht, aus einem anderen solchen Regelsystem ableiten müssen. Das zweite Kapitel hat viele einschlägige Beispiele dafür geliefert, wie derartiges gemacht wird: So wurde gezeigt, wie das für die cartesianische Ontologie grundlegende Prinzip eines vollendet rational verfahrenden Weltschöpfers einer bestimmten, gegen die nominalistische Philosophie gerichteten Metaphysik entspringt, oder es wurde dargelegt, wie das für die Newtonsche Physik grundlegende Axiom vom absoluten Raum auf die spekulative Metaphysik Mores und Barrows zurückzuführen ist.

Allein der Nachweis solcher rationaler Tatbestände ist noch keine hinreichende Erklärung für ihre Wirklichkeit. Warum, so muß doch weiter gefragt werden, akezptierte Descartes die erwähnte Metaphysik, auf die er alles Weitere aufbaute, warum war Newton so sehr von den Spekulationen Mores und Barrows beeindruckt, daß er sie zum Ausgangspunkt seiner Überlegungen machte?

Oder nehmen wir als Beispiel einen der vielen Schritte, die unmittelbar vom Mythos zur Wissenschaft hingeführt haben, nämlich die Philosophie der Vorsokratiker. Man könnte ihr Auftreten, kurz gesagt, folgendermaßen erklären: Die Vorsokratiker lebten noch in der Regelwelt des Mythos. Zu ihrer Zeit gab es aber auch noch eine weitere, dem Mythos fremde Regel, derzufolge alles einem einheitlichen Prinzip unterworfen werden soll. Nimmt man noch zusätzlich andere Regeln hinzu, dann folgen daraus die verschiedenen Versuche, aus den mythischen Archái jeweils eine, es sei das Wasser, das Feuer, die Luft oder dergleichen, auszuwählen und zu dem gesuchten Prinzip zu machen.

Auch bei einer solchen Erklärung, die als Modell für die allgemeinere des Umbruchs vom Mythos zur Wissenschaft dienen kann, wird jedoch nicht erklärt, warum die Vorsokratiker dem Einheitsgebot sowie den anderen Regeln gefolgt sind. Warum faszinierten sie diese so, daß sie ihnen den mythischen Polytheismus opferten? Warum entschlossen sie sich zu jenem Regelsystem, das als Prämisse für die Ableitung des zu erklärenden Regelsystems, eben die Philosophie der Vorsokratiker, diente? Auch diese Ableitung mußte *gewollt* sein, sollte sie geschichtliche Wirklichkeit werden.

Nun könnte man vielleicht versuchen, einen solchen Willen aus einem bestimmten Normen- und Zwecksystem abzuleiten, um auch ihn zu erklären, aber dann hätte sich das vorliegende Problem nur auf ein anderes Gebiet verlagert, denn dann wäre wieder zu fragen, warum das bei dieser Erklärung als Prämisse verwendete Normensystem für gültig angesehen wurde.

Naturgesetze sind etwas Zwingendes, man muß ihnen folgen; aber geschichtliche Regeln sind nicht etwas Zwingendes, sondern, wie bereits in Kapitel IV gezeigt wurde, etwas Kontingentes, sie sind geschichtliche Möglichkeiten, die grundsätzlich verweigert werden können. Daher wird bei Erklärungen mit Hilfe geschichtlicher Regeln die Wirksamkeit dieser Regeln *vorausgesetzt,* aber nicht selbst erklärt, ja, sie kann gar nicht erklärt werden, eben weil Regeln etwas Kontingentes sind. Erklärungen dieser Art, wo sie überhaupt möglich sind, rekonstruieren demnach zwar eine Rationalität von Entscheidungen, nämlich als Folgerungen aus geschichtlichen Regeln; aber solche Regeln sind doch nur auf der Grundlage von etwas *Vorrationalem* bindend. Diese Vorrationalität liegt in dem Umstand, daß die verwendeten geschichtlichen Regeln überhaupt akzeptiert werden, wobei »vorrational« im Sinne von Kapitel XXII bedeutet: Nicht ableitbar, also keiner weiteren Erklärung mehr fähig.

Hier muß daran erinnert werden, daß selbst die Entscheidung zu etwas Rationalem vorrational ist und mit diesem nicht verwechselt werden darf. Sie ist nämlich etwas Normatives und deswegen ebenso wenig erklärbar wie die Entscheidung zum Guten oder Bösen. Von der Vorrationalität ist ferner, wie ebenfalls im Kapitel XXII gezeigt wurde, die Irrationalität zu unterscheiden, auf die ich gleich zurückkommen werde.

So ist einerseits der Versuch einer geschichtlichen Erklärung der Verdrängung des Mythos und seiner schließlichen Ablösung durch die Wissenschaft entsprechenden Versuchen ungeschichtlicher Erklärungen insofern überlegen, als er nicht mit falschen empirischen Hypothesen über bestimmte Wesensverfassungen des Menschen arbeitet; aber auch er ist letztlich zum Scheitern verurteilt, weil er die Schöpfung und Anerkennung geschichtlicher Regeln, die ihm als Prämissen dienen, nicht erklären kann.[224]

1.3 Kombinierte Erklärungen

Betrachten wir eine letzte Möglichkeit, die darin besteht, in Erklärungen Naturgesetze und geschichtliche Regeln miteinander zu verbinden. Nun haben wir schon gesehen, daß Naturgesetze nicht die allgemeine Wirksamkeit von geschichtlichen Regeln erklären können. Allenfalls könnten sie hilfreich sein, im einzelnen Fall eine Neigung zu bestimmten Regeln begreiflich zu machen, so etwa, wenn manche aufgrund ihrer psychologischen Veranlagung mehr einer idealistischen, andere mehr einer materialistischen Lösung von Problemen den Vorzug geben. Aber abgesehen davon, daß sich damit ja gerade nicht die *allgemeine* geistige Haltung eines Zeitalters erklären ließe, könnte man so auch kaum den *besonderen* Inhalt von Regeln, sondern höchstens seinen ungefähren Umriß ableiten; unerklärbare Spielräume blieben zur Genüge übrig. Was nun das schon erwähnte Irrationale betrifft, das wir häufig genug am Werke sehen, so ist es zwar teilweise psychologisch zu erklären, so weit Leidenschaften und Gefühle dabei eine entscheidende Rolle spielen. Aber dieses Irrationale wirkt doch gerade nicht wie ein Naturgesetz, weil es keine dauernden Inhalte produziert, sondern geschichtlich ebenso unvermutet aufflammt wie es wieder erlischt. So gibt es neben den anthropologisch erfaßten, sog. allgemein menschlichen Gefühlen auch spezifisch geschichtliche, die sich an geschichtlichen Inhalten entzünden und daher die gleiche unerklärbare Kontingenz aufweisen wie diese. Vielleicht könnte man noch das psychologische Gesetz der Gewöhnung und Trägheit oder dergleichen aufführen, das einmal etablierte Regelsysteme weiterleben läßt. Damit wäre jedoch gerade der Umbruch von ihnen zu neuen nicht zu begreifen, um den es doch hier vor allem geht.

Alle diese vorangegangenen Überlegungen weisen darauf hin, daß Ereignisse wie die Verdrängung des Mythos durch die Wissenschaft in ihren letzten Voraussetzungen wissenschaftlich grundsätzlich *nicht* zu erklären sind. Wir können uns zwar diese Verdrängung dadurch begreiflicher machen, daß wir die vielen kleinen und großen Schritte analysieren, die zu ihr geführt haben, vom Mythos zur griechischen Philosophie, von dieser zur christlichen Religion und weiter zur heutigen Denkweise – aber wie viele Naturgesetze, wie viele geschichtliche Regeln und rationale Erwägungen dabei auch eine Rolle gespielt haben mögen – in jedem einzelnen dieser Schritte stoßen wir bei seiner Erklärung auf etwas Vorrationales oder Irrationales, auf nicht weiter ableitbare Entscheidungen also, welche diese Erklärungen zu etwas Vordergründigem werden lassen.

Was aber nun im Rahmen der hier allein gemeinten empirischen Wissenschaften weder aus Naturgesetzen noch aus geschichtlichen

Regeln erklärbar ist, wird wissenschaftlich als *Zufall* aufgefaßt. Einige Beispiele mögen dies erläutern.

Wenn eine überaus fest gebaute Brücke dennoch zum Einsturz kommt, weil nicht nur ein schwerer Sturm über sie hinwegfegt, sondern sie gleichzeitig von einem Erdbeben erschüttert wird, dann kann man zwar das eine wie das andere verursachende Ereignis auf eine Kausalkette zurückführen, nicht aber deren *gleichzeitiges Zusammentreffen.* Aus diesen Gründen sagt man: »Es war ein Zufall.« Oder betrachten wir eine statistische Ereignismenge, etwa die Würfe eines Würfels. Wenn jemand behauptet, unter 120 Würfen seien 20 Sechsen, so ist das ein statistisches Gesetz; aber daß gerade der 30te ein Sechser war, läßt sich durch kein Gesetz erklären und wird deswegen als Zufall bezeichnet.

Nun beruhen zwar die geschichtlichen Prozesse, die zur Verdrängung des Mythos durch die Wissenschaft führten, weder notwendig auf einem Zusammentreffen von Kausalreihen, noch sind sie notwendig Elemente statistischer Ereignismengen. Aber da für diese Prozesse genauso wie in solchen wissenschaftlich geläufigen Fällen keine Erklärung, sei es durch Naturgesetze, sei es durch geschichtliche Regeln, möglich ist, müssen wir sie folgerichtig ebenfalls als zufällig auffassen, genau in dem Sinne, wie man sagt, »mir fiel zufällig etwas ein«, zum Beispiel eine neue Regel in einem bisher üblichen Spiel. *Es ist somit gerade der Erklärungsbegriff der empirischen Wissenschaften, der uns zu dieser Folgerung zwingt.*

2. Über den Versuch, die Verdrängung des Mythos durch die Wissenschaft mythisch zu erklären

Was wissenschaftlich als Zufall gedeutet wird, das erklärt der Mythos durch das Einwirken numinoser Wesen. Da es sich dabei um nicht wiederholbare Ereignisse handelt, ist dafür das zweite mythische Erklärungsmodell zuständig, das bereits in Kapitel XVII untersucht wurde. Dort wurde auch gezeigt, daß es nicht dazu dient, zu solchen Ereignissen einfach ad hoc eine Ursache zu erfinden, sondern daß es zwischen dem einmaligen Einwirken und der Arché des betreffenden numinosen Wesens, also einem regelmäßigen Vorgang, einen Zusammenhang herstellt. Man erinnere sich an das gegebene Beispiel: Der in wissenschaftlicher Sicht zufällige Tod des Patroklos wird mythisch auf Apollo zurückgeführt, und zwar deshalb, weil die Achäer sich der Arché des Gottes widersetzen, indem sie seinen

Priester beleidigten. Das bedeutet: Numinoses Wirken dort, wo wir allgemein von Zufall reden, wird daraus abgeleitet, daß eine Arché im Bereiche des Sterblichen, also Einmaligen und nicht Wiederkehrenden, durchgesetzt werden soll; sei es, daß das betreffende einmalige Ereignis als Strafe, als Hilfe, als Mittel oder dergleichen in solchem Zusammenhang verstanden wird. Man glaubt also, *mit Gründen* zu wissen, welcher Gott jeweils seine Hand im Spiel hatte, und wo man es nicht weiß, da setzt man einfach voraus, es sei, mit unbekannten Gründen, ein Gott oder Daimon gewesen.

Bisweilen freilich beruft sich der Grieche auf die Moira, die noch über den göttlichen Entscheidungen zu stehen scheint. Im 22. Gesang der Ilias wägt Zeus die Todeslose, die sich zuungunsten Hektors neigen. Dabei gewinnt man den Eindruck, daß sich selbst Zeus einer höheren Macht beugt. Und doch ist es schließlich Athene, die in Gestalt des Deiphobos unmittelbar Hektors Verhängnis einleitet, sie, gegen die sich die Trojaner durch Paris versündigt haben. (Auch der Schönheitswettbewerb, den sie durch sein Urteil verlor, ist ja eine politische wie psychologische Arché.) So gleicht die Moira dem, was wir noch heute, gewissermaßen als mythisches Relikt »Verhängnis« oder »Schicksal« nennen; aber auch hier wird ein tieferer numinoser Zusammenhang vorausgesetzt, selbst wenn er letztlich als »unerforschlich« gelten mag.

Eine numinose Erklärung in dem geschilderten Sinne ist dem naheliegenden Einwand ausgesetzt, nicht überprüfbar zu sein. Aber trifft dies nicht auch für die Annahme zu, etwas sei Zufall? Dieser Behauptung liegt doch, wie wir gesehen haben, die folgende Überlegung zugrunde: Etwas ist *nur* mit Naturgesetzen oder geschichtlichen Regeln oder beidem erklärbar; wo eine solche Erklärung aus welchen Gründen immer unmöglich zu sein scheint, liegt daher ein Zufall vor. Aber wer so denkt, bewegt sich vollständig in den Bahnen der wissenschaftlichen Ontologie, also innerhalb von Festsetzungen.

Vergleichen wir einmal die Sätze »Dies beruht auf Gesetzen« und »Dies beruht auf Zufall«. Wenn wir sagen, »Dies beruht auf Gesetzen«, so kann das bedeuten, daß wir diese Gesetze voraussetzen, ohne bereits herausgefunden zu haben, um welche Gesetze es sich handelt; es kann aber auch bedeuten, daß diese Gesetze bereits bekannt sind, zum Beispiel das Lichtbrechungsgesetz, das Gravitationsgesetz oder dergleichen. Im ersten Fall haben wir es mit einem Satz der wissenschaftlichen Ontologie zu tun, weil er nur das allgemeine Schema angibt, unter dessen Bedingung wir das betroffene Ereignis *a priori* betrachten, im zweiten Fall dagegen handelt es sich um eine *empirische* Aussage, weil damit auf eine mit Erfahrungen begründete Spezifikation des ontologischen Schemas verwiesen wird. Sagen wir aber nun »Dies beruht auf Zufall«, so kann damit stets nur die Aussage der wissenschaftlichen Ontologie gemeint sein, weil sie sich niemals empirisch spezifizieren läßt. Denn obgleich Kreuzungen von Kausalreihen, Elemente statistischer Mengen, geschichtliche Prozesse usf. sehr verschiedene Ereignisse sind, sprechen wir in allen diesen Fällen nur *allgemein* und in der *gleichen* Weise vom Zufall, der ihnen jeweils zugrunde liegen soll. Wir können doch immer nur wiederholend sagen: Dieses Zusammentreffen von Kausalreihen beruht auf Zufall, oder dieses einzelne Ereignis einer statistischen Ereignismenge beruht auf Zufall, oder dieser geschichtliche Prozeß beruht auf Zufall. Es ist also zwar möglich, unterscheidbaren Ereignistypen, wenn sie Gesetzen unterworfen sind, je unterscheidbare Gesetze zuzuordnen, wie das Lichtbrechungsgesetz, das Gravitationsgesetz oder dergleichen, aber es ist unmöglich, unterscheidbare Ereignistypen, die als dem Zufall unterworfen betrachtet werden, auf unterscheidbare Zufallstypen zurückzuführen. Der Satz »Dies beruht auf Zufall« bleibt somit stets nur ein *ontologisches Deutungsschema*, das niemals empirisch ausgefüllt werden kann.[225]

Als rein ontologisches Deutungsschema gehört aber die wissenschaftliche Rede vom Zufall zu jenen Festsetzungen, die zwar teilweise, wie ausführlich im dritten Teil gezeigt wurde, historisch vermittelt, niemals aber empirisch oder durch irgendeine absolute Vernunftseinheit zwingend begründet werden können. Sie werden a priori vorgenommen und sind ebenfalls nur geschichtliche, kontingente Regeln.

Das zeigt, daß zwischen der mythischen Erklärung bestimmter einzelner, nicht wiederholbarer Ereignisse als Folge numinosen Einwirkens und der wissenschaftlichen Behauptung, es handle sich dabei um Zufälle, ebensowenig erkenntnistheoretisch entschieden werden kann wie zwischen der mythischen und wissenschaftlichen Erklärung regelmäßiger Ereignisse, wovon bereits in den Kapiteln XVII und XXII die Rede war. Das zeigt aber auch, daß man grundsätzlich mit gleichem Recht die Verdrängung des Mythos durch die Wissenschaft mythisch wie wissenschaftlich deuten kann: Dort als numinoses Schicksal, hier als ein zufälliges Ereignis.

3. Kolakowskis Theorie des Mythischen und das Primat der praktischen Rechtfertigung für das zweite mythische Erklärungsmodell

Für L. Kolakowski ist alles mythisch, was von einer absoluten, weil nicht weiter begründbaren Entscheidung ausgeht.[226] Dazu gehören nach seiner Auffassung u.a. gewisse Vorstellungen über das Erkennen, über Werte, sowie die Liebe und das Verhältnis zur Natur.

Die *Erkenntnis* beruht auf der Unterscheidung von »Bewußtsein und Ding«.[227] Aber alle Bemühungen der Philosophen, den Zusammenhang dieser beiden auf eine eindeutige und befriedigende Weise zu klären, sind gescheitert. Das liegt, wie Kolakowski meint, daran, daß sie sich um etwas vor allem Erfahrbaren Liegendes bemüht haben, das letztlich niemals Gegenstand des Argumentierens, Beweisens und Widerlegens sein kann. Ob Idealismus, Materialismus, Positivismus oder Phänomenologie, sie alle suchten auf verschiedene Art etwas zu begründen, was notwendig Ausgangspunkt allen Begründens ist. Das bedeutet keineswegs, daß die Haltung des Idealisten, Materialisten usf. zu verwerfen wäre, im Gegenteil, als notwendigerweise erkennende Wesen nehmen wir immer unvermeidlich die eine oder die andere solcher Haltungen ein. Und doch kann nur *auf* ihrer Grundlage, nicht *über* sie selbst diskutiert werden. So endet für Kolakowski jede erkenntnistheoretische Bemühung letztlich in einem »Verzicht zugunsten des Mythos«[228], nämlich zugunsten von etwas Absolutem, nicht mehr Befragbarem.

Auch *Werten* läßt sich nach Kolakowski genauso wenig begründen wie Erkennen. Jede Begründung dieser Art münde schließlich in einer »kausalen« Erklärung, wie zum Beispiel: »Ich glaube, daß es gut ist, denn so wurde ich erzogen« und dergleichen. Damit wird jedoch der fragliche Wert auf etwas Wertneutrales, nämlich bloß Faktisches zurückgeführt, womit er als Wert wieder aufgehoben würde. Wer daher Werte begründet, kann sie nicht zugleich als Werte erfahren. Wieder ist es diese Unbegründbarkeit, die nach Kolakowski darauf hinweist, daß Werte letztlich Mythen sind. Er fügt im übrigen hinzu: »Die Mythen, die uns lehren, was ganz einfach einen Wert darstellt, sind unvermeidlich, wenn die menschliche Gesellschaft existieren soll.«[229]

Der Mythos der *Liebe* liegt für Kolakowski darin, daß sie eine »Totalität des Verlangens« enthält, worin alle Relativität des Erfahrbaren transzendiert wird; sie ist das Erlebnis von etwas »Ursprünglichem«, »Unfehlbarem«, weil sie nicht nach Gründen und Rechtfertigungen verlangt; in ihr liegt der Versuch, die Zeit aufzuheben, da sie den Augenblick wie eine Ewigkeit erlebt, in der alles Vergangene und Kommende gleichgültig wird, ja, überhaupt verschwindet; und schließlich ist sie die Erfahrung einer Ganzheit gegenüber den Teilen, nämlich nicht nur eine Summe, nicht eine Art induktives Ergebnis einzelner Erscheinungen, wie es etwa der Fall wäre, wenn man seine Liebe aus den verschiedenen guten Eigenschaften des Geliebten ableitete.[230]

Was nun aber unser *Verhältnis zur Natur* betrifft, so ist es nach Kolakowski durch die beständige Anstrengung gekennzeichnet, ihre »Gleichgültigkeit« uns gegenüber zu überwinden.[231] Es nützt nichts, wenn wir sie technisch in eine berechenbar gewordene Maschine verwandeln, weil sie damit nur noch fremder wird. Der reißende Wildbach erscheint uns »menschlicher« als das »automatisierte Produktionsaggregat«.[232] Der Grund dafür liegt darin, daß alles Menschliche gerade durch die Spontaneität des Unberechenbaren gekennzeichnet ist.[233] So betrachtet, war der Humanisierungsversuch der Natur durch ihre technische Bändigung letztlich ein Irrweg, der sich allmählich gegen uns zu wenden beginnt. »Die gleichgültige Welt«, sagt Kolakowski, »der wir einst fast völlig preisgegeben waren, die von Rätseln, Kapricen erfüllte unberechenbare Welt, eben diese Welt vermochten wir durch das mythische Verstehen zu bändigen, indem wir ihren Exzessen einen nicht unmittelbar sichtbaren Sinn zuschrieben, die Feinseligkeit oder Gnädigkeit des anderen Seins, das zu uns durch die Chiffre der Natur spricht .... In dem Maße, in dem wir die Fähigkeit verlieren, zum mythischen Verständnis des physikalischen Seins zurückzukehren, verlieren wir die Hoffnung auf seine Domestizierung, seine Humanisierung, verbleiben wir in der Konfrontation mit den Dingen, die uns dank der Tatsache gehorchen, daß sie uns gegenüber grenzenlos gleichgültig sind.«[234] Wie auch immer wir aber eine solche Wahl zwischen einer wissenschaftlich-technischen und einer mythischen Deutung der Natur getroffen haben oder treffen werden, so wird sie nach Kolakowski doch selbst nur eine mythische sein können. Denn keine rationale Argumentation vermag hier »zwingende Gründe aufzuführen, die uns die eine oder die andere Ordnung« – die mythische oder die wissenschaftliche – »eindeutig als einen Schatten bezeichnen hieße, der die andere, ›wahre‹ Wirklichkeit verdeckt; keine erlaubte es zu unterscheiden, welche dieser beiden Ordnungen ... die reale Welt bilden und welche hingegen eine Ausgeburt der Imagination sei ...«.[235]

Weil jedoch Kolakowski, einem weitverbreiteten Sprachgebrauch folgend, alles mythisch nennt, was auf einer nicht mehr begründbaren Entscheidung, einem absoluten Ausgangspunkt beruht, ist für ihn letztlich auch die Wissenschaft nicht weniger ein Mythos wie die Vorstellung von einer beseelten Natur, die von der Wissenschaft zerstört wurde. Kolakowski spricht daher von »religiösen« und »nichtreligiösen« Mythen,[236] wobei die »religiösen« Mythen zumindest teilweise denjenigen entsprechen, die ich in den vergangenen Kapiteln untersucht habe. Ausdrücklich bemerkt Kolakowski, die »religiösen« und »nichtreligiösen« Mythen seien »vom funktionalen Standpunkt aus« dasselbe und »zeugen« von »der Arbeit derselben Bewußtseinsschicht«.[237] Der Unterschied liege nur darin, daß der religiöse Mythos bei seinem absoluten Ausgangspunkt verharre und nur eine affirmative Wert- und Sinnbezogenheit kenne, während der nichtreligiöse, der wissenschaftliche Mythos, das fortlaufend kognitiv-empirische und argumentierende Denken hervorgebracht habe. Dort finden wir fraglosen Glauben, hier denkendes Erkennen.[238]

Es bedarf nach allem, was hier in den früheren Abschnitten zutage getreten ist, keiner näheren Erörterung mehr darüber, daß diese Unterscheidung Kolakowskis unzutreffend ist. Der Mythos ist nicht weniger als die Wissenschaft Ausgangspunkt argumentierenden, empirischen Denkens, wenn er sich auch auf ganz andere Gegenstände richtet als diese. Es kann ferner nur zu Begriffsverwirrungen führen, wenn Kolakowski, dem heutigen Sprachgebrauch folgend, absolute Entscheidungen schon deswegen mythisch nennt, *weil* sie nicht weiter begründbar sind, denn solche Entscheidungen sind ja, wie seine eigenen Beispiele zeigen, oft genug gerade *gegen* den Mythos gerichtet (Mythos der Wissenschaft, der Vernunft usf.).

Aber wenn sie auch nicht mythisch *sind*, so kann doch ihre *Ursache* mythisch gedeutet werden. So hat zwar Kolakowski die Stellen klar erkannt, die keiner Begründung mehr fähig sind, aber da er von der irrigen Meinung ausging, dem Mythos sei Begründen überhaupt fremd, entging ihm, daß gerade jenen Ereignissen, die er meinte, Entscheidungen zugrunde liegen, die mythisch, nämlich durch das Einwirken numinoser Wesen, erklärt werden können. Dazu gehört auch der Verfall des Mythos und die Entstehung der Wissenschaft.

Dennoch sind Kolakowskis Analysen geeignet, uns die Augen für etwas Entscheidendes zu öffnen. Die Zusammenstellung seiner Beispiele absoluter Entscheidungen, die Art wie er diese darstellt, lassen das Pathos erkennen, das mit ihnen verbunden ist, wenn sie getroffen werden; ein Pathos freilich, das in der Selbstverständlichkeit der Gewöhnung erlischt, sobald sie zum allgemeinen Besitz geworden sind. Man denke nur an die Leidenschaft jener Philosophen und Physiker, die in den letzten 300 Jahren wissenschaftliches Denken eingeführt und geschaffen haben. Ohne diese Leidenschaft wären ihre Ideen nicht zu jener lebendigen und geschichtsbewegenden Kraft geworden, welche die Welt vollständig verändern sollte. Solche Entscheidungen, obgleich letztlich theoretisch in Wahrheit weder begründbar noch erklärbar, werden dennoch nicht als bloßer Zufall erfahren, der passieren oder nicht passieren konnte; diejenigen, die sie bewußt treffen, befinden sich dabei nicht in der Lage dessen, der sagen kann »so mach' ich's halt, ich könnte es aber auch sein lassen oder anders machen«. Sie befinden sich nicht in einem Würfelspiel, sondern sie sind dabei bis in die Wurzeln ihrer Existenz betroffen und fühlen sich, trotz allem, der »Wahrheit« und »Wirklichkeit« verpflichtet. Sie werden in ihrer absoluten Entscheidung von einem Fascinosum ergriffen, dem sie sich nicht entziehen können, selbst wenn sie es wollten. Gerade dieser Unterschied aber zwischen einer letzten theoretischen Unbegründbarkeit einerseits und leidenschaftlicher Parteinahme andererseits führt dazu, ihre Entscheidung, weil mit einem »absoluten Sinn« verbunden, als aus einer intelligiblen, ihr empirisches Ego übersteigenden Sphäre kommend zu verstehen, der ihrer rationalen Kontrolle nicht mehr unterliegt. Das bedeutet nichts anderes, als daß die mythische Deutung solcher Vorgänge, es handle sich hier um Wirksamkeit eines Numinosen, die *exakte Beschreibung* der Art darstellt, wie sie im Grunde erfahren werden. Diese Beschreibung trifft, scheinbar paradoxerweise, selbst dann zu, wenn wir uns mit aller Leidenschaft *gegen* den Mythos wenden. (Auf die Frage, wie Numinoses selbst die Abwendung vom Numinosen verursachen kann, wird in den folgenden Kapiteln näher eingegangen werden.)

Wenn demnach auch zwischen dem zweiten mythischen Erklärungsbegriff und seiner wissenschaftlichen Entsprechung theoretisch nicht entschieden werden kann, so verhalten wir uns doch *praktisch* immer so, als ob der erstere zuträfe, ob wir uns nun dessen bewußt sind oder nicht. Darauf hat auch Lichtenberg bündig hingewiesen, als er an Descartes aussetzte, er habe »Ich denke, also bin ich« gesagt, während es doch richtig hätte heißen müssen »es denkt«, so wie man sagt: »es blitzt.« Und er fügt hinzu, »dies anzunehmen, ist praktisches Bedürfnis.«[239] Die *praktische Rechtfertigung* des zweiten mythischen Erklärungsmodells besteht demnach darin, daß es der

Lebenswirklichkeit entspricht, während die Wissenschaft vollständig daran vorbeigeht.

Kant hat einer praktischen Rechtfertigung dort das Primat vor der theoretischen gegeben, wo die Theorie wenigstens offen läßt, was praktisch dringend gefordert wird. In diesem Sinne kann auch der mythischen Deutung eines Vorganges wie der Verdrängung des Mythos durch die Wissenschaft *das Primat* vor ihrer wissenschaftlichen zugesprochen werden. Wenn sich daher noch heute unwillkürlich der Eindruck aufdrängt, es walte in der Geschichte ein Schicksal, so handelt es sich dabei nicht nur um den versprengten Rest eines im übrigen längst überwundenen mythischen Welterlebens, sondern dann ist dies auch in der Sache selbst begründet.

Mit einer solchen Rechtfertigung der mythischen Erklärung für den Untergang des Mythos ist jedoch noch nicht viel gesagt. Sie betrifft ja nur die Form dieser Erklärung, nicht deren *Inhalt*. Es gibt aber zwei große, alles überragende Versuche, einen solchen Inhalt zum Ausdruck zu bringen: Der eine liegt in der Dichtung F. Hölderlins, der andere in den Musikdramen R. Wagners. Ihnen will ich mich nun zuwenden.

XXVII. Friedrich Hölderlins Mythos vom Untergang des Mythos

1. Der Einbruch der Nacht

Im ersten Kapitel sind einige Grundzüge von Hölderlins mythischer Welt entwickelt worden. Aber auch er wußte, wie schon erwähnt, daß diese Welt heute weitgehend untergegangen ist. Von den Göttern ist uns nur »ein Traum« geblieben,[240] so daß »nirgends ein Unsterbliches mehr am Himmel zu sehen ist oder auf grüner Erde«.[241] Man »sieht« die Erde nicht mehr, nämlich als etwas Göttliches, und man »atmet« die »himmlischen Lüfte« nur »mühsam«.[242] Aber wenn das auch das geschichtliche »Maß« aller bleibt, kann der einzelne innerlich noch Göttliches vernehmet,[243] und damit »Eigenes« suchen und finden.[244]

Diesen zwiespältigen Zustand, in dem wir uns heute befinden, nennt Hölderlin »die Nacht«. Die Nacht ist das Dunkle, das »Irrenden und Toten geweiht« ist, aber dort leuchten auch Sterne, und in ihrer Stille können wir die entgötterte Gegenwart vergessen. Sie erfüllt uns daher zugleich mit einem Ahnen und »heiligen Gedächtnis« an das Vergangene, aber dennoch Ewige, nur uns Entschwundene, so daß wir »wachend« bleiben.[245] In diesem Gedächtnis »behalten« wir »das Beste« und in ihm »erlebt« der Mensch »das Höchste«.[246] Wie der Heros früher »geheim bei Dichtern saß, die Ringer schaut' und lächend pries, der gepriesene«, wie also dieser in deren Andenken zugleich *wirklich* anwesend war, so »wandeln« auch heute die vergangenen Götter unter den noch »wachenden« Menschen.[247] Solche Menschen leben, »der Kindheit gedenk«, nämlich der Antike, »dreifach«: Sie leben zugleich in der Vergangenheit, der Gegenwart und der Zukunft, also in der ewigen Gegenwart der Götter.[248]

Wieder stoßen wir hier auf die mythische Denkweise, in der die Zeitunterschiede durch die Wiederholung des Vergangenen im Gedächtnis und in einem schon Besitzen des Kommenden durch die Gottesgewißheit zusammenfallen. Dazu bemerkt W. Michel in seinem Buch »Das Leben Friedrich Hölderlins«[249]: »Es gibt in Hölderlins Erleben keine im strengen Sinne abgetane Vergangenheit. Alle Vergangenheit behält für ihn eine mythische Gegenwart, und so wenig es in der Mythe der Völker eine echte Vergangenheit gibt, – so daß Zeus *einmal* den Vater Kronos gestürzt und sich dadurch auf ewig zum Herrn gemacht hätte oder, daß die frühen Naturungeheuer *einmal* von Herakles besiegt und dadurch für immer verfolgt wären – so wenig gibt es für Hölderlin ... ein abgeschlossenes Einst.« Nach Michel bewegte sich Hölderlin in »Dauererlebnissen«: »Diotima ist für ihn schon Gegenwart, lange ehe er Susette Gontard kennenlernt; ebenso bleibt alles Gewesene in gegenwärtiger Geltung, nachdem es lange vergangen ist.« Es ist die »mythische Gegenwärtigkeit alles Ehemaligen.«[250]

Des Gedächtnisses wegen gibt es daher selbst in der Nacht »Freude«,[251] wobei das Wort »Freude« oder »das Freudige«, von Hölderlin in zahlreichen Gedichten verwandt, das Glück der Epiphanie, der erkannten, gefühlten oder erahnten Gottnähe bedeutet. »So mit den Himmlischen allein zu sein«, heißt es in der Ode »Unter den Alpen gesungen«, »und ... vor ihnen ein stetes Auge zu haben, / Seliger weiß und wünsch ich nichts.« Dieser Freude wegen nennt Hölderlin die Nacht auch »liebend«[252] oder »heilig«,[253] wobei man an die christliche Weihnacht erinnert wird, wo ja auch im Dunkel des Winters das Kerzenlicht am immer grünen Baum zum bewahrenden Gedächtnis an die einstige Erscheinung des Göttlichen in der Welt und als Zeichen seiner jetzt noch verborgenen, später aber offenbaren Gegenwart leuchtet. Es sind jedoch für Hölderlin vor allem Dichter, die solches »Bleibendes« stiften, nämlich im Andenken, und »wie des Weingotts heilige Priester« ziehen sie »von Land zu Land« »in heiliger Nacht«.[254] Sie sind es, welche die mythische Wahrheit erkennen und im Gesang gegenwärtig werden lassen.

Und doch zieht sich durch Hölderlins ganze Dichtung die immer wiederkehrende Klage um das Verlorene. Wir sind zwar »Vielerfahrene«, nämlich im Sinne wissenschaftlicher Erkenntnis, aber es ist uns dabei die Unschuld verlorengegangen, mit der man die Dinge noch in ihrer Ursprünglichkeit zu sehen vermag.[255] Wir haben den »Geist«, das »Gute«, worunter Hölderlin das Göttliche versteht, »zu Diensten gebraucht«, es »übereilt«, verdrängt, »herzlos verspottet«, »verleugnet«, wir »treiben« es »wie gefangenes Wild«.[256] Wir haben uns die Natur unterworfen, das »Sehrohr« dringt in die entlegensten Fernen des Alls, wir wähnen »das Tageslicht und den Donnerer«, ja, die ganze Natur »zu erkennen«,[257] und die Götter bauen uns »den Acker« »in Knechtsgestalt«.[258] Aus den »Liebesbanden« zwischen Natur und Menschen haben wir »Stricke gemacht«, wir haben der uns gesetzten Grenzen »gespottet«, »Die sterblichen Pfade verachtend / Verwegnes erwählt / Und den Göttern gleich zu werden getrachtet«.[259] Und doch »zwingt« »die weite Gewalt den

Himmel« nicht, ja, das »schlaue Geschlecht« hat sich damit »alle Himmelskräfte verscherzt« und sie »verbraucht«.[260] Es ist ein »böser Geist«, der in seinem Entwurf »eigenwillig«, »unmäßig, grenzenlos« »Heiliggesetztes übergeht«, so daß »des Menschen Hand anficht das Lebende«.[261] Daher erfüllt uns »knechtische Sorge«,[262] und »wir gehen fast« »wie die Waisen«,[263] nämlich von den Göttern Verlassene. Der Mensch, von den »Himmlischen« nicht mehr »genährt«, verliert in seinem Unmaß die »Freiheit«, zu »verstehen« und »aufzubrechen, wohin er wahrhaft will«.[264] So

> »Wandelt in der Nacht, es wohnt, wie im Orkus
> Ohne Göttliches unser Geschlecht. Ans eigene Treiben
> Sind sie geschmiedet allein, und sich in der tosenden Werkstatt
> Höret jeglicher nur und viel arbeiten die Wilden
> Mit gewaltigem Arm, rastlos, doch immer und immer
> Unfruchtbar, wie die Furien, bleibt die Mühe der Armen«[265].

2. Die Deutung der Weltgeschichte

Wir müssen zunächst noch einmal die enge Beziehung zwischen Göttern und Menschen in Hölderlins mythischer Weltsicht hervorheben, auf die bereits in den Kapiteln I und XI, 3 hingewiesen wurde.

Nicht nur die Menschen brauchen die Götter, sondern auch die Götter »bedürfen« der Menschen.[266] In diesen »fühlen« sie sich,[267] und sie klagen, wenn sie nicht mehr von ihnen geehrt, bekränzt, gerühmt oder besungen werden.[268]

Dies hat nichts mit einer allzu menschlichen göttlichen Eitelkeit zu tun. Um es richtig zu verstehen, müssen wir uns vor Augen halten, daß ein Gott u.a. in einem umfassenden Lebenszusammenhang, zum Beispiel einem Témenos oder einer Landschaft, *anwest*, weswegen er, mit Hölderlin zu reden, dessen »Geist« verkörpert. Hiervon ist aber der Mensch sowohl ein unlöslicher Teil, als auch die »Blüte«, weil der »Geist« durch ihn erkannt und offenbar wird.[269] Kommt dem Menschen diese Erkenntnis abhanden, verwelkte somit diese »Blüte«, dann ist auch jener Zusammenhang zwischen Gott, Mensch und Natur gestört, damit aber der Gott, der doch der »Geist« dieses Zusammenhanges ist, selbst betroffen. Wo diese Störung stattgefunden hat, da werden auch Natur und Mensch wieder voneinander getrennt. Eine solche Natur nennt Hölderlin das »Aorgische«, somit Fühllose, »Unfühlbare«, ferner das »Unbegreifliche«, »Unbegrenzte«, nämlich jener Einheit bare, die erst in ihrer Kultivierung durch den Menschen Gestalt annehmen und Göttliches zum erkennbaren, im Menschen bewußt gewordenen Erscheinen bringen kann.[270] Das Göttliche ist daher für Hölderlin nur dort ungebrochen anwesend, wo sich der alles künstlich organisierende Mensch und dieses Aorgische begegnen, es liegt, wie er sagt, »in der Mitte zwischen beiden«.[271]

Hier ist wieder jene schon oft erwähnte Einheit des Subjektiven und Objektiven, des Ideellen und Materiellen angesprochen, aus der beides, als Getrenntes, erst abgeleitet ist und dabei, als Getrenntes, den Zusammenhang zum Göttlichen wieder verliert. Aber dadurch verblaßt auch das Göttliche seinerseits, weil es dieser Zusammenhang weitgehend *ist*. So kommt es, daß es diesen Verlust »göttlichleidend« vollzieht.[272]

Wenn das Numinose damit dennoch nicht untergeht, so deswegen, weil es sich in seiner sichtbaren, innerweltlichen Erscheinung nicht erschöpft. Ein Gott, sagt Hölderlin, ist »immer größer, denn sein Feld.«[273] Womit er meint, daß er nicht nur in der Welt ist, sondern auch außerhalb von ihr wohnt, so wie ja auch seine Arché ein Ewiges ist, das zugleich im Sterblichen wirksam wird. Deswegen dichtet Hölderlin: »Aber Freund, wir kommen zu spät. Zwar leben die Götter, / Aber über dem Haupt droben in anderer Welt. / Endlos wirken sie da und scheinens ewig zu achten, / Ob wir leben, so sehr schonen die Himmlischen uns.«[274]

Der Gedanke, daß der Gott des Menschen bedarf, ist von Hölderlin schon früh, wenn auch da noch in einer mehr metaphysischen Form, nachweisbar. In einem Entwurf zum Hyperion schreibt er die folgenden Verse:

> Der leidensfreie reine Geist befaßt
> Sich mit dem Stoffe nicht, ist aber auch
> Sich keines Dings und seiner nicht bewußt,
> Für ihn ist keine Welt, denn außer ihm
> Ist nichts.
> ...
> Nun fühlen wir die Schranken unsres Wesens
> Und die gehemmte Kraft sträubt ungeduldig
> Sich gegen ihre Fesseln, und es sehnt der Geist
> Zum ungetrübten Äther sich zurück.
> Doch ist in uns auch wieder etwas, das
> Die Fesseln gern behält, denn würd' in uns
> Das Göttliche von keinem Widerstande
> Bedrückt – wir fühlten uns und andere nicht ...

Dieses Gedicht ist noch unter dem Einfluß der Philosophie Fichtes geschrieben, betrifft also das absolute, gottgleiche Ich, das sich erst durch die Schranke des Nicht-Ich »fühlen« kann. Diese metaphysische Idee deutete Hölderlin später mythisch an, indem er sie auf die Götter übertrug. Die Götter bedürfen der Schranke des Sterblichen im menschlichen Geiste, um *ganz* zu sein, was sie sind, sie, die eben nicht im »ungetrübten Äther« allein, nicht nur im Aorgischen wohnen oder, wie der christliche Gott, im schlechthin Transzendenten, weil sie zugleich *in der Welt* zuhause sind.

Aus diesen Gründen umfaßt der numinose Zusammenhang, von dem vorhin die Rede war, nicht nur den Menschen und die Natur (Subjekt und Objekt) sondern ebenso die in beiden wirksame Geschichte. Zur attischen Landschaft gehören auch Athen, Marathon und Salamis; zu Heidelberg gehört die Burg, an der die »Wetter« der politischen Ereignisse ihre Spuren hinterlassen; zur schwäbischen Heimat gehören die »Landesheroen«; der Friede von Luneville ist ein göttliches Ereignis;[275] die »ruhelosen Taten« der Geschichte sind »Schicksalstage«, an denen »der Gott stillsinnend lenkt, wohin zorntrunken / Ihn die gigantischen Rosse bringen.«[276] So ist der Tatmensch nur eine andere Form der Gottbestimmtheit wie der Dichter.[277] Der Dichter stiftet das Bleibende, er sorgt dafür, daß der göttliche Zusammenhang nicht verloren geht, während der Tatmensch den geschichtlichen Willen des Gottes verwirklicht.

Geschichte ist also für Hölderlin notwendig *Gottesgeschichte.* Sie enthält aber nicht nur das alles überragende Drama der Gottesentfremdung, den Untergang des Mythos und die Heraufkunft der Nacht, sondern sie vermittelt uns auch, warum es dazu kam.

3. Die Erklärung für den Untergang des Mythos und die ihm folgenden drei Epochen: Das Christentum der Spätantike, das Christentum des Mittelalters und die wissenschaftliche Aufklärung der Neuzeit

Für jede dieser Epochen gibt Hölderlin eine andere Ursache an. Sie lassen sich folgendermaßen kennzeichnen:

Erstens: Die Götter, so dichtet er, vermag »nicht immer« »ein schwaches Gefäß zu fassen, / Nur zu Zeiten erträgt göttliche Fülle der Mensch.«[278] Denn »schwer ist zu tragen / Das Unglück, aber schwerer das Glück.«[279] Sind aber »die Menschen« »des Segens zu voll«, so »daß jeder sich genügt' und übermütig vergäße des Himmels«,[280] dann entweichen die Götter aus der Welt in die Transzendenz, aus der indessen, davon wird noch zu sprechen sein, ein Bote, nämlich Christus, geschickt wird als Tröster in der Nacht.

Zweitens: Nun versuchten die Menschen, das mit Christus Geschickte »sicher« zu »machen«, »Menschen gleichend oder Gesetzen«.[281] Dies ist die Epoche der scholastischen Theologie und der orthodoxen Dogmatik. Man will die göttliche Botschaft beweisen oder zumindest in feste Formeln fassen, um über sie besser verfügen zu können. Aber damit werden nach Hölderlin die alten »Kenntnisse« »unverständlich«, und das »Beständige«, nämlich das Tote, »überwächst« das »Geschäftige«, nämlich das Lebendige.[282]

Drittens: Schließlich folgt der letzte Schritt, derjenige zur größten »Sünde der Welt«[283]: Dem Menschen genügt es nicht mehr, den Gott seinen Beweisen zu unterwerfen und in seinen Dogmen einzufangen, sondern er will sich überhaupt an die Stelle aller denkbaren Götter setzen, so daß er »einer, wie sie sein will und nicht / Ungleiches dulden, der Schwärmer«[284] Nun bricht die Zeit des »schlauen Geschlechtes« an, das die Natur zu kennen glaubt und sie ausbeutet, indem es die in ihr waltenden göttlichen Mächte zu seinen »Knechten« macht.

Alle hier aufgeführten Ursachen für den Untergang des Mythos, die Entstehung eines dogmatischen Christentums und die Heraufkunft des wissenschaftlichen Zeitalters, scheinen auf den ersten Blick psychologisch-anthropologischer Natur zu sein: Der Mensch kann das Große nicht lange ertragen; er strebt nach Sicherheit und er möchte, damit zusammenhängend, der Herr der Welt sein. Daß es sich jedoch in Wahrheit nicht um eine psychologisch-anthropologische Erklärung, sondern um eine mythische handelt, ist daraus ersichtlich, daß die *Folgen* dieser Ursachen nicht von den Menschen, sondern von den Göttern bewirkt werden. Ursache und Folge verhalten sich nämlich hier wie die begangene Sünde zur göttlichen Strafe, dem fortschreitenden Entzug numinosen Glückes.

Deswegen dichtet Hölderlin, daß »der Sonne Tag« (der Göttertag) »von selbst« »den geradstrahlenden«, also ungebrochen wirkenden »Zepter« »zerbrach«[285] und so aus eigenem Willen »Der Vater« »sein Angesicht« »gewandt« hat »von den Menschen«,[286] wenn auch dabei »göttlichleidend«.[287] Es geht hier um einen Entzug der Gnade, wie insbesondere aus den Zeilen erhellt, die unmittelbar auf die schon zitierten Verse folgen, daß nämlich nur zu Zeiten der Mensch göttliche Fülle zu fassen vermag, denn dort heißt es: »Biß daß Helden in eherner Wiege gewachsen, / Herzen an Kraft, wie sonst, ähnlich den Himmlischen sind. / Donnernd kommen sie drauf.« Es werden also durch erneuten Gnadenerweis von göttlichem Wesen Erfüllte den alten Zustand (»wie sonst«) wieder herstellen. Auch an den Vers »schwer ist zu tragen das Unglück, aber schwerer das Glück«, schließt sich der Hinweis an: »Ein Weiser aber vermocht' es ...«, wobei Hölderlin auf Sokrates anspielt, der in seinen Augen gleichfalls ein von einem Gotte erfüllter Mensch war.

Auch die Erklärung für die Erscheinung Christi in der Welt erfolgt im Rahmen des Hölderlinschen Mythos. Als nämlich die Götter entschwunden waren »Und das Trauern mit Recht über der Erde begann«, da erschien »zuletzt ein stiller Genius, himmlisch / Tröstend.«[288] Im Evangelium Johannis, das Hölderlin am meisten verehrte, sagt Christus (9,4): »Ich muß wirken die Werke dess, der mich gesandt hat, solange es Tag ist; es kommt die Nacht, da niemand wirken kann.« Als der »Liebendste« sorgte Christus dafür, daß das »heilige Feuer« nicht vollends »ausatmete« und »versiegte«, sondern als ein Licht im Dunkeln weiterleuchtete.[289] Indem Hölderlin Christus als den Gott der hereinbrechenden Nacht deutet, versteht er ihn aber zugleich als den letzten der griechischen Götter. Zwar »hindert« ihn eine »Scham«, dies zu sagen, aber er »weiß« doch, daß Christus mit diesen vom selben »Vater« »gezeugt« ist.[290] Unter den Göttern ist er für Hölderlin der »geistigere«, der transzendentere, der in der Antike verborgen blieb, so daß ihn der Dichter, der an ihm »in Liebe« hängt und ihn mit den Geliebten vereint sehen will, zunächst vergebens unter diesen suchte – »Warum bliebest Du aus?«[291] Aber die Schwierigkeit, ihn in diesem mythischen Zusammenhang sogleich einordnen zu können, liegt nur daran, daß er unvermutet erschien, als bereits das Trauern auf Erden begann, denn dadurch wirkte er nicht, wie die anderen Götter, als ein Stück Natur, sondern wurde wie ein Wunder und damit als etwas mit diesen Unvergleichbares aufgefaßt.[292] Daher »fürchteten sich«, »die ihn sahen«, und es traf ihn ein »tödlich Verhängnis«.[293] So war er »auf Erden ein gefangener Aar«, bis er »gen Himmel fuhr in den Lüften«,[294] war doch »geringer denn er, so weit auch gereichet, sein Feld«[295] – nämlich die sinnliche Welt. Jetzt erst tritt die Spannung zwischen sinnlich-»weltlich« einerseits und transzendent-»geistig« andererseits auf, über die der »Dichter in dürftiger Zeit«[296] zu klagen hat. »Weltlich« drückt nunmehr eine Gefangenschaft aus, und wie Christus müssen auch die Dichter heute »die geistigen weltlich sein.«[297]

Wie eng indessen Christus mit den griechischen Göttern verbunden ist, das zeigt sich für Hölderlin vor allem in jenen Wesenszügen, die er mit dem »Evier« (Dionysos) und Herakles teilt. Den Evier nennt er daher den »Bruder« von Christus[298]; alle drei aber sind ein »herrliches Kleeblatt«.[299] Alle drei sind Halbgötter, denn sie haben den höchsten Gott als Vater, aber eine sterbliche Mutter (Maria, Semele, Alkmene); alle drei bringen das Licht ins Dunkel: Christus als der Tröster in heiliger Nacht, Dionysos und Herakles, weil sie in den Tartarus herabstiegen und so auch dorthin das Göttliche, das »Freudige« »brachten«[300]; alle drei sind auch Kulturstifter: Christus, weil er die Liebe brachte, Dionysos, weil er die wilden Tiger vor den Wagen spannte sowie das Kultgetränk, den Wein, stiftete und damit den »Grimm bezähmte der Völker«,[301] Herakles, weil er seine berühmten Arbeiten verrichtete und die Welt von Ungeheuern befreite. Dennoch besteht vor allem zwischen Christus und Dionysus eine besonders innige Beziehung. Beide starben einen qualvollen Tod und sind wieder auferstanden; für beide ist der Wein als sakrales Getränk kennzeichnend. Zwar bringen wir nicht mehr das Trankopfer wie die Griechen, womit sie regelmäßig den Genuß des Weines einleiteten, sondern nehmen ihn »menschlich«, nämlich profan ein;[302] aber im Gottesdienst dient er noch zum Gedächtnis Gottes. Er ist eine jener »Gaben«, die »zum Zeichen«, »daß einst er dagewesen«, »der himmlische Chor« durch Christus zurückließ, als er »des Tages Ende verkündet' und schwand.«[303]

Über die auf das spätantike Christentum folgenden Epochen, das Mittelalter und insbesondere diejenige der wissenschaftlichen Aufklärung, muß hier nicht mehr näher eingegangen werden. »Seit nämlich böser Geist sich / Bemächtiget des glücklichen Altertums«,[304] haben sich die Götter mehr und mehr in der schon angegebenen Weise von den Menschen entfernt. Und doch üben die Götter, die uns zunehmend verlassen haben, in den »Wettern« der Geschichte ihre unverminderte Macht aus. Die Leiden in der »Nacht« sind schon ausführlich in den vorangegangenen Abschnitten geschildert worden.

4. Die Wiederkehr des Mythos

Die erfahrene Gegenwart des Göttlichen trotz der geschichtlichen Nacht vermittelt Hölderlin die Gewißheit der Wiederkehr des Göttertages. Für ihn ist ja auch der Unterschied von Vergangenheit, Gegenwart und Zukunft *mythisch*, wenn auch nicht profan, aufgehoben. Profan lebt er in der Nacht; aber mythisch ist für den Dichter die ideelle Wanderung nach Griechenland und in dessen Vergangenheit ebenso wirkliche Wirklichkeit wie die Gegenwart und die ideelle Vorwegnahme des künftigen »Friedensfestes«, bei dem Götter und Menschen wieder vereint sein werden.

Dieses Ereignis läßt sich jedoch nicht mit Gewalt herbeiführen. Wehe, wenn »einer spornte sich selbst«,[305] indem er voreilig ein »Bild« von der Gottheit »nachahmen« wollte.[306] Das wäre den Göttern das »Verhaßteste«,[307] und gerade dann entstünde jene »uralte Verwirrung«,[308] in der »Menschliches unter Menschen« nichts mehr »gilt«.[309] Denn nicht die Menschen »walten«, sondern es waltet »Unsterblicher Schicksal« »von selbst«.[310] Nichts darf »vor der Zeit« »ans Licht gezogen« werden,[311] und wo »heilige Namen« »fehlen«, da müssen wir »schweigen« – etwas anderes wäre »unschicklich«.[312] »Keiner darf es versuchen«,[313] das »Geheimnis« auszusprechen, denn Sterblichen »geziemet die Scham«.[314] Die Weltgeschichte ist göttliche Gnade und göttlicher Gnadenentzug, für menschliche Schuld verhängtes Schicksal.

»Wenn aber die Stunde schlägt«,[315] wird das »tausendjährige Wetter«, nämlich die Weltgeschichte, »in der Tiefe« verhallen.[316] Dann erwacht »die Natur mit Waffenklang«[317] aus dem Schlafe entgötterter Leere, »und hoch vom Äther bis zum Abgrund nieder … Fühlt neu die Begeisterung sich, die Allerschaffende, wieder.«[318] Nun steht der Dichter nicht mehr allein, sondern wir sind ein »Chor«[319] und ein »Gesang«.[320] Die Götter sind jetzt weder nur »im Wunder offenbar« wie zu Beginn der Nachtzeit, »noch ungesehen im Wetter«, wie während der geschichtlichen Nacht,[321] sondern sie »besuchen« »die Erde« »neu«[322] und versammeln sich alle zum heiligen Fest. Dieses Fest erfolgt nach dem alten Archétypos: Es ist die innige Begegnung zwischen Göttern und Menschen, ein »Brautfest«[323] und »Bündnis«[324], das beim Mahl, mit »Brot und Wein«, mit Kränzen, Tänzen und Gesang gefeiert wird. Hölderlin nennt es ein Fest der »Liebe«, deren »Gesetz« nunmehr von der Erde »bis zum Himmel« »gilt«.[325] Der Anbruch des neuen Göttertages stellt die Harmonie der umfassenden Lebenszusammenhänge wieder her und wird so zur »Friedensfeier«, in der die »Herrschaft« »bei Geistern und Menschen« aufgehoben ist.[326] Nun ist die Erde nicht mehr tot.[327] Wir können die »Hohen« »nennen«, und es fehlen nicht mehr die »heiligen Namen« – daher vermögen wir wieder zu »danken«[328].

Ich lasse diese Hölderlinsche Dichtung einer mythisch gedeuteten Weltgeschichte zunächst undiskutiert und gehe nun zum Werke Richard Wagners über. Erst in einem abschließenden Kapitel sollen dann beide miteinander verglichen und soll nach ihrer Beziehung zur Wirklichkeit gefragt werden.

XXVIII. Richard Wagners Mythos vom Untergang des Mythos

Um den Zugang zu Wagners Mythos zu finden, muß man durch seine germanische Schale hindurch auf seinen griechischen Kern stoßen. Die Beziehung Wagners zu den Griechen ist vor allem eine Beziehung zur griechischen Tragödiendichtung des Aischylos und des Sophokles. Mit ihnen hat er sich sein ganzes Leben hindurch beschäftigt. Ich beginne daher mit der verblüffenden Ähnlichkeit zwischen dem »Prometheus« des Aischylos und Wagners »Ring«, die zwar bereits von W. Schadewaldt und anderen bemerkt wurde,[329] hier aber teilweise in einem anderen Zusammenhang gedeutet wird und außerdem nur als Ausgangspunkt dienen soll.

1. Übereinstimmung und Unterschied zwischen dem »Prometheus« des Aischylos und dem »Ring des Nibelungen« von Wagner

Die Beziehungen zwischen diesen beiden Stoffen sind so offenkundig, daß ihre späte Entdeckung kaum zu verstehen ist. (Zum »Prometheus« vgl. die näheren Ausführungen in Kapitel XII, 1.) Wie Zeus hat auch Wotan sein heiliges Amt im ordnenden Walten über die elementaren Kräfte der Natur verraten, indem er der Versuchung der Machtgier verfiel. »Du bist nicht, was du dich nennst«, sagt daher Erda im letzten Akt des »Siegfried« zu ihm. Diese Kräfte sind im Ring-Mythos durch die Riesen verkörpert. Aber die von Zeus wie Wotan begangene Vergewaltigung betrifft nicht nur die elementare, sondern auch die lebensspendende Natur, dort als Äther, Luft, Sonne, Allmutter Erde zusammengefaßt, hier vor allem durch die Lebensfluten und den numinosen Goldschatz des Rheins sowie die Weltesche vorgestellt, den Lebensbaum, woraus Wotan seinen alles beherrschenden Speer schnitzte. Man denke aber auch an den Hymnus auf die Sonne im letzten Akt des »Siegfried«. Die Hüterin der Natur und ihrer Themis ist bei Aischylos Gaia, bei Wagner die in der Tiefe lebende, »urweltweise« Erda. Beide warnen den frevelnden Gott, beide drohen ihm mit seinem Untergang. Brünnhilde hat sich indessen, wie Prometheus, dem Gott widersetzt: Auch sie tritt für eine menschlichere, von göttlicher Willkür freie Ordnung ein. Wie

Prometheus wird sie deswegen an einen öden Felsen »gefesselt«. (So läßt es Wagner Brünnhilde in der »Götterdämmerung«, I, 3, unter deutlicher Anspielung auf Prometheus, nennen.) Aber sie kennt auch, wie Prometheus, das Geheimins des erhofften und künftigen Erlösers. Prometheus weiß, daß die gejagte Io einen Sohn haben wird, aus dessen Geschlecht Herakles stammen wird; Brünnhilde weiß, daß die gejagte Sieglinde Siegfried unter ihrem Herzen trägt, von dem sie glaubt, er werde der »Hort der Welt«, »Siegendes Licht« sein (Siegfried, III).

Diese Hinweise, die noch durch zahlreiche andere, sogar wörtliche Übereinstimmungen ergänzt werden könnten, sollen hier genügen. Wir müssen aber auch die wichtigen Unterschiede zwischen dem Mythos Wagners und demjenigen des Aischylos festhalten.

Die Prometheussage enthält nichts mit den Nibelungen-Gestalten Vergleichbares. Anders als Wotan, dem »junger Liebe Lust« nicht fremd ist (Walküre, II) und der auf lichtvollen Höhen haust, verkörpern sie den finsteren, alles Göttliche hassenden Dämon, welcher der Liebe geflucht hat und Natur wie Menschen nur als Gegenstand der Ausbeutung und Herrschaft betrachtet. Hier erst, nicht bei Wotan, der sich der schuldhaften Verstrickung seines göttlichen Gesetzes in Willkür bewußt ist, stoßen wir auf den absoluten, aller Menschlichkeit entbehrenden Willen zur Macht. Kein Zweifel, daß Wagner in den Nibelungen den dämonischen Geist des Industriezeitalters, wie er es sah, verkörpern wollte. Zu Cosima bemerkte er unter dem Eindruck, den die Londoner Hafenanlagen auf ihn machten: »Der Traum Alberichs ist hier erfüllt. Nibelheim, Weltherrschaft, Tätigkeit, Arbeit, überall der Druck des Dampfes und Nebel.«[330] – Der zweite entscheidende Unterschied besteht darin, daß am Ende des Prometheusmythos Zeus wieder zu seinem Gesetz als göttlicher Walter der Welt zurückkehrt, die Titanen befreit, Herakles den Prometheus erlösen läßt und so die Themis der alles umfassenden Gaia wieder hergestellt wird, während in Wagners »Ring« die Götter Walhalls, Brünnhilde, Siegfried und der Nibelungen Hagen zugrunde gehen.

2. Der Schluß des »Ringes«

In seiner Schrift »Der Nibelungen-Mythos« mit dem Untertitel »Als Entwurf zu einem Drama« vom Jahre 1848 hatte Wagner noch einen mit der Prometheustrilogie weitgehend übereinstimmenden Schluß geplant. »Höret denn, ihr herrlichen Götter«, läßt er dort Brünnhilde sagen, »euer Unrecht ist getilgt.« Alle, auch die Nibelungen, werden von »Knechtschaft und Unheil« erlöst. »Nur einer herrsche, Allvater, herrlicher, du!«, der nunmehr, entsühnt, seines heiligen Amtes walten kann. In einer Art Apotheose sieht man Brünnhilde, wieder Walküre geworden, Siegfried nach Walhall geleiten.[331] Dieser Schluß steht im übrigen nicht, wie manche meinten, im Widerspruch zu der in der gleichen Schrift gemachten Bemerkung, die Absicht der schuldbeladenen Götter wäre erreicht, wenn sie durch die Schöpfung des Menschen »sich selbst vernichteten, nämlich in der Freiheit des menschlichen Bewußtseins ihres unmittelbaren Einflusses sich selbst begeben müßten.«[332] Denn mit diesem »unmittelbaren Einfluß« ist ja nur der gegenwärtige Zustand göttlicher Willkür gemeint, während die Götter ihres Amtes erst dann wahrhaft walteten, wenn sie die Ordnung *der Freien* hüteten. »Der Monarch soll herrschen, aber als Republikaner«, faßt C. Dahlhaus den Inhalt einer Flugschrift Wagners aus dem Jahre 1848 zusammen.[333] Zwei weitere Fassungen, eine aus dem Jahre 1852, und eine, durch Schopenhauer beeinflußte, des Jahres 1856, können hier übergangen werden.

Was nun die endgültige Fassung des Schlusses der »Götterdämmerung« betrifft, so wird oft behauptet, sie deute, etwa im Sinne Feuerbachs, auf ein kommendes »Reich der Freiheit« hin, worin alles Numinose verschwunden und im »Bewußtsein« eines »autonomen Menschengeschlechtes« aufgehoben sei. Diese Meinung ist jedoch unhaltbar. Zwar überleben die Menschen die Katastrophe, die, wie die Regieanweisung sagt, in »sprachloser Erschütterung« zurückbleiben; aber die Natur ist zugleich durch die Rückgabe des Ringes an den Rhein wieder in ihren ursprünglichen heiligen Zustand versetzt, und Erda ist, nachdem Wotan sie noch einmal seinem Willen gefügig machen wollte, in den ewigen Schoß der Erde zurückgekehrt, befindet sich also wieder an dem ihr eigentümlichen Ort, ihrem oikeios topos sozusagen, aus dem sie nur mit tückischer List hervorgelockt worden war. »Hinab zur Mutter, hinab!«, rufen nunmehr die Nornen. Zwar klagen sie »Zu End' ewiges Wissen!«, aber damit meinen sie doch nur, wie der Nachsatz verdeutlicht: »Der Welt« – nämlich dieser Welt der untergehenden Götter – »melden / Weise nichts mehr.« (Götterdämmerung, Vorspiel 1.) Eine solche Welt »kreist«, wie Erda sagt, »wild und kraus« (Siegfried, III, 1). Sie, der Wotan, wie der ganzen Natur, Gewalt angetan, ja, die er vergewaltigt hat, wirft ihm vor, seine eigene Gottheit verraten und damit zerstört zu haben. *Ihre* Weisheit bleibt davon unberührt, sie waltet, wie die Natur, im Unbewußten. »Bekannt ist« ihr, »was die Tiefe birgt, / was Berg und Tal, / Luft und Wasser durchwebt. Wo Wesen sind / weht« ihr »Atem; wo Hirne sinnen / haftet« ihr »Sinn.« (Ebd.) So sagt sie auch: »Mein Schlaf ist Träumen, / mein Träumen Sinnen, / mein Sinnen Walten des Wissens.« (Ebd.) Ihre Weisheit aber wird ihre Tochter Brünnhilde übernehmen, weswegen sie Wotan rät, bei dieser Rettung zu suchen: »Kühn ist sie / und weise auch: / was weckst du mich, / und frägst um Kunde / nicht Erdas und Wotans Kind?« (Ebd.) Es ist daher alles andere als berechtigt und nur Ausdruck seiner Verzweiflung, wenn Wotan auf Erdas Klage »Du bist nicht / was du dich nennst« (Ebd.) trotzig mit der Retourkutsche antwortet: »Du bist nicht / was du dich wähnst / Urmütter-Weisheit / geht zu Ende: Dein Wissen verweht / vor meinem Willen«, und sein Ruf: »Hinab denn Erda! / Urmütter-Furcht! Ur-Sorge!« (Ebd.) widerlegt auch nicht Erdas Weisheit, die ihm ja alles richtig vorausgesagt hat, bedeutet nicht das erleichterte Aufheben ihrer Existenz überhaupt, sondern besagt nur, daß nun für Wotan und die Götter mit ihrem *gewollten* Untergang die Qual der Angst ein Ende nehmen werde. Auch Wotan weiß es und gibt damit Erda recht, daß die Rettung von Brünnhilde zu erwarten ist: »wachend wirkt«, gibt er ihr zu, »dein wissendes Kind / erlösende Weltentat.« (Ebd.) Das Numinose der heiligen Natur und der Urmütter-Weisheit gehen also in Wahrheit gerade nicht mit den Göttern zugrunde, die beides verraten haben, sondern finden in der sterbenden, den Ring der Urnatur zurückgebenden Brünnhilde ihre feierliche Apotheose. Über der Götter Dämmerung erhebt sich, im beseligenden Erlösungsmotiv zum Ausdruck gebracht, die alles umfassende, Mensch und göttliche Natur verbindende, Sorge, Knechtschaft, Machtgier sowie Verrat aufhebende Liebe. Dieses Motiv ist die Verheißung einer kommenden Welt, eines mythischen goldenen Zeitalters, wo der Einklang von Mensch, Natur und Göttern wiederhergestellt ist.[334]

3. Der numinose status corruptionis im »Ring« und sein antikes Vorbild

Wie schon in den vorangegangenen Untersuchungen immer wieder gezeigt wurde, ist es kennzeichnend für den Mythos, daß er die Menschen- und Weltgeschichte auf eine numinose Sphäre projiziert. So kann sogar das »Böse«, das sich in jener ereignet, auch in dieser seine Wurzel haben.

Kronos stürzt Uranos, weil er die Kinder der Gaia, mit Ausnahme der Titanen, in die Erde verbannte; Zeus stürzte Kronos, weil dieser später sogar so weit ging, die Kinder zu verspeisen, und selbst die Herrschaft des Zeus geriet ins Wanken, als er sich in Willkür verstrickte. Es war aber immer Gaia (bzw. ihre Tochter Rhea), welche diese Stürze bewirkte oder sie androhte. Gaia ist die Themis, die Ordnung der Natur, die sich gegen wild Elementares ebenso wendet wie gegen die Willkür der Götter. Deren Herrschaft gerät immer nur dann in Gefahr, wenn sie ihren Auftrag, solche Themis zu hüten, nicht mehr erfüllen und an die Stelle blind zerstörerischer Natur am Ende ebenso zerstörerische Machtgier setzen.[335] Mythisch ist also der durch Schuld hervorgerufene Untergang von Göttern nichts Ungewöhnliches.

Aber nicht nur durch die tragische Dichtung des Aischylos, sondern auch durch diejenige des Sophokles zieht sich, wie in Kapitel XII, 2 gezeigt wurde, der Zwiespalt zwischen der ins Wanken geratenen, fragwürdig gewordenen Götterpracht der Olympier einerseits und dem urheiligen Reich der Gaia oder Mütter andererseits. Es ist zugleich der Zwiespalt zwischen einem von den Göttern garantierten, aber unmenschlich gewordenen Gesetz der Staats-, Rechts- und Gesellschaftsordnung, dem das Urrecht der Natur entgegensteht. Erinnern wir uns: In den »Weihgußträgerinnen« des Aischylos triumphieren die Mächtigen der Erde, in seinen »Eumeniden« dagegen verstehen sie sich mit jenen der Höhe, so daß chthonischer Mutterkult und olympischer Vater- und Staatskult wieder in erneuter Harmonie zueinander finden; in den »Trachinierinnen« und im »Ödipus« des Sophokles kommt alles Unheil und Verderben von den Olympiern, in deren tückischen Netzen sich die Helden, Herakles und Ödipus, verfangen; im »Ödipus auf Kolonos« aber und in der »Antigone« werden das Urrecht und die Heiligkeit der Allmutter Erde gefeiert.

Dennoch kommt es in der tragischen Dichtung von Aischylos und Sophokles niemals zu einem endgültigen Bruch zwischen den Göttern der Höhe, den Olympiern, und den Göttern der Tiefe, den chthonischen Mächten. Neigt sich auch das Schwergewicht deutlich den letzteren zu, so stellt doch diese Dichtung eine letzte gewaltige Anstrengung dar, den Zerfall des Mythos noch einmal aufzuhalten und in einer höheren Einheit aufzuheben. Die geschichtliche Lage in der zweiten Hälfte des 19. Jahrhunderts schien eine solche Lösung nicht mehr zuzulassen. Die bestehenden Staats-, Rechts- und Gesellschaftsordnungen hielt Wagner endgültig für korrumpiert und betrachtete damit auch die Legitimität der Götter als erloschen, die sie im Mittel des Staatsmythos gehütet hatten. Überdies ist ihnen, durch eigene Schuld, im industriellen Kapitalismus ein furchtbarer Dämon erwachsen, der, von einem absoluten, weil durch kein Gewissen geschwächten Willen zur Macht über die Natur und seine düsteren Scharen getrieben, nach der Weltherrschaft greift. Auf Walhall liegt immer noch, nicht anders als auf dem Olymp der Tragödiendichtung, ein numinoser Glanz des »Tremendum und Faszinosum«, wie die musikalischen Wotans- und Walhallmotive zum Ausdruck bringen, während von den Nibelungen, in den verschiedensten Motiven des Hasses, des Fluches, der Arbeitswut gespiegelt, ein finsteres Grauen ausgeht. Wenn auch das Aufkommen des industriellen Zeitalters schließlich mythisches und religiöses Denken weithin zerstört hat, so ist doch der Untergang der Götter zugleich derjenige eines alten ehrwürdigen Mythos, während mit den Nibelungen am Ende der »Götterdämmerung« das schlechthin Böse, weil gänzlich vom Göttlichen Abgefallene, aus der Welt verschwindet.[336]

4. Der Mythos des Heilsgeschehens im »Parsifal«

Die Vorstellung vom Verfall numinoser Mächte findet sich in mehreren Werken Wagners, so zum Beispiel im »Tannhäuser«, wo Venus, aus ihrer einst beherrschenden und göttlichen Stellung in der Welt verbannt, nunmehr wie ein niederer Dämon in einem Berge haust. Aber auch im »Parsifal« bildet die Verderbnis des Göttlichen selbst, wie im »Ring«, den Ausgangspunkt des Geschehens.

Das Heiligtum des Gralstempels besteht aus Speer und Schale. Der Speer hat Christus den Todesstoß gegeben, und die Schale fing sein Blut auf. Der Speer ist aber zugleich Sinnbild des Männlichen, die Schale Sinnbild des Weiblichen. In der Vereinigung beider liegt das Heil, in ihrer Trennung die Verderbnis. Ihre Vereinigung ist die Liebe, die Liebe aber ist das Mysterium des Göttlichen – die Apotheose am Ende der »Götterdämmerung« verweist auf das gleiche. Ihre Trennung dagegen läßt die Welt in zwei sich widerstreitende Teile zerfallen: Zum einen in die Welt des Speeres, wo die reine Sinnlichkeit herrscht und die Transzendenz als das *Über*-Sinnliche verschwindet; hier wird das Weib zum bloß geschlechtlichen Nutzobjekt. Zum anderen in die Welt der Schale, die zwar von Askese geprägt ist, weil dort der Trieb des Phallus verdrängt wird, wo aber die Transzendenz als das Über-Sinnliche nur noch als erstarrte Macht in Erscheinung tritt; hier wird das Weib zugleich zum geschlechtslosen

Arbeitswesen, zur dienenden Magd. Jenes ist das Reich Klingsors mit seiner sinnverwirrenden Profanität, dieses das Reich der Gralsritter mit seiner klerikalen Dogmatik und kalten Herrschaft.

Das Weltendrama besteht nun darin, daß die Liebe und damit das Göttliche aus der Welt gegangen sind. Der Speer als Sinnbild des rein männlichen Triebes hat den Gott der Liebe getötet und das Weibliche zum Gefäß des Leidensblutes gemacht. Aber eben durch diesen Opfertod ist die Liebe wieder in die Welt zurückgekehrt. Im Tempel der Gralsburg wird das höchste Numinosum gehütet: Speer und Schale als Werkzeuge des erlösenden Opfertodes und zugleich als jene heile mythische Kraft, die das harmonische Leben in Liebe immer wieder speist und erneuert. Dort ist das Göttliche im ursprünglichen Sinne anwesend, nämlich als etwas, was an-west; dort ereignet sich göttliche Epiphanie.

Der Gott, der im »Parsifal« gemeint ist, hat also nicht, wie in christlicher Deutung, den Menschen *von* der Welt erlösen wollen, sondern er hat die Welt *zu sich selbst erlöst,* indem er das Urübel, ihre Selbstentfremdung durch die Zerreißung von Sinnlichkeit und Geistigkeit, von Immanenz und Transzendenz, durch die Entfernung des Männlichen vom Weiblichen, in der Liebe aufhob. Wenn Amfortas von Titurel sagt »Der du jetzt in göttlichem Glanz den Erlöser selbst erschaust«, so ist damit nicht jene absolute Transzendenz gemeint, auf die sich die christliche Lehre richtet. Die Verklärung eines von göttlichem Geist erfüllten Helden ist auch dem Mythos nicht fremd, wie beispielsweise die Verklärung des Herakles nach dessen Tod zeigt. Von einer jenseitigen Verheißung ist im übrigen im »Parsifal« nirgends die Rede. Schuld bedeutet hier entsprechend nicht Verfallensein *an* die Welt, sondern im Gegenteil Zerstörung ihres Wesens in der Hervorbringung des erwähnten Zwiespaltes. Und schließlich hat das Mitleiden des Erlösers nichts mit jener christlichen Sorge um die »Mühseligen und Beladenen«, die »Erniedrigten und Beleidigten« zu tun, sondern ist hellsichtiges Erkennen des Leidens am verlorenen Heil der Welt, der ertöteten Liebe, damit der zerstörten Einheit von Mensch und Gott. Dies ist der Grund, warum im »Parsifal« der Name des Heilands nicht ein einziges Mal angesprochen wird.

Aber wie im »Ring« kommt auch hier die Zerstörung des numinosen Bereiches aus dem Numinosen selbst, in diesem Fall durch Amfortas, der ihn in göttlichem Auftrag verwalten sollte und doch verraten hat. Er, König der Gralsritter, ein heiliger Mann, verfällt der sinnlichen Zauberwelt Klingsors, er läßt sich von Kundry, dem

»furchtbar schönen Weib« verführen. Anders jedoch als im »Ring« wird hier die vom Mysterium der Liebe durchdrungene Weltordnung nicht im Numen der Musik nur vorbedeutet, sondern sie wird in der Schlußszene des Werkes zum unmittelbaren *Ereignis.* Parsifal bringt den Speer zurück, das Heiligtum ist wiederhergestellt und es durchdringt die Seelen, ja, die Natur in göttlicher Epiphanie. Die heilige Unschuld der Natur, auch im Geschlechtlichen offenbar, wo es nicht zur bloßen Sinnlichkeit pervertiert ist, wird schon im Schwan angedeutet, der sein Weibchen über den See der Gralsburg kreisend sucht und von dem noch liebelosen Parsifal getötetet wird; auch nimmt die Natur am Heilsgeschehen teil, wie der Karfreitagszauber zeigt, und Parsifal hat später als König der Gralsritter einen Sohn gezeugt: Lohengrin.[337]

So ist der »Ring« der Mythos vom status corruptionis, der Verderbnis, der »Parsifal« der Mythos des Heilsgeschehens, und beide ergänzen sich somit. Das Prinzip dieser Korruption, die Zerstörung wahrer und göttlicher Liebe, die Zerstörung der umfassenden Harmonie der Menschen untereinander und mit der göttlichen Natur, ist deswegen im »Parsifal« nur in der Abbreviatur der Trennung von Speer und Schale archetypisch vergegenständlicht, während es im »Ring« in seinen mannigfaltigen Varianten (Götter, Nibelungen, Halbgötter, Menschen und Dämonen) zur ausführlichen dramatischen Darstellung gelangt. Umgekehrt ist der Vorgang der Erlösung, im letzten Akt der »Götterdämmerung« von Brünnhilde und dem alles überstrahlenden musikalischen Erlösungsmotiv nur verheißen, im »Parsifal« das eigentliche Thema.

Der Gott der Liebe hat das Erbe des untergegangenen Gottes der Macht angetreten. Urmutter-Natur hat einen neuen Walter ihrer »Themis« gefunden, da sie, die halb-bewußt dämmernde, stets eines solchen Walters in der Tagwelt der Menschen bedarf. Im Karfreitagszauber – es ist schon darauf hingewiesen worden – kommt ihr Einklang mit ihm zur numinosen Erscheinung. Natur heißt aber stets das *Natürliche im Menschen,* das im bloßen Trieb nach sinnlicher Lust oder liebeloser Macht auf mannigfaltige Weise geknechtet und unterdrückt wird.

Der »Parsifal« ist also nichts anderes als die tiefere Auslegung des Endes der »Götterdämmerung« im Sinne von Wagners *mythischem* Christentum. Mit dessen kirchlichen Verkündigungen hat es, wie gesagt, nur wenig zu tun.[338]

5. Der mythische Gott-Mensch bei Wagner und in der Antike

Zur mythischen Projektion der Menschen- und Weltgeschichte auf eine numinose Sphäre gehört es, auch darauf ist schon mehrfach in früheren Kapiteln hingewiesen worden, daß göttliche Mächte in Menschen Gestalt annehmen. So ist Siegfried »Wotans Gedanke« (Siegfried, III, 3), nämlich als ein Freier, nicht von dessen Schuld Belasteter; aber da diesem bloßem Tatmenschen und Naturburschen wie seinem göttlichen Ahn die »wissende Liebe« fehlt, muß auch er an seiner Verblendung zugrunde gehen. Brünnhilde dagegen ist in Wahrheit nicht so sehr ein Wotanskind als ein Kind der Erda, wie die große Szene zwischen Wotan und Erda im letzten Akt des »Siegfried« zeigt, von der bereits die Rede war. Brünnhilde allein besitzt die Liebe und Weisheit der Urmutter. In Brünnhilde, dem durch Liebe »wissend« gewordenen Weib, wird diese Wahrheit wieder irdische Wirklichkeit. Menschliche Erscheinung numinoser Kräfte ist aber auch Hagen, der Sohn des Nibelungen Alberich. So findet sich mit Ausnahme der Riesen zu jeder der transzendenten Potenzen, nämlich der Götter, der Allmutter Erde und der finsteren Machtdämonen, eine menschliche Entsprechung, aber die Riesen sind ja die Vertreter blinder Naturgewalten und können sich somit auch nicht im Drama der Weltgeschichte widerspiegeln. Jene »bloßen« Menschen aber, in deren Innern keine numinose Substanz wirksam ist, wie Hunding, Gunther und Gutrune, sind nur willenlose Knechte: Hunding als Verteidiger eines der Menschlichkeit baren, zur korrupten Vertragswelt der Götter zählenden Eherechtes, Gunther und Gutrune als Werkzeuge der Intrige Hagens. Auch daran zeigt sich, wie sehr man sich hüten muß, Wagners Bemerkung von der Vernichtung der Götter in der Freiheit des menschlichen Bewußtseins mißzuverstehen. Vernichtet werden nur die Tyrannen-Götter wie Wotan und Fricka (Hüterin des erwähnten Eherechtes); aber die Freiheit des menschlichen Bewußtseins bedeutet keineswegs die Ablösung des Menschen vom Numinosen, sondern im Gegenteil, sie leuchtet überhaupt nur in jenen Menschen auf, in denen sich dieses in ungebrochener und nicht korrumpierter Weise offenbart. Der »bloße« Mensch erweist sich im »Ring« dagegen als Spielball, ein jämmerliches Nichts.

Die Vorstellung, daß nun ein solcher Gott-Mensch den Gott selbst erlösen kann, mag wieder auf den ersten Blick befremdlich erscheinen, wie der schon erörterte Gedanke von dem Ursprung des »Bösen« im ureigenen Bereich des Numinosen. Aber auch sie finden wir bereits im griechischen Mythos. Es war ja Herakles, der Sohn des

Zeus und der Sterblichen Alkmene, der durch die Befreiung des Prometheus die dem Olympier drohende Gefahr abwandte, und es war ebenso Herakles, der entscheidend in der Schlacht auf den phlegräischen Gefilden zum Sieg der Götter über die Giganten beigetragen hat.

Der mythische Gott-Mensch ist also einerseits derjenige, der die göttliche Weltordnung wieder herstellt; zum andern besteht aber gerade darin seine die Götter erlösende Tat, weil wegen der unauflöslichen Einheit von Götter- und Menschengeschichte die Zerstörung dieser Ordnung hienieden das Göttliche selbst bedroht und beeinträchtigt. Der Triumph von Gaia/Erda über Zeus/Wotan muß auch im Irdischen vollstreckt werden. Alles was sich »dort« abspielt, muß sich ebenso »hier« abspielen. Der Schauplatz der numinosen Machtkämpfe ist die Erde.

Das führt uns wieder zu Parsifal. Indem er die göttliche Liebe in der Welt wiederherstellt, bringt er zugleich »Erlösung dem Erlöser«, wie die letzten Worte im »Parsifal« lauten.

6. Die mythische Nacht und der Urschoß in der griechischen Tragödiendichtung und im »Tristan«

Ich habe vorhin darauf hingewiesen, daß der »Ring« den status corruptionis, den Abfall vom Urquell der Natur und der Mutter Erde, zum Gegenstand hat, der »Parsifal« den Vorgang der Erlösung, der Wiederherstellung einer auch die Natur umfassenden, ja, ihr entspringenden Welt göttlicher Liebe. Der »Tristan« wendet sich dagegen ausschließlich, wie ich jetzt zeigen will, dem Ursprung und Urschoß selbst zu. Dieser Urschoß aber ist zugleich die *mythische Nacht*.

Es ist merkwürdig, daß man zwar die Beziehung der Gaia zu Erda und von Zeus zu Wotan erkannt hat, weniger aber diejenige zwischen dem antiken und dem Wagnerschen Mythos der Nacht.[339] Zwar hat dieser Mythos auch eine vom griechischen unabhängige Geschichte in der europäischen Literatur, worauf jüngst D. Borchmeyer hingewiesen hat.[340] Auch sind in diesem Zusammenhang bei Wagner Anklänge an die Romantik und insbesondere an Novalis' »Hymnen an die Nacht« unverkennbar; unmittelbare Einflüsse auf den »Tristan« lassen sich jedoch nicht nachweisen. (Bezeichnenderweise kommt der Name »Novalis« in Cosimas umfangreichen Tagebuchaufzeichnungen nur dreimal vor und dann in ganz anderer Beziehung.) Aber die griechische Tragödiendichtung, deren Erneuerung im Geiste der modernen Zeit Wagners leidenschaftlich verfolgtes Ziel gewesen ist, verweist mit großer Eindringlichkeit auf die mythische Nacht als das tiefste Mysterium und den Ursprung göttlichen wie irdischen Lebens. Zugleich wird sie dort in einen unmittelbaren Zusammenhang zu Gaia, der Erdmutter, gebracht. Es handelt sich dabei um die dunkle Tiefe des Urschoßes, aus dem alles kommt und in den alles wieder zurückkehrt; es ist das Reich der »Töchter der Erde«, der »uralten«, der »chthonischen Nacht«, wie es in Sophokles' »Ödipus auf Kolonos« heißt (40, 106, 1751). Über der Tagwelt liegt zwar der Glanz olympischer Licht-Göttlichkeit, aber er kann auch trügerisch sein und den Menschen verblenden. Hienieden ist daher kein wahres Leben, klagt der Chor im »König Ödipus« (1186f.), und wieder im »Ödipus auf Kolonos« ruft er aus: Nicht geboren zu sein ist das Beste, das Zweitbeste aber, so schnell wie möglich wieder dahin zu gelangen, woher man kam (1224ff.). (Im dritten Akt des »Tristan« heißt es, ich komme gleich darauf zurück: »Wo ich von je gewesen, wohin auf je ich gehe.«) Der Tod wird als »Helfer«, als »Vollender« betrachtet (ebd. 1220ff.), und am Ende öffnet sich voll Güte das dunkle Haus der Erde (ebd. 1661f.). »Endet die Klage«, ruft Theseus aus, wo Ödipus in der Tiefe entschwunden ist, »denn nicht soll man trauern über jene, denen die Gnade der chthonischen Nacht gewiß ist.« (Ebd. 1751ff.). Die wundersamen Umstände von Ödipus' Tod zeigen zugleich, daß es sich dabei um eine Verklärung gehandelt hat.

Man muß die Stimmung einbeziehen, die in den »Weihgußträgerinnen«, den »Eumeniden«, den »Persern« des Aischylos und in den Ödipus-Dramen, der »Antigone«, der »Elektra« des Sophokles herrschen, um die Nähe des antiken Nacht-Mythos, der zugleich ein Todes- und Erdmythos war, zu Wagners Mythos der Nacht ganz zu erfassen. Von ihr sagt Tristan, wie schon erwähnt: »Wo ich von je gewesen, wohin auf je ich gehe«, und in deutlichster Anspielung auf die Nacht als Urschoß und Totenreich heißt es im zweiten Akt: »Dem Land, das Tristan meint, / der Sonne Licht nicht scheint: / es ist das dunkel / nächtge Land, / daraus die Mutter / einst mich sandt', / als, den im Tode / sie empfangen, / im Tod' sie ließ / zum Licht gelangen. / Was, da sie mich gebar, / ihr Liebesberge war, / das Wunderreich der Nacht, / aus der ich einst erwacht, – / das bietet dir Tristan, / dahin geht er voran.« Auch hier stehen Tag und Nacht im Gegensatz des trügerischen Scheins einer korrupten Rechts-, Staats- und Gesellschaftsordnung zum Mysterium der erlösenden Tiefe der

Welt zueinander: »Wer des Todes Nacht / liebend erschaut, / wem sie ihr tief / Geheimnis vertraut, / des Tages Lügen, / Ruhm und Ehr', / Macht und Gewinn, / so schimmernd hehr, / wie eitler Staub der Sonnen / sind sie vor dem zersponnen.« (Ebd.)

Dennoch gibt es wieder einen entscheidenden Unterschied zwischen dem Nacht-Mythos der griechischen Tragödiendichtung und demjenigen Wagners. Wagner fügt diesem Mythos etwas hinzu, was die griechische Tragödie nicht kennt: Er verbindet ihn mit der Idee der Aufhebung des *Principium individuationis* im Eros der absoluten Liebe. Die Liebe ist gewissermaßen das Ding an sich, die Substanz des Weltgrundes. Zwar könnte man auf das Dionysische im antiken Theater verweisen, das ja durch die orgiastische Einheit von Eros, Macht und Tod geprägt war, aber zum einen wurde Wagner dieser Zusammenhang erst später von Nietzsche vermittelt, und zum anderen ist auch der dionysische Eros nicht mit dem Mythos der Liebe im »Tristan« einfach gleichzusetzen.

7. Die Metaphysik der Liebe

Damit komme ich noch einmal auf die Bedeutung der Liebe in Wagners Musikdramen zurück. Obgleich von ihr dort überall eine erlösende Kraft ausgeht, tritt sie doch in verschiedener Weise in Erscheinung. Um dies zu zeigen, beschränke ich mich wieder auf die drei Hauptwerke Wagners, den »Ring«, den »Parsifal« und den »Tristan«. Im »Ring« ist die Liebe vornehmlich des »Welten-Werdens Walterin«[341]. Sie stellt das nur durch den Machtwillen zerstörte Band her, das eine ganz und gar numinose Natur und den Menschen harmonisch vereint, so daß der Mensch in diesem Sinne natürlich und dadurch frei, die Natur aber im gleichen Sinne menschlich zu sein vermag. Der »Parsifal« offenbart unmittelbar und unverhüllt den göttlichen Ursprung dieser Liebe, die nicht naturalistisch, also nicht biologisch, psychologisch oder auf ähnliche Weise mißverstanden werden darf. Im »Tristan« schließlich gewinnt sie noch eine über das Mythische hinausgehende *metaphysische* Dimension hinzu. Sie ist deswegen metaphysisch, weil sie nicht mehr, wie alles Mythische und damit Polytheistische, an bestimmte endliche Gestalten gebunden ist, sondern in einer *unio mystica* aufgeht und schließlich in die Einheit des Weltalls zurückkehrt. Selbst der mythische Kosmos war ja nicht ein umfassendes Ganzes, sondern stellte nur die *Ordnung* dar, in der mannigfaltige Gottheiten zueinander stehen. (Vgl. Kapitel VIII.) Nun sind es zwar wieder die Elemente der Natur, worin sich am Ende

Tristan und Isolde auflösen, nämlich »Lüfte«, »Wolken« und »Düfte« (vgl. den Text des »Liebestodes« im dritten Akt), aber »des Weltatems wehendem All« (ebd.) entspricht jenes seit dem Griechischen Logos in die Welt gekommene metaphysische Denken, das die Vielfalt der Erscheinung letztlich aus *einem* Prinzip zu erklären sucht.

Hier ist der Einfluß Schopenhauers auf Wagner unverkennbar. Die Konzeption des »Ringes« liegt noch vor seiner Schopenhauer-Lektüre vom Jahr 1855, der »Tristan« aber ist nachher, nämlich 1857 entstanden. Im »Parsifal« schließlich scheint die Schopenhauer-Phase weitgehend wieder überwunden. (Selbst »Durch Mitleid wissend« bedeutet hier etwas ganz anderes als in der Ethik des Philosophen.) Dennoch bestehen, wie D. Borchmeyer in seinem schon erwähnten Buch gezeigt hat, entscheidende Unterschiede zwischen Wagners und Schopenhauers Metaphysik auch im »Tristan«. Für Schopenhauer ist das letzte, jenseits der sichtbaren und trügerischen Erscheinung liegende Prinzip der *Wille* als Ding an sich. Für Wagner dagegen ist es die *absolute Liebe*, die im Grunde des Alls waltet. D. Borchmeyer spricht daher von einer »trunkenen Affirmation des Weltgrundes« im »Tristan«, die in schroffem Gegensatz zu Schopenhauers Pessimismus steht. So wird hier die mythische Nacht schließlich zu einer metaphysischen All-Liebes-Nacht umgeformt, die, »welterlösend« »höchste Lust«, Versinken der Individuation in die Einheit des Ursprungs schenkt. Wagner sprach deswegen von einer »Berichtigung« des Schopenhauerschen »Systems« und schrieb in seinem Tagebuch aus Venedig für Mathilde Wesendonk: »Es handelt sich nämlich darum, den von keinem Philosophen, namentlich auch von Schopenhauer nicht, erkannten Heilsweg zur vollkommenen Beruhigung des Willens durch die Liebe nachzuweisen.«[342]

So hat Wagner auch hier, wie im »Ring«, den griechischen Mythos neu interpretiert und versucht, ihm für die Gegenwart eine lebendige Wirklichkeit und unveränderte Gültigkeit zu verleihen.

8. Wagners Deutung des Verhältnisses seiner mythischen Musikdramen zur Wirklichkeit

Fassen wir zunächst noch einmal zusammen: Der »Ring«, der »Parsifal« und der »Tristan« stehen in einer inneren Beziehung zueinander und erst gemeinsam bringen sie die umfassende Konzeption von Wagners Mythos zum Ausdruck. Man könnte diese Beziehung so umreißen: Die Liebe ist die Substanz des Urschoßes der Welt

(»Tristan«); in der Welt der »Erscheinung« des Tages, der Natur, gerät sie in einen tödlichen Konflikt mit der liebelosen Machtgier (»Ring«); aber die auf der göttlichen Liebe beruhende Weltordnung wird durch auserwählte Menschen wiederhergestellt (»Parsifal«). In dieser Struktur wird jedoch noch einmal der entscheidende Unterschied zum antiken Mythos deutlich: nämlich jene Metaphysik der Liebe, von welcher der vorige Abschnitt gehandelt hat.

Wie dem auch sei – in jedem Falle ist für Wagner der von ihm gedichtete Mythos nicht weniger unmittelbare Wirklichkeit als der von Hölderlin erschaute für diesen. Auch für Wagner ist er etwas Tautegorisches, nicht Allegorisches, auch er sieht in ihm weit mehr als ein bloßes Märchen, Poesie oder schönen Schein. Während dies aber Hölderlin in unmittelbarer Vision erfaßt, hat Wagner darüber hinausgehend versucht, es in philosophischen Reflexionen näher zu begründen.

Ausdrücklich geht dabei Wagner von der Wissenschaft aus, die scheinbar den Mythos als Fabel »entlarvt« habe. Der Mythos oder die »Volksanschauung«, wie er ihn gelegentlich auch nennt, sei in »Physik und Chemie«, »in Theologie und Philosophie« oder »in die geschichtliche Chronik aufgegangen.«[343] Dies sei indessen das Werk des Verstandes. Dieser aber könne »die volle Wirklichkeit der Erscheinung nur erfassen, wenn er das Bild, in welches sie von der Phantasie ihm vorgeführt wird, zerbricht und sie in ihre einzelnsten Teile zerlegt.«[344] Wolle er jedoch diese Teile wieder im Zusammenhang vorführen, so habe er »sogleich wieder sich ein Bild von ihr zu entwerfen, das der Wirklichkeit der Erscheinungen nicht mehr mit realer Genauigkeit, sondern nur in dem Maße entspricht, in welchem der Mensch sie zu erkennen vermag.«[345] So aber werde die Natur der Dinge nicht eigentlich aufgehoben, sondern nur »dem Gefühl begreiflich« gemacht.[346] Wo der Verstand »anatomisch« zerlegt,[347] erfaßt das Gefühl »*organische Zusammenhänge*«[348], wird ihm sogar die Natur ein »teilnehmendes Wesen«[349]. Das umerlegte Ganze erschließt sich Wagner so in Gewißheit[350] als »lebendiger Organismus«, als »das Zeugende und Gebärende, als Männliches und Weibliches«[351] während es für den seine einzelnen Teile erwägenden Verstand als »konstruierter Mechanismus« aufgefaßt wird, der sich in den »Abstraktionen« von Raum und Zeit bewegt.[352] Im Gegensatz hierzu findet das Gefühl seine »Beweise« aus der »allernächsten Nähe« der unmittelbar den Sinnen zugänglichen Erscheinung, und nicht aus jenen »weitesten Fernen«, aus denen der »mathematische Kalkül« operiert.[353]

Wagner bestreitet also keineswegs die vom »Verstande« erfaßte »Wirklichkeit«, sondern er weist ihr nur eine andere Qualität zu als jener Erscheinung, die, mit gleichem Recht offenbar, vom Gefühl erfaßt werde. Und dennoch: Die teilnehmende Natur »spreche« mit uns.[354] Verstehen wir also »in diesem Gespräche die Natur nicht besser, als der Betrachter derselben durch das Mikroskop? Was versteht dieser von der Natur, als das, was er nicht zu verstehen braucht?«[355]

Die Ganzheit, von der hier die Rede ist, betrachtet Wagner insofern als ein Werk der Phantasie, als sie nur in einer Art Zusammenschau an sich mannigfaltig zerstreuter Erscheinungen, in einem »schnell verständlichen Bilde«, erkennbar wird. Es handelt sich dabei also um eine »verdichtete Gestalt des wirklichen Lebens«, die unmittelbar anschaulich zu werden vermag.[356] In solchen Bildern erfaßt aber nach Wagner gerade der Mythos die Wirklichkeit. Wenn daher der Künstler »den aus dem klarsten menschlichen Bewußtsein gerechtfertigten«, für die »Anschauung des immer gegenwärtigen Lebens entsprechend neu erfundenen« »Mythos« »im Drama zur verständlichen Darstellung« bringt,[357] so findet er damit nicht nur zu seiner geschichtlich lange Zeit unter dem Einfluß des Verstandes vergessenen ureigenen Aufgabe zurück, sondern dann ist er damit offenbar für Wagner auch insofern vollkommen im Recht, als er das erkenntnistheoretische Primat des Gefühls über den Verstand zur Geltung bringt.

Es ist hier nicht der Ort, diese gewiß unzulängliche Deutung Wagners der Beziehung des Mythos zur Wirklichkeit im einzelnen kritisch zu untersuchen. Ein gewisser philosophischer Dilettantismus sowie die Abhängigkeit von überholten Theorien (besonders Herders und der Romantik) treten deutlich hervor. Auch hat der Gegensatz Wissenschaft – Mythos nichts mit demjenigen zwischen Verstand und Gefühl zu tun, den Wagner hier heranzieht. Der Mythos ist, wie die vorangegangenen Abschnitte in diesem Buch gezeigt haben, nicht weniger rational als die Wissenschaft, auch wenn er es durchgängig mit beseelten Gegenständen zu tun hat, was Wagner recht mißverständlich, weil allzu biologisch, als »organischen Zusammenhang« bezeichnet. Das alles freilich ändert nichts an Wagners richtiger Einsicht, daß wir im Mythos Lebensmächte wie in Urbildern verdichtet anschauen und damit eine Dimension der Wirklichkeit erfassen, die der Wissenschaft fremd ist. Entsprechend hat Wagner die Gleichberechtigung von Mythos und Wissenschaft intuitiv erfaßt und zugleich gesehen, daß der Mythos unter bestimmten Bedingungen des Praktischen das Primat hat – »was versteht« der Betrachter der

Natur durch das Mikroskop »von der Natur«, so fragt er doch, »was er nicht zu verstehen braucht?«

9. Archái und Leitmotive

Jene Urbilder, die Wagner auch »die verdichtete Gestalt des wirklichen Lebens« nennt[358], wodurch das Mannigfaltige in sinnliche, der Anschauung unmittelbar zugängliche Bilder gefaßt wird, sind nun nichts anderes als jene mythische Archái, aus denen der Mythos wie aus seinen Elementen aufgebaut ist, auch wenn sich Wagner dieses Ausdrucks niemals bediente. Die Gegenstände aber, auf welche dieser Ausdruck verweist, und die Wagner in voller Klarheit erfaßt hat, nennt er ein »Wunder«[359]. Es handelt sich dabei freilich nicht um jenes Wunder, das »die Natur der Dinge aufhebt«[360], nicht um einen »Glauben«[361], sondern es ist für Wagner Wunder in dem Sinne, daß es über die zerstreute Mannigfaltigkeit der alltäglichen Lebenserfahrung hinaus auf deren überzeitlichen und numinosen Urgrund verweist und diesen in Erscheinung treten läßt. Deswegen ist ein solches Wunder für Wagner auch in dem bereits beschriebenen Sinne die »verständlichste Darstellung der Wirklichkeit.«[362] Im Lichte dieser von Wagner ebenfalls nur intuitiv erfaßten, tatsächlich aber, wie ich hier gezeigt habe, bestätigungsfähigen Theorie des Mythischen, müssen wir nun seine Werke betrachten, wobei ich mich wieder auf den »Ring des Nibelungen«, den »Parsifal« und den »Tristan« beschränke.

In allen drei Dramen finden numinose Urereignisse ihr »verdichtetes Bild«, doch so, daß dieses Bild weniger ein Abbild sein soll als die zur Erscheinung kommende mythische Wirklichkeit selbst. In einem »Einst«, das nicht in die profane Zeit eingeordnet werden kann, schnitzte ein Gott aus der Weltesche seinen Speer und erschütterte damit selber die Kraft des Göttermythos, des Hüters von Natur und Sitte; »einst« fluchte ein Dämon der Liebe und brachte die endgültig von allem Göttlichen abgewandte Ausbeutung der Natur und der Menschen; »einst« starb ein Gott den Opfertod und gab den Menschen die Liebe wieder zurück; »einst« gingen Tristan und Isolde in den Urschoß der Welt ein. Es ist ja schon gesagt worden, daß Wagner nicht den historischen, sondern mythischen Christus meint,[363] und auch Tristan und Isolde bedürfen nicht ihres mittelalterlichen Rahmens, sondern sind ganz ins Typische gesteigert. Alle diese Ereignisse sind also zum einen mythisch in dem Sinne, daß sie zeitlich undatierbare, numinose Urereignisse, Archái, darstellen; sie sind aber zum anderen mythisch auch in dem Sinne, daß sie sich in dem verstreuten Einzelnen widerspiegeln und immer dort identisch wiederkehren, wo Entsprechendes geschieht. Überall, wo der Mythos durch Machtgier mißbraucht wird (besonders in Staat und Gesellschaft), wirkt Wotans Verhängnis, überall wo Natur gnadenlos zerstört wird, wirkt der Fluch des Nibelungen, überall wird der Erlöser erlöst, überall ist Parsifal, wo die Korruption des Männlichen und Weiblichen in wahrer Liebe aufgehoben wird, überall sind Tristan und Isolde, wo die Individuation im Zauber der Liebe erlischt. Wer die Archái im Musikdrama erschaut, erschaut gleichsam die »Ideen«, an denen alles teilhat und durch die es ist, was es ist. Darin liegt für Wagner die Offenbarung eines Wunders, und darin liegt der sakrale Anspruch seiner Musikdramen. Es ist daher durchaus folgerichtig, wenn er ihre Aufführung in der Weise von Festspielen forderte, die, gebunden an einen gleichsam geweihten Ort, dem rituellen Charakter der griechischen Dionysien entsprechen.

Die Archái deutlich hervortreten zu lassen, sind nun die *Leitmotive* ein hervorragendes Mittel. (Wobei nicht bestritten werden soll, daß sie zugleich auch anderen, eher ästhetischen Aufgaben dienen.) Im »Ring«, auf den ich mich hier beschränke, kann man sie hauptsächlich in die folgenden sechs Gruppen zusammenfassen, die zugleich zu den wichtigsten Lebensmächten und Urereignissen zählen: die Natur (zum Beispiel Natur-, Erda-, Rheingold-, Welteschemotiv), die Götter (zum Beispiel Walhall-, Vertrags-, Schicksals-, Unruhe-, Götterdämmerungsmotiv), die Nibelungen (zum Beispiel Nibelungen-, Entsagungs-, Haßmotiv), die Gottmenschen (zum Beispiel Siegfried-, Brünnhildemotiv) und schließlich die Liebe (zum Beispiel Erlösungsmotiv).[364] Wie die Archái als Elemente des Mythos in mannigfaltigen Beziehungen zueinander stehen, so auch die Leitmotive. Hierfür einige Beispiele:

Natur- und Erdamotiv sind beinahe identisch;

Natur-Motiv

Erda-Motiv

das Götterdämmerungsmotiv verläuft in umgekehrter Reihenfolge wie das Naturmotiv und steht zugleich mit dem Vertragsmotiv in einem Zusammenhang. Das Unruhemotiv spiegelt Wotans Irritation durch Erda wider, aus deren Thema es abgeleitet ist.

Götterdämmerungs-Motiv

Vertrags-Motiv

Unruhe-Motiv

Auch das Nibelungenmotiv und das Haßmotiv verweisen aufeinander. Diese ständige Wiederholung des Gleichen in Leitmotiven

Nibelungen-Motiv

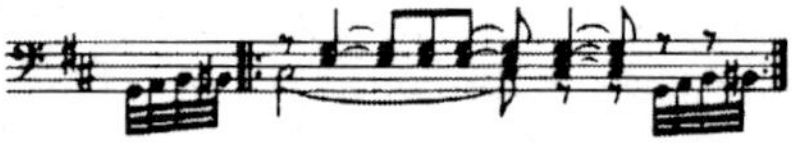

Nibelungenhaß-Motiv

entspricht der ständigen Wiederkehr numinoser Archái in musikalischer Gestalt. Hier leuchtet auf, was den Erscheinungen identisch zugrunde liegt und in ihnen wirksam ist: In der unberührten Natur und ihren »aorgischen« Elementen, in den verschiedenen Erscheinungen des Abfalls von ihr, in der Korruption durch Machtgier, in der erlösenden Liebe usf.

10. Zusammenfassung

Die mythische Dichtung der *Weltgeschichte* durch Wagner liegt im »Ring« und im »Parsifal«. Der »Tristan« ist in diesem Zusammenhang nur insofern von Bedeutung, als er dem Natur- und Erdmutter-Mythos, um dessen Zerstörung ja alles kreist, die chthonisch-metaphysische Grundlage gibt (mythische Nacht).

Wenn nun aber der »Ring« den Verfall des Göttermythos und das Aufkommen der Industriewelt erklärt, indem er sie auf numinose Ereignisse zurückführt (Wotans Mißbrauch der Weltesche und Alberichs Fluch der Liebe), wie kann dann beides so eng miteinander verflochten werden, wo doch Mythos und Technik durch Jahrhunderte voneinander getrennt sind? Man muß sich jedoch vor Augen halten, daß Wagners Walhall-Götter trotz aller bereits hervorgehobenen Ähnlichkeit mit den Olympiern diesen nicht einfach gleichzusetzen sind. Es gab viele Gründe, warum Wagner sich aus den germanischen Sagen seine Stoffe holte, darunter auch den, daß die Oper, die er leidenschaftlich bekämpfte, die griechischen weitgehend bereits besetzt hatte. Der wichtigste Grund aber liegt wohl darin, daß Wagner unter dem Einfluß der Romantik an den deutschen Volksgeist glaubte, der sich nur im germanischen Mythos wiederfinden könne. Er hielt diesen Mythos also immer noch für lebendig, auch wenn er nicht mehr, wie einst der griechische, den ganzen Umkreis des Lebens beherrschte. Aber gerade in den Ideen von Staat, Gesellschaft und Recht (man vgl. auch Wagners Deutung des Ödipus-Mythos als einen solchen des Staates) sah er den korrumpierten Götter-Mythos noch ungebrochen, weil dort immer noch die heidnischen Werte von Macht und Ehre über die Liebe triumphierten. Diese Werte brachten nach Wagners Überzeugung nicht nur das Natürliche vergewaltigende Sitten und Gesetze hervor, sondern wurden zugleich auch wie etwas Heiliges tabuisiert. Wagner projizierte also den korrumpierten Götter-Mythos, der den Naturmythos (Erda, chthonische Nacht) verdrängt und zerstört hat, so sehr in die Gegenwart, ja, er sieht sie davon so stark durchsetzt, daß ihm die zeitliche Verzahnung mit den in seinen Augen dämonischen Mächten des Industriezeitalters und beider gemeinsamer Untergang keine Schwierigkeiten bereitete. So hat der »Ring« die heidnische Seite von Wagners Epoche zum Gegenstand, während der »Parsifal« auch ihre christlich-kirchliche zum Ausdruck bringt. Denn der Klerikalismus, die starre religiöse Dogmatik (Gralsritter) sind in ihr ebenso gegenwärtig wie die transzendenzlose Welt rein sinnlicher Profanität (Klingsors Zaubergarten). Indem aber Wagner all dies zugleich in einer der Gegenwart entrückten, mythischen Wirklichkeit sich abspielen läßt und zu Urbildern umformt, zeigt er die numinose Wurzel einer solchen geschichtlichen Gegenwart, verweist er auf ein Geschehen, das ebenso aus der Zeit herausgehoben ist, wie es ihr zugrunde liegt.[365]

XXIX. Diskussion von Hölderlins und Wagners mythischer Deutung der Weltgeschichte

1. Ein Vergleich

Betrachten wir zunächst die Unterschiede von Hölderlins und Wagners Visionen.

Der Gedanke Wagners, der Untergang des Göttermythos sei auf eine Verderbnis innerhalb der numinosen Sphäre selbst zurückzuführen, ist bei Hölderlin nicht zu finden. Für ihn ist der Einbruch der Nacht die Folge menschlicher Schuld und göttlichen Gnadenentzugs, aber die »Himmlischen« bleiben, wenn auch »göttlichleidend«, in ihrer Herrlichkeit unangetastet. Deswegen gibt es bei Hölderlin auch nicht jene Wagnersche Aufspaltung des Mythos in einen heilen und einen schuldverstrickten Teil (Erda und die numinose Natur dort, die Götter hier), obgleich derartiges, wie gezeigt, den Griechen (wie den Christen) durchaus geläufig war.

In diesem Zusammenhang ist aber darauf hinzuweisen, daß die Zahl der in Hölderlins Dichtung vorkommenden griechischen Gottheiten außerordentlich beschränkt ist. Hauptsächlich kommen darin nur Zeus, Apollon, Dionysos, Helios und Herakles vor, während überwiegend von numinosen Naturwesen wie dem Äther, dem Licht, Flüssen, Bergen, Landschaften usf. die Rede ist. Daß diese Naturwesen Geschichtliches einschließen, zum Beispiel Städte, ist hier schon mehrfach erwähnt worden. Hölderlin wählte also aus dem antiken Mythos jene Teile aus, die sich, was die Prinzipien betrifft, mit dem Wagnerschen (heilen) Naturmythos weitgehend decken. Die anderen, die in bestimmten griechischen Tragödien hervortreten, kommen bei ihm nicht vor (wenn man von seiner Übersetzung der »Antigone« absieht). Deswegen bleibt in seiner Dichtung am Ende auch unbefragt, wie es überhaupt zur Schuld des Menschen kommen konnte, der doch göttliche Verblendung bereits vorausgegangen sein mußte, wenn schon göttliche Erleuchtung alleine (wie bei Herakles, Sokrates usf.) die Lebendigkeit des Mythos garantieren kann.

Nicht zuletzt mit dieser Erweiterung des Mythos um seine düsteren Seiten hängt es auch zusammen, wenn Wagner, wie bereits im vorigen Abschnitt hervorgehoben, sich des germanischen, nicht griechischen Mythos bedient. Der letztere gilt als abgeschlossen in geschichtlicher Ferne liegend und gehört einer im Ganzen immer noch heilen Welt an; jener aber, durch die Romantik wiederbelebt und im deutschen Volksgeist noch vermutet, eröffnet Wagner die Möglichkeit, selbst den Zustand der sich fortentwickelnden Zerstörung jener heilen Welt als ein rein numinoses Verhängnis, als ein tragisches Verfallensein an verderbte Gottheiten darzustellen. So ist die Mythen- und Gottferne der Gegenwart für Wagner selbst etwas Mythisches, nämlich die Macht falscher Staatsmythen, der Mythen einer verderbten Gesellschaft und ihrer Sitten sowie der technologischen Ausbeutung der Natur.

Die aufgezeigten Unterschiede zwischen Hölderlin und Wagner sind also eher die Folge von Akzentverschiebungen, als daß Widersprüche in ihnen zum Ausdruck kämen. Indem Hölderlin seinen Mythos-Begriff auf den griechischen und auch noch auf Teile von ihm einengt – darin doch noch seinem von Winckelmannscher und Goethescher Klassik geprägten Zeitalter verhaftet –, verdeckt er ungewollt die Schattenseite des Mythos, auch des griechischen, welche die Tragödien des Aischylos oder Sophokles und die von diesen geprägten Wagnerschen Musikdramen zum Ausdruck bringen, jene Schattenseiten also, aus denen sich selbst noch die geschichtliche »Nacht« als ein ausschließlich numinoser, nicht von menschlicher Schuld ausgelöster Vorgang ableiten ließ.

Prüfen wir schließlich die verschiedenen Weisen, wie Hölderlin und Wagner Christus deuten. Für Hölderlin ist er ein Tröster, weil er die Botschaft für die Wiederkehr des Göttermythos bringt; für Wagner dagegen ist er der Erbe des Göttermythos, von dem er uns erlöst hat. Dieser Widerspruch ist jedoch nur ein scheinbarer und verschwindet sogleich, sobald man sich wieder vor Augen hält, daß hier mit »Göttermythos« etwas Verschiedenes gemeint ist. Derjenige, den Wagner in diesem Zusammenhang meint, ist der Mythos numinoser Verderbnis, derjenige aber, den Hölderlin meint, deckt sich im Grunde mit jener heilen Seite des Mythos, der auch in der Erda, dem Karfreitagszauber usf. sichtbar wird, also überall dort, wo Götter, Menschen und Natur im Mysterium numinoser Liebe miteinander vereint sind. Die Erlösung vom Göttermythos durch Christus bedeutet daher für Wagner nichts anderes als die Wiederherstellung *dieses* heilen Zustandes. So ist am Ende doch für Hölderlin *wie* für Wagner Christus eine mythische Gestalt, die in der Nacht des Leidens an der Ferne vom wahrhaft Göttlichen auftritt und auf ein kommendes Reich verweist. Denn seine Heilstat wird geschichtlich erst nach schweren Kämpfen, nach »der Irrnis und der Leiden Pfade« (»Parsifal« III), in der Menschenwelt verwirklicht, und erst dann ist der Urzustand göttlicher Epiphanie wieder hergestellt.

Damit läßt sich nun das Gemeinsame zwischen dem Mythos Hölderlins und Wagners zusammenfassen:

Für beide wohnt im Grunde der Natur ein mythisches Numinosum, dessen Epiphanie Götter, Menschen und Natur im Mysterium der Liebe vereint und ein »goldenes Zeitalter« prägt; dieses Numinosum schließt die Todes- und Nachtseite ein (Wagners »Tristan« entspricht Hölderlins »Antigone«); für beide ist der Verlust des »goldenen Zeitalters« ein numinoses Ereignis (Gnadenentzug bei Hölderlin, Verderbnis der Götter bei Wagner), das schließlich zu einer von den Dämonen liebloser Selbstsucht und Machtgier geprägten Welt führt (bei Hölderlin ist es das »Geschlecht ohne Göttliches«, bei Wagner sind es die Knechte der Nibelungen); für beide ist Christus Teil des Mythos: Er tritt in der Nacht der Verderbnis auf und verkörpert die zerstörte numinose Liebe; beide schließlich sehen die Weltgeschichte zyklisch: Das »goldene Zeitalter« kehrt wieder zurück (im »Brautfest« bei Hölderlin, im Karfreitagszauber und in der Wiederherstellung des Heiltums bei Wagner).

2. Die Frage der Verbindlichkeit von Hölderlins und Wagners mythischen Dichtungen

In Kapitel XXVI wurde gezeigt, daß es eine praktische Rechtfertigung mythischer Erklärungsversuche für die Verdrängung des Mythos durch die moderne Welt gibt. Aber dies bezog sich nur auf die *Form* solcher Versuche. Hölderlin und Wagner gingen jedoch weiter, wie sich gezeigt hat, und gaben den in Frage stehenden weltgeschichtlichen Vorgängen auch eine *inhaltliche* Deutung. Welche Verbindlichkeit, so müssen wir jetzt fragen, kann eine solche Deutung haben?

Für die Beantwortung dieser Frage ist es von Bedeutung, daß, wie im vorangegangenen Vergleich gezeigt, der Hölderlinsche und Wagnersche Mythos im Sinne von Levi-Strauss verschiedene Variationen über gleiche oder zumindest sehr ähnliche Strukturen darstellen. Wenn Levi-Strauss meint, es gäbe nicht *die* wahre Variante, sondern gerade die Mannigfaltigkeit der Variablen lassen das Wesentliche nur umso deutlicher hervortreten, so kann dies auch hier gesagt werden. Dennoch sind solche Varianten nicht nur das Kleid, in dem sich der eigentliche Kern verhüllt, wie man Levi-Strauss entnehmen könnte, sondern sie haben auch ihre eigene und unerläßliche Bedeutung. Da nämlich die Archái im Reiche der Sterblichen wirksam werden, so ist die Verschiedenheit ihrer Erscheinung davon geprägt, ja, nur in dieser Verschiedenheit vermögen sie überhaupt ihre Wirklichkeit für die Menschen offenbar werden zu lassen. Auch hier stoßen wir wieder auf die unauflösbare Einheit des Allgemeinen und Besonderen innerhalb des Mythos. Während für die Wissenschaft immer nur das Allgemeine von Bedeutung ist, was sie durch die Einführung von Variablen als bloße Leerformeln für das Besondere in Gesetzen und Regeln zum Ausdruck bringt, tritt im Mythos immer zugleich beides in den Vordergrund. Die Arché der Demeter in Eleusis hat eine andere Gestalt als in Athen oder sonstwo, weil sie nicht etwas Abstraktes ist, sondern weil ihre mythische Substanz immer ein bestimmtes Individuelles und Sterbliches durchdringt. Der Hölderlinsche Mythos kann daher als die gleiche Geschichte wie der Wagnersche aufgefaßt werden, nur einmal am Anfang, das andere Mal Mitte des 19. Jahrhunderts erfahren.

Eine solche Feststellung ist für die Frage der Verbindlichkeit dieser Mythen deswegen von Wichtigkeit, weil sie auf die allgemeine Lebenswirklichkeit verweist, in der sie ihre praktische Rechtfertigung finden können. Und nur eine solche Rechtfertigung ist, wie das Kapitel XXVI gezeigt hat, für sie möglich. Wir müssen also prüfen, ob im vorliegenden Fall die erforderliche Lebenswirklichkeit vorliegt, ob uns also, ohne dies theoretisch begründen zu können, *praktisch* das weltgeschichtliche Schicksal im Lichte des Hölderlinschen oder Wagnerschen Mythos erscheint oder wenigstens erscheinen kann.

Darüber haben sich Hölderlin und Wagner selbst geäußert. Zwar versteht sich Hölderlin als ein »Dichter in dürftiger Zeit« (Brot und Wein), aber von den Dichtern, den wahren, sagt er auch, sie seien »wie des Weingottes heilige Priester, / Welche von Land zu Land ziehen in heiliger Nacht.« (Ebd.) Was damit gemeint ist, kann man seiner Ode »Dichterberuf« entnehmen, wo es heißt, daß »allerobernd vom Indus her / Der junge Bacchus kam mit heiligem / Weine vom Schlafe die Völker weckend.« Die Nacht der Mythosferne kann also der Dichter zwar nicht wenden, aber er kann das »Heilige Gedächtnis« darin wecken, weil es zwar verdrängt, aber doch nicht gänzlich verloren worden ist. Der Mythos lebt also nach Hölderlin dadurch in den Menschen fort, daß sie sich seines Verlustes schmerzlich bewußt zu werden vermögen und daran leiden; so schlagen gewissermaßen zwei Herzen in ihrer Brust.

Für Wagner ist der Mythos, obgleich doch das »wahrhaftige Bild des Lebens«, heute nur noch in der »Unnahbarkeit einer Traumerscheinung« zu vermitteln.[366] Dies ist der Grund, weswegen seiner Meinung nach die Einheit zwischen Bühne und Zuschauerraum im antiken Theater nicht wieder hergestellt werden kann, ja, die Idealität des Dramas und seine Entfernung zur profanen Gegenwart müsse in einer scharfen Trennung von beiden zum Ausdruck kommen. (Dunkler Raum, versenkte Orchester, illusionistisches Bühnenbild.)

Auch Wagners Musik spiegelt diesen Zwiespalt des modernen Menschen in seinem Verhältnis zum Mythos wider.

Es ist für den vorliegenden Zusammenhang ohne Belang, ob für Wagner die Musik das Mittel, das Drama der Zweck ist, wie er ursprünglich annahm, oder ob sie im Drama nur sichtbare Gestalt wird, wie er später unter dem Einfluß Schopenhauers meinte. Worauf es hier alleine ankommt, ist die *unauflösliche Verknüpfung* von Wort, Gebärde, Bild und Musik, an der Wagner in jeder Phase seiner theoretischen Überlegungen und in seiner künstlerischen Praxis festgehalten hat. Diese Verknüpfung ist nämlich nichts anderes als ein notwendiges Ausdrucksmittel für den Mythos, weil ihre Auflösung sogleich ein Abgleiten aus dessen sakralem Bereich in die Profanität bedeutete. Das von der Musik gelöste Wort ist entweder das Wort des Alltäglichen oder es steht, wenn es in Versen gesprochen wird, diesem zumindest nahe; die vom Wort getrennte Musik aber vermag nicht die Arché zu offenbaren, die nur in einem *Gestalt* gewordenen numinosen Wesen erfaßt und wirksam wird (wozu auch das Bild und die Gebärde gehören). Deswegen hat der Mythos immer und überall in der Einheit von Drama (sichtbares Ereignis, Handlung) und Musik seine sakrale Form gefunden. (Vgl. hierzu auch die Kapitel XI und XII.)

Trotzdem und trotz der überdies noch verwendeten und bereits erörterten Leitmotive, bediente sich Wagner einer musikalischen Technik, die eher etwas mit dem Aufkommen moderner Subjektivität und Innerlichkeit als mit dem Mythos zu tun hat. Ist die Fülle der kompositorischen Mittel, über die er verfügte, nicht das Ergebnis eines langen, historischen Prozesses, der auf die cartesianische Entdeckung des Ego zurückgeführt werden kann? Je mehr man sich in dessen Tiefen versenkte, je mehr man die Formen seines Denkens, die Antriebe seines Willens, die unendliche Mannigfaltigkeit seiner Gefühle erforschte, desto stärker scheint auch die Musik sich dieser neu erschlossenen Welt geöffnet zu haben. Ich brauche nicht noch einmal zu wiederholen, daß eine solche Ausweitung ins Psychische und Psychologische dem Mythos fremd ist, es für ihn keine scharfe Trennung des Ich von seiner äußeren Sphäre gibt, sondern das Ich eine Funktion des »objektiven«, numinosen Weltgrundes ist. Indem aber Wagner gerade eine Musik aus dem Geiste der Subjektivität auf seine Dramen anwandte, konnte er den Mythos im modernen Sinne »verinnerlichen«. Diese Musik hat nicht mehr alleine für jene Stimmung zu sorgen, die das Aufnehmen des Sakralen erst möglich macht – eine solche Rolle spielte u.a. der Chor in der griechischen Tragödie –, sondern sie will den modernen Menschen mit ihrem unsäglichen Zauber und der Fülle ihres Gefühlsausdrucks zum Sakralen geradezu verführen, es in die Tiefen seiner Subjektivität hineintragen. Deswegen verzichtete Wagner trotz seiner Leidenschaft für das antike Theater bewußt auf die Wiedereinführung des Chores – er reichte für seine Zwecke nicht aus – und ersetzte ihn durch das große Orchester.

Für Hölderlin und Wagner ist es also eine Lebenswirklichkeit, daß wir das weltgeschichtliche Schicksal im Lichte ihres Mythos zu sehen vermögen, und daß es nur der Sprachgewalt des Dichters oder des Zaubers von Musik und »Traumerscheinung« bedarf, um diese in uns schlummernde oder wache Weise der Erfahrung zum hinreißenden Erlebnis werden zu lassen.

Und in der Tat – woran liegt es, daß beide, ja, auch die Griechen keineswegs für uns tot, erledigt und damit vergessen sind, wie unterschiedlich auch die Zustimmung des einzelnen zu ihnen oder seine Betroffenheit durch sie sein mag? Die Lebenswirklichkeit der Griechen und Hölderlins, so fern sie uns heute teilweise ist, geht uns offenbar immer noch etwas an, und auch Bayreuth hat bis heute nichts von seiner Ausstrahlung verloren – könnte es sonst von den einen so gehaßt, von den anderen so geliebt werden, könnte es sonst so umstritten sein?[367] Man kann dies nicht alleine mit dem Hinweis abtun, große Kunst sei eben unsterblich – als ob sie etwas rein Formales wäre, das von seinen Inhalten zu trennen wäre und daher auch dann noch gälte, wenn diese längst jede Beziehung zur eigenen Wirklichkeit verloren haben. Weder kann man Hölderlins Sprachgewalt von dem trennen, was sie hervorzaubert, noch Wagners musikalische Faszination von dem, wofür sie fasziniert. So sind auch Hölderlin und Wagner, jene beiden radikalsten und offensten Bekenner des Mythos, herausragende Beispiele für seine immer noch lebendige Gegenwart unter uns, und selbst der Zwiespalt, mit denen man ihnen trotzdem begegnet, ist noch ein Zeichen für seine, wenn auch gebrochen fortwirkende Kraft.

Ihre Mythen kann man freilich nicht verbindlich *machen,* man kann sie auch durch theoretische Argumente weder bekräftigen noch widerlegen. Ihre Verbindlichkeit wie ihre Unverbindlichkeit erfahren wir vielmehr gleicherweise als ein geschichtliches Schicksal, als das Wirken einer mythischen Macht, und dasselbe gilt für die wissenschaftliche Ontologie, die ihnen entgegensteht.

XXX. Abschließende Betrachtungen

1. Es gibt keine unveränderte Wiederkehr vergangener Mythen

Weder Hölderlin noch Wagner, das sei ausdrücklich hervorgehoben, verbinden mit der Idee der Wiederkehr eines goldenen Zeitalters die Herstellung unveränderter Urzustände. »Und rückwärts soll die Seele mir nicht fliehn«, ruft Hölderlin aus, »Denn tödlich ist's«.[368] Damit meint er, eine bloße Rückwärtswendung wäre ohne Leben, weil das Vergangene nur im Medium der Gegenwart wirklich zu sein vermag, sei es im Gedächtnis zur Zeit der Nacht, sei es in einer Wiedergeburt. Eine echte Wiedergeburt entspränge schon deswegen einer anderen Lebenswirklichkeit, weil die Erinnerung an die Götterferne ebenso wenig wie diejenige an die Götternähe wieder ausgelöscht werden kann. Vielleicht noch deutlicher finden wir diese Auffassung bei Wagner, der ja die Wiederkehr des heilen Urzustandes nicht in griechischer oder germanischer Form, sondern in der Gestalt eines mythischen Christentums erwartet. Wieder stoßen wir hier auf eine Variante der Grundvorstellung, daß das gleiche in verschiedenem Gewande wiederkehrt, weil die Substanz der Archái nur im Sterblichen offenbar wird, das ewigem Wandel unterliegt. Diese Mannigfaltigkeit in der Erscheinung des an sich Gleichen hat damit eine *synchrone* und *diachrone* Form: Die erste liegt zum Beispiel vor, wenn wir die verschiedenen Erscheinungsweisen desselben Mythos in der frühen Antike verfolgen, die zweite zeigt zum Beispiel die Fortsetzung des griechischen Mythos in demjenigen Hölderlins und Wagners.

Eine Wiederkehr des Mythos in gleicher Form wie früher ist also schon deswegen ausgeschlossen, weil wir nicht in eine Welt zurückschlüpfen können, der unsere Erfahrungen vollständig unbekannt waren. Ferner müssen alle heute so zahlreichen Versuche, aus unserer von Wissenschaft, Technik und damit industrieller Produktion geprägten Kultur einfach auszusteigen, daran scheitern, daß die Zerstörung dieser Kultur den Massen die Lebensgrundlage entzöge und im allgemeinen Elend enden müßte. Vergessen wir auch nicht, daß sich solche Versuche nur allzu oft zugleich gegen eine der bewundernswertesten Leistungen menschlichen Geistes richten. Die Fragwürdigkeit des Weges, der vor etwa dreihundert Jahren eingeschlagen wurde, nimmt weder denen, die ihn beschritten haben, etwas von ihrer Größe und Kühnheit, noch vermag sie die Wohltaten zu schmälern oder die unübersehbare Fülle von Erkenntnissen herabzusetzen, die auf der anderen Seite damit die Menschheit errungen hat. Im übrigen läßt sich eine Wiederkehr mythischer Erfahrungen, wie schon zu Ende des vorigen Kapitels bemerkt, trotz ihrer theoretischen Möglichkeiten und grundsätzlichen Rechtfertigung überhaupt nicht in irgendeiner Weise *machen*. Wenn sie sich nicht nur verstreut, wie heute, sondern in einer die Allgemeinheit bestimmenden Form wieder einstellt, und zwar in geschichtlich gewandelter Gestalt, was ja, wie gesagt, die Voraussetzung dafür ist, so ist das, mythisch gesehen, ein Geschick, wissenschaftlich ein Zufall. Es kann also in keinem Falle erzwungen oder vorhergesagt werden. Es geschieht einfach.

Dennoch läßt sich feststellen, daß sich die geschichtliche Lage bereits gewandelt hat. Die vorhin erwähnte Fragwürdigkeit des wissenschaftlich-technischen Fortschrittes, besonders sichtbar geworden in zahlreichen sozialen Problemen, in der Umweltzerstörung und den Gefahren der Atomenergie, ist heute so sehr in aller Munde, daß hier nicht näher darauf eingegangen werden muß. Weniger ins allgemeine Bewußtsein gedrungen, wenn auch auf lange Sicht vielleicht noch wirksamer, ist die wissenschaftlich-theoretische Einsicht in die Unmöglichkeit, der Wissenschaft eine absolute Grundlage zu geben. Mit dieser Einsicht ist ausgeschlossen worden, daß man sich nur deshalb der Wissenschaft weiterhin verpflichtet fühlt, weil sie im Besitz der alleinigen Wahrheit ist, gleichgültig, wohin uns ihr Fortschritt führt und wie enttäuschend die Wirklichkeit sein mag, die sie uns zeigt. Schließlich haben die Ergebnisse einer nunmehr beinahe zweihundert Jahre währenden Mythos-Forschung eine stille Revolution eingeleitet, weil sie, obgleich noch kaum beachtet, erschüttert haben, was uns vorher geradezu selbstverständlich schien, nämlich die Meinung, Mythen seien bloße Ausgeburten der Phantasie, zumindest von der Wissenschaft überholt und widerlegt.

Wenn sich also auch, wie gesagt, im gegebenen Zusammenhang keine sichere Vorhersage für die Zukunft machen läßt, so darf man doch andererseits vermuten, daß die Epoche einseitiger wissenschaftlich-technischer Prägung ihren Höhepunkt bereits überschritten hat. Aber wenn vorangegangene Erfahrungen nicht gänzlich wieder vergessen werden können, so läßt sich für die Zukunft nur eine Kulturform vorstellen, in der Wissenschaft und Mythos weder einander unterdrücken noch unverbunden nebeneinanderher bestehen, sondern in eine durch das Leben und das Denken vermittelte Beziehung zueinander treten. Wie das aber möglich sein soll, davon wissen wir heute noch nichts.

2. Gefahren einer Wiederbelebung des Mythischen

Es gibt nicht wenige, die einer Wiederbelebung mythischer Erfahrungen mit Sorge entgegensehen. Die einen befürchten das Heraufkommen politischer Gefahren, die anderen sehen eine Bedrohung der christlichen Religion voraus, wenn sich mythische Diesseitigkeit oder gar griechische Weltverklärung erneut durchsetzen sollten, wieder andere schließlich scheuen hauptsächlich davor zurück, die Abhängigkeit von numinosen Mächten anzuerkennen, die man seit der Aufklärung endgültig zugunsten der Idee innerer menschlicher Freiheit überwunden zu haben glaubte.

Über die Gefahren, die auf politischem Gebiet vom Mythos drohen, ist bereits in Kapitel XXV gesprochen worden. Dort wurde aber auch deutlich, daß sie weniger im Mythos selbst als in seiner Unterdrückung und in seinem Mißbrauch zu suchen sind.

In Kapitel XXIV ist zwar gezeigt worden, wie sich das Christentum vom Mythos unterscheidet, obgleich es wichtige Strukturelemente daraus enthält, aber daraus folgt nicht, wie heute theologisch meist angenommen, daß es mit ihm, im Ganzen betrachtet, unverträglich ist. Schelling hat dies, worauf bereits in Kapitel III, Abschnitt 6 hingewiesen wurde, deutlich hervorgehoben. Entscheidend für die christliche Gottesvorstellung ist allein, daß Gott als Jehovah der absolut höchste, transzendente Gott ist; dem widerspricht es nicht, wenn die Götter des Mythos eine niedrigere Stufe in der numinosen Hierarchie einnehmen und nur verglichen mit den profanen Wesen Unsterbliche sind, da sie doch, in ihrer sinnlich-historischen Erscheinung, geboren werden und wieder verschwinden, ja, sterben können. Der Kampf der Kirche gegen den Mythos, oft genug lax geführt, wie die Geschichte der Kunst beweist, kommt hauptsächlich daher, daß sich das Volk nicht radikal genug von ihm zu lösen vermochte und so der Glaube immer wieder in Gefahr geriet. Dieser Kampf war daher eher ein Mittel der Propaganda, als daß er in der Sache selbst begründet werden konnte.[369] Steht im übrigen nicht die Diesseitigkeit des Mythos und seine Neigung zur Weltverklärung im Einklang damit, daß die Welt Gottes Schöpfung ist und Gott in ihr erkannt und bewundert werden kann (Röm 20), auch wenn

Gott selbst eine alles Sinnliche unendlich übersteigende Wirklichkeit darstellt?

Die Mythosfeindlichkeit einer der übertriebenen Weltverneinung hingegebenen Theologie ist indessen nicht nur vom Standpunkt des Glaubens fragwürdig, sondern sie steht auch seit langem in einem zunehmenden Widerspruch zur schon sprichwörtlich gewordenen Weltzugewandtheit und Diesseitigkeit des modernen Menschen. Dieser wird aber ja nicht von der mythischen Diesseitigkeit beherrscht, sondern von einer solchen, die allem Numinosen entfremdet ist. Von ihr und der damit verbundenen materiellen Grundhaltung drohen doch dem christlichen Glauben, wie überhaupt jeder Berührung mit dem Göttlichen, die größten Gefahren. Dagegen läßt sich von einem veränderten Urteil über den Mythos eine Sensibilisierung für religiöse Gehalte erwarten.

Betrachten wir abschließend die Unverträglichkeit des Mythos mit der Idee der inneren oder metaphysischen Freiheit, wie sie F. A. Hayek genannt hat. (Vgl. Kap. XXV.) Ich möchte hier nicht mehr die Frage anschneiden, ob diese Freiheit wirklich existiert, da hiervon, wie überhaupt von der Wahrheit, bereits in den vorangegangenen Kapiteln gesprochen wurde. Ich möchte jetzt nur die Frage stellen, was mit dieser Idee gewonnen wurde.

Der moderne Mensch, der sich auf diese Idee stützt, befindet sich zwar in absoluter Selbstverantwortlichkeit, aber *historisch* gelangte er dazu nur dadurch, daß er alles göttliche Wirken in der Natur und damit auch in sich selbst ablehnte. So ging die Entdeckung der inneren Freiheit geschichtlich mit der Vorstellung Hand in Hand, die Natur sei einem blinden Walten von seelenlosen Gesetzen oder Zufällen unterworfen und damit jede teleologische Betrachtung von ihr ausgeschlossen. Zwar suchte Kant, der in der Herstellung dieses Zusammenhangs eine entscheidende Rolle gespielt hat, über eine solche vollständige Sinnentleerung der Wirklichkeit mit dem Postulat hinwegzutrösten, es gäbe eine von Gott garantierte sittliche Weltordnung. Aber abgesehen von dem höchst windigen Versuch, dieses Postulat zu begründen, ist nicht erkennbar, worin diese Weltordnung eigentlich bestehen soll. Es kann hier nicht die Frage diskutiert werden, ob eine solche historische Verkoppelung von Freiheit und seelenloser Natur auch *logisch* unvermeidlich ist. Genug, daß sie historisch alleine wirksam wurde und das heutige Bewußtsein weitgehend prägt. In diesem Sinne ist, wenn überhaupt an die Freiheit geglaubt wird, Kant siegreich geblieben und nicht der spekulative Idealismus, der das Reich des Geistes auch auf die Natur ausdehnen wollte. Andere Freiheitslehren aber haben, in *diesem* Bereich, Kant gegenüber nichts Neues gebracht.

Nun trifft es zwar zu, daß, in Kantischer Sicht, aller Sinnentleerung zum Trotze wenigstens die Würde des Menschen gerettet werden konnte, denn diese besteht in seiner Freiheit, die er alleine unter allen Kreaturen und Dingen besitzt. Aber ist der Mensch, so kann man demgegenüber fragen, geringer zu schätzen, in dem Göttliches wirkt?

Viele freilich sind heute im Einklang mit verschiedenen Varianten des Materialismus und Psychologismus der Meinung, nicht nur die Natur, sondern auch der Mensch sei durchgängig von Naturgesetzen beherrscht. Warum aber sollten wir eine solche vollständige Bestimmung durch Naturgesetze derjenigen durch numinose Mächte vorziehen, wenn wir schon aus den bereits angegebenen Gründen von der Frage absehen, welche von beiden Möglichkeiten die wahre ist? Zwar bringen uns auch numinose Mächte Gutes *wie* übles, aber dennoch verweisen sie zugleich auf eine insgesamt sinn- und zweckerfüllte Welt, in der sich der Mensch geborgen fühlen kann, während ihm im anderen Fall, wie Kolakowski richtig bemerkt (vgl. Kap. XXVI, 3), nur Gleichgültigkeit entgegenschlägt. Nicht einmal der Trost menschlicher Würde bliebe uns in dieser Fremdheit übrig.

3. Die Unabweisbarkeit der durch die Mythos-Forschung aufgeworfenen Fragen

Ob man nun aber einer Rehabilitierung des mythischen Denkens mit Abneigung oder Sympathie begegnet, ob man meinen Untersuchungen zu folgen bereit ist oder nicht: Die Fragen, die hier aufgeworfen wurden, wird man nicht mehr zurückweisen können.

Die Wissenschaft ist durch die Wissenschaftstheorie längst in jenes Stadium der Selbstreflexion übergegangen, das stets das Ende einer Sache ankündigt. Erst versuchte man, aufkommenden Zweifeln in der naiven Überzeugung zu begegnen, man werde sie leicht und alsbald abweisen können. Das war das Stadium des logischen Positivismus der Wiener Schule. Als dies fehlschlug, glaubte man durch Preisgabe von Terrain einen festen Besitz in der Hand behalten zu können. Das war die Stunde des kritischen Rationalismus, der wenigstens im sogenannten Falsifikationsprinzip eine absolute Grundlage wissenschaftlicher Forschung und ein festes »Abgrenzungskriterium« zu anderen Formen der Welterklärung gefunden zu haben glaubte. Als auch diese Hoffnung trog, versuchten einige, durch immer neue Verfeinerungen und ad hoc entworfene Spitzfindigkeiten das Falsifikationsprinzip, wenn auch in sehr aufgeweichter Form, zu retten und »harte« von »weichen« Kernen im Forschungsprozeß zu unterscheiden, (etwa an der London School of Economics); andere (vor allem P. Feyerabend) stellten überhaupt die wissenschaftliche Methode zur Disposition und forderten, nicht ohne erfrischende Fröhlichkeit wie die ersten Dadaisten, die allen Ballast von Zwängen abwerfende Methoden-Anarchie.

Ich glaube jedoch nicht, daß man zwischen einem wissenschaftstheoretischen Dogmatismus und einer solchen Anarchie wählen muß und habe dies in meinem Buch »Kritik der wissenschaftlichen Vernunft« ausführlich dargelegt. Wenn aber, wie ich meine, die Wissenschaft kontingent ist in dem Sinne, daß sie weder auf bloßer Konvention und Willkür beruht noch notwendig ist, sondern vielmehr eine *geschichtliche* Wirklichkeit darstellt, die dem Wandel unterworfen ist und andere Möglichkeiten offen hält, dann ist es unvermeidlich, diese anderen Möglichkeiten in allem Ernst zu prüfen und zwar vor allem solche, die unsere Wirklichkeit immer noch mitbestimmen, wie es hauptsächlich für den Mythos gilt. Damit glaube ich also nur »zu Ende gedacht« zu haben, was sich bereits seit Jahrzehnten innerhalb der Wissenschaftstheorie, dieser von der Selbstreflexion der Wissenschaft bis zu ihren bohrenden Selbstzweifeln handelnden philosophischen Disziplin, abgezeichnet hat. Die Verlagerung der Thematik auf die Probleme des Mythos ergibt sich also zwangsläufig aus der Entwicklung der Wissenschaftstheorie selbst.

Im Übrigen sollte uns eher die Sorge quälen, daß die heute rasch um sich greifende und oft in erschreckender Irrationalität auftretende Wissenschafts- und Technikfeindlichkeit, überhaupt jener grassierende Kulturpessimismus, von Demagogen und selbsternannten Propheten ausgenützt wird. Wir sollten ihnen die Frage nach Alternativen umso weniger überlassen, als selbst noch von entstellten Mythen ein unwiderstehlicher Zauber auszugehen vermag. Setzen wir also solchen »Heilsbringern« die Nüchternheit wissenschaftlicher Untersuchung entgegen, zumal sie dazu führt, wie dieses Buch gezeigt hat, den Mythos mit dem Anspruch der Rationalität zu versöhnen.

So möchte ich noch einmal wiederholen, worauf ich bereits im Vorwort hinweis: Dies war kein Plädoyer für den Mythos. Es war nur eines für die sachliche Auseinandersetzung mit ihm.

Anmerkungen

Teil I

[1] An die jungen Dichter.
[2] Die beschreibende Poesie.
[3] Ebenda.
[4] Die scheinheiligen Dichter.
[5] Ebenda.
[6] Dichterberuf.
[7] Ebenda.
[8] Ebenda.
[9] *F. Hölderlin*, Hyperion, Hölderlins Werke und Briefe, hrsg. von *F. Beissner* und *J. Schmidt*, Frankfurt a. Main 1969, Bd. I S. 367.
[10] Der Neckar.
[11] Der Ister.
[12] Die Wanderung.
[13] Der Rhein.
[14] Am Quell der Donau.
[15] Als weitere Beispiele für das parataktisch, hypotaktisch und synthetisch beschriebene Eine, in sich selbst Unterschiedene, die man beliebig vermehren könnte, seien hier noch »Der Archipelagus«, »Heimkunft« und »Heidelberg« herausgegriffen. Im Archipelagus wird eine größere geographische Einheit zunächst wieder parataktisch erfaßt. Seine Inseln werden aufgezählt: Es »grünen« Kreta und Salamis vom Lorbeer; Delos, wo Apollons Tempel stand, erhebt sein »begeistertes Haupt«, Tenos und Chios sind reich an Früchten, in Cypern wächst an »trunkenen Hügeln« der Wein, in Kalauria »fallen silberne Bäche«. Dann die Hypotaxe: Sie ist einmal durch den alles unter sich ordnenden, lebensspendenen Äther gegeben, der das Licht allenthalben verbreitet und die Wolken sammelt, wodurch die Bäche, die Pflanzen und die »gewittertrunkenen Wälder« genährt werden. Aber auch das Meer gehört dazu, das den Archipelagus umschlingt, und der »Meergott« »erzog« daher die Athener. So bildet der Archipelagus in all seiner Mannigfaltigkeit, seinem Nebeneinander wie seinen Ordnungen eine synthetische Einheit, die Hölderlin einfach als »Gott« der Landschaft bezeichnet. (Das synthetische Prinzip ist also keineswegs notwendig mit dem hypotaktischen identisch). – In dem Gedicht »Heimkunft« wird die Stadt Lindau vorgestellt. Parataktisch werden genannt: Hafen, Schiff, Gärten, freundliche Menschen, »gastliche Pforten«: Von hier aus geht es – so wird weiter aufgezählt – ins Rheintal, in die Alpen, nach Como, zum Neckar mit seinen Wäldern, Eichen, Birken, Buchen. Die hypotaktische Mitte ist der See, Lindau ist die Stadt am Ufer. Das ganze aber, als Einheit, nennt Hölderlin eine »Mutter« und »Boden der Heimat«. Auch Heidelberg

ist, um gleich damit zu beginnen, als Ganzes eine »Mutter«. Hier lautet die Parataxe: Fröhliche Gassen, Gärten, der Burgwald, das grünende Ufer. Es hat aber gleich drei hypotaktisch bestimmende Schwerpunkte: den Fluß, die Brücke und die Burg. Von Brücke und Fluß gehen die mannigfaltigen Lebensbezüge der Stadt aus, in der »schicksalskundigen Burg« aber ist die Geschichte gegenwärtig.

[16] Hölderlin verwendet das Wort »Kunst« in einem anderen als dem heute gebräuchlichen Sinne. Dies wird u.a. besonders in seinem Gedicht »Natur und Kunst oder Saturn und Jupiter« deutlich, aber auch in seiner Studie »Grund zum Empedoklos«. In dem erwähnten Gedicht steht Jupiter, der Gesetze und Gebote Gebende, für das *geschichtliche* Walten, während Saturn die *Natur* verkörpert, auf die sich solche Tätigkeit u.a. bezieht und die daher stets Gefahr läuft, von ihr unterdrückt, zerstört zu werden. Im »Grund zum Empedoklos« wird die Kunst, als zum »bildenden kultivierenden Menschen« gehörig, als das »Organische« der Natur als das »Aorgische«, Gefühl- und Gestaltlose entgegengesetzt. (Vgl. *Hölderlins* Werke und Briefe, a.a.O., S. 573f.) – Noch etwas zum Wort »Lebenszusammenhang«, das manchen an Dilthey erinnern mag. Ohne mich hier näher damit auseinandersetzen zu können, sei nur kurz darauf hingewiesen, daß der Lebenszusammenhang, von dem hier die Rede ist, nur wenig mit dem gemein hat, was Dilthey darunter versteht. Während ich nur zwei geschichtlich nachweisbare Phänomene im Auge habe, nämlich Dichtung und Mythos, geht es ihm um nicht weniger als eine Art umfassender Metaphysik des Lebens. Und während ich im folgenden gerade die Rationalität der mit solchen Lebenszusammenhängen verknüpften Vorstellungen nachzuweisen suchen werde, spricht Dilthey von etwas Unbestimmtem, das sich nur einfühlendem Verstehen erschließe.

[17] Der Rhein.

[18] Der gefesselte Strom.

[19] *E. Cassirer*, Hölderlin und der deutsche Idealismus, in: Hölderlin, Beiträge zu seinem Verständnis in unserem Jahrhundert, hrsg. von *O. Kelletat*, Tübingen 1961, S. 100.

[20] *Hölderlins* Werke und Briefe, a.a.O., S. 573f.

[21] Ebenda.

[22] Ebenda.

[23] *R. Otto*, Das Heilige, München 1936.

[24] *E. Cassirer*, a.a.O., S. 87.

[25] Heimkunft.

[26] Der Mutter Erde.

[27] Der Gott der Jugend.

[28] Dichterberuf.

[29] Germanien.

[30] Ebenda.

[31] Brot und Wein.

[32]Friedensfeier.
[33]Ebenda. Es gibt Hölderlin-Interpreten, die in den angegebenen Stellen der Friedensfeier nicht den Hinweis auf die Natur als göttlichen Festsaal sehen, sondern meinen, es handle sich dort in der Tat nur um einen Saal. Über die Fadenscheinigkeit der dabei verwendeten Beweisführung vgl. *P. Szondi*, Hölderlin-Studien, Frankfurt Main 1967, S. 15ff.
[34]*Newton*, Mathematische Prinzipien der Naturlehre, übersetzt von *J. Ph. Wolters*, Darmstadt 1963, S. 31.
[35]Zitiert nach *B. Hoffmann/H. Dukas*, Einstein, Schöpfer und Rebell, Zürich 1976, S. 114.
[36]A.a.O., S. 115.
[37]A.a.O., S. 228.
[38]A.a.O., S. 264.
[39]A.a.O., S. 269.
[40]A.a.O., S. 158.
[41]Zitiert aus *P. A. Schilpp*, Albert Einstein, Stuttgart 1951, S. 281.
[42]A.a.O., S. 282.
[43]A.a.O., S. 279.
[44]A.a.O., S. 279.
[45]A.a.O., S. 284.
[46]A.a.O., S. 281.
[47]A.a.O., S. 281.
[48]A.a.O., S. 273.
[49]A.a.O., S. 274.
[50]A.a.O., S. 274.
[51]A.a.O., S. 279.
[52]*A. Einstein, B. Podolsky, N. Rosen:* Can Quantum-Mechanical Description be Considered Complete? in: Physical Review, Vol. 47 (1935) S. 777. – *N. Bohr:* Can Quantum-Mechanical Description of Physical Reality be Considered Complete? in: Physical Review, 48 (1935) S. 700.
[53]Vgl. hierzu *K. Hübner*, Kritik der wissenschaftlichen Vernunft (Kritik d.w.V.), Kapitel VI, Freiburg ^{2}1979.
[54]Dies waren die grundlegenden Begriffe der Cartesianischen Mechanik. Vgl. *K. Hübner*, a.a.O., Kapitel IX.
[55]*E. Cassirer*, Zur modernen Physik, Darmstadt 1957, S. 37.
[56]Faust, 675.
[57]Vgl. hierzu *J. Pepin*, Myth et Allégorie, les origiries greques et les contestations judéo-chrètiennes, Paris 1976.
[58]*Fontanelle*, De l'Origine des Fables 1752. – *Ch. Dupuis*, Origine de tout les Cultes ou Religion universelle, 1794. – *Fouchet*, Mémoires de l'Académie des inscriptions des belles lettres XXXV, 1770, – *D. Hume*, The Natural History of Religion, 3753.
[59]*D. Hume*, The Natural History of Religion nach der Übersetzung von *W. Bohlin*, Leipzig 1909, S. 47.

[60] *Ch. M. Wieland,* Über den Freien Gebrauch der Vernunft in Glaubenssachen, 1787. – *J. H. Voss,* Antisymbolik, 2. Bd., 1824–26.
[61] *E. Tylor,* Primitive Culture, 2 Bde., New York 1958.
[62] *H. Spencer,* Principles of Sociology, 1876.
[63] *A. de Maury,* Histoire des Religions de la Grèce antique, 1857.
[64] *L. Preller,* Griechische Mythologie, 1854.
[65] *L. Frobenius,* Das Zeitalter des Sonnengottes, Berlin 1904.
[66] *P. Ehrenreich,* Die allgemeine Mythologie und ihre ethnologischen Grundlagen, 1910.
[67] *L. Frobenius,* Das Zeitalter des Sonnengottes, S. 35.
[68] *P. Ehrenreich,* Die allgemeine Mythologie und ihre ethnologischen Grundlagen, S. 109.
[69] *M. Müller,* Kindliche Mythologie der Sprache, in: Hrsg. *K. Kerényi,* Die Eröffnung des Zugangs zum Mythos, Darmstadt 1967, S. 128.
[70] A.a.O., S. 127.
[71] *M. Müller,* Essays Bd. II, Beiträge zur vergleichenden Mythologie und Ethnologie, Leipzig 1869, S. 68.
[72] *H. Usener,* Götternamen, Versuch einer Lehre von der religiösen Begriffsbildung, Frankfurt/Main, 1948.
[73] So zum Beispiel bei *E. H. Meyer,* »Mythologie der Germanen«, Straßburg 1903.
[74] *K. Ph. Moritz,* Götterlehre oder mythologische Dichtungen der Alten, Lahr 1948.
[75] *K. A. Böttiger,* Ideen zur Kunstmythologie, Dresden 1826.
[76] Vgl. *A. W. Schlegel,* »Aesthetica in nuce« und »Vorlesungen über Schöne Literatur und Kunst« (1801-02); ferner: *F. Schlegel,* »Reden über Mythologie«. Eine gewisse Mittelstellung zwischen der poetischen und allegorischen Deutung des Mythos vertritt *Ph. Buttmann* in seinem Buch »Mythologus oder gesammelte Abhandlungen über die Sagen des Altertums«, Berlin 1828.
[77] *K. Ph. Moritz,* Götterlehre, S. 2f.
[78] *Goethe,* Dichtung und Wahrheit, Weymarer Ausgabe, Bd. 27, S. 312.
[79] Parabase.
[80] Italienische Reise, Rom, 28.1. 1787.
[81] A.a.O. Rom, 6.9. 1787.
[82] Faust I, V S. 82f.
[83] *Goethe,* Moderne Welfen und Ghibellinen, Weymarer Ausgabe, Bd. 41, 2, S. 276.
[84] Vgl. u.a. *Goethe* über *Winckelmann,* Hamburger Ausgabe, Bd. 12, S. 102f.
[85] *Goethe* selbst war eine solche Sicht keineswegs fremd, wie wir seinem Faust entnehmen können. Dort heißt es Faust II, V. 9631-44: Dichten und belehrendem Wort Hast Du gelauschet wohl nimmer? Niemals noch gehört Joniens, Nie vernommen auch Hellas Urväterlicher Sagen Göttlichheldenhaften Reichtum? Alles was jeh geschieht Heutigen Tages Trauriger

Nachklang ist's Herrlicher Ahnherren Tage; Nicht vergleicht sich dein Erzählen Dem was liebliche Lüge, Glaubhaftiger als Wahrheit, Von dem Sohne sang der Maja. Goethe spielt hier auf den Mythos an, demzufolge Hermes Apollos Rinder stahl, wobei ihn Maja, seine Mutter, durch eine geschickte Lüge vor Entdeckung zu retten suchte. Sie verwies darauf, daß Hermes noch ein kleines Kind war – konnte er also der Dieb gewesen sein? Er war es dennoch. Nicht anders verhält es sich, wie Goethe zeigen möchte, mit dem Mythos: Verführerisch in seiner Lieblichkeit tritt uns in ihm die schöne Gestalt der menschlichen Kindheit entgegen – und trotzdem sagt er nicht die Wahrheit.

[86] *W. Mannhard,* Germanische Mythen, Berlin 1858, in: Quellen und Forschungen zur Sprach- und Culturgeschichte der germanischen Völker. Hrsg. v. *B. ten Brink, E. Martin, W. Scherer,* Straßburg, Bd. 51. Mythologische Forschungen aus dem Nachlasse v. Wilh. Mannhard, Hrsg. von *H. Patzig,* Straßburg 1884.

[87] *W. R. Smith,* Lectures an the Religion of the Semites, Edinburgh 1889.

[88] *J. G. Frazer,* The Golden Bough I–II, London 1890.

[89] *J. E. Harrison,* Prolegomena to the Study of Greek Religion, Cambridge 1903; Ancient Art und Ritual, Cambridge 1913.

[90] *F. M. Cornford,* From Religion to Philosophy, London 1912.

[91] *G. Murray,* Five Stages of Greek Religion, New York 1925.

[92] *B. Malinowski,* Myth in Primitive Psychology, New York 1926.

[93] *F. M. Cornford,* From Religion to Philosophy, New York 1957, S. 51. – *E. Durkheim,* Les formes élémentaires de la vie religieuse, Paris 1912. – *M. Mauss,* Sociologie et anthropologie, Paris [1]1950.

[94] *W. R. Smith,* Religion der Semiten, übersetzt v. *R. Stübe,* Freiburg 1899, S. 299 und 239.

[95] A.a.O., S. 13.

[96] *B. Malinowski,* a.a.O., S. 37.

[97] *J. E. Harrison,* Ancient Art and Ritual, Oxford 1951, S. 15ff.

[98] *H. Spencer,* Principles of Sociology, 1876.

[99] F. Nietzsche, Werke, Bd. I, hrsg. von *K. Schlechta,* München o.J. »Geburt der Tragödie«, S. 93.

[100] A.a.O., S. 14, 40, 133.

[101] A.a.O., S. 25.

[102] A.a.O., S. 61f.

[103] A.a.O., S. 54.

[104] A.a.O., Bd. III, S. 675 und 832.

[105] *W. Wundt,* Völkerpsychologie II, Mythus und Religion, Leipzig 1909, S. 579f.

[106] A.a.O., S. 580.

[107] A.a.O., S. 583.

[108] A.a.O., S. 592f.

[109] A.a.O., S. 588.

[110] *S. Freud*, Die Traumdeutung, Wien 1945, S. 182f.

[111] *S. Freud*, Totem und Tabu, Frankfurt a. Main ^{3}1961, S. 171ff.

[112] Vgl. u.a. *C. G. Jung*, Symbole der Wandlung, Zürich 1952; Die Archetypen und das kollektive Unbewußte, Ges. Werke, IX, I, 1976; Bewußtes und Unbewußtes, Beiträge zur Psychologie, Frankfurt a.M. 1957. – Im Gegensatz zu Freud war Jung zwar eine religiöse Natur. Aber wo er als Wissenschaftler spricht, legt er das Gewicht doch nicht darauf, daß der Mythos etwa einer »objektiven Wirklichkeit« entspricht, sondern darauf, daß er in jedem Falle ein Ausdruck subjektiven Erlebens ist.

[113] Prolog zu *Schillers* Wallenstein.

[114] *G. W. F. Hegel* Sämtliche Werke, hrsg. v. *H. Glockner*, Stuttgart – Bad Cannstatt 1964, Bd. I, Ästhetik, S. 522.

[115] *Schellings Werke*, 1857, Bd. V, Philosophie der Kunst, S. 370.

[116] A.a.O., S. 432.

[117] »Es ist ein großes Verdienst«, schreibt *Schelling* ebenda, »das sich unter den Deutschen und überhaupt zuerst Moritz gemacht hat, die Mythologie in dieser ihrer poetischen Absolutheit darzustellen.«

[118] »Die Phantasie«, sagt *Goethe*, »wirkte in früheren Zeiten ausschließend und vor, und die übrigen Seelenkräfte dienten ihr; jetzt ist es umgekehrt, sie dient den anderen und erlahmt in diesem Dienst. – Die früheren Jahrhunderte hatten ihre Ideen in Anschauungen der Phantasie; unsere bringt sie in Begriffe. Die großen Ansichten des Lebens waren damals in Gestalten, in Götter gebracht; heutzutage bringt man sie auf Begriffe. Dort war die Produktionskraft größer, heute die Zerstörungskraft, oder die Scheidekunst.« Gespräche mit Riemer, 28. 8. 1808.

[119] *Schellings* Werke, 1857, Bd. XI, Einleitung in die Philosophie der Mythologie.

[120] Ebenda, S. 193.

[121] A.a.O., XI, S. 207.

[122] A.a.O., S. 198f.

[123] *E. Cassirer*, Philosophie der symbolischen Formen, Zweiter Teil, Das Mythische Denken, Darmstadt 1953, S. 20.

[124] A.a.O., S. 19.

[125] Ebenda.

[126] A.a.O., S. 20.

[127] A.a.O., S. 286.

[128] A.a.O., S. 20.

[129] *C. Lévi-Strauss*, Structural Anthropologie, S. Harmondsworth 1968, Chapter XI. Ich zitiere im folgenden nach dieser Übersetzung von *Jacobson* und *Schoepf*, weil mir der französische Originaltext nicht verfügbar ist.

[130] Der Ausdruck »Mythem« ist in Analogie an linguistische Ausdrücke wie »Phonem«, »Morphem«, usf. geschaffen worden, die ja auch Bauelemente bezeichnen. Dabei ist es für den folgenden Zusammenhang wichtig, darauf hinzuweisen, daß diese Elemente ihre Funktion durch die *Stellung*

ausüben, die sie im Worte einnehmen. So versteht man zum Beispiel unter einem »Phonem« den Laut »B« im Worte »Bein«, der, am gleichen Ort durch »P« ersetzt, sogleich dessen Sinn verändert; ein »Morphem« dagegen bezeichnet die kleinste bedeutungstragende Spracheinheit, zum Beispiel das »Ein« in »die Einheit«.

131 Structural Anthropology, Chapter XI, S. 215.

132 A.a.O., S. 216.

133 *Plato*, Prot., 343 A.

134 Structural Anthropology, A.a.O., S. 229.

135 A.a.O., S. 228.

136 A.a.O., S. 228. Diese Erläuterung der Formel von Lévi-Strauss stützt sich auf die Arbeit »Structural Models in Folklore and Transformation Essays« von *P.* und *E. K. Maranda* in »Approaches to Semioticism«, Hrsg.: *Th. Sebeok* Mouton 1971, S. 26ff.

137 *C. Lévi-Strauss, La* pensée sauvage, Paris 1962, S. 152ff.

138 *L. Lévy-Bruhl,* La mentalité primitive, 1932. – Daß Lévy-Bruhl später diese Meinung vollständig widerrief, steht auf einem anderen Blatt. Ich glaube allerdings, daß Lévy-Bruhl meist mißverstanden wird und oft auf der rechten Spur war, obgleich er sie immer wieder selbst aus den Augen verlor. Was er, immer noch im Fortschrittsgedanken seiner Zeit befangen, für »primitiv« hält, ist in Wahrheit nur eine von der unseren abweichende und deshalb fremd erscheinende Ontologie, wie sich in Teil II zeigen wird. Unüberholt scheint mir insbesondere sein Begriff der »Participation«. Er steht mit demjenigen der mythischen Substanz in engstem Zusammenhang, auf die ich ebenfalls noch ausführlich zurückkommen werde. Besonders irreführend ist seine Verwendung des Wortes »mystisch«, weswegen er auch die Anthropologen gegen sich aufbrachte (vgl. zum Beispiel *E. Evans-Pritchard,* Theories on Primitive Religion, Oxford 1965). Sie witterten darin etwas Irrationales, Übersinnliches und Transzendentes, während die moderne Feldforschung den »Primitiven« eine eher nüchterne Denkweise bescheinigte. Dennoch hat Lévy-Bruhl auch hier etwas Wesentliches erkannt, nämlich eine doch unleugbare Neigung solcher Völker, im Sinnlich-Materiellen ein ideelles Moment zu sehen, die uns fast vollständig abhanden gekommen ist. Und soweit und sofern es sich um solche Beziehungen handelt, sind seine Analysen zumindest im Ansatz richtig. Die Neigung aber, von der hier soeben die Rede war, finden wir bei den Griechen in besonderem Maße ausgeprägt. Im übrigen ist die moderne Feldforschung im Bereiche der Anthropologie alles andere als eine todsichere Methode: Ich brauche nur an die bekannt gewordenen Irrtümer zu verweisen, die M. Mead in ihren zunächst Aufsehen erregenden Untersuchungen der samoanischen Kultur unterlaufen sind. Solche Irrtümer sind um so naheliegender, als manchen Anthropologen die ontologischen Unterschiede verschiedener Kulturen nicht hinreichend

deutlich sind und sie daher unbewußt die Grundlagen ihres Denkens und Sehens ständig mit sich herumschleppen.

139 *C. Lévi-Strauss*, Structural Anthropology, S. 230.

140 *W. Burkert*, Griechische Mythologie und die Geistesgeschichte der Moderne, in: Les Études Classiques aux XIXe et XXe Siècles: Leur Place Dans L'Histoire Des Idées, Genf 1980, S. 195.

141 *J. G. Herder*, Journal meiner Reise im Jahre 1769, Stuttgart 1976, S. 21.

142 *A. Kanne*, Erste Urkunden der Geschichte oder allgemeine Mythologie, Bayreuth und Lübeck 1808.

143 *F. G. Welcker*, Briefwechsel mit *W. v. Humboldt*, in *R. Haym*, W. v. Humboldts Briefe an F. G. Welcker, Berlin 1859.

144 *J. G. F. J. Hermann*, Briefe über Homer und Hesiodus, vorzüglich über die Theogonie von J. G. F. J. Hermann und F. Creuzer, Heidelberg 1818.

145 *F. Creuzer*, Symbolik und Mythologie der alten Völker, besonders der Griechen, 1. Bd., Darmstadt 1810.

146 Vgl. zum Beispiel *G. Hermann*, Über das Wesen und die Behandlung der Mythologie. Ein Brief an Herrn Hofrat Creuzer, 1819.

147 Symbolik und Mythologie der alten Völker, 1. Bd., erster Teil, S. 75.

148 A.a.O., S. 109.

149 A.a.O., S. 121.

150 A.a.O., S. 113.

151 Sechster Brief von *F. Creuzer* an *G. Hermann* in »Briefen über Homer und Hesiodus, vorzüglich über die Theogonie von G. Hermann und F. Creuzer« 1818, S. 90.

152 Mythengeschichte der asiatischen Welt, 1810. Hier ist wohl auch *G. Zoega* zu nennen, der vielleicht überhaupt als erster die »Nachtzeiten« des antiken Mythos bemerkte. Vgl. vor allem sein Werk »De origine et usu obeliscorum«, Rom 1797.

153 *J. Görres*, Mythengeschichte der asiatischen Welt, 1810, S. 599.

154 *Goethe* hatte schon lange dagegen protestiert und schließlich seinem Zorn in dem Gedicht Luft gemacht:

> Müde bin ich des Widersprechens,
> des ew'gen Lanzenbrechens,
> Muß doch das Feld am Ende räumen,
> Nur besänft'ge deinen Zorn! –
> Laß mich den Traum des Lebens träumen,
> Nur nicht mit Creuzer und Schorn!

(Weymarer Ausgabe, Bd. 5, 1, S. 186). L. von Schorn war ein den Symbolisten nahestehender Kunsthistoriker.

155 *J. Grimm*, »Von der Poesie im Recht«, in Zeitschrift f. geschicht. Rechtswissenschaft, II, 1815, S. 27.

156 Ebenda.

157 *J. Grimm*, in: Göttingische Gelehrte Anzeigen, Heft 168, Göttingen 1835, S. 201.

[158] *K. O. Müller*, Prolegomena zu einer wissenschaftlichen Mythologie, Göttingen 1825, S. 166.
[159] A.a.O., S. 111.
[160] A.a.O., S. 77.
[161] A.a.O., S. 256.
[162] A.a.O., S. 110.
[163] A.a.O., S. 237.
[164] *J. J. Bachofen*, Gesammelte Werke Bd. IV, Versuch über die Gräbersymbolik der Alten, Basel 1954, S. 61.
[165] *J. J. Bachofen*, Selbstbiographie, Halle 1927, S. 30.
[166] Ebenda.
[167] *A. Baeumler*, Das mythische Zeitalter, München 1963, S. 193. – Vgl. hierzu auch: *A. Cesana*, J. J. Bachofens Geschichtsdeutung, Basel 1983.
[168] *U. v. Wilamowitz-Moellendorff*, Der Glaube der Hellenen, Darmstadt 1955, Bd. I, S. 17.
[169] A.a.O., S. 227.
[170] A.a.O., S. 151.
[171] A.a.O., Bd. II, S. 109. – Herodot selbst hat dies zwar für einen Schwindel gehalten, aber *Wilamowitz* hat recht, wenn er darüber hinweggeht, da Herodot von vielen anderen Epiphanien wie von einer Selbstverständlichkeit erzählt. Man vergleiche dazu VI 127, wo er über den Besuch der Dioskuren bei dem Arkader Laphanes berichtet oder VI 105, wo er uns die Begegnung zwischen dem athenischen Gesandten Pheidippes und Pan in Tegea schildert, die zur Errichtung einer neuen Kultstätte in Athen führte. – Es ist bezeichnend, wie anders *Nietzsche* in seiner mehr psychologischen Sicht den Triumphzug des Peisistratos mit Athene beurteilt. In seiner Schrift »Über die Wahrheit und Lüge im außermoralischen Sinn« (a.a.O., Bd. III, S. 320) schreibt er »... wenn die Göttin Athene plötzlich gesehen wird, wie sie in einem schönen Gespann in der Begleitung des Peisistratos durch die Märkte Athens fährt – und das glaubte jeder ehrliche Athener – so ist in jedem Augenblick wie im Traume alles möglich.«
[172] *Wilamowitz*, a.a.O., Bd. II, S. 109.
[173] A.a.O., Bd. I, S. 151.
[174] *W. F. Otto*, Die Götter Griechenlands, Frankfurt ^{6}1970, S.166.
[175] A.a.O., S. 15.
[176] A.a.O., S. 179.
[177] A.a.O., S. 191.
[178] *W. F. Otto*, Die Gestalt und das Sein, Darmstadt 1974, S. 10.
[179] A.a.O., S. 13.
[180] Rowohlts Deutsche Enzyklopädie, 1963, Bd. 170.
[181] A.a.O., S. 74f.
[182] A.a.O., S. 64f.
[183] *V. Grønbech*, Griechische Geistesgeschichte, 2 Bde., Reinbek 1965 und 1967.

[184] A.a.O., Bd. II, Götter und Menschen, S. 170.
[185] Ebenda.
[186] *J. Evola*, Revolte gegen die moderne Welt, Interlaken 1982, S. 21.
[187] A.a.O., S. 20f.
[188] A.a.O., S. 21.
[189] A.a.O., S. 21.
[190] *J. P. Vernant*, Mythe et société en Grèce ancienne, Paris 1974, S. 203.
[191] A.a.O., S. 215.
[192] A.a.O., S. 207.
[193] A.a.O., S. 247.
[194] Ebenda.
[195] A.a.O., S. 230.
[196] A.a.O., S. 231.
[197] A.a.O., S. 109.
[198] A.a.O., S. 226.
[199] A.a.O., S. 227.
[200] A.a.O., S. 119f.
[201] *K. Kerényi,* Was ist Mythologie?, in: Die Eröffnung des Zugangs zum Mythos, Hrsg. *K. Kerényi,* Darmstadt 1967, S. 232.
[202] Ebenda.
[203] *K. Kerényi,* Wesen und Gegenwärtigkeit des Mythos, in: Die Eröffnung des Zugangs zum Mythos, S. 242.
[204] Was ist Mythologie? A.a.O., S. 232.
[205] A.a.O., S. 231.
[206] A.a.O., S. 230.
[207] A.a.O., S. 219.
[208] Wesen und Gegenwärtigkeit des Mythos, A.a.O., S. 250.
[209] A.a.O., S. 251.
[210] A.a.O., S. 225.
[211] A.a.O., S. 250.
[212] A.a.O., S. 252.
[213] *M. Eliade,* Myth and Reality, New York, S. 168f.
[214] A.a.O., S. 192.
[215] A.a.O., S. 182.
[216] *R. Pettazzoni,* Die Wahrheit des Mythos, in: Paideuma, Bd. 4,1950.
[217] A.a.O., S. 4.
[218] Ebenda.
[219] A.a.O., S. 7.
[220] Ebenda.
[221] *A. E. Jensen,* Mythen und Kulte im Stadium der Anwendung, in: Mythos und Kult bei den Naturvölkern. Religionswissenschaftliche Betrachtungen. Studien zur Kulturkunde, Bd. 10, Wiesbaden 1951, S. 88.
[222] A.a.O., S. 99.
[223] A.a.O., S. 88.

[224] Ebenda.
[225] *A. Jolles*, Mythe, Kap. I–III, in: Einfache Formen, Tübingen 1962, S. 106.
[226] A.a.O., S. 110.
[227] A.a.O., S. 102.
[228] A.a.O., S. 98.
[229] Ebenda.
[230] A.a.O., S. 104.
[231] A.a.O., S. 99.
[232] A.a.O., S. 104.
[233] A.a.O., S. 210.
[234] Ebenda. – Auf die Verwendung des Wortes »Mythe« im Gegensatz zu »Mythos« ist hier nicht einzugehen.
[235] A.a.O., S. 110.
[236] A.a.O., S. 106.
[237] A.a.O., S. 107.
[238] A.a.O., S. 111.
[239] Ausführlichere Darstellungen zur Geschichte der Mythos-Forschung findet man u.a., wenn auch in einer teilweise von der hier versuchten abweichenden Weise, bei *J. de Vries*, Forschungsgeschichte der Mythologie, Freiburg 1961, und bei *G. S. Kirk*, Myth. Its Meaning and Function in other Cultures, Berkeley/Los Angeles 1970. Eine kurze Zusammenfassung schrieb *W. Burkert* in seinem Essay »Griechische Mythologie und die Geistesgeschichte der Moderne«, in: Les Études Classiques aux XIXe et 20e Siècles: Leur Place Dans l'Histoires Des Idées, Vandeuve – Genève, 1980.
[240] Ein Teil der ethnologischen Forschung hat sich gegenwärtig wieder mehr magischen Kulturen zugewandt, allerdings ohne dabei in das alte evolutionistische Vorurteil zu verfallen. Auch hier neigt man durchaus zu der Überzeugung, es mit einem besonderen Aspekt der Wirklichkeit und nicht nur mit Aberglauben oder Scharlatanerie zu tun zu haben. Ich verweise hier auf die umfangreiche Literatur der jüngeren Zeit, die sich mit Schamanen, Hexen, Zauberern und dergleichen beschäftigt. (Vgl. zum Beispiel *E. E. Evans-Pritchard*, Witchcraft, Oracles and Magic among the Azande, Oxford ^{6}1972, sowie *H. P. Duerr*, Traumzeit. Über die Grenze zwischen Wildnis und Zivilisation. Frankfurt a. M. 1978, und: Der Wissenschaftler und das Irrationale, Bd. II, Frankfurt a. M. 1981.) Da ich solche Erscheinungen jedoch nicht im eigentlichen Sinne als mythisch ansehe – was ich noch begründen werde – sondern als eine Abart davon, kann ich hier nicht näher darauf eingehen.
[241] König Ödipus, 981 f.
[242] Vgl. *Herodot* VI, 107.
[243] Vgl. auch die ausführlichere Kritik an dieser Deutung durch *J. P. Vernant*, in: Mythe et tragédie en Grace ancienne, Paris 1977, S. 75–99.

[244] *Freud* hat gemeint, die Faszination, die das Ödipus-Drama heute noch auf uns ausübt, sei nur dadurch zu erklären, daß es unsere geheimen Sehnsüchte zum Ausdruck bringe. Aber könnte sie nicht im Gegenteil darauf beruhen, daß sie uns das Ganz-Anders-Sein-Können vor Augen führt und uns damit den Blick in jenen unendlichen Abgrund von Möglichkeiten gestattet, welcher der Mensch zu sein scheint?

[245] Der Begriff »empirische Theorie« wird später ausführlich behandelt werden. Hier ist nur darauf zu achten, daß eine solche Theorie immer etwas »Hypothetisches« hat, also, wie man heute zu sagen pflegt, »falsifiziert« werden könnte.

[246] Da die Geschichte der Mythos-Forschung zeigte, daß diese Forschung von geistesgeschichtlichen Entwicklungen abhängig ist, so liegt auch die Frage nahe, welche historischen Voraussetzungen im Einzelnen der vorliegenden Theorie des Mythos zugrunde liegen. Dieselbe Frage kann man im Übrigen ebenso bezüglich der Ausführungen stellen, die im zweiten Kapitel zur Geschichte der physikalischen Ontologie gemacht worden sind. Doch würde es den Rahmen dieses Buches sprengen, wollte ich ausführlicher darauf eingehen.

Teil II

[1] Da sich die Anthropologie u.a. teils auf die Biologie und Anatomie stützt (zum Beispiel Rassenkunde und Anthropometrie), teils auf die Geschichtswissenschaften und die Soziologie (Volkskunde), so können wir sie im gegebenen Zusammenhang unberücksichtigt lassen.

[2] Eine wissenschaftstheoretisch genaue und ausführliche Darstellung vieler in diesem Kapitel vorgetragener Grundgedanken enthält mein Buch »Kritik der wissenschaftlichen Vernunft« (= »Kritik d.w.V.«) a.a.O.

[3] Vgl. *H. Klages*, Geschichte der Soziologie, München 1969, S. 187.

[4] Manche glauben, daß dem die Quantenmechanik widerspricht, weil sie angeblich die unlösliche Verknüpfung zwischen dem materiellen Objekt und seinem Beobachter entdeckt habe. Abgesehen davon, daß diese populäre Ansicht den Tatsachen nicht entspricht – vgl. hierzu meine Ausführungen in meinem Buch »Kritik d.w.V.«, a.a.O., Kap. VI –, überschreitet die Quantenmechanik die klassische Ontologie, von der hier alleine die Rede ist.

[5] Wieder scheint dem die Quantenmechanik, und zwar deren Unschärferelation, zu widersprechen. Ich verweise deswegen auf die vorangegangene Fußnote.

[6] Dies gilt auch für die Relativitätstheorie. Selbst wenn nämlich dort ein Körper die Raum-Zeit-Struktur bestimmt, so wird diese doch dabei vorausgesetzt und hat auch für sich, also bevor ein Testkörper in sie eindringt, eine Struktur. Vgl. dazu mein Buch »Kritik d.w.V.«, a.a.O., Kap. X.

[7]Auch hier finden wir abweichende Vorstellungen davon in der Quantenmechanik, Vgl. *K. Hübner*, Kritik d.w.V., a.a.O., Kapitel VI.

[8]Dabei ist es entgegen einer weitverbreiteten Meinung gleichgültig, ob Gesetze deterministisch oder statistisch sind. Statistische Gesetze drücken *Verteilungen* aus. Nehmen wir zum Beispiel an, 50% einer Gruppe sei aus biologisch notwendigen Gründen kurzsichtig, 50% normalsichtig. Dann wird man zwar einen Normalsichtigen nur mit der Wahrscheinlichkeit 1/2 in dieser Gruppe antreffen. Aber die angegebene Verteilung und die sich daraus ergebende Wahrscheinlichkeit drücken dennoch ein *notwendiges Gesetz* aus. Besonders deutlich wird dies an der zeitabhängigen Schrödinger Gleichung der Quantenmechanik, in der Wahrscheinlichkeitsverteilungen nach der Zeit abgeleitet werden. Sie gibt also an, wie sich diese Verteilungen mit der Zeit *notwendig* verändern.

[9]Psychologische Gesetze sind Naturgesetze insofern, als sie die *Natur* des Menschen betreffen und nicht sein geschichtlich bestimmtes Verhalten oder sein geschichtlich bedingtes Sozial-Verhalten (was nicht notwendig dasselbe ist). Daß dies, wie schon gesagt, im Bereich der Psychologie nicht immer unterschieden wird und aus praktischen Gründen der Forschung auch nicht immer unterschieden werden kann, ja, daß für manche eine solche Unterscheidung überhaupt fragwürdig ist, weil sie an eine ungeschichtliche »Natur« des Menschen nicht glauben, steht auf einem anderen Blatt und hat mit der vorgenommenen und notwendigen *begrifflichen* Unterscheidung nichts zu tun.

[10]Weitere Möglichkeiten, zum Beispiel diese, daß psychologische Gesetze manchmal »Individualgesetze« sind, also das regelhafte Verhalten nur *eines* Individuums ausdrücken, oder durch sog. »Dispositionsprädikate« ausgedrückt werden, können im vorliegenden Zusammenhang vernachlässigt werden.

[11]Ich sagte vorhin, daß die Anthropologie hier unberücksichtigt bleiben kann, weil sie u.a. auf der Biologie, der Anatomie, den Geschichtswissenschaften und der Soziologie beruht. Dennoch unterscheidet sie sich von den beiden letzteren, wie wir jetzt erst nach den vorangegangenen Betrachtungen feststellen können, in einem wichtigen Punkt: Sie sucht nämlich, so weit sie nicht naturwissenschaftlich vorgeht, hauptsächlich jene Gesetze herauszuarbeiten, die zur Natur menschlicher Gesellschaft gehören und daher ungeschichtlich sind. Man denke etwa an die Gesetze der Entwicklung von der Horde zu größeren Gemeinschaften, vom Nomadentum zur Agrikultur usf. Auch hier liegt der Unterschied also nur im »Zeitfaktor«, weswegen auch die Anthropologie, ontologisch betrachtet, mit den Sozialwissenschaften verschmilzt.

[12]Daß in ihnen auch Naturgesetze eine Rolle spielen können, ist schon gesagt worden und kann hier vernachlässigt werden.

[13]Vgl. zum letzteren *K. Hübner*, Kritik d.w.V., a.a.O., Kapitel XIV.

[14] Zur Vermeidung von Mißverständnissen sei hier noch eine Bemerkung angefügt. Es könnte der Anschein entstehen, als würde mit einer solchen Rückführung sozialwissenschaftlicher Prozesse auf Regelsysteme und die durch sie bestimmten Lagen einer überstarken Intellektualisierung der Kultur und des menschlichen Zusammenlebens das Wort geredet. Dem ist jedoch zu entgegnen, daß Anschauungen, Gefühle und dergleichen immer im Zusammenhang solcher Regelsysteme auftreten und für sich kaum existieren können. Es ist gerade das Regelmäßige und Vertraute, woran sich Anschaulichkeit entwickelt, und es ist das Für und Wider von Regeln, Prinzipien usf., woran sich Gefühle entzünden.

[15] *Thales*, vgl. *H. Diels*, Die Fragmente der Vorsokratiker, Bd. 1, Berlin 1951, S. 79.

[16] *F. M. Cornford*, From Religion to Philosophy, New York 1957.

[17] A.a.O., S. 123.

[18] *Hesiod*, Theogonie, S. 115ff.

[19] A.a.O., S. 120ff.

[20] A.a.O., S. 210ff.

[21] Vers S. 127ff. *O. Werner* übersetzt Vers 279 in *Aischylos'* »Agamemnon« so: »Die heut gebar das Licht, in dieser Nacht geschah's.« (München o.J.) Das ist zwar nicht wörtlich, trifft aber den im Zusammenhang gegebenen Sinn. Der griechische Text lautet: τῆς νῦν τεκούσης φῶς τόδ' εἰφρόνης λέγω·

[22] A.a.O., S. 125ff.

[23] *V. Grønbech*, Götter und Menschen, Reinbek bei Hamburg 1967, S. 107.

[24] *Sophokles*, »Antigone«, S. 844ff.

[25] Ilias 15, S. 185ff.

[26] Odyssee 13, S. 221ff.

[27] *W. F. Otto*, Die Götter Griechenlands, Frankfurt [6]1970, S. 190ff.

[28] Vgl. zum Beispiel Ilias, 13, 82, wo es heißt: ... χάρμη γηθόσυνοι, τήν σφιν θεὸς ἔμβαλε θυμῷ, oder 16, 656, wo man liest: Ἕκτορι δὲ πρωτίστω ἀνάλκιδα θυμὸν ένηκεν. Diesmal wird ausdrücklich Zeus als der in Hektor Wirkende genannt.

[29] αυτίκα γάρ μοι οἴσατο θυμὸς, Odyssee 9, 213.

[30] ... θυμὸς ... ἄχνυται, Odyssee 14, S. 169f.

[31] άχος ... θυμὸν ικάνει, Odyssee 18, 274.

[32] ... θνμὸς ἀνῆκε, Ilias 10, 389.

[33] ... τά με θυμὸς ... κελεύει, Odyssee 7, 187.

[34] ... θυμὸς μερμηρίζει, Odyssee 16, 73.

[35] εἰ μὴ ἐπὶ φρεσὶ θῆκ' Αγαμέμνονι πότνια Ἥρη ... θεῶς ότρῦναι Αχαιούς, Ilias 8, 218.

[36] σφῶιν δ' ωδε θεῶμ τις ενι φρεσι ποιησειεν, αὐτῷ θ' ἑστάμεναι κρατερῶς και ἀνωγέμεν ἄλλονς, Ilias 13, S. 55f.

[37] κατὰ φωένα καὶ κατὰ θυμόν. Vgl. u.a.: Ilias I, 193; 8, 169; II, 411.

[38] Ilias 19, 353.

[39] θυμὸς ἐνὶ στήθεσσιν … ἄχνυται, Odyssee 14, 169.
[40] θυμὸς ἐνὶ στήθεσσι κελεύι, Odyssee 7, 187.
[41] … ὥς μιν ἔρος πυκινὰσ φρένας ἀμφεκάλυψεν, Ilias 14, 294.
[42] … υκινὸν δ' ἄχος ἔλαβ', 'Αχαιούς, Ilias 16, 599.
[43] … πυκινῶς ἀκαχήμενος ἦτορ, Odyssee 20, 84.
[44] Z.B. Ilias 8, 124, wo man liest: … ἄοσ πύκασε φρένας·
[45] Vgl. z.B. Ilias 17, 499: … σθένεος πλῆτο φρένας ἀμφιμελαίνας·
[46] Ilias 23, S. 103f.
[47] τῷ δ' ἔμπνευσε μένος … Αθήνη, Ilias, 10, 482 bzw. βαλῶ μένος ἠδ' ἐνὶ θυμῳ, Ilias 17, 451.
[48] Ilias 5, 125.
[49] Ilias 17, 451.
[50] Nach der Übersetzung von *A. Weiher*, Darmstadt, [4]1974. Der griechische Text lautet: ὥρνῦτ ἄρ' ἐξ εὐνῆς ἱερὸν μένος 'Αλκινόοιο·
[51] καὶ τότε κήρυκα προσέφη μένος 'Αλκινόοιο·
[52] … ὦρτο … δὲ Λεοντῆος κρατερὸν μενοσ ἀντιθέοιο·
[53] Vgl. Odyssee 8, S. 236ff. wo ein ganzes Verzeichnis von Aretai zu finden ist.
[54] Ilias 20, 242.
[55] οὐδὲν ἀκιδνότερον γαῖα τρέφει ἀνθρώποιο | πάντων, ὅσσα τε γαῖαν ἔπι πνείει τε καὶ ἕρπει | οὐ μὲν γάρ ποτέ φησι κακόν πείσεσθαι ὀπίσσου | ὄφρ' ἀρετὴν παρέχωσι θεοὶ … Odyssee, 18, S. 130ff.
[56] Odyssee 14, 490.
[57] Odyssee 4, 256.
[58] Odyssee 2, 281; 4, 267.
[59] Ilias 14, 217.
[60] Odyssee 14, 490.
[61] Ilias 3, 63; 4, 309.
[62] Ilias 14, 217.
[63] Odyssee 19, S. 160ff.
[64] *V. Grønbech*, Hellas, Reinbek bei Hamburg, 1965, S. 13.
[65] *Pindar*, 5. Olymp. Ode, 1–10.
[66] *G. Nebel*, Pindar und die Delphik, Stuttgart 1961, S. 58.
[67] Odyssee 1, 117; 14, 205.
[68] Ilias 1, S. 245f.
[69] Ilias 9, S. 109ff., übersetzt von *H. Rupé*, Darmstadt [5]1974. σὺ δὲ σῶ μεγαλήτορι θυμῶ | ειξας ανδρα φέριστον, ὅν αθάνατοί περ ἔτισαν, | ητίμησας·
[70] … πομπὴ καὶ φίλα δῶρα, τά μοι θεοὶ … ὄλια ποιήσειαν· Odyssee 13, S. 41f.
[71] θρέψε δ' αἰχμὰν Αμφιτρύωνος, 10. Nemeische Ode, 13.
[72] ὁ Β άττου δ' ἕπεται παλαιὸς ὄλβος ἔμπαν τὰ καὶ τὰ νέμων | πύργος ἄστεος ὄμμα τε φαεννότατον | ξένοισι· *Pindar*, 5. Pythische Ode S. 55ff.
[73] Vgl. zum Beispiel *Pindar*, 11. Pythische Ode, 13.

[74]Ilias 18, 84.
[75]Daß es sich hier nicht so sehr um Beigaben für ein Leben nach dem Tode als vor allem um diese Wesensidentität von Mensch und Besitz handelt, so daß der Mensch ohne den letzteren gar nicht eigentlich vollständig begraben wäre, wird noch deutlicher erhellen, wenn später das mythische Verhältnis zum Tode behandelt wird.
[76]Vgl. hierzu u.a. auch Odyssee 2, 187.
[77]Ilias 9, S. 640ff.
[78]ματρομάτωρ, 83.
[79]zum Beispiel Ilias 9, 63.
[80]ματαιόρατον, 21.
[81]ἤρατο τῶν ἀπεόντων, 20.
[82]παπταίνει τὰ πόρσω, 22.
[83]αἰσχύνων ἐπιχώρια, 22.
[84]Ilias 17, 620; Odyssee 5, 482 und 493.
[85]Ilias 13, 73.
[86]Ilias 1, 491.
[87]Ilias 13, 713.
[88]Ilias 5, 670.
[89]Ilias 15, 252.
[90]*W. F. Otto*, Götter Griechenlands, a.a.O., S. 175.
[91]A.a.O., S. 177.
[92]A.a.O., S. 176.
[93]*E. Cassirer*, Philosophie der Symbolischen Formen II, Das mythische Denken, Darmstadt 1953, S. 210.
[94]Vgl. *G. Wissowa*, Religion und Kunst der Römer, München, 1912, S. 37.
[95]*W. Burkert*, Griechische Religion der archaischen und klassischen Epoche, Stuttgart 1977, S. 406.
[96]7. Olympische Ode, 8.
[97]*V. Grønbech*, Hellas I., a.a.O., S. 81.
[98]Philosophie der symbolischen Formen II, a.a.O., S. 48.
[99]A.a.O., S. 32.
[100]A.a.O., S. 53.
[101]A.a.O., S. 54.
[102]*U. v. Wilamowitz-Moellendorff*, Der Glaube der Hellenen, Bd. II, Darmstadt 1955, S. 109.
[103]Odyssee 6, S. 13ff.
[104]Ilias 2, S. 8ff.
[105]Vgl. hierzu: *Paulys* Realenzyclopädie der classischen Altertumswissenschaft (Real.d.cl.Alt.), »Traumdeutung«.
[106]Odyssee 19, S. 560ff.
[107]Theogonie, 210.
[108]ὄψιν ἰδὼν ἐν τῷ ὕπνῳ. Vgl. zum Beispiel *Herodot*, IV, 107.
[109]Vgl. u.a. *Plato*, Der Staat, 572 a.

[110] *E. Cassirer,* Philosophie der symbolischen Formen II, a.a.O., S. 48.

[111] Ein besonders schönes Beispiel findet man in der Ilias, 1, S. 197ff., wo Achill zornentbrannt das Schwert ziehen will, sich dann aber plötzlich eines Besseren besinnt; dem Griechen ist es selbstverständlich, daß eine solche in Sekundenschnelle getroffene Entscheidung von größter Tragweite nur auf die Eingebung eines Gottes, in diesem Falle Athenes, zurückgeführt werden kann.

[112] γυνὴ μονωθεῖς οὐδέν· οὐκ ἔνεστ᾽ Ἄρης. *Aischylos,* Die Schutzflehenden, 749.

[113] *G. Nebel,* Pindar und die Delphik, a.a.O., S. 173.

[114] *W. F. Otto,* Die Götter Griechenlands, a.a.O., S. 42.

[115] *Herodot,* V, 66.

[116] So zum Beispiel die Lykurg zugeschriebene spartanische Verfassung oder diejenige der von Kleisthenes eingeführten Phylen von Athen.

[117] Vgl. *M. P. Nilsson,* Geschichte der griechischen Religion, München 1961, I, S. 439.

[118] *W. Burkert,* Griechische Religion der archaischen und klassischen Epoche, a.a.O., S. 380.

[119] A.a.O., S. 105.

[120] *W. F. Otto,* Die Götter Griechenlands, a.a.O., S. 25.

[121] Es ist in diesem Zusammenhang unerheblich, ob die ursprünglichen Achaier nun überhaupt an einen solchen Zusammenhang von Gottheit und Geschichte glaubten, dagegen die genauen Angaben über die Mitwirkung der einzelnen Gottheiten an einzelnen Ereignissen eine spätere Zutat Homers ist, wie zum Beispiel *O. Jürgensen* (Das Auftreten der Götter in den Büchern bis μ der Odyssee, Hermes XXXIX, 1904), *W. Kullmann* (Das Wirken der Götter in der Ilias, Berlin 1956) und *W. Bröcker* (Theologie der Ilias, Frankfurt 1975) zu beweisen suchen. Daß jedoch die homerischen Griechen selber nicht ernsthaft geglaubt haben sollen, was Homer erzählt, sondern dies eher für ein Produkt der Phantasie hielten, wie besonders *W. Bröcker* behauptet, wird schon dadurch widerlegt, daß homerische Götterszenen die Giebel der Tempel zierten (zum Beispiel der nickende Zeus in Omypia, Ilias, 1, 528) – es sei denn, man gehe so weit zu sagen, ein Tempel sei gar nicht ein Haus des Gottes, sondern eher ein Museum der schönen Künste gewesen. Obgleich es hier nicht um Details, sondern um das mythische Prinzip der Einheit von Göttern und Geschichte geht, möchte ich noch darauf hinweisen, daß es zum Beispiel wenig überzeugend ist, wenn *W. Bröcker* und *P. Mazon* (Introduction à l'Iliade, Paris 1959) den Götterkampf in der Ilias (21, S. 385ff.) deswegen nicht für ernst gemeint halten, weil die Götter darin eher komisch erscheinen. Das »homerische Gelächter« ist ja geradezu ein wesentlicher Bestandteil des griechischen Mythos, und wie wir schon am Beispiel des Hermes sehen können, werden Scherz, Schabernak, ja, die burleske Travestie als eine wichtige Seite des im Ganzen göttlichen Lebens betrachtet. Hierzu gehört auch, daß

Häßliches und zotige Reden, die sogenannten Aischologiai, zu bestimmten kultischen Handlungen gehörten, zum Beispiel bei den Thesmophorien (Fruchtbarkeitsfeste), bei der Prozession nach Eleusis, bei den Umzügen anläßlich der städtischen Dionysien und anderen Gelegenheiten. Es ist nichts als ein unausrottbares Vorurteil, daß der Mythos eine todernste Angelegenheit sei und Götter stets in Würde einherstolzieren müßten. Der Grieche dachte da ganz anders. Er sah gerade im Humor etwas Göttliches im Menschen.

[122] Reprint, Oxford 1967.

[123] *U. v. Wilamowitz-Moellendorff,* Der Glaube der Hellenen, a.a.O., Bd. II, S. 65.

[124] Vgl. u.a. *Aischylos,* Die Eumeniden, 9–17.

[125] *Herodot,* V, 94.

[126] *Herodot, VIII,* 83, 84.

[127] I, 1–5.

[128] II, 53.

[129] II, 56.

[130] πάντα τὸν αυτοῦ βίον. *Platon,* Staat, 606 e.

[131] *W. Burkert,* Griechische Religion der arachaischen und klassischen Epoche, a.a.O., S. 193.

[132] Diese Einsicht verdanke ich den schon mehrfach zitierten Werken *V. Grønbechs.* Er verwendet den Begriff »Arché« jedoch eher intuitiv, während ich im folgenden versuchen werde, seinen präzisen Sinn und seine genaue Stellung innerhalb des mythischen Erfahrungssystems zu erschließen.

[133] *V. Grønbech,* Götter und Menschen, a.a.O., S. 171.

[134] Vgl. *W. H. Roscher,* Die Zahl 50 in Mythos, Kultus und Taktik der Griechen und anderer Völker, in: Abhandlungen der Philologischen historischen Klasse der Königl. Sächsischen Gesellschaft der Wissenschaften, Leipzig 1917, Bd. 37, S. 66ff. Jedem Ruder wird eine Nereide zugeordnet, deren Namen zeigen, daß für jeden Aspekt der Schifffahrt ein numinoses Wesen zuständig war. So heißt eine Thoé, die Schnelle, eine Galéne, die Windstille, eine Eukráte, die Gemäßigte, eine Euliméne, die Hafenreiche usf.

[135] *V. Grønbech,* Götter und Menschen, a.a.O., S. 198f.

[136] A.a.O., S. 200.

[137] 436.

[138] *M. Eliade,* Myth and Reality, New York 1968, S. 18.

[139] Vgl. hierzu *Platos* Timaios, 51b.

[140] Vgl. die Ideenschau in *Platos* »Phaidros« 247 c.

[141] ἐνέπνευσαν δέ μ᾽ ἀοιδὴν θέσπιν. Theogonie, S. 31f.

[142] Vgl. zum Beispiel »Die Eumeniden«, des *Aischylos* 259 oder die »Elektra« des *Euripides* 1254.

[143] ὦ θεῖον ὀδμῆς πνεῦμα· καὶ γὰρ ἐν κακοις | ὼν ησθόμην σου κανεκουφίσθην δέμας· | ἐστ᾽ ἐν τόποισι | τοισίδ᾽ Ἄρτεμις θεά; S. 1391 ff.

[144] ... ἰχνεύοντες δὲ παρ᾽ εαυτῶν ἀνευρίσκειν τὴν τοῦ σφετέρου θεοῦ φύσιν ευποροῦσι διὰ το συντόνως ἠναγκάσθαι πρὸς τὸν θεὸν βλέπειν, καὶ ... ενθουσιῶντες εξ εκείνου λαμβάνουσι τὰ ἔθη καὶ τὰ ἐπιτηδεύματα, καθ᾽ ὅσον δυνατὸν θεοῦ ανθρώπω μετασχεὶν ... ἐκ Διὸς ἀρύτωσιν ... ἐπὶ τὴν τοῦ ἐρωμὲνου ψυχὴν ἐπαντλοῦντες ποιοῦσιν ὡς ὀυνατὸν ὁμοιότατον τῷ ... θεῷ· Phaidros, 253 a.

[145] In der griechischen Philosophie spiegeln sich ähnliche Vorstellungen in der weit verbreiteten Lehre der Eidola. So nahmen Leukipp, Demokrit und Epikur an, die Erkenntnis von Gegenständen beruhe darauf, daß Bilder (Eidola) von ihnen ausströmen und ins menschliche Auge gelangen. Nach Epikur dringen solche Eidola auch von den Göttern in uns ein, aber deren Material und Substanz sei eine von derjenigen sterblicher Dinge verschiedene.

[146] In der Odyssee 3, S. 2ff. heißt es: »Helios stieg herauf und verließ seine herrlichen Buchten, / Drang zum erzenen Himmel empor. Den Unsterblichen mußte / Leuchte er sein und den sterblichen Menschen auf nährenden Fluren.« Übers. v. *A. Weiher*, Darmstadt [4]1974.

[147] μενέτω τριτάτη ἐνὶ μοίρῃ. Ilias, 15, 195.

[148] Den Ausdruck »Zeitgestalt« verwendet *E. Cassirer* in einem ähnlichen Zusammenhang. Vgl. sein Buch »Philosophie der symbolischen Formen« II, a.a.O., S. 133.

[149] Den griechischen Text dieses Fragments entnahm ich unter dem Stichwort »Pherekydes« *Paulys* Real.d.cl.Alt., S. 2006.

[150] A.a.O., S. 2022.

[151] Unterstreichungen vom Verfasser.

[152] *H. Diels*, Die Fragmente der Vorsokratiker, Bd. I, a.a.O., S. 132.

[153] Zitiert nach dem griechischen Text in *Paulys* Real.d.cl.Alt., Stichwort »Hekateios«, S. 2734.

[154] *Herodot*, II, 143 in der Übersetzung von *J. Feix*, München 1963.

[155] *Platon*, Timaios 34 a.

[156] 34 b.

[157] 35 a, b.

[158] 35 a.

[159] 36 c.

[160] 36 c.

[161] 36 c.

[162] 37 b, c.

[163] 37 d, e.

[164] 38 c.

[165] ὅτι τὰ αἰεὶ ὄυτα, ᾗ αἰεὶ ὄντα, οὐκ ἔστιν ἐν χρόνῳ. *Aristoteles*, Physik, IV, 12, 221 b.

[166]οὐδὲ μετρεῖται ... ὑπὸ τοῦ χρόνου, ebenda.
[167]ἀδύνατον εἶναι χρόνον ψυχῆς μὴ οὔσης. *Aristoteles*, Physik, IV, 12, 223a.
[168]*V. Grønbech*, Götter und Menschen, a.a.O., S. 171.
[169]A.a.O., S. 170.
[170]A.a.O., S. 91.
[171]A.a.O., S. 97.
[172]A.a.O., S. 169.
[173]Ebenda, S. 1405.
[174]In: *F. Tietze*, Hrsg., Wege und Formen frühgriechischen Denkens, München 1955.
[175]Ebenda, S. 2.
[176]Ebenda.
[177]Ebenda.
[178]Ebenda.
[179]A.a.O., S. 3f.
[180]A.a.O., S. 11.
[181]*Pindar*, 7. Nemeische Ode, 68.
[182]6. Olympische Ode, 97.
[183]8. Pythische Ode, 15.
[184]6. Parian, 5.
[185]Stuttgart 1961, S. 36.
[186]A.a.O., S. 154.
[187]*E. Cassirer*, Philosophie der symbolischen Formen II, a.a.O., S. 136.
[188]*F. M. Cornford*, From Religion to Philosophy, a.a.O., S. 140.
[189]A.a.O., S. 133f.
[190]*G. Krüger*, Einsicht und Leidenschaft, Frankfurt a. Main 1947, S. 166.
[191]*A. Baeumler*, Das mythische Weltalter, München 1965, S. 88.
[192]*G. Nebel*, Pindar und die Delphik, a.a.O., S. 185. Archilochos lebte im 7. Jh. v. Chr.
[193]*A. Heuss*, Geschichte als System? in: *E. Jäckel* und *F. Weymar*, Hrsg., Die Funktion der Geschichte in unserer Zeit, Stuttgart 1975, S. 27.
[194]*Lévi-Strauss*, La pensée sauvage, Paris 1962, S. 314f.
[195]*M. Eliade*, Myth and Reality, a.a.O., S. 18.
[196]Vgl. *K. Hübner*, Über verschiedene Zeitbegriffe in Alltag, Physik und Mythos, in: Hrsg. *F. W. Korff*, Redliches Denken, Festschrift für *G.-G. Grau* zum 60. Geburtstag, Stuttgart 1961.
[197]Homerische Hymnen, An Demeter, S. 445ff.
[198]11, 185.
[199]12, S. 313f.
[200]*Pindar*, 1. Nemeische Ode, 1.
[201]*Pindar*, Fragment 64.
[202]*Pindar*, Fragment 162.
[203]Nach der Übersetzung von *W. Willige*, Sophokles, München 1966, S. 466ff.

[204] S. 17ff. Nach der Übersetzung von *O. Werner*, Pindar, München, o.J.
[205] Vgl. *W. H. Roscher*, a.a.O., S. 66ff..
[206] 230 b, nach der Übersetzung von *L. Georgii*, Plato, Sämtliche Werke, II, Heidelberg, o.J.
[207] 231 a.
[208] *U. v. Wilamowitz-Moellendorff*, Der Glaube der Hellenen, Bd. I, a.a.O., S. 156.
[209] A.a.O., S. 159.
[210] *E. Cassirer*, Philosophie der symbolischen Formen II, a.a.O., S. 127.
[211] A.a.O., S. 119.
[212] Theogonie, S. 720ff., übers. von *W. Marg*, Zürich 1970.
[213] Ilias, 8, S. 13ff.
[214] *V. Grønbech*, Götter und Menschen, a.a.O., S. 169.
[215] *V. Grønbech*, a.a.O., S. 108.
[216] *J. Evola*, Revolte gegen die moderne Welt, Interlaken 1982, S. 53.
[217] Vgl. *v. Wilamowitz-Moellendorff*, Der Glaube der Hellenen, Bd. 1, a.a.O., S. 324.
[218] Nach der Übers. v. *H. Rupe*, Darmstadt ^{5}1974.
[219] Nach der Übers. v. *W. Marg*, Zürich 1970.
[220] Odyssee, XII, S. 155ff. Nach der Übers. v. *A. Weiher*, Darmstadt 1974.
[221] Theogonie, S. 720ff. Nach der Übers. v. *W. Marg*, Zürich 1970.
[222] Stichwort »Weltschöpfung« S. 1451.
[223] Hesiod, übers. und erläutert von *W. Marg*, Zürich 1970, S. 263.
[224] *E. Cassirer*, Philosophie der symbolischen Formen II, a.a.O., S. 113.
[225] Stichwort »Mythos«, S. 1404.
[226] Vgl. hierzu Real.d.cl.Alt., »Stadion«, S. 1932.
[227] Vgl. *Nissen*, Das Templum, Antiquarische Untersuchungen, Berlin 1869. – Ders.: Orientation, Studien zur Geschichte der Religion, Berlin 1906.
[228] *H. Diels*, Die Fragmente der Vorsokratiker, a.a.O., Bd. I, S. 84.
[229] A.a.O., S. 83.
[230] Darauf hat mich *P. Feyerabend* aufmerksam gemacht.
[231] Stichwort »Hekataios«, S. 2702.
[232] Ebenda, S. 2697.
[233] ἔρημος χώρη, V 9.
[234] πεδίον ἄπειρον, I 204.
[235] ἐρημίη διὰ τὴν ψάμμον, III 98.
[236] *G. Nebel*, Pindar und die Delphik, a.a.O., S. 204.
[237] A.a.O., S. 229.
[238] Die Einleitungsfloskel lautete: ὁδὸν καὶ μέτρα κελεύθου, der Weg und das Maß der Reise. Vgl. Odyssee 4, 389, 10, 539 usw. Zum Schiffskatalog siehe Ilias 2, S. 494ff.
[239] Wozu die Formel ἐν δὲ gehört.
[240] μετά·
[241] ἔχερθαι·

[242] ὁμουρεῖν·
[243] πρὸς βορέω·
[244] μέχρι·
[245] ὑπερβῆναι·
[246] Schon im Kapitel II ist darauf hingewiesen worden, wie stark Descartes, einer der größten Bahnbrecher der modernen Ontologie, noch in der Tradition befangen war.
[247] Unter der Vereinigungsmenge versteht man diejenige Menge a_1 oder a_2 ... oder a_n (in der Symbolik der Logik: $a_1 \vee a_2 \ldots \vee a_n$) die alle zu a_1 oder zu a_2 ... oder zu a_n gehörigen Elemente enthält. Unter der Durchschnittsmenge versteht man diejenige Menge a_1, und a_2 ... und a_n (in der Symbolik der Logik: $a_1 \cdot a_2 \ldots a_n$), die alle sowohl zu a_1 wie zu a_2 ... wie zu a_n gehörigen und keine anderen Elemente enthält.
[248] Daran läßt sich erkennen, daß die mythische Substanz »Gaia«, als Mutter-Erde, ebenso Gegenständliches in sich enthalten kann (zum Beispiel Wasser und Land) wie die metaphysische Substanz »Ausdehnung« (zum Beispiel Vielecke und Kreuze).
[249] Phaidros 252 c.
[250] Vgl. *W. Bröcker*, Die Geschichte der Philosophie vor Sokrates, Frankfurt a. M. 1965, S. 12.
[251] *Hegel*, Sämtliche Werke, Jub. Ausg. , Stuttgart 1953, XIII, 217.
[252] *F. M. Cornford*, From Religion to Philosophy, New York 1957, S. 86.
[253] *E. Cassirer* hat darauf hingewiesen, daß in Magie wie Mythos »›Ursache‹ und ›Wirkung‹ ... völlig ... unzerlegte Dingeinheiten sind.« (Vgl. sein Werk »Philosophie der symbolischen Formen« II, a.a.O., S. 68.) Als Beispiel im Bereiche des Magischen führt er jenen von einem Pfeil verwundeten Krieger an, der Heilung und Linderung sucht, indem er den Pfeil an einem kühlen Ort aufhängt und ihn mit Salbe bestreicht.)
[254] Vgl. u.a. *L. A. Deubner*, Attische Feste, Berlin 1932, Hildesheim 1969. – *W. Burkert*, Griechische Religion der archaischen und klassischen Periode, a.a.O., – *M. P. Nilsson*, Griechische Feste von religiöser Bedeutung mit Ausschluß der attischen, Leipzig 1906. – *O. Gigon, K. Meuli*, Griechische Opferbräuche, in: Phyllobolia, Festschrift *P. von der Mühle*, Basel 1946, 275–77.
[255] Ilias 9, 171. Vgl. ferner *P. Stengel*, Die griechischen Kultusaltertümer, München [3]1920, S. 111, und *K. Mensching*, Das heilige Schweigen, 1926, S. 101f.
[256] Bakchylidis Carmina cum Fragmentis, ed. *B. Snell*, Leipzig 1934, Fragm. 4, V. 23–40.
[257] 3, S. 427ff.
[258] *V. Grønbech*, Götter und Menschen, a.a.O., S. 28ff.
[259] *U. v. Wilamowitz-Moellendorff*, Der Glaube der Hellenen, Bd. I, a.a.O. S. 295f.

[260] *W. Burkert*, Griechische Religion der archaischen und klassischen Epoche, a.a.O., S. 347.

[261] *V. Grønbech*, Götter und Menschen, a.a.O., S. 43f.

[262] Vers 350 S. f. – ... ἀθανάτων δ' ἀπέχειν χέρας, οὐδὲ τίσ ἐστι | συνδαίτωρ μετάκοινος·

[263] *L. Deubner*, Attische Feste, a.a.O., S. 27f.

[264] Leipzig 1910.

[265] *F. M. Cornford*, From Religion to Philosophy, a.a.O., S. 198.

[266] *G. Murray*, Five Stages of Religion, Westport 1976, S. 36.

[267] *W. Burkert*, Griechische Religion der archaischen und klassischen Epoche, a.a.O., S. 123.

[268] *W. Burkert*, a.a.O., S. 95. Auf Cypern fand man nebeneinander ähnliche Altäre aus dem 12. Jahrhundert v. Ch., von denen der eine östlich-semitischen, der andere mykenischen Ursprungs ist. Zu erwähnen ist hier auch, daß »Weihrauch« und »Myrrhe« im Griechischen semitische Namen haben: Libanos entspricht hebräisch lebona und Mýrra entspricht hebräisch mur.

[269] *U. v. Wilamowitz-Moellendorff*, Der Glaube der Hellenen, Bd. I, a.a.O. S. 282.

[270] a.a.O., S. 279.

[271] A.a.O., S. 296.

[272] A.a.O., S. 621.

[273] *O. Casel*, Altchristlicher Kult und Antike, in: Jahrbuch für Liturgiewissenschaft, Münster 1923, S. 8.

[274] A.a.O., S. 9.

[275] A.a.O., S. 11.

[276] A.a.O., S. 10.

[277] Der Rhein.

[278] Vgl. hierzu *U. v. Wilamowitz-Moellendorff*, Der Glaube der Hellenen, Bd. I, a.a.O., S. 286.

[279] Odyssee 8, 99.

[280] Odyssee 8, S. 256ff.

[281] *Th. Georgides*, Musik und Rhythmus bei den Griechen, Hamburg 1958, S. 57f.

[282] *van der Leeuw:* La Religion dans son essence et ses manifestations. Phénomenologie de la Religion. übers. *J. Marty*, Paris 1948, S. 405f.

[283] *E. Cassirer*, Philosophie der symbolischen Formen II, a.a.O., S. 52.

[284] A.a.O., S. 51.

[285] Timaios 80 b.

[286] Politik, VIII, 1339 b 24.

[287] *V. Grønbech*, Götter und Menschen, a.a.O., S. 168.

[288] A.a.O., S. 170f.

[289] *G. Nebel*, Pindar und die Delphik, a.a.O., S. 139.

[290] *B. Snell*, Die Entdeckung des Geistes, Göttingen 1975, S. 96.

[291] A.a.O., S. 95.
[292] A.a.O., S. 96.
[293] A.a.O., S. 95ff.
[294] A.a.O., S. 96.
[295] *W. Burkert,* Griechische Religion der archaischen und klassischen Epoche, a.a.O., S. 169.
[296] Ebenda.
[297] A.a.O., S. 174.
[298] *M. Eliade,* Myth and Reality, a.a.O., S. 18.
[299] A.a.O., S. 19
[300] *U. v. Wilamowitz-Moellendorff,* Der Glaube der Hellenen, Bd. I, a.a.O. S.288.
[301] *W. F. Otto,* Die Gestalt und das Sein, Darmstadt 1974, S. 13.
[302] Nirgends ist das Thema des Aischylischen »Prometheus« schöner und eindringlicher behandelt worden als in *Hölderlins* Gedicht »Natur und Kunst oder Saturn und Jupiter«.
[303] In seinem Buch »Die tragische Dichtung der Hellenen«, Göttingen 1972, S. 119, bemerkt *A. Lesky:* »Das Chthonische und seine Mächte treten in diesem Stück in die Mitte und die sicherlich zentrale Lage des Agamemnongrabes auf der Bühne ist ein ausdrucksstarkes Symbol für diesen Bereich.«
[304] *Sophokles,* Ödipus auf Kolonos, 1752.
[305] Eumeniden, 322, 745.
[306] Daß Apollo Orest befiehlt, sich zum Schutze vor den Erinnyen an das Bild der Athene im Tempel zu klammern, ist der Hinweis auf ein Ritual, das Unantastbarkeit gewährt. Es wäre aber ohne Sinn, läge ihm nicht die mythische Vorstellung zugrunde, worauf hier schon mehrfach hingewiesen wurde, daß das Standbild in gewissem Grade Athene *wirklich* ist, also mythische Substanz darin wirkt.
[307] Wie A. Lesky in diesem Vers gerade die Aufhebung der Klage gegen die Götter zu erkennen vermag, ist unverständlich. (Vgl. *A. Lesky,* Die tragische Dichtung der Hellenen, Göttingen 1972, S. 270f.). Wenn er eine solche »Blasphemie« für unmöglich hält, so ist dem zu entgegnen, daß, wie immer man auch diese letzte Zeile des Dramas deuten mag, sie nicht wieder aufheben kann, was das ganze Stück, ja, noch die vor dieser Zeile erhobene Klage des Hyllos zum Ausdruck gebracht hat.
[308] In: *Sophokles,* Tragödien, München 1966.
[309] *Plutarchs* Numa Pompilius, c. 4, Etymologicum Magnum S. 256, 11, *Schmid-Stählin* I 2, S. 320 a. 1.
[310] *E. Diehl,* Anthologia Lyrica Graeca, I, S. 80f., *Schmid-Stählin* I 2, S. 319, Anm. 6.
[311] Vgl. *L. Deubner,* Attische Feste, a.a.O., S. 138ff.
[312] *Aristoteles,* Poetik, 1449 a.
[313] *Herodot,* I, 23.

[314] *Suda, Arion*; Diakonus: Kommentar zu Hermogenes, Hrsg. *H. Rabe*, Rhein. Mus. 63, 1908.

[315] Poetik, 1449 a.

[316] Ebenda.

[317] *Herodot*, V, 67.

[318] Vgl. hierzu *A. Lesky*, »Die tragische Dichtung der Hellenen«, a.a.O., S. 40.

[319] Poetik, 1448 b.

[320] Ilias, 18, S. 316ff., 23, S. 152ff., 24, S. 718ff.

[321] ἐξῆρχε γόοιο· Ilias, 18, 316; 24, 761, aber auch 18, 51, obgleich dort Thetis nicht um den toten, wohl aber totgeweihten Achilleus ihren Schmerz ausdrückt.

[322] Wie das Getreide, kommt auch das Leben ursprünglich aus der Tiefe der Erde. Daher der Mythos des Kadmos, in dem Menschen aus dem Boden wachsen. Deswegen ist Hades zugleich Pluton, der Gott der Erdfruchtbarkeit, wie andererseits Demeter als Getreidemutter auch die »Chthonische« heißt.

[323] Ilias, 22, 213.

[324] Ilias, 23, S. 65ff., 175.

[325] Zitiert nach *W. Burkert*, Griechische Religion der archaischen und klassischen Epoche, a.a.O., S. 438.

[326] Georgica 4, 521.

[327] Wie stark die älteren mythischen Vorstellungen in früheren Fassungen der Ilias noch zum Vorschein kommen und teilweise nur notdürftig durch die neueren, olympischen, ersetzt werden, hat *G. Murray* in seinem Buch »The Rise of the Greek Epic«, London ^{4}1960, eindrucksvoll nachgewiesen.

[328] Zitiert nach *H. Bengtson*, Griechische Geschichte, München 1965.

[329] Vgl. *W. H. Roscher*, die Zahl 50, a.a.O., S. 51.

[330] In dem der Tragödie gewidmeten Artikel der Real.d.cl.Alt. wird nun zwar auch der »Apollinisierungsprozeß« in den Dialogen hervorgehoben, aber darin zugleich das Vordringen des Logos gesehen (S. 1941). Mir scheint es aber unstatthaft, diese Deutung, wie es dort geschieht, auf die Poetik des *Aristoteles* IV, 1449 a 16 zu stützen. Wenn Aristoteles an der zitierten Stelle sagt: Αἰσχύλος τὸν λόγον πρωταγωνιστεῖν παρεσκεύασεν, so kann das doch nur heißen, Aischylos hat der *Rede* eine führende Rolle verliehen und nicht etwa dem rationalen Denken.

[331] Vgl. *H. Roscher*, a.a.O., S. 51.

[332] *W. Burkert*, Griechische Religion der archaischen und klassischen Periode, a.a.O., S. 314.

[333] I, 60.

[334] Ebenda.

[335] *Nietzsche*, Werke, Bd. III, a.a.O., »Über Wahrheit und Lüge im außermoralischen Sinn«, S. 320.

[336] *A. Baeumler*, »Das mythische Weltalter«, a.a.O., S. 67.

[337] A.a.O., S. 68.

[338] A.a.O., S. 69.
[339] A.a.O., S. 71.
[340] A.a.O., S. 71.
[341] A.a.O., S. 73.
[342] A.a.O., S. 74.
[343] A.a.O., S. 69.
[344] *V. Grønbech*, Götter und Menschen, a.a.O., S. 170.
[345] A.a.O., S. 179.
[346] Vgl. Real.d.cl.Alt., »Tragoedia«, S. 2009–2015.
[347] ἀπάτη·
[348] φρίκη·
[349] φόβος·
[350] ἔλεος·
[351] πόθος·
[352] βελτίου ποιεῖν·
[353] *H. Diels*, Die Fragmente der Vorsokratiker, a.a.O., S. 305f.
[354] Der Staat, 603 c, 597 e, 599 a, 602 a, b.
[355] Ebenda, 607 c.
[356] Phaidros, 268 c, d.
[357] Der Staat, 605 c–606 b.
[358] Gorgias, 502 c–503 b.
[359] Poetik, 1449 b.
[360] A.a.O. 1451 a.
[361] A.a.O. 1451 b.
[362] Ebenda.
[363] Ebenda.
[364] A.a.O. 1449 b.
[365] θεῖον θεραπεύειν καὶ θεωρεῖν, Eudemische Ethik, 1249 b.
[366] *Jamblichos* schreibt, gestützt auf die aristotelische Katharsislehre: αἱ δυνάμεις τῶν ἀνθρωπίνων παθημάτων τῶν ἐν ἡμῖν πάντη μὲν εἰργόμεναι καθίστανται σφοδρότεπαι· De mysteriis, 39, 13.
[367] *Jamblichos* drückt dies so aus: εἰς ἐνέργειαν δὲ βραχεῖαν καὶ ἄχρι τοῦ συμμέτρου προαγόμεναι, χαίρουσι μετρίωσ καὶ ἀποπληροῦνται, καὶ ἐντεῦθεν αποκαθαιρόμεναι πειθοῖ καὶ οὐ πρὸς βίαν ἀποπαύονται· διὰ δὴ τοῦτο ἔν τε … τραγῳδία ἀλλότρια πάθη θεωροῦντες ἵσταμεν τὰ οικεῖα πάθι καὶ μετριώτερα ἀπεργαξόμεθα καὶ ἀποκαθαίρομεν … Ebenda.
[368] Poetik, 1453 a.
[369] Ebenda.
[370] A.a.O., 1452 a.
[371] A.a.O., 1448 b.
[372] *R. Otto*, Das Heilige, München [3]1936.
[373] Poetik, 1451 b.
[374] Vgl. u.a.: *V. Grønbech*, Der Hellenismus, Göttingen 1953.

[375]Vgl. hierzu u.a. die Untersuchung von *J. Fest* »Wozu das Theater? Zwischenruf über einen parasitären Anachronismus«, in: *J. Fest*, »Aufgehobene Vergangenheit«, Stuttgart 1981.
[376]Hierzu sei auf das umfassende Werk von *A. Lesky*, »Die tragische Dichtung der Hellenen«, a.a.O., verwiesen.
[377]*Nietzsche*, Werke, Bd. I, a.a.O., »Die Geburt der Tragödie«, S. 52.
[378]Ebenda.
[379]Ebenda.
[380]A.a.O., S. 61.
[381]A.a.O., S. 54.
[382]Ebenda.
[383]A.a.O., S. 61.
[384]A.a.O., S. 52.
[385]A.a.O., S. 41.
[386]A.a.O., S. 52.
[387]A.a.O., S. 55.
[388]A.a.O., S. 47.
[389]A.a.O., S. 22.
[390]A.a.O., S. 28.
[391]A.a.O., S. 131.
[392]A.a.O., S. 54.
[393]A.a.O., S. 60.
[394]A.a.O., S. 56. – Vgl. hierzu auch *A. Lesky*, der in seinem Buch »Die tragische Dichtung der Hellenen«, a.a.O., S. 226, Ähnliches behauptet hat. Er schreibt: »Darin, daß Ödipus, der tief in den Schein Verfangene, sich aus eigener Kraft dem Irrtum entwindet und die Wahrheit bis zur letzten Konsequenz auf sich nimmt, liegt die Ursache jener rätselvollen Freude am tragischen Geschehen, von der Hölderlin in seinem bekannten Epigramm gesprochen hat.« Es ist jedoch schwer zu sehen, wie *Lesky* dieses Epigramm auf den besonderen Fall des »Ödipus« zu beziehen vermag, will es doch über das Tragische bei Sophokles im Allgemeinen etwas behaupten. Es lautet: »Viele versuchen umsonst das Freudigste zu sagen, / Hier spricht endlich es mir, hier in der Trauer sich aus.« Unter dem »Freudigen« aber versteht Hölderlin stets das Göttliche. Also meint er, das Göttliche werde am deutlichsten im Tragischen ergriffen. Daß dieses Göttliche aber vor allem im Mut des Ödipus liege, der Wahrheit ins Auge zu sehen, ist eine allzu enge, der Weite des Mythos nicht gerecht werdende Auslegung davon.
[395]A.a.O., S. 57f.
[396]Vgl. *K. Gründer*, Hrsg., Der Streit um Nietzsches Geburt der Tragödie, Die Schriften von *E. Rohde, R. Wagner, U. v. Wilamowitz-Moellendorff*, Hildesheim 1969.
[397]Odyssee 4, S. 561ff., *Hesiod* , Erga, 167.
[398]Vgl. hierzu *W. F. Otto*, Die Götter Griechenlands, a.a.O., S. 136ff.

[399] *W. F. Otto*, a.a.O., S. 145.
[400] Vgl. hierzu die zusammenfassende Darstellung in der Real.d.cl.Alt., Artikel »Totenteil«.
[401] Odyssee 11, 74; 12, 13.
[402] Ilias 24, 38. Odyssee, I, 291; 2, 222; 3, 285.
[403] Ilias 23, S. 69ff., Odyssee, 11, S. 59ff. – Wie der geschilderte Totenkult verfiel, zeigt die Entwicklung seit Beginn des 5. Jahrhunderts. Es gibt Belege dafür, daß die rechtliche Verpflichtung zum Totenteil aus politischen Gründen auf ein Mindestmaß beschränkt wurde. So wurde im Zuge der Demokratisierung vorgeschrieben, daß alle Toten gleich viel oder besser: gleich wenig mitbekommen sollten, damit die Unterschiede im Leben im Tode aufgehoben würden. (*Cicero*, leg. II 23, 59). *Solon* verfügte, daß nur noch Gewänder als Beigabe dienen dürften. (Plutarch. Solon 21). Noch später begnügte man sich mit dem Obolos als Fahrgeld ins Totenreich und einem Honigkuchen, um den Wachhund des Hades, den Kerberos, zu besänftigen: In den Gräbern der Spätzeit finden wir schließlich nur noch Attrappen, Symbole und Imitationen. So wurde der Sinn des ursprünglichen Totenteils allmählich gänzlich vergessen.
[404] *E. Cassirer*, Philosophie der symbolischen Formen II, a.a.O., S. 139.
[405] 11, S. 300ff.
[406] 11, S. 568ff.
[407] S. 356ff.
[408] *K. v. Fritz*, Antike und moderne Tragödie, Berlin 1962, S. 124.
[409] *P. Nilsson*, Geschichte der griechischen Religion, a.a.O., S. 195.
[410] 11, 476.
[411] *W. F. Otto*, Die Gestalt und das Sein, a.a.O., S. 10.
[412] *E. Cassirer*, Philosophie der symbolischen Formen II, a.a.O., S. 191.
[413] Ilias 23, S. 65ff. (Übers. v. *H. Rupé*, Darmstadt ^{5}1974).
[414] 23, S. 103f.
[415] Ilias 17; 499, 573.
[416] Ilias 14, S. 294.
[417] Odyssee 11, S. 24ff.
[418] 11 S. 100ff.
[419] Ilias 23, S. 65ff.
[420] Odyssee 11, S. 221f.
[421] *V. Grønbech*, Hellas, a.a.O., S. 78.
[422] A.a.O., S. 174.
[423] *G. Nebel*, Pindar und die Delphik, a.a.O., S. 283. Hervorhebungen vom Verfasser.
[424] Theognis, S. 240.
[425] Odyssee 1, S. 152; 21, 430. – Es entspricht vollkommenem Unverständnis, wenn »Anáthema Daitós« in der Manier des Rokoko nicht selten als »Zierde des Mahles« übersetzt wird.
[426] 6. Nemeische Ode, S. 28 bff., übersetzt von *O. Werner*, München, o.J.

[427]... ἁ δ' ἀρετὰ κλειναῖς ἀοιδαῖς χρονία τελέθει· S. 114f.

[428]Ilias 15, S. 661ff. (Übers. v. *H. Rupé*, a.a.O.)

[429]*G. Nebel*, Pindar und die Delphik, a.a.O., S. 119.

[430]A.a.O., S. 118.

[431]*E. Cassirer*, Philosophie der symbolischen Formen II, a.a.O., S. 50. – Abschließend sei zu den vorangegangenen Betrachtungen zum homerischen Totenkult darauf hingewiesen, daß besonders in der Ilias noch teilweise alte chthonische Vorstellungen zu finden sind, zum Beispiel in Buch 13, S. 414ff., wo Daiphobos glaubt, daß sich Asios im Hades freuen werde, inzwischen gerächt worden zu sein, oder in der Schilderung der Bestattungsfeierlichkeiten des Patroklos in Buch 23. Aber wie *G. Murray* in seinem bereits erwähnten Buch »The Rise of the Greek Epic« (a.a.O.) nachgewiesen hat, weist die Ilias mehrere Entstehungsgeschichten auf, die weit in die chthonische Zeit hineinreichen.

[432]*E. Cassirer*, Philosophie der symbolischen Formen II, a.a.O., S. 137. Obgleich *Cassirer* an dieser Stelle vom »magischen Jetzt« spricht, trifft es doch ebenso auf das mythische zu.

[433]*W. F. Otto*, Die Gestalt und das Sein, a.a.O., S. 23.

[434]*W. F. Otto*, Die Götter Griechenlands A.a.O., S. 202.

[435]*V. Grønbech*, Götter und Menschen, a.a.O., S. 56.

[436]*E.Cassirer*, Philosophie der symbolischen Formen II, a.a.O., S. 137.

[437]Vgl. den Artikel »Orakel« in der Real.d.cl.Alt., S. 829.

[438]A.a.O., S. 841.

[439]Ebenda.

[440]Vgl. *V. Burkert*, Griechische Religion der archaischen und klassischen Epoche, a.a.O., S. 188.

[441]*H. Diels*, Die Fragmente der Vorsokratiker, Bd. I, a.a.O., *Heraklit*, Fragment 93.

[442]Hervorhebung vom Verfasser.

[443]*G. Murray*, Five Stages of Religion, a.a.O., S. 54.

[444]Vgl. *Herodot* I, 182, sowie die Inschrift aus Tralles, *Ramsey*, Cities and Bisophrics of Phrygia, I, 115, 18.

[445]Artikel »Orakel«, S. 830.

Teil III

[1]Damit dürfte das Mißverständnis, die hier behandelte Frage »Was ist Rationalität?« sei »essentialisch«, ausgeschlossen sein. Ich frage ja nicht, was Rationalität *an sich*, sondern wie das Wort heute gebraucht wird. Ich suche also nur, um mit Wittgenstein zu reden, die Regeln unseres gegenwärtigen, vom Ideale der Wissenschaft geprägten »Sprachspiels« herauszuarbeiten.

[2]Zu den aufgezählten Einzelheiten vgl. *K. Hübner*, Kritik d.w.V., Freiburg [2]1979 passim, insbesondere aber S. 310f. – Der Unterschied zwischen ei-

ner geschichtswissenschaftlichen Erklärung und einer naturwissenschaftlichen wird dort an folgendem Modell verdeutlicht:

Geschichtswissenschaften

1. Jemand war in einer bestimmten Lage.
2. Zu diesem Zeitpunkt glaubte er an die Geltung einer bestimmten Regel, nach der man in solchen Lagen handeln muß.
3. Jemand, der die Prämissen 1 und 2 erfüllt, wird/ wird nicht nach der genannten Regel auf Grund von psychologischen, biologischen, physikalischen Gesetzen usf. handeln.
4. Folglich handelt er/ handelt er nicht danach.

Naturwissenschaften

1. Etwas war in einer bestimmten Lage.
2. Immer, wenn etwas in einer solchen Lage ist, verändert es sich nach bestimmten Gesetzen.
3. Folglich änderte es sich nach bestimmten Gesetzen.

Die vorhin vorgenommene Verkürzung bestand also vor allem in der Weglassung der dritten Prämisse bei geschichtswissenschaftlichen (und oft genug sozialwissenschaftlichen) Erklärungen. Heute wird im Rahmen der Handlungstheorie viel diskutiert, ob diese Prämisse bei solchen Erklärungen überhaupt durchgängig notwendig ist oder nicht. In den meisten Fällen, auch in dem auf Seite 429 aufgeführten Beispiel der Schlacht bei Tannenberg, kann jedoch die dritte Prämisse *a priori* nach Belieben weggelassen oder hinzugefügt werden, ohne daß sich dadurch an dem empirischen Inhalt der anderen beiden Prämissen etwas änderte oder ihm hinzugefügt würde. Die Frage, ob sie notwendig ist oder nicht, kann also unberücksichtigt bleiben, wo, wie hier, nur die Intersubjektivität dieses empirischen Inhalts untersucht wird. Es ist zwar zugegeben, daß nur unter Verwendung der dritten Prämisse ein echter logischer Schluß zustande kommt, aber ebenso müssen wir eingestehen, daß selten mit ihrer expliziten Formulierung die einleuchtende Kraft der Erklärung zunimmt. – Dem aufgeführten Modell läßt sich auch entnehmen, daß der wesentliche empirische Inhalt der zweiten Prämisse in der Aussage über die verwendete Regel und nicht darin liegt, daß der Betreffende an sie glaubte. Diese Regel erklärt ja in erster Linie, warum er so und nicht anders handelte, und nur über die Verwendung dieser Regel läßt sich auch sein Glauben an sie empirisch prüfen.

[3] Vgl. *K. Hübner*, Kritik d.w.V., a.a.O., S. 333ff.

[4] Es sei in diesem Zusammenhang an die seit Jahrhunderten die Philosophie bewegende Frage nach der Rechtfertigung von Induktionsschlüssen erinnert, zu denen ja auch die Retrodiktion gehört.

[5]Eine systematische Übersicht über die bei wissenschaftlichen Erklärungen benötigten Festsetzungen findet man in meinem Buch »Kritik d. w. V.«, Freiburg ^{2}1979, S. 86 und S. 323ff. – Hierzu vgl. auch *W. Deppert:* Hübners Theorie als Hohlspiegel der normativen Wissenschaftstheorien, in: *G. Frey* und *J. Zellger,* (Hrsg.), Der Mensch und die Wissenschaften vom Menschen, Bd. II, Innsbruck 1983.

[6]In meinem Buch »Kritik d. w. V.« habe ich diese Festsetzungen »normativ« genannt. In der Sache ändert das freilich nichts. Der Unterschied ergibt sich nur aus dem verschiedenen Zusammenhang, in dem sie behandelt werden, weswegen hier ihre ontologische Verfassung deutlicher hervorgehoben werden mußte.

[7]Die hier nur in großer Kürze geschilderten, zum Teil komplizierten Begründungsvorgänge ontologischer und anderer apriorischer Festsetzungen aus den Gegebenheiten einer historischen Situation habe ich in meinem Buch »Kritik d. w. V.«, Freiburg ^{2}1979, ausführlich behandelt. Vgl. dort insbesondere das Kapitel VIII.

[8]Vgl. *Hesiod,* Erga, 504–518.

[9]Ilias, 1, S. 197ff.

[10]Ilias, 17, 125.

[11]Vgl. *P. Faure,* Die griechische Welt im Zeitalter der Kolonisation, Stuttgart 1978, S. 41.

[12]Ilias, 16, S. 791ff.

[13]*P. Faure,* a.a.O., S. 135.

[14]Vgl. die unter diesen Stichwörtern verfaßten Artikel in der Real. d. cl. Alt.

[15]Vgl. hierzu die zusammenfassende Darstellung von *M. Eliade,* Schmiede und Alchemisten, Stuttgart 1980.

[16]*M. Eliade,* a.a.O., Stuttgart 1980, S. 63.

[17]II, 53.

[18]Die griechische Tragödie ist ein geradezu klassisches Beispiel für die Harmonisierung von Systemmengen, wie ich es in meinem Buch »Kritik d. w. V.«, Freiburg 1979, beschrieben habe. Vgl. dort vor allem S. 200–220.

[19]Ich hoffe, das Folgende wird die Philosophen davon überzeugen, daß es nicht erforderlich ist, im gegebenen Zusammenhang auf die subtilen Unterscheidungen von Begriff und Wort, Urteil und Satz einzugehen.

[20]Timaios, 51b.

[21]In seinem Aufsatz »Wirklichkeitsbegriff und Wirklichkeitspotential des Mythos«, in: *F. Fuhrmann* (Hrsg.), Terror und Spiel, München 1971, hat *H. Blumenberg* aus der Freiheit im Umgang mit mythischen Stoffen geschlossen, daß sie keine ernsthafte Beziehung zur Wirklichkeit haben, sondern nur der Ausdruck eines Spieles sind, womit der mythische Mensch versuchte, zu Unfreiheit, Zwang und Schrecken auf Distanz zu gehen. Eine solche ästhetizistische und psychologistische Deutung des Mythos ist ein typisches Beispiel für dessen Projizierung auf moderne

Denkschemata. Der Mythos rückt hier wieder in die Nähe freier dichterischer Phantasie, und diese wird in psychoanalytischen Kategorien erfaßt. Da ich mich darüber bereits im Kapitel II, Abschnitt 10, kritisch geäußert habe, möchte ich hier zusätzlich zu dem dort Gesagten nur noch folgendes bemerken: Es ist historisch fragwürdig, ob man den Aristokraten der homerischen Zeit dieselben Sublimationsbedürfnisse wie Menschen der modernen Zivilisation unterstellen darf.

[22] Über den Zusammenhang von wissenschaftlichen Kalkülen, technischer Produktion und Fortschritt vgl. *K. Hübner*, Kritik d. w. V., Freiburg ²1979, Kapitel XIV.

[23] Vgl. hierzu *K. Hübner*, Kritik d. w. V., Kapitel XIV.

[24] Vgl. *M. Eliade*, Schmiede und Alchemisten, Stuttgart 1980, S. 60ff.

[25] *Aischylos*, Perser, V. S. 721ff.

[26] Kritik der praktischen Vernunft, Erstes Hauptstück, § 7, Anmerkung.

[27] Noch einmal sei darauf verwiesen, daß ich diesen Vorgang ausführlich in meinem Buch »Kritik d. w. V.« behandelt habe. Der Raum gestattet mir nicht, auch hier im einzelnen darauf einzugehen, da es sich zum Teil um sehr komplizierte Prozesse handelt.

Teil IV

[1] Zur Frage des Fortwirkens mythischen Denkens im Laufe der Geschichte vgl. auch *H. Blumenberg*, Arbeit am Mythos, Frankfurt a. M. 1979. *Blumenberg* behandelt dieses Thema allerdings auf einem anderen, nämlich hauptsächlich literarischen Gebiet und entwickelt es in einem ganz anderen Zusammenhang als es hier der Fall ist, weswegen ich nicht näher darauf eingehe.

[2] *Bacon*, Werke, Bd. I, London 1857, u.a. S. 140 und 213.

[3] *E. Du Bois-Reymond*, Reden, 2. Folge, Leipzig 1887, S. 14.

[4] Ebenda, 1. Folge, Leipzig 1886, S. 235.

[5] A.a.O., S. 110.

[6] Es wird immer vom Positivismus beeinflußte Historiker geben, die Zusammenhänge der Kunst mit der Wissenschaft nur dort gelten lassen wollen, wo sie unmittelbar, etwa durch ausdrückliche Zeugnisse der betroffenen Künstler, nachweisbar sind. Ich halte das für wirklichkeitsfremd. Nicht die Kunst, sondern die Wissenschaft hat die Wirklichkeit »entmythologisiert«, und der Künstler kann sich diesem Einfluß so wenig entziehen wie irgendein anderer Mensch. Wo sich also ohne Zwang zwischen diesem Einfluß und dem Kunstwerk ein logischer Zusammenhang herstellen läßt, muß diesen zu behaupten auch erlaubt sein, wenn wir nicht überhaupt darauf verzichten wollen, Geschichte zu erklären und rational zu verstehen, um uns mit dem stumpfsinnigen Aufzählen sog. Fakten zu begnügen. Es ist hierbei auch unerheblich, ob dem Künstler ein solcher Zusammenhang vollkommen bewußt war (oft genug läßt er sich im Übrigen, wie das

Folgende zeigen wird, durchaus beweisen); wir alle handeln doch ständig aus der Tiefe unseres historischen Selbstverständnisses, ohne darüber ständig zu reflektieren oder uns darüber Rechenschaft abzulegen. So verhalten wir uns oft moralisch, ohne deswegen Philosophen der Ethik zu sein, können diese aber durchaus verwenden, wenn wir nachträglich auch rational unser eher instinktives Handeln begreifen wollen. Man mache im Übrigen das Gedankenexperiment und stelle sich zum Beispiel Picasso im alten Athen vor. Niemand wird ernsthaft für möglich halten, daß dort einer kubistisch hätte malen können, weil niemand glaubt, daß ein Maler ohne Beeinflussung durch die ihn umgebende geistige wie materielle Wirklichkeit zu arbeiten vermag, es sei ihm nun unmittelbar bewußt oder nicht. Diese Wirklichkeit ist aber heute nun einmal diejenige der wissenschaftlich-technischen Zivilisation. Im Übrigen beruht die positivistische Geschichtsschreibung auf einem fragwürdigen Wissenschaftsverständnis, wie ich in meinem Buch »Kritik d.w.V.«, Freiburg [2]1979, ausführlich dargelegt habe.

[7] Vgl. *W. Hess*, Das Problem der Farbe, München 1963.

[8] *J. Gris*, in: L'Esprit Nouveau, Paris Nr. 5, 1921, S. 533–34; – ders. in: Der Querschnitt, Frankfurt/M. , Jahrg. 3, 1923, S. 77–78.

[9] L'Esprit Nouveau.

[10] Der Querschnitt.

[11] L'Esprit Nouveau.

[12] Ebenda.

[13] Der Querschnitt.

[14] Der Querschnitt.

[15] *G. Apollinaire*, Die Maler des Kubismus, Zürich 1956, S. 69.

[16] *A. Gleizes*, Vom Kubismus, Berlin 1922.

[17] *D. H. Kahnweiler*, Der Weg zum Kubismus, Stuttgart 1958, S. 61. – ders.: J. de Gris, Leben und Werk, Stuttgart 1968, S. 153, S. 190f.

[18] Der Weg zum Kubismus, a.a.O., S. 52.

[19] A.a.O., S. 85.

[20] A.a.O., S. 53.

[21] Ebenda, S. 190f.

[22] Der Querschnitt.

[23] *D. H. Kahnweiler*, J. de Gris, a.a.O., S. 192.

[24] A.a.O., S. 180.

[25] Antwort, übers. v. *W. Mehring*, in: Europa-Almanach, Potsdam 1925.

[26] Ebenda.

[27] Der Querschnitt.

[28] Der Zusammenhang einer solchen Zuwendung der Malerei zu den Tiefen der Subjektivität mit dem Siegeszug der Wissenschaft ist auch dort gegeben, wo eine Berufung auf die Psychoanalyse nicht erfolgt. Ein gutes Beispiel bietet dafür die *Pittura metafisica*, die ja eine der historischen Wurzeln des Surrealismus ist, von dem sogleich die Rede sein wird. Sie

projizierte die inneren Bilder des Traumes und seiner Geheimnisse, seiner Rätsel, Ängste und Irrationalismen in die äußere Objektwelt und trat damit in ihrem Programm dem *Futurismus* zu Anfang des Jahrhunderts entgegen, der ja den rationalistischen Fortschritt von Wissenschaft und Technik verherrlichte. (So hat sich der Futurist C. Carrà unter dem Einfluß G. de Chiricos der Pittura metafisica zugewandt.) Wie bezeichnend aber, daß die Pittura metafisica sich im Surrealismus fortsetzt, der die wissenschaftlichen Theorien des Unbewußten – eben in der Psychoanalyse – aufnimmt, sobald diese bekannt geworden waren! Daß es trotzdem zu gewissen Spannungen zwischen dem surrealistischen Programm und der Psychoanalyse kam, ändert daran nichts und steht auf einem anderen Blatt. (Ich verweise auf den für beide enttäuschenden Besuch des surrealistischen Dichters und Theoretikers A. Breton bei Freud in Wien im Jahre 1921.)

[29] Köln 1962, übers. v. *H. v. Riesen.*

[30] Ebenda, S. 43.

[31] Ebenda, S. 161.

[32] Ebenda, S. 129.

[33] Ebenda, S. 90.

[34] Ebenda, S. 161.

[35] Ebenda, S. 120.

[36] Ebenda, S. 56, 58 passim.

[37] Ebenda, S. 85.

[38] Ebenda, S. 135.

[39] Ebenda, S. 56, 58 passim.

[40] Ebenda, S. 561.

[41] *T. van Doesburg,* Grundbegriffe der neuen gestaltenden Kunst, Mainz 1966, S. 35.

[42] Ebenda, S. 29, 32.

[43] Ebenda, S. 27.

[44] Ebenda, S. 22.

[45] Ebenda, S. 18.

[46] Ebenda, S. 29.

[47] Ebenda, S. 30.

[48] Ebenda, S. 28.

[49] Ebenda, S. 22.

[50] Ebenda, S. 23.

[51] Ebenda, S. 25.

[52] Ebenda, S. 33.

[53] *P. Mondrian,* Neue Gestaltung, Mainz 1974, S. 5.

[54] Ebenda, S. 13.

[55] Ebenda, S. 11.

[56] Ebenda, S. 13.

[57] Ebenda, S. 5.

[58]Ebenda, S. 25.

[59]Man wird hier vielleicht die Erwähnung Kandinskys vermissen, der doch nicht nur als Maler, sondern auch als Theoretiker zu den großen Wegbereitern der abstrakten Malerei gerechnet werden muß. Allein Kandinsky nimmt eher eine vermittelnde Stelle zwischen Malewitsch und den Vertretern der Stijl-Bewegung ein, während hier nur einige der Haupt- und Grundideen moderner Kunst behandelt werden können, also nur Exponenten klar und streng voneinander unterscheidbarer Konzepte. Kandinsky steht einerseits in seiner Betonung der Gefühle, des Rezeptiven, Unterbewußten und der Subjektivität seiner Synästhesien Malewitsch näher; auch liegen sein Hang zum Prämorphen und seine innere Verwandtschaft mit Bergsons Philosophie (vgl. *W. Hofman*, Grundlagen der modernen Kunst, Stuttgart 1978, S. 306) einem van Doesberg und einem Mondrian sicher fern. Andererseits hat er sich nie zum Radikalismus eines Malewitsch verstiegen und ist, zunächst theoretisch in seinem Traktat »Punkt und Linie zur Fläche«, dann aber auch künstlerisch, zunehmend konstruktivistischen und geometrisierenden Bestrebungen gefolgt.

[60]Der von Bill eingeführte Ausdruck »konkrete Kunst« für »abstrakte Kunst« soll darauf hinweisen, daß gerade Flächen, Linien usf. etwas Konkretes sind, womit freilich an der Gegenstandslosigkeit dieser Kunst im Sinne der Naturgegenstände – und das sollte ja das Wort »Abstraktheit« bezeichnen – nichts geändert wird. Zu Bill und Herbin schreibt *G. Thomas* (Bis heute. Stilgeschichte der bildenden Kunst im 20. Jahrhundert, Köln 1971, S. 222), sie leiteten »aus den Erfahrungen einer visuellen Forschung ... die Einsicht ab, daß die Kunst eine neue Daseinsberechtigung im Zeitalter der Wissenschaft erlangen kann, wenn sie aus physikalischen und mathematischen Kombinationsangeboten ein spezifisches Ordnungsgefüge herauskristallisiert, so daß die visuelle Wahrnehmung auf ein eklatantes Relationsproblem in der räumlichen und flächigen Ausdehnung aufmerksam gemacht wird.«

[61]In: Katalog der Studio Galerie Frankfurt, »Konstruktive Tendenzen aus der Tschechoslowakei«, 1967.

[62]*J. Miró*, Interview durch *Y. Tallendier, in:* XXe Siècle, Paris 1964.

[63]Zwar kann man auch im Suprematismus von Malewitsch eine radikale Revolte gegen die Wissenschaft sehen, die sich ja seiner Meinung nach nur auf die bloße Vorstellung, einen Schein von Wirklichkeit beziehe. Aber unter »radikaler Revolte« verstehe ich hier, daß gerade die Gegenständlichkeit und Objektivität, die doch auch Malewitsch der Wissenschaft als ihr ureigenes Gebiet überlassen hatte, der Wissenschaft streitig gemacht wird.

[64]Bezeichnend für die Pop Art ist auch die Verwendung von comic strips, Reklamebildern, auf ein monochromes Schema reduzierten Farbfotos (von *Marylin Monroe* zum Beispiel), sowie deren serielle Reproduktion, so daß von demselben Bild mehrere Klischees neben- und untereinander

angeordnet wiederholt werden. Es ist die Welt der Massenproduktion und des Massenkonsums selbst, die hier zum künstlerischen Gegenstand wird. Meist in großformatiger Übertreibung zur Darstellung gebracht, kann sie das Vergnügen noch steigern oder in Ironie umschlagen. Ihre Künstlichkeit kommt aber auch gerade darin zum Ausdruck, daß der Künstler Bilder aus Bildern verfertigt. Ein Beispiel dafür liefert *R. Lichtensteins* Bild »Sunset«. Die dort untergehende Sonne ist eben jene, die man auf Reiseprospekten zu sehen bekommen könnte.

[65] *H. Richter,* Dada – Kunst und Wirklichkeit, Köln 1964, S. 52.

[66] Ebenda, S. 65.

[67] Ebenda, S. 59.

[68] Pop Art. Object and Image. London 1968, S. 71.

[69] *H. Richter,* Dada – Kunst und Wirklichkeit, a.a.O., S. 94.

[70] Zitiert nach *H. Richter,* a.a.O., S. 74.

[71] A.a.O., S. 95.

[72] Man bemerkt den Unterschied zwischen der Auffassung der Kubisten über die Einheit von Kunst und Wirklichkeit und derjenigen der Dadaisten. Für die Kubisten ist das Bild *als Kunstwerk,* als Produkt intersubjektiver Subjektivität, eine Wirklichkeit und nicht ein Abbild, gar eine Illusion derselben; denn die Wirklichkeit ist für sie immer nur das Ergebnis solcher Produktivität; für den Dadaisten dagegen ist der wirkliche, *extramentale Gegenstand* selbst das Kunstwerk.

[73] Es wäre in der Tat ein Irrtum zu glauben, daß der dadaistische »Nihilismus« notwendig niederdrückend wirken muß. Zwar betrachtete Duchamp nach Cravans Worten »das Leben selbst nur als einen *traurigen* Witz«, »einen unentzifferbaren Un-Sinn, dem nachzuforschen sich kaum lohnt« (zitiert nach *H. Richter,* Dada – Kunst und Wirklichkeit, a.a.O., S. 91,), aber vielen Dadaisten erschien ein solches von allem Sinngehalt losgelöstes Leben anfänglich wie eine erfrischende und beglückende Befreiung von Normenzwängen und falschen Idealen. Aus der bürgerlichen Enge aufbrechend bejahten sie die Anarchie und die damit verbundene vermeintliche Freiheit. Daß sie dabei einer Illusion erlagen, vor allem dann, wenn sie ihre Ideen politisch umsetzen zu können glaubten, wurde ihnen freilich oft später bewußt. Sogar G. Grosz hat sich völlig von seiner früheren Begeisterung für den Kommunismus losgesagt.

[74] Zitiert nach *H. Richter,* Dada – Kunst und Wirklichkeit, a.a.O., S. 212.

[75] *H. Richter,* a.a.O., S. 213.

[76] Zitiert nach *H. Richter,* Dada – Kunst und Wirklichkeit, a.a.O., S. 56.

[77] Zitiert nach *H. Richter,* ebenda.

[78] Ebenda, S. 59.

[79] Ebenda, S. 61.

[80] Ebenda, S. 95.

[81] Ebenda, S. 197.

[82] Den geheimnisvollen Zusammenhängen von Zufall und Kausalität ist übrigens auch Duchamp nachgegangen und zwar in einem seiner bedeutendsten Werke, dem Glasbild »La mariée mise à nue par ses célibataires, même«. Einerseits verwandte er dort die zufälligen Staubansammlungen auf der Glasplatte, sowie die zufälligen Sprünge, die sie beim Transport bekommen hatte, andererseits entwarf er die darauf gemalten Figuren nach mathematischen Überlegungen wie der Konstrukteur einer Maschine.

[83] *R. Magritte,* Sämtliche Schriften 1981, S. 79.

[84] Ebenda, S. 509.

[85] Ebenda, S. 94.

[86] Ebenda, S. 219.

[87] Ebenda, S. 294.

[88] Ebenda, S. 431.

[89] Ebenda, S. 86.

[90] Zur philosophischen Deutung von Magritte vgl. auch *P. Good's* Schrift, Die surrealistische Semantik im Werke von René Magritte, in: Aachener Kunstblätter, Bd. 50, Köln 1982, der ich viele Anregungen verdanke.

[91] In einem Brief an G. Schiefler vom 11. 1. 1927 schreibt zum Beispiel *E. L. Kirchner,* seine Kunst werde »für spätere Zeiten die Künderin des religiösen Empfindens sein.« *F. Marc* erklärt, er wolle »... Symbole ... schaffen, die auf die Altäre der kommenden geistigen Religion gehören.« (Zitiert aus »E. L. Kirchner«, Berlin 1980, Ausstellungskatalog S. 10) Solche Worte, bezogen auf gegenständliche Malerei, sind nur im Expressionismus denkbar.

[92] »Eine dreifache Ekstase schafft das Kunstwerk zum Symbol,« schreibt *Kirchner* am 31. 1. 1918 an E. Griesbach, und er meint damit: »Vision, Sinnlichkeit, Psyche«. (Zitiert aus »E. L. Kirchner«, a.a.O., S. 77).

[93] Für den gegebenen Zusammenhang können die feineren Unterschiede zwischen Fauvismus und Expressionismus vernachlässigt werden.

[94] Zitiert nach »E. L. Kirchner«, a.a.O., S. 89.

[95] Zitiert nach *K. Thomas,* a.a.O., S. 31.

[96] Aus einem Brief an seinen Bruder Theo, zitiert nach *K. Thomas,* a.a.O., S. 25.

[97] *B. Graf* schrieb über Kirchner – und dies könnte exemplarisch auch für andere Expressionisten gelten: »Wie für den Mystiker Gott in den kleinsten und verachtetsten Gegenständen ist, so ist für diesen mystischen Erdenbürger nichts da, womit er sich nicht seelisch vereinigen kann. Siehe, ich lehre Euch den Sinn der Erde, heißt es im Zarathustra, das ist es, was Kirchner malt.« (Zitiert aus »E. L. Kirchner«, a.a.O., S. 79).

[98] Über Nolde schreibt *W. Hofmann* in »Grundlagen der modernen Kunst«, Stuttgart 1978, S. 267: »Die ›absolute Ursprünglichkeit‹, der ›Urzustand‹ der Welt ist sein Ziel. Das führt ihn zu den ›Uranfängen‹ und zur ›Urkunst‹ zurück, zu einer inständigen Befragung des Alls, die ... den Ritus ... der farbigen Weltbeschwörung vollzieht.« Von einer »Mythisierung der Welt« durch Nolde spricht auch *M. Schneckenburger* in: Die Kunst

des 20. Jahrhunderts, 1880–1940, Propyläen Kunstgeschichte, Berlin 1977, S. 151. Man könnte solche Zitate beliebig vermehren.
[99] *P. Klee*, Das bildnerische Denken, Stuttgart 1956, S. 463.
[100] S. 59.
[101] S. 93.
[102] Ebenda.
[103] Ebenda.
[104] A.a.O., S. 3.
[105] A.a.O., S. 6.
[106] A.a.O., S. 9.
[107] Köln 1957.
[108] A.a.O., S. 68.
[109] A.a.O., S. 157.
[110] A.a.O., S. 162.
[111] A.a.O., S. 63.
[112] Ebenda, Unterstreichung vom Verfasser.
[113] A.a.O., S. 63.
[114] A.a.O., S. 66.
[115] Ebenda.
[116] Ebenda.
[117] Ebenda.
[118] Ebenda.
[119] Ebenda.
[120] A.a.O., S. 67.
[121] Ebenda.
[122] A.a.O., S. 70.
[123] Ebenda.
[124] A.a.O., S. 93.
[125] Ebenda.
[126] A.a.O., S. 92.
[127] A.a.O., S. 463.
[128] Ebenda.
[129] A.a.O., S. 79.
[130] A.a.O., S. 100.
[131] A.a.O., S. 81.
[132] Ebenda.
[133] *A. Gehlen*, Zeit-Bilder, Frankfurt a. M. 1960, S. 105–113.
[134] Das bildnerische Denken, a.a.O., S. 103.
[135] A.a.O., S. 123.
[136] A.a.O., S. 151.
[137] A.a.O., S. 473.
[138] A.a.O., S. 79.
[139] Ebenda.
[140] A.a.O., S. 69f.

[141] A.a.O., S. 100.
[142] A.a.O., S. 417.
[143] Hier noch einige Bemerkungen zum Methodischen in den vorangegangenen Ausführungen. Es ist heute weitverbreitet, Kunstentwicklungen soziologisch darzustellen, also als Folge sozialer und politischer Auseinandersetzungen. Aber obgleich damit oft Richtiges und Wichtiges im einzelnen gesehen wird, läuft man dabei doch Gefahr, zu einseitig oder zu oberflächlich zu verfahren. Wissenschaft und Technik haben die Welt »entmythologisiert«, nicht zum Beispiel erst der Kapitalismus oder der Sozialismus, die doch die Folge der durch Wissenschaft und Technik erst möglich gewordenen industriellen Gesellschaft sind. In Wissenschaft und Technik liegt daher auch die Wurzel für die Entzauberung aller Dinge, also auch der zwischenmenschlichen Beziehungen. Sozialkritisches geht im Übrigen quer durch alle Kunstrichtungen, soweit sie überhaupt gegenständlich sind, weswegen sich verschiedene Richtungen daraus nicht ableiten lassen. Wohl aber lassen sie sich, wie gezeigt, aus den logischen Möglichkeiten erklären, die eine von Wissenschaft und Technik beherrschte Welt der künstlerischen Gestaltung offenläßt. Wenn Künstler verschiedenster Richtungen dieselben politischen Meinungen haben können, wie es doch der Fall ist, wie können dann ihre sozialkritischen Ansichten ihren künstlerischen Ausdruck bestimmt haben?
[144] *H. W. Bartsch* (Hrsg.): Kerygma und Mythos I, Hamburg 1948, S. 22.
[145] Ebenda.
[146] Ebenda.
[147] A.a.O., S. 15.
[148] *R. Bultmann,* Theologie des Neuen Testaments, Tübingen 1953, S. 247.
[149] Ebenda.
[150] Ebenda.
[151] Kerygma und Mythos I, a.a.O., S. 15.
[152] A.a.O., S. 16.
[153] *R. Bultmann,* Johannesevangelium, Göttingen 1950, S. 38f.
[154] Kerygma und Mythos I, a.a.O., S. 16.
[155] A.a.O., S. 16.
[156] Ebenda.
[157] In: *H. W. Bartsch* (Hrsg.): Kerygma und Mythos II, Hamburg 1952, S. 180.
[158] Kerygma und Mythos I, a.a.O., S. 17.
[159] Ebenda.
[160] Ebenda.
[161] A.a.O., S. 18.
[162] Vgl. *K. Hübner,* Kritik d.w.V., Kap. VIII, Freiburg ^{2}1979.
[163] Kerygma und Mythos II, a.a.O., S. 185.
[164] Kerygma und Mythos II, a.a.O., S. 193. Vgl. auch Kerygma und Mythos I, a.a.O., S. 27ff.
[165] Kerygma und Mythos I, a.a.O., S. 30.

[166]Kerygma und Mythos I, ebenda; *R. Bultmann,* Glaube und Verstehen II, Tübingen 1958, S. 277ff.
[167]Glaube und Verstehen II, a.a.O., S. 278; Kerygma und Mythos I, a.a.O., S. 29.
[168]*R. Bultmann,* Theologie des Neuen Testaments, a.a.O., S. 421ff.
[169]Kerygma und Mythos I, a.a.O., S. 29.
[170]*R. Bultmann,* Theologie des Neuen Testaments, a.a.O., S. 367.
[171]Kerygma und Mythos I, a.a.O., S. 50.
[172]Ebenda.
[173]*R. Bultmann,* Theologie des Neuen Testaments, a.a.O., S. 413f.
[174]Vgl. hierzu die zusammenfassende und umfangreiche Darstellung durch *G. Bornemann,* Die Theologie Rudolf Bultmanns, in: Theologische Rundschau, Tübingen 1963, Jahrg. 29.
[175]Kerygma und Mythos I, a.a.O., S. 20.
[176]a.a.O., S. 18.
[177]A.a.O., S. 20.
[178]Vgl. hierzu u.a. *S. Fromm,* Wittgensteins Erkenntnisspiele contra Kants Erkenntnislehre, München 1979.
[179]Kerygma und Mythos I, a.a.O., S. 22.
[180]Kerygma und Mythos I, a.a.O., S. 21.
[181]Kerygma und Mythos I, a.a.O., S. 21.
[182]*J. Körner* hat in seinem Buch »Eschatologie und Geschichte« (1957) darauf hingewiesen, daß die Rechtfertigung, die in Bultmanns Lehre von der wahren Eigentlichkeit im Glauben liegt, nur das justus in spe, nicht in re, betreffen kann (S. 133), während doch die Heilserwartung aufgrund des Kerygmas darüber hinausgehen muß.
[183]*R. Bultmann,* Glaube und Verstehen, Tübingen 1933, S. 180f.
[184]Die bereits 1953 von *E. Buess* in seinem Buch »Die Geschichte des mythischen Erkennens. Wider sein Mißverständnis in der Mythologisierung« (München) ausgesprochene Warnung hat somit nichts von ihrer Bedeutung verloren. Sie lautet (S. 5): »Gibt es eine geistesträge orthodoxe, so gibt es zweifellos auch eine geistesträge kritische Theologie, und wir werden uns vielleicht einmal selbst über das Maß an Gedankenlosigkeit wundern, dessen wir uns gerade in unserem kritischen Denken schuldig gemacht haben. ... Wenn eines gewiß ist, dann dies, daß wir kritischer sein müssen als unsere kritische Theologie und freier vorwärtsschreitender als unsere vorderste Avantgarde.« Daß freilich mit »geistesträg« nicht Bultmann gemeint sein kann, dessen Anstrengungen als Theologe und Denker, wie sehr man ihm auch widersprechen muß, Respekt verdienen, sondern jene Theologen, die heute die Gläubigen mit ihren aufklärerischen Platitüden verunsichern, bedarf wohl kaum der Erwähnung.
[185]Vgl. *K. Hübner,* Der Begriff des Naturgesetzes in der Antike und in der Renaissance, in: Die Antike-Rezeption in den Wissenschaften während der Renaissance, Hrsg. *A. Buck* und *K. Heitmann,* Mitteilung X der Kommission für Humanismusforschung, DFG, Weinheim 1983.

[186] Vgl. *K. Hübner,* Der Begriff des Naturgesetzes in der Antike und in der Renaissance.
[187] *H. P. Duerr,* Traumzeit, Frankfurt a. M. 1978, S. 104.
[188] Vgl. u.a. *A. Yates,* G. Bruno and the Hermetic Tradition, London 1964.
[189] Eine interessante Variante mythischer und magischer Weltdeutung scheint sich im Märchen zu zeigen. Vgl. hierzu *P. Good,* Märchen als Wissensform, in: Allgemeine Zeitschrift für Philosophie, 3, 1982.
[190] La pensée sauvage, Paris 1962, S. 32.
[191] In: Der Tag v. 30. 8. 1914. Den Hinweis auf dieses Zitat verdanke ich dem Kieler Rechtshistoriker Prof. H. Hattenhauer. – Vgl. auch *O. Gierke,* Das Wesen der menschlichen Verbände, Darmstadt 1954.
[192] *F. A. Hayek,* The Constitution of Liberty, Chicago [4]1975, S. 15f.
[193] *K. Kerényi,* Wesen und Gegenwärtigkeit des Mythos, in: Die Eröffnung des Zugangs zum Mythos, Darmstadt 1967, S. 235.
[194] A.a.O., S. 238.
[195] *M. Eliade,* Myth and Reality, New York 1963, S. 182ff.
[196] Übers. v. *H. Scheffel,* Frankfurt a. M. 1976.
[197] A.a.O., S. 95.
[198] A.a.O., S. 92.
[199] A.a.O., S. 86.
[200] A.a.O., S. 86.
[201] A.a.O., S. 103.
[202] A.a.O., S. 115.
[203] A.a.O., S. 104.
[204] A.a.O., S. 104.
[205] A.a.O., S. 104f.
[206] A.a.O., S. 107.
[207] A.a.O., S. 115.
[208] A.a.O., S. 107, 113, 130.
[209] A.a.O., S. 130.
[210] A.a.O., S. 112.
[211] A.a.O., S. 131.
[212] A.a.O., S. 134.
[213] A.a.O., S. 134f.
[214] A.a.O., S. 134.
[215] A.a.O., S. 136.
[216] A.a.O., S. 135, 137.
[217] Als kurioses, aber typisches Beispiel für das systemübergreifende Fortwirken des nationalen Mythos kann das Fußballspiel einer Nationalmannschaft gelten. Offensichtlich betrachten sich die Zuschauer, soweit sie derselben Nation wie die Mannschaft angehören, als mit dieser identisch. Sie kämpft nicht nur stellvertretend für alle, sondern die Zuschauer *sind* diese Männer auf dem Rasen. Ihr Sieg ist jedes Einzelnen Sieg, ihre Niederlage ist jedes Einzelnen Niederlage. Die Nationalmannschaft wird

so vorübergehend zu einer Personifikation der Nation. Das Individuum geht dabei völlig unter. Aber da sind noch die Fahnen und Wimpel. Deren Stofflichkeit ist mit einer Idealität aufgeladen, die sie gleichsam zu etwas Heiligem machen. Die Nationalhymne erklingt. Stehend hören sie die Menschen und wissen sich in diesem Augenblick eins mit der Größe der Nation, die zugleich die Größe ihrer Geschichte ist. Man ist stolz, ihr anzugehören, obgleich man vielleicht sehr wenig zu ihren Leistungen beigetragen hat und nur eine sehr vage und geringe Kenntnis ihrer Geschichte besitzt. Aber das ist gleichgültig, weil sich jeder auf seine Weise mit ihr identifiziert.

[218] *G. Sorel* über die Gewalt, übers. v. *L. Oppenheimer*, Frankfurt a. M. 1969, S. 141.

[219] A.a.O., S. 142.

[220] A.a.O., S. 143.

[221] *K. Kerényi*, Wesen und Gegenwärtigkeit des Mythos, in: *K. Kerényi* (Hrsg.), Die Eröffnung des Zugangs zum Mythos, Darmstadt 1967, S. 140.

[222] Ebenda.

[223] *M. Eliade*, Myth and Reality, New York 1963, S. 181f.

[224] Die schwache Stelle geschichtlicher Erklärungen läßt schon deren Schema hervortreten, das in Fußnote 2 des dritten Teils verdeutlicht wurde. Denn die Aussage der zweiten Prämisse, jemand habe zu einem bestimmten Zeitpunkt etwas geglaubt, ist ja selbst etwas Erklärungsbedürftiges. Den Glauben an eine geschichtliche Regel kann man, wenn ihm, wie es hier vorausgesetzt wird, kein Naturgesetz (anthropologisch, psychologisch usf.) zugrunde liegt, nicht seinerseits durch eine solche Regel erklären, weil jede solche Regel, die ihn bestimmen sollte, doch nur dadurch bestimmend sein könnte, daß sie selbst als gültig geglaubt (anerkannt) würde. Wo aber weder Gesetz noch Regel zwingend wirken, da gibt es auch keine wissenschaftliche Erklärung im hier definierten Sinne. In diesem Zusammenhang sei darauf hingewiesen, daß Erklärungen mit Hilfe statistischer Gesetze daran nichts ändern. Denn diese sagen zwingend nur etwas über Verteilungen von Prädikaten innerhalb einer Menge aus und lassen in der Tat unerklärt, warum dem Element E_m dieser Menge gerade das Prädikat P_n zukommt.

[225] Darin liegt, daß die Kategorie des Zufalls, so wie sie hier verstanden wird, nichts zur empirischen Heuristik der wissenschaftlichen Ontologie beiträgt. Sie könnte also auch ganz aus dieser Ontologie gestrichen werden, ohne daß dabei wesentliche Erkenntnissubstanz verlorenginge. Man müßte dann nur überall dort, wo es in positiver Redewendung heißt »Dies beruht auf Zufall«, die negative setzen: »Hierfür läßt sich keine wissenschaftliche Erklärung abgeben, und damit ist die wissenschaftliche Ontologie auf den vorliegenden Fall nicht anwendbar.« Eine solche Streichung hätte aber nicht nur den Vorteil, daß damit überflüssiges wegfiele, sondern vor allem auch, daß Mißverständliches besser vermieden

werden könnte als bisher. Damit meine ich die irrige Annahme, die wissenschaftliche Ontologie habe eine notwendige Geltung. Zu einer solchen Annahme verführt aber geradezu semantisch der Satz: »Etwas ist *entweder* durch Gesetze erklärbar *oder* es beruht auf Zufall.« Das klingt doch so, als wäre damit einer zwingenden empirischen Erkenntnis über die Wirklichkeit Ausdruck verliehen, obgleich es sich in Wahrheit nur, wie die Verwendung der Kategorie Zufall zeigt, um eine Aussage der wissenschaftlichen Ontologie, also um ein keineswegs notwendig verbindliches apriorisches Deutungsschema handelt. Dieses Mißverständnis wäre jedoch ausgeschlossen, wenn man anstelle des fraglichen Satzes folgendes sagte: »Etwas ist entweder wissenschaftlich mit Hilfe von Gesetzen erklärbar, oder es ist nicht auf diese Weise erklärbar; im letzteren Fall läßt sich die wissenschaftliche Ontologie nicht anwenden.« Damit wird die mythische Ontologie nicht von vornherein *dogmatisch* ausgeschlossen, für die ja der Zufall nicht existiert, weil sie ein numinoses Wirken voraussetzt. Dieser Satz wäre zudem *logisch wahr*, weil er, anders als der von ihm ersetzte, ein logisches Tertium Non Datur enthält, und er wäre zudem noch in jedem seiner Teile überprüfbar, wie die vorangegangenen Ausführungen gezeigt haben. – Es sei in diesem Zusammenhang schließlich noch ausdrücklich darauf hingewiesen, daß hier nicht von jenen Zufallsereignissen die Rede war, von denen der Physiker meint, sie wären im *Grunde* gesetzlich bestimmt, sondern von jenen, für die das nicht der Fall ist, weil sie sich nur auf singuläre Anfangsbedingungen beziehen.

[226] *L. Kolakowski*, Die Gegenwärtigkeit des Mythos, München [2]1974.

[227] A.a.O., S. 31.

[228] A.a.O., S. 32.

[229] A.a.O., S. 40.

[230] A.a.O., S. 64.

[231] A.a.O., S. 98.

[232] A.a.O., S. 96.

[233] A.a.O., S. 97.

[234] A.a.O., S. 98.

[235] A.a.O., S. 168.

[236] A.a.O., S. 164.

[237] A.a.O., S. 164.

[238] A.a.O., S. 166.

[239] *G. Chr. Lichtenberg*, Gesammelte Werke, Bd. I, Frankfurt a. M., S. 436.

[240] Brot und Wein.

[241] Patmos.

[242] Friedensfeier I.

[243] Brot und Wein, Der blinde Sänger, Chiron.

[244] Brot und Wein.

[245] Brot und Wein.

[246] Der Rhein.

[247] Am Quell der Donau.
[248] Ebenda.
[249] Darmstadt 1963, S. 133.
[250] A.a.O., S. 133f.
[251] Patmos.
[252] Patmos.
[253] Brot und Wein.
[254] Ebenda.
[255] Unter den Alpen gesungen.
[256] Dichterberuf.
[257] Ebenda.
[258] Wie wenn am Feiertage.
[259] Der Rhein.
[260] Dichterberuf.
[261] Der Einzige II.
[262] Die Liebe.
[263] Am Quell der Donau.
[264] Lebenslauf.
[265] Der Archipelagus.
[266] Der Rhein.
[267] Ebenda.
[268] Der Archipelagus.
[269] *F. Hölderlin,* Grund zum Empedokles, Hölderlins Werke und Briefe, hrsg. von *F. Beissner* und *J. Schmidt,* Frankfurt a. M. 1969, Bd. II, S. 573.
[270] A.a.O., S. 574.
[271] A.a.O., S. 573.
[272] Patmos.
[273] Friedensfeier I.
[274] Brot und Wein.
[275] Heimkunft.
[276] Dichterberuf.
[277] An Eduard, Der Rhein, wo Hölderlin das Verhältnis zwischen ihm, dem Dichter, und Sinclair, dem Politiker anspricht.
[278] Brot und Wein.
[279] Der Rhein.
[280] Friedensfeier.
[281] Der Einzige, II.
[282] Der Einzige, III.
[283] Der Einzige III.
[284] Der Rhein.
[285] Patmos.
[286] Brot und Wein.
[287] Patmos.
[288] Brot und Wein.

[289] Friedensfeier.
[290] Der Einzige III.
[291] Der Einzige I und II.
[292] Friedensfeier I.
[293] Der Einzige I, Friedensfeier II.
[294] Der Einzige I.
[295] Friedensfeier III.
[296] Brot und Wein.
[297] Der Einzige I.
[298] Der Einzige II.
[299] Der Einzige III.
[300] Diotima.
[301] Der Einzige I.
[302] Brot und Wein.
[303] Brot und Wein.
[304] Der Einzige II.
[305] Patmos.
[306] Ebenda.
[307] Ebenda.
[308] Der Rhein.
[309] Patmos.
[310] Ebenda.
[311] Friedensfeier.
[312] Heimkunft.
[313] Der Mutter Erde.
[314] Germanien.
[315] Friedensfeier I.
[316] Friedensfeier.
[317] Wie wenn am Feiertage.
[318] Ebenda.
[319] Der Mutter Erde.
[320] Friedensfeier.
[321] Friedensfeier.
[322] Germanien.
[323] Der Rhein.
[324] Friedensfeier.
[325] Ebenda.
[326] Ebenda.
[327] Die scheinheiligen Dichter.
[328] Heimkunft.
[329] Vgl. hierzu insbesondere *W. Schadewaldt,* »Richard Wagner und die Griechen«, in: ders., »Hellas und Hesperien«, Bd. II, Zürich 1970.
[330] *Cosima Wagner,* Tagebücher, München 1977, Bd. I., S. 1052.

[331] *R. Wagner*, Dichtungen und Schriften, hrsg. v. *D. Borchmeyer*, Frankfurt a. M. 1983, Bd. II, S. 284f.

[332] A.a.O., S. 276.

[333] *C. Dahlhaus*, Richard Wagners Musikdramen, Hildesheim 1971, S. 95.

[334] Im Lichte der vorangegangenen Betrachtungen zeigt sich, wie unbegründet es ist, aus Wagners Deutung des Ödipus-Mythos in »Oper und Drama« darauf zu schließen, daß der »Ring« auf eine rein politische Utopie hinauslaufe. Wagner hat zwar im Ödipus den Vertreter der natürlichen Menschlichkeit gesehen, die mit der Unnatur und Willkür des Staates und dessen Mitteln der Unterdrückung, nämlich Orakel und Fatumglaube, in einen tödlichen Konflikt gerate, und er hat sich zugleich vom Untergang dieses Staats-Mythos den Triumph der Freiheit erhofft. Aber daraus folgt nicht, wie sich zeigte, die Ausschaltung alles Mythischen und Numinosen überhaupt, sondern im Gegenteil die Wiederherstellung seiner wahren, aus dem Zustand der Verderbnis befreiten Gestalt. Auf dieselbe Weise ist auch Wagners Lob der germanischen Heldensage zu beurteilen, die aus menschlich gedachten Göttern endlich wirklich vermenschlichte Helden geschaffen haben.

[335] Auch das Christlich-Böse entstammt dem Numinosen, nicht dem menschlichen Bereich, denn es ist der gefallene Engel Luzifer, durch den es in die Welt gekommen ist.

[336] Das Ende der »Götterdämmerung« ist oft so gedeutet worden, daß die Nibelungen *mit* den Menschen überleben, weil auf der Bühne nur Hagen, nicht aber Alberich stirbt, der gar nicht mehr vorkommt. Dagegen spricht jedoch folgendes: Erstens hat Hagen längst das Erbe Alberichs angetreten, und das sind auch seine eigenen Worte; sein Tod ist daher mit dem Erlöschen der Nibelungen gleichzusetzen. Zweitens wäre das nochmalige Auftreten Alberichs ästhetisch kaum tragbar gewesen und hätte die Schlußapotheose überladen, ganz davon abgesehen, daß ja dessen sichtbarer Tod wegen der indessen führenden Rolle *Hagens* nicht erforderlich ist. Und drittens schließlich verkündet das Erlösungsmotiv die Wiederkehr eines goldenen Zeitalters. Selbst wenn man annehmen darf, daß auch dieses im Sinne mythischer Zyklen einmal ein Ende nehmen wird, so weist jedenfalls am Ende der »Götterdämmerung« unmittelbar nichts darauf hin.

[337] Sehr aufschlußreich ist der Zusammenhang zwischen Kundrys Taufe und dem sich unmittelbar daran anschließenden Karfreitagszauber, worauf *D. Borchmeyer* hingewiesen hat. (»Parsifal«. Erlösung und Wiederbringung der Dinge, in: Herrenalber Texte 48, Karlsruhe 1983.) Parsifal wendet sich an Kundry mit den Worten: »Auch deine Träne ward zum Segenstaue: / du weinst, siehe! es lacht die Aue.« Die Erlösung ist hier, wie Borchmeyer richtig bemerkt, »Apokatastasis, restitutio in integrum«, nämlich Wiederherstellung der Unschuld des Natürlich-Sinnlichen und in diesem Sinne Entsühnung der Natur nicht durch ihre Überwindung, sondern im

Gegenteil durch Rückkehr zu ihrem unversehrten, heilen Wesen. Wo dies geschieht, welken die künstlichen Zauberblumen Klingsors ebenso wie die starre Winterkälte im Gralsgebiet weicht, aus der Gurnemanz Kundry zum Leben erweckt, bevor sie die Taufe erhält.

338 Ich sehe eine weitgehende Übereinstimmung zwischen der hier vorgetragenen »Parsifal«-Deutung und derjenigen *Wieland Wagners* und Dr. *H. Grunskys*. (Vgl. Programmhefte der Bayreuther Festspiele 1952.).

339 *D. Borchmeyer* bemerkt in seinem Buch »Das Theater Richard Wagners«, Stuttgart 1982, S. 269, die Nacht trage im »Tristan« »deutliche Züge der antiken Unterwelt«.

340 Ebenda.

341 Zwar ist dieser Ausdruck dem »Tristan« entnommen (2. Aufzug), aber er trifft doch weit mehr auf den »Ring« zu.

342 Zitiert nach *D. Borchmeyer* S. 286.

343 *R. Wagner*, Dichtungen und Schriften, a.a.O., Bd. VII, S. 156.

344 A.a.O., S. 207.

345 Ebenda.

346 Ebenda.

347 A.a.O., S. 211.

348 A.a.O., S. 213.

349 Ebenda.

350 A.a.O., S. 212.

351 Ebenda.

352 Ebenda.

353 Ebenda.

354 A.a.O., S. 214.

355 Ebenda.

356 A.a.O., S. 210.

357 A.a.O., S. 214f.

358 A.a.O., S. 210.

359 A.a.O., S. 207.

360 A.a.O., S. 208.

361 A.a.O., S. 207.

362 A.a.O., S. 210.

363 Davon zeugt auch Kundry, die Christus am Kreuze verspottete, aber selbst eine außerhalb profaner Zeit lebende Figur ist: »Herodias warst du«, sagt Klingsor zu ihr, »und was noch? Gundryggia dort, Kundry hier« (»Parsifal«, II).

364 Manche halten Ring- und Schwertmotiv für die wichtigsten. Da es sich jedoch hier um *Mittel* handelt, die den soeben aufgezählten *Grundmächten* dienen, können sie nur eine abgeleitete Bedeutung haben.

365 Bei aller Berechtigung von Versuchen, Wagner zu aktualisieren, darf dies kein Regisseur außer acht lassen, will er sich nicht dem berechtigten

Vorwurf aussetzen, sinnentstellende, ja sinnwidrige Inszenierungen zu produzieren.

[366] *R. Wagner*, Dichtungen und Schriften, a.a.O., Bd. X, S. 37.

[367] Die Verwicklungen Wagners in die Politik beruhen fast ausschließlich auf Mißverständnissen oder rein zeitbedingten Auseinandersetzungen. Mit seinem Werk, dies, hoffe ich, kann man den vorangegangenen Ausführungen entnehmen, haben sie so gut wie nichts zu tun. Insbesondere könnte es kaum etwas mit der nationalsozialistischen Ideologie Unverträglicheres geben als seinen Mythos von der Verderbtheit der Welt durch Machtstreben und der Erlösung in der göttlichen Liebe und mythischen Nacht.

[368] Germanien.

[369] In *Dantes* »Göttliche Komödie«, dem vielleicht größten christlichen Weltgedicht, befinden sich die Giganten in der Hölle, weil sie sich gegen Jupiter erhoben haben (31. Gesang, S. 40ff.)

Übersetzung fremdsprachlicher Zitate

Seite 201
Durch rituelle Mittel – das Verzehren von Fleisch und das Trinken von Wein – kann der alte Sinn der mystischen Einheit und Teilhabe erneuert werden.

Seite 201
Du ißt das Fleisch und trinkst das Blut des göttlichen Tieres, um in sein Manna zu gelangen.

Seite 206
Der Mythos ist eine Feier im Wort, der Ritus eine Verkündigung in der Handlung.

Seite 341
Am Ende entdecken wir nur, daß jedes Ding oder Ereignis eine Ausnahme ist und durch keine anderen Regeln bestimmt wird als seine eigenen.

Seite 344
Nutzlos wie das ganze Leben.

In den Fußnoten zu Teil II

28 Durch Kampflust erfreut, die der Gott in den Thymós „warf" (ihm einflößte). – Hektor aber flößte er zunächst einen verzagten Thymós ein.

29 Denn sogleich ahnte mein Thymós.

30 Der Thymós betrübt sich.

31 Leid trifft den Thymós.

32 Treibt der Wille?

33 Der Thymós befiehlt mir.

34 Der Thymós erwägt.

35 Hätte nicht die Gebieterin Hera die Phrénes Agamemnons bewogen, die Achäer schnell anzutreiben.

36 Möge Euch beide sogleich einer der Götter in den Phrénes bestimmen, ihm kraftvoll zu widerstehen und die anderen anzutreiben.

37 In den Phrénes und im Thymós.

39 Der Thymós ist betrübt in der Brust.

40 Der Thymós befiehlt in der Brust.

41 Liebesbrunst umfing seine dichten Phrénes.

42 Dichter Schmerz ergriff die Achäer.

43 Dicht betrübtes Herz.

44 Der Schmerz umhüllte die Phrénes.

45 Erfüllte mit Kraft die schmerzumhüllten Phrénes.

47 Diesem hauchte Athene Ménos ein. – Ich werfe Ménos in den Thymós.

55 Nichts Elenderes nährt die Erde (Gaia) als der Mensch ist von allem, was auf ihr atmet und kriecht. Denn solange ihm die Götter Trefflichkeit gewähren, glaubt er nicht, er könnte später ein Unheil erleiden.

70 Geleit und liebe Geschenke, sie mögen mir die Götter ólbia machen (segnen).

71 Nährte den Speer Amphitryons.

72 Der uralte Ólbos des Battos bleibt stets treu und beschert dies und das, ist ein Turm für die Stadt, Fremden ein Auge voll Glanz.

144 Und wenn sie in sich forschen, so finden sie leicht die Natur ihres Gottes, wegen des Zwanges, angestrengt auf den Gott zu blicken und ... von Begeisterung erfüllt, nehmen sie dessen Sitten und Handlungsweise an, so weit es einem Menschen möglich ist, des Gottes teilhaftig zu werden. ... Wenn sie aus Zeus schöpfen, dann lassen sie es auf die Seele des Geliebten überfließen und machen ihn dem Gotte so ähnlich wie möglich.

165 Weil das Ewige, als Ewiges, nicht in der Zeit ist.

166 Es ist nicht in der Zeit meßbar.

167 Es ist unmöglich, daß es eine Zeit gibt, wenn es keine Seele gibt.

365 Dem Gotte dienen und ihn schauen.

366 Die Kräfte der in uns vorhandenen menschlichen Affekte werden, wenn man sie gänzlich verdrängen will, nur umso heftiger.

367 Lockt man sie zu kurzer Äußerung und bis zum richtigen Maße hervor, so wird ihnen eine maßhaltende Freude und Genugtuung, und sie kommen, nachdem sie auf gutwillige Weise und nicht durch Gewalt entladen werden, zur Ruhe. Deswegen stillen wir in ... der Tragödie durch Betrachten fremder Affekte die eigenen, machen sie mächtiger und entladen sie ....

In der Fußnote zu Teil IV

182 Gerechtfertigt in der Hoffnung, nicht in Wirklichkeit.

Register

Sachen und Begriffe

Mythische und biblische Namen und Wesen

Personen

Dramen